"中国现代企业管理"系列丛书

加快建设世界一流企业

（上）

中国大连高级经理学院 编

中国财经出版传媒集团
中国财政经济出版社

图书在版编目（CIP）数据

加快建设世界一流企业：全三册 / 中国大连高级经理学院编. --北京：中国财政经济出版社，2023.10

（“中国现代企业管理”系列丛书）

ISBN 978-7-5223-2063-2

Ⅰ.①加… Ⅱ.①中… Ⅲ.①现代企业制度-研究-中国 Ⅳ.①F279.2

中国国家版本馆 CIP 数据核字（2023）第 040854 号

责任编辑：王　芳　吕小军等　　　　责任校对：胡永立

封面设计：思梵星尚　　　　　　　　责任印制：张　健

加快建设世界一流企业（上）

JIAKUAI JIANSHE SHIJIE YILIU QIYE（SHANG）

中国财政经济出版社 出版

URL：http：//www.cfeph.cn

E-mail：cfeph@cfeph.cn

社址：北京市海淀区阜成路甲 28 号　邮政编码：100142

营销中心电话：010-88191522

天猫网店：中国财政经济出版社旗舰店

网址：https：//zgczjjcbs.tmall.com

北京鑫海金澳胶印有限公司印刷　　各地新华书店经销

成品尺寸：170mm×240mm　16 开　21.25 印张　180 000 字

2023 年 10 月第 1 版　2023 年 10 月北京第 1 次印刷

定价：223.00 元（全三册）

ISBN 978-7-5223-2063-2

（图书出现印装问题，本社负责调换，电话：010-88190548）

本社质量投诉电话：010-88190744

打击盗版举报热线：010-88191661　QQ：2242791300

主　编　邱宝林

副主编　张之广　于　米

前　言

培育具有全球竞争力的世界一流企业，是以习近平同志为核心的党中央对国有企业改革发展作出的重大部署。党的十八大以来，习近平总书记高度重视建设世界一流企业，发表了一系列重要论述。习近平总书记在党的十九大、党的十九届五中全会、党的二十大、2022 年中央经济工作会议上部署加快建设世界一流企业，2022 年 2 月 28 日主持召开中央全面深化改革委员会第二十四次会议，审议通过《关于加快建设世界一流企业的指导意见》（以下简称《意见》），2022 年 12 月 15 日主持中央经济工作会议，强调“以提高核心竞争力和增强核心功能为重点，谋划新一轮深化国有企业改革行动方案”，提出“要完善中国特色国有企业现代公司治理，真正按市场化机制运营，加快建设世界一流企业”。新一轮深化国有企业改革行动方案，将加快建设世界一流企业和培育专精特新企业作为重要内容和主要目标，要求切实发挥国有企业在建设现代化产业体系、构建新发展格局中的科技创新、产业控制、安全支撑作用。国务院国资委党委把建设世界一流企业作为一项重大政治任务来抓，党委书记张玉卓明确要求，“把创建世界一流企业作为一项战略性、引领性重大任务，加快落实、全力推进，对标提升、分类施策、重在行动创一流”。

加快建设世界一流企业需要坚强的人才保证，关键在于加快培育具有全球视野的企业家，大力弘扬企业家精神，更好发挥企业家作用。中国大连高级经理学院作为全国唯一专门培训企业领导人员的国家级干部教育培训基地，以着力培养新时代治企兴企的优秀企业家、着力培育高素质专业化经营管理人才为使命，助力国有企业家成长。为夯实加快建设世界一流企业的培训基础支撑，加强教材建设统筹规划与实施，2021 年底，学院成立编写组，并组织国内外专家编写《加快建设世界一流企业》一书，作为《“中国现代企业管理”系列丛书》的重要部分。

《加快建设世界一流企业》紧紧围绕《意见》的指导思想和工作要求，力求体现“中国特色、国企特点”，着力突出政策要求、国际借鉴和企业实践。《加快建设世界一流企业》按“1 + 8 + N”体系展开。其中，“1”

是一本总论；“8”是八个分论，分别聚焦《意见》中的加快完善中国特色现代企业制度、增强战略管理能力、全面提升自主创新能力、积极稳妥推进国际化经营、增强企业抗风险能力、信息化管理与数字化转型、大力推进绿色发展、建设世界一流财务管理体系等重点任务进行撰写；“N”是适用于不同主题、学员对象的典型案例和特色做法。《加快建设世界一流企业》的编写首次引入“赛马”机制，抢抓时间，体现更优，确保时效。历经整体规划、分篇撰写、分步审核、统一把关等阶段，相同领域行家背靠背研究撰写，不同专业名家面对面交叉审核，主管部门政策制定起草者符合检查，充分体现专业性、完整性和政策性的有机统一，编写团队持续完善，并组织专家参与研讨修改，确保教材以权威的政策要求、鲜活的中央企业创新实践、丰富的国外一流企业案例经验，全方位、高质量服务国有企业建设世界一流企业。

《加快建设世界一流企业》的编写得到了国务院国资委党委的高度重视，谭作钧副主任等委领导多次要求持续深化研究，改革局等委内相关厅局大力支持，众多中央企业提供了丰富、详实的实践素材。学院党委组织实施教材编写工作，邱宝林同志担任编写组组长，学院核心师资和专职教师承担编写工作。

企业强则国家强，企业兴则国家兴。以中国式现代化全面推进中华民族伟大复兴，必须有一批产品卓越、品牌卓著、创新领先、治理现代的世界一流企业做有力支撑。这是全体中国企业的责任，更是国有企业特别是中央企业的使命所在。学院组织撰写了本套教材，旨在为中国企业特别是国有企业加快建设世界一流提供有益参考。《加快建设世界一流企业》的编写是一次首创性探索，时间紧、难度大，囿于编写组能力水平有限，恐有纰漏之处，欢迎大家赐教指正。

学院愿意与有志于此的中国企业一路同行，勇于探索，彼此加持，共同攀登世界一流的高峰。

本书编写组

2023 年 9 月

目　录

上册

总论

第一篇　加快完善中国特色现代企业制度

第二篇　增强战略管理能力

中册

第三篇　全面提升自主创新能力

第四篇　积极稳妥推进国际化经营

下 册

第六篇　信息化管理与数字化转型

第七篇　加快推进企业绿色发展

第八篇　建设世界一流财务管理体系

案 例

总论

加快建设世界一流企业，是以习近平同志为核心的党中央对中国企业做出的重大决策部署和最新任务要求。过去十年间，习近平总书记立足于党和国家事业大局，精准洞察世界历史发展规律和时代发展大势，全面统筹世界百年未有之大变局和中华民族伟大复兴战略全局，向全世界发出弘扬全人类共同价值、不断推动构建人类命运共同体的时代倡议。培育、建设和发展世界一流企业，需要我们深入学习贯彻、全面领会把握习近平新时代中国特色社会主义思想的精神实质、世界观与方法论。

一、世界一流企业的特性与科学内涵

人类生活在一个每天都不断取得新进步的世界之

中——不论眼前遇到了多大阻力或困难，人类社会都会在进步和倒退的较量和斗争中实现发展，世界仍将始终呈现出持续进步的状态。这是因为长久以来，人类整体已经将追求卓越和全面发展作为经济社会进步的主要努力方向。今日之中国，正以自身在各领域的新发展为世界提供新机遇。世界一流企业作为引领全球产业变革和技术创新的关键力量，代表着全球商业领域执著追求无限进步的辉煌成果。加快建设世界一流企业这一最新任务要求，为中国企业指明了前进方向，帮助我们以中国企业的精神、中国企业的价值、中国企业的智慧，来解答“将建设一个什么样的美好世界，又将如何建设这个世界”的时代之问。

（一）世界一流企业的特性

企业管理研究领域对“世界一流企业”没有特别规范的学术定义，虽然政府、学界及媒体报道经常使用这个概念。这个研究议题，经常与企业经营管理实践、与应用经济问题紧密结合在一起。以下，我们将剖析世界一流企业蕴含的世界性、先进性以及时代性、可持续性的特性。其中，世界性、先进性，体现的是世界一流企业的空间特质；时代性、可持续性，则体现的是世界一流企业的时间特质。

1. 世界一流企业的世界性与先进性。从中文词意来讲，与世界一流企业的内涵相接近的一个概念是："世界级企业"（World Class Enterprises）。任何一种事物，如果我们说它是"世界（级）的"，那么，这个表述至少应该包含两层意思。

第一，"世界（级）的"事物，应该为世界所共知。如果一种事物不为世界广泛所知，而仅为世界一个占比相对有限的局部所知，那它不应该被称为"世界（级）的"。世界性，即指在世界范围内为人们共知，这是世界一流企业在空间特征上应该具备的一种特质。这一特质内生了一种更加深层次的要求，那就是世界一流企业应该在世界范围内具有一定的地位与影响。这一特质决定了，那些只服务于相对狭小区域市场的企业，无论它的经营规模如何庞大或经营表现多么出众，它们都不太适合被界定为"世界（级）的"，也不应该被列居于世界一流企业之列。

第二，"世界（级）的"事物，应该是为世界所认可的。在我们的语言习惯中，"世界级的"，这是一个规范的褒义词的用法。当我们称某事物是"世界（级）的"，通常意味着该事物中蕴含了一种难能可贵的和稀缺的品质。这种品质之所以有特别重要的意义，是因为它是一种只为该事物所拥有的品质。与该事物相近的其他事物，同样渴求这种品质，却求而未得。在世界一流企业这个概念中，这种品质可以用“先进性”“领先状态”或“领先的发展水平”来描述。只有拥有这样品质的企业，才有资格成为其他企业争相学习效仿的楷模与标杆。

在这里，先进性并没有一个客观的标准，它属于一个系统集成的概念。但这并不排斥先进性带有明确、具体的内容要求，它指向具有实体存在意义的产业空间结构特征与行为结果。简要来说，先进性是指世界一流企业具备定义特定产业领域产品与技术的“先进性”的素质与能力。具体地讲，世界一流企业是在重要的行业或业务领域中具有综合实力、举足轻重的地位和强大的竞争优势；能够创造有吸引力的产品与服务，取得进阶性经营成就和足以载入史册的功绩；能够以良好的品牌或公司声誉全面参与国际产业体系，并在其中占据有利的竞争地位；能够有足以影响国际市场竞争秩序的话语权，有构建与优化国际竞争规则体系的能力；能够通过持续创新与组织变革来形成相对稳固的市场竞争力、行业领导力、社会影响力和与之相称的长期领先的综合价值体系，从而获得了全球业界的一致认可。

综上，我们认为，中国企业应以更强的使命感和责任感，保持更清醒的认识：一家企业是不是世界一流企业，不可能由企业自己说了算，也不可能由哪个榜单说了算，只能由市场和消费者说了算。如果全球市场对一家企业不认可，它再怎么说自己是世界一流企业，也是自说自话，没有实际意义。简而言之，世界一流企业的名号，不仅仅需要企业以世界性的规模实力作为支撑，更需要企业在产品与服务的核心技术能力、质量效益、品牌声誉和发展品质上对自身有更加严格和更高水准的要求——从长期的竞争规律看，后者所表征的先进性，往往是决定前者是否持久的基石。

2. 世界一流企业的时代性与可持续性。在西方管理理论与实践中，使用“世界一流企业”的情况并不多见。如果去掉“世界”这个限定词，与“一流企业”最为接近的西方管理学界的一个常用概念是“卓越企业”。“卓越企业”这个提法，源自汤姆·彼得斯（Tom Peters）和罗伯特·沃特曼（Robert H. Waterman）在 1982 年出版的《追求卓越——美国运营最好的公司的经验教训》。这本书的两位作者研究了企业管理成功的特质，将其概括为：崇尚行动、贴近客户、自主创新、以人助产、价值驱动、坚守本业、人事精简和宽严并济这 8 个方面。在过去 40 年中，书中提及的昔日运营最好的那些美国公司，大多数经历了不同程度的挫败。如果我们今天再列一份全新的美国运营最好的公司名单，那些曾经被彼得斯和沃特曼选入的企业，有资格再次登榜的应该屈指可数。从彼得斯和沃特曼关于卓越企业的研究成果及多年的传播与实际应用情况来看，我们可以得到如下启示，世界一流企业应该具备两种特质：一是时代性，二是可持续性。

从时代性上看，每一家一流企业的崛起，都是应时代潮流而生的，它们拥有书写或改写企业史的勇气与能力，它们发展壮大的故事具有鲜明的时代背景和烙印，我们可以称之为“天之骄子”或“时代宠儿”型的企业。自工业革命以来，技术进步已经成为用于标记不同时代的一个重要尺度，不同时代崛起的世界一流企业往往各有鲜明的产业技术特点。19 世纪中后期，世界一流企业主要是美孚石油、壳牌石油、卡耐基钢铁、蒂森钢铁等石油公司、钢铁公司和铁路公司。20 世纪初，崛起了以福特、通用汽车、杜邦、西门子为代表的汽车制造公司、化学公司、机械设备制造公司。20 世纪中后期，又崛起了一大批像 IBM、惠普、微软、苹果、英特尔这样的软硬件公司。21 世纪以来，谷歌、亚马逊、脸书、阿里、腾讯、特斯拉这样的新兴产业巨头，成为了引领新风向的世界一流企业。

从可持续性上看，每一个时代都会有一些曾经辉煌过的企业被淘汰出局。比如，人们所熟知的柯达、施乐、西尔斯百货。像通用电器这样公认的卓越企业，曾经跻身于世界一流企业之列长达一个世纪之久，但如今仍然扭转不了被剔除出道琼斯工业指数成份股的颓势。当然，也要看到，像诺基亚这样的企业，其主业历时而变，几经沉浮，仍顽强地为维持其世界一流企业的地位而奋斗。

回顾国内外企业史，围绕时间轴展开的世界一流企业的竞赛，是精彩的，也是残酷的。这是每一位关心世界一流企业研究与实践活动的人，需要直面的冰冷现实。如果一家企业认真学习和效法任何一本书中概括和总结的最佳管理原则，实际学习到的往往只是书中企业在过去竞争活动中胜出的经验。奉行这些管理原则或成功经验的“样板”企业，自身很有可能根本无法通过新一轮竞争的考验。这就像用渔网去捞鱼，我们自以为成功地捞到了鱼，直到收网之后才意识到，只捞到了泥鳅。世界一流企业或卓越企业的成功之道，是所有人想方设法要去打捞的鱼。但在学习与世界一流企业这个主题相关的各种经验性的知识时，我们需要时刻反省，摆在我们面前的经验性知识，究竟是鱼，还是泥鳅？

对世界一流企业时代性与可持续性的理解，也关系到人们对一个常见的实践问题的认识，那就是如何看待世界性所体现出来的一般性，与中国国情造成的特殊性之间的关系？满足世界性的普适规律，是不是意味着必然要牺牲我们的国情特殊性？或者说，坚持我们的国情特殊性，是不是就要与世界性的普适规律背道而驰呢？这种困惑凸显了“世界性”“一般性”与“特殊性”之间看似不可调和的矛盾对立关系。我们只有将这组矛盾对立关系放在时间维度下，才能够深刻地理解与识别出其内在的动态变化的丰富可能性，以及更深层次的对立统一的辩证联系。

在时间维度下，世界性的普适规律是一个动态向前发展的概念，不存在任何静态的、一成不变的世界性的普适规律。在过去数百年的现代工业文明发展进程中，欧美国家贡献了世界性的普适规律存量中的绝大部分。随着以中国为代表的新兴经济体国家对世界经济所做贡献占比稳步上升，以中国为代表的新兴经济体国家有望成为推动世界性的普适经济规律继续向前发展的主导力量之一。

历史地看，今天中国企业之所以能够蓬勃崛起，既得益于始终坚持从国情特殊性出发，如坚持党的领导、坚持和完善基本经济制度、坚持两个“毫不动摇”、不盲目照抄照搬西方的自由市场经济发展经验；又得益于向一些至关重要的世界普适的经济规律看齐，如坚持改革开放、坚持以经济建设为中心、坚持市场化改革方向。在上述两方面，我们无一偏废，这才成就了中国经济多年来持续快速增长的奇迹，才使越来越多中国企业从世界经济体系边缘地带逐步向相对中心位置移动。

随着时间推移，当中国企业日益接近世界经济舞台中心地带时，中国企业与世界普适的经济规律之间的作用关系，也在发生变化。过去，中国企业更多的只是世界普适经济规律的被动接受者、应用者；未来，中国企业将有更多的机会成为新的世界普适的经济规律的主动贡献者、引领者。如果现存的世界性的普适规律对中国企业是有益的，就应该开放地接纳、学习、运用好；如果现存的世界性的普适规律束缚了中国企业的发展，就应该勇于突破，去发掘和激活中国文化中有价值的精神元素，去拓展未来的世界性普适规律的可能内涵。在加快建设世界一流企业的过程中，我们需要坚持实事求是，秉持必胜信念，努力将中国企业的经营管理智慧，源源不断地汇注到未来的世界一流企业发展规律中去。

综上，在进步与发展的时间轴上，我们矢志于加快建设满足未来世界要求的世界一流企业。世界一流企业的称号，像是颁给全球企业的奥运金牌，各国企业都必须要通过公平竞技来争取这一称号。没有任何一个国家能够自行定义奥运金牌，只有在奥运赛场上，在全球瞩目之下，赛手才能真正赢得这份荣耀。

在竞技过程中，中国企业的使命与职责之一是发现、保留和弘扬我们国情的特殊性中对未来人类经济社会进步最有益的成分。尽管它们可能与当前的世界性普适规律不尽一致，甚至在短期内存在冲突与对立，但只要经得起时间考验、符合时代进步潮流、是有建设性意义的，那么，它们就有希望在未来成为推动构建人类命运共同体的主流力量之一。这是我们理解今日中国企业发展实践中必须尊重与坚持的国情特殊性，与未来的世界性普适规律之间的辩证统一联系的基本出发点。

（二）世界一流企业的科学内涵

前文论述了世界一流企业所应具有的世界性、先进性以及时代性、可持续性的特质。这些特质共同决定，世界一流企业的管理实践活动是高度流变的和情境化的，不存在一套恒定不变和放之四海皆准的世界一流企业的标准体系。理解和把握世界一流企业的科学内涵，需要我们将其看作一种精神信念，一个价值系统和一套思维方法。在具体的时空条件下，中国企业将同世界各国的一流企业并肩作战，直面时代挑战，努力以自身的创造性的管理实践活动，不断为世界一流企业的科学内涵注入中国精神、中国价值与中国智慧。

1. 作为精神信念的世界一流企业。企业之所以要努力成为世界一流企业，传递的是一种为可持续的卓越目标而执著地追求、不懈地奋斗的商业精神。具体而言，其中包含了两方面的精神信念：一是反映了人们对事物卓越状态的执著追求；二是反映了人与人之间永恒的竞争状态。

一方面，无论是在什么时代，也无论在什么国家或地区，世界一流企业，都可以找到有关志在一流和止于至善的精神信念和强大文化认同基础。在日本，为数众多的长寿企业在其经营管理活动中体现出来了别具一格的精益、精细、精进的精神，便是很好的例证。《史记》在赞美孔子时写道：“《诗》有之：‘高山仰止，景行行止。’虽不能至，然心向往之。”王安石在《游褒禅山记》中写道：“世之奇伟、瑰怪，非常之观，常在于险远，而人之所罕至焉，故非有志者不能至也。”无论是山之高远，世之奇伟、瑰怪的非常之观，还是世界一流企业，都属于人们心生强烈渴望的理想目标。它们代表了大多数人没有机会企及的欲求，这正是这些理想目标存在的弥足珍贵的意义。那些有志于追求高山、非常之观和世界一流企业的人们，拥有其他人所没有的精神信念的力量，这种精神信念并不保证他们能够实现自己所追求的理想目标，却可能给他们带来一条充实和无怨无悔的人生道路。

另一方面，在商业领域，世界一流企业代表着坚韧不拔的竞争精神。俗话说，商场如战场，商战即战争。《企业斗士》的作者拉姆齐（Douglas K. Ramsey）将现代商业形容为“野蛮的战场”。在他眼中，二者同样以“胜利”为目的，且某些关键的战争原则，比如明确目标、统一指挥、节省兵力和集中力量，对企业老总就像对军事将领一样有意义[①]。所有企业，无时无刻不投身于激烈的市场份额的争夺战之中。经营不善的企业，随时会陷入困境，并有可能被逼至生死存亡的边缘。相比之下，世界一流企业凭借它们巨大的经营成功，可以被载入史册，领导世界一流企业的企业家的故事与光辉形象，可以如同亚力山大、凯撒、拿破仑、成吉思汗等军事指挥家一样，被人们广泛传播和颂扬。

2. 作为价值系统的世界一流企业。显而易见的事实是，世界一流企业不是一个标准的事物。这个世界上，不存在一模一样的两家世界一流企业，每一家世界一流企业都是独一无二的。由于企业所处的经济周期、所面临的产业技术约束条件与市场竞争环境因素的不同，世界一流企业在经营水准和经营成果等方面的表现迥然有异。有时候，即使是同一家企业，在不同时间节点上的经营行为，也不可能是均质的或恒定如一的。因此，世

① 劳伦斯·弗里德曼：《战略：一部历史》，社会科学文献出版社，2016 年，第 679 页。

界一流企业应该努力使自身成为一个可持续的长期价值系统。

以苹果公司为例①，在巴菲特眼中，苹果公司不仅仅是一个非常优质的投资标的物，更是一个高度复杂的长期价值创造系统。在2016年之前，巴菲特并没有将苹果公司看作理想的价值投资对象。2016年，巴菲特对苹果公司股票的持股比例才约1%。而从伯克希尔－哈撒韦公司官网公布的2022年年度致股东公开信中可看到，该公司持有的苹果公司股票在过去一年从5.39%继续增长至5.55%。

人们普遍认为，苹果公司的创始人史蒂夫·乔布斯（Steve Jobs）是产品研发设计与创新大师。其实，乔布斯本人并不像常人以为的那样信服研发支出与研究创新产出之间的相关性。乔布斯认为："创新与你拥有多少研发资金无关。不是钱的问题。"苹果公司现任CEO蒂姆·库克（Tim Cook）拥有不同于乔布斯的价值信条，苹果公司的研发费用，在他手上又增加了一倍多。在2020年，苹果在研发上的投入金额达到了创纪录的187.5亿美元，相当于其销售额的7%。目前，苹果公

① 苹果案例的相关素材来源于《苹果、伯克希尔的年度信函和巴菲特主义》，原作者为Envision Research，编辑为黄晓冬，转此自新浪财经（参阅https://finance.sina.com.cn/stock/hkstock/hkstocknews/2022-03-20/doc-imcwiwss7139792.shtml）。

价值与多元价值的维度上，世界一流企业寻觅到了持续推动自身发展壮大的创造性力量与激情。至于经济价值，只不过是世界一流企业在服务与追求更高价值的过程中形成的副产品。

3. 作为思想方法的世界一流企业。当我们学会理解并接受，将“世界一流企业”视作一种精神信念和一个价值系统的观念之后，便有可能进一步接受将“世界一流企业”作为一套思想方法的观念。爱因斯坦的相对论启发我们，我们对时间的具体理解，取决于我们自身的运动状态。与此相似，我们对世界一流企业的认识，同样取决于我们自身所处的位置与状态。不同的研究者、不同的企业实务工作者，从不同视角和不同的出发点去审视世界一流企业的管理实践，从而形成了众多的看似相关联却又截然不同的思想方法。结合我国过去十年间围绕世界一流企业这个议题而形成的主要成果看，可作参考和有代表性的观点，主要出现在两个时期。

一个时期是十年前，即 2011—2013 年。2011 年 11 月 3 日，《经济日报》召开了“如何打造世界一流企业”研讨会[①]。在这次会议上，国务院发展研究中心学者从 8

① 《建设有国际竞争力的世界一流企业——“如何打造世界一流企业”研讨会发言摘登（上）》，载《经济日报》2011 年 11 月 10 日，参阅 http：//paper. ce. cn/jjrb/html/2011 – 11/10/content_ 177702. htm.

个方面来定义世界一流企业：竞争、份额、价值、产业、品牌、人才、机制和文化——也称之为世界一流企业的8大特征。有学者指出：世界一流企业指在经济、社会与环境等方面能够不断创新，被世界公认为具有世界级竞争力的企业。它们具有4大显著特征：始终关注全球市场；持续追求卓越业绩；调动全球最佳才能；塑造优秀企业文化[①]。

国外管理咨询公司凭借对多年来的国外企业先进管理经验与知识的积累，也开展了对这一议题的研究工作。波士顿咨询公司认为，达到世界级地位的企业应具备四大能力。这四种能力包括：系统规划，打造竞争优势；领导并管理业务的灵活度和集中度；建立并维护强大的管理体系；建立高效团队，培育创新型员工[②]。德勤以2006—2010年连续五年上榜世界500强的107家企业为研究对象，将世界一流企业的8个战略性管理议题和“经营业绩领先”合并为“世界一流企业九要素”。九要素中的8个议题，分别包括战略决策、领导力、公司治理、运营与控制这4个传统管理议题，以及国际化、人才管理、创新管理、品牌与客户这4个一流企业

① 李伯溪：《世界一流企业发展思考》，《经济研究参考》，2012年第10期。

② 金伟栋等：《四种能力塑造世界一流企业》，《现代国企研究》，2011年第7期。

竞争的重点议题[1]。

另一个时期是2017年至今。中国社会科学院学者基于对4家企业案例的研究，给出了世界一流企业的“四阶段－四维度”分析框架。他们认为，世界一流企业成长一般经历创业、增长、转型和超越这4个阶段。在不同阶段，世界一流企业在资源基础、动态能力、战略柔性和价值导向4个维度上有不同的侧重与特点。通过4个维度各相关因素之间交互作用，世界一流企业将实现从一个阶段向另一阶段的转变和跃升，进而实现可持续发展[2]。以此为基础，中国社会科学院的研究人员出版了国内第一部关于世界一流企业管理的专著——《世界一流企业管理：理论与实践》[3]。

随后几年，有关世界一流企业的研究持续升温，出现一系列相关认识和观点。例如，世界一流企业是全球化运营能力优、规模与运营绩效佳、核心竞争力强、管理水平高、品牌影响力大的企业。建设世界一流企业，需要关注6个方面：保持清晰专注的战略；培育卓越的

① 德勤华永会计师事务所：《对标世界一流企业：做优做强，管理提升之路》，经济管理出版社，2013年版。

② 他们还总结了世界一流企业在11个方面的管理经验。这11个方面分别是：强大的企业家精神；一流的公司治理结构；一流的企业文化；一流的品牌和公司声誉；发展型战略；动态的业务转型架构；全球化资源配置能力；一流的集团管控；一流管理创新；一流的人力资源管理；一流的财务管理。参阅黄群慧、余菁、王涛：《培育世界一流企业：国际经验与中国情境》，《中国工业经济》，2017年第11期。

③ 黄群慧等：《世界一流企业管理：理论与实践》，经济管理出版社，2019年版。

领导力；建设扁平高效的组织结构；永葆持续的创新能力；构建有机协调的业务体系；培育优秀的企业文化[①]。再如，具有全球竞争力的世界一流企业的发展，需要经历规模增长、效益进阶、创新推动、国际化拓展和实现全球品牌这5个进程[②]。

面对上述特点各异的思想方法，我们应抱持开放的态度，深入由各种思想方法组成的“工具箱”中去，探寻更加适用打造中国世界一流企业的管理方法。2022年，党中央明确提出了加快建设一批产品卓越、品牌卓著、创新领先、治理现代的世界一流企业的任务要求。据此，我们给出适合当下情境的世界一流企业的一个定义：世界一流企业是拥有最先进的产品技术，拥有最为优良的品牌声誉，拥有可持续的创新创造能力，拥有最具现代性的公司治理体系，并因此成为全球企业乐于效仿的价值标准或标杆的企业。我们认为，这个定义给出了当前我们建设和发展世界一流企业时最需要关注的管理实践方向。可以预见，对世界一流企业科学内涵的探索，将会贯穿于中国企业建设和发展世界一流企业的全部管理实践活动之中。

---

① 蒋福佑、周偶然：《世界一流企业的内涵研究》，《中国电业》，2019年1期。

② 崔新健、欧阳慧敏：《中国培育具有全球竞争力的世界一流企业：进展、差距与策略》，《经济学动态》，2020年第5期。

二、加快建设世界一流企业的形势任务

党的十八大以来，随着中国的经济社会综合实力的持续提高，中国在国际经济政治格局中所处的地位与作用出现了显著的积极变化。与此同时，种种迹象表明，中国的崛起，正在对美国的世界领导地位构成不容小觑的挑战，世界已经步入了百年未有之大变局。就是在这种全新的时代背景下，2017 年 10 月，习近平总书记在党的十九大报告中明确提出：深化国有企业改革，发展混合所有制经济，培育具有全球竞争力的世界一流企业。这是党的中央全会上第一次对国有企业提出培育世界一流企业的任务。

2020 年 6 月，习近平总书记主持第十四次中央全面深化改革委员会审议通过了《国企改革三年行动方案（2020—2022）》（简称《三年行动方案》），要求开展培育世界一流企业创建示范工程和对标世界一流管理提升行动。当年 10 月，党的十九届五中全会通过的《中共中央关于制定国民经济和社会发展第十四个五年规划和二〇三五年远景目标的建议》，将“加快建设世界一流企业”作为“十四五”期间的重大发展任务。随后，作为贯彻落实习近平新时代中国特色社会主义经济思想的

重要举措，国务院国资委领导中央企业紧密围绕培育和建设世界一流企业的目标任务，统筹推进创建世界一流示范企业和专精特新示范企业“双示范”行动、对标世界一流管理提升行动、对标世界一流企业价值创造行动、品牌引领行动等“四个行动”，在服务构建新发展格局和发挥国有经济战略支撑作用方面持续发力，进行了丰富实践，取得了丰硕成果。

2022 年 2 月 28 日，习近平总书记主持召开中央全面深化改革委员会第二十四次会议，审议通过《关于加快建设世界一流企业的指导意见》，进一步明确要加快建设一批产品卓越、品牌卓著、创新领先、治理现代的世界一流企业。该文件立足中国国情实际，为当下中国企业锚定了培育、建设和发展世界一流企业的时空基准线和事实标准。

2022 年 12 月 15 日，习近平总书记主持召开中央经济工作会议，提出要根据形势变化，以提高核心竞争力和增强核心功能为重点，谋划新一轮深化国有企业改革行动方案。指出我国经营性国有资产规模大，一些企业资产收益率不高、创新能力不足，同国有资本和国有企业做强做优做大、发挥国有经济战略支撑作用的要求不相适应。提出要完善中国特色国有企业现代公司治理，真正按市场化机制运营，加快建设世界一流企业。

2023 年 7 月 13 日至 14 日，国务院国资委举办中央企业负责人研讨班，进一步深入学习贯彻党的二十大精神和习近平总书记重要指示批示精神。会议强调，要深入学习领悟习近平总书记重要指示精神，牢牢把握新时代新征程国资央企新使命新定位。要牢记坚定不移做强做优做大国有资本和国有企业是总目标，坚持和加强党对国有企业的全面领导是总原则，积极服务国家重大战略是总要求。要切实用好提高企业核心竞争力和增强核心功能“两个途径”，主动对标世界一流企业，在科技、效率、人才、品牌等方面下更大功夫，持续提高创新能力和价值创造能力；聚焦增强国有经济主导和战略支撑作用，坚定当好经济增长的顶梁柱、科技创新的国家队、产业发展的领头羊、维护安全的压舱石、共同富裕的支撑者。要充分发挥科技创新、产业控制、安全支撑“三个作用”，以科技创新为根本，短期内强化关键核心技术攻关，中长期聚焦构建未来发展领先优势，努力做原始创新和核心技术的需求提出者、创新组织者、技术供给者、市场应用者；以产业控制为关键，培育产业链龙头企业，打造自主可控、安全可靠、竞争力强的现代化产业体系；以安全支撑为底线，聚焦重点领域提升产业链韧性，在国防、粮食、能源、资源、产业安全等方面发挥托底作用，更好服务党和国家事业大局。

从国家层面看，加快建设世界一流企业，已不再仅仅是国有企业、中央企业先行先试的探索任务，而是不同所有制企业都必须要认真思考与严肃对待的时代性议题。世界百年未有之大变局和世纪疫情相互交织，新一轮科技革命和产业变革、全球产业链供应链价值链加速重构等挑战当头，中国企业需要凝心聚力，矢志不渝地发展与建设一批能在高度复杂的国际竞争环境条件下堪当大用的世界一流企业。这些企业将服务于本世纪中叶我们实现社会主义现代化的战略全局，它们将成长为保障未来一段时期中国经济社会可持续发展及巩固中国在国际市场体系中竞争优势的微观主力军，也正是在上述过程中，这些企业将最终实现与世界一流企业阵营的对接与并轨。

面对这样一场需要中国企业精诚团结参与的时代大考，中央企业需要清醒地看到自身在创新能力、质量效益、品牌价值、治理水平、国际影响等方面与世界一流企业之间的不小差距，同时需要充分展现出在激烈竞争中奋进拼搏的精神面貌，需要充分发挥好先发优势，全力打造一系列具有全球竞争力的产品服务，稳步构建面向全球配置和整合资源的良好声誉，不断提升在重要产业技术领域引领前沿进步的能力，履行加快现代公司治理改革发展步伐的历史重任。这是当前我们建设世界一流企业所面临的总体形势与任务。

（一）产品卓越

产品与服务，是企业的立身之本。世界一流企业，更是依赖卓越的产品与服务水准确立在全球竞争中不可撼动的一流地位。对世界一流企业而言，卓越产品的重要标志是拥有最先进的产品技术。至于什么是最先进的产品技术，世界一流企业应该拥有定义其所在产业领域的产品技术先进性的素质与能力，且经其定义的“先进性”，必须能够得到同行业竞争对手的广泛认同。世界一流企业在定义卓越产品上的权威性，是需要由该企业在全球市场体系中的话语权和影响力来提供必要支撑的。

我国已经拥有一批大规模体量的企业，包括不少中央企业在内。前文已经论述，企业做大，大概率是通向企业做优做强的一条重要路径。但是，当企业规模足够大之后，企业做大本身不能够保证向企业做强做优的跃变的必然实现。此时，一家企业是否强大，关键是要看这个企业是否有先进的产品与服务的供给能力。近年间，我国位列世界500强的企业数量虽然持续增长，但真正凭借业界公认的声誉卓越和技术领先的先进产品与服务而跻身于全球企业前列的一流企业，仍然是屈指可数的。这是我们当前建设世界一流企业时需要特别重视的问题。

从行业领域来看，中央企业在绝大多数基础性的传统产业已经占据了重要的位置。在这些领域的产品供给上，中央企业通常拥有较为突出的体量优势。但是，在产品的供给品质上，中央企业表现得参差不齐。在定义和引领具有世界级产业技术前沿意义的产品需求与标准方面，中央企业整体表现仍有待提升。在战略性新兴产业技术领域，中央企业的发展仍然整体偏于保守。

我们知道，一家企业如果没有形成卓越产品与服务的持续供给能力，就无法掌握在关键产业技术领域的中高端环节的主导权与话语权，这将进一步制约企业在未来竞争中的地位攀升。当下，中央企业未来需要更好地发挥对国家战略的支撑作用，相较于这一使命，其产品力上仍然存在一定的短板，这些短板恰恰是决定企业是否拥有持久卓越产品供给能力的重要因素，也将是决定中央企业与世界一流企业之间竞争优势强弱的关键环节。

未来，中央企业需要着力加强研究如何适应个性化、差异化、品质化消费变革趋势，紧密围绕与主业的战略前景相关度高的先进技术领域，全力打造一系列具有全球竞争力的卓越产品和服务，大力提高对这些产品与服务需求的供给韧性，稳步提高产品与服务供给质量，通过为股东、员工、客户、社会等利益相关者创造可持续的经济价值与非经济价值，塑造独特且持久的产品价值，进而持续巩固企业自身高质量地满足和引领全球市场消费者的生产供给地位。

（二）品牌卓著

所有的世界一流企业都投入了极其丰厚的精力与资源，用以提升品牌形象与公司声誉。追求卓著品牌，必然以树立最为优良的企业品牌声誉为努力方向。最为优良的企业品牌声誉之所以如此重要，是因为一家企业的品牌是企业各方面资源与能力浓缩的最终结果。首先，品牌声誉优良的企业提供的产品和服务必然是客户可信赖的。其次，品牌声誉优良的企业是拥有高信用水平的企业，它的财务业绩是令全体股东和投资人满意的。再次，品牌声誉优良的企业奉行的经营理念与经营行为，通常富有道德感与伦理意识，这些企业能够比较负责任地对待每一个利益相关方，相对自觉地维护各方利益相关者的权益。最后，品牌声誉优良的企业，通常愿意积极主动地参与解决社会问题和促进社会进步，甘于为社会作贡献和承担社会责任，并因此获得人们广泛的情感认同与尊敬。

基于上述原因，几乎所有有关世界一流企业的研究成果，在列举决定企业成败的关键因素中，都会将“品牌”因素纳入其中。如果说，中央企业在产品力上，与世界一流企业之间的差距属于“硬差距”的范畴，那么，中央企业在品牌声誉与业界影响力等方面，与世界一流企业之间的差距便属于“软差距”的范畴。与“硬差距”相比，“软差距”不容易看见、不容易摸着，但它们却很可能发挥着比“硬差距”更具有决定性的作用。有一些中央企业，与同行业的世界一流企业之间，在肉眼可见的产品力的硬差距上呈现出不断缩小的向好发展态势，但在“软差距”上，却可能面临着差距不减反增的艰巨挑战。

未来，中央企业需要努力突破培育享誉全球的知名品牌这个瓶颈，大力推动条件相对成熟的企业以塑造全球知名品牌为目标，科学探索和构建品牌架构体系及与之相配套的品牌管理体系。当前，全球化进程正面临转向与深度调整，国际社会的氛围中相对不和谐的杂音，加大了中央企业培育全球性良好声誉和卓越品牌的难度。在这种情况下，格外需要企业迎难而上，创造性地思考并改变单向对外灌输的品牌发展模式，深入思考如何将中央企业独特的经营理念与责任观念的表达形式，转化为适合各国受众心理需求的沟通内容，并以人们喜闻乐见的沟通形式予以传播，以逐步增加中国和世界的互动了解，成功构建既体现中央企业经营特点，又符合全球卓著品牌建设一般发展规律的品牌管理体系。

（三）创新领先

创新，可以说是21世纪最具有热度的一个议题。创新领先，也因此成为了21世纪的世界一流企业成长之路上不可逾越的一道关卡。我们身处于这个时代，是人类从未曾体验过和认知过的一个新世界，一个以数字技术、智能技术、生物技术、新能源和新材料为代表的新工业技术革命所推动和建构的新世界。在这个新世界中，企业的管理思想、管理理念、管理方式、生产方式、组织形式、资源配置方式以及企业与外界环境间的关系等，与我们以往所经历的机械化时代、电子化时代、自动化时代有本质不同。

在新时代和新世界中，成为世界一流企业，成为最先进的产品技术和最为优良的品牌声誉的拥有者，企业必须拥有可持续的创新创造能力，只有这样，才能保持自身的动态领先优势。世界一流企业的创新领先，一方面，需要持续开展与各相关产业技术领域的强自主性的科技创新活动；另一方面，需要持续开展与人的社会组织方式相关的创新，包括管理创新、制度创新等综合性和复合式的创新活动。

随着新一轮科技革命影响的不断深化，技术和商业模式的迭代更新速度加快，传统产业受到新经济发展的冲击不断加剧。中央企业大多数处于基础行业，属于传统产业的范畴，面临推动产业基础高级化和产业链现代化的艰巨挑战，需要通过加强研发和提高研发投入强度，来强化和提升对产业链、价值链、供应链核心环节和关键技术领域的掌控力。面对潮流涌动的全球科技大竞争，中央企业还需要瞄准全球业界前沿科技领域，加强对世界科技发展趋势的预判和战略规划，努力为未来的国民经济持续快速发展拓宽空间。具体而言，要大力加强基础性、底层性、前沿性、超前性、颠覆性、通用性的自主技术研发，大力加强在前沿领域和未知领域的科技探索，大力加强向战略性新兴产业和未来产业的布局；全力构建以企业为主体、市场为导向、产学研相结合、不同所有制企业紧密协作和大中小企业融通发展的自主创新体系，建设一批重量级的科研基础设施和研发创新平台，培育一批高层次高水平高素养科技人才，形成一批原创性前沿性引领性关键技术，打造产业技术创新的若干先发优势，解决好一批核心技术和跨行业跨领域关键共性技术的攻关问题，稳步增进在重要国际主流技术标准体系中的话语权。

加快建设世界一流的企业，中央企业需要从战略理念上强化创新驱动发展导向，致力于全方位运用产业和技术能力，去满足和引领不同情境下的社会需求，不断为国家经济社会可持续发展带来新的动力。要想做到这一点，企业不仅需要拥有较强的管理能力，能够在现有业务基础上通过综合业务管理和运营获得稳定持续的竞争力和较高水平的利润，确保业绩增长是自然的、健康的；还需要通过持续的管理创新，实现多业务领域和多市场区域的可拓展和可持续的动态增长。具体工作包括：适应国际市场发展需要来提升自身管理制度体系，加强与国际规则和制度接轨，学习、运用国外先进的管理经验来帮助提升和完善现有的管理制度体系，确保经营活动做到有章可循、治理规范和管理透明；积极对标世界一流企业，建立较为完善的涵盖从公司治理到具体业务运营，并应用于战略制定、投融资决策、财务管理、运营管理等内容的管理制度体系；提升跨国经营管理能力，利用自身所拥有的技术、资金、设备、人力、管理经验等资源来整合全球资源并进行优化配置，实现在全球不同市场间的协同发展，提高综合竞争力。

只有将自主创新和管理创新活动集成起来，形成综合性和复合式的创新能力，企业才能够确保把握重大机遇，克服组织惰性。在管理创新的具体方式上，世界一流企业的做法各具特色。有的企业抓住产业技术路线转换的契机，实现了突破式创新；有的企业致力于架构创新、低成本创新或新市场创新，擅长于在已有产业技术路线上，创建新的产品市场或扩大全新的市场领域；有的企业擅长于将数量众多的渐进式创新，持续高效地转化为企业竞争力。这些世界一流企业的创新管理具有两方面的共性特点：一方面，能把握住不同时代的产业技术突变的重大机遇，在决定企业存亡命运和行业竞争范式选择的战略性问题上有所创见，做出独特的价值贡献；另一方面，能不断克服大型企业组织弊端和惰性，使各种形式的创新活动得以在企业内部的日常经营中不断涌现出来。

（四）治理现代

对世界一流企业而言，产品卓越、品牌卓越和创新领先的特征，通常相对容易用物化的事实和标准化的指标来度量，相比之下，企业的现代治理体系的运行机理更加抽象，对多样化行为的包容性更高，治理性质的好坏更难辨识。治理现代，要求世界一流企业从实际出发，探索构建适合自身发展需要的、最具现代性的公司治理体系。什么是现代性？现代性，可以对应着不同的现代人群体，对应不同的现代化的使命与任务。应运于不同的群体文化、不同的治理目标，公司治理体系可以呈现为非常丰富的、高度个性化的现代化的实践探索。不论其具体的表现形式如何，世界一流企业的治理体系应该致力于促进最广泛的现代人群体之间的深度合作及有共识的组织目标的顺利达成。

中央企业的治理现代化水平，代表着国有企业制度建设的主流与方向。中央企业需要通过建立和不断完善现代企业制度，推动加强党的领导和完善公司治理统一起来，以实现自我完善、提升、转型和发展。20 世纪 90 年代以来，我国国有企业公司制股份制改革经历了超过 30 年的发展，企业制度形式发生了重要且积极向好的变化。但与此同时，遗留性的制度建设难题仍然有待化解，新形势下公司治理新问题也在持续涌现。当前，中央企业，一方面要全面落实“两个一以贯之”，进一步推动加强党的领导和完善公司治理统一起来，加快健全国有企业公司治理机制；另一方面，要抓住加快建设世界一流企业的新契机，进一步打破体制机制束缚，推动国有企业完善市场化经营机制，推动国有企业经理层成员任期制和契约化管理，完善工资总额动态调整机制，积极探索和开展中长期激励计划，积极稳妥深化国有企业混合所有制改革，大力释放企业活力。只有中央企业自身发展好了，拿出了有说服力的业绩和有国际竞争力、国际影响力的优秀市场表现，中央企业为代表的中国特色现代企业制度，作为符合治理现代化要求的先进企业制度的形象才能真正立得住。

从全球公司治理实践的走向来看，有一些趋势与中央企业进一步完善现代企业制度的建设方向是相一致的。比如，国内外都越来越强调商业伦理、企业社会责任等现代社会议题与传统公司治理体制之间的互动与交融；强调注重短期绩效与注重长期价值的平衡，强调注重数量型、规模型价值导向，与质量型、效益效率型的多维价值导向的平衡；强调从主要治理主体之间的相互制衡向更广泛的多方利益相关者共同参与治理转变；强调建设中长期激励机制、奉行恰当的透明度原则和加强信息披露。再如，在高度不确定的国际市场环境中，国内外都越来越重视加强风险防控与合规管理。中央企业在走向全球市场的过程中，完全有可能从既有趋同性又富有多样性的全球公司治理理论与实践中，选取各种值得学习与借鉴的治理元素。

中央企业向世界一流企业转变，不仅要实现产品向世界一流的转变与提升，更要实现从一种具有深厚中国国情基础与特色的特殊企业制度，向能够融入世界一流体系、能够对全球企业具有良好示范意义的先进企业制度的转变与提升。中央企业的经营成功，应该成为世界上其他国家可以效仿与复制、传播的先进企业制度上的成功——只有在这一层意义上，我们才能说，中央企业完成了治理现代这个发展任务。而这个过程，中央企业应加强与全球市场体系的互动与合作，增进彼此之间的了解与互信，积极传播有中国特色的企业制度与治理的经验，并努力使之成为全球性企业制度与治理宝贵经验的有机组成部分。

三、建设世界一流企业的重要举措

世界一流企业是一个国家经济实力、科技实力、国际竞争力的重要体现，是引领全球产业发展与技术创新的关键力量。加快建设世界一流企业，是中央企业的使命与担当，也是我国国际竞争力和影响力显著提升的必由之路。纵观世界一流企业的成长和发展历程，虽然受到特定时代背景、经济周期、市场机遇、区域地理、制度环境以及所处行业等多种因素的影响，但是他们依然能够取得其他竞争对手所无法取得的可持续经营成就——做到因时而变和应势而变，即无论存在何种的不利因素，还是可以结合时代发展的现实背景，凭靠自身努力来推动和实施整体性的创新与变革，并最终形成无可匹敌的市场竞争力、行业领导力、社会影响力和持续生命力。

进入 21 世纪以来，以中央企业为代表的中国国有企业发展质量有了质的提升，取得了可喜的进步和成绩。中央企业着眼于国家经济增长、产业结构调整等经济活动，通过“走出去”战略，利用海外投资与国际市场实现接轨，努力适应经济全球化发展的时代要求，正在加快融入世界市场；通过“引进来”战略，与跨国公司保持紧密接触，在企业制度建设、管理体系和创新能力等方面实现了迅速提升，且赶超速度日益加快，为促进国内经济社会发展提供了重要支撑。当前相当一部分中央企业在规模上已经成了全球“巨无霸”，进入了世界500强榜单，甚至位居前列。但也要看到，在利润率、创新性、国际影响以及可持续性等指标上，中央企业还有很大的提升空间。

在加快建设世界一流企业的进程中，中央企业不能盲目实行“全盘接受”和“照猫画虎”的对标做法，而需要结合时代发展的现实背景、国情特色以及企业现实基础等，建立较为系统的世界一流企业发展指标和任务指南，才能做到全面发展以增强自身竞争力。以中央企业为代表的国有企业具有显著的特殊性，其发展实践和历程都展现出中国情境下独特的个性化规律和普遍性特征，形成了具有中国特色的管理智慧与精神价值。与其他国家相比，中国是世界上少有的将国有企业与市场经济有效融合的国家，国有企业在经济社会发展中占据绝对重要的地位。中央企业除了需要将保障国家利益和公共福祉融入企业使命和发展愿景中，也要在一些特定的产业领域执行“兜底”功能，服务公共事业和大众利益，还要在日常经营层面恪守公平竞争的商业规范并积极参与市场竞争，努力在组织制度逻辑与市场制度逻辑之间保持动态平衡，才能进一步激发和释放企业的发展活力和创造力。这不仅是中央企业在成长为世界一流企业历程中的差异之处和现实要求，也是企业竞争力更强和国家制度优势的重要表现。

面临新的时代变化和现实挑战，中央企业要建设成为世界一流企业还有相当长的一段路要走。中央企业不仅需要精准认识什么是世界一流企业；还要深刻理解加快建设成为世界一流企业的充分必要性；更要立足于中国的现实情境，充分结合世界一流企业的发展经验，“从点到面”来具体明确在哪些方面可以采取何种有效的措施和手段才能具备世界一流企业的特质。基于此，中央企业不仅要学习全球范围内世界一流企业的成功经验，来完成对一些共性因素的提升，同时也要充分考虑特殊国情，选择合适路径，理顺主次关系，完成关键任务。这样才能培育出根植于中国土壤的和充满发展活力的世界一流企业。结合中央文件精神、国务院国资委相关政策要求，在加快建设世界一流企业的进程中，我们认为中央企业需要在以下八个方面夯实基础，实现自我提升。

（一）加快完善中国特色现代企业制度

现代企业制度建设是在特定情境下，企业根据外部环境变迁以及自身现实基础等综合考虑，利用一种效率相对更高的制度替代旧的企业制度模式的过程。尽管世界一流企业分布在不同的国家和地区，所处的制度环境、现实区情和所属行业等均存在一定差异，但它们都能够保持基业长青并实现稳健成长，其中的一个关键因素就在于建立了现代企业制度体系并能持续创新和完善。随着全球化发展的推进，无论是各国的企业制度体系，还是领先企业的发展实践，都表现出从“分化”向“趋同”的特征，形成符合时代需要、具有共性特点的现代企业制度体系。其中，公司治理是现代企业制度体系的核心，它是围绕公司目标来设定利益相关者之间权利分配和制衡机制的体系，能够起到化解冲突、协调关系、保障稳定发展的作用。世界一流企业的公司治理最佳实践具有一些共性特征，如高度重视综合价值导向，推动从追求单一价值向综合价值的转变，从单纯追求经济价值向兼顾社会价值的转变，从追求短期价值向追求长期价值的转变。这些优秀企业在治理机制上，通常采取高度透明的运营方式，能够全面、及时地对外界披露相关信息，力图解决所有者和经营者目标不一致的问题，以及对高管实施中长期激励机制等。诸如此类的最佳组织制度形式，构成了规范的公司治理制度体系的重要组成部分。

推进中国特色现代企业制度建设是中央企业改革与发展的重要基础。中央企业作为国有企业的优秀典范，不仅需要在现代企业制度建设上积极向世界一流企业看齐，还要充分考虑中国的现实情况，如此才能以更小的成本和风险来实现快速成长与发展。改革开放以来，随着国家经济体制改革的推进，以及社会主义市场经济体制的建立与完善，国有企业制度改革成为支撑社会经济发展的重要内容之一。在以往的发展历程中，国有企业以建设中国特色的现代企业制度为目标，不断推进“改制”工作，以管理制度、组织制度和产权制度为重点，建立了“产权清晰、权责明确、政企分开、管理科学”的现代企业制度体系，逐渐成为具有自主经营权的市场独立主体。

在面向未来的世界一流企业建设过程中，中央企业要健全中国特色现代企业制度，在各层各类国有企业完善公司治理中加强党的领导，不断完善董事会运行机制，深化三项制度改革，推动国有企业真正按市场化机制运营。具体包括三点。一是提升国有企业公司治理现代化水平。全面落实“两个一以贯之”，把党的领导贯穿到公司治理全过程，动态优化国有企业党委（党组）

前置研究讨论重大经营管理事项清单。分层分类落实董事会职权，强化外部董事规范管理和履职支撑，完善董事会向经理层授权制度。二是全面构建中国特色现代企业制度下的新型经营责任制。更大力度推行管理人员竞争上岗、末等调整和不胜任退出相关制度，分类明确并优化员工市场化退出的标准和渠道，探索建立完善企业内部人才市场，真正按市场化机制运营。三是健全更加精准灵活、规范高效的收入分配机制。完善具有市场竞争优势的核心关键人才薪酬制度，加大收入分配向基层关键岗位、作出突出贡献的一线苦脏险累岗位倾斜力度，推动中长期激励政策更大范围、更大力度规范实施，支持国有企业结合实际探索创新更多灵活的激励方式。

（二）增强战略管理能力

战略活动的任务是发现、创造和实现环境条件与组织能力、企业资源之间的匹配。在明确的战略导向引领下，企业可以将日常业务决策同长期计划决策相结合来形成一系列经营管理业务的具体行动，对市场环境、产业前景和企业管理活动等进行有效预判，进而推动资源优化配置和业务构架转型，从而在特定的区域、行业和领域内获得突出的竞争优势和市场领导地位。受企业自身资源基础、组织能力以及外部环境特征等因素的共同影响，并不存在广泛适用于不同企业、产业和历史时期的最优战略，这也使得如何开展有效的战略管理对企业而言，成为一项重要挑战。

世界一流企业之所以能够保持持续的竞争优势，其中一个很显著的特点就是在极长的时间跨度内，总是能够不断根据内外部环境发展的阶段性特征来更新现有的战略，形成新的战略定位和战略规划来引领企业未来发展方向，并最终形成多战略性要素优化组合来支撑企业的持续变革与成长。然而需要注意的是，战略管理不是简单的年度或定时规划，而是有意识地长期关注涉及战略的相关议题，并通过经常性的回顾和考评来对战略活动进行重新审核与调整。例如，世界一流企业都建立了战略研究、实施、评价和调整机制，企业战略的制定者和执行者均会有意识地按照环境变化的方向和节奏来改变自身经营活动中的资源配置，进而形成自我调整、自我匹配、自我强化的良性循环，从而避免了故步自封于既定战略路径的陷阱。

中央企业要成长成为具有全球竞争力的世界一流企业，必须有明确的战略方向，清晰认识自身的战略定位，制定符合自身现实的战略规划来引导未来的长期发展。这就要求中央企业在面向未来的战略发展中，必须立足现有发展基础，找准发展定位，确定主业领域，重新梳理现有业务布局，客观分析自身优势和劣势，努力做强做优做大主业，打造核心竞争力。在具体操作上，中央企业可以通过战略合作、产业升级、产业链带动等多种形式，立足主业领域逐渐向产业链价值链高端延伸，推动产业链上下游资源配置不断优化，推动主业关联度高的产业链上下游企业实施强强联合，促进关键领域业务重组整合，打造全产业链竞争优势，成为具有核心竞争力的大企业大集团。

在企业内部，可以按照“产业相近、业务相关、优势互补”的原则，充分发挥中央企业经济实力雄厚、创新资源富集的综合优势，统筹配置各类资源要素，有序推进重组整合，促使资源向优势企业和主业企业集中，引导企业聚焦主营业务发展，做强做优做大主业，提升核心竞争力，重点培育一批行业龙头企业或细分领域的隐形冠军。同时，开展战略性资源、战略性新兴产业、关键基础设施、关键技术等重点领域全球合作，引入外部的新理念、新运营模式来加速业务结构调整，推动技术、人才、资金等生产要素集中，努力建成面向全球资源配置和业务体系的生态系统。

中央企业在战略活动中必须考虑中国本土的现实情境，要发挥好国有经济的战略支撑作用。一是更大力度布局前瞻性战略性新兴产业。加大新一代信息技术、人工智能、新能源、新材料、生物技术、绿色环保等产业投资力度，在集成电路、工业母机等领域加快补短板强弱项，促进支撑国家算力的相关产业发展。二是推动传统产业数字化智能化绿色化转型升级。加大技术改造和设备投入，加快向产业链中高端迈进。推动数字化技术与企业生产经营管理深度融合。三是深入推进战略性重组和专业化整合，发挥龙头企业优势，持续推动基础固链、技术补链、优化塑链、融合强链。围绕产业链部署创新链，加快在重要领域和节点实现自主可控，增强国内大循环内生动力和可靠性。四是积极参与全球产业链优化布局。以高质量共建“一带一路”为重点，聚焦重点国家和重点项目深耕细作，增强资本、技术、人才等各类要素全球化配置能力，提升国际循环质量和水平。

与此同时，还要充分利用兼并重组、淘汰落后产能、化解过剩产能、处置低效无效资产等方式推动国有资本和资源要素向具备一流企业培育基础的核心业务集中。对业务高度同质化的企业合并同类项，减少无序竞争，发挥规模效应，提高产业集中度和资源配置效率。坚持严控传统产业领域的非主业投资的方针，深入开展低质低效的非主业资产清理工作，对不符合战略方向、不具竞争优势的业务，坚决实施退出。投资建设一批增强基础能力和保障链条安全的示范性重大工程，重点掌控相关产业链中技术含量高、增值幅度大、带动性强的重点环节，推动实现产业结构优化，形成具有更强创新力、更高附加值、更安全可靠的产业链供应链。

（三）全面提升自主创新能力

拥有卓越的创新能力既是企业核心竞争力的主要来源，也是世界一流企业的显著标签。创新能力作为支撑企业创新活动的重要推动力，可以帮助企业以全新的方式完成资源的创造、演化和重构，并在其所采纳的演化路径中形成显著的战略资产，采用新的运营措施、技术、组织形式或市场导向等来创造价值，以及提供新的产品或服务。唯有把创新精神落实到企业活动的各个环节，才能创造出新的价值，塑造核心竞争优势并成为世界一流企业，从而避免出现夭折或被淘汰出局。纵观世界一流企业的成长与发展历程，共同的显著特征之一就是在历次技术变革进程中，善于把握创新机会，快速适应甚至引领全球技术经济范式转化，具备领先于其他企业的颠覆性创新的能力，即通过拥有独特的创新能力来改变企业既有的经营惯例，并通过示范效应成为其他企业学习和模仿的对象，从而为企业创造出持续发展的推动力。

随着国际政治环境的动态激烈变化以及市场竞争形势的日趋严峻，以往的全球产业链、价值链和创新链分工与合作的模式打破，尤其是一些高精尖端领域的技术转移与合作创新受到严格的限制和约束，导致产业链和供应链出现断链的不利情形，给国家整体发展造成负面影响。无论从国家对中央企业建设世界一流企业的战略部署来看，还是从世界一流企业的普遍实践经验来看，都要求中央企业必须肩负实现自主创新能力提升的重任，能够在制约中国产业竞争力提升和关键技术领域实现重大技术突破，重点解决“卡脖子”困境，提升对产业核心环节和关键领域的掌控力，着力解决关键核心技术和跨产业跨领域关键共性技术，保障国家经济安全和产业安全。

随着技术创新周期的缩短，以及技术经济范式转换过程中的不确定性不断增加，既给中央企业加快提升自主创新能力带来新的挑战，也为一些优秀企业走向世界一流提供了新的契机和潜在机遇。加强自主创新能力是中央企业履行“三项责任”的现实要求，需要根据国家战略、市场需求与企业实际，以自主创新、重点跨越、支撑发展、引领未来为指导，践行环境、社会和公司治理一体化理念，激发创新活力，着力增强原始创新，积极推进集成创新，着眼于提升自主创新能力，重点加强关键核心技术攻关工作，维护产业安全，构建出以企业为主体、产学研相结合的开放技术创新体系。

对具有成为世界一流企业潜质的中央企业而言，必须完善创新机制，充分利用外部创新资源，通过促进“央企 +”协同创新建设国家实验室等重大创新平台，以及通过打造创新联合体等途径来提升自主创新能力。同时，要在企业内部加强自主创新体系建设，不仅要形成前瞻性研究、应用基础研究、技术开发与转化相配套的梯次研发结构，还要能够运用先进技术、高新技术等来改造和提升传统业务活动并创造出新的市场机会、价值增值等，努力依靠自主创新能力来实现技术跨越、抢占先机。中央企业应该奋力在特定产业技术领域，引领全球行业技术发展，形成一批主导全球产业链供应链价值链的“链主”企业，大力培养一批能够在全球市场体系中有话语权和影响力的行业领军企业或隐形冠军。

在加快建设世界一流企业的进程中，中央企业必须以科技创新为根本，短期内强化关键核心技术攻关，中长期聚焦构建未来发展领先优势，努力做原始创新和核心技术的需求提出者、创新组织者、技术供给者、市场应用者。具体包括四点。一是加快原创性引领性科技攻关。强化企业科技创新主体地位，加强基础性、紧迫性、前沿性、颠覆性原创技术研究，尽快取得更多“从0到1”的突破，提升基础研究和应用基础研究能力。二是加大多元化研发投入，大力提高投入产出效率。三是突出科技产出、科技成果、科技转化、科技产业，构建以实效为导向的科技创新工作体系，强化以企业为主导的产学研深度融合，牵头建设更多高效协同的创新联合体，打通产业应用“最后一公里”。四是加快建设科技创新国家战略人才力量。完善科技人才评价机制，探索创新对科技人才的激励手段，赋予领军人才更大技术路线决定权和经费使用权，建立更有效的科技成果收益分享机制，让广大科技人才创新活力和创造潜能充分释放。

（四）积极稳妥推进国际化经营

随着全球化成为当今世界经济发展的主流，世界一流企业一般都是国际化水平高、竞争能力强的跨国公司，其业务分布在世界范围，具有全球化特征。世界一流企业的国际化经营不仅是其本身优势资源、能力和商业生态在全球市场的延伸和拓展，也是对全球优势资源的优化配置并占主导支配地位的动态过程。具备国际化视野的世界一流企业通常掌控资源、占领市场和扩大利润，成为全球相关产业价值链的整合者，并不断增强全球竞争力。依托于此，这些企业会着力提高把握国际市场动向和需求特点、把握国际规则、开拓国际市场、防范国际市场风险等能力，挖掘国际市场巨大的潜力，加大国际市场的开拓力度，加快全球业务网络布局。同时，积极探索业务的新模式，例如利用技术、品牌等综合影响力在全球组织和整合研发、采购和生产，推动实施跨国、跨行业的并购重组活动来提升国际化运营的规模和效率，逐渐发展成为具有国际知名品牌和较强国际化经营能力、在国际同行业综合指标居于先进水平的一流企业。

培育具有国际化经营能力的世界一流企业，是一项具有长期性、战略性、挑战性特点的目标任务，也是中央企业践行“走出去”战略和“一带一路”倡议的重要途径，更是中央企业在全球化市场中生存和发展的必然选择。中央企业在实施国际化经营中要进一步扩大对外开放、提升国际化经营能力，需要结合国家政策导向加快推进与“一带一路”沿线发展中国家的产能合作，进而输出中国成熟的技术、管埋经验和商业模式，将现有的优势生产制造模式复制到相关国家来解决生产过剩的问题；同时还应该积极进入发达国家市场，利用发达国家的人才、技术等战略性资源，在海外设立研发中心或建立全球研发体系，并与国外科研机构、先进企业开展“全方位、宽领域、多层次”的合作模式，站在技术、商业模式、需求变化的前沿，从而增强企业的国际化经营综合能力。

结合世界一流企业国际化经营实践来看，中央企业国际化发展首先要具有国际化战略思维，在充分考虑不同国家和地区之间差异性的基础上，能够针对当前的业务市场、资源禀赋等来实施合理的战略布局。例如在技术水平领先的发达国家和市场高速增长的发展中国家都进行合适布局，并采取不同的发展措施：在发达国家重视技术创新，而在发展中国家则注重市场拓展。

中央企业必须认真学习当前世界一流企业的国际化经营经验，明确国际化经营的实施步骤和过程环节，对未来发展进行系统性的深刻思考和仔细规划。包括根据国际市场特点制定发展战略，积极适应国际经贸规则，深度参与国际分工，在更宽领域和更高层次展开竞争与合作；着重全球业务布局，按照市场化、商业化原则提高国际化经营比重，提升境外投资质量效益，灵活运用绿地投资、跨国并购、联合投资等方式“走出去”，深度参与国际分工来实现全球配置资源；增强国际化经营中的文化包容性，进一步释放企业家、职业经理人和广大员工的创造活力，培育具有爱国情怀、全球战略视野、市场开拓精神、管理创新能力和社会责任感的企业家，引进具有国际化视野的高级管理人才，重点培养高素质专业化和充满活力的优秀员工，为打造世界一流企业提供深厚的人力资本；努力成为国际市场治理者，国际标准的制定者，以及特定行业的领导者和创新者，能够引导未来的发展趋势，例如积极参与国际B20峰会（二十国集团工商峰会），针对当前的市场、行业等制定规则，推动建立全球市场治理体系并掌握其中的行业话语权，努力获得全球性竞争优势。

随着双循环发展理念的确定，面对新的战略机遇和现实挑战，中央企业更需要立足国内市场来推动国际化经营，并为此来承担起应有的责任和义务。不仅要将优秀的世界一流企业作为合作者引入到国内来推动本土市场的发展，而且也要将前期国际化经验在国内市场进行传授来带动本土市场的发展。在此发展理念的引导下，中央企业需要根据自身发展的现实基础，从世界范围内获得各种资源、人才、技术等来完成对全球资源的配置与整合，从而保持自身的成长性和竞争力。同时，利用自身所拥有的技术、资金、设备、人力、管理经验等资源来整合全球资源并进行优化配置，实现生产要素全球化进行整合，塑造自身在细分领域的全球竞争优势。通过对全球产业链和供应链的重构与掌控来实现自身产能、市场的全球化，形成巨大的品牌和市场优势以提升自身竞争力和影响力，培育一批具有国际影响力的产品品牌、项目品牌和企业品牌，提高在国际市场中的综合竞争力。

（五）增强企业抗风险能力

风险管理是企业通过采取合适的机制和措施，将当前或潜在的风险减至最低的管理活动。世界一流企业之所以能够获得长期发展，其中很重要的一个原因是高度重视并努力提升企业抗风险能力，通过设立专业职能机构，建立规范制度体系，设置预警指标等多种方式来形成主动管控风险和防范风险的常态化机制，以便最大程度地防范各种风险，降低可能存在的损失。

纵观世界一流企业的成长与发展，在提升抗风险能力方面都表现得尤为出色。企业内部一般都能够清晰明确风险管控的重点领域、关键环节、具体事项和落实岗位，继而有效配置相应的管控资源，制定风控体系指标体系，持续监测、评估各种风险，制定应对措施和预案并适时评价其有效性，实现从战略决策到岗位操作的全过程、全方位、全员管理的全覆盖，从而防范和化解各种潜在风险，为企业的可持续发展提供保障。在增强抗风险能力的过程中，这些优秀企业内部也在持续推动风控管理由辅助服务型向战略支撑型转变，由被动应对型向主动管理型转变，由事后救济型为主向事前防范与事中控制型转变，并实现各个层面风控体系的融合及联动管理，进一步强化了风险管理能力体系建设。

当前外部环境正在发生深刻变化，我国经济也面临一系列新情况新问题新挑战，包括去全球化、供应链断链风险等。这就要求中央企业在着手建设世界一流企业时，要提高防控能力，着力防范化解重大风险，保持经济持续健康发展和社会大局稳定。在日常管理活动中，中央企业要将风险管理看作是增强全员风险意识、系统强化内部控制体系、缩短与世界先进管理水平差距的重要机遇，尤其是加强国际化经营合规管理和风险防控，实现政治、经济、安全等方面的境外风险防范全覆盖。

在风控体系建设和运作的活动中，中央企业需要做好“分类、分层、分级”处理。从风险分类来看，中央企业要着重分析战略发展风险、资本运作风险、产业组合风险、横向战略风险、能力建设风险等，尤其是对于一些处于风险密集、资金密集和技术密集的高风险、高投入行业，随着业务范围的不断扩大，产业链条的快速延伸，需要高度重视现有经营活动中可能面临的潜在风险并进行分类处置。从风险分层来看，中央企业要以全员参与、全过程控制和全方位监督的方式，形成一套全面覆盖的风险识别、评估、控制、监督和改进的管理闭环。不仅需要在集团层面持续优化集团风险预警机制，还要持续在二级、三级公司深化风险预警体系落实，实现风险管控前置化和全方位，将风险管理融入制度建设、流程优化和生产经营全过程并落实到具体工作环节。从风险分级来看，中央企业要进一步完善集团风险预警机制，关注点不仅在于风险和危机来临之际采取哪些补救措施，更重要的是在风险和危机来临之前做好哪些防控措施以保障企业的可持续发展。

与此同时，中央企业还要结合中国特色进一步完善风险防范体制机制建设，建立健全风险研判机制、决策风险评估机制、风险防控协同机制、风险防控责任机制，主动加强协调配合，将风险防控体系融入企业经营活动中，把安全发展贯穿管理活动全过程。

一是完善体制建设，着重强化企业内部监督力量建设。构建“五位一体”的风险监督体系，即党内监督、审计监督、纪检监察监督、监事会监督、管理部门监督相融合的组织体系。实行监督职能内部的协同配合，并在内部制度建设上与现代公司治理机制结合起来，保证公司治理、集团管控和组织设计能满足风险管理要求。

二是加强机制建设，建立覆盖战略、规划、投融资、市场运行各个领域的全面风险管理体系。重点完善“三重一大”决策制度，建立健全合规管理制度来防范与管控风险，确保将风险管控纳入内控体系中。强化对重点领域的风险防范，阻断发生可能出现颠覆性、致命性问题的通道，及时有效化解风险，坚决守住不发生重大风险的底线。

三是培育风控文化，塑造支持风险管理体系有效运行的风险文化。不断强化全体员工风险意识，使管控风险成为全员的自觉行为。推动合规管理全覆盖，贯穿业务管理活动的各个环节，加强全面风险管理工作，夯实企业做强做优做大的根基。

四是建立追责机制，建立健全国有企业违法违规经营责任追究制度。要建立国有企业重大决策失误和失职渎职责任追究倒查制度，查深查实查透国有资产流失重大问题，以及加大对违法违纪行为查处和违规经营投资责任追究的力度。

（六）信息化管理与数字化转型

信息化管理与数字化转型是世界一流企业在成长与发展历程中，紧密结合时代背景采取不同方式和手段来增强自身竞争力的不同表征体现。前者强调通过信息工具提升企业效率，后者强调利用数字技术增加企业效益，在不同情境下各有侧重。

一般认为，信息化管理指企业利用计算机技术、网络技术等一系列信息工具来支撑战略决策、研发设计、生产过程、外部协同、客户服务等职能有效运作的运营管理活动。自从信息化概念产生以来，世界一流企业已经建立了高标准和高水平的信息化管理系统，将企业的战略、管控、业务运作等与信息化建设和应用相结合，以信息化促进高效管理，提升业务运营效率、提升风险管理水平，加强重点领域、重要环节等方面管控，从而实现与业务发展、流程优化与管理变革的统筹规划和同步推进。世界一流企业在信息化管理中，高度强调内部和外部关联中的信息流动和效率，包括从发展战略到信息化战略的映射、落地，加强对信息化管理活动的指导；建立信息管控体系，通过信息化的联结和沟通来实现信息互联互通，打破信息孤岛弊端，提升集团信息化执行力；建立信息化标准体系，推动信息集成与共享，支持管理模式，内部管控等方面的管理创新。

当前数字经济正在以前所未有的速度推动生产方式、生活方式和治理方式发生深刻变革，成为重组要素资源、重塑经济结构、改变竞争格局的关键力量。随着全球进入数字经济时代，新一代信息技术蓬勃发展，驱动全社会生产方式、生活方式和治理方式加速变革，数字化转型是大势所趋。数字化转型是企业利用数字技术创建新的流程或改造现有流程，促进创新要素流动以满足不断变化的业务和市场需求，涉及业务运营、组织管理模式等方面的全新变革，强调将业务、运营与数字化技术深度融合。

世界一流企业很早就认识到数字经济对自身发展的重要性，推动互联网、云计算、大数据、物联网、人工智能和5G为代表的新一代信息技术与企业传统业务实现深度融合。积极发展基于数字技术的新业务并创造出新的业态形式，成为引领社会经济发展的强劲动力，例如推进数字技术、应用场景和商业模式的融合创新，形成以技术发展促进全要素生产率提升、以领域应用带动技术进步的新发展格局。重点聚焦云计算、大数据、工业互联网等重点领域，与内外部生态合作伙伴共同探索创新商业模式、经营模式和产业生态，构建跨界融合的数字化产业生态。从企业内部管理活动来看，世界一流企业也一直将数字化发展作为管理活动的重点内容，不仅制定数字化发展规划，明确数字化转型的方向、目标和重点，加快企业数字化治理模式、手段和方法的升级，形成了业务互通、数据共享、集团覆盖的数字化管理模式，进一步挖掘出内部市场机会和发展潜力，努力成为具有创造力的市场主体。

对于努力成为世界一流企业的中央企业而言，不仅要加快补短板来推进信息化管理，还要抓住全球数字经济的发展机遇来加速数字化转型，加快智能化升级，促进提升企业管理水平。在信息化建设上，企业要顺应科技革命和产业变革的趋势，以供给侧结构性改革为主线，以新技术革命和产业变革为引导，以智能制造为主攻方向，以企业架构为核心来构建现代化信息管理体系，加快推进新一代信息技术与业务变革、战略发展等保持持续适配，提升企业信息化管理水平，实现现代信息技术、数字化与智能化的融合发展，占领未来发展信息技术高地。

与此同时，中央企业还要围绕自身业务活动来推动发展数字产业化和实施产业数字化两项重要任务。在数字化产业的发展中，要加强资源整合优化，创新体制机制，培育行业领先的数字化服务企业，研发和输出数字化转型的产品和系统解决方案，打造差异化、场景化、智能化的数字产品和服务，发展规模化数字创新体，为加快产业数字化和数字产业化注智赋能。在产业数字化的发展中，要制定数字化转型规划和方案，推动产品和服务的数字化改造，不断开发新技术、新产品、新业态、新模式来培育新业务增长点，努力成为企业数字化转型的先行者、引领者和推动者。

（七）大力推进绿色发展

绿色发展是以效率、和谐、持续为目标的经济增长和社会发展方式。随着人类文明进入工业时代，温室气体排放不断增多，生物多样性减少、荒漠化程度加剧、疫情频发等全球性问题也开始日益突出，使得遏制生态环境恶化、促进社会经济可持续发展成为人类社会需要共同面对的重大议题。在此背景下，许多国家把绿色发展理念作为推动经济结构调整的重要思路，强调以人与自然和谐为价值取向，以绿色低碳循环为主要原则，依托创新发展所拥有的科技力量与智能资源，把生产和经营过程中产生的废弃物及其对环境造成的影响降到最低。

绿色发展作为一种价值理念，是与环保意识、生态意识、生命意识等绿色理念相关的，以绿色行为为表象的，体现了人类与自然和谐相处、共进共荣共发展的生活方式、行为规范、思维方式等方面的总和。世界一流企业作为卓越企业的代表，大都能将绿色发展理念作为企业发展的基本准则，塑造绿色企业文化，践行绿色发展行动，实施绿色发展管理，并将其融入社会责任中加以落实，努力打造环境友好型企业，推动人与自然和谐共生，并获得了显著的社会声誉。

当前我国已经到了必须加快推进生态文明建设的新的历史阶段，转变经济发展方式和实现绿色发展成为必然要求。随着国家层面提出“碳达峰、碳中和”的发展战略，中央企业要成为世界一流企业，必须将绿色发展理念融入企业的愿景和使命中，把绿色发展作为高质量发展的重要内容，主动对标世界一流企业的标准和做法，积极推行绿色发展行动，使绿色低碳成为高质量产品和服务的重要特征。在日常经营管理活动中，中央企业不仅要及时了解业务所在国家或地区的生态环境法律法规标准和政策措施等具体要求，也要积极保护生态环境和履行社会责任，主动公开企业相关业务的技术信息，自觉接受公众和社会监督，此外还要在发展中秉持可持续发展的思想来提高资源利用效率，推动新技术的创新和发展，努力实现企业发展、社会关注与环境承载相结合。

在内部运作中，中央企业要通过绿色发展来降低企业的环境约束成本和经济成本，争取以较少的投入取得较大的产出，加速推动自身的转型升级来促进可持续发展。例如采用环境友好的新技术、新设备、新材料和新工艺，从全生命周期、全产业链系统优化工艺路线，做好废气、污水、噪声和固体废物等污染物的控制，加大废弃资源的综合利用，提升安全环保水平，在最大程度上降低对环境的不利影响，形成低消耗、低排放、高效率的绿色发展方式，努力达到经济效益、社会效益与环境效益的高度统一。

中央企业作为当前我国各个行业和领域的优秀典范，在发展理念上要着力推进绿色转型，实现绿色制造，发展环保产业，提供绿色产品和服务，走经济、环境、资源协调统一的高质量发展道路，提升企业的经营效益和核心竞争力，让企业发展成果能够更多更好地惠及全体国民，更好满足人民群众对美好生活的向往。

一是在发展方向上，中央企业要突出引领作用。要促进产业结构实现绿色低碳化，能源结构低碳化，基础设施绿色现代化发展。重点构建绿色低碳循环现代产业体系和清洁低碳安全高效能源体系，着力推进能源清洁高效利用，重点突出绿色指导、绿色生产、绿色消费，构建绿色供应链，打造绿色治理体系。

二是在生产经营中，中央企业要着重建立可持续发展绿色技术体系。要把提高能源资源利用效率放在首位，持续优化生产力布局和生产组织方式，推进能源资源科学配置、高效利用，加强废弃物分类处置，持续降低能源资源消耗和碳排放，逐步实现能源消耗低碳化、原料使用无害化、生产过程洁净化、废物利用资源化，防止污染环境，重点解决资源耗费和环境污染等问题。

三是在技术创新上，中央企业要加强绿色的技术开发和利用。要加快创新和扩散生态绿色技术，引领绿色低碳技术创新发展，大力开发和应用现代资源节约技术，加大绿色产品研发和设计，普及先进适用清洁生产技术，优化工艺流程，采取综合高效利用能源和资源等先进技术，走绿色全生命周期的发展道路。

（八）持续提升经营管理水平

世界一流企业的管理体系成功之处表现在诸多方面，不仅包括运营管理、科技管理、人力资源管理等组织管理活动，以及对产业链、供应链等市场管理活动，从而构建架构清晰、流程顺畅、责任明确、运行高效的现代企业管理体系。

世界一流企业均会根据时代背景推动管理创新与变革，包括创新管理思路、管理理念、管理体制或管理流程，提升企业社会责任、加强自主品牌建设、实施全面预算管理等。在日常运营活动中，需要基于现有业务和组织体系来对管理工作进行顶层体系协调、横向体系梳理、纵向体系对接，来全面提升及优化管理制度体系，积极重塑产业链供应链价值链优势，从客户端、供应商端以及内部经营来推动全方位的管理创新，以及确定各类资源配置的优先级次序，使其能够满足企业短期活动与长期活动的整体需要。

中央企业在建设世界一流企业的进程中，需要强化系统思维，基于爱国、诚信、创新、绿色、担当、共赢的价值理念来构建规范的内部管理体系；需要把现代管理体系建设作为管理活动的重要内容和提升核心竞争力的重要途径，不仅要深入查找企业管理薄弱环节，还要对标世界一流企业，补短板、强弱项；需要通过持续的管理改进与创新来加强企业管理的制度体系、组织体系、责任体系、执行体系、评价体系等建设，不断提升管理科学化、现代化水平，构建包括运营管理、科技管理、人力资源管理、信息化管理的综合体系；需要实施扁平化改造并压缩管理链条，促进业务发展，适时优化创新价值创造模式，进而形成独特而持续的竞争优势，高效率地实现企业绩效与发展目标。通过实施全面管理提升活动，中央企业可以充分借鉴世界一流企业的成功管理经验来夯实自身管理基础，广泛运用先进管理方法和管理手段，将管理体系建设覆盖到研发设计、生产制造、供应链管理、营销服务的全流程，在产品或服务设计、生产工艺或品质控制以及经济绩效、客户满意度、社会价值等方面，向世界一流企业看齐，努力成为有能力定义现代管理理念的领导者。

在面向市场的管理提升活动中，中央企业需要将市场机会的把握、价值创造的洞见和内部资源的积累整合、核心能力的培育开发等有机结合起来，形成一批引领全球行业技术发展并在全球产业发展中具有话语权和影响力的领先企业，在国际市场竞争中占据有利地位。中央企业在发展过程中要不断优化与创新管理模式，持续提高经营水平，以市场为导向持续加大研发投入，突破和掌握一批关键核心技术，培育一批高附加值的尖端产品，打造一批国际知名的高端品牌，加快推进产业升级并在一些行业和领域向价值链高端迈进。

除此之外，中央企业在管理提升的过程中，不能忽略自身的“立足土壤”。需要结合中国实践来寻求更大的发展机遇，不仅需要根据国家战略变化来调整自身发展战略，更应该主动探索、承接和融入国家战略，始终考虑国家利益，做到与国家战略保持一致来实现企业使命，并基于此来制定战略目标，并落实到最终的战略行动中。具体举措包括：在重要产业领域，推动跨行业、跨地区、跨企业的产业结构调整；立足区域资源优势和经济发展基础，主动融入乡村振兴战略，塑造央地合作新模式，重点发展高端化、规模化和特色化产业，打造区域特色、优势明显的产业集群，增强对区域经济发展的引领和支撑作用；参与“一带一路”共建国家和地区的建设等，推进国内外平衡发展，提升合作力度，构建国内国际双循环相互促进的新格局；以国有资本布局优化和结构调整为手段，抓住新旧动能转换关键契机，优化产业布局结构，打造创新创业高地，避开“红海”，开辟和进入“蓝海”，实现自身在新领域的领先优势。这不仅是中央企业自身使命的必然要求，而且可以为企业发展提供良好的机遇。

当今世界正处于一个大变革、大调整的时期，政治、经济、社会和文化等诸多领域都处于深刻的变迁中。在这样的大背景下，任何状态或均衡都是一个相对短暂和特殊的时刻，持续的变化才是社会经济系统更为普遍的现象和事实。中央企业立志成为世界一流企业，需要深刻理解实现中华民族伟大复兴的战略全局和世界百年未有之大变局的根本内涵，统筹政策、资金、项目、平台、人才等关键资源，充分发挥举国体制优势，强化国家战略科技力量，落实“四项行动”来提升“五力”[①]，着重壮大实体经济，加快制造强国、质量强国、网络强国和数字中国建设的步伐。同时，根据时代的变换，环境的变迁，制度的变革，文化的演进等重大变革，中央企业要立足于“动态性”“变化性”和“调整性”来考虑未来的长期发展，完成从单一优势向复合优势的转变。在发展历程中，重要企业必须注重规模、质量和效益相统一：首先是规模，规模是小而精的小企业，可能各个指标好，但是不能成为世界一流；其次是质量，如果过于强调规模化，而不注重质量，会导致整个企业依然处于“外强中干”的发展势态；最后是效益，企业的发展结果的重要衡量基准就是强调必须能够产生实际效益，或者经济效益，或者社会效益，或者国家利益等。

当前，一部分中央企业已经初步具有世界一流企业的特质和特征。当然，深入考察这些企业的发展状况，

---

① 四项行动：深入推进世界一流企业创建示范行动；巩固深化对标世界一流企业管理提升行动；高标准开展对标世界一流企业价值创造行动；组织实施中央企业品牌提升行动。五力：着力强化原创技术供给，着力集聚创新要素，着力深化创新协调，着力促进原创成果转化，着力优化创新生态。

它们在诸多方面还有很大的提升空间。而且，中国的特殊国情决定了，在迈向世界一流企业的道路上，中央企业必然会体现出一些自身的特色和特点。中央企业的运行模式、管理体制机制（领导人任命方式、人才培养与选拔机制、分配激励机制等）、资源整合、经营方式等多方面，无不显现出与世界一流企业不同的特点。认清并坚持好自身的特色一面，同时以更加开放的姿态，充分学习和借鉴世界一流企业的成长经验和先进管理成果，始终从自身实际出发，找差距、定措施、补短板，赶超标杆企业，如此才能加快跻身世界一流企业之列。面向未来，中央企业在走向世界一流企业的道路上，任重而道远，需要“走好每一步，走稳每一步”。

第一篇

加快完善中国特色现代企业制度

中国特色现代企业制度，是习近平经济思想的重要组成部分。建设和完善中国特色现代企业制度，是以习近平同志为核心的党中央对国资国企做出的重大战略部署。习近平总书记在党的二十大报告中强调，“完善中国特色现代企业制度，弘扬企业家精神，加快建设世界一流企业。”中央经济工作会议部署2023年经济工作时进一步强调，“完善中国特色国有企业现代公司治理，真正按市场化机制运营。”新一轮国企改革深化提升行动要求，加快完善中国特色国有企业现代公司治理，全面构建中国特色现代企业制度下的新型经营责任制，健全更加精准灵活、规范高效的收入分配机制。在2016年，习近平总书记在全国国有企业党的建设工作会议上提出了“两个一以贯之”重要指示要求[①]，要求“建设中国特色现代国有企业制度”。之后党的十九届四中全会又将“中国特色现代国有企业制度”扩展为“中国特色现代企业制度”。以“两个一以贯之”为根本特征的中国特色现代企业制度，是对马克思主义政治经济学在微观企业层面的丰富和发展，是对传统企业管理理论特别是传统公司治理理论的重大创新，为世界公司治理和企业管理贡献了“中国智慧”，为其他国家提供了在企业制度层面将市场经济与本国国情相结合的“中国经验”。

国务院国有资产监督管理委员会（以下简称“国务院国资委”）党委多次就加快建设中国特色现代企业制度作出部署。委领导多次强调，“建设中国特色现代国有企业制度，根本是‘两个一以贯之’，要把两者有机统一起来，”“以提高核心竞争力和增强核心功能为重点，乘势而上推进新一轮国有企业改革深化提升行动，”“着力完善中国特色国有企业现代公司治理。”党的十八大以来，特别是全国国有企业党的建设工作会议以来，国资国企坚定不移地全面贯彻落实习近平总书记关于“两个一以贯之”重要指示要求，不断推动中国特色现代企业制度更加成熟更加定型，取得了显著成就，积累

① “两个一以贯之”重要指示要求：“坚持党对国有企业的领导是重大政治原则，必须一以贯之；建立现代企业制度是国有企业改革的方向，也必须一以贯之。要把加强党的领导和完善公司治理统一起来，建设中国特色现代国有企业制度。”

了宝贵经验。

加快完善中国特色现代企业制度，既是加快建设世界一流企业的主要任务，又是做强做优做大、加快建设世界一流企业的重要制度基础。首先，加快完善中国特色现代企业制度，是“治理现代”的重要内容。其次，中国特色现代企业制度具有确保国有企业目标实现的显著优势。通过党委（党组）发挥领导作用，可以确保党中央决策部署和习近平总书记重要指示批示在国有企业贯彻落实，确保企业改革发展的社会主义方向，确保企业全面履行经济责任、政治责任和社会责任。再次，中国特色现代企业制度具有解放和发展生产力的显著优势，具有确保正确战略方向、凝聚力量保证战略实施的独特优势，是企业核心竞争力的重要来源。

中国特色现代企业制度的建设主体是多元的。我们认为，民营企业也需要建设中国特色现代企业制度，它与国有企业的主要区别在于党组织作用不同。民营企业要按规定设立党的组织、开展党的活动、发挥党组织作用①。考虑到本书主要面向国有企业领导人员，

① 《中国共产党章程》规定，“非公有制经济组织中党的基层组织，贯彻党的方针政策，引导和监督企业遵守国家的法律法规，领导工会、共青团等群团组织，团结凝聚职工群众，维护各方的合法权益，促进企业健康发展”。2012 年 5 月，中共中央办公厅印发《关于加强和改进非公有制企业党的建设工作的意见（试行）》规定，“非公有制企业党组织是党在企业中的战斗堡垒，在企业职工群众中发挥政治核心作用，在企业发展中发挥政治引领作用”。

因此本书聚焦于国有企业。

本篇共五部分，第一部分尝试系统梳理习近平总书记关于中国特色现代企业制度的重要论述，明确建设中国特色现代企业制度的根本指南；第二部分按对比逻辑，简述公司治理的起源和发展，介绍并分析国外各国公司治理模式及优缺点，重点分析 OECD《公司治理原则》和《国有企业公司治理指引》，为加快完善中国特色现代企业制度，特别是按市场化机制运营提供有益借鉴；第三部分按历史逻辑，介绍国有企业管理制度的探索过程，总结探索中形成的具有规律性的管理经验，为加快完善中国特色现代企业制度提供宝贵经验；第四部分按理论逻辑，尝试构建中国特色现代企业制度的相关理论，包括理论模型、基本特征、制度优势和理论创新，为加快完善中国特色现代企业制度提供坚实的理论支撑；第五部分按现实逻辑，介绍中国特色现代企业制度建设现状、当前主要任务和具体举措，以推进中国特色现代企业制度更加完善。

建设中国特色现代企业制度的科学指南

习近平总书记高度重视和关心国有企业建设中国特色现代企业制度工作，特别是2016年全国国有企业党的建设工作会议以来，做出了一系列重要指示批示，提出了一系列重要要求。习近平总书记关于中国特色现代企业制度的重要论述，是对我们党领导国有企业改革发展丰富实践和历史经验的科学总结，是运用马克思主义立场观点方法对国有企业发展理论的重大创新，是坚定走中国特色国有企业改革发展道路的科学指南[①]。

一、关于坚持中国特色治理道路的重要论述

企业制度具有国别差异。习近平总书记指出：建立中国特色现代企业制度，要立足我国国情，不要生搬硬套外国的做法。公司治理本来就没有放之四海皆准的模

① 国务院国资委党委："坚持党的领导、加强党的建设是国有企业的'根'和'魂'"，《求是》2021年第18期。

式。“英美模式”也好，“德日模式”也好，只是公司治理一般性原理在不同制度背景下的反映。我国是中国共产党领导的社会主义国家，国有企业当然要同大的体制合拍，不要向西方企业看齐，也不可能看齐[①]。

创造性提出“两个一以贯之”。习近平总书记提出：坚持党对国有企业的领导是重大政治原则，必须一以贯之；建立现代企业制度是国有企业改革的方向，也必须一以贯之。要把加强党的领导和完善公司治理统一起来，建设中国特色现代国有企业制度[②]。

在中央的全会和中央文件中，也对建设中国特色现代企业制度提出了明确要求。

——2016年12月，《关于进一步完善国有企业法人治理结构的指导意见》经中央政治局常务委员会第166次会议审议，于2017年4月正式印发。这是首个关于国有企业公司治理的总体性文件。

——2019年10月，党的十九届四中全会提出“深化国有企业改革，完善中国特色现代企业制度”的明确要求，第一次将“中国特色现代企业制度”写入中央全会文件，凸显了这一制度的重要性，进一步拓展了制度

① 习近平：“坚持党对国有企业的领导是重大政治原则”，《论坚持党对一切工作的领导》，中央文献出版社2019年版，第150页。

② 习近平：“坚持党对国有企业的领导是重大政治原则”，《论坚持党对一切工作的领导》，中央文献出版社2019年版，第148页。

内涵。

——2019年11月经中央政治局会议审议通过，12月印发的《中国共产党国有企业基层组织工作条例（试行）》，将“坚持加强党的领导和完善公司治理相统一”作为国有企业党组织工作的首条原则，单独设置“党的领导和公司治理”一章。

——2020年6月，中央全面深化改革委员会召开第十四次会议审议通过，8月正式印发《国企改革三年行动方案》，把党的十九大对国资国企改革的要求进一步具体化，将完善中国特色现代企业制度建设作为首要任务。

——2020年10月，党的十九届五中全会对深化国资国企改革提出要求，再次强调要加快完善中国特色现代企业制度。

——2020年12月经中央深改委第十七次会议审议通过，2021年3月25日正式印发《关于中央企业在完善公司治理中加强党的领导的意见》，对进一步把加强党的领导和完善公司治理统一起来、加快完善中国特色现代企业制度作出部署、提出要求。

——2022年6月，《关于加快建设世界一流企业的意见》印发，明确“加快完善中国特色现代企业制度”是其中一项重要任务。

——2022年10月，党的二十大报告明确要“完善中国特色现代企业制度，弘扬企业家精神，加快建设世界一流企业”。

——2022年12月，中央经济工作会议部署2023年经济工作时进一步强调，“完善中国特色国有企业现代公司治理，真正按市场化机制运营”。

二、关于坚持和加强党对国有企业领导的重要论述

国有企业党的领导、党的建设只能加强、不能削弱。习近平总书记鲜明指出：国有企业是党领导的国家治理体系的重要组成部分，理所当然要坚持党的领导[①]。习近平总书记强调：中国特色现代国有企业制度，“特”就特在把党的领导融入公司治理各环节，把企业党组织内嵌到公司治理结构之中，明确和落实党组织在公司法人治理结构中的法定地位，做到组织落实、干部到位、职责明确、监督严格，不能搞成摆设。党对国有企业的领导是政治领导、思想领导、组织领导的有机统一，放弃或忽视其中任何一点，都不可能实现党的领导。国有企业党组织发挥领导核心和政治核心作用，归结到一

① 国务院国资委党委：“坚持党的领导、加强党的建设是国有企业的‘根’和‘魂’”，《求是》2021年第18期。

点，就是把方向、管大局、保落实[①]。

习近平总书记要求：要明确党组织在决策、执行、监督各环节的权责和工作方式，使党组织发挥作用组织化、制度化、具体化。在组织架构上，要完善“双向进入、交叉任职”领导体制，全面推行党委（党组）书记、董事长由一人担任。在决策程序上，要明确党组织研究讨论是董事会、经理层决策重大问题的前置程序，重大经营管理事项必须经党组织研究讨论后，再由董事会或经理层做出决定。坚持国有企业党的领导，不能含含糊糊地，公司章程是企业内部的根本法，要把党建工作要求写入公司章程[②]。

党的领导党的建设是国有企业的独特优势。习近平总书记鲜明指出：坚持党的领导、加强党的建设，是我国国有企业的光荣传统，是国有企业的“根”和“魂”，是我国国有企业的独特优势[③]。在我国，把国有企业做强做优做大靠什么？宏观政策支持、市场环境很重要，正确的发展战略、科学的管理体系、有竞争力的技术和产品很重要，但最重要的还是要有一种为国家为

---

① 习近平：“坚持党对国有企业的领导是重大政治原则”，《论坚持党对一切工作的领导》，中央文献出版社 2019 年版，第 148—149 页。

② 习近平：“坚持党对国有企业的领导是重大政治原则”，《论坚持党对一切工作的领导》，中央文献出版社 2019 年版，第 149—150 页。

③ 2016 年 10 月 10 日，习近平总书记在全国国有企业党的建设工作会议上的讲话，《人民日报》，2016 年 10 月 12 日。

人民真诚奉献的精神、一个坚强有力的领导班子、一支勇于攻坚克难的高素质干部队伍、一支充分组织起来的职工队伍。没有精神、没有领导力、没有队伍，任何国有企业都是办不好的。在我们的国有企业中，党的领导、党的建设恰恰能够在这方面发挥重要作用，这是国外企业所不具备的独特优势。加强和改进新形势下国有企业党的建设，就是要通过贯彻落实党的理论和路线方针政策来把准企业改革发展的正确方向，通过党管干部、党管人才来建强企业领导班子和职工队伍，通过发挥基层党组织战斗堡垒作用和党员先锋模范作用来凝聚职工群众、推动各项任务落实，通过加强党风廉政建设来正风肃纪、防范风险①。

全面从严治党，国有企业没有例外。习近平总书记指出：党和人民把国有资产交给企业领导人员经营管理，是莫大的信任。要加强对国有企业领导人员的党性教育、宗旨教育、警示教育、严明政治纪律和政治规矩，引导他们不断提高思想政治素质、增强党性修养，从思想深处拧紧螺丝。要突出监督重点，强化对关键岗位、重要人员特别是一把手的监督管理，完善“三重一大”决策监督机制，突出工程招投标、改制重组、产权

① 本书编写组：《新时代国有企业党的建设教程》，中共中央党校出版社 2019 年版，第 14—15 页。

变更和交易等方面的监督，坚决改变内部无人监督、外部监督不到位的问题。要严格日常管理，落实谈心谈话制度，加大综合考核评价和提醒、函询、诫勉力度，防止小毛病演化成大问题。要整合监督力量，形成监督合力。要深化国有资产监督管理体制改革，加强出资人监督，把管资本为主和对人监督结合起来，保证投资运营公司国有资本安全和混合所有制企业国有股权董事履行职责[①]。

三、关于国有企业建立市场化机制的重要论述

关于遵循市场经济规律对企业制度的重要性，习近平总书记在“两个一以贯之”重要指示要求中进行了明确。习近平总书记强调，建立现代企业制度是国有企业改革的方向，也必须一以贯之。习近平总书记明确指出，企业党委（党组）也要尊重其他治理主体，既维护董事会对企业重大问题的决策权，又保证党组织的意图在重大问题决策中得到体现。必须明确，借口建立现代企业制度否定或取消党的领导无疑是错误的，但把党组织直接作为企业生产经营的决策和指挥中心也不符合企

① 习近平：“坚持党对国有企业的领导是重大政治原则”，《论坚持党对一切工作的领导》，中央文献出版社 2019 年版，第 151—152 页。

业党组织功能定位。这方面，一定要把握好，既不能缺位，也不能越位[①]。

习近平总书记强调：国有企业领导人员是党在经济领域的执政骨干，是治国理政复合型人才的重要来源，肩负着经营管理国有资产、实现保值增值的重要责任。国有企业领导人员必须做到对党忠诚、勇于创新、治企有方、兴企有为、清正廉洁。面对日趋激烈的国内外市场竞争，国有企业领导人员要迎难而上、开拓进取，带领广大干部职工开创企业发展新局面[②]。

习近平总书记指出：培养造就大批高素质国有企业领导人员，要把坚持党管干部原则和发挥市场机制作用结合起来[③]。坚持党管干部原则不能动摇、不能走样、不能被架空，必须保证党对干部人事工作的领导权和对重要干部的管理权。国有企业要在破解“能上不能下”上积极探索。要按市场规律对经理层进行管理，立下军令状，明确责权利，干得好的就激励，干得不好就调整，畅通“下”的渠道，实现职务能上能下、人员能进能出、收入能增能减。习近平总书记强调：要深化企业内部管理人员能上能下、员工能进能出、收入能增能减

① 习近平：“坚持党对国有企业的领导是重大政治原则”，《论坚持党对一切工作的领导》，中央文献出版社 2019 年版，第 151 页。

② 习近平总书记在全国国有企业党的建设工作会议上的讲话，新华社，2016。

③ 中共中央中组部、国务院国资委就修订印发《中央企业领导人员管理规定》答记者问（2018 年 9 月 30 日）。

的制度改革，增强企业各类人员推动企业发展的责任心[①]。完善干部考核评价体系，引导干部树立和践行正确政绩观，推动干部能上能下、能进能出，形成能者上、优者奖、庸者下、劣者汰的良好局面[②]。

四、关于全心全意依靠工人阶级的重要论述

习近平总书记指出：坚持全心全意依靠工人阶级的方针，是坚持党对国有企业领导的内在要求，要在政治上保证、制度上落实、素质上提高、权益上维护，不能当口号喊[③]。

习近平总书记强调：我国是人民当家作主的社会主义国家，党和国家始终坚持全心全意依靠工人阶级方针，始终高度重视工人阶级和广大群众在党和国家事业发展中的重要地位，始终高度重视发挥劳动模范和先进工作者的重要作用[④]。工人阶级是我国的领导阶级，是先

① 习近平："坚定不移深化国有企业改革，实现国有资产保值增值"，《论坚持全面深化改革》，中央文献出版社 2018 年版，第 271 页。

② 习近平："高举中国特色社会主义伟大旗帜 为全面建设社会主义现代化国家而团结奋斗——在中国共产党第二十次全国代表大会上的报告"（2022 年 10 月 16 日）。

③ 习近平："坚持党对国有企业的领导是重大政治原则"，《论坚持党对一切工作的领导》，中央文献出版社 2019 年版，第 153 页。

④ 习近平：《在全国劳动模范和先进工作者表彰大会上的讲话》，人民出版社单行本 2020 年版，第 2 页。

进生产力和生产关系的代表，是坚持和发展中国特色社会主义的主力军。全面建设社会主义现代化国家，符合全国各族人民根本利益和共同愿望，我国工人阶级和广大劳动群众要坚定不移听党话、矢志不渝跟党走，当好主人翁，建功新时代[①]。

习近平总书记要求：全心全意依靠工人阶级，健全以职工代表大会为基本形式的企事业单位民主管理制度，维护职工合法权益[②]。要健全以职工代表大会为基本形式的企事业单位民主管理制度，推进厂务公开，充分发挥广大职工群众的积极性、主动性、创造性[③]。企业在重大决策上要听取职工意见，涉及职工切身利益的重大问题必须经过职代会审议。要坚持和完善职工董事制度、职工监事制度，鼓励职工序参与公司治理[④]。

---

① 习近平：《在全国劳动模范和先进工作者表彰大会上的讲话》，人民出版社单行本 2020 年版，第 6 页。

② 习近平："高举中国特色社会主义伟大旗帜 为全面建设社会主义现代化国家而团结奋斗——在中国共产党第二十次全国代表大会上的报告"（2022 年 10 月 16 日）。

③ 习近平：《在全国劳动模范和先进工作者表彰大会上的讲话》，人民出版社单行本 2020 年版，第 9—10 页。

④ 习近平："坚持党对国有企业的领导是重大政治原则"，《论坚持党对一切工作的领导》，中央文献出版社 2019 年版，第 153 页。

五、关于国有企业治理体系、治理机制和治理效能的重要论述

习近平总书记强调：要完善体制机制，明确党委（党组）在决策、执行、监督各环节的权责和工作方式，正确处理党委（党组）和董事会、经理层等治理主体的关系，坚持权责法定、权责透明、协调运转、有效制衡的公司治理机制，推动制度优势更好转化为治理效能[①]。

习近平总书记要求：在实际运行中，要处理好党组织和其他治理主体的关系，明确权责边界，做到无缝衔接，形成各司其职、各负其责、协调运转、有效制衡的公司治理机制。国有企业党委（党组）是公司治理结构的领导核心和政治核心，企业其他治理主体要自觉维护这个核心。这应该是一种制度安排，不能把“参与决策”变成“陪衬决策”，不能以书记个人参与决策代替党组织集体研究讨论。企业党委（党组）也要尊重其他治理主体，既维护董事会对企业重大问题的决策权，又保证党组织的意图在重大问题决策中得到体现[②]。

---

①　习近平总书记主持召开中央全面深化改革委员会第十七次会议上的讲话，新华社，2020。

②　习近平：“坚持党对国有企业的领导是重大政治原则”，《论坚持党对一切工作的领导》，中央文献出版社 2019 年版，第 150—151 页。

习近平总书记对治理效能提出了明确要求：要“推动制度优势更好转化为治理效能”[①]。国有企业的治理效能，既包括经济效能，也包括政治效能和社会效能。习近平总书记指出：在中国共产党领导的我国社会主义制度下，国有企业和国有经济必须不断发展壮大，这个问题应该是毋庸置疑的。我们要善于从政治上看问题，决不能认为这（国有企业还要不要）只是一个简单的所有制问题，或者只是一个纯粹的经济问题。那就太天真了！国有企业是中国特色社会主义的重要物质基础和政治基础，关系公有制主体地位的巩固，关系我们党的执政地位和执政能力，关系我国社会主义制度[②]。

公司治理的起源与发展

公司治理是现代企业制度的重要组成部分，西方国家在公司治理方面积累了先进的治理经验，为构建中国

① 习近平总书记主持召开中央全面深化改革委员会第十七次会议上的讲话，新华社，2020。

② 习近平：“坚定不移把国有企业做强做优做大”，《论坚持全面深化改革》，中央文献出版社 2018 年版，第 288—289 页。

特色现代企业制度提供了有益借鉴。以下首先分析公司治理的产生动因、公司治理发展的不同阶段，之后介绍国外公司治理的主要模式，最后重点介绍二十国集团/经合组织《公司治理原则》和《国有企业公司治理指引》及其对我国国有企业公司治理的借鉴意义。

一、公司治理的产生与演进

国外的公司治理理论认为，公司设置治理机制是基于公司的所有权与经营权分离时，经理人有机会实施自利行为，股东和利益相关者要承受相应损失的假设[①]。这种情况通常称为代理问题，导致的成本则称为代理成本。也就是说，在制定有关投资、融资和经营等决策时，经理人有可能考虑牺牲他人利益而做出利于自己的决策。为了减少代理成本，公司会设立某种监督与平衡系统，即公司治理[②]。

20 世纪 80 年代后期，公司治理问题引起了西方学者的关注，并逐渐成为一个重要的研究领域。李维安综合国内外相关研究，将公司治理定义为：通过一套包括正式或非正式的、内部或外部的制度或机制来协调公司

① 这种假设主要来自于美国学者伯利和米恩斯所著的《现代公司与私有产权》。

② 戴维·拉克尔、布莱恩·泰安著，严若森、钱晶晶、陈静译：《公司治理：组织视角（第 2 版）》，中国人民大学出版社 2018 年版。

与所有利益相关者之间的利益关系，以保证公司决策的科学化，最终维护公司各方面利益的一种制度安排。

自产生以来，公司治理的发展可以分为以下三个阶段：“股东至上”阶段、“利益相关者参与治理”阶段和“经济、社会与治理（ESG）”阶段。

（一）“股东至上”阶段

20 世纪 30 年代之前，大多数美国公司还是由家族所有。比如通用电气、强生、宝洁等，都成立于 19 世纪末、20 世纪初。在初始阶段，这些公司的董事会一般由家庭成员、富有的投资者、来自各方面的创始人的朋友组成。这些董事中的许多人，甚至可以说是绝大多数人都与公司利益紧紧相连，也就是说，他们的利益与公司利益是趋同的，因而肯定会努力维护公司的利益并会设法为公司取得商业成功出一份力。

在 20 世纪 30 年代，发生了著名的“经理革命”，权力中心迅速由所有者经理人转向了职业经理人。这一运动在美国学者伯利和米恩斯所著的《现代公司与私有产权》中有详细的叙述。公司的快速增长需要大量资金作为其“发动机的燃料”，因而通过公开上市走向股权交易市场。于是“现代公司”/“现代企业”诞生了。根据伯利和米恩斯的定义，“现代公司”指那些不存在“有绝对支配力的所有者”的公司，“公司控制权保持着与所有权分离的状态”。

与公司所有权和控制权分离一同出现的是“内部人控制”问题。伯利和米恩斯在《现代公司与私有产权》一书中提出，现代公司中公司所有权与经营权出现了分离，公司已由所有者控制转变为经营者控制，经营者权力的增大有损害资本所有者利益的危险。

代理人与股东及利益相关者的利益冲突和信息不对称，导致了内部人控制问题的产生。代理人（比如经理层）会按照自己利益最大化的方式选择决策，但这可能会损害股东及利益相关者的利益。原因有二：第一，委托人及利益相关者与代理人存在着利益冲突或利益不一致，代理人的自己利益最大化可能与委托人及利益相关者的利益产生冲突；第二，委托人和代理人之间存在信息不对称，即代理人拥有不易直接被委托人观察的（知识和行为等方面）私人信息，这种信息不对称会影响委托人对代理人监督的有效性。因此，所有与股东及利益相关者期望相违背的动机与行为，即“代理人的机会主义风险”，均应成为委托人的监督内容。

因此，在公司治理的初始阶段，为了防止经理层的内部人控制问题，保护股东的利益，形成了“股东至上”的治理理念。基于股东至上的公司治理就是以实现股东价值最大化为目标，遵循的是“资本雇佣劳动”的逻辑，认为物质资本的提供者——股东完全拥有企业所有权（企业所有权在委托—代理关系中指的是企业的剩余索取权和剩余控制权）。此种模式下，通过克服管理者的机会主义行为，以实现股东价值的最大化，强调构建以董事会建设为核心制度安排的内部治理机制和资本市场、并购市场、经理市场、产品市场等非制度安排为主要内容的外部治理机制。

（二）“利益相关者参与治理”阶段

20 世纪 80 年代，斯蒂格利茨提出“多重代理理论”，即“利益相关者理论”。该理论认为，现代公司是由各个利益平等的利益相关者所组成，股东只是其中的一员，管理者不仅要为股东服务，还要为公司所有的利益相关者服务。

基于“利益相关者参与治理”的公司治理，在实现股东利益的基础上，要考虑利益相关者利益。为了保证利益相关者利益，“利益相关者参与治理”要求利益相关者团体要分享控制权。与“股东至上”理念相比，“利益相关者参与治理”理念由股东的单边治理过渡到利益相关者的共同治理，即除股东外其他利益相关者也参与公司治理，利益相关者尤其是债权人银行、职工选举代表进入公司治理机构（董事会、监事会等），或者参与公司经营的监督，从而实现保护利益相关者的利益最大化的目标。

（三）“经济、社会与治理（ESG）”阶段

ESG 概念最早由联合国环境规划署在 2004 年提出，它要求企业在发展过程中注重环境保护、履行社会责任和完善公司治理。2006 年，联合国责任投资原则组织（UN PRI）成立，2011 年可持续发展会计准则委员会（SASB）成立。随后，自 2014 年以来，ESG 资产管理规模以每年 25% 的速度增长。ESG 理念涵盖了衡量公司或商业投资中可持续性和道德影响最核心的三个因素，本质上追寻长期的可持续投资回报。

2019 年 8 月 19 日，由苹果、亚马逊、美国航空公司、摩根大通集团、沃尔玛、百事公司等 181 位美国顶级公司 CEO 组成的商业圆桌会议发表联合声明，重新定义了公司经营的宗旨，认为股东利益不再是公司最重要的目标，公司的首要任务是创造一个美好社会。ESG 构造了一种全新的坐标体系，从长期维度来衡量公司价值。

分析三个阶段的治理理念变化，可以看出西方国家的公司治理理念也正在关注企业和利益相关者、社会的关系，但核心仍是“以资本为中心”为根本逻辑，在此基础上考虑利益相关者的利益诉求，考虑企业对社区和社会利益的责任。

二、国外公司治理的主要模式

在世界范围内，公司治理既有一般性，又有其不同的国别特点。不同的历史文化、政治法律体制和市场环境会形成不同的企业融资结构和公司特征，进而产生不同的治理模式。二十国集团/经合组织《公司治理原则》也指出，“要实现有效的公司治理，必须存在健全的法律、监管和制度框架，供市场参与者在建立私有契约关系时能够依靠。这种公司治理框架，通常由法律、监管、自律安排、自愿承诺和商业实践这些要素构成，而这些要素往往受到一国特定的环境、历史状况以及传统习惯的影响。因此，法律、监管、自律安排、自愿标准等的理想融合体，即公司治理框架，也因国而异”。

（一）英美公司治理模式

英美公司治理模式也称为英美模式、市场导向型公司治理模式，或股东至上的公司治理模式[①]。这种模式以发达的资本市场为基础，通常存在于法律机制完善、资本市场发达、信息透明度高、股权相对分散且流动性强、职业经理人市场规范活跃的环境中。代表性国家是

① 姜付秀：《公司治理：基本原理及中国特色》，中国人民大学出版社 2022 年版，第 263 页。

美国和英国。

1. 英美公司治理结构及治理特点。

(1) 以独立董事为主的单层制董事会。美国公司治理模式的内部治理结构如图 1－1 所示[①]。

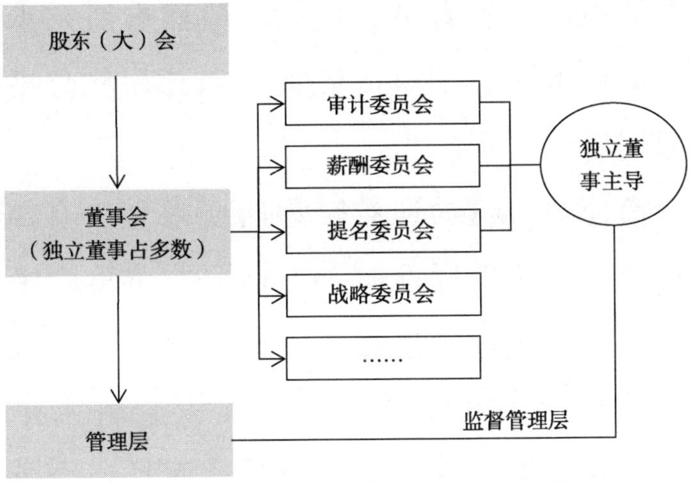

图 1－1　美国公司的内部治理结构

美国的公司治理机制是以股东为中心。在法律上，董事有义务维护公司利益，即股东利益[②]，与保护股东权益的主旨相一致，公司内部治理机制也体现了股东利益至上的层级安排。股东（大）会是公司最高权力机构，负责选举董事会成员并对公司重大事项进行裁决。其下设立董事会，代表股东选聘与监督经理人。公司日

① 姜付秀：《公司治理：基本原理及中国特色》，中国人民大学出版社 2022 年版，第 263 页。

② 戴维·拉克尔、布莱恩·泰安著，严若森、钱晶晶、陈静译：《公司治理：组织视角（第 2 版）》，中国人民大学出版社 2018 年版，第 22 页。

常经营管理则由管理层负责。在这种模式下，不单独设立监事会，监督职能一方面由独立董事在决策时进行制衡，另一方面由独立董事为主的审计委员会等承担监督职能。

董事会中一般没有员工代表，虽然有股东承担社会责任——如环保、公正对待劳工和内部薪酬公平等，但很少有起到有效作用的[①]。

对上市公司，纽约证券交易所要求至少有400个股东，并符合以下治理标准：①上市公司董事会中独立董事占多数；②非执行董事必须定期会面，执行董事不能参与；③董事会中薪酬委员会必须完全由独立董事构成；④审计委员会至少有三名成员，而且该委员会所有成员必须通悉财务，其中至少有一位是财务专家；⑤公司必须有内部审计；⑥CEO每年须证明公司符合纽约证券交易所要求。

（2）中长期激励性薪酬为主的高管薪酬体系。为缓解股东与管理层之间的利益冲突，提升高管与股东目标的一致性，以股权激励为代表的中长期激励性薪酬通常在英美等国公司高管薪酬体系中占据较大比例。在股权收益占比较高的薪酬体系下，高管收入水平很大程度上

---

① 戴维·拉克尔、布莱恩·泰安著，严若森、钱晶晶、陈静译：《公司治理：组织视角（第2版）》，中国人民大学出版社2018年版，第22页。

取决于公司股票市场表现，这在一定程度上为管理层努力经营提供了更大动力，但也增加了经理层对短期利益而非长期利益的追求。

2. 美国公司董事会的职责与边界。拉姆·查兰（2019）总结了美国董事会的职责与边界，如图 1－2 所示[①]。

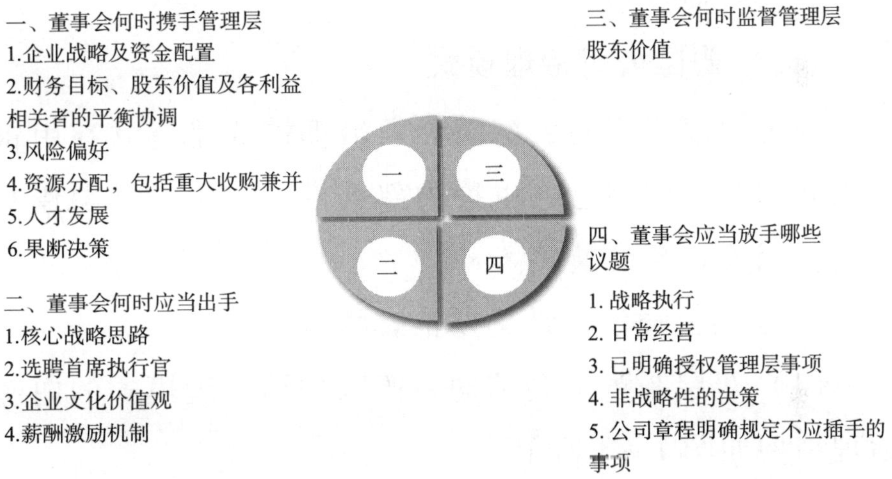

图 1－2　美国董事会的职责与边界

3. 英美公司治理模式的启示意义。

第一，美国董事会结构多采用没有监事会的单层制董事会，为了防止内部人控制，需要从以下几个方面加强。一是独立董事占多数，通过设立与企业没有利益关系的独立董事，防止出现内部人控制的问题。二是内外

① 拉姆·查兰：《董事会领导力》，机械工业出版社 2019 年版，第 28 页。

共治，强化外部法律监管。通过外部治理来推动内部治理水平，实现内外共治。

第二，从美国董事会的职责与边界可以看出，董事会要想发挥作用，创造更大价值，并不意味着必须事必躬亲，处处指导，盲目插手。明确职责定位，聚焦重点议题，坚守工作边界，分清何时出手、何时携手、何时放手、何时监督是关键中的关键。

（二）德国公司治理模式

与美国模式不同，德国公司治理模式是建立在由银行主导的金融体制上，也称内部人模式，银行导向模式或利益相关者至上模式。

1. 德国公司治理结构及治理特点。

（1）双层制董事会结构。德国公司治理模式的内部治理结构如图 1－3 所示。

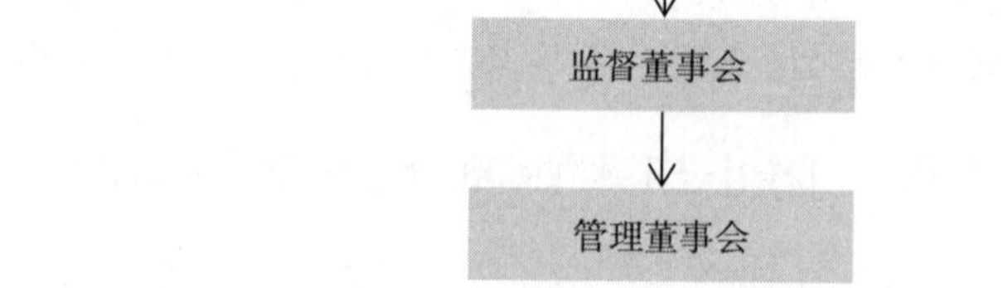

图 1－3　德国公司治理的内部治理结构

德国法律规定，公司应该有双层董事会结构，而不是英美模式的单层董事会结构。下面的一层是管理董事会，负责战略制定、产品开发、产品生产、财务、营销、分销和供应链等重大决策；上面的一层是监督董事会，负责监督管理董事会，主要职责有任命管理董事会成员、批准财务报表、进行重大资本投资决策、并购及支付股息。在监督董事会中，不允许有经理人，其成员每年由股东大会选举产生。

（2）利益相关者参与公司治理。德国公司治理模式以保护集体利益为原则，强调集体主义力量，注重保护利益相关者的权益。员工参与被置于重要的制度地位。德国颁布了一系列关于职工参与决策的制度，规定在监事会中职工占有一定比例，因企业规模、人数、性质不同，职工代表在监事会中的比例可以占到1/3—1/2。根据《德国公司治理准则》，如果公司人数超过500人，则其监督董事会成员中1/3应是员工代表，如果员工人数超过2000人，则员工代表占1/2。这是法律硬性规定，不能通过规章制度改变，因此，德国治理模式更注重保护员工利益，与英美模式中注重股东回报不同。

2. 德国治理模式的启示意义。德国公司治理的最大可借鉴之处在于员工参与治理。在德国的公司治理和监管体系中，特别强调发挥员工组织的作用，规定职工参与企业的经营管理。法律规定在企业监事会成员中必须有一定数量的职工代表。这种制度有助于缓解劳资矛盾，也是长期以来德国相对欧洲其他国家罢工事件发生较少的原因之一。

（三）日本公司治理模式

1. 日本公司治理结构及治理特点。

（1）双层制董事会结构。日本公司治理模式的内部治理结构如图 1 -4 所示。

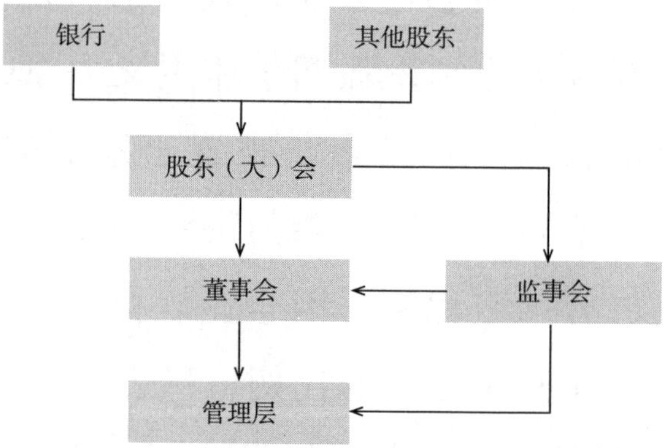

图 1 -4　日本公司治理的内部治理结构

日本公司的治理结构分别由股东大会、董事会、监事会和经理层组成。董事会和监事会是平行机构，均由股东大会选举产生，互不隶属。董事会是最高决策机构，负责公司业务决策，同时指派董事代表，具体负责公司业务的运营；监事会承担对董事会和经理层的监督职能。

日本公司治理模式以银行为主。在日本，银行不仅向公司提供信贷资金，而且还持有公司股份，作为所有者对董事会和经理层进行监督和控制，在公司治理结构中处于核心地位。

(2) 金融机构法人和企业法人为公司大股东，法人相互交叉持股。日本公司的大部分股权主要控制在金融机构和实业公司手中，采用相互持股方式的核心在于防止企业被吞并，可以加强关联企业之间的联系。

(3) 内部董事占多数，即董事会成员大多来自公司内部①。他们在执行决策时，容易得到各部门的通力协作，但同时也容易导致经营者权利的膨胀。为了解决由此引发的监督弱化问题，日本公司的治理结构中特别设立了监事会，负责对董事会和经理层进行监督。

2. 日本公司治理的董事会改革。

(1) 独立董事制度改革。日本的公司法没有就公司的独立董事制度作出强制性规定。尽管在 2013 年制定的《日本再生战略》中提出希望通过修订，在公司法中增加“公司至少引入 1 名独立董事”的强制性规定。但基于应依据各公司自身的特点选择适合的公司治理机制，如果强行规定独立董事的义务会妨碍公司对公司治

① 内部董事按照等级秩序又分为会长、社长、副社长、专务董事、常务董事和一般董事。社长类似于美国大公司的首席执行官（CEO），是经理阶层中的最高负责人，对公司的全部经营活动负责。

理的自由选择，独立董事的“义务化”遭到强烈反对。因此，2014 年修订的公司法对上市公司的大公司选任独立董事没有采取强制性规定，而是采用了“遵守或解释”原则。

（2）董事会下设的监查委员会改革。日本传统的公司治理形态是监事会设置公司（即公司中设置监事会），受到了投资者“业务执行”与“监督”分离不充分及监事会治理无法充分发挥监督作用的批评。为满足不同公司对董事会类型的不同需要，依据日本董事会的实际情况，日本在 2014 年公司法修订时新设了监查委员会设置公司（即设置监查委员会）。监查委员会设置公司不能设置执行官与监事、监事会。

新设置的监查委员会设置公司要求设立具有监督董事执行业务职务权限的监查委员会，且该委员会由 3 名以上监查委员构成，半数以上应为独立董事。监察委员会在发挥与监事会同样功能的同时，监察委员会的委员作为董事会成员可以参与董事会决议，如代表董事的选任、解任的制度。监查委员会的监督职能包括对董事、公司职员等的报告听取权和具体业务财产的调查权。

由于监查委员会的董事半数以上必须为独立董事，且其特征被赋予了同监事会设置公司的监事类似的权限，使监查等委员会设置公司具有“监督型”与“管理型”兼顾的混合型董事会的特征。

3. 日本治理模式的启示。日本公司治理在独立董事设置、监事会与监查委员会选择等方面遇到的问题与探索，给我国公司治理以很好的借鉴意义。

第一，关于独立董事制度。日本公司治理在独立董事的实践表明，独立董事发挥作用的难度较大，包括在防止内部人控制、保护中小股东利益方面。日本国内大多数学者认为：就日本公司治理的特点而言，与其建立一个大多数企业普遍以董事会为主、对经营行为进行监督的机制，不如允许多样化的监督机制同时存在。重要的是能够形成这样一种机制，既允许各个企业在公司治理机制方面进行大胆而自由的尝试，也能够让尝试失败的企业尽快退出市场。

第二，关于监事会与监查委员会的选择。当前，我国国有企业中，有的企业不设监事会，有的企业设监事会。《中华人民共和国公司法》（修订草案第六十四条、第一百二十五条，以下简称《公司法》）提出，根据国有独资公司、国有资本投资运营公司董事会建设实践，并为我国企业走出去及外商到我国投资提供便利，允许公司选择单层制治理模式（即只设董事会、不设监事会）。公司选择只设董事会的，应当在董事会中设置由董事组成的审计委员会负责监督；其中，股份有限公司审计委员会的成员应过半数为非执行董事。日本公司治理在监查委员会的探索，为我国国有企业公司治理中，完善董事会功能，特别是监督功能提供了借鉴。

（四）新加坡公司治理模式

1. 新加坡公司治理结构及治理特点。

（1）新加坡公司治理结构。在新加坡，淡马锡公司代表政府经营国有资产、支配股权。淡马锡公司是新加坡为了管理国有资产而组建的国有控股公司。新加坡财政部拥有淡马锡公司100%的股权。

在公司治理结构方面，新加坡财政部主要负责任命淡马锡公司董事会的主席和董事，审阅经审计的财务报告，召集与淡马锡公司或其管理的相关联公司会议，讨论公司计划和绩效等。董事会是淡马锡公司治理的核心，独立董事占半数以上，董事会成员任命需要经过财政部领衔的“董事会委任委员会”审查和批准，并且要征得总统的同意。

政府官员董事主要来自总统府、财政部、金融管理局、贸易发展局等，下属企业负责人则是业绩突出的资深经理人，民间人士则包括私营企业家、中立学者及其他专业人士。董事会负责决策企业的重大事项，如经营战略、股息分配及配股、投资决策和资金使用等。

政府监督管理和公众监督是淡马锡公司主要监督方

式。政府主要通过对董事会及主要经理人员的任命来实施其监督管理权，另外政府还要求淡马锡公司定期报送财务报表，以随时了解监控淡马锡公司的经营状况。政府可随时对国有企业进行检查。

（2）在治理目标追求经济回报。淡马锡公司在世界上引以为傲的是其40多年来具有较高的投资回报。淡马锡公司成立之初就把商业化运作和投资收益最大化作为基本目标，虽然在早期要兼顾更多社会责任，但在近年来已经彻底转型成为一家投资企业，强化长期投资收益最大化的“管资本”应用运作。淡马锡公司提出了转型中的经济体、增长中的中产阶级、显著的比较优势和新兴的龙头企业四大投资主题，和以寿命延长、财富增加、可持续生活方式、智能系统、共享经济、世界互联互通六大趋势为依据的投资策略。

（3）董事会多元化，权力清单化。淡马锡公司治理的关键是做实董事会，让董事会拥有实实在在的权力。淡马锡公司董事会拥有实权体现在三个方面：一是淡马锡公司董事会在重大事项上有决定权，包括治理、对股东负责、制定长远战略、选择经理层和通过股东大会对投资公司行使股东权利。二是淡马锡公司董事组成多元化。董事来源于政府官员、下属企业领袖和社会商业人士，且独立董事或者外部董事占绝对多数地位，相当一部分来自新加坡之外的跨国公司领袖。这种设计是对西方公司治理结构的重大突破。淡马锡公司董事会并非股权或者产权决定的，本质是治理多元化而不是股权多元化。三是董事会的多元化体现在权力分配和制衡。对不同董事角色有权力制衡的细则：董事长和总裁由不同人担任；董事长和副董事长只能来自独立董事，不可来自股东董事和执行董事，且不能加入审计委员会；董事长担任领袖与薪酬委员会主席；执行董事仅一人可兼任淡马锡总裁，且不能加入审计委员会；股东董事不能参与领袖培育与薪酬委员会；董事长在投票出现平局时有二次投票权或决定性投票权。这些复杂的制度设计，形成了制衡甚至监督。

和西方国家大不相同的是，淡马锡公司董事会董事没有一分钱的股权，做实董事会的关键并不是通过股权多元化或管理层持股，而是通过多元的董事实现治理的多元化。整体来看，淡马锡公司董事会虽无产权股权，但是经政府授权而有实权，是一个多元的组成，运作中形成了明显的权力制衡，和经理层权力边界非常清晰。

2. 新加坡公司治理模式的启示。新加坡淡马锡公司通过坚持政企分开、明确功能定位、强化多元化决策、坚持投资收益最大化方面的实践，形成了协调运转、有效制衡的公司法人治理结构，对我国国有企业尤其是中央企业完善公司治理结构有着启发意义。

第一，我国国有企业改革发展必须遵循市场经济规律和企业发展规律，把市场化、商业化作为推动国有资本合理流动优化配置的基础，不断深化“管资本”改革，提升资本配置效率。

第二，要实现治理多元化，股权多元化并不是唯一的路径。新加坡淡马锡公司的实践表明，通过没有股权的董事多元化，也可以实现治理多元化。董事组成多元化是董事会科学决策的重要影响因素。我国国有企业董事会规范建设，做实董事会，发挥董事会功能，首先要优化董事组成。

第三，发挥董事会作用，清晰授权是关键。新加坡淡马锡公司的实践表明，董事会的有效制衡是防止内部人控制的有效手段，公司治理各主体明确的权责边界是协调运转的前提。我国国有企业在董事规范建设中，要赋予董事会权力，让董事会可以在授权范围内自主决定，同时要把董事长和总经理权力边界分清楚。

三、经合组织相关原则与指引及借鉴意义

遵循市场经济规律、深化市场化机制改革是提升国

有企业核心竞争力的关键。当前，按市场化机制运营仍然是大部分国有企业的短板。经合组织《公司治理原则》和《国有企业公司治理指引》总结了各国公司治理的经验做法，对完善中国特色现代企业制度具有很好的借鉴意义。

（一）经合组织《公司治理原则》

1. 经合组织《公司治理原则》的基本内容。该原则1999年首次发布，于2004年进行了第一次修订，又于2015年进行了第二次修订。经济合作与发展组织（OECD，以下简称“经合组织”）① 理事会于2015年7月8日通过后，该原则被提交至2015年11月15—16日在安塔利亚召开的二十国集团领导人峰会，并获审议通过，被采纳为二十国集团/经合组织《公司治理原则》（G20/OECD Principles of Corporate Governance，以下简称《公司治理原则》），帮助政策制订者评估和完善公司治理的法律、监管以及制度框架，从而助力于经济效益、可持续增长和金融稳定。

《公司治理原则》不具有约束力，不对各国立法做出详细规定，其目标在于为政策制订者和市场参与者提供一个可靠、灵活的参考，供其制定各自的公司治理框架。

---

① 经济合作与发展组织，简称“经合组织（OECD）”，由38个市场经济国家组成的政府间国际经济组织，旨在共同应对全球化带来的经济、社会和政府治理等方面的挑战，并把握全球化带来的机遇。

《公司治理原则》主要适用于公众公司（上市公司）。

《公司治理原则》共分为六章：第一章为确保有效公司治理框架的基础，第二章为股东权利和公平待遇以及关键所有权功能，第三章为机构投资者、证券交易所和其他中介机构，第四章为利益相关者在公司治理中的作用，第五章为信息披露与透明度，第六章为董事会责任。

2.《公司治理原则》的借鉴意义。

（1）董事会应公平对待所有股东和利益相关者。董事会必须做出客观、独立的判断，以便有效地履行其职责。《公司治理原则》要求，"公司治理框架应保护和促进股东行使权利，确保全体股东的平等待遇，包括少数股东及外资股东。在权利受到侵犯时，应保障全体股东均有机会获得有效救济"。"少数股东应受到保护，使其不受控制性股东直接或间接的权力滥用，或者他人为控制性股东的利益而滥用权力的侵害，并且应当享有有效的救济手段。滥用自我交易应当予以禁止"。

（2）董事会关键职权中，经理层的薪酬管理权非常重要。董事会应该在高管薪酬方面具有一定的权力。《公司治理原则》指出，"董事会制定并披露涵盖董事成员和关键高管的薪酬政策声明，应当被视为良好实践"。此等声明规定薪酬和绩效的关系，并包括可量化的标准，其注重公司的长远利益甚于短期利益。在大型公司以下设置被视为是良好实践，董事会设有专业委员会处理董事会成员和关键高管的薪酬政策和劳动合同，专业委员会全体或大部分由独立董事组成，但排除在彼此的薪酬委员会任职的高管，因为这可能导致利益冲突。扣回条款和追回条款的引入应当被视为良好实践。

（3）持续开展培训，并对董事会和董事进行评价。持续开展培训，包括任职前培训和任职后培训，对提高董事履职能力是非常必要的。《公司治理原则》指出：为了提高董事会的业务水平和董事会成员的绩效，目前，越来越多的司法管辖区鼓励公司开展董事会培训。董事会成员可以通过内部培训和外部培训详细了解相关新出台的法律、法规，以及不断变化的商业风险和其他风险。对董事会和董事进行科学评价，是落实董事会和董事责任、推进董事会治理水平所不可或缺的。《公司治理原则》指出：目前，越来越多的司法管辖区鼓励公司，自愿进行符合个体公司需求的董事会绩效评估。尤其是在大型公司，董事会评估工作可以由外部专业人士主持，以促进董事会评估的客观性。

（4）董事会决策时，既要最大程度地维护公司和股东的利益，也要同样维护其他利益相关者利益。董事会对公司和股东负有责任。《公司治理原则》明确，“董事会成员应在充分知情的基础上，善意、尽职、谨慎地开展工作，最大程度地维护公司和股东的利益。”“当董事会决策可能对不同股东团体造成不同影响时，董事会应公平对待所有股东。”“董事会应当适用严格的职业道德标准，应当考虑利益相关者的利益”。另外，董事会也应当重视并公平对待其他利益相关者的利益，包括员工、债权人、客户、供应商和地方社区等。一方面，董事会要维护公司和股东的最大利益；另一方面，当董事会决策可能对不同股东团体造成不同影响时，董事会应公平对待所有股东。董事会不应被视为或作为不同利益派别的个人代表的集会。尽管特定的董事会成员可能实际上被特定的股东提名或选举，但是董事会工作的重要特点是：董事会成员在履行职责时对所有的股东一视同仁。在具有控制权的股东事实上能够选举全部董事会成员的情形下，该原则的确立尤为重要。

（5）要确保董事会独立性。《公司治理原则》要求，“董事会应当有能力对公司事务进行客观的独立判断”。董事会成员要与经理层成员保持差异性。为了行使监控管理层绩效的职责，防止利益冲突，并平衡各方面对公司相互冲突的要求，董事会是否能够进行客观判断非常关键。而进行客观判断首先意味着董事会相对于管理层具备独立性和客观性，这意味着董事会的组成和结构必须满足一定的要求。在这种情况下要实现董事会的独立性，通常要求董事会中应有足够多的独立于管理层的成员。

（6）每名非执行董事要服务于有限的董事职位。董事要有足够的时间投入到董事工作之中，是履行董事职责的必要条件。《公司治理原则》指出，“服务于太多的董事会将妨碍董事会成员的绩效。某些国家已经限制同一人可担任的董事职位的数量。确保董事会成员在股东眼中具有合理性和可信度是最关键的，比设置具体的限制规定更加重要”。

（二）《国有企业公司治理指引》

1.《国有企业公司治理指引》的基本内容。国有企业不是中国特有的，世界上很多国家都有国有企业。为顺应全球化公司治理的发展需求，经合组织于 2005 年推出了《国有企业公司治理指引》（OECD Guidelines on Corporate Governance of State - Owned Enterprises），作为《公司治理原则》的补充文件。经合组织指出，《国有企业公司治理指引》与《公司治理原则》两者之间是彼此协调、相互补充的关系。2015 年经合组织对《国有企业公司治理指引》进行了修订，中国政府以受邀国的身份参与了《OECD 国有企业公司治理指引（2015）》的修订工作。

《国有企业公司治理指引》不具有强制性，而是就如何确保国有企业有效、透明、负责任地开展运营，为各国政府提供建议。《国有企业公司治理指引》指出，“我们必须认识到，任何指引均无法放诸四海而皆准，各国需要根据自身的法律和行政传统作出不同的安排”。关于适用范围，《国有企业公司治理指引》明确“适用于所有从事经济活动的国有企业，而无论该经济活动是独立存在，还是与追求公共政策目标、行使行政权力或政府管理职能融合在一起”。

《国有企业公司治理指引》共七章：第一章为国家所有权的宗旨，第二章为国家作为出资人的角色，第三章为市场中的国有企业，第四章为平等对待股东和其他投资者，第五章为利益相关者关系和负责任商业，第六章为信息披露和透明度，第七章为国有企业董事会的职责。

2.《国有企业公司治理指引》的借鉴意义。

（1）对国有企业要进行差异化治理。不仅国有控股公司需要差异化治理，不同类别的企业也需要差异化治理。《国有企业公司治理指引》评注指出，“国家拥有某一企业……或某一类企业……的宗旨可能不尽相同。”“将国有企业划分成不同的类别，并相应界定每类国有企业的宗旨，有助于澄清国家的政策理念。”对国有企业的分类，要根据业务类型进行划分。《国有企业公司治理指引》评注解释说，“如果国有企业既要从事经济活动，又要完成公共政策目标，那么，在可行且有效的情况下，从结构上分离这两种不同的活动，将有助于明确其所应达成的公共政策目标、并进行相应的成本核算和融资。”

（2）完善国有企业的独立市场经济主体地位，其中董事会是重点。《国有企业公司治理指引》评注解释说，“除非企业使命发生根本性变更，否则国家不应轻易修改对国有企业设定的总体任务和目标。”“所有权实体向国有企业或其董事会发出指令时，应以战略问题和公共政策目标为限，而不应干预国有企业的经营性决策。”“在董事会成员的提名和选举上，所有权实体应重点关注的是，国有企业董事会能够以专业、独立的方式履职。”

首先，把董事会建设作为重点。董事会在公司治理中发挥着极为重要的作用。《国有企业公司治理指引》评注强调，“提升国有企业董事会的自主权，改善其治理质量和成效，是确保国有企业实现高质量公司治理的根本。在国有企业设置有影响力的董事会，作为企业和所有者的代表，有效地监督管理层，同时避免干预管理层的日常经营，这种做法具有重要意义。为了做到这一点，有必要确保国有企业的董事会胜任其职责，同时加强董事会的独立性，改革其行使职责的方式。此外，还有必要明确规定董事会履行职能的完整责任，并确保其诚信行事。”

其次，坚持“外部董事占多数”这一制度性安排。《国有企业公司治理指引》评注指出，“对国有企业董事会进行授权最重要的先决条件是建立董事会的良好组织架构，使其能够有效地做出客观、独立的判断，有权监督高级管理层，并作出战略决策。”“为了加强国有企业董事会的客观性，应当规定在董事会任职的独立董事的最低人数要求。”“独立董事应当具备相关的任职能力和工作经验，以提高国有企业董事会的成效”。

再次，国有企业公司治理中，对经理层的选聘，董事会应该发挥应有作用。《国有企业公司治理指引》评注强调，“国有企业董事会的重要职能之一是任免首席执行官。如果不具备这项权力，董事会将很难充分履行监督职能，对国有企业的绩效承担责任。在某些情况下，董事会可能会与所有权实体共同任免首席执行官，或就任免事宜咨询所有权实体的意见。”“根据良好实践的要求，为了确保维持董事会的公正廉洁，在任命首席执行官前，至少应当先与董事会协商。不论任免程序如何，首席执行官的任命均应基于专业条件和竞聘流程”。

（3）要特别注意与中小股东和利益相关者的关系。首先，国有控股公司要平等对待所有股东。《国有企业公司治理指引》评述指出：“确保所有国有企业公平对待所有股东的做法符合国家利益。”在许多情况下，国家作为占据支配地位的大股东，有权在股东会议上直接做出决定，无须取得任何其他股东同意，且通常有权决定董事会的组成。尽管这种决策权是符合所有权原理的合法权利，但是国家作为占有支配地位的股东，应避免滥用这一权利。其次，要注意与利益相关者的关系。《国有企业公司治理指引》评注中强调，“国有企业应当承认，利益相关者关系对于打造财务状况良好、可持续发展的公司具有重要意义。一方面，在国有企业履行公共服务义务之时，利益相关者关系可能会产生关键影响，另一方面，在某些基础设施领域，国有企业可能对其活动范围内的宏观发展趋势和社区产生重大影响，因此，利益相关者关系对国有企业尤其重要”。

（4）要对利益相关者及时、准确地公开信息。《国有企业公司治理指引》评注指出，“为鼓励与利益相关者积极开展合作共赢，国有企业应当确保利益相关者有权及时、定期获取相关、充分、可靠的信息，以便利益相关者行使其权利”。国有企业公司治理中要强化信息披露，制定标准化的信息披露制度要求。《国有企业公司治理指引》评注强调：为了强化国有企业董事会和管理层的问责制，促进国家作为所有权者的知情权，国有企业的财务和非财务绩效的透明度是要害所在。所有国有企业均应披露财务和非财务信息，而大型和上市国有企业则应当按照高质量的国际公认标准进行披露。同时，《国有企业公司治理指引》评注指出，披露要求不应损害基本公司机密的保护，不应使国有企业在与私营企业的竞争中处于不利地位。

我国国有企业管理制度的探索历程

企业管理是一门实践性较强的科学。我党在领导国有企业的长期探索实践中，积累了宝贵的管理经验，深化了对企业经营管理和公司治理的规律性认识。本部分将探讨两个问题：第一，在不同的历史时期，形成了哪些有代表性的管理制度；第二，我们积累了哪些具有规律性的管理经验。

一、新民主主义革命时期的企业制度探索

新民主主义革命时期，我党兴办了一批军需民用工业和商业，比如，1931 年在江西创建了中央红军官田兵工厂，1932 年建立了中央钨砂公司。党在革命根据地建立和发展公营经济，一方面为确保革命胜利发挥了重要作用[①]，另一方面也为后来的国有企业管理提供了宝贵经验。

公营企业[②]的性质是党领导下的企业组织。《官田兵工厂思想政治工作管理条例》规定："中央兵工厂是中国共产党领导的国家企业组织，是中国工农武装不可分割的一部分。""在管理中，必须坚持突出无产阶级政治立场、用工人阶级先进思想去武装员工们的头脑，藉以形成前进的永恒动力。"

在革命根据地的企业中，也单独建立了党的支部。党通过这些基层组织，将党的纲领、路线、方针、政策贯彻到党员、群众中去。通过党的基层组织的战斗堡垒作用、党员的先锋模范作用，有力地支持了企业的生

---

① 郝鹏："突出国资央企特色把握学习教育重点从党的百年历史中汲取智慧和力量"，《人民论坛》2021 年第 18 期，第 6—9 页。

② 与"公营经济"相对应，本部分将这一时期的企业称为"公营企业"，没有采取《苏维埃国有工厂管理条例》中"国有工厂"的说法。

产。比如官田兵工厂成立初期，枪炮科、弹药科各有一个党总支部委员会和团总支部委员会，每股各设有一个党支部委员会、团支部委员会①。

在公营企业中，形成了“三人团”领导体制。1934年4月，中央苏区发布了《苏维埃国有工厂管理条例》，规定国有工厂的负责者为厂长。在厂长之下，设工厂管理委员会，管理委员会内设“三人团”，由厂长、党支部代表和工会代表组成，来协调处理厂内的日常问题。

新民主主义革命时期，公营企业的探索如表1-1所示②。

表1-1　　　　新民主主义革命时期公营企业的探索

主要模式	标志性事件	说明
形成了“三人团”体制。后来初步探索了“一长制”	1934年4月，中央人民委员会制定颁发了《苏维埃国有工厂管理条例》	满足了革命战争对经济、物资、武器的需要。但“三人团”领导体制，没有解决好三方意见如何统一的问题

资料来源：作者整理。

① 袁和平：“官田兵工厂红色基因的传承神韵”，《国防科技工业》2021年第10期，第20—23页。

② 陈占夺：《中国特色国有企业管理》，中国经济出版社2022年版，第21页。

二、社会主义革命和建设时期的企业制度探索

社会主义革命和建设时期，通过没收官僚资本、继承解放区公营经济以及其他途径，党建立了能够控制国家经济命脉的国营企业。企业党组织带领广大党员和职工群众战天斗地、无私奉献，自力更生、艰苦奋斗，迅速建立起了我国工业化基础，探索凝练了鞍钢宪法，形成了大庆精神等一系列国有企业精神。

这一时期，先是学习苏联企业管理经验，形成了“一长制”模式。“一长制”，也叫单一指挥制或专责制，是苏联的企业管理模式。在“一长制”模式下，企业的管理工作分为生产行政工作和政治思想指导两大类，厂长对生产经营重大活动具有最后的决定权；党委在企业政治思想指导方面负有完全责任，对企业的生产行政工作负有保障、监督责任[①]。“一长制”模式很快出现了“水土不服”——无法有效协调企业内部的党、政、工、团等组织的关系和工作，特别是弱化了党对企业的领导[②]。

---

① 张旭、王天蛟：“中国特色社会主义国有企业管理体制的形成、发展与超越”，《经济纵横》2020 年第 12 期，第 2、25—35 页。

② 田毅鹏、苗延义：“单位制形成过程中的‘苏联元素’——以建国初期国有企业‘一长制’为中心”，《吉林大学社会科学学报》2016 年第 3 期，第 80—90 页。

之后，结合中国实际形成了"党委领导下的厂长负责制"。1956 年，毛泽东在中共八大二次预备会议上指出："一直到不久以前，我们才断定'一长制'不好，集体领导和个人负责相结合的制度好。"1956 年 9 月，党的八大提出，"在企业中，应当建立以党为核心的集体领导和个人负责相结合的领导制度。凡是重大的问题都应当经过集体讨论和共同决定，凡是日常的工作都应当由专人分工负责。"

这一时期典型的管理模式是"鞍钢宪法"。"鞍钢宪法"强调民主管理，实行干部参加劳动、工人参加管理，改革不合理的规章制度，工人群众、领导干部和技术人员三结合，即"两参一改三结合"的企业制度。

社会主义革命和建设时期，国营企业的管理探索如表 1－2 所示[①]。

表 1－2　　社会主义革命和建设时期国营企业的管理探索

主要模式	标志性事件	说明
1. "一长制"与党委领导下的厂长负责制并行 2. "一长制"	1951 年，中共中央东北局拟定了《关于党对国营企业领导的决议》，中央同意在东北试行。 1954 年，中央批转华北局《关于在国营厂矿企业中实行厂长负责制的决定》	"一长制"：生产行政统一指挥，工厂的决策和运行效率高。但"一长制"忽视党的集体领导，弱化了民主管理

① 陈占夺：《中国特色国有企业管理》，中国经济出版社 2022 年版，第 22 页。

续表

主要模式	标志性事件	说明
实行党委领导下的厂长负责制，形成“鞍钢宪法”	1956 年 9 月，中共八大提出在企业中实行党委领导下的厂长负责制。 1960 年 3 月，毛泽东批示“鞍钢宪法”	党委领导下的厂长负责制具有鲜明中国特色，但在推行过程中，党委成了决策中心。 “鞍钢宪法”在解放和发展生产力方面显示出巨大优势

资料来源：作者整理。

三、改革开放和社会主义建设新时期企业制度的探索

改革开放和社会主义建设新时期，党领导国有企业进行艰辛改革，企业党组织教育引导广大党员、干部倾力支持改革、积极投身改革，为国有企业跨越式发展做出了巨大贡献，形成了“要治厂、先治党”的重要经验。

1993 年 3 月第八届全国人民代表大会第一次会议通过的宪法修正案，将宪法有关条文中的“国营经济”和“国营企业”分别修改为“国有经济”和“国有企业”。

这一时期，先是实行了厂长（经理）负责制。厂长（经理）负责制，指厂长对企业的生产经营和行政管理工作，统一领导，全面负责。企业党组织在思想政治方

面负领导责任，对党群工作和思想政治工作实行统一领导，对生产经营和行政管理工作起保证监督作用，协调厂长和各群众组织之间的关系，监督各级领导干部。

后来，提出了“三句话方针”。随着改革的全面推进，由于厂长（经理）在企业享有绝对权威，党委的监督制约作用十分有限，职代会的监督作用更形同虚设，上级主管部门的监督因为信息不对称也很难起到真实效果，厂长（经理）实际上处于无人监督的地位。为此，在 1992 年提出了“三句话方针”，要求发挥企业党组织的政治核心作用，坚持和完善厂长（经理）负责制，全心全意依靠工人阶级。

1993 年提出探索建立现代企业制度。党的十四届三中全会审议并通过《中共中央关于建立社会主义市场经济体制若干问题的决定》。《决定》指出：进一步转换国有企业经营机制，建立适应市场经济要求，产权清晰、权责明确、政企分开、管理科学的现代企业制度。

改革开放和社会主义建设新时期，国有企业探索如表 1－3 所示[①]。

① 陈占夺：《中国特色国有企业管理》，中国经济出版社 2022 年版，第 25—26 页。

表 1－3　改革开放和社会主义建设新时期国有企业的探索

管理模式	标志性事件	说明
1. 粉碎“四人帮”后，恢复党委领导下的厂长负责制	1978 年 4 月，中央印发《关于加快工业发展若干问题的决定（草案）》，要求恢复党委领导下的厂长负责制	迅速地恢复了生产运行
2. 实行厂长（经理）负责制	1986 年 9 月，颁布《全民所有制工业企业厂长工作条例》。规定了厂长（经理）负责制，同年，国务院发文要求全面推行厂长（经理）负责制	在转向市场经济过程中，起到了解放生产力的作用。但厂长权力过大，“一把手”现象严重
3. “三句话”方针的领导体制	1992 年 7 月，颁布《全民所有制工业企业转换经营机制条例》，明确要“充分发挥党组织的政治核心作用，坚持和完善厂长负责制，全心全意依靠工人阶级”	强调要发挥党组织作用，强调要依靠工人阶级。在实际操作中，厂长依然是中心，党组织作用和民主管理弱化
4. 探索建立现代企业制度	1993 年 11 月，党的十四届三中全会提出建立现代企业制度。 1993 年 12 月，《中华人民共和国公司法》颁布。 2004 年 6 月，国务院国资委开展规范董事会试点，同时建立外部董事占多数制度	更好地利用了市场经济规律。 但出现了“老三会”与新“三会一层”的冲突问题

资料来源：作者整理。

四、中国特色社会主义新时代企业制度的探索

进入中国特色社会主义新时代，党对深化国有企业改革作出了重大部署，企业党组织和广大党员、干部凝聚共识、汇集力量，在“啃硬骨头”“涉险滩”的奋斗中为企业注入创业动力、创新活力和创造实力。

2016 年 10 月 10 日，习近平总书记在全国国有企业党的建设工作会议上提出“两个一以贯之”的重要指示要求，强调“经过多年实践，我们得出的结论是：坚持党对国有企业的领导是重大政治原则，必须一以贯之；建立现代企业制度是国有企业改革的方向，也必须一以贯之。要把加强党的领导和完善公司治理统一起来，建设中国特色现代国有企业制度”①。习近平总书记指出：“中国特色现代国有企业制度，‘特’就特在把党的领导融入公司治理各环节，把企业党组织内嵌到公司治理结构之中，明确和落实党组织在法人治理结构中的法定地位，做到组织落实、干部到位、职责明确、监督严格，不能搞成摆设。”②

---

① 习近平：“坚持党对国有企业的领导是重大政治原则”，《论坚持党对一切工作的领导》，中央文献出版社 2019 年版。

② 习近平：“坚持党对国有企业的领导是重大政治原则”，《论坚持党对一切工作的领导》，中央文献出版社 2019 年版。

党的十九大通过的《中国共产党章程（修正案）》，明确了“国有企业党委（党组）发挥领导作用，把方向、管大局、保落实，依照规定讨论和决定企业重大事项。”“国有企业和集体企业中党的基层组织，围绕企业生产经营开展工作。保证监督党和国家的方针、政策在本企业的贯彻执行；支持股东会、董事会、监事会和经理（厂长）依法行使职权；全心全意依靠职工群众，支持职工代表大会开展工作；参与企业重大问题的决策；加强党组织的自身建设，领导思想政治工作、精神文明建设和工会、共青团等群团组织”。

《中国共产党国有企业基层组织工作条例（试行）》（2019 年 12 月 30 日发布）对在公司治理中加强党的领导进行了详细规定：“国有企业应当将党建工作要求写入公司章程，写明党组织的职责权限、机构设置、运行机制、基础保障等重要事项，明确党组织研究讨论是董事会、经理层决策重大问题的前置程序，落实党组织在公司治理结构中的法定地位。”“坚持和完善‘双向进入、交叉任职’领导体制。”“国有企业重大经营管理事项必须经党委（党组）研究讨论后，再由董事会或者经理层做出决定。”“健全以职工代表大会为基本形式的民主管理制度。”

在中央全面深化改革委员会第十七次会议上，习近平总书记强调，“中央企业党委（党组）是党的组织体系的重要组成部分，发挥把方向、管大局、促落实的领导作用。要完善体制机制，明确党委（党组）在决策、执行、监督各环节的权责和工作方式，正确处理党委（党组）和董事会、经理层等治理主体的关系，坚持权责法定、权责透明、协调运转、有效制衡的公司治理机制，推动制度优势更好转化为治理效能。”[①]

以“两个一以贯之”为根本原则的中国特色现代企业制度，是习近平总书记关于新时代国有企业极具思想性、原创性、战略性的科学论断和重大部署，是对马克思主义政治经济学的丰富和发展，是对传统企业管理理论特别是公司治理理论的重大创新，深刻总结了我们党领导国有企业长期实践的宝贵经验，有力破除了“现代化就是西方化”的理论束缚、思维束缚和模式束缚，开辟了社会主义市场经济条件下国有企业管理的新境界。这一时期，国有企业的探索集中于建立和完善中国特色现代企业制度，具体如表 1-4 所示[②]。

---

① 习近平总书记在主持召开中央全面深化改革委员会第十七次会议上的讲话，新华社，2020 年 12 月 31 日。

② 陈占夺：《中国特色国有企业管理》，中国经济出版社 2022 年版，第 30 页。适当修改。

表 1-4　　中国特色社会主义新时代国有企业的探索

管理模式	标志性事件	说明
以“两个一以贯之”为根本原则的中国特色现代企业制度	2016 年 10 月，全国国有企业党的建设工作会议召开，习近平总书记提出“两个一以贯之”重要指示要求。 2017 年 10 月，党的十九大审议通过《中国共产党章程》，将国有企业党委（党组）的“领导核心和政治核心作用”调整为“领导作用”。 2019 年 10 月，党的十九届四中全会，将“中国特色现代国有企业制度”确定为“中国特色现代企业制度”。 2019 年 12 月，中共中央发布《中国共产党国有企业基层组织工作条例（试行）》，将“党的领导和公司治理”单列一章。 2021 年 3 月，中共中央办公厅印发《关于中央企业在完善公司治理中加强党的领导的意见》，明确了中央企业党委（党组）在决策、执行、监督等各环节的权责和工作方式。 2021 年 3 月，第十三届全国人民代表大会第四次会议通过《中华人民共和国国民经济和社会发展第十四个五年规划和 2035 年远景目标纲要》，单列一节，明确推动国有企业完善中国特色现代企业制度的具体任务。 2022 年 10 月，党的二十大报告要求“完善中国特色现代企业制度，弘扬企业家精神，加快建设世界一流企业”。 2022 年 12 月，习近平总书记在中央经济工作会议上强调，“完善中国特色国有企业现代公司治理，真正按市场化机制运营”。 2023 年，研究制定新一轮国有企业改革深化提升行动。	基于中国国情和国有企业性质、使命，吸收国外可借鉴先进经验，能够统筹发挥社会主义制度优势和市场经济规律优势

资料来源：作者整理。

五、探索形成的宝贵管理经验

党领导国有企业不断探索，深化了对企业管理的规律性认识，积累了宝贵管理经验。本部分尝试对宝贵管理经验进行凝练和总结，认为至少包括“一个坚定、三个坚持、三个统一”[①]。这些具有规律性的宝贵管理经验，对建设和完善中国特色现代企业制度具有非常好的指导意义。

（一）“一个坚定”

国有企业积累的宝贵管理经验之一，是“一个坚定”，即必须坚定走中国特色的企业管理道路。习近平总书记指出，“建立中国特色现代国有企业制度，要立足我国国情，不要生搬硬套外国的做法。公司治理本来就没有放之四海皆准的模式。”[②] 世界经济合作和发展组织也认为，“好的或有效的公司治理制度是具有国家特性的，它必须与本国的市场特征、制度环境以及社会传统相协调。”

企业制度具有一般性，也具有特殊性。适合我国国有企业的制度一定植根于中国的土壤之中，并广泛借鉴

① 陈占夺：《中国特色国有企业管理》，中国经济出版社 2022 年版。适当修改。

② 习近平：“坚持党对国有企业的领导是重大政治原则”，《论坚持党对一切工作的领导》，中央文献出版社 2019 年版。

企业管理的一般性规律。在建立什么样的国有企业领导体制上，我们党进行了长期探索。新中国成立初期学习苏联实行“一长制”，之后实行党委领导下的厂长负责制，改革开放后逐渐实行厂长（经理）负责制，1993年党的十四届三中全会提出开始探索建立现代企业制度。但一直以来，都没有很好地解决社会主义制度和市场经济在企业层面的有机统一问题，突出表现在党组织与公司治理难以有机融合，还曾一度出现“中心”和“核心”之争。

“两个一以贯之”原则是企业管理“中国模式”的体现，明确了国有企业管理的中国道路。习近平总书记在全国国有企业党的建设工作会议上，创造性地提出的“两个一以贯之”，要求建立“中国特色现代国有企业制度”。“两个一以贯之”深刻揭示了由我国社会主义制度和国有企业性质决定的中国特色企业管理和公司治理模式，为加强党的全面领导与完善公司治理相统一指明了方向，从而实现了在企业层面把社会主义制度和市场经济有机结合起来。以“两个一以贯之”为根本原则的中国特色现代企业制度，植根中国大地、吸收借鉴了世界企业管理和公司治理的有益经验，是对马克思主义政治经济学的丰富和发展，是对传统企业管理理论特别是公司治理理论的重大创新。中国的探索实践为世界其他国家提供了一条将市场经济规律与本国国情相适应的公司治理道路。

（二）“三个坚持”

国有企业积累的宝贵经验之二，是“三个坚持”，即坚持党对国有企业的领导、坚持遵循市场经济规律办企业、坚持全心全意依靠工人阶级办企业。

1. 坚持党对国有企业的领导。习近平总书记指出，“国有企业是党领导的国家治理体系的重要组成部分，理所当然要坚持党的领导。”“坚持党的领导、加强党的建设，是我国国有企业的光荣传统。”“国有企业发展史，就是一部坚持党的领导、加强党的建设的历史。”“事实证明，坚持党的领导、加强党的建设是国有企业的‘根’和‘魂’”。

国有企业从无到有、从小到大、从弱到强，在各个历史阶段取得显著成就，为我国经济社会发展、科技进步、国防建设、民生改善作出了历史性贡献，最根本的是有中国共产党的坚强领导。历史和现实都证明，没有党的坚强领导，没有国有企业各级党组织长期努力，没有国有企业中广大党员、干部、职工的不懈奋斗，就没有国有企业的今天。只有坚持党对国有企业的领导，才能通过贯彻落实党的理论和路线方针政策、贯彻落实国家发展战略，确保国有企业改革发展的社会主义方向；

只有坚持党管干部、党管人才原则，才能加强企业领导班子和职工队伍；只有建实建强基层党组织，才能夯实党的执政基础，发挥基层党组织战斗堡垒作用和党员先锋模范作用，凝聚党员群众建功立业。

2. 坚持遵循市场经济规律办企业。习近平总书记指出，“在社会主义条件下发展市场经济，是我们党的一个伟大创举。我国经济发展获得巨大成功的一个关键因素，就是我们既发挥了市场经济的长处，又发挥了社会主义制度的优越性”[①]。2018 年 6 月在山东万华烟台工业园考察时，习近平总书记指出，谁说国企搞不好？要搞好就一定要改革，抱残守缺不行，改革能成功，就能变成现代企业[②]。

判断一种企业制度是否比其他企业制度更有优势，一个重要的标准是看这种企业制度是否比其他企业制度更能提高资源转换效率，更能提高资源转换效果。毋庸置疑，市场经济是一种有效的资源匹配方式，提高企业的资源转换效率和效果，必须坚持遵循市场经济规律办企业。

改革开放以来，通过放权让利、承包制、公司制等

---

① 习近平：“不断开拓当代中国马克思主义政治经济学新境界”，《求是》2020 年第 16 期。

② 习近平：“国企一定要改革，抱残守缺不行”，人民日报客户端，2018 年 6 月 13 日。

改革举措，运用市场经济规律管理国有企业，使国有企业逐渐成为市场主体，极大地解放了国有企业的生产力；通过三项制度改革、中长期激励等改革举措，国有企业使用市场经济规律管理企业，极大地激发了国有企业职工的活力。

3. 坚持全心全意依靠工人阶级办企业。习近平总书记鲜明指出，坚持全心全意依靠工人阶级的方针，是坚持党对国有企业领导的内在要求[①]。

全心全意依靠工人阶级，是“以人民为中心”思想在国有企业管理中的具体体现，是社会主义国家企业区别于资本主义国家企业的显著特征。

历史证明，工人阶级是企业发展的真正力量。在新民主主义革命时期，工人克服了难以想象的困难满足作战和经济需要，涌现出了吴运铎等一大批英雄人物。在社会主义革命和建设时期，通过全心全意依靠工人阶级，激发工人阶级的主人翁精神，在新中国成立初期迅速恢复了生产，在建设时期建立起我国的工业体系，涌现出了王进喜等一大批英雄人物。在改革开放和社会主义建设新时期，通过市场化改革举措，激发职工活力，促进了企业的跨越式发展。中国特色社会主义进入新时

① 习近平：“坚持党对国有企业的领导不动摇，开创国有企业党的建设新局面”，《人民日报》2016 年 10 月 12 日第 1 版。

代后，通过加强党的领导和党的建设、深化市场化方向改革，提高了职工的荣誉感和获得感。

（三）“三个统一”

国有企业积累的宝贵经验之三，是“三个统一”，即加强党的领导和完善党的领导相统一、企业的社会性与经济性相统一、激发物质内生动力和激发精神内生动力相统一。

1. 加强党的领导和完善党的领导相统一。习近平总书记在全国国有企业党的建设工作会议上提出，要通过加强和完善党对国有企业的领导、加强和改进国有企业党的建设，使国有企业成为“六个力量”[①]。在庆祝改革开放40周年大会上强调，“必须坚持党对一切工作的领导，不断加强和改善党的领导。”[②]《关于中央企业在完善公司治理中加强党的领导的意见》中，对加强党委（党组）自身建设也做出了制度性安排。

国有企业的发展历史证明，弱化了党对国有企业的领导，国有企业是搞不好的，国有企业的目标是无法实

---

① 习近平总书记强调，要通过加强和完善党对国有企业的领导、加强和改进国有企业党的建设，使国有企业成为党和国家最可信赖的依靠力量，成为坚决贯彻执行党中央决策部署的重要力量，成为贯彻新发展理念、全面深化改革的重要力量，成为实施“走出去”战略、“一带一路”建设等重大战略的重要力量，成为壮大综合国力、促进经济社会发展、保障和改善民生的重要力量，成为我们党赢得具有许多新的历史特点的伟大斗争胜利的重要力量。

② 习近平：“在庆祝改革开放四十周年大会上的讲话”，新华网，2018年12月18日。

现的，国有企业的使命是无法履行的；反过来，如果党组织直接成为企业生产经营的决策和指挥中心，国有企业一样也搞不好。因此，要做到加强党的领导和完善党的领导相统一，就必须通过加强党的自身建设，不断提高领导能力，把党的领导优势更好地转化为治理效能。

2. 企业的社会性与经济性相统一。习近平总书记指出，国有企业还承担了大量社会责任，许多投资大、风险大的基础性研发，许多国防科技工业的重大项目，许多重大自然灾害、突发事件的抗击救援，许多脱贫攻坚、改善民生的项目实施，都是国有企业扛起来的[①]。

企业具有社会性，是所处社会的一部分，不可能脱离所处社会而孤立存在。强调企业的经济性，遵循市场经济规律的企业，才可能会成为有竞争力的企业；强调企业的社会性，遵循人类社会发展规律的企业，才是一个负责任的企业；做到企业的社会性与经济性相统一，才能成为社会认可、能够获得长期可持续竞争优势的“社会友好型”企业。

国有企业是社会主义生产关系的重要构成要素，国有企业的发展历史表明，在各个历史阶段国有企业都为党为国家为人民作出了突出贡献。也就是说，根据人类

---

① 习近平：“坚定不移把国有企业做强做优做大”，《论坚持全面深化改革》，中央文献出版社 2018 年版，第 289 页。

社会发展规律，要从经济基础和上层建筑的关系上来看国有企业的价值，就是从党、从国家、从人类社会的高度看待国有企业的价值。同时，国有企业是企业的类型之一，具有经济细胞这一基本属性，国有企业的一般性决定了国有企业管理应该遵循市场经济规律。

3. 激发物质内生动力和激发精神内生动力相统一。习近平总书记指出："共同富裕是社会主义的本质要求，是中国式现代化的重要特征。我们说的共同富裕是全体人民共同富裕，是人民群众物质生活和精神生活都富裕，不是少数人的富裕，也不是整齐划一的平均主义。"①

国有企业的发展历史表明，国有企业中的职工都有物质需求，也都有精神需求。因此，国有企业管理，一定要做到激发物质内生动力和激发精神内生动力相统一，才能全面激发职工活力。

---

① 习近平："扎实推动共同富裕"，《求是》2021 年第 20 期。

中国特色现代企业制度的理论创新

建设中国特色现代企业制度，需要理论提供支撑。习近平总书记关于中国特色现代企业制度的重要论述为理论构建提供了根本遵循，另外，多年来我国国有企业的探索实践积累了宝贵经验，深化了对建设什么样的中国特色现代企业制度，怎么建设中国特色现代企业制度的规律性认识，同时，国外其他国家的实践探索和管理理论也提供了有益借鉴。以下分四个部分展开：首先，尝试构建中国特色现代企业制度的理论框架；其次，明确中国特色现代企业制度的基本特征；再次，总结制度优势；最后，归纳中国特色现代企业制度对企业管理理论的创新性贡献。

一、中国特色现代企业制度的理论框架

习近平总书记提出的“两个一以贯之”重要指示要求，清晰地揭示了中国特色现代企业制度的结构和

机制。

（一）从经济治理到全面治理

“两个一以贯之”重要指示要求，从经济逻辑和政治逻辑辩证统一的思维出发，提出了在国有企业改革中如何处理公司治理与政治治理关系的重大命题，使公司治理从传统的经济治理进阶为全面治理（经济治理和政治治理协调互促）。

传统的公司治理理论是在私有制基础上发展起来的，认为资本对利润的追求是企业制度演变的内在动力，偏重于资本与产权的治理，即经济治理。资本与产权在公司治理中起着决定性作用。

我国国有企业公司治理是全面治理，既包括传统意义上的经济治理，也包括具有中国特色的政治治理，经济治理和政治治理协同互促，展现出更加大的竞争优势。我国国有企业有党的领导的独特优势，在坚持市场化、完善公司治理的同时，把人和资本两个方面的治理结合起来，从政治治理的角度来弥补传统公司治理制度的缺陷。

具体来说，国有企业政治治理指国有企业在党的领导下，推进以董事会建设为重点的公司治理全过程中，以权力治理为核心所作出的制度安排[①]。其宗旨是把加强党的领导和完善公司治理统一起来，构建国有企业良好的政治文化生态，调动全员积极性，激发企业活力。实施政治治理的核心要义在于，“把党的领导融入公司治理各环节，把企业党组织内嵌到公司治理结构之中，明确和落实党组织在公司法人治理结构中的法定地位”。并通过对企业权力结构的再调整和政治文化建设，形成一种权责对等、制衡和效率有机统一的法人治理结构，实现国有企业经济绩效和政治责任的有机统一。

政治治理是公司治理的灵魂，国有企业改革发展多年来的实践证明，单靠经济手段无法解决国有企业深层次矛盾，必须将政治方法与经济方法相结合，全面优化资源配置，充分发挥政治优势。这是国有企业政治治理的本质要求。

（二）各治理主体职责定位

中国特色现代国有企业公司治理，治理主体主要包括股东会、国有企业党委（党组）、董事会、经理层和职工代表大会，设立监事会的还包括监事会。

股东会是公司的权力机构。出资人机构根据本级人民政府授权对国家出资企业依法享有股东权利。国有独

---

① 邱宝林：“国有企业深化改革应注重政治治理”，《学习时报》2017 年 7 月 12 日第 2 版。

资公司不设股东会，由出资人机构依法行使股东会职权。

国有企业党委（党组）在公司治理结构中具有法定地位。国有企业党委（党组）是党的组织体系的重要组成部分，发挥“把方向、管大局、保落实”领导作用。

董事会是公司的经营决策主体，要对股东会负责。董事会承担“定战略、作决策、防风险”职责，依照法定程序和公司章程行使对企业重大问题的决策权，董事会还承担对经理层的管理和监督的职责。

经理层是公司的执行机构，总经理对董事会负责，根据公司章程的规定或者董事会的授权行使职权。经理层的职责是“谋经营、抓落实、强管理”。

职工代表大会是治理主体之一。《国务院办公厅关于进一步完善国有企业法人治理结构的指导意见》规定，“健全以职工代表大会为基本形式的企业民主管理制度，支持和保证职工代表大会依法行使职权，加强职工民主管理与监督，维护职工合法权益。国有独资、全资公司的董事会、监事会中须有职工董事和职工监事。”

设立监事会的企业中，监事会承担监督职责，对董事会、经理层成员的职务行为进行监督[①]。

---

① 《国务院办公厅关于进一步完善国有企业法人治理结构的指导意见》（国办发〔2017〕36号）。

（三）中国特色现代企业制度结构理论模型

以习近平总书记“两个一以贯之”重要指示要求为根本遵循，形成了中国特色现代企业制度结构理论模型[①]。

中国特色现代企业制度结构，由相互联系的两条管理线构成，一条是党建管理线，一条是资本管理线。党建管理线是由国有企业的特殊性决定的，这代表着“坚持党对国有企业的领导是重大政治原则，必须一以贯之”；资本管理线是由国有企业的一般性决定的，这代表着“建立现代企业制度是国有企业改革的方向，也必须一以贯之”；党建管理线和资本管理线不是各自独立的，而是相互有机融合，这代表着“要把加强党的领导和完善公司治理统一起来”。

1. 党建管理线。在我国国有企业中，有一条党建管理线，这条管理线包括企业上级党组织、本级党组织和所属下级党组织。在我国民营企业中，也有党建管理线，只是民营企业中党组织和国有企业中党组织的职责有所不同。

党建管理线的管理目标，也就是党组织的目标，主要包括四个方面：首先，确保党对国有企业的领导权。

---

① 陈占夺：《中国特色国有企业管理》，中国经济出版社 2022 年版，第 40—44 页。本模型是在国务院国资委重大课题（2017）“中国特色现代企业制度重大问题研究”的课题成果基础上进一步研究得出的。

确保党的路线方针政策在本企业的贯彻执行，监督、保证本企业贯彻落实党中央决策部署以及上级党组织决议的重大举措。其次，加强国有企业党的建设，提高党的建设质量，夯实中国特色社会主义的重要政治基础。再次，确保国有企业经济责任、政治责任和社会责任的实现，特别是政治责任和社会责任的实现。最后，发挥坚持党的领导、加强党的建设的独特优势，引领保障国有企业高质量发展。总结来说，党建管理线的目标，是“侧重政治目标和社会目标，统筹经济、政治、社会三个目标”。

实现党建管理线的管理目标，需要遵循党的建设规律和马克思主义政治经济学理论。这也意味着，国有企业管理需要遵循党的建设规律和马克思主义政治经济学理论，统筹实现国有企业经济目标、政治目标和社会目标，解放和发展企业职工的生产力。

2. 资本管理线。企业是由股东投资形成的经济性组织。在所有企业中，无论是西方的企业，还是我国的国有企业，或是民营企业，都有着一条资本决定的管理线，称之为“资本管理线”。这条资本管理线形成了股东、董事会经理层、企业生产经营层的委托代理关系。

市场经济是一种有效的资源匹配方式，提高企业的资源转换效率和效果，需要坚持按市场经济规律办企业。改革开放以来，通过让利放权、承包制、公司制等改革举措，使用市场经济规律管理国有企业，使国有企业逐渐成为市场主体，极大地解放了国有企业的生产力；通过三项制度改革、中长期激励等改革举措，国有企业使用市场经济规律进行企业管理，极大地解放了国有企业中职工的生产力。

资本管理线的管理目标，也就是股东、董事会、经理层、生产经营层的管理目标，主要包括四个方面：首先，要考虑股东价值。比如常说的“国有资产保值增值”，就是股东价值之一。企业是由股东出资设立的经济性组织，必然要追求股东投资回报，需要特别说明的是，经济价值仅仅是股东价值的维度之一，而不是全部。其次，要考虑内部利益相关者价值。比如经理层任期制和契约化、“三项制度改革”、科技企业跟投机制、利润分享机制等，都是考虑了内部利益相关者价值，使职工（包括经理层成员）能够因自己的努力和贡献而参与分享企业的发展成果。再次，要考虑外部利益相关者价值，包括用户、供应商、金融机构和政府等。最后，要考虑广义利益相关者的价值，比如环境等。总体来说，资本管理线的目标是“侧重经济目标，兼顾社会目标和政治目标”。

实现资本管理线的管理目标，需要遵循市场经济规律和企业发展规律。这也意味着，国有企业管理需要遵循市场经济规律和企业发展规律，实现对资源的优化配置，解放和发展企业中职工的生产力。

3. 两条管理线的融合。把一般性企业的“资本管理线”和我国国有企业特有的“党建管理线”融合在一起，就形成了中国特色现代企业制度结构理论模型①。

建设中国特色现代企业制度的关键，是要做到制度优势和市场经济有机结合，充分解放和发展企业和企业中人的生产力。两条管理线的融合需要基于系统理论，以统筹发挥中国特色社会主义制度优势和遵循市场经济规律优势为标准，以“人的融合”“制度融合”和“信息融合”为手段，持续不断地动态完善和进化。

两条管理线的连接点主要有三个，第一个是上级党组织与出资人代表/股东之间的连接；第二个是本级党委（党组）与董事会经理层之间的连接；第三个是所属基层党组织与生产经营管理层之间的连接。本部分只讨论第二个和第三个连接点。

在第二个连接点：首先，两条线通过“双向进入、交叉任职”领导体制实现人的连接，即“人的融合”。《中国共产党国有企业基层组织工作条例（试行）》对“双向进入、交叉任职”进行了较为详细的规定，“坚持

① 陈占夺：《中国特色国有企业管理》，中国经济出版社 2022 年版，第 40—44 页。

和完善‘双向进入、交叉任职’领导体制，符合条件的党委（党组）班子成员可以通过法定程序进入董事会、监事会、经理层，董事会、监事会、经理层成员中符合条件的党员可以依照有关规定和程序进入党委（党组）。”需要注意的是，党组织和董事会或经理层高度重合，并不符合系统理论。其次，通过公司章程、“三重一大”决策制度、党委议事规则等制度实现运行规则的连接，即“制度融合”。再次，通过解决外部董事信息不对称的诸多举措，以及进入董事会、经理层、监事会的党委（党组）班子成员，实现信息传递，即“信息融合”。

在第三个连接点：首先，通过基层党组织应建尽建（不能出现“空白班组”）、“双向进入、交叉任职”“一岗双责”等实现人的连接，即“人的融合”。其次，通过“三会一课”、思想政治工作、劳动竞赛、党员先锋岗、党员责任区等党组织活动等实现运行规则的连接，即“制度融合”。最后，通过教育管理党员、团结凝聚职工群众、围绕生产经营开展工作等实现信息传递，即“信息融合”。

二、中国特色现代企业制度的基本特征

不同于一般意义上的企业制度，中国特色现代企业

制度具有鲜明的特征，这些基本特征可以表述为“五星模型”（见图 1－5）[①]。

图 1－5　中国特色现代企业制度的基本特征

（一）坚持党的全面领导，做到与完善公司治理有机统一

1. 理论创新。习近平总书记提出：坚持党对国有企业的领导是重大政治原则，必须一以贯之。这深刻揭示了国有企业具有鲜明的政治属性，也深刻揭示了国有企业在社会主义经济基础中的重要地位和重大责任。国有企业性质使命决定了其具有经济、政治和社会三种目标，既要考虑企业自身利益，更要考虑国家和人民利益。坚持党的领导，做到与完善公司治理有机统一，可

---

① 陈占夺：“企业管理的中国模式：中国特色现代企业制度”，《现代国有企业研究》2022 第 5 期，第 25—30 页。

以使企业更好地统筹好企业目标和国家目标，从而发挥国有企业的功能，完成光荣使命。

坚持党的全面领导具有合法性、合理性和必要性。任何企业，包括西方国家的企业，都不是一个纯粹的经济组织，而是存在于特定政治体制和社会环境之中，与所处政治和社会环境密切联系、发生作用与反作用，我国国有企业更是如此。国有资产属于全体人民，国有企业是中国特色社会主义的重要物质基础和政治基础，只有坚持和加强党对国有企业的全面领导，才能坚持公有制基础和国有经济主导作用、才能坚持工人阶级领导地位、才能实现共同富裕、才能巩固党的执政基础和执政地位、才能坚持和发展中国特色社会主义。

2. 实践经验。实践表明，组织落实、干部到位、权责明确、监督严格，是实现“坚持和加强党的全面领导”与“完善公司治理”有机统一的四个标准。一是通过“党建入章”实现组织落实，把党组织“内嵌”到公司治理结构之中。二是通过“双向进入、交叉任职”“一肩挑”实现干部到位，把干部“融入”到治理主体之中。三是通过明确党委（党组）决定权、把关权、监督权三种权力，科学划分各治理主体权责清单，实现权责明确，把党组织“融入”到决策事项和决策流程之中。四是通过党内监督、党组织对董事会经理层监督、董事会自身制衡等，实现监督严格。

（二）遵循市场经济规律，做到按市场化运营

1. 理论创新。习近平总书记提出：建立现代企业制度是国有企业改革的方向，也必须一以贯之。这揭示了在社会主义市场经济下，市场经济是管理企业必须遵循的基本原则。管好企业，关键是要解放生产力。遵循市场经济规律，做到按市场化运营，可以使“无形的手”作用充分发挥，从企业和员工两个层面解放生产力。

市场经济是一种解放社会生产力的经济管理手段。企业要遵循市场经济规律，使用好这个管理手段，才能更好地解放生产力，国外企业如此，民营企业如此，我国国有企业也不例外。在管理企业中，如果企业拥有足够的自主权，成为真正的市场主体，就可以激发企业活力。在企业管理中，如果能够按“无形的手”对员工进行激励和约束，就可以激发人的经济内生动力。

2. 实践经验。实践表明，遵循市场经济规律，解放企业和职工生产力，重点要做到四个方面。一是“以管资本为主的国有资产监管体制”有效形成。值得说明的是，“以管资本为主”绝不是“仅管资本”。二是企业按市场化运营。国有企业主要基于市场经济对资源进行有效配置，同时在市场竞争中实现国有企业的优胜劣汰。三是董事会经理层有效运转。建立规范的董事会且

董事会功能有效发挥；对经理层合理授权，并建立健全了有效的激励约束机制。四是对职工的激励机制、约束机制健全。三项制度改革到位；实行全员绩效考核且与企业发展成果有效关联；对核心骨干人员实行了中长期激励。

（三）全心全意依靠工人阶级，强化工人阶级主人翁地位

1. 理论创新。全心全意依靠工人阶级，是"以人民为中心"思想在国有企业管理中的具体体现，是社会主义国家企业区别于资本主义国家企业的显著特征。一直以来，资本与劳动之间的矛盾是资本主义国家企业管理中不可调和的矛盾，而全心全意依靠工人阶级，通过"发展依靠职工、发展为了职工"强化工人阶级主人翁地位，真正激发职工的内生动力，使"劳动雇佣资本"成为可能。

历史证明，工人阶级是企业发展的真正力量。新民主主义革命时期，在革命根据地的公营企业形成了"三人团"管理体制，工会代表参与企业管理。社会主义革命和建设时期，毛泽东同志在 1960 年批示的"鞍钢宪法"，突出了工人阶级主人翁地位。改革开放和社会主义现代化建设新时期，关于国有企业领导体制的"三句

话方针”[①]，再次强调要全心全意依靠工人阶级。进入中国特色社会主义新时代，习近平总书记多次强调以人民为中心的发展思想，鲜明指出：“坚持全心全意依靠工人阶级的方针，是坚持党对国有企业领导的内在要求。”

2. 实践经验。实践表明，坚持全心全意依靠工人阶级，重点在于四个方面。一是以职工代表大会为基本形式的民主管理制度健全并有效运行。二是职工董事、职工监事制度完善并有效履职。三是基层党组织凝聚党员群众、服务党员群众功能有效发挥。四是采取利润分享等激励手段实现企业发展成果由职工参与共享。

（四）坚持党管干部原则，做到与市场机制有机统一

1. 理论创新。企业家在企业管理中发挥着重要作用，这个群体的定位与管理是企业管理的关键。习近平总书记指出：“我国国有企业领导人员，不是西方国家的企业家，也不是我国民营企业的企业家。”“国有企业领导人员是党在经济领域的执政骨干，是治国理政复合型人才的重要来源。”“国有企业领导人员必须做到对党忠诚、勇于创新、治企有方、兴企有为、清正廉洁。”这些重要论述深刻揭示了我国国有企业的企业家，既具有通常意义上企业家的经济属性，又具有鲜明的政治属

① “三句话方针”：充分发挥企业党组织的政治核心作用，坚持和完善厂长（经理）负责制，全心全意依靠工人阶级。

性。而鲜明的政治属性，不仅是区别于西方企业家的本质特征，更让干部具有大局意识、具有奉献精神、具有团队意识，干部队伍更具有凝聚力、更具有执行力、更具有战斗力。

我国国有企业经营的是具有人民性的国有资产，企业的性质、使命、目标与一般意义上的企业，特别是西方国家的企业有着本质不同。我国国有企业具有经济、政治和社会三重属性，这决定了国有企业领导人员在决策时要统筹考虑企业和国家需求，同时兼顾经济、政治和社会三个目标。

2. 实践经验。实践表明，坚持党管干部原则，实现与发挥市场机制有机统一，重点在于四个方面。一是坚持党管干部原则，同时分不同股权结构和企业层级等，明确董事会和经理层的选人用人权。二是“一肩挑”的党委书记、董事长，既要是优秀的党组织带头人，又要是经营管理的行家里手。三是能够把国有企业领导人员“20 字标准”有效贯彻到干部“选、育、用、管”全流程之中，并建立有效的“三个区分开来”容错机制。四是建立对企业领导人员市场化管理机制，真正实现“按市场化机制选聘”“按业绩拿薪酬”“按业绩定去留”。

（五）加强党的建设，做到与生产经营有机融合

1. 理论创新。习近平总书记指出：“坚持党的领导、

加强党的建设，是我国国有企业的光荣传统，是国有企业的‘根’和‘魂’，是我国国有企业的独特优势。”这深刻揭示了党建的价值性。在国有企业中，党的建设是企业管理的重要内容，是价值创造的重要来源，这种价值创造既包括经济价值，也包括政治价值和社会价值。

企业发展关键要靠人，企业管理关键是管人。“党建是做人的工作的”，在“激发人”和“管理人”方面发挥着难以替代的作用。另外，党组织是国有企业组织结构的有机组成部分，通过围绕生产经营开展工作，发挥基层党组织和党员作用，能够激发干部职工的奉献精神，建班子带队伍，组织凝聚职工队伍，凝心聚力完成企业中心工作。同时，党内监督为我国国有企业提供了强大的监督优势，有效减少了贪污腐败，这一点是其他国家的企业所不具备的。

2. 实践经验。实践表明，国有企业加强党的建设，把党建打造成企业价值链上的真正一环，重点要做到以下五个方面。一是党建基础夯实。以政治建设为统领，重点加强基本组织、基本队伍和基本制度建设，严肃组织生活，把全面从严治党落实到“最后一公里”。二是党建作用有效发挥。推进党建工作理念创新、机制创新和手段创新，用好考核指挥棒，发挥基层党组织战斗堡垒作用和党员先锋模范作用，凝聚党员职工，服务生产经营。三是党建工作方法充分运用。在企业管理中使用党建工作方法，特别是思想政治工作方法和坚持群众路线的工作方法。四是形成良好政治生态，监督功能取得实效。党风廉政建设扎实有效；不敢腐、不能腐、不想腐的“三不腐”机制健全有效；各监督主体形成监督合力；监督与企业管理制度形成闭环。

三、中国特色现代企业制度的优势

以“两个以一贯之”为根本特征的中国特色现代企业制度，是对马克思主义政治经济学在微观企业层面的丰富和发展，是对传统企业管理理论特别是传统公司治理理论的重大创新。无论是从中西对比上加以分析，还是从治理效能上加以分析，中国特色现代企业制度都具有显著优势。

（一）从中西对比看制度优势

通过和国外公司治理对比，可以看出中国特色现代企业制度在决策、监督、执行上都具有优势，解决了许多国外公司治理一直以来难以解决的治理难题，彰显了中国特色现代企业制度的显著制度优势[①]。

1. 在资源配置上具有优势，有利于降低“市场失灵”引发的低效问题。市场失灵是一种普遍现象，也是理论界和实践界都普遍认可并致力于解决的。很显然，当市场失灵出现时，依赖市场经济进行资源配置，其结果一定是低效的。而我国国有企业的治理模式，恰恰解决了这个问题。对比发现，对于西方国家的公司难以解决的“市场失灵”引发的社会性问题，中国特色现代企业制度可以在“市场失灵”时，通过党组织融入公司治理而发挥领导作用，确保国有企业履行经济责任、政治责任和社会责任，从而实现对资源的全社会最优配置。

（1）市场经济不是完美的。市场经济是资源配置的有效手段之一，但不是唯一，也不是总有效。市场失灵是一种普遍现象，也是理论界和实践界都普遍认可并致力于解决的。很显然，当市场失灵出现时，依赖市场经济进行资源配置，其结果一定是低效的。而我国国有企业的治理模式，恰恰解决了市场失灵带来的资源配置低效问题。

（2）党组织融入公司治理可以弥补“市场失灵”。党组织融入公司治理，不是要“控制市场”，而是在

---

① 本部分主要参考了国务院国资委2022年度重大课题“党的十九大以来中国特色现代企业制度成就与规律研究”的研究成果。

"市场失灵"时发挥资源配置功能，从而实现"以人民为中心"的发展理念。中国特色现代企业制度的这一显著优势，可以从抗击新冠疫情、抗震救灾、修建铁路公路等基础设施解决区域发展不平衡问题等诸多鲜活事例中得到证明。

（3）党的领导融入公司治理与"寡头"经济没有关联。部分国外学者认为"最终这种模式会导致寡头经济，与市场改革'本来'的目的相悖"，其实是模糊了概念。一方面，在市场竞争领域，我国国有企业都是全球化经营，和世界上的同行业者平等竞争、公平竞争，并不可能因所有制不同而形成寡头经济。另一方面，在"自然"垄断或"自然"寡头领域设立国有企业，是国际上的通行做法，并非中国所特有①。把"自然"垄断或"自然"寡头说成是"党的领导融入公司治理所造成的"，是因果倒置。

2. 在决策上具有优势，有利于提高决策科学性。决定决策科学性的因素包括企业发展方向、战略选择和决策机制。对比发现，中国特色现代企业制度的决策机制，更有可能实现整体最优的决策结果。党委（党组）

---

① 根据经济合作与发展组织 2018 年的报告，包括阿根廷、智利、芬兰、德国、比利时、韩国、瑞典、加拿大、以色列、意大利、日本、英国等 30 个国家，将国有企业功能定位于：支持国家经济和战略利益；保证国家持续持有国有企业产权；提供特定的公共产品或服务；从事"自然"垄断的业务活动；在市场监管不可行、效率不高的情况下，建立或维持国有垄断（或寡头垄断）。

发挥领导作用，能够推动国有企业更好地将国家战略和部署要求有效转化为企业的科学决策和市场行为，切实发挥国有经济战略支撑作用。

（1）西方企业的发展方向、战略选择和决策机制。首先，在发展方向上，主要是基于企业自身得失考虑在哪个行业发展、进军哪个新的行业，这会致使过多企业涌入某一行业，从而造成该行业的严重产能过剩。其次，在战略选择上，主要是考虑自己企业的资源禀赋、资源配置能力和外部环境变化情况。再次，在决策机制上，董事会“一人一票制”是最终的决策机制。而“一人一票制”难免会出现每个人都按个人最优方案投票，从而决策结果不能达到整体最优的情况。

（2）我国国有企业的发展方向、战略选择和决策机制。首先，在发展方向上，党的理论具有先进性、国家战略具有前瞻性，国有企业坚持党的领导能够确保企业社会主义发展方向，能够在产业选择中占领优势位置。通过党委（党组）发挥领导作用，对企业发展方向把关定向，可以做到按照国有资产整体布局，贯彻国家发展战略，做强做优做大自己企业的主责主业；可以有效防止国有企业因盲目进入新领域而引发的颠覆性风险。虽然在国有企业发展过程中，也曾出现过过多企业涌入某一行业，从而造成该行业的严重产能过剩的情况，但在党的十八大以来，已经得到了明显好转。其次，在战略选择上，我国国有企业的战略性重组，除了企业层面推进的并购整合外，更在国有经济整体布局层面由国务院国资委推动战略性重组和专业化整合。比如中国远洋运输（集团）总公司与中国海运（集团）总公司实施重组，在重组前中远集团和中海集团业务资源同质化较高，在产品布局、业务架构和经营模式上相近，在目标客户和开发手段上相似，在船舶、航线、网点等方面投资重复，很多细分市场不具备全球布局的能力、不具备成本竞争优势。重组极大地提升了中国在全球航运市场的话语权。重组后，新集团拥有船队综合运力、干散货自有船队运力、油轮运力、杂货特种船队运力、集装箱码头吞吐量、船员管理6个“世界第一”。再次，在决策机制上，我国国有企业的决策机制是“民主集中制”+“一人一票制”的复合决策机制。虽然这种复合决策机制在决策效率上并不占优势，但在决策质量上可以很好地解决“一人一票制”的前述问题。

3. 在监督上具有优势，有利于抑制“内部人控制”难题。监督是公司治理的三大功能之一，“内部人控制”问题是公司治理，特别是各国国有企业公司治理关注的焦点。对我国国有企业来说，监督体系是中国特色现代企业制度的重要组成部分，党内监督是监督体系的重要内容。对比发现，党内监督具有显著的制度优势，基于中国特色现代企业制度中的监督制衡机制以及对国有企业领导人员的从严管理和思想教育，在很大程度上解决了公司治理中的“内部人控制”难题。

（1）西方国家国有企业的监督难题。由于各国国有企业的委托代理链条过长，导致“内部人控制”问题一直难以解决。企业制度的变迁主要经历三个阶段。第一阶段主要是单人业主制，其特点是单位业主出资经营，所有者同时也是经营者。第二阶段主要是合伙企业，其特点是多个人共同出资、共同所有，所有权与经营权仍合为一体。在所有权和经营权合一的情况下，不存在“内部人控制”问题。第三阶段主要是公司制，其特点是所有权与经营权相分离，特别是股份公司产生以后，“内部人控制”问题就明显地表现出来了。

从国外国有企业的发展过程来看，私有化是一种普遍的手段，这也说明了“内部人控制”，特别是贪污腐败问题难以治理。经过 20 世纪 80 年代的私有化改革，德法两国的国有企业数量大幅下降。德国联邦政府直接参股的企业数量从 1991 年的 136 个减少为 2002 年的 37 个；法国政府则是通过市场公开拍卖和市场外交易的方式，从 1986 年到 1991 年底共出售了 65 家大型国有企业。

（2）我国国有企业的监督体系与监督优势。监督体系是中国特色现代企业制度的重要组成部分，党内监督是监督体系的重要内容。

首先，在中国特色现代企业制度中，党内监督与业务监督优势互补、内部监督与外部监督上下贯通，形成了严密的监督体系。党内监督是全面从严治党、一体推进“不敢腐、不能腐、不想腐”的重要内容和方式，其原则和目的是惩前毖后、治病救人，最大限度地防止党员干部出问题。通过以党内监督带动其他各方面的监督、完善监督体系，实现对所有党员干部的监督全覆盖，能够为防止国有企业“内部人控制”提供有力的保障。

其次，在从严管理监督国有企业领导人员方面，没有特殊、没有例外。通过从制度规范着手，严格落实全面从严治党主体责任，把管思想、管工作、管作风、管纪律统一起来，从而保证党对干部人事工作的领导权和对重要干部的管理权，保证人选政治合格、作风过硬、廉洁不出问题，扎紧制度藩篱。

最后，通过加强对国有企业领导人员的党性教育、宗旨教育和警示教育，严明政治纪律和政治规矩，引导他们不断提高思想政治素质、增强党性修养，从思想深处拧紧螺丝。通过加强党风廉政建设，建立“不敢腐、不能腐、不想腐”机制，可以正风肃纪、防范风险。

4. 在执行上具有优势，有利于解决“有效执行”难题。执行是公司治理三大功能之一，也是公司治理和企业生产经营有机连接的通道。如何凝聚力量、激发活力，一直以来都是备受关注的问题。中国特色现代企业制度在这方面具有显著优势：强调工人阶级主人翁地位，能够激发职工群众干事创业的热情；党员能够发挥先锋模范作用；基层党组织能够提高组织力、凝聚力、战斗力。对比发现，党组织和广大党员是企业的独特资源，职工具有主人翁地位，这些都是西方企业所不具备的独特优势。

（1）中国特色现代企业制度强调工人阶级主人翁地位，能够激发职工群众干事创业的热情。通过健全以职工代表大会为基本形式的民主管理制度，推进厂务公开、业务公开，落实职工群众的知情权、参与权、表达权和监督权，能够充分调动工人阶级的积极性、主动性和创造性。通过在重大决策上听取职工意见，涉及职工切身利益的重大问题要经过职代会审议，来切实维护职工合法权益，竭诚服务职工群众。通过坚持和完善职工董事制度、职工监事制度，实现职工代表有序参与公司治理。

（2）企业中的基层党组织具有组织力、凝聚力、战斗力。党的基层组织是确保党的路线方针政策和决策部署贯彻落实的基础。《中国共产党国有企业基层组织工作条例（试行）》明确要求，“加强基层党组织建设和党员队伍建设，团结带领职工群众积极投身企业改革发展。”“国有企业党支部（党总支）以及内设机构中设立的党委围绕生产经营开展工作，发挥战斗堡垒作用”。通过坚持企业发展到哪里、党的建设就跟进到哪里，确保党支部的战斗堡垒作用和党员的先锋模范作用得到充分发挥，为做强做优做大国有企业提供坚强组织保证。

（3）国有企业中的党员能够发挥先锋模范作用。广大党员的价值性来源于远大理想和崇高追求，表现为担当精神和奉献精神，这既是党章要求每名党员必须做到的，也是每名党员的价值追求。《中国共产党国有企业基层组织工作条例（试行）》明确要求，“紧密结合企业生产经营开展党组织活动，通过设立党员责任区、党员示范岗、党员突击队和党员服务队等形式，引导党员创先争优、攻坚克难，争当生产经营的能手、创新创业的模范、提高效益的标兵和服务群众的先锋。引导党员积极参与志愿服务，注重发挥党员在区域化党建和基层治理中的重要作用”。

（二）从治理效能看制度优势

1. 中国特色现代企业制度治理效能的三个维度。科斯认为，企业的本质是一个资源转换系统。对企业这个资源转换系统可以从转换效果（产出的成果）和转换效率（投入产出比）两个方面进行评价。当然，必须强调的是，管理效能不只是经济效能，不同类型的企业，比如国有企业、民营企业和私人企业，由于企业性质不同，各自的管理效能也存在很大差异。

对国有企业来说，管理效能包括三个维度：一是宏观层面的效能；二是与一般性企业相同的企业层面的效能；三是职工层面的效能。三层效能之间是紧密相连的，如图 1－6 所示[①]。

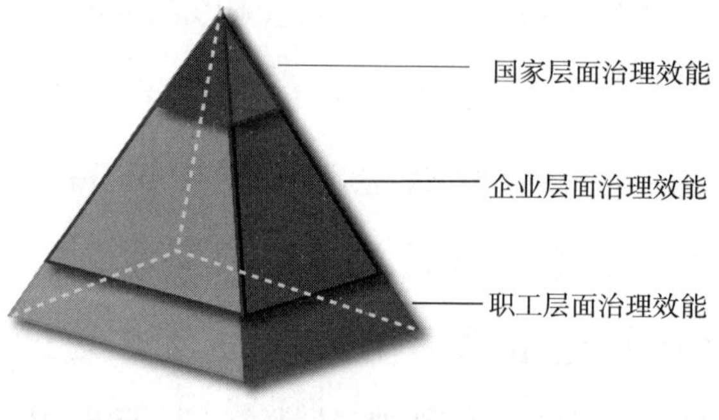

图 1－6　国有企业的三层治理效能

（1）国家层面治理效能。宏观层面的效能主要是履行国有企业使命，巩固中国特色社会主义的重要物质基础和政治基础。上层建筑反作用于经济基础。国有企业

① 陈占夺：《中国特色国有企业管理》，中国经济出版社 2022 年版，第 52—53 页。略有修改。

的宏观效能越好，国有企业的发展空间越大，发展环境越好，企业层面的效能也会越好。

（2）企业层面治理效能。企业层面的效能包括两类：一类是结果性指标，用于评价经济性产出和资源转换效率，比如利润总额、投入产出率（销售利润率、总资产报酬率、人均产值等）；另一类是因素类指标，用于评价企业的竞争优势，比如核心技术、治理能力、管理能力、文化等。本部分更加关注因素类指标，也就是企业竞争优势。

企业是生产关系的反映，生产关系反作用于生产力。企业层效能越好，越能解放和发展企业职工的生产力。比如一个激励先进、约束后进的制度，就会更好地激励职工努力工作。

国有企业所形成的生产关系是中国特色社会主义经济基础的重要组成部分，经济基础决定上层建筑，只有企业层面效能得到发展（国有企业做强做优做大），宏观层面的效能才能得到长久保证。

（3）职工层面治理效能。马克思、恩格斯认为，人是要全面发展的。国有企业管理效能的维度之一，应该体现在职工的全面发展上。职工的全面发展，包括物质和精神两个方面。

人是最革命、最活跃的生产因素，提高企业层面效能必须要解放和发展企业职工的生产力。生产力决定生产关系，做强做优做大国有企业，就必须解放和发展企业所能够使用或运用的各种要素的生产力，其中最关键、最重要的是企业职工。

2. 宏观层面效能优势：确保国有企业履行使命实现目标。企业制度的重要作用之一，是要确保企业使命和企业目标的实现。

第一，中国特色现代企业制度可以巩固中国特色社会主义的重要物质基础。中国特色现代企业制度是做强做优做大、建设世界一流企业的制度基础。通过党委（党组）发挥领导作用，可以确保党中央决策部署和习近平总书记重要指示批示在企业贯彻落实，确保企业改革发展的社会主义方向，确保企业全面履行经济责任、政治责任和社会责任，为做强做优做大国有资本和国有企业提供坚强政治和组织保证。

第二，中国特色现代企业制度可以巩固中国特色社会主义的重要政治基础。国有企业中的党员群众是我国工人阶级队伍的骨干力量。党建制度是中国特色现代企业制度的重要组成部分，通过夯实国有企业党建基础，发挥党组织战斗堡垒作用和党员先锋模范作用，可以确保国有企业政治功能有效发挥，可以巩固工人阶级领导地位。

第三，中国特色现代企业制度可以发挥国有企业的“六个力量”。通过加强和完善党对国有企业的领导、加强和改进国有企业党的建设，使国有企业成为党和国家最可信赖的依靠力量，成为坚决贯彻执行党中央决策部署的重要力量，成为贯彻新发展理念、全面深化改革的重要力量，成为实施“走出去”战略、“一带一路”建设等重大战略的重要力量，成为壮大综合国力、促进经济社会发展、保障和改善民生的重要力量，成为我们党赢得具有许多新的历史特点的伟大斗争胜利的重要力量。

3. 企业层面效能优势：有利于形成独特可持续竞争优势。企业与企业之间的竞争，主要取决于企业能否形成独特的、可持续的竞争优势。因此，相比于其他类型的企业制度，中国特色现代企业制度是否有制度优势，关键要看它能不能形成更强的独特可持续竞争优势。

第一，中国特色现代企业制度可以在企业发展战略选择上保证方向正确。党的理论具有先进性、国家战略具有前瞻性，国有企业坚持党的全面领导能够在产业选择中占据优势位置。党在经济领域的理论、路线、方针是符合经济发展规律的，为做强做优做大、建设世界一流企业提供了坚实的理论基础。在中国特色现代企业制度下，国有企业通过党委（党组）发挥领导作用，贯彻党中央决策部署和国家战略，能够确保国有企业改革发展方向，在产业选择和价值链位置选择（特别是战略性新兴产业），在形成新的发展动能，实现高质量发展方面，可以获得竞争优势。

第二，中国特色现代企业制度可以凝聚力量保证企业战略有效实施。国有企业中党的基层组织和广大党员是企业的独特资源，这是国外企业所不具备的独特优势。在国有企业中，我们党集中了数量众多的先进分子，建立了科学严密的组织体系，具有强大的组织动员力，这种独特资源是其他企业不具备的。在中国特色现代企业制度下，通过围绕生产经营开展工作，在企业改革发展中攻坚克难，发挥基层党组织战斗堡垒作用和党员先锋模范作用，带领广大职工凝心聚力共同完成企业的中心工作，可以确保战略得到有效实施。

4. 职工层面效能优势：有利于全面激发职工活力。

第一，中国特色现代企业制度可以激发职工的经济内生动力。我们必须认识到，国有企业职工，包括党员及领导干部，无一例外地都具有对物质的需求。因此，经济激励和经济约束虽然不是唯一的，但是极为重要的、基础性的、不可或缺的管理手段。我们还必须认识到，当前，国有企业的经济激励机制和经济约束机制还没有到位。

第二，中国特色现代企业制度可以激发职工的精神内生动力。党建的管理方法能够真正激发人的活力，从而形成核心能力。在《关于费尔巴哈的提纲》中，马克思（1845 年春）指出："只有在共同体中，个人才能获得全面发展其才能的手段，也就是说，只有在共同体中才可能有个人自由。"西方企业的管理实践已经表明，过度依赖经济激励会放大职工的"经济人"属性，培养出精致的利己主义者，遏制了"群体人"的活力。国有企业发展历史也已证明，党建管理方法恰恰能够弥补单纯经济管理方法的不足，可以激发广大党员职工的主人翁精神，提高团队的凝聚力、组织力和战斗力。

四、中国特色现代企业制度对管理学基本原理的丰富和发展

通过中国企业，特别是中国国有企业的实践探索，深化了对公司治理和企业管理规律性的认识，丰富和发展了管理学基本原理，具体包括企业制度的"国别差异"原理、"企业发展和社会发展相统一"原理、"解放和发展生产力"原理，这些原理不仅为我国企业完善中国特色现代企业制度，把制度优势转化为治理效能提供强大的理论支撑，更为世界其他国家的企业管理特别

是公司治理提供了有益借鉴。

（一）“国别差异”原理

“国别差异”原理，指企业制度必须坚持市场经济规律与本国国情相适应。

市场经济规律是一种资源配置方式，只有与本国国情相适应，才能最大限度地发挥市场经济规律的正向作用，因此立足本国国情、遵循市场经济规律，是各国建立完善企业制度的基本方向。

马克思在《资本论》中肯定了市场机制对资源配置的积极作用，同时也揭示了市场机制配置资源的局限性和弊端。他指出：“在商品生产者及其生产资料在社会不同劳动部门中的分配上，偶然性和任意性发挥着自己的杂乱无章的作用。”① 市场经济是一种比自然经济和简单商品经济更发达、更复杂的经济形式，它的运行必然遵循着一定的规律性，比如平等自愿规律、价值规律、竞争规律等。同时市场经济不是万能的，不是最优的，还有很多局限性，比如市场调节在范围上具有局限性、在时间上具有滞后性、在方向上具有盲目性。

市场经济具有客观规律性，是服务于人类社会发展的手段。一个国家的基本制度和市场经济体制都属于生产关系的范畴，企业制度也属于生产关系的范畴。因

① 《马克思恩格斯文集》第 5 卷，人民出版社 2009 年版，第 412 页。

此，想要深入了解企业制度与市场经济的关系，就必须深入生产关系的内部结构中去观察一个国家的基本制度和市场经济体制。以我国为例，社会主义基本制度——公有制，反映了社会主义生产关系的本质属性，离开公有制，生产关系就不是社会主义生产关系了；市场经济体制不具有阶级属性，只是一种符合经济运行的规律，能够比计划经济体制更好地解放社会生产力，更好地体现社会主义基本制度优越性的经济管理手段。由此可见，社会主义基本制度与市场经济体制都是社会主义生产关系的不同构成要素，两者是目的与手段的关系。

中国的实践表明，无论是国家层面还是企业层面，市场经济规律是能够与本国国情相适应的。在国家层面，我们探索实现了“使市场在资源配置中起决定性作用，更好发挥政府作用”。在企业层面，我们探索实现了“坚持党对国有企业的领导一以贯之，建立现代企业制度一以贯之，把加强党的领导和完善公司治理统一起来”，形成了以“两个一以贯之”为本质特征的中国特色现代企业制度。

因此，各国的企业制度，应该本着“市场经济规律要与本国国情相适应规律”的基本方向，立足本国国情，发挥市场经济规律对资源配置的正向作用。

（二）“企业发展和社会发展相统一”原理

“企业发展和社会发展相统一”原理，指企业制度应该保证坚持企业发展和社会发展相统一。

企业具有社会性，是所处社会的一部分，不可能脱离所处社会而孤立存在，只有与社会发展相统一，企业才能得到真正的发展，因此，促进企业发展与社会发展相统一，是公司治理的价值导向。

马克思在《〈政治经济学批判〉序言》中指出，“人们在自己生活的社会生产中发生一定的、必然的、不以他们意志为转移的关系，即同他们的物质生产力的一定发展阶段相适应的生产关系。这些生产关系的总和构成社会的经济结构，即有法律和政治的上层建筑竖立其上并有一定的社会意识形态与之相适应的现实基础”①。

企业代表的是生产关系，是连接生产力和上层建筑的纽带，企业的公司治理问题必须放到社会结构中加以考察，企业治理的重要目标之一是要促进社会发展。“人们在生产中不仅仅影响自然界，而且也互相影响。他们只有以一定的方式共同活动和互相交换其活动，才能进行生产。为了进行生产，人们相互之间便发生一定的联系和关系；只有在这些社会联系和社会关系的范围内，才会有他们对自然界的影响，才会有生产。”② 可以

---

① 《马克思恩格斯文集》第 2 卷，人民出版社 2009 年版，第 591 页。

② 《马克思恩格斯文集》第 1 卷，人民出版社 2009 年版，第 724 页。

看出，任何企业都不是一个封闭的独立的经济体，而是一个与其依附的社会、政治和法律等上层建筑密切联系、相互依存、相互作用的开放系统。世界经济合作与发展组织认为，“好的或有效的公司治理制度是具有国家特性的，它必须与本国的市场特征、制度环境以及社会传统相协调”。

从世界公司治理发展的历史演进来看，考虑社会发展的“社会友好型”治理理念越来越得到认可。世界公司治理的发展，从最早的“股东至上”治理阶段，逐步发展为“利益相关者参与治理”的阶段，并开始向“经济、社会、治理（ESG）”治理阶段转变。

中国的实践表明，社会性是企业的鲜明特征，企业制度是企业社会责任履行的制度保证。在各个历史阶段，国有企业在党的坚强领导下，都为经济社会发展、科技进步、国防建设和民生改善作出了历史性贡献。

首先，我国国有企业是社会公共基础设施和服务的主要提供者。供水、供电、供暖、城市公共交通、铁路等基础性公共服务领域，是“自然”垄断或“自然”寡头垄断领域，关系到国计民生。我国国有企业是这些基础性公共服务的主要建设者和运营者。在这些行业，国有企业不以追求经济效益为目标，而是为了实现公共利益的最大化。

其次，我国国有企业在解决发展不平衡上发挥重要作用。解决区域发展不平衡问题，需要修建铁路、公路、电力等基础设施。但这些基础设施是市场失灵的领域，建设周期长、效益低甚至亏损，民营企业无力承担，也与民营企业目标不符，因此难以使用市场经济手段自发调节。而国有企业性质和使命决定了国有企业有责任承担这些设施建设。比如被誉为“天路”的青藏铁路、总投资超过3600亿元的川藏铁路，不仅具有重要的国家战略意义，也打通了藏区和内地间的民生通道。国有企业是脱贫攻坚战场上一支重要力量，国有企业有效对接融入扶贫地区的经济社会发展，实现了“产业有效益、群众有收入、企业有回报、地方有发展”的良性循环，助力贫困地区群众的生产生活发生重大变化，为当地发展提供了强劲动力。

再次，在应对重大风险挑战中发挥“压舱石”功能。重大自然灾害、重大突发公共卫生事件是破坏社会稳定的重大不确定因素。在应对此类重大风险挑战中，我国国有企业发挥了不可替代的重要作用。面对重大自然灾害，国有企业冲锋在前，迅速投入到抢修道路交通、保障供电和通信、运输和供应战略物资中，帮助受灾群众渡过难关。灾害救援结束后，国有企业继续投入大量人力、物力和财力用于灾后重建，助力灾区人民重建家园。以应对新冠疫情为例，国有企业勇挑重担，不计代价、不讲条件，竭尽所能服务抗疫一线，在应急保供、医疗支援、复工复产、稳定产业链供应链等方面发挥了重要作用。

因此，各国的公司治理，应该本着“企业发展与社会发展相统一”的价值理念，建立能够保证企业成为“社会友好型”企业的治理结构和治理机制。

（三）“解放和发展生产力”原理

“解放和发展生产力”原理，指企业制度必须坚持全面解放和发展生产力。

企业制度的关键任务，是解放和发展生产力，只有生产力得到了充分的解放和发展，企业才能创造更大的经济价值和社会价值，因此，解放和发展生产力，是对公司治理的基本要求。

马克思认为，人是生产力中最革命、最活跃的因素[①]。生产力主要由两类要素构成。一类是“实体性要素”，主要包括劳动者、劳动资料和劳动对象，这是生产力的基本要素和主体部分。另一类是非实体性要素，主要包括科学技术、组织管理手段、分工协作方式、数据等。两类要素的有机结合使生产活动的持续深入开展成为可能。在所有生产要素中，人是最革命、最活跃的

---

① 王怀超：《中国特色社会主义基本问题》，人民出版社2019年版，第294页。

生产因素，提高企业层面效能必须要解放和发展企业职工的生产力。

中国的实践表明，人（职工）同时具有经济性和社会性、同时具有物质需求和精神需求，只有同时满足物质需求和精神需求，职工的生产力才有可能被全面解放和发展。中国特色现代企业制度，使用经济方法，形成经济激励机制和约束机制，满足职工的物质需求，从而激发了职工的物质内生动力；使用党建工作方法，形成精神激励机制和约束机制，满足职工的精神需求，从而激发职工的精神内生动力。两种管理方法的统筹使用，使全面解放和发展人（职工）的生产力成为可能。

因此，各国的企业管理应该避免使用单一的经济方法，应本着“全面解放和发展生产力”的标准，建立和完善激励机制和约束机制，同时满足职工的物质需求和精神需求，从而全面解放和发展职工生产力。

增强理论自信，加快完善中国特色现代企业制度

习近平总书记指出，“制度更加成熟更加定型是一

个动态过程，治理能力现代化也是一个动态过程，不可能一蹴而就，也不可能一劳永逸。我们提出的国家制度和国家治理体系建设的目标必须随着实践发展而与时俱进，既不能过于理想化、急于求成，也不能盲目自满、故步自封”[①]。中国特色现代企业制度经过不断地探索实践，已经在更加成熟、更加定型上取得明显成效，但我们必须清醒地认识到，中国特色现代企业制度建设还在路上，建设目标必须随着实践发展而与时俱进。本部分分三个部分：首先，分析中国特色现代企业制度的建设现状；其次，提出需要进一步完善的六项主要任务；最后，针对六项主要任务给出具体举措。

一、中国特色现代企业制度建设现状

2016 年全国国有企业党的建设工作会议召开之后，党中央、国务院出台一系列政策文件，国务院国资委先后多次进行部署安排，国有企业积极贯彻落实，以“两个一以贯之”为根本原则的中国特色现代企业制度实现系统性重塑[②]。这里将回答三个问题：第一，对加快完

① 习近平：“坚持和完善中国特色社会主义制度推进国家治理体系和治理能力现代化”，2019 年 10 月 31 日在党的十九届四中全会第二次全体会议上讲话。

② 郝鹏：“深入学习贯彻习近平总书记重要论述新时代国资央企取得历史性成就”，《学习时报》2022 年 5 月 27 日。

善中国特色现代企业制度，提出了哪些工作要求；第二，当前已经取得了哪些进展成效和实践经验；第三，还需要从哪些方面进一步加强。

（一）中国特色现代企业制度建设的工作要求

全国国有企业党的建设工作会议以来，党中央、国务院先后印发了《关于进一步完善国有企业法人治理结构的指导意见》《中国共产党国有企业基层组织工作条例（试行）》《国企改革三年行动方案（2020—2022年）》《关于中央企业在完善公司治理中加强党的领导的意见》《关于加快建设世界一流企业的意见》等政策文件，第十三届全国人民代表大会第四次会议通过了《中华人民共和国国民经济和社会发展第十四个五年（2021—2025年）规划和2035年远景目标纲要》，国务院国资委制定了《国有企业公司章程制定管理办法》《中央企业公司章程指引（试行）》《中央企业董事会工作规则（试行）》《中央企业落实子企业董事会职权操作指引》新一轮国有企业改革深化提升行动等制度文件，对建设中国特色现代企业制度提出明确要求。

其中，《中华人民共和国国民经济和社会发展第十四个五年（2021—2025年）规划和2035年远景目标纲要》的要求比较全面、系统：一是坚持党对国有企业的全面领导，促进加强党的领导和完善公司治理相统一，加快建立权责法定、权责透明、协调运转、有效制衡的公司治理机制；二是加强董事会建设，落实董事会职权，使董事会成为企业经营决策主体；三是推行经理层成员任期制和契约化管理，完善市场化薪酬分配机制，灵活开展多种形式的中长期激励；四是按照完善治理、强化激励、突出主业、提高效率的要求，深化国有企业混合所有制改革，深度转换经营机制，对混合所有制企业探索实行有别于国有独资、全资公司的治理机制和监管制度。

另外，《国企改革三年行动方案（2020—2022 年）》要求：一是坚持"两个一以贯之"，形成科学有效的公司治理机制，具体包括：把党的领导融入公司治理各环节实现制度化、规范化、程序化；加强董事会建设落实董事会职权；保障经理层成员依法行权履职；大力推进管理体系和管理能力现代化；夯实中国特色现代企业制度建设基础。二是积极稳妥推进混合所有制改革，促进各类所有制企业取长补短、共同发展；三是要激发国有企业的活力，健全市场化经营机制；四是加强国有企业党的领导党的建设，推动党建工作与企业的生产经营深度融合[①]。

---

① 一般认为，中国特色现代企业制度主要指公司治理，但从中央相关文件以及"两个一以贯之"的深刻内涵看，混合所有制改革、市场化经营机制、党建与生产经营深度融合，都是中国特色现代企业制度的重要内容。

新一轮国有企业改革深化提升行动要求：围绕打造现代新国企深化改革，加快完善中国特色国有企业现代公司治理。一是提升国有企业公司治理现代化水平。全面落实“两个一以贯之”，把党的领导贯穿到公司治理全过程，动态优化国有企业党委（党组）前置研究讨论重大经营管理事项清单。分层分类落实董事会职权，强化外部董事规范管理和履职支撑，完善董事会向经理层授权制度。二是全面构建中国特色现代企业制度下的新型经营责任制。更大力度推行管理人员竞争上岗、末等调整和不胜任退出相关制度，分类明确并优化员工市场化退出的标准和渠道，探索建立完善企业内部人才市场，真正按市场化机制运营。三是健全更加精准灵活、规范高效的收入分配机制。完善具有市场竞争优势的核心关键人才薪酬制度，加大收入分配向基层关键岗位、作出突出贡献的一线苦脏险累岗位倾斜力度，推动中长期激励政策更大范围、更大力度规范实施，支持国有企业结合实际探索创新更多灵活的激励方式。

综合上述政策要求，中国特色现代企业制度的工作要求，主要包括以下几个方面：

1. 把党的领导融入公司治理各环节，实现制度化、规范化、程序化；

2. 加强董事会建设，落实董事会职权；

3. 保障经理层成员依法行权履职和任期制契约化管理；

4. 强化职工民主管理和职工市场化激励约束；

5. 健全监督体系，形成监督合力；

6. 积极稳妥深化混合所有制改革。

（二）把党的领导融入公司治理各环节

建设中国特色现代企业制度，要坚持党对国有企业的全面领导，促进加强党的领导和完善公司治理相统一，加快建立权责法定、权责透明、协调运转、有效制衡的公司治理机制。

1. 工作要求。

一是"党建入章"，明确党委（党组）在公司治理中的法定地位。《国有企业公司章程制定管理办法》对党建写入章程作了详细规定。国有企业在《公司章程》中应单列"公司党组织"内容。公司党组织条款应当按照《中国共产党章程》《中国共产党国有企业基层组织工作条例（试行）》等有关规定，写明党委（党组）或党支部（党总支）的职责权限、机构设置、运行机制等重要事项。明确党组织研究讨论是董事会、经理层决策重大问题的前置程序。

二是完善"双向进入、交叉任职"领导体制。《中国共产党国有企业基层组织工作条例（试行）》对"双向进入、交叉任职”进行了详细规定。坚持和完善“双向进入、交叉任职”领导体制，符合条件的党委（党组）班子成员可以通过法定程序进入董事会、监事会、经理层，董事会、监事会、经理层成员中符合条件的党员可以依照有关规定和程序进入党委（党组）。

三是明确党组织在决策、执行、监督各环节的权责和工作方式。《关于中央企业在完善公司治理中加强党的领导的意见》对此进行了详细规定，明晰了党委（党组）讨论和决定重大事项的职责范围，规范了党委（党组）前置研究讨论重大经营管理事项的要求和程序，明确了党委（党组）在董事会授权决策和总经理办公会决策中发挥作用的方式，强化了党委（党组）在执行、监督环节的责任担当。

2. 进展和成效。

第一，党的领导全面加强。全国国有企业在党的建设工作会议之后，“党建入章”全面完成，国有企业党组织在公司治理结构中的法定地位得到明确和落实；“双向进入、交叉任职”的领导体制进一步完善；党组织“前置研究讨论”得到制度保障，党委（党组）“把方向、管大局、保落实”的领导作用得到有效发挥。

第二，公司治理内部制度体系基本形成。国有企业全面规范公司章程的制定修订工作，以公司章程为基础，包括“三重一大”决策制度、党委（党组）议事规则、董事会议事规则、总经理办公会议事规则、董事会授权制度、投资管理制度等在内的制度体系已经基本建立。

第三，“前置清单”全面制定并落地运行。截至2022年5月底，100家中央企业集团公司、1809户中央企业重要子企业制定了“前置事项清单”，占比分别为100%、99.9%；742户地方一级企业、3264户地方重要子企业制定了“前置事项清单”，占比均为100%。党组织与董事会之间的权责边界更加清晰、决策程序更加规范[①]。

3. 进一步完善的方向。党的领导融入公司治理，尽管已经取得了重大进展，部分示范企业的做法也基本成熟，但从整体上看，治理效能还需进一步提升。下一步，需要在体制机制健全有效的基础上将独特优势转化为治理效能。

从督办系统和企业调研来看，无论是国有企业集团公司，或是子企业，决策效率和决策质量（效果）都有待提高。

首先，一些企业在党委（党组）权责方面还存有问

① 2022年7月，国资委全面深化改革领导小组办公室在国企改革月度例会上的总结材料。

题。一是有的企业没有清晰界定“研究决定”和“研究讨论”的范围，导致一些本该“研究讨论”后由董事会或经理层决策的事项成为党委（党组）“研究决定”事项，从而弱化了董事会和经理层的职权。二是有的企业没有划清“重大”的标准，把本应由董事会或经理层直接决策的事项划为党委（党组）“研究讨论”事项，同样弱化了董事会和经理层的职权，还降低了决策效率。三是个别子企业，“前置事项清单”简单照抄、机械套用，与企业自身实际不匹配。

其次，个别企业在“前置研究讨论”的把关范围和决策流程上还存在不足。一些企业党委（党组）和董事会重复决策，即党委研究讨论后，就同样的决策内容，董事会再重复决策一次。这种决策方式既不符合权责匹配原则也不符合效率原则，严重地降低了决策效率，甚至没有提高决策质量，从而降低了治理效能。

（三）加强董事会建设落实董事会职权

加快完善中国特色现代企业制度，要加强董事会建设、落实董事会职权，使董事会成为企业经营决策主体。

1. 工作要求。在规范董事会建设、落实董事会职权方面，国务院国资委先后出台了《中央企业董事会工作规则（试行）》《中央企业董事会和董事评价办法》《中央企业外部董事选聘和管理办法》《关于进一步推动国有企业董事会配齐建强有关事项的通知》《关于中央企业落实子企业董事会职权有关事项的通知》《关于加强中央企业外部董事履职支撑服务的工作方案》等多项文件，提出了明确建设要求。

第一，董事会设立方面。董事会应建尽建、配齐建强；原则上外部董事人数应当超过董事会全体成员的半数；一般应明确1名外部董事召集人。

第二，落实董事会职权方面。全面依法落实中央企业和重要子企业董事会各项权利。按照《关于中央企业落实子企业董事会职权有关事项的通知》，董事会职权具体来说包括六项。一是中长期发展决策权，用以制定中长期发展规划、制定年度投资计划、培育新业务领域。二是经理层成员选聘权，制定经理层选聘工作方案、稳妥开展经理层选聘工作、推行任期制和契约化管理。三是经理层成员业绩考核权。制定经营业绩考核办法、签订经营业绩责任书、科学合理确定业绩考核结果。四是经理层成员薪酬管理权。制定薪酬管理办法、制定薪酬分配方案、建立健全约束机制。五是职工工资分配管理权。制定工资总额管理办法、明确工资总额决定机制、监测职工工资执行情况、推进内部收入分配制度改革。六是重大财务事项管理权。制定担保管理制度、制定负债管理制度、制定对外捐赠管理制度。

第三，董事会规范运作方面。推进董事会规范运作，董事会应当依照法律法规和公司章程，结合实际制定议事规则，明确董事会具体权责、行权方式、议事程序、决策机制、支撑保障等内容。董事会可以根据公司章程和有关规定，将部分职权授予董事长、总经理行使，但不能违规授权、过度授权，企业重大和高风险投资项目必须由董事会决策[①]。

第四，外部董事队伍建设方面。健全外部董事选聘和管理制度，拓宽外部董事来源渠道，选聘一批现职国有企业负责人及专业人才任专职外部董事。

2. 进展和成效。规范董事会建设取得了初步成效。当前，董事会应建尽建基本完成；落实董事会职权迈出实质性步伐；多数企业都建立了董事会向董事长、总经理授权制度；军工企业董事会也建立了由专门委员会决策特殊重大经营管理事项的制度。截至 2022 年 5 月底，1.27 万户中央企业子企业已建立董事会，应建尽建比例为 99.9%；734 户地方一级企业、2.54 万户地方各级子企业已建立董事会，应建尽建比例分别为 100%、99.9%。在重要子企业落实董事会职权方面，100 家中

① 《中央企业董事会工作规则（试行）》在合理董事会授权方面是如何规定？国务院国资委网站（2021 年 9 月 17 日）。

央企业集团公司全部制定了子企业落实董事会职权的有关工作方案，明确在1575户重要子企业推进，其中97.5%的重要子企业已制定有关实施方案并落实董事会职权①。

外部董事制度有效落实。当前，外部董事占多数已经成为制度性安排。截至2022年5月底，1.22万户中央企业子企业已实现外部董事占多数，占比为99.9%；537户地方一级企业、2.16万户地方各级子企业已实现外部董事占多数，占比为82.4%、99.3%②。国务院国资委成立中央企业专职外部董事党委，全面推行外部董事召集人制度，建立外部董事人才库。

3. 进一步完善的方向。当前，国有企业董事会建设已经实现了"机构、制度健全，外董制度化"，多数企业董事会对"定战略、作决策、防风险"职能也能够很好承担。但从国有企业整体上看，董事会建设进度参差不齐，特别是子企业董事会建设差距还很大，下一步建设方向应该是"有效发挥董事会功能"。

从督办系统和企业调研来看，无论是国有企业集团公司还是子企业，董事会功能作用发挥还不够。另外，

① 2022年7月，国资委全面深化改革领导小组办公室在国企改革月度例会上的总结材料。

② 2022年7月，国资委全面深化改革领导小组办公室在国企改革月度例会上的总结材料。

部分子企业在董事会规范化建设上还有差距。

一是在董事会配齐建强方面，有的企业董事会运行质量还不高，部分子企业年度董事会会议均为临时会议；有的企业对子企业董事会建设的制度支撑不够有力，子企业董事会组建构成、职责权限、运行机制以及外部董事选聘管理、考核评价、激励约束等制度办法不够系统完善。

二是在外部董事队伍建设方面，有的企业外部董事队伍建设还不健全。外部董事来源单一，需要进一步拓宽渠道，部分外部董事素质还不够高，发表意见不充分，作用发挥不够明显；有的企业兼职外部董事履职董事的时间精力有限，未能切实履职尽责。有的企业对董事会及董事的考核评价需要进一步加强，需探索建立符合子企业特点的考核评价体系及激励约束机制，也有一些企业董事会成立和运作时间较短，尚未对董事会和董事开展考核评价。

三是在落实董事会职权方面，有的企业虽然制定了重要子企业落实董事会职权的实施方案，但尚未针对重点职权出台配套制度。

四是在董事会战略决策功能方面，有的企业突出了外部董事在风险防控中的职责，但董事会战略决策功能没有充分发挥。

（四）保障经理层成员依法行权履职和任期制契约化管理

加快完善中国特色现代企业制度，在经理层管理方面，要保障经理层依法行权履职，使经理层真正成为企业执行机构；要不断健全市场化经营机制，推行经理层成员任期制和契约化管理。

1. 工作要求。《关于进一步完善国有企业法人治理结构的指导意见》规定：经理层是公司的执行机构，依法由董事会聘任或解聘，接受董事会管理和监事会监督。总经理对董事会负责，依法行使管理生产经营、组织实施董事会决议等职权，向董事会报告工作，董事会闭会期间向董事长报告工作。建立规范的经理层授权管理制度。

在保障经理层依法行权履职方面，国有企业要建立董事会向经理层授权的管理制度，依法明确董事会对经理层的授权原则、管理机制、事项范围和权限条件等主要内容，充分发挥经理层经营管理作用。同时，要严格落实总经理对董事会负责、向董事会报告的工作机制，强化工作监督。

在推行经理层成员任期制和契约化管理方面，国有企业经理层成员全面实行任期管理，签订聘任协议和业绩合同，按照约定严格考核、实施聘任或解聘、兑现薪酬。《国企改革三年行动方案（2020—2022年）》要求到2022年，国有企业子企业全面推行经理层成员任期制和契约化管理[1]。2021年3月31日，国务院国有企业改革领导小组办公室召开国有企业经理层成员任期制和契约化管理专题推进会，提出4个必须抓实抓好的重点环节：一是要通过明确任职期限、签订并严格履行聘任协议，实现任期管理的规范化、常态化；二是要突出契约目标的科学性和挑战性，推动落实考核结果奖惩刚性兑现；三是要体现薪酬兑现的强激励、硬约束，坚持业绩导向，强化精准考核有效激励；四是要强调考核的刚性退出，实现经理层成员职务“能上能下”。国务院国资委还印发了《关于印发〈“双百企业”推行经理层成员任期制和契约化管理操作指引〉和〈“双百企业”推行职业经理人制度操作指引〉的通知》，对一些操作要点进行了明确。

2. 进展和成效。在保障经理层依法行权履职方面，截至2022年5月底，100家中央企业集团公司、732户地方一级企业制定了董事会向经理层授权的管理制度，分别占比100%、99.7%；1.1万户中央企业子企业、2.1万户地方各级子企业制定了董事会向经理层授权管

---

① 李鹏程：“关于经理层成员任期制和契约化管理问题的思考和建议”，《国资报告》2021年第4期，第102—104页。

理制度，分别占比 87.3%、82.0%[①]。

在推行经理层成员任期制和契约化管理方面，截至 2022 年 5 月底，在中央企业各级子企业中，已开展经理层成员任期制和契约化管理（含职业经理人，下同）的子企业共 3.58 万户，占比 99.5%，涉及 11.09 万人，占比 99.8%；共 660 户地方一级企业、4.88 万户地方各级子企业已与经理层签订了有关合同或契约，占比分别为 89.0%、99.0%，涉及经理层成员分别为 3323 人、10.58 万人，占比分别为 89.8%、99.0%。以上合计共涉及企业 8.53 万户、经理层成员 22.00 万人[②]。

3. 进一步完善的方向。在保障经理层依法行权履职方面，董事会向经理层授权的管理制度已经基本建立，但一些企业距离“依法行权履职”还有一定差距。个别企业中的董事长参加所有总经理办公会；个别企业的董事会对授权总经理决策事项没有建立有效的监督机制。

在经理层成员任期制和契约化管理方面，需要全面激发经理层内生动力。国有企业改革三年行动以来，国务院国资委和各中央企业、地方国资委、地方国有企业积极推进了以经理层成员任期制和契约化为突破口的

---

① 2022 年 7 月，国资委全面深化改革领导小组办公室在国企改革月度例会上的总结材料。

② 2022 年 7 月，国资委全面深化改革领导小组办公室在国企改革月度例会上的总结材料。

“三项制度”改革，取得了明显成效，相应的制度、经理层成员任期制和契约化的完成率都很高。但不可否认，部分企业经理层成员任期制和契约化工作还未真正起到实效，因此必须深化任期制和契约化管理，激发经理层成员活力。

（五）强化职工民主管理和市场化激励约束

加快完善中国特色现代企业制度，在职工管理方面，要不断强化职工民主管理，鼓励职工代表有序参与公司治理；要健全市场化经营机制，全面推进用工市场化，完善市场化薪酬分配机制、灵活开展多种方式的中长期激励活动。

1. 工作要求。习近平总书记在全国国有企业党的建设工作会议上指出，“坚持全心全意依靠工人阶级的方针，是坚持党对国有企业领导的内在要求。要健全以职工代表大会为基本形式的民主管理制度，推进厂务公开、业务公开，落实职工群众知情权、参与权、表达权、监督权，充分调动工人阶级的积极性、主动性、创造性。企业在重大决策上要听取职工意见，涉及职工切身利益的重大问题必须经过职代会审议。要坚持和完善职工董事制度、职工监事制度，鼓励职工代表有序参与公司治理。”[①]

《中国共产党国有企业基层组织工作条例（试行）》对职工参与公司治理进行了明确，“健全以职工代表大会为基本形式的民主管理制度，探索职工参与管理的有效方式，推进厂务公开、业务公开，保障职工知情权、参与权、表达权、监督权，维护职工合法权益。重大决策应当听取职工意见，涉及职工切身利益的重大问题必须经过职工代表大会或者职工大会审议。坚持和完善职工董事制度、职工监事制度，保证职工代表有序参与公司治理”。

全面推进用工市场化，完善市场化薪酬分配机制。全面推进用工市场化，推动员工能进能出。建立工资总额动态调整机制，健全业绩决定薪酬分配的机制，推动收入能增能减，推动薪酬分配向作出突出贡献的人才和一线关键苦脏险累岗位倾斜[②]。

灵活开展多种方式的中长期激励活动。支持更多国有企业运用国有控股混合所有制企业员工持股、国有科技型企业股权、国有控股上市公司股权激励和分红激励

---

① 习近平：“坚持党对国有企业的领导不动摇 开创国有企业党的建设新局面”，共产党员网，2016 年 10 月 10 日。

② 关于工资总额的规定可参见《中央企业工资总额管理办法》（2018 年 12 月 27 日国务院国有资产监督管理委员会令第 39 号公布，自 2019 年 1 月 1 日起施行）。

等中长期激励政策[①]。

2. 进展和成效。在职工民主管理方面，连续出台了系列制度文件：《关于进一步加强中央企业职工代表大会制度建设的指导意见》《国有企业公司章程制定管理办法》（国资发改革规〔2020〕86 号）等，国有企业积极贯彻落实，取得了一定成效。其中《国有企业公司章程制定管理办法》明确：公司章程的主要内容中包括“职工民主管理与劳动人事制度”，要求“国有独资公司、国有全资公司应当明确由出资人机构或相关股东推荐派出的外部董事人数超过董事会全体成员的半数，董事会成员中的职工代表依照法定程序选举产生”。国有企业根据相关制度文件，修订了企业公司章程，加强了职工代表大会制度建设。

在用工市场化方面，2022 年 1—5 月，中央企业集团公司及各级子企业公开招聘人员占新进员工总数的 99.7%；地方一级企业及各级子企业公开招聘人员占新进员工总数的 99.9%。实行全员绩效考核的中央企业和地方国有企业占比均为 99.7%。中央企业新聘任上岗的管理人员为 4.60 万人，其中通过竞争上岗方式聘任的共 2.04 万人，占比 44.4%。中央企业二、三级子企业

① 与中长期激励相关的文件主要包括：2020 年 5 月国务院国资委印发《中央企业控股上市公司实施股权激励工作指引》，2021 年 1 月 26 日国务院国有企业改革领导小组办公室印发《“双百企业”和“科改示范企业”超额利润分享机制操作指引》等。

中，已通过竞争上岗方式聘任管理人员的子企业共4088户，占二、三级子企业总数的22.2%。截至2022年5月底，地方一级企业及各级子企业中，管理人员总数为34.86万人，累计已实行竞争上岗的为17.05万人，占比48.9%①。

在末等调整和不胜任退出方面，2022年1—5月，中央企业和地方国有企业管理人员末等调整和不胜任退出的人数分别为10091人、7987人（合计18078人），占比分别为1.89%和2.29%。中央企业二、三级子企业中，当年已实施末等调整和不胜任退出的企业共3729户，占比20.3%。276户地方一级企业、5887户地方各级子企业当年已实施末等调整和不胜任退出，占比分别为37.2%、11.9%②。

在开展中长期激励方面，截至2022年5月底，中央企业和地方已开展中长期激励的子企业分别为4628户和2799户，占具备开展中长期激励条件的各级子企业的比例分别为90.1%和84.0%，激励人数分别为31.06万人和14.83万人③。

---

① 2022年7月，国资委全面深化改革领导小组办公室在国企改革月度例会上的总结材料。

② 2022年7月，国资委全面深化改革领导小组办公室在国企改革月度例会上的总结材料。

③ 2022年7月，国资委全面深化改革领导小组办公室在国企改革月度例会上的总结材料。

3. 进一步完善的方向。在职工民主管理方面，当前职工参与企业管理的制度体系已经基本健全，但在实践中，运行效果还有一定的差距。一是有的职工董事、职工监事在代表和维护职工利益的方面，无论是认识还是方法上，都存在不足。二是职工参与管理的途径比较单一，职工参与管理的积极性和主动性还远没有被调动和激发。三是对“企业在重大决策上要听取职工意见”的要求还缺乏有效的制度保障。

在职工激励与约束方面，需要建立全面激励约束机制。一是国有企业的成功实践表明，中长期激励能够很好地实现员工价值与企业价值相趋同，但当前国有企业中开展股权分红、跟投等形式的中长期激励的比例还很小。二是改变员工的行为，不仅需要激励机制，同样需要约束机制，要避免出现“中长期激励 = 激励”的现象。三是历史已经证明，员工的主人翁精神是巨大的生产力，精神需求是员工必不可少的需求。

（六）健全监督体系形成监督合力

1. 工作要求。

一是要建立企业外部监督的协调机制。推进出资人监督和纪检监察监督、巡视监督、社会监督等统筹衔接，推动各类监督有机贯通、相互协调，提高监督效能。

二是要建立健全企业内部监督体系。以党内监督为主导，加强政治监督，支持出资人监督、审计监督、职工民主监督、舆论监督等充分发挥作用，推动各类监督有机贯通、相互协调，形成决策科学、执行坚决、监督有力的权力运行机制。

2. 进展和成效。

一是强化出资人监督检查，建立内外联动、分工协作、运转高效、反馈及时的监管协同机制，推动出资人监督和纪检监察监督、巡视监督、审计监督等各类监督形成合力。

二是突出董事会的监督职责，严格落实董事会重要情况报告、外部董事异常情况报告制度。

三是企业内部普遍建立了以党内监督为主导的“大监督”模式。

3. 进一步完善的方向。国有企业公司治理的监督功能，需要从“监督体系基本完善”转向“全面提升监督效能”。

当前，从国有企业外部看，监督主体比较多，各监督主体之间需要高效协调；从国有企业内部看，党内监督和业务监督需要高效协调；从外部监督与内部监督的联动看，也需要高效协调。另外，原来由监事会承担的监督职责（主要是对执行董事和经理层成员履职行为的监督）划入审计机关，对公司内部治理的监督功能带来了挑战。

（七）积极稳妥深化混合所有制改革

《国企改革三年行动方案（2020—2022年）》要求，要把握好混合所有制改革方向，坚持因地施策、因业施策、因企施策，宜独则独、宜控则控、宜参则参，不搞拉郎配、不搞全覆盖、不设时间表，按照完善治理、强化激励、突出主业、提高效率的要求，积极稳妥深化混合所有制改革。《中华人民共和国国民经济和社会发展第十四个五年规划和2035年远景目标纲要》中，将“对混合所有制企业探索实行有别于国有独资、全资公司的治理机制和监管制度”作为加快完善中国特色现代企业制度的重要内容之一。

1. 工作要求。

一是分层分类深化混合所有制改革。重点推进国有资本投资、运营公司出资企业和商业一类子企业混合所有制改革，稳妥推进商业二类子企业混合所有制改革，规范有序推进具备条件的公益类企业投资主体多元化。

二是合理设计和调整优化混合所有制企业股权结构。支持商业一类企业引入非国有资本的持股比例超过三分之一，引导各类战略投资者积极参与公司治理。

三是提高国有控股上市公司规范运作水平。支持和鼓励国有股东持股比例高于50%的国有控股上市公司引入持股5%及以上的战略投资者作为积极股东。

四是深度转换经营机制，探索差异化治理。对国有股权比例低于50%且其他所有制股东能够有效参与公司治理的国有相对控股所有制企业，根据法律法规和公司章程实施更加市场化的差异化管控。

2. 进展和成效。在混合所有制企业户数方面，截至2022年5月底，按“非穿透式”口径，在中央企业各级子企业、地方国有企业各级子企业中，混合所有制企业分别为7339户和1.25万户，占比分别达20.4%和25.4%[①]。

在优化上市公司股权结构方面，截至2022年4月底，三年行动以来共有86家国有控股上市公司引入持股超过5%的积极股东[②]。

在市场化机制方面，作为混合所有制的重要实现形式，许多上市公司在市场化机制、激发活力上取得了实质性进展。中国建材集团有限公司、国家开发投资集团有限公司（以下简称“国投”）等积极探索了混合所有制企业差异化治理。

---

① 2022年7月，国资委全面深化改革领导小组办公室在国企改革月度例会上的总结材料。

② 2022年6月，国资委全面深化改革领导小组办公室在国企改革月度例会上的总结材料。

3. 进一步完善的方向。对国有控股混合所有制企业，特别是国有相对控股混合所有制企业实施更加灵活高效的差异化治理，是贯彻落实党中央、国务院关于深化混合所有制改革重大决策部署的重要举措，是促进不同所有制资本相互融合、取长补短、共同发展的有效途径。

近年来，虽然在部分国有企业进行了试点，但一直没有形成成熟的差异化治理模式。特别是在引入积极股东方面，这也在一定程度上形成了“一股独大”的治理问题。随着中国特色现代企业制度建设的深入，国有控股混合所有制企业差异化治理，已经是一个迫切需要解决的问题。因此，对国有控股混合所有制企业治理的下一步完善方向，是形成差异化治理模式。

二、加快完善中国特色现代企业制度的主要任务

前面深入分析了中国特色现代企业制度的建设现状，在此基础上，根据当前中国特色现代企业制度建设的特征，提出了向下一阶段跃迁的六项主要任务，如图1－7所示。

	当前阶段	下一阶段
把党的领导融入公司治理	体制机制健全有效	把独特优势转化为治理效能
董事会建设	机构、制度健全，外部董事制度化	发挥功能作用
弘扬企业家精神与经理层管理	授权制度、任期制和契约化初步建立	弘扬企业家精神、激发经理层内生动力
职工队伍激励与约束	三项制度改革初见成效	全面建立激励约束机制
监督体系建设	监督体系基本完善	全面提升监督效能
国有控股混合所有制企业差异化治理	试点、基层探索	形成差异化治理模式

图 1－7　向下一阶段跃迁的六项主要任务

一是把党的领导融入公司治理，要从“体制机制健全有效”向“把独特优势转化为治理效能”跃迁。企业实践表明，党委（党组）与其他治理主体权责边界的科学划分是当前的关键点和难点。因此，将对科学划分权责进行深入分析。

二是董事会建设，要从“机构、制度健全，外董制度化”向“发挥功能作用”跃迁。董事会是公司治理中极为重要的治理主体，董事会功能发挥与否对治理效能有着非常重要的影响。后面将分析发挥董事会功能的八个着力点。

三是弘扬企业家精神与经理层管理，要从“授权制度、任期制和契约化初步建立”向“弘扬企业家精神，激发经理层内生动力”跃迁。将重点探讨如何将坚持党管干部原则与发挥市场化机制作用结合起来，激发经理层成员活力。

四是职工队伍激励与约束，要从“三项制度改革初见成效”向“全面建立激励约束机制”跃迁。将重点探讨如何将短期与长期相结合、激励与约束相结合、物质与精神相结合，激发职工活力。

五是监督体系建设，要从“监督体系基本完善”向“全面提升监督效能”跃迁。将重点探讨监事会撤销后强化董事会的监督职责。

六是国有控股混合所有制企业差异化治理，要从“试点、基层探索”向“形成差异化治理模式”跃迁。将在总结企业实践的基础上，尝试凝练差异化治理模式。

三、加快完善中国特色现代企业制度的具体举措

党的二十大报告再次强调“完善中国特色现代企业制度，弘扬企业家精神，加快建设世界一流企业”。中

央经济工作会议部署 2023 年经济工作时进一步部署“完善中国特色国有企业现代公司治理，真正按市场化机制运营”。以下将针对上文所述的向下一阶段跃迁的六项任务提出具体举措。

（一）清晰划分党委（党组）与董事会的权责边界

企业实践表明，党的领导融入公司治理，关键是划分好各治理主体之间权责边界和决策流程，其中最为关键的，是党委（党组）与其他治理主体之间的权责边界和决策流程。也就是说，提高治理效能，科学划分党委（党组）和其他治理主体之间的权责边界和决策流程是决定性因素之一。

借鉴国有企业的实践经验，将党委（党组）在公司治理中的职权按性质分为决定权、把关权（前置研究讨论权）和监督权。需要强调的是，董事会对董事长、总经理的授权事项，也需要党委（党组）把关，不能把“授权不前置”错误地理解为董事会授权事项与党委（党组）无关。

1. 党委（党组）决定权。

（1）党委（党组）决定权的含义。党的建设等方面的重大事项应由党委（党组）决定。

党委（党组）决定权指由党委（党组）最终决定并承担相应责任的重大事项。经党委（党组）研究决定后，需要董事会、经理层等履行法定程序的，依照有关法律法规和规定办理。党委（党组）要建立跟踪落实和监督机制，确保决定得到有效落实。

（2）党委（党组）决定权的范围。由企业党委（党组）决定的，主要是国有企业党的建设的重大事项，具体包括[①]：贯彻执行党的路线方针政策，监督、保证本企业贯彻落实党中央决策部署以及上级党组织决议的重大举措；加强党的政治建设、思想建设、组织建设、作风建设、纪律建设、制度建设和反腐败斗争方面的重要事项；坚持党管干部原则、党管人才原则的重要事项；思想政治工作、精神文明建设、企业文化建设、统一战线工作和群团组织等方面的重要事项。

2. 党委（党组）把关权（前置研究讨论权）。

（1）党委（党组）把关权的含义。重大经营管理事项，必须经党委（党组）前置研究讨论后，再由董事会或经理层按照职权和规定程序做出决定。党委（党组）把关权指党委（党组）拥有否决权/同意权并承担相应责任。党委（党组）否决则事项终止，同意则交由其他决策主体决策。

党委（党组）行使把关权后，由其他主体最终决

---

① 本部分仅列出了部分事项，前置研究讨论事项的详细清单，请参见《关于中央企业在完善公司治理中加强党的领导的意见》。

策，这样一方面可以保证企业改革发展方向、维护职工合法权益、防止出现利益输送；另一方面可以保证董事会依照法定程序和公司章程授权决定公司重大事项、保证经理层依法行使管理生产经营和组织实施董事会决议等职权。

（2）党委（党组）把关权的范围。由企业党委（党组）把关的，主要是重大经营管理事项，具体包括[①]：贯彻党中央决策部署和落实国家发展战略的重大举措；经营方针、发展战略、发展规划等；重大的投融资、资产重组、资产处置、产权转让、资本运作、担保、工程建设等事项，年度财务预决算、利润分配、弥补亏损方案，增减注册资本方案，预算内大额度资金调动和使用、超预算的资金调动和使用、大额捐赠和赞助以及其他大额度资金运作事项；重要改革方案；公司章程制订和修改方案的提出，基本管理制度的制定；工资收入分配、企业民主管理、职工分流安置等涉及职工权益以及安全生产、生态环保、维护稳定、社会责任等方面的重要事项。

（3）遵循“各有侧重、兼顾整体”原则。当前，对治理效能影响较大的，是重大经营管理事项，即党委

---

① 本部分仅列出了部分事项，前置研究讨论事项的详细清单，请参见《关于中央企业在完善公司治理中加强党的领导的意见》。

（党组）把关权事项。同一事项由两个主体先后决策，理论上有三种模式。第一种模式是重复决策，即党委（党组）先决策，之后董事会就同样内容再次决策。第二种模式是绝对分权，即每个决策主体仅对自己权责范围内的决策点决策，比如对投资事项，党委（党组）仅负责与国家战略的匹配性、与企业主责主业的一致性，董事会仅负责项目的经济可行性、风险性、与行业发展趋势的一致性。第三种模式是各有侧重、兼顾整体。每个主体都从事项整体上通盘考虑，对自己权责范围内的决策点重点研究，对其他决策点可提出意见建议供其他决策主体参考。

党委（党组）和董事会共同决策同一事项，其目的是统筹发挥党的全面领导和市场经济规律双优势，从而实现制度优势向治理效能的转化。由于每个决策事项都有多个决策点，只有每个决策点都找到“唯一责任人”才能满足权责匹配的要求。另外，尽管一个决策事项需要从多个决策点进行评判，但它仍然具有整体性，像西方治理那样“绝对分权”既不符合系统观念，也不利于统筹发挥“双优势”。

根据上述分析，应当按如下原则处理。

第一，明确党委（党组）和董事会的主责“决策点”。根据党委（党组）“把方向、管大局、保落实”

和董事会“定战略、作决策、防风险”的职责定位，在具体决策事项的前置把关中，党委（党组）的主责应该包括：决策事项中涉及的贯彻党中央决策部署、落实国家战略、国有资产保值增值、维护公众利益和维护职工合法权益等方面的决策点。董事会的主责应该包括：决策事项中涉及的企业发展战略、依法合规、各类风险和经济可行性等方面的决策点。

第二，明确不同权力类型及效力。对于承担“主责”的决策点，决策主体具有决定权，由该决策主体决策并承担相应责任。对于“主责”以外的决策点，决策主体具有建议权，可以对其他治理主体提出建议。

（4）“各有侧重、兼顾整体”原则的具体运用。党委（党组）决策时，首先重点研究与“把、管、保”有关的决策点并做出决策（“否决”则议案终止）；之后，议案未被终止的，对其他决策点（如风险等）进行分析，确有必要的可对董事会提出建议。党组织前置研究讨论时重点按照“四个是否”标准把关，即决策事项是否符合党的理论和路线方针政策；是否贯彻党中央决策部署和落实国家发展战略；是否有利于促进公司高质量发展、增强公司竞争实力、实现国有资产保值增值；是否有利于维护社会公众利益和职工群众合法权益。

董事会决策时，首先重点研究与“定、作、防”有关的决策点并做出决策（“不通过”则议案终止），如果党委（党组）有相应建议的，董事会要认真论证并向党委（党组）反馈论证结果；之后，议案未被终止的，考虑到董事会构成中包括了出资人派出的外部董事，可以对其他决策点（如贯彻国家战略等）进行分析，确有必要的可对党委（党组）提出建议；最后，由董事会做出最终决策。董事会审议时重点做好“四个分析”，即分析决策事项的合法合规性；与出资人要求的一致性；与公司发展战略的契合性；风险与收益的综合平衡性。

3. 党委（党组）监督权。

（1）党内监督是一种显著制度优势。党内监督本身就是一种其他制度无法比拟的制度优势，通过加强对国有企业领导人员的党性教育、宗旨教育和警示教育，严明政治纪律和政治规矩，引导他们不断提高思想政治素质、增强党性修养，从思想深处拧紧螺丝。通过加强党风廉政建设，建立“不敢腐、不能腐、不想腐”机制，可以正风肃纪、防范风险。

（2）党委（党组）监督权的范围。

第一，要健全监督体系，以党内监督为主导，加强政治监督，支持出资人监督、审计监督、职工民主监督和舆论监督等充分发挥作用，推动各类监督有机贯通、相互协调、形成决策科学、执行坚决和监督有力的权力运行机制。

第二，要强化用制度管权管事管人，加强对制度执行的监督检查；强化对各级领导人员的党性教育、宗旨教育和警示教育，突出对关键岗位、重要人员特别是“一把手”的监督管理；强化对董事会、经理层用权履职的监督，对违规决策、违规经营以及不担当、不作为、乱作为、假作为等问题，及时提出纠正意见。

第三，董事会年度工作报告、总经理年度工作报告要事先听取党委（党组）意见。企业内部审计监督、财会监督和内控与风险管理等情况要向党委（党组）报告并抄送企业纪检监察机构。

第四，纪委书记（纪检监察组组长）可以列席董事会会议、董事会专门委员会会议和总经理办公会，以及研究决定企业生产经营管理重大事项的其他会议。

4. 典型企业经验做法。中国南方电网有限责任公司（以下简称“南方电网”）积极探索把党的领导落实到公司治理各环节，使之制度化、规范化、程序化[①]。

一是用“一张表”规范工作流程。以公司治理主体权责清单为基础，横向集成“三重一大”事项分类、行权主体、行权方式、行权路径、承办部门、法律文件和制度依据等核心要素，纵向覆盖 25 个业务领域、35 个

① 2022 年 3 月，该公司在国企改革月度例会发言材料。

一级业务、131 个具体权责事项，形成“一张表”工作机制，使每个事项需要履行什么决策程序、每个决策环节由什么主体行权、决策议案由什么部门承办等信息一目了然，实现重大事项决策的程序化、可视化和规范化管理。

二是以“两个原则”优化决策流程。坚持“法定事项不授权”，董事会授权董事长、总经理非法定事项 53 项，在保证决策质量的前提下提高决策效率，更好地适应市场变化。坚持“授权的一般不前置”，对于政策要求明确、具体标准清晰的 36 项授权事项，党组不再前置研究讨论。

三是以“三种方式”创新前置程序。党组织通过“制度审议”实现对同一类型事项的统一把关，针对某类决策事项，通过制订制度对事项的提出、研判、决策等过程进行规范，党组织以对制度的审议，履行对该类别事项的把关权。通过“综合审议”实现对同一批次事项的总体把关，在具体项目遵循综合计划的前提下，党组织以对整体计划的审议履行把关权。通过“一事一议”实现对标准不明确、程序不清晰、计划性不强和风险不确定的特殊事项逐事逐项前置研究讨论，保证“不留死角”。以上方式的创新实施彻底扭转了以往党组织事无巨细前置把关的局面，有效推动各级党组织更好地谋全局、议大事、抓重点。

（二）完善市场化机制，发挥董事会功能

发挥董事会功能的着力点有8个，如图1－8所示。其中①和②在前面已经分析过，本部分将分析后6个。

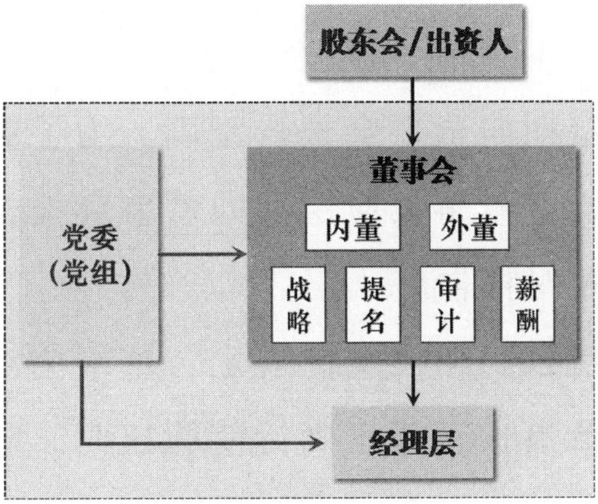

① 落实董事会职权
② 科学划分党委（党组）与董事会权责边界
③ 对董事长科学授权
④ 对经理层充分授权
⑤ 充分发挥外部董事作用
⑥ 更好发挥职工董事作用
⑦ 建设好各专业委员会
⑧ 建设好支撑保障体系

图1－8　发挥董事会功能的8个着力点

1. 对董事长科学授权。根据企业实际，按照决策质量与效率相统一原则，董事会可以将一部分权力授权董事长行使，但要防止违规授权、过度授权，并且授权不授责。

第一，对授权与否，要坚持“‘三重一大’不授权”原则。凡属应由党委（党组）集体研究讨论的“三重一大”事项，不纳入董事会对董事长授权范围。企业重大和高风险投资项目必须由董事会决策。国务院国资委授予董事会的职权未经同意不得转授。

第二，对授权事项，要坚持“授权事项不前置”原

则。授权董事长决策的事项，党委（党组）不前置研究讨论。

第三，以专题会议方式进行决策。对董事会授权董事长决策事项，董事长一般应召开专题会议，集体研究讨论。

第四，严格执行定期向董事会报告制度。为了更好地对授权事项进行监督，董事长应定期向董事会报告行权情况，重要情况要及时报告。

第五，动态调整授权。相关文件规定，董事会不因授权决策而免责，当董事长不能正确行使职权时，应当调整或者收回授权。

2. 对经理层充分放权授权。

第一，按职能定位对经理层充分放权、授权。经理层承担着“谋经营、抓落实、强管理”的职责，因此与战略实施和公司运营等有关的权力应该放权给经理层。比如，主持公司生产经营管理工作的职权、组织实施董事会决议的职权、按公司章程确定的人选推荐和选人用人权。另外根据企业需要，按照决策质量与效率相统一原则，董事会可以将一部分权力授权总经理行使，但要防止违规授权、过度授权，并且授权不授责。在充分放权授权的同时，要建立完善对经理层行权的监督机制，防止出现内部人控制等问题；要建立完善对经理层履职的考核机制，将保证经营目标实现、推进战略实施、提升管理水平的责任延伸到经理层。

第二，保证经理层决策的独立性。在企业实践中，董事会放权授权但董事长不放权的现象比较普遍，一些董事长出席所有的总经理办公会，董事长成为经理层的实质决策人。为真正发挥经理层这一治理主体的功能和作用，需要提高经理层决策的独立性。除确有必要外，董事长不应列席总经理办公会，应以召开总经理办公会等形式，由经理层决定职权范围内的事项，研究确定拟提交党组会、董事会审议的事项。

第三，严格执行定期向董事会报告制度。为了更好地对授权事项进行监督，总经理应定期向董事会报告行权情况，重要情况要及时报告。

第四，动态调整授权。相关文件规定，董事会不因授权决策而免责，当总经理不能正确行使职权时，应当调整或者收回授权。

3. 充分发挥外部董事作用。

第一，董事会队伍组成要“差异化”。国有企业需要构建多维度优势互补的差异化董事会结构。首先，要注重专业差异化，考虑内部董事的专业结构，在此基础上合理搭配具有战略意识和国际化视野，熟悉任职企业主业，具有专业技术、财务金融、风险管控等专长的外部董事。其次，要注重来源差异化，合理搭配具有丰富中央企业领导经验、部委领导经验、基层工作经历的外部董事。再次，要注重年龄差异化，形成多元化的外部董事队伍。

第二，解决信息不对称要“规范化”。从企业实践来看，主要是从两个层面解决外部董事的信息不对称。首先，解决与出资人的信息不对称。办法包括成立专门对接部门，及时向外部董事传达中央和出资人文件，安排外部董事参加会议，对董事开展定期培训，建立出资人与外部董事随时沟通的机制等。其次，解决与履职企业，特别是对议案资料的信息不对称。办法包括按规定提前发放议案，向外部董事开放电子办公、数据报告等信息系统，向外部董事提供行业、企业改革发展经营、财务信息，保证外部董事及时阅知文件，安排外部董事出席企业工作会、战略研讨会、经营分析会，安排外部董事到现场调研；积极配合外部董事专项检查等。

第三，外部董事作用发挥要“全面化”。外部董事具有“双角色”。一方面，外部董事在防范风险上具有独特作用，要对盲目决策加以制衡；另一方面，外部董事是董事会决策者，对企业长期发展负责。首先，应该将董事长对外部董事作用发挥的支持情况纳入考核评价。外部董事作用发挥效果好不好，董事长是关键的外在因素。其次，应该从“压责”和“免责”两个方面着手，让外部董事履行好“双角色”。从调研来看，外部董事“防风险”作用发挥较好，但“定战略”作用发挥还有待加强。

第四，外部董事能力提升要“专业化”。首先，在现有全员集中培训已成为“常态化”的基础上，可增加“专业化”培训来提升外部董事履职能力，包括在培训主题上可以按专业分类精准化培训；在参训对象上可以将所在企业董事长纳入参训范围；在培训方式方法上可以采用模拟演练、经验分享等学员互动型方式。其次，通过现场调研、重大项目提前介入、重点项目跟踪等有效方式，使外部董事熟悉企业、熟悉决策项目、提高决策科学性。

第五，外部董事激励约束要“多样化”。在现有考核评价的基础上，可以从两个方面尝试突破：首先，建立双向流动渠道。外部董事从业经历是培养国有企业领导人员极为难得的平台，回到原企业任职更能激励其弥补不足。建立“国有企业领导人员↔专职外部董事”双向流动渠道，不定期挑选优秀专职外部董事回企业任职。其次，探索完善奖惩激励机制。董事会的核心功能是战略决策，而外部董事价值的根本在于防止因国有企业“短视”而损害企业长期发展。从理论上，外部董事激励应当与企业中长期财务绩效挂钩。

4. 更好地发挥职工董事作用。要坚持和完善职工董事制度，鼓励职工代表有序参与公司治理。《中华人民共和国公司法》规定，“国有独资公司设董事会”，“董事会成员中应当有公司职工代表”，“两个以上的国有企业或者两个以上的其他国有投资主体投资设立的有限责任公司，其董事会成员中应当有公司职工代表”，“董事会中的职工代表由公司职工通过职工代表大会、职工大会或者其他形式民主选举产生”。

职工董事代表职工利益。一是工会要加大对职工董事履职的支持力度。在职工董事了解职工意见、表达职工诉求等方面提供便利和支持。二是要加大事前管理。除需要通过职工代表大会审议的涉及职工切身利益的重大问题外，其他与职工利益相关的重大决策事项，职工董事应提前了解职工的意见。三是要加大事中管理。职工董事在参与决策时，要充分表达职工的意见建议。四是要加大事后管理。职工董事要向职工代表大会报告自己的履职情况，特别是对职工利益的维护情况。职工董事要接受职工质询。

5. 建设好各专门委员会。董事会一般会设立若干专门委员会，为董事会决策提供咨询，包括战略投资委员会、薪酬与考核委员会、审计与风险委员会和提名委员会等。

除军工企业董事会中特殊重大经营管理事项由专门委员会决策外，专门委员会作为董事会的专门工作机构，其性质是一个为董事会决策提供咨询的机构，不是一个决策机构。专门委员会的意见建议，并不减轻外部董事和非外部董事的责任。

6. 建设好支撑保障体系。

一是要强化对专门委员会的工作支持。企业应当明确为董事会各专门委员会提供工作支持的职能部门，建立专门委员会与对接职能部门的工作机制，合理安排外部董事履职所需调研、培训，配合外部董事开展专项检查工作。

二是配齐配强董事会秘书、董事会办公室。企业要配齐配强董事会秘书，加强董事会办公室的工作力量。一般设 1 名专职董事会秘书，对企业和董事会负责。董事会秘书应当具备履行职责所需的财务、管理、法律等专业知识和相关工作经验，具有足够的时间和精力履职。加强董事会办公室建设，合理配备工作人员。

7. 典型企业经验做法。中国广核集团有限公司（以下简称“中广核”）全面落实“两个一以贯之”，把加强党的领导和完善公司治理统一起来，使子企业董事会

“定战略、作决策、防风险”作用得到有效发挥[①]。

（1）坚持“两个全面”，加强子企业董事会建设。

第一，全面配齐建强子企业董事会。结合企业实际，综合考虑股权结构、股东构成、企业定位、资产规模、市场化程度、注册地法律规定等因素，形成“应建尽建”名单。截至 2021 年底，56 家应建名单内的各级子企业全部实现了董事会应建尽建、外部董事占多数。同时，有序撤销 173 家应建范围外的各级子企业董事会，改设执行董事，提升运作效能。

第二，全面加强外部董事队伍建设。坚持“优中选优”原则选聘外部董事，比如二级子企业的外部董事主要从二级子企业领导人员中择优选聘，要求具备企业运营、人力资源、市场营销等领域 10 年以上的管理经验，突出过往履职业绩。目前，外部董事库共有 108 人，其中二级子企业外部董事 42 人。坚持“多元互补”原则优化外部董事配置，着力打造背景多样、结构合理的子企业董事会，进一步推进子企业董事会高效运转。比如，核能领域子企业重点选派有核能建设、运营背景的外部董事，增强董事会安全质量管控能力，确保核安全万无一失。坚持推行外部董事“专职化”，子企业外部董事原则上均为专职，不在集团内担任其他职务，同一

① 选自公司治理示范企业材料。

外部董事任职的子企业不超过 4 户，确保外部董事履职行权的独立性和充分性。

（2）打造“一三一”授权体系，全面落实董事会职权。

第一，打造一个战略管控型总部。按照国有资本投资公司总部定位，构建集团总部“管资本”、产业平台“管资产”、业务单元“管生产”的治理架构。集团总部原则上只保留《公司法》和公司章程规定的股东职权，股东权利事项控制在 30 项以内，连续两年减少 30%。集团总部对子企业以“治理管控”为主，主要通过派出董事来落实股东意图，原则上不直接向子企业职能部门下达指令，不通过前置审议、议题报备等方式干预子企业决策。

第二，建立健全“三位一体”的授权体系。中广核作为落实董事会职权试点单位，自 2019 年开始探索落实子企业董事会职权试点，通过制定实施《落实子企业董事会职权工作方案》，全面落实各级重要子企业的六项董事会主要职权。制定董事会议事规则，对各级子企业董事会的职责分工、履职方式和工作程序进行细化规定。建立子企业“治理授权表”，明确董事会与经理层之间的权责界面，规范向经理层授权，更好地发挥经理层谋经营、抓落实、强管理的作用。落实职权工作方案、授权表、议事规则构成一个相辅相成的授权体系，明晰董事会的上下权责边界，规范权力运行方式，决策能力和决策水平明显提升。

第三，建立一套授权动态调整机制。集团公司开发了一套董事会授权调整的量化评估模型，围绕产业定位、业务风险、治理成熟度和战略协同度等维度设置若干量化评价指标，当指标状态发生变化时，自动触发授权调整流程，形成“干得越好授权越大、风险越小授权越大”的导向，鼓励子企业董事会担当作为。

（3）健全“三大机制”，保障和促进董事会职能发挥。

第一，健全董事会运作在线监督机制。搭建“从上看到底”的公司治理管控系统，通过信息化手段，对各级董事会运行情况进行收集统计、数据分析和监督评价，并实现与国务院国资委相关信息系统的数据对接。从六大维度设置 26 个指标，对董事会决策事项的前置审议、会议决策和任务落实等全过程进行在线监测和异常提醒，并通过大数据分析开展在线监督评价。

第二，健全外部董事考核评价机制。集团公司与派出外部董事签订岗位聘书和绩效责任书，首次聘任设置 1 年试用期，压实外部董事责任。健全考核评价体系，从忠实履职、科学决策、防范风险、独立报告等七个维度，对外部董事履职情况进行量化评价，作为薪酬分配、岗位交流和续聘解聘的重要依据。健全追责机制，明确规定了重大决策失误、消极行使表决权、不当谋利等七类外部董事责任追究的情形，对有令不行、有禁不止等失职行为严肃追责。出台《尽职合规免责事项清单》，明确从轻、减轻或免除处理的情形，鼓励外部董事履职尽责、担当作为。

第三，健全外部董事履职支撑机制。在强化决策支持方面，制定《外部董事参加会议清单》，协调外部董事列席任职企业重要会议，深度了解企业经营管理情况。编印《外部董事履职支持联络清单》，针对 12 大类 57 项常见业务问题，为外部董事提供及时高效的咨询服务。开发履职工具包，涵盖履职所需的法律法规和制度文件，支撑外部董事规范高效履职。在加强业务培训方面，定期组织外部董事开展调研学习，及时掌握最新政策要求和行业动态。建立外部董事履职能力模型，针对性开发 12 门课程，作为新聘董事必修课。在强化工作联系方面，集团公司每月召开外部董事沟通会，及时传达上级和集团有关会议精神和部署要求。不定期组织外部董事到各层级子企业开展专题调研，深入了解任职企业基层发展现状与诉求。

（三）党管干部原则与市场化机制有机结合，激励约束经理层成员

1. 国有企业领导人员不同于一般意义上的企业家。

（1）国有企业领导人员具有鲜明的政治属性。习近平总书记指出，“国有企业领导人员是党在经济领域的执政骨干，是治国理政复合型人才的重要来源，肩负着经营管理国有资产、实现保值增值的重要责任。”对经理层管理，必须与经理层成员属性相一致。经理层成员是企业领导人员。我国国有企业领导人员不同于一般意义上的企业家，对领导人员的管理，也必然与一般意义上的企业家管理不同。

（2）国有企业领导人员要坚持“20字”标准。习近平总书记指出，“国有企业领导人员必须做到对党忠诚、勇于创新、治企有方、兴企有为、清正廉洁。”[①] 其中“对党忠诚”是第一要求，如果这一条不过关，其他都不过关。国有企业领导人员要坚定信念、任事担当，牢记自己的第一职责是为党工作，牢固树立政治意识、大局意识、核心意识和看齐意识，把爱党、忧党、兴党、护党落实到经营管理各项工作中[②]。

---

① 习近平总书记在全国国有企业党的建设工作会议上发表重要讲话，2016 年 10 月 10 日，新华网。

② 习近平总书记在全国国有企业党的建设工作会议上发表重要讲话，2016 年 10 月 10 日，新华网。

（3）要把坚持党管干部原则和发挥市场机制作用结合起来。习近平总书记要求，“要坚持党管干部原则，保证党对干部人事工作的领导权和对重要干部的管理权，保证人选政治合格、作风过硬、廉洁不出问题。”“对国有企业领导人员，既要从严管理，又要关心爱护，树立正向激励的鲜明导向，让他们放开手脚干事、甩开膀子创业。”[①]

（4）要统筹激发物质内生动力和精神内生动力。党员，特别是党员领导干部，除了有物质需求，还有精神需求。因此，激发经理层内生动力，不仅要激发物质内生动力，还要激发精神内生动力。

在我国，把国有企业做强做优做大，不仅需要市场环境和宏观政策支持，还需要有正确的发展战略、科学的管理体系、有竞争力的技术和产品，最重要的是要有一种为国家为人民真诚奉献的精神、一个坚强有力的领导班子、一支勇于攻坚克难的高素质干部队伍、一支充分组织起来的职工队伍[②]。没有精神，没有领导力，没有队伍，任何国有企业都是办不好的。

2. 把党管干部原则和发挥市场机制作用结合起来。

---

① 习近平总书记在全国国有企业党的建设工作会议上发表重要讲话，2016 年 10 月 10 日，新华网。

② 国务院国资委：《新时代国有企业党的建设教程》，中共中央党校出版社 2019 年版，第 14 页。

（1）在经理层成员选拔任用上有机结合。对人选条件，既要突出政治标准又要突出专业能力。在考察工作中应当突出考察政治表现，全面考察人选素质、能力、业绩和廉洁从业等情况，防止“带病提拔”。

一方面，从提出工作方案到确定考察对象，从严格考察到集体讨论决定等各个环节，都要发挥上级党组织的领导和把关作用。另一方面，丰富和完善市场化选人方式，对经理层成员的选拔任用可以采取竞聘上岗、公开招聘和委托推荐等方式；在考察和确定人选时要充分听取并尊重董事长和外部董事意见。

（2）在经理层成员考核评价上有机结合。经理层成员是国有企业领导人员，是党在经济领域的执政骨干。经理层成员不仅承担着企业发展责任，还承担着企业改革责任，更要对企业党的建设负责，并且要把企业党的建设、企业改革与企业发展有机统一起来。

《中央企业领导人员管理规定》明确了考核评价的内容，包括综合、业绩和党建三个维度，突出了对经理层成员“抓改革、强党建、促发展”的考核导向。对经理层成员的业绩考核，注重区别企业功能定位，注重行业对标。

在考核评价中，要重点考核“抓改革”“强党建”“促发展”三个因素之间的相互促进关系，避免分开考核、总分相加的简单做法。

就经理层成员承担的职责范围而言，对经理层成员实行任期制和契约化的管理方法，要比职业经理人更适合一些。对职业经理人的考核评价更突出经营业绩，《“双百企业”推行职业经理人制度操作指引》规定：“董事会对职业经理人实施年度和任期考核，考核以经营业绩考核指标为主，根据岗位职责和工作分工，确定每位职业经理人的考核内容及指标，年度和任期经营业绩考核内容及指标应适当区分、有效衔接。”

（3）在经理层成员正向激励上有机结合。在正向激励上，要坚持物质激励与精神激励相结合。一是要重视物质激励作用，尊重契约精神，突出物质激励与年度考核和任期考核挂钩，突出中长期激励方式。二是要发挥正确用人导向的激励作用，对敢于负责、勇于担当、善于作为和业绩突出的经理层成员，应当及时提拔重用。三是要建立容错纠错机制，从目的正当、禁止排除、程序合规、行为合法和结果合理等五个维度明确可以容错的基本条件。四是要重视精神激励作用，充分运用表彰宣传的作用，对在企业改革、企业发展和党的建设中做出突出贡献，以及在完成重大专项和重大改革任务、处置突发事件等工作中表现突出的经理层成员，及时予以表彰、大力宣传。

（4）在经理层成员负向约束上有机结合。在负向约束上，要坚持市场机制约束和组织约束并重。一方面，要严格市场化退出机制。加强对经理层成员任期内的考核和管理，强化刚性兑现，经考核认定不适宜继续任职的，严格按契约中止任期、免去现职。另一方面，要严格组织约束。上级党组织及其组织部门、纪检监察机关要加强对中央企业领导人员的日常管理、考核评价和监督执纪问责，始终把中央企业领导人员置于严格的管理监督之中。对政治上不合格、工作不在状态、能力素质不适应、履职业绩平庸或者作风形象较差的及时予以调整。

（5）在经理层成员培养锻炼上有机结合。对经理层成员的培养培训，要严格按照国有企业领导人员“20字”标准。《中央企业领导人员管理规定》明确，“上级党组织及其组织部门应当推进中央企业领导人员交流培养，中央企业领导人员脱产培训以组织调训为主。”

把经理层成员培养成为“懂政治的企业家，懂企业的政治家”。一是要加强中央企业领导人员的政治建设和思想建设，强化理想信念教育、党的宗旨教育和党性锻炼；二是要加强能力建设，引导中央企业领导人员提升学习能力、政治领导能力、改革创新能力、市场洞察能力、战略决断能力、推动执行能力和风险防控能力；

三是要加强职业修养和道德品行教育，引导中央企业领导人员践行社会主义核心价值观，弘扬企业家精神，树立良好社会形象。

（四）市场化机制与党建有机结合，激励约束职工队伍

全面激发职工活力，既要注重激励机制的建设，又要注重约束机制的建设，做到激励与约束相统一。

1. 决定职工生产效能的四个关键要素。职工生产效能，指员工在单位时间内所产生的价值。

（1）职工生产效能关键影响要素。

第一，员工的客观知识和能力水平是员工内在要素之一，代表员工“具不具备干好工作的知识素质，有没有干好工作的能力”。

第二，员工的主观意愿是员工内在要素之一，代表员工“想不想努力干好工作”。人具有主观能动性，有知识能力水平的员工不等于愿意努力去做，在一定程度上，“愿意做”的态度比“有能力做”的能力更为重要。

第三，市场化激励和约束制度是外在要素之一，代表企业的员工管理制度是否符合市场经济规律，是否能够激发员工的经济（物质）内生动力。

第四，党建制度和文化是外在要素之一，代表企业的党建制度和文化是否符合人的全面发展的规律，是否

能够激发员工的精神内生动力。

（2）四个决定要素之间的关系。四个要素不是相互独立的，而是具有密切的联系，如图1－9所示。

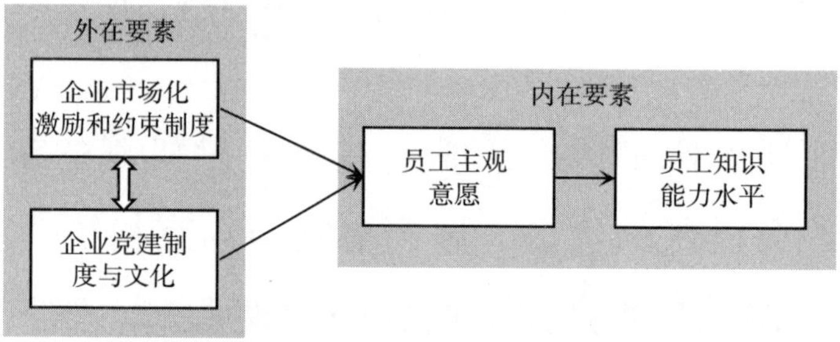

图1－9　四个要素之间的影响关系

首先，员工主观意愿会直接影响员工知识能力水平的提升。当员工知识能力水平低但主观意愿强时，员工会积极地学习以提升知识能力水平。

其次，市场化激励约束制度对员工主观意愿将产生重要的直接影响。当企业采取了市场化激励和约束制度，鼓励多劳多得、多创多得时，原本主观意愿低的员工也会因制度改变而改变自己的主观意愿。

再次，党建制度与文化对员工主观意愿也将产生重要的直接影响。当企业的党建制度与文化鼓励党员群众的奉献精神和主人翁精神时，原本主观意愿低的员工也会因积极的党建制度与文化而改变自己的主观意愿。

最后，市场化激励约束制度、党建制度与文化两个要素之间也存在着复杂的影响关系。市场化激励和约束制度符合市场经济规律时，可以激发人的经济内生动力，但也存在“利己主义行为”的弊端。而通过激发员工的“政治属性”，以积极的党建制度与文化可以抑制和缓解“利己主义行为”。

总体来说，要想激发职工活力、提高职工生产效能，在四个要素中，关键的是建立市场化激励和约束制度、建立良好的党建制度与文化。

2. 用好市场化机制建立经济激励和约束机制。国有企业要通过三项制度改革，建立符合市场经济规律、尊重人的经济性需求的市场化激励和约束制度，真正做到“能上能下、能多能少、能进能出”。

国有企业要灵活运用“3 +2”中长期激励政策（即国有控股上市公司股权激励、国有科技型企业股权和分红激励、国有控股混合所有制企业骨干员工持股及超额利润分享和跟投）。

3. 用好党建方法建立党建激励与约束机制。国有企业党组织要做好党员教育、管理、监督、服务和发展党员工作，通过组织党员创先争优，可以激发党员的精神内生动力，在生产经营中创先争优、攻坚克难，使党员成为生产经营的能手、创新创业的模范、提高效益的标兵、服务群众的先锋。通过严肃党的组织生活，认真召开民主生活会和组织生活会，提高“三会一课”质量，落实谈心谈话、民主评议党员和主题党日等制度，增强党内政治生活的政治性、时代性、原则性和战斗性。严格执行党的纪律，对违反党的纪律的党员，按照党内有关规定及时进行教育或者处理。

国有企业党组织要通过组织群众、宣传群众、凝聚群众和服务群众，通过要求党员发挥先锋模范作用，团结凝聚职工群众，激发职工群众的主人翁精神，努力完成本单位所担负的任务。《中国共产党支部工作条例（试行）》规定："密切联系群众，向群众宣传党的政策，经常了解群众对党员、党的工作的批评和意见，了解群众诉求，维护群众的正当权利和利益，做好群众的思想政治工作，凝聚广大群众的智慧和力量。"《中国共产党国有企业基层组织工作条例（试行）》要求，"坚持全心全意依靠工人阶级，体现企业职工群众主人翁地位，巩固党执政的阶级基础。"

4. 典型企业经验做法。近年来，中国第一汽车集团有限公司通过持续加强任期制和契约化管理，经理层成员的市场化意识显著增强①。

（1）有序推进任期制，打破干部身份"铁交椅"。

一是全体起立，竞聘上岗，树立市场化观念。2017

① 资料来源：国务院国资委网站 2021 年编发的"国有企业改革样本"系列报道，适当删减。

年，中国一汽结合战略重塑和机构调整，按照“双向选择、责权对等、量才录用、宁缺毋滥”的原则，岗位全部重置，人员重新匹配，对31家单位高级经理岗位开展公开竞聘。改革中“上”和“下”的比例分别达到29.4%和16.7%。上岗高级经理全部签订市场化管理承诺书，约定三年任期，用成效看担当，以实绩定去留。

二是明确目标，清晰权责，规范任期制管理。2018—2019年，为进一步激发改革活力，在整车、零部件、金融资产等领域选择试点单位，按照“先定目标再选人、先接目标再上岗”的思路，对主要负责人和经理层采取“竞标揭榜”方式，实施市场化选聘。在此基础上，对14家分子公司经理层成员全面实施规范化任期管理，签订《聘任协议》和《任期绩效合同》，进一步清晰界定权利和义务。

三是定期审视，常态推进，实施新三年聘任。2020年，以撬动更高经营业绩为出发点，更加体系化、系统化开展新任期聘任。充分考虑历史贡献，围绕“经营业绩、担当作为、党建质量、班子合力”四个方面，从九个维度建立评价模型，采集上一任期1.5万余条数据，逐人审视、量化排序，优秀的人员作为续聘人选或调整到更重要岗位，其他人员起立竞聘。通过两轮改革，任期管理已经深入人心，成为企业常态化循环机制。

（2）严格契约化管理，用好考核评价“指挥棒”。

一是一企一策，科学设定目标。根据各子公司战略定位及发展阶段，分为成熟、成长、培育和改革四个类型，分类提炼核心关键指标，结合集团战略要求，对标行业标杆、确定挑战目标。考核指标层层分解，全面穿透，实现“人人扛指标、挑战高目标”。

二是精准考核，有效区分优劣。建立绩效指标常态化跟踪考评机制，实施月度面谈辅导、季度点检提醒、半年评价、年度考核，考准考实任期过程表现。每半年对分子公司按经营业绩产出进行打分，实施绝对值评价；对经理层成员在本单位内打分排序并按比例分档，分档比例与单位绩效结果强挂钩，单位绩效越好，个人绩优比例越高，实现个人与集体同进退。

三是严肃应用，实现优进绌退。考核结果与是否续聘和晋升发展紧密关联，绩效结果为 A 的优先续聘、提拔，为 D 的起立竞聘，连续两年为 D 的终止任期、予以免职。

（3）实施市场化激励，激发担当作为“新动能”。

一是对标市场，鼓励价值创造。综合考虑岗位价值和市场价位确定薪酬基准，突出经营目标牵引，挑战高目标的薪酬增长；承接低目标的薪酬下降。

二是奖罚分明，拉开分配差距。分公司、子公司经理层成员薪酬与经营业绩强挂钩，超额完成的给予利润分成，未达目标或同比下降的扣减薪酬。绩效分档结果决定绩效奖金分配，不同绩效结果对应不同奖金系数，拉开薪酬差距。

三是利益绑定，实现共创共享。着眼长远发展，实施任期激励，以年度目标薪酬的10%为基准，根据任期考核结果延期兑现。分类施策，实施多元激励，探索上市公司股权激励、高新技术企业岗位分红、项目带头人成果转化跟投等方式，有力促进骨干人才与企业同成长、共发展。

（五）强化董事会监督职责

一些国有企业中没有监事会，在这种情况下，需要完善好国有企业内部监管体制，防止内部治理监督功能弱化。

1. 中央企业和地方国资委的探索。

（1）中央企业探索情况。中央企业突出董事会的监督职责，严格落实董事会重要情况报告、外部董事异常情况报告制度。截至2022年4月底，33家中央企业设立了监督委员会，积极探索与董事会审计与风险委员会一体化运行机制。

（2）地方国资委探索情况。广东省国资委针对原监事会职能随机构改革划入审计机关、国有企业外派监事会撤销后，省属企业监督抓手缺失的问题，积极研究探索健全完善监督体系。在加强纪检监察、审计、巡察等监督工作协同的同时，进一步完善对企业重大问题的发现机制，充分发挥外部董事专业性和独立性强的特点，结合外部董事的履职要求，建立健全外部董事报告制度，要求各企业的外部董事召集人每半年向国资委现场专题报告任职企业重大决策情况以及生产经营中存在的重大风险问题，并提出意见和建议。对于外部董事反映的问题及意见建议，广东省国资委认真研究梳理，提出办理意见，并明确具体承办处室，逐项落实。

从实施三年的情况来看，该制度对进一步规范外部董事履职行为、切实维护国有出资人对重大事项知情权、加强协同配合、增强监督合力、完善监督机制、及时发现和督促企业处置在改革发展和日常经营管理中的存在问题和风险等方面发挥了重要作用。

2. 强化董事会监督职责的必要性。防止内部人控制是公司治理监督的重点，而内部人控制的最主要表现形式，是执行董事和经理层成员利用职务权力采取与股东利益不一致的利己主义行为。

对国有企业执行董事、经理层成员职务行为的监督，其性质是股东监督，依法应由出资人代表负责。《OECD 国有企业公司治理指引（2015）》强调了所有权实体对董事会、经理层的监督。美国的公司治理模式是赋予了非执行董事监督职责。德国的公司治理模式强调了员工的监督权力。

国有企业的出资人代表/国有股东把国有资产委托给国有公司董事会和经理层，必然应该对执行董事和经理层成员的职务行为进行监督。因此，强化外部董事以及职工董事在监督中的作用是一个适合的选择。

3. 具体举措。

（1）明确董事会的监督职责。在不设监事会的国有企业中，由董事会承担对执行董事和经理层成员职务行为进行监督的职责。具体由全体外部董事和职工董事组成监督委员会（或与审计与风险委员会一体化运行），其中外部董事召集人为主要负责人。该专业委员会实行“双负责制”，既对出资人代表/国有股东负责，也对本级董事会负责。

（2）明确监督内容。监督内容包括：经理层执行董事会决议的情况；董事会授权董事长决策事项和总经理决策事项的决策情况；执行董事和经理层成员经营管理行为。

（3）建立工作报告制度。应该分别向出资人代表/国有股东、本级董事会、职工代表大会进行工作汇报。

第一，向出资人代表/国有股东提交定期和不定期专项报告。定期报告内容包括对经理层执行董事会决议的监督检查情况；对董事会授权董事长决策事项和总经理决策事项的决策的监督检查情况；对执行董事和经理层成员经营管理行为的监督检查情况。对突发的异常情况、重大事件，要知情必报、及时报告，确保报告时效，努力提高报告质量。

第二，向董事会提供定期报告和不定期专项报告。对经理层成员履职情况的监督，包括经理层执行董事会决议、董事会授权总经理决策事项的决策、经理层成员经营管理行为，应该向董事会进行年度工作汇报。对突发的异常情况、重大事件，要及时向董事会提供专项汇报。

第三，向职工代表大会定期报告。由职工董事定期向职工代表大会报告监督情况。

4. 示范企业经验做法。国家电力投资集团有限公司健全内部监督体系，形成协同高效“大监督”工作格局[①]。

一是建立“1+3+4”大监督工作体系。按照“职责明确、统分结合、职能互补、信息共享、整体联动”的思路，制定《构建“大监督”格局的意见》《“大监督”联席会议议事规则》，建立“1+3+4”大监督工

① 资料来源：公司治理示范企业材料。

作体系，即：1 个平台（“大监督”联席会议）、3 张清单（年度监督检查任务清单、年度监督检查协同事项清单和年度再监督事项清单）、4 项机制（责任落实机制、定期会商机制、信息共享机制和考核评价机制），推动政治监督、组织监督、经济监督、法律监督、社会监督和群众监督等协同联动。

二是聚焦重点、提升效能。结合中心工作来谋划“大监督”工作，重点围绕党的建设、生产经营中的重点难点问题、企业治理薄弱环节，补短板、强弱项、固优势。将“大监督”工作与业务管理高度融合、一体协同推进。2021 年聚焦习近平总书记重要指示批示精神和党中央重大决策部署开展政治监督，围绕推动落实“碳达峰碳中和”“十四五”规划等监督检查。

三是务实精简、协同高效。坚持服务基层，加大对监督检查的统筹协调，避免重复检查。整合监督主体，对涉及多个部门的监督事项，明确牵头、协同部门，联合开展监督检查；督促部门内部沟通，采取“委托”监督方式，实现“底下一把抓、上来再分家”。建立完善巡视、审计和纪检监察等部门信息互通机制，2020 年互通巡视移交问题线索 22 个，审计移交问题线索 14 个。提升监督工作计划性，每年发布《年度监督检查任务清单》并纳入考核，未纳入清单的原则上不安排检查，切实为基层减负。

（六）探索国有控股混合所有制企业公司治理

国有控股混合所有制企业已经成为一种重要的企业类型。本部分对企业实践做法进行了归纳总结，提出了差异化治理模式。

1. 差异化治理的必要性和政策依据。国有控股混合所有制企业，指由国有资本控股（包括绝对控股和相对控股）且有实际控制力的企业。国有控股混合所有制企业的股权结构与国有独资公司、国有全资公司不同，多个政策文件都提出了要探索有别于国有独资公司、国有全资公司的差异化治理模式。

《国企改革三年行动方案（2020—2022 年）》要求，“支持国有企业集团公司对国有股权低于 50% 且其他所有制股东能够有效参与公司治理的国有相对控股混合所有制企业，根据法律法规和公司章程实施更加市场化的差异化管控”。《关于新时代加快完善社会主义市场经济体制的意见》明确，“对混合所有制企业，探索建立有别于国有独资、全资公司的治理机制和监管制度。对国有资本不再绝对控股的混合所有制企业，探索实施更加灵活高效的监管制度”。《中华人民共和国国民经济和社会发展第十四个五年（2021—2025 年）规划和 2035 年远景目标纲要》要求，“对混合所有制企业探索实行有别于国有独资、全资公司的治理机制和监管制度”。

2. 国有控股混合所有制企业差异化治理。对国有企业实践经验进行归纳提炼，形成了国有控股混合所有制企业差异化治理的“三四四”模式，即：坚持三个原则、体现四个差异、完成四项任务。

（1）坚持“三个原则”。

第一，坚持党对国有控股混合所有制企业的全面领导，确保企业党委发挥领导作用。《中国共产党章程》规定：“国有企业党委（党组）发挥领导作用，把方向、管大局、保落实，依照规定讨论和决定企业重大事项。”国有控股混合所有制企业是国有企业的一种类型，党委通过“依照规定讨论和决定企业重大事项”发挥领导作用，是确保党对国有控股混合所有制企业领导的一种制度性安排。必须坚持党的全面领导，把加强党的领导和完善党的领导更好地统一起来，确保党对国有企业的领导权、不断把党的领导优势转化为企业竞争优势和发展优势。

第二，坚持依法依章。《公司法》是企业的根本大法，是股东制定《公司章程》的基本依据。《公司章程》由全体股东依据《中国共产党章程》和《公司法》共同确定，是全体股东一致的意思表示，是公司的设立的基础，对公司、股东、董事、监事和高级管理人员具有约束力。必须坚持依法依章原则，充分发挥公司章程在公司治理中的基础性作用。

第三，坚持平等协商。企业是由股东出资设立的。《公司法》规定，“公司是企业法人，有独立的法人财产，享有法人财产权。公司以其全部财产对公司的债务承担责任。”“公司股东依法享有资产收益、参与重大决策和选择管理者等权利”。国有股东和民营股东，都是国有控股混合所有制企业的出资人，都享有资本增值的权利，也都承担了投资失败的风险，各类出资人的产权权益均应得到切实保护。制订公司章程、划分党委和董事会经理层的权责必须由各类出资人平等协商，充分尊重民营股东的意见。

（2）体现“四个差异”。

第一，在治理结构上更突出积极股东。一是重点引入股权占比超过5%且与企业战略目标相契合的民营资本或战略性投资者，使其作为积极股东参与治理。二是坚持以资本为纽带、以产权为基础完善治理结构，坚持同股同权、平等协商，确保民营股东积极参与治理。

第二，在治理手段上更突出法治化。一是依据《公司法》《中华人民共和国企业国有资产法》等法律法规，《中国共产党章程》等党内法规，各类出资人协商制订和动态修订公司章程。二是国有资本股东按照市场化规则，以股东角色和身份参与企业决策和经营管理，不干预企业日常经营。三是通过股东（大）会表决、推荐董事和监事等方式行使股东权利，主要通过派出董事体现股东意志，构建和实施以股权关系为基础、以派出股权董事为依托的治理。

第三，在党组织委员会人员构成上更强调“交叉融合”。要按规范程序吸收民营股东代表中的党员进入党委会。这样做一方面可以使民营股东代表得到政治认同，提高政治站位；另一方面可以解决民营股东代表与党委会之间的信息不对称问题，提高民营股东代表在重大事项上的知情权、表达权和参与权。

第四，在权责划分上更突出市场化和董事会作用。一是充分、全面落实董事会职权。依法保障国有控股混合所有制企业作为独立市场主体的各项权利，落实董事会中长期发展决策权、经理层成员选聘权、经理层成员业绩考核权、经理层成员薪酬管理权、职工工资分配管理权、重大财务事项管理权。二是充分、全面发挥董事会功能。除决策功能外，要不断完善制度体系，发挥董事会对经理层的监督功能，严格经理层向董事会报告制度，形成对经理层成员履职行为的有效监督机制。三是相比于国有独资公司、国有全资公司，国有控股混合所有制企业，特别是国有相对控股混合所有制企业党组织讨论和决定企业重大事项的范围更小、数量更少，也就是董事会和经理层要具有更大的自主权。

（3）完成“四项任务”。

第一，通过成立企业党组织和“党建入章”，做到组织落实。首先，要成立国有控股混合所有制企业党组织。从实践来看，在国有控股混合所有制企业中成立党组织，并且在公司章程中明确党组织的法定地位和职责权限是非常关键的。其次，要建立健全本级党组织。坚持党员范围“全覆盖”，做到党员组织关系“应转尽转”，把所有职工的党组织关系都转入国有控股混合所有制企业之中；做到各级基层党组织“应建尽建”。再次，要做到党建入章。按《中国共产党章程》规定，写明党委发挥领导作用的职责定位；写明党委研究讨论是董事会、经理层决策重大问题的前置程序；通过平等协商，写明党委决定和前置研究的事项清单（管什么）、前置研究事项党委把握的侧重点（怎么管）。

第二，通过“双向进入、交叉任职”和“重合适度”，做到干部到位。首先，在党委会中，应包括国有股东中的党员和民营股东中的党员，按规范程序吸收民营股东代表中的党员进入党委会。坚持“双向进入、交叉任职”的领导体制，符合条件的党委班子成员可以通过法定程序进入董事会、监事会和经理层，董事会、监事会和经理层成员中符合条件的党员可以依照有关规定和程序进入党委。其次，党委会、董事会和经理层应做到“适度重合”。“适度重合”是提高决策效率的前提，也是让党委会在决策时侧重“四个是否”[①]的基础。不能让党委会和董事会或经理层高度重合，否则党委会就成了董事会、总经理办公会。

第三，按照合理适度和各有侧重，做到职责明确。首先，要按“合理适度”划分决策事项。党委对党的建设事项具有决定权，对经营管理重大事项具有把关权。纳入党委决定权和把关权的事项，要本着“非必要不纳入”原则由股东协商确定。其次，要按“各有侧重”对重大经营管理事项前置把关。对党委把关权事项，党委研究讨论要严格侧重于“四个是否”。前置研究讨论未通过的，不进入董事会决策程序；通过的，由董事会或经理层最终决策。再次，要按“各有侧重”实现党管干部与董事会差额选聘有机结合。从一些企业对国有控股混合所有制企业的实践探索来看，党委决定人选是否合格，董事会决定从合格人选中选择，是一种有效的做法。党委按照干部管理权限，在确定标准、规范程序、参与考察和推荐人选等方面把好关，保证人选政治合

---

① 侧重于审查决策事项是否符合党的理论和路线方针政策；是否贯彻党中央决策部署和落实国家发展战略；是否有利于促进公司高质量发展、增强公司竞争实力、实现国有资产保值增值；是否有利于维护社会公众利益和职工群众合法权益。

格、作风过硬、廉洁不出问题。

第四，强化领导作用和监督合力，做到监督严格。防止国有资产流失是底线。在国有控股混合所有制企业中，党组织的监督作用只能加强，不能削弱。需要明确的是，被监督的是那些可能损害企业利益的行为，是那些可能会造成国有资产流失的行为，是个别动机不纯的投资者。对干事创业的企业家来说，监督不是一种负担，恰恰是一种保护。要发挥党委对企业内部监督主体的领导作用。建立由党委领导的内部监督工作体系，以党内监督为主导，加强政治监督，充分发挥董事会、监事会、审计和党员群众等的监督作用，不断动态完善内控制度体系，形成各类监督有机贯通、相互协调、管理闭环和整体有力的监督体系。

3. 典型企业经验做法。国投积极探索混合所有制差异化治理①，形成了可借鉴的经验做法②。

（1）注重完善治理、强化激励。

一是构建有效制衡的公司治理机制。科学设置股权结构，让战略投资者在股权结构上有分量、在治理结构上有话语权。截至 2021 年底，所属 85 户混合所有制企业中，非国有资本持股比例超过 1/3 的企业共 43 户，占

---

① 在示范企业撰写的经验总结中，多使用“差异化管控”。

② 摘自 2022 年 5 月国投在地方国有企业改革三年行动推进会上的交流材料。

50.6%。非国有股东作为积极股东参与公司治理。

二是加快健全市场化经营机制。在已完成混改的企业中，积极推行职业经理人制度。中国国投高新产业投资有限公司、国投新疆罗布泊钾盐有限责任公司、中国投资担保有限公司等企业原经营班子“全体起立”，面向社会选聘职业经理人，实施严格考核、刚性兑现，干不好降薪、不胜任退出。

三是开展多种方式的中长期激励。上市公司厦门市美亚柏科信息股份有限公司、神州高铁技术股份有限公司、亚普汽车部件股份有限公司分别实施了股票期权或限制性股票激励计划；北京同益中新材料科技股东有限公司开展了国有科技型企业股权激励；3 家基金管理公司探索建立了骨干员工跟投、管理团队持股和超额利润分享等机制。

（2）探索实施差异化管控。针对混合所有制企业资本属性多元化、股权结构多样化、章程规定差异化等特点，国投对所属的 8 家国有相对控股混合所有制企业试点探索有别于国有及国有绝对控股企业的差异化管控。

一是搭建差异化管控制度体系。形成了以《国有相对控股混合所有制企业管理指导意见（试行）》为统领，以党的建设、信息披露、监督管理、派出董监事管理等配套制度以及相关职能管理制度为支撑的“1 + 4 + N”

管理制度体系。

二是实施以治理型管控为主的管控模式。国投以股东角色和身份参与混合所有制企业决策，对试点企业的重大经营管理事项，通过派出董事体现股东意志，实施以股权关系为基础、以派出股权董事为依托的治理型管控。

三是有放有守，不破底线、不越红线。科学合理界定管理边界，赋予试点企业更多自主权，有效提升活力效率。对安全生产、网信安全、环境保护、产权管理等国有股东负有明确监管责任的事项，坚持从严管控。

四是强化党建工作机制。探索建立“12345”党建工作机制，为试点企业开展党建工作提供明确的工作体系和标准。坚持“一个原则”，即坚持“国有资本流动到哪里，党的建设就跟进到哪里、党组织的作用就发挥到哪里”；加强“两个覆盖”，推动建立党的组织和开展党的工作全覆盖；发挥“三个作用”，明确试点企业党组织发挥引方向、重协调、促发展的作用；做到“四个纳入”，党建要求纳入章程、党建情况纳入报告、党建人员纳入培训、党建成效纳入表彰；实现“五个保障”，企业要为党组织工作提供经费、时间、场所、机构和人员保障。

第二篇

增强战略管理能力

2022 年 2 月 28 日，习近平总书记主持召开中央全面深化改革委员会第二十四次会议，审议通过了《关于加快建设世界一流企业的指导意见》，强调要坚持党的全面领导，发展更高水平的社会主义市场经济，毫不动摇巩固和发展公有制经济，毫不动摇鼓励、支持和引导非公有制经济发展，加快建设一批产品卓越、品牌卓著、创新领先、治理现代的世界一流企业，在全面建设社会主义现代化国家、实现第二个百年奋斗目标进程中实现更大发展、发挥更大作用。

加快建设世界一流企业，需要在打造品质卓越的产品服务、对标世界一流企业提升价值创造力、加快培育享誉全球的知名品牌、增强与时俱进的战略管理能力、持续提升经营管理水平等方面持续发力。其中，增强与时俱进的战略管理能力，需要引导企业响应国家发展的宏观战略要求，科学制定发展战略，完善战略研究、制定、实施、评价和调整机制，推进战略与时俱进，实现基业长青。引导企业按照发展战略稳健经营，推动技术、人才、资金等各类要素向主业集中。鼓励支持企业围绕主业加强并购重组，集中精力做强做优主业，提升核心竞争力。

本篇从战略管理的基本理论框架出发，结合对理论发展、政策要求、企业问题的认识，借鉴标杆案例的管理实践，提出国有企业实现与时俱进战略管理能力的路径。

战略管理的基本理论框架概述

一、企业战略与战略管理

回顾成功企业的发展历史，不难发现企业取得成功的路径千差万别。企业可以面向所有顾客提供服务，也可以汇聚力量于细分市场；有些企业致力于追求跨越式增长，另一些则坚持提质增效平稳发展……不同企业所处的产业不同，面临的发展环境不同，能运用的人力、资金、物质资产等也差别大，企业采取互不相同的战略也就不足为奇。在管理者探索发展模式以指引企业在外部环境中前进、创造出最大财富的过程中，战略管理通过开发一系列的工具和概念性图形，来揭示管理者决策和企业业绩之间的系统联系。

（一）企业战略的基本概念

历史上的“战略”一词源于军事，指军事家们对战争全局的规划和指挥，或指导重大军事活动的方针、政策与方法。在中国，“战”指战争，“略”指“谋略”“施诈”；在西方，战略的英文“strategy”源于希腊语“strategos”，意为军事将领。后来演变成军事术语，指军事将领指挥军队作战的谋略。

战略一词历史久远，但直到 20 世纪 60 年代才被引入商业领域。美国学者钱德勒（Chandler A. D.）在其 1962 年所出版的《战略与结构》一书中，将战略定义为“确定企业基本长期目标、选择行动途径和为实现这些目标进行资源分配”；波特（Porter M.）教授则将其诗意地表述为“公司为之奋斗的终点与公司为达到它们而寻求的途径的结合物”。同时提出战略的计划性、全局性和长期性三大重要属性。在此基础上，美国学者汤姆森（Tomson S）在 1998 年指出，“战略既是预先性的（预谋战略），又是反应性的（适应性战略）”。

基于以上表述，企业战略的基本特性已经呼之欲出，在瞬息万变的竞争环境中，企业要采取主动姿态预测未来、影响变化，在变化中不断调整战略，保持健康的发展活力，并将这种活力转变成惯性，通过有效的战略不断表达出来，才能构筑并持续强化竞争优势，获得企业的成功。

从战略层次上看，现有的商业战略理论一般将公司战略分为总体战略（Corporate Strategy）、业务单位战略或竞争战略（Business or Competitive Strategy）和职能战略（Operational Strategy）。三个层次的战略都是企业战略管理的重要组成部分，但侧重点和影响的范围有所不同。总体战略作为企业最高层次的战略，需要明确企业发展目标、选择企业经营领域、合理配置企业资源，从而使各项经营业务相互支持、相互协调。业务单位战略则主要涉及各业务单位的主管以及辅助人员，针对不断变化的外部环境，通过明确各经营单位对资源的分配和使用，使其在各自的经营领域中实现有效竞争以保证企业的竞争优势。职能战略主要涉及企业内各职能部门，如营销、财务、生产、研发、人力资源、信息技术等，其核心在于如何更好地配置企业内部资源，为各级战略服务，并提高组织效率。

（二）企业战略管理

1. 战略管理的基本概念。企业战略管理的基本概念由战略管理鼻祖伊戈尔·安索夫在其 1972 年出版的《战略管理思想》一书中首次提出。他认为，企业的战略管理是指将企业的日常业务决策同长期计划决策相结合而形成的一系列经营管理业务。而 1982 年出版《企业政策与战略》的斯坦纳（Steiner G. A.）则认为，“战略管理是确定企业使命，根据企业外部环境和内部经营要素确定企业目标，保证目标的正确落实并使企业使命最终得以实现的动态过程”。前者所阐述的战略管理重点在于制定和实施指导企业行动的企业战略，后者的定义进一步明确了战略管理的关键词不是战略而是动态管理。

综合来看，战略管理是一种区别于传统职能管理的管理方式。企业战略指导着企业一切活动，企业战略管理的重点是制定和实施企业战略，其关键在于对企业的外部环境和内部条件进行分析，并在此基础上确定企业的使命和战略目标，使它们之间形成并保持动态平衡。由此，可以将战略管理定义为：企业战略管理是为实现企业的使命和战略目标，科学地分析企业的内外部环境与条件，制定战略决策，评估、选择并实施战略方案，控制战略绩效的动态管理过程。

2. 战略管理的目的。作为社会系统中不可分割的和具有开放性的组成部分，企业组织的存在和发展始终受到各种外部因素的影响，包括政府、法律、经济、技术、社会、文化等以环境要素为代表的间接影响因素，以及供应商、借贷人、股东、竞争者、顾客等以利益相关者为代表的直接影响因素。迈入新时代，企业的外部环境既复杂多样又动荡多变，企业管理人员在制定、实施企业战略的各个阶段上，都要清楚地了解有哪些外部因素影响企业，以及影响的方向、性质和程度如何，以便制定新的战略或及时调整企业现行的战略以适应外部环境的变化，做到以变应变，不断提高企业的适应能力。

企业适应环境的过程，也要求企业战略具备随着环境的变化而及时做出调整的弹性。因此战略管理的首要任务和目标在于提高企业以及企业战略对外部环境的适应性，引导企业在快速变化的环境中生存并实现可持续发展。

3. 战略管理的特征。由对企业进行“职能管理”走向对企业进行“战略管理”是现代企业管理的一次飞跃。结合上述对战略管理及其基本目标的定义，不难发现与传统的职能管理相比，战略管理具有以下特征。

（1）战略管理是企业的综合性管理（全局性）。战略管理为企业的发展指明了基本方向和前进道路，是各项管理活动的精髓。战略管理的对象不仅包括研究开发、生产、人力资源、财务、市场营销等具体职能，还包括统领各项职能战略的竞争战略和公司层战略。战略管理是一项涉及企业所有管理部门、业务单位及所有相关因素的管理活动。相应地，战略管理从时间上来说也具有长远性，面向未来的管理需要长期性的战略统筹。

（2）战略管理是企业的高层次管理（高层级）。战略管理的核心是对企业现在及未来的整体经营活动进行规划和管理，它是一种关系到企业长远生存发展的管理。战略管理追求的不仅是眼前财富的积累，更是企业长期健康稳定的发展和长久的竞争力。此外，战略管理涉及企业大量资源的配置问题，包括人力资源、实体财产和资金在内的各种企业资源，或在内部进行调整，或从外部筹集。因此，与企业的日常管理和职能管理不同，战略管理必须由企业的高层领导来推动和实施，这不仅是由于他们能够统观全局，更重要的是他们具有对战略实施所需的资源进行分配的决策权力。

（3）战略管理是企业的动态性管理（动态性）。战略管理实质上是使企业的资源和经营活动与其外部环境匹配协调，即寻求战略匹配性（Strategic Fit）。战略匹配性是指识别出企业外部环境中存在的机会，对其配以相应的资源或能力以充分利用这些机会，并在此基础上制定出适宜的战略。而企业的内外部条件和因素总是不断变化的，管理者必须及时了解、研究和应对变化的情况，对战略进行必要的修正，确保战略目标的实现。因此，企业战略管理活动应具有动态性，即适应企业内外部各种条件和因素的变化进行适当调整或变更。

4. 战略管理的过程。一般说来，战略管理包含三个关键要素：战略分析、战略选择和战略实施。其中，战略分析指企业了解组织所处的环境和相对竞争地位的过程；战略选择指企业战略制定、评价和选择的过程；战略实施指采取措施使战略发挥作用的过程。

战略分析阶段需要首先分析外部环境、内部条件，确定企业的使命和目标；战略选择阶段需提出战略选择方案、评估战略选择方案、选择战略、制定政策和计划；战略实施阶段需要立足战略目标实现，完善企业组织结构、企业控制方法、人员管理制度等体制机制，将企业战略与企业结构、企业文化和控制方法相结合。同时，战略实施的过程和结果又可反馈至战略分析阶段，为新一轮战略选择提供决策支持，从而形成动态的战略管理闭环。

二、战略管理理论的发展

21 世纪以来，随着社会、经济及科学技术的不断发展，企业面临的经济环境由以工业化为主导，向信息化、数字化、平台化转型。企业的战略管理理论也在顺应时代背景的发展而更新迭代。从经典的一般竞争战略，到创新战略、平台化战略、愿景领导战略、重塑战略等，各自都有其独特的时代背景和特点。

（一）经典的竞争战略

经典的竞争战略也称一般竞争战略、基本竞争战略。20 世纪 80 年代，迈克尔·波特教授以《竞争战略》《竞争优势》奠定了一般竞争战略理论的基础，使之逐渐发展成为当代战略管理的主流方向。

一般竞争战略理论从资源与能力角度，通过优势来源和市场范围两个维度提出企业三种战略形式，即成本领先、差异化和聚焦战略。成本领先战略是相对于竞争对手以更低的成本为顾客提供价值，使企业能够以更低价格赚取较高利润。差异化战略是指提供与竞争对手形成感知差异的任何有形或无形特征产品或者服务的行动，通过创新性产品、更高质量和技术、不同品牌形象等区别于竞争对手，从而能够以较高价格获取利润。而聚焦战略是通过市场细分，以实现比竞争对手更高效地为顾客创造价值。一般竞争战略理论中最基本的战略类型是成本领先和差异化，聚焦战略是两种基本战略在较窄市场范围的应用。

一般竞争战略理论提出的时间较早，当时消费者的个性化需求还未被充分激活。此外，由于企业组织管理方式单一，大规模定制还未开始，使低成本和差异化存在组织、文化和资源配置上的冲突，而一般竞争战略具有对当时环境较好的适用性。而随着环境的变化，特别是信息技术和消费者需求的变化，竞争战略制定的外部条件改变了，企业必须适应节奏，在这个多变的环境中不断去更新调整自身战略，才能取得竞争优势。

（二）创新战略

创新战略是企业创新活动的依据与基础，合理的创新战略有助于企业整合内外部资源，提高创新活动绩效。企业创新战略可以分为挖掘式创新战略和探索式创新战略两种。挖掘式创新战略是基于企业现有经营模式的再创新和再发展，可行性和稳定性较高，但难以形成颠覆性创新。探索式创新战略则摆脱了现有技术、产品和服务，探索新技术和开拓新市场，寻找新的利润增长点，存在较高的不确定性和风险。

传统情境下，企业创新经历了一个从技术推动型、市场需求拉动型、技术推动与需求拉动耦合型、研发—制造—营销平行交叉，再到系统集成与网络化过程不断演化的五代历程。随着产业革命从工业1.0迈向工业5.0，制造企业进入数字商业转型的新时代，从创新战略中又衍生出了针对制造型企业的智能创新战略（Whole - brain - complete Intelligence Approach）——将制造战略、营销战略和管理战略串联成一个三部曲，从而获得超强的执行能力，通过人机管理界面赢得竞争。战略的三个主要层次是：战略、业务和运营。在实践中，智能创新战略将战略问题统一到了战略层面和业务层面，通过改变思维方式、工作方式、行为方式和绩效，使得世界一流的制造企业能够应对原本未知的风险。

（三）平台化战略

随着20世纪后期全球经济增长放缓，国内生产要素价格日渐提高，部分传统制造业企业发展遇到了瓶颈，在市场饱和的成熟型行业中尤为明显。如何筹划战略转型，以实现传统制造业企业的可持续发展，成为学术界与实践界关注的难题。平台作为企业价值创造的三种基本架构之一，为拓展传统战略管理理论提供了可能。

平台化战略是一种成长战略，适用于新时代“互联网+”经济下的中国市场情境。驱动部分成熟的制造型企业也开始关注并考虑实施平台化战略转型。例如，海尔集团通过平台化转型，连接供应链上各方，以整合碎片化资源，为用户创造独特的价值，实现了企业的第二曲线。

平台创新战略的研究主要包括“产品平台创新”和“生态系统创新”两个方面。其中，产品平台创新通常以平台为中心，系统成员可以利用平台提供的技术、工具及服务提升自己的绩效水平。生态系统创新要求平台构建一个全面的价值创造系统，通过整合并重构平台内各方的资源，为系统中的各方创造其需要的不同价值，其成功的关键在于平台企业资源能够与市场需求相匹配。成熟的平台未来可能面临衰退的危机。Eisenmann等认为，平台包络（Platform Envelpoment）战略是一种维持平台竞争力的有效策略。平台之间存在替代或互补关系（也可能没有关联），不同平台的用户往往会有重叠。根据平台间不同的关系，采取策略将多个平台连接在一起，可以形成强大的合力。此时，平台间的边界将逐渐模糊，用户资源相互流动，网络效应增强，进而提升整体竞争力。

（四）愿景领导战略

随着经济全球化和知识经济的推进，企业面临的外部环境更加动态复杂。同时，企业内部的员工更加多元化、个性化，员工个体在知识创造中的作用更加突出，这也需要领导者必须注重识别环境中的关键因素，发现未来的机遇，提出激励人心的共同愿景，进而激励这些多元化、个性化的员工自愿地追求愿景。Nanus（1992）在《愿景领导》（*Visionary Leadership*）一书中正式提出“愿景领导”一词，并强调在所有领导功能中，领导者对愿景的影响最为深远。Nanus 认为，所谓的愿景是指组织可靠的、真实的、极具吸引力的未来，它代表所有目标努力的方向，能使组织更成功、更美好。愿景包括组织长期的计划与未来发展的景象，是组织现状与未来景象间的桥梁，对于领导者而言，它提供行动的目标，并帮助领导者超越目前的情境，达到组织的改进与成长。在组织发展的过程中，愿景领导者常会提出真知灼见，并驱使成员采用新的行动去完成新的目标，因此也常被视为革新者或理想的楷模。

（五）重塑战略

全球互联网正处在快速变革时期，移动通信技术与互联网结合而成的移动互联网，被誉为 21 世纪增长最快、最有广阔发展前景的业务领域之一。智能终端的普及，移动网络带宽的提升，互联网新技术的应用，使得移动互联网应用产品极大丰富，也促使其他行业企业纷纷向移动互联网方向进行战略转型。

战略转型指企业为应对组织内外部环境的不断变化，谋求可持续发展而结合自身的资源与能力，对企业目标与行为进行战略调整的过程。战略转型是一项复杂的系统工程，它不仅涉及组织资源与核心能力等静态要素，还包括组织认知调整与组织行动实施等动态要素，是组织能力结构的重塑过程。管理学术界长期关注企业战略转型问题。许多研究都隐含着战略转型与能力重塑密不可分的假设，因为转型牵涉产品、服务、市场、技术或者战略目标等的变化，这就意味着企业要对现有的能力结构进行重塑。

迈克尔·波特在其《重塑战略》一书中提出，企业必须非常灵活，以快速适应竞争和市场变化；必须不断对标，以达到业内最佳；必须将业务大量外包，以提升生产效率；必须培养自己的核心竞争力，以领先于竞争对手。

谭安洛在其《互联网与企业业务重塑》一文中提出，在“互联网+”背景下，传统业务边界被模糊，低端市场份额被侵蚀，同时竞争对手以出色的运作模式，有的放矢地出击领先企业一度忽视的细分客户市场。传统战略规划模式仅适用于延长现有业务，无法帮助企业侦测市场中竞争基础的变化，因此企业应不断进行业务重塑。业务重塑不仅需要灵活的高层，更需要培养为新业务腾飞助力的人才。但在实践中，人才的选用也面临着多重困境。

三、国有企业战略管理思考

时至今日，战略管理理论的构建仍未完成，而是随着经济社会和科学技术的发展不断进化迭代。战略管理对企业发展的重要意义，也在世界范围内受到重视，更成为国有企业管理人员必要的常态意识。

2022 年 1 月 11 日，习近平总书记在省部级主要领导干部学习贯彻党的十九届六中全会精神专题研讨班开班式上发表重要讲话时强调："战略问题是一个政党、一个国家的根本性问题。战略上判断得准确，战略上谋划得科学，战略上赢得主动，党和人民事业就大有希望。""正确的战略需要正确的策略来落实。策略是在战略指导下为战略服务的。"国有企业实行战略管理是国有企业实现发展的必然选择，对推动国有企业变革具有重大现实意义。

面对多元化、动态化、不确定性加剧的外部环境，国有企业要加强战略管理，以规避"黑天鹅事件""灰犀牛事件""中等收入陷阱""修昔底德陷阱"等各种风险，企业管理者看待企业战略、明确发展方向、选择发展路径的思维也需要积极转变。一方面，顺应信息科技的发展，企业在战略路径上需从单一战略扩充到数字化的战略思维，通过数字化转型为企业赋能。另一方面，正如世界一流企业尚未形成统一的标准或唯一的答案，国有企业建设世界一流企业可以采用更开阔的思路、更多元的视角。

加快建设世界一流企业对国有企业战略管理提出的要求

本部分从世界一流企业战略管理的特征出发，探讨国有企业结合使命定位要求，应把握的战略管理要素，以及为了以建设世界一流企业为目标，基于内生需求和监管机构的外在要求，应把握的三个主要方面。

一、认识与理解世界一流企业战略管理的特征

（一）战略管理强化企业核心竞争力

从世界一流管理对企业竞争力的影响来看，一流的

管理能够更加突显为企业创造价值的功能，提升企业的竞争绩效。其中，战略管理的作用在于增强企业核心资源特征，即价值性、稀缺性、不可模仿性和不易流动性，集中精力做强做优，从而使得企业在商业生态中占据更有利的位置。

（二）战略管理支撑企业动态变化

从世界一流企业的管理特征来看，永恒不变的一流管理并不存在。一流的企业管理需快速适应外部不断发展的经济社会环境，动态调整管理方式，才可实现基业长青。其中，一流企业的战略管理发挥着牵引及支撑企业与时俱进的作用，适应时代主导的技术范式、充分释放企业经济与社会价值。

（三）战略管理与职能管理融合发展

从世界一流企业战略管理的发展趋势来看，其经历了基于行业定位的战略管理阶段和基于资源基础观的战略管理阶段，正向基于动态能力和网络经济的战略管理阶段发展。在动态、数字化的管理趋势下，战略管理不再是“单打独斗”，而是通过与信息化管理、运营管理、财务管理、人力资源管理等职能层面管理相融合，形成更为全面支撑企业应对动荡、复杂经营环境的管理力量。

二、国有企业把握新时代改革发展对战略管理提出的要求

（一）以中国特色现代企业制度为基础制定和实施战略管理

习近平总书记指出："坚持党对国有企业的领导是重大政治原则，必须一以贯之；建立现代企业制度是国有企业改革的方向，也必须一以贯之。"[①] 坚持"两个一以贯之"，把加强党的领导和完善公司治理统一起来，建设中国特色现代企业制度是战略管理制定与有效落实的基础。应通过形成健全权责法定、权责透明、协调运转、有效制衡的公司治理机制，保障战略管理的方向不跑偏、战略制定有保障、战略落实有实效。

（二）以战略管理驱动国有企业做强做优做大

党中央、国务院的决策部署，深化国有企业改革提升行动的要求，指引国有企业要当好经济增长的顶梁柱、科技创新的国家队、产业发展的领头羊、维护安全的压舱石、共同富裕的支撑者。这为中国特色、中国气派的战略管理理念与管理实践提出了方向指引。一是深

---

① 习近平总书记出席并在全国国有企业党的建设工作会议发表重要讲话，新华社，2016 年 10 月 11 日。

入实施创新驱动发展战略、充分发挥科技创新作用，将主动服务国家战略需要、关键核心技术攻关、构建企业科技创新领先优势的关键内容纳入战略管理。习近平总书记强调："创新是引领发展的第一动力，要加强知识、人才积累，不断突破难题、攀登高峰，国有企业要做落实新发展理念的排头兵、做创新驱动发展的排头兵、做实施国家重大战略的排头兵。"[①] 二是将提高竞争力、增强核心功能、保障和改善民生、推动共建"一带一路"的目标融入战略管理，体现国有企业在推动国家经济运行持续好转、全面建设社会主义现代化国家开好局起好步中作出贡献。

（三）以战略管理响应国有经济布局优化和结构调整

习近平总书记指出："要按照创新、协调、绿色、开放、共享的发展理念的要求，推进结构调整、创新发展、布局优化，使国有企业在供给侧结构性改革中发挥带动作用。"[②] 新时代的新征程对推进国有经济布局优化和结构调整提出了更为明确的要求。国有企业必须始终聚焦主业、做强实业，进一步聚焦战略安全、产业引领、国计民生、公共服务等功能，抓重点、补短板、强

① 习近平总书记在广西考察工作时强调扎实推动经济社会持续健康发展 以优异成绩迎接党的十九大胜利召开，新华社，2017 年 4 月 21 日。

② 习近平总书记在全国国有企业改革座谈会上作出重要指示，新华社，2016 年 7 月 4 日。

弱项，调整存量结构，优化增量投向，充分发挥国有经济战略支撑作用，不断增强国有经济竞争力、创新力、控制力、影响力、抗风险能力，加快传统产业转型升级，大力发展战略性新兴产业，打造现代产业链链长，切实维护产业链、供应链安全稳定。国有企业在战略管理中需要响应布局优化的要求，以体现在夯实大国经济根基、服务构建新发展格局中担当更大责任、发挥更大作用。

（四）以落实三级规划体系部署为工作抓手

由国务院国资委牵头构建的“十四五”全国国资系统三级规划体系，为进一步调整优化国有经济布局奠定了坚实基础。进入“十四五”规划的落实阶段，需要进一步把握好三级规划体系这一有力抓手，推动国资系统上下贯通、有效衔接，确保“十四五”全国国资系统国有资本布局优化和结构调整规划扎实有序推进，以提升产业链、供应链安全性稳定性和现代化水平为导向推进重组整合，在充分考虑地方产业优势特色的基础上，大力发展战略性新兴产业，增强高质量发展动能。

三、推动国有企业实现世界一流的战略管理

在建设世界一流企业背景下，国务院国资委围绕国

有企业的战略管理从间接要求到直接部署、从特征导向到问题导向提出了一系列的目标要求。

（一）从要素概念到具体要求

从时间脉络来看，国务院国资委围绕建设世界一流企业，在战略管理方面提出了从间接到直接的系列要求，经历了三个阶段：一是在培育具有国际竞争力的世界一流企业阶段，对应一流企业应具备的要素，提出了与战略管理相关的要求。二是在中央企业创建世界一流示范阶段，要求以战略规划发挥引领作用。比如“三个领军”要求企业在战略规划上以引领全球行业技术发展、全球产业发展为目标。“三个典范”要求将践行新发展理念、履行社会责任、形成全球知名品牌形象的具体目标纳入战略规划。三是在对标世界一流管理提升行动中，直面战略管理常见问题，提出对标提升的工作抓手。

在各阶段中，多次提及聚焦使命定位及主责主业相关内容。一是在战略管理的谋划中需体现国有企业推动国家安全和国民经济发展，将发展战略性新兴产业、承担国家赋予的重要使命纳入战略、长远谋划。二是在战略管理的核心内容中，需体现对主责主业的聚焦，根据市场与客户需求、自身核心能力确定企业发展战略。

（二）推动完善现代企业管理

在建设世界一流企业的主题下，战略管理不仅需自成体系，还需要与现代企业管理的其他方面相结合。一是完善公司治理、集团管控，强化战略管理意识、明确战略管理的导向及重点。二是企业文化、人才开发、信息化、风险管理等战略支撑内容需与战略相结合、相适应，保障从规划到执行的可操作性、可落地性（具体要求见表2－1）。

表2－1　现代企业管理中与战略管理相关的内容

方面		相关要求
顶层设计	公司治理	加快公司制股份制改革，推进国有资本和股权结构战略调整，优化公司治理基础
	管控	适应企业发展阶段、发展战略、业务结构、组织文化、战略导向、动态优化调整
战略支撑	人才开发与企业文化	企业文化和人才开发应与发展战略相互适应，成为企业软实力和核心竞争力的重要源泉
	信息化	信息化要成为支撑企业战略决策、研发设计、生产过程、经营管理、外部协同、客户服务等的有效平台
	风险管理	风险管理要成为覆盖从战略决策到岗位操作的全过程、全方位、全员的管理，防范损失、创造价值，为企业可持续发展提供保障

（三）提升战略引领能力

2020年，国务院国资委印发《关于开展对标世界一流管理提升行动的通知》（国资发改〔2020〕39号），提出了培育和加快建设世界一流企业的具体部署和行动安排。国有企业与世界一流企业之间存在着管理制度不完备、体系不健全、机制不完善、执行不到位的问题。其中，作为八大重点任务之一的战略管理方面，国有企业较为集中且突出的问题集中在四个方面，即战略管理意识不强、投资不科学、主责主业不突出、国际化经营水平不高。对应每一项问题，文件中进一步明确了战略管理优化提升的具体工作要求，为企业制定行动方案提供了清晰的方向指引（具体见表2－2）。

表2－2 对标一流管理提升行动中的战略管理问题及要求

问题	要求
战略管理意识不强	围绕国家战略、提升企业核心竞争力要求 谋划战略定位、主攻方向、业务结构 强化战略刚性约束、有效落实
投资不科学	健全战略规划、商业计划、投资决策、项目实施、考核 评价等紧密衔接的管理体系 实施投资周期管理
主责主业不突出	各类资源要素向主责主业集中 严控非主业投资，加快非主业非优势业务剥离 清理处置低效无效资产
国际化经营水平不高	积极稳妥走出去 构架更加适应的管理机制 融入世界产业链和生态圈

加快建设世界一流企业要求中央企业在当前和今后一个时期必须牢牢把握建设世界一流企业的总目标，加快提升并匹配世界一流企业的战略管理能力，做好战略谋划、聚焦问题导向、守正创新，以落实这项具有全局性、战略性、牵引性的重大战略任务。

国有企业战略管理存在的问题

本部分以战略管理的基本过程为框架，分析国有企业在当前阶段战略管理实践中的常见问题。

一、战略研究与选择的问题

（一）战略定向如何进一步聚焦主责主业的问题

习近平总书记在参加第十三届全国人大一次会议山东代表团审议时指出，“凡是成功的企业，要攀登到事业顶峰，都要靠心无旁骛攻主业。交叉混业也是为了相得益彰发展主业，而不能是投机趋利”。对标一流管理提升行动中，针对战略管理方面的问题之一，即部分国有企业在战略定向上仍存在主责主业不突出的情况。比如2021年7月，国务院国资委党委巡视组向六家中央企业党委反馈的巡视情况中，仍存在主责主业不够突出的问题。又如，近年来一些国有企业在“混改”过程中盲目收购、多元化扩张，甚至陷入经营困境。主责主业不突出使得各类资源无法发挥集中优势、形成核心竞争力，从而影响国有企业进一步做强做优做大。

（二）战略定位如何更好响应国家重大战略要求的问题

习近平总书记指出，“地区各部门确定工作思路、工作部署、政策措施，要自觉同党的理论和路线方针政策对标对表、及时校准偏差，党中央作出的战略决策必须无条件执行，确保不偏向、不变通、不走样”，同时强调，“大家提出的各种策略，有的可能是符合中央战略的，有的则可能是偏离中央战略的。这就要注意及时总结评估，偏离了的要赶紧调整”[①]。当前，不少国有企业已将区域发展战略、产业发展和布局战略、“一带一路”倡议、数字经济、双碳经济、新基建等国家重大战略要求纳入企业的中长期战略规划中，以提升战略制定和执行的前瞻性，甚至领先于国外企业。从普华永道的

① 习近平总书记在省部级主要领导干部学习贯彻党的十九届六中全会精神专题研讨班上的讲话，《求是》2022年1月11日。

调查数据来看，66%的中国企业将自动化和数字化目标纳入长期公司战略，领先于德国（57%）、英国（45%）、美国（41%）；53%的中国企业将温室气体排放目标纳入长期战略，同样领先于德国（53%）、英国（47%）、美国（33%）。然而，从战略规划中各项指标的数量或权重占比来看，大部分企业仍将核心业务指标放在最为显著的部位，也有部分企业存在任务描述不清、战略举措笼统而无法落地等问题。

（三）战略洞见对发展形势的预判问题

习近平总书记指出，“谋划和推进党和国家各项工作，必须深入分析国际国内大势，科学把握我们面临的战略机遇和风险挑战。当前，世界百年未有之大变局加速演进，世界之变、时代之变、历史之变的特征更加明显。我国发展面临新的战略机遇、新的战略任务、新的战略阶段、新的战略要求、新的战略环境，需要应对的风险和挑战、需要解决的矛盾和问题比以往更加错综复杂”，同时提出“以正确的战略策略应变局、育新机、开新局，依靠顽强斗争打开事业发展新天地，最根本的是要把我们自己的事情做好”的重要指示①。

有调查显示，中国的企业管理者面对全球系列危机

---

① 习近平总书记在省部级主要领导干部“学习习近平总书记重要讲话精神，迎接党的二十大”专题研讨班上发表重要讲话，《人民日报》2022年6月30日。

的担忧程度低于其他国家的高管，原因是可能未对俄乌冲突、飙升的奥密克戎病例等高影响力事件加以预判或通盘考虑。部分国有企业也存在这样的问题。比如，在制定战略规划时，将“国际化经营”“绿色低碳”等发展目标纳入设计，但对企业所处的内外部发展环境、行业发展形势的把握不够，对国际领先态势的研判不足，对自身优劣势的研究不透，容易导致目标看似高远但缺乏实质，甚至是对发展形势的误判。比如，部分企业在制定“走出去”战略时，对海外风险把握不足，面临国际经营环境对公司治理、合规管理等带来的多方面挑战。

（四）案例借鉴：以海航集团看战略路径的选择

1. 公司简介。海南航空控股股份有限公司（股票代码：600221，900945；以下简称“海航集团”）成立于1993年，历经28年发展，海航集团成为国内最大的航空公司之一，并从单一的地方航空运输企业发展成为涉及航运、旅游、物流、酒店、地产、金融、商贸等多个产业领域的跨国企业集团，总资产过万亿元，旗下子公司300多家，其中上市公司13家。2021年1月29日，海航集团发布公告表明，收到海南省高级人民法院发出的《通知书》，相关债权人因海航集团不能清偿到期债务，申请法院对海航集团破产重整。

2. 战略路径选择。

（1）第一阶段（2003—2007 年）：“一主两翼”战略。2003 年，海航集团正式确立了“以航空运输为主业，酒店、旅游和金融业务为支撑”的“一主两翼”战略布局，并致力于成为一家大型跨国公司。该阶段是海航集团多元化战略的起点，主要特征是围绕航空运输核心主业进行战略布局，致力于提升服务质量，打造优质的航空公司。该战略增强了海航集团主业的核心竞争力，使公司获得“全球五星航空公司”的称号。

（2）第二阶段（2008—2010 年）：“以多方融资为支撑，快速多元化并购”战略。2008 年后，受全球金融危机的影响，海航集团提出“以多方融资为支撑，快速多元化并购为手段”的多元化、多层级并购战略，这是海航集团多元化战略的转折点。该阶段海航集团开始跨业并购，逐步向旅游业、商业、物流、实业、机场、置业、酒店等方向发展，到 2010 年，海航集团旗下公司数量达到 311 家。伴随并购速度加快，公司规模也迅速扩张，截至 2009 年底，公司资产规模达到 1456 亿元，年经营收入达到 456 亿元。

（3）第三阶段（2011—2014 年）：“超级多元化（超级 X）”战略。2010 年，海航集团进一步将公司战略调整为“建立‘现代服务业综合运营商’，提供吃、住、行、游、购、娱一体化服务”，确立了航空旅游、现代物流和现代金融服务三大支柱。在该战略指导下，海航集团开始围绕旅游业、地产业、物流、机场、商业等多个行业展开大规模并购，并以香港特区为中心，展开向外辐射五大洲的大范围收购，将多家国际化企业纳入集团旗下。通过境外并购方式，海航集团实现了海外业务的跨越式发展，同时发展成一家多元化的投资主体。

（4）第四阶段（2015—2017 年上半年）：“大规模的国际化发展”战略。从 2015 年开始，海航集团进行大规模、高对价的海外并购，资产规模急剧扩张。2015 年，海航集团 3 个月内接连在欧洲完成了 5 笔重磅交易，包括以 26 亿美元收购爱尔兰飞机租赁公司 Avolon 的全部股权；以 27 亿瑞士法郎（约合 180 亿元人民币）收购瑞士空港公司 Swiss Port，以及收购英国路透社总部大楼和法国旅游集团等，其中最长的并购项目尽调期仅为 25 天。2016 年，又以 60 亿美元收购英迈国际、65 亿美元收购希尔顿酒店集团 25% 的股权等，集团资产规模由 4687 亿元跃升至 10155 亿元。2017 年，海航集团成为德意志银行第一大股东，Avolon 收购 CIT Group 旗下的商业飞机租赁业务成为全球第三大飞机租赁公司。同年，海航集团的资产规模达到 12319 亿元的峰值。

在大规模跨业并购过程中，海航集团短期内超高金额的跨国并购，不仅对集团资金流动性造成影响，还因为尽职调查不充分、投后管理不到位，并购企业与海航集团之间产生“战略冲突”与“文化冲突”，导致大量盲目投资和无效投资，集团主业优势被进一步稀释。

（5）第五阶段（2017 年下半年至 2021 年 1 月）：“回归航空服务主业”战略。在多元化经济过程中，海航集团收购占用资金越来越大，偏离航空运输主业越来越远。2017 年 8 月，国家要求限制企业在境外盲目投资与主营业务无关的项目。海航集团开始审视风险，调整公司战略，重申“全面提升公司综合竞争实力，打造航空主业核心业务平台，建设智力密集、技术领先、管理优秀、资金雄厚并具备国际竞争力的世界级航空企业”的战略，并在 2017 年下半年开始逐步“瘦身”，处置多项与主业不相关的资产，但不少项目亏本处置，造成大量损失。

（6）第六阶段（2021 年 1 月至今）：“破产重整”战略。2021 年 1 月 29 日，海航集团发布公告，正式进入破产重整阶段。该阶段海航集团致力于寻找新的合作伙伴，实现资源重整。

3. 案例失败经验的启示。海航集团由成功走向失败的原因很大一部分在于盲目多元化投资引发的一系列问题。如战略决策上单纯着眼于大型跨国企业的建设，贪大求快，缺乏对企业战略路径的深度思考；同时，并购工作对双方企业的文化差异及战略协同缺少周密思考，尽职调查与投后管理工作严重缺失，最终因文化冲突引发了广泛的企业融合问题。

此案例给国有企业战略管理的启示在于战略路径的选择方面如何既要聚焦主责主业，又能做强做优做大。聚焦主责主业，并不意味着仅开展主业。在扩展主业之外的业务领域时，需要考虑与主业的互补或是能够体现“国之大者”使命担当、产业链延伸、创新突破的业务，形成主业“强”而相关多元业务“精”的局面。同时，企业对外扩张的过程中，不同组织间的战略性整合不能停留在资产重组层面，必须同时解决好文化层面的整合问题。抓好并购企业的文化整合，减轻乃至避免文化冲突问题，对企业的健康、快速、协调发展和整体竞争力的提升有重要影响。

二、战略分析与制定的问题

（一）相关主体广泛参与、凝聚智慧不够

战略分析与制定并非企业领导或战略部门单独的职责，需要由企业董事会主导，经理层、科技专家以及一

线员工多方参与，共同提供并凝聚智慧，形成对战略的共识。然而，部分国有企业在实践的过程中存在两方面的问题：一是董事参与集团内的战略分析与制定不足，尤其体现在外部董事。比如部分外部董事的投入不足，未亲身体验公司发展实际情况或听取企业的相关报告，仅凭借自身的专业做出判断。二是董事会对战略相关议题的研讨不足，首要任务聚焦在推动战略执行方面。比如部分企业仅在战略规划需要通过投票之际组织召开董事会，缺乏事前的集中研讨。而放眼国际，一些世界500强企业的每季度都会组织董事会讨论战略相关议题，甚至组织内外部董事到不同地区的企业实地查看，听取当地对企业内外部情况的汇报，再综合研判与讨论战略计划制定。

（二）职能部门未能主动、有效地发挥作用

企业的战略不仅是业务层面通过选择与组合以获得更强有力的市场竞争，同时也应体现职能层面为董事会决策提供专业支撑，同时通过高效运营、集约管理提升企业的效益与效率。而从大部分企业的实践来看，一是职能部门的战略往往被忽略，只要求职能部门根据业务部门所需的规模和方式提供服务，使得职能部门成为纯粹的“成本中心”，而非企业绩效的助力者。二是在企业分析与制定战略的阶段，职能部门通常只是被动参

与。比如仅要求职能部门根据自身研判提出部门的规划，而企业战略分析的信息通常不会共享给职能部门或是邀请职能部门参与战略制定的相关讨论。在战略制定层面无法充分参与，也是后续战略解码及执行无法落地的原因之一。

（三）未充分运用“对标”工具

“对标”不仅是“对标一流管理提升”的政策要求，也是国有企业加快建设世界一流企业的有效工具。从国有企业在战略管理的对标实践来看，主要存在以下几方面问题：一是部分企业在战略分析与制定环节应用“对标”不够深入。比如部分企业仅对标行业标杆的经营业绩数据，以经营业绩指标在标杆群体中的某个分位如 P50（中位数值）或 P75（上四分位数值）为发展目标，而忽视了对数据背后“动因”的对标借鉴，仅以“数”定位，导致战略定向产生偏差。二是部分企业未形成对标的长效机制。比如有些企业仅在战略规划制定的阶段用到对标，忽视了对标工具同样可用于持续跟踪，通过形成发现问题、对标改善与解决问题、再对新高的循环，更有利于企业战略的长期跟踪分析。

三、战略分解、宣传与执行的问题

（一）战略定力不足

主要体现在三个方面：一是企业战略已经形成，在保持既定道路与接受挑战、动态调整之间的关系如何把握的问题。二是企业领导人员的任期与战略周期的匹配方面的问题。企业的中长期发展战略通常以5—10年为一个周期，而企业领导人的任期通常为3年一任。这就导致部分国有企业出现“换一任领导，换一套战略”的情况。比如某国有企业上一任领导在任期间大力发展创新业务，然而此目标尚未达成时经历了领导换届，新的领导班子上任后无法延续原有创新业务的战略思路，最终导致企业错失了发展机遇，进一步拉开了与同行标杆之间的差距。三是企业如何一如既往地通过宣贯等手段，保持战略定力不变的问题。

（二）从宣传、认知到行为层面的共识不足

在战略落地执行的过程中，思维和行为层面的共识不足导致了阻碍。一是由于战略宣贯不足，导致在思维认知层面缺乏战略共识。战略需要通过宣贯加以传播、加深理解。当传播的广度不足、宣贯的深度不足时，会导致战略执行的牵引力缺失。主要表现在企业理念、企

业文化对战略的诠释有所缺失，员工层面无法清晰理解公司的战略及目标，以及本职工作与公司战略、目标的关联。认知层面的不统一导致战略阻隔。二是从认知转化为行动的不足。主要表现在战略规划阶段只有主要领导、战略管理归口部门参与，其他部门参与较少或是战略解码不足，导致对战略理解不到位，在行为层面无法有效执行战略。三是行动持久力与动态平衡方面的缺失，使得战略执行“走样”，原定目标无法“一以贯之”地有效落地。调查显示，仅有30%的中国大陆企业每年向员工传达重大战略举措的最新情况，而相关企业的这一比例高达46%。

（三）组织、人才、技术、机制等战略支撑力量不足

常见的战略支撑力量包括组织结构、人才队伍、技术应用以及互相形成的支撑机制。第一，在组织层面，企业战略的有效落实，需要及时调整组织结构，建立匹配战略需要的组织结构，促使组织结构支撑战略举措落地实施。但现实中，这一步骤经常被忽视。第二，在人才队伍层面，应根据匹配战略发展的需要对人才进行有效配置，适当调整及补充人才队伍。然而在实践中，一些国有企业，针对外部环境、经营领域、经营目标、竞争战略、市场范围等各方面发生的变化制定出了新战略，但仍沿用原有的权责体系和沟通渠道去管理新的经营活动，且未能及时补充适合新战略的优秀人才，人员的能力无法满足战略执行。第三，在技术层面，信息化、数字化与智能化的发展对战略管理提出了新的要求。一些战略举措的落地也需要新技术的应用以辅助实现。然而在实践中，技术的配置往往滞后于战略需要，或是由于技术更新问题带来的波折影响了战略落地的进度。

（四）案例借鉴：从蒂森克虏伯的事件看缺乏认知共识导致错失战略转型机会

1. 公司简介。蒂森克虏伯（Thyssenkrupp）股份公司由蒂森（Thyssen）股份公司和克虏伯（Krupp）股份公司于1999年3月合并而成，是全球三大电梯和自动扶梯生产商之一。产品范围涉及钢铁、汽车技术、机器制造、工程设计、电梯及贸易等领域。蒂森克虏伯电梯2011/2012财年销售总额达57亿欧元，客户遍布世界150个国家，拥有超过47000名员工，经营业务遍及世界各地。2020年2月27日，蒂森克虏伯集团以172亿欧元的价格整体出售电梯业务。

2. 各阶段战略。

（1）第一阶段：Impact（增效）战略。在2011年赫辛根担任CEO后，蒂森克虏伯集团提出了“Impact”（增效）战略，该战略对于集团的定位为“More & Better”，建立多元化工业集团，降低钢铁业务比重，大力发展材料、资本品和服务业务，计划将传统的钢铁业务销售收入比重降至30%左右，而剩下的70%则由材料、物流服务和资本品等业务来完成，重点经营的业务板块为电梯、汽车配件和工业方案。此外，该战略包括出售亏损严重的美洲钢铁业务、与塔塔钢铁合并欧洲钢铁业务、将集团分拆成两家独立公司以及将电梯技术业务单独上市等计划，即将集团由“重”向“轻”进行转型，从一个以钢铁业务为主的重工业企业向以资本品和服务为主导的高科技企业，由生产传统的产品向提供高利润的服务转变。

在2011年实施资产优化和去钢铁化战略前，蒂森克虏伯集团在钢铁业务上投资较多，钢铁业务资本占用量大，在2010/2011财年占比达到了71.5%，销售收入占比达到了42.15%。钢铁业务销售收入与其占用的资本相比，占比较小，说明其在占用大量资本的情况下并未为集团带来同等水平的销售收入，资本利用效率低下，影响了集团对其他资本利用效率高的业务扩大投资。因此，从这个角度来看，集团去钢铁化和资产优化的战略是有必要的。

实行“Impact”（增效）战略后，出售美洲钢铁业务、资产优化以及多元转型等措施使得蒂森克虏伯成功实现了将钢铁业务销售额占比降至30%以下的目标，并且使得集团在盈利方面摆脱了美洲钢铁业务对其的影响，息税前利润大幅提高。业务的剥离减少了资本占用，同时，出于资产优化的目的，集团出售了旗下8家子公司，获得大量资金，改善了集团负债状况，资本成本有较大幅度的减少。息税前利润提高而资本成本减少，因此集团的经济增加值出现较大幅度的提升，从2011/2012财年至2017/2018财年总体呈波动上升趋势。

（2）第二阶段：合并欧洲钢铁业务，分拆集团战略。按照蒂森克虏伯原本的战略设想，在与塔塔合并双方的欧洲业务成立合资公司后，蒂森克虏伯将集团分拆为蒂森克虏伯工业公司和蒂森克虏伯材料公司，其中材料公司拥有合资公司50%的股份，并于2019年10月1日前完成两家公司的独立运营。然而与塔塔的合并方案由于未通过欧盟委员会的审查而失败，以剥离欧洲钢铁业务为基础和前提的分拆集团方案也因此而终止，原本的战略设想并未实现。

（3）第三阶段：Newtk（新蒂森克虏伯）战略。为了补上美洲钢铁部门的资金缺口并且维持集团的经营活动，自2009年起，蒂森克虏伯每年都新发行一批债券，金融负债自2010年起高居不下，特别是2009年发行了30亿欧元的债券，每十亿分别为四年期、五年期、七年期，其后几年几乎都是在偿还一部分债券的同时又发行一部分债券，因而之后债务并未出现大的波动，而债务问题又在一定程度上导致了集团做出以销售部分子公司的方式来减少债务的战略决定。

在集团构架实现突出技术的战略目标后，需要大量的资金投入。股东在后赫辛根时代进行积极干预，短期内两次更换总裁，终于实现了大股东优质资产变现，但企业的战略又回到了钢铁业务作为主业。通过出售电梯部门得到的170亿欧元的现金流，在归还集团负债以降低资本与负债比率以后，企业将投资钢铁部门，通过氢气炼钢实现碳的零排放，同时除了保留汽车配件、工业方案部门以及材料贸易以外，其他各个部门都将脱离集团。

截至2019年底，六个业务部门中仅有电梯技术业务在为集团创造收益，其余五个业务部门当时均处于亏损状态。在出售电梯技术业务后，蒂森克虏伯集团所剩的都是当前创值能力较弱的业务部门，股权投资收益不容乐观。蒂森克虏伯计划将出售电梯技术业务所获得的资金用于减轻长期负债压力以及加速其余五项业务的重组或调整。为此，企业提出了 Newtk（新蒂森克虏伯）战略，具体目标如表2-3所示。

表 2－3　　“Newtk（新蒂森克虏伯）”战略具体目标

发展方向	保持现状，寻机发展		加强技术，提升市场地位	寻求整合机会		出售
业务领域	材料服务（Material Services）	工业方案（Industrial Solutions）	汽车技术（Automotive Technology）	欧洲钢铁（Steel Europe）	航海系统（Marine Systems）	部分业务领域内的子公司（如 AST）
销售收入	约 140 亿欧元		约 40 亿欧元	约 110 亿欧元		约 60 亿欧元
员工	约 31000 名		约 21000 名	约 33000 名		约 20000 名

从价值创造的角度，根据截至 2019/2020 财年的财务数据，对于“Newtk（新蒂森克虏伯）”战略当前已实施和即将实施的措施的效果评价和展望如表 2－4 所示。

表 2－4　　“Newtk（新蒂森克虏伯）”战略效果评价和展望

层面	主要措施	评价及展望
集团业务调整和重组	出售电梯技术业务，获得 172 亿欧元出售收入，其中 12.5 亿欧元用于股份回购	违背“Newtk”战略中“绩效至上”的原则，出售了集团价值创造能力最强的业务，剩余 5 个处于价值损害状态的业务部门。尽管未来有一定的电梯业务参股收益，但集团当时负经济增加值缺口较大，短期难以弥补

续表

层面	主要措施	评价及展望
集团业务调整和重组	利用出售电梯技术业务的收入减少金融负债、养老金负债等	能够一定程度上短期改善资本结构，减少财务费用，但如果经营无法改善，集团净损失预计进一步扩大，净资产进一步减少，长期仍需大量外部融资，从而影响投资者信心，加权平均资本成本提高
	利用出售电梯技术业务的收入加速转型重组	受宏观经济环境和新冠疫情影响，剩余业务部门转型效果短期在收益方面可能不明显，但资本占用会进一步扩大，重组费用的增加也会导致管理费用增加，降低经济增加值
	集团核心业务转回钢铁业务，围绕钢铁业务建设核心竞争力，未来 6 年追加投资 8 亿欧元	在欧洲钢铁行业处于衰退期和产能过剩的情况下，具有冒险性。且要在生产流程中使用清洁能源，制定激进的减排目标，将提高物料成本。因此，核心业务短期较难产生正收益，影响集团整体创值
销售收入	薄利多销	尽管在当前经济市场环境不利的情况下，薄利多销的销售政策为蒂森克虏伯带来了销售收入的增长，但由于成本费用率增速快于销售收入的增速，因此长期来看，息税前利润的空间仍然会被继续压缩。同时，受新冠疫情影响，主要依靠销量优势的薄利多销政策会受到销量锐减的影响，销售收入会有较大幅度的下降

续表

层面	主要措施	评价及展望
物料成本	原材料成本：提高采购效率，寻找替代采购来源	未有效削减原材料成本，在主要铁矿石来源受到影响时，替代来源难以完全补足
	物流成本：寻找替代物流运送方式	属于短期紧急措施，需要制定适应长期发展的措施，尽量减小受异常情况的影响程度
人事费用	减少招聘，裁员 6000 人，削减高管薪酬、福利等	将削减约 4 亿欧元人事费用，扩大息税前利润空间，从而提升经济增加值

3. 案例失败经验的启示。蒂森克虏伯的案例一方面在战略决策层面对外部形势预判失误，导致错失了转型机遇。另一方面在战略执行层面缺乏从认知到执行的共识，也进一步加剧了企业走向“下坡”。

一是根据行业特色和时代特点进行战略调整。企业的发展在遇到内外部环境发生激烈变化，而且该变化的影响很可能是长期的时候，企业必须在内外环境分析的基础上，结合自身的特点，对于企业的发展战略进行必要的调整，这点对于传统企业特别重要。

二是采取措施确保战略落地。尤其在传统企业中，战略转型会遇到传统思维方式和模式的强烈抵制，所以必须在有效沟通的前提下，通过强有力的措施和政策，保证新战略的顺利落实，从而保证战略转型的成功。

三是战略应使企业长期价值与股东利益保持一致。

蒂森克虏伯集团在转型过程中，由于大股东对于企业的干预，并没有给企业的长期发展带来推进，反而打断了案例企业向技术集团转型的进程，仅仅实现了变现的目标，为大股东获益创造了条件，但是企业的各项指标都在恶化，包括盈利能力、价值创造能力和扣除出售电梯款项后的流动性，所以企业未来的发展面临巨大的挑战。

四、战略动态管理的问题

（一）战略管理解码不足

战略解码是管理闭环中必不可少的一个环节，也是企业在战略制定到实施之间常用的分解工具与过程。然而，部分国有企业仍存在战略解码不足，或尚未形成长效的解码机制问题。比如从时间轴来看，5 年战略无法分阶段分解为 3 年规划、年度计划任务和目标；从组织推进来看，战略规划制定后难以从集团分解到分子企业或是由企业整体分解到具体部门及操办员工。

（二）战略评价不足

战略管理闭环后端的监控、评估改进不足，也是国有企业常见的短板。根据调查数据，全球超过 40%（43%）的企业对重点的战略举措开展一次评估，而中国大陆企业的比例较低（36%），评估质量上也存在差距。战略评价不足的主要表现有缺少科学的评估体系，难以将战略的任务、目标列入组织、岗位业绩管理范畴，难以形成组织、岗位的任务、目标与战略规划间的承接与支撑关系，也难以客观评价组织、岗位为战略目标实现做出的贡献。无法有效形成战略管理的闭环，对战略发展的延续性也将产生影响。

（三）战略及时调整与修编的挑战

通常而言，企业制定中长期战略规划之后，在行至中局的时期会开展常规性的修编，即战略的中期修正。然而，当前面临的外部环境更趋复杂严峻和不确定性，国有企业及时根据形势研判、修正战略的挑战也更大。但从企业实践先例来看，不乏成功的案例。比如，某国有企业制定的横向扩展中长期发展战略受到了政策调整的影响，使得既定的战略目标无法达成。该企业及时调整为纵向一体化战略，即通过从流通行业入手，向产业链前后延伸，逐步形成集生产制造、服务配套、研发创新为一体的完整产业链，为该企业在行业中可持续发展打下了基础。另外，战略调整不宜过度频繁，比如出现换一任领导换一套思路的情况，应在保证建设成为世界一流企业的大方向下，保持战略定力。

增强与时俱进战略管理能力的实现路径与案例

本部分对应国有企业战略管理常见的问题，提出探索解决问题的路径，并分析标杆案例的管理实践，以提供实现战略目标的参考借鉴。

一、战略研究与选择的实现路径与案例

（一）实现路径

一是结合改革发展的新任务新要求谋划布局。国有企业的战略定向需以推进国有经济布局优化和结构调整为目标，以做强做优做大国有企业、不断增强国有经济“五力”为方向。同时要结合自身功能定位，坚持问题导向，聚焦战略安全、产业引领、国计民生、公共服务等功能，调整存量结构，优化增量投向，提高资源要素配置效率。

二是体现“国之大者”，发挥“领军、领先、典

范”作用。国有企业的战略决策要体现打造科技领军企业、勇挑重担的责任。一方面，要打通从科技强到企业强、产业强、经济强的通道，提升我国产业基础能力和产业链现代化水平。另一方面，要敢于打头阵，勇当原创技术的“策源地”、现代产业链的“链长”。

三是确保主责主业突出，聚焦核心优势。国有企业的战略规划要围绕发展主责主业、稳健经营，按照市场化法治化原则有序清理退出不具备优势的非主营业务，严控非主业投资，推动技术、人才、资金等各类要素向主业集中，增强主业的资源配置效率、盈利能力和市场竞争力，集中精力做强做优主业。

四是坚持以问题为导向，聚力破解重点问题。国有企业的战略规划要坚持有利于国有资产保值增值、有利于提高国有经济竞争力、有利于放大国有资本功能的方针。坚决淘汰落后产能，突破发展瓶颈，推动产业经济转型升级；着力解决企业研发投入不够、创新能力不足、创新体制机制不完善的问题，切实提高国有企业服务经济社会高质量发展的能力；对标世界一流企业提升管理水平，以加强管理体系和管理能力建设为主线，逐步打造系统完备、科学规范、运行高效的中国特色现代国有企业管理体系。按照国有经济布局优化和结构调整的要求，抓重点、补短板、强弱项，不断增强国有经济竞争力、创新力、控制力、影响力、抗风险能力。

（二）案例借鉴：华润集团两个阶段战略转型中体现的定向选择

1. 公司简介。华润（集团）有限公司（以下简称“华润集团”）的前身是于 1938 年在香港成立的“联合行”。1948 年联合进出口公司改组更名为华润公司。2003 年归属国务院国资委直接监管，被列为国有重点骨干企业。作为多元化产业集团，华润集团位居 2021 年《财富》世界 500 强第 69 位，产业布局涵盖大消费、大健康、城市建设与运营、能源服务、科技与金融五大板块，涉及零售、饮料、电力、水泥、燃气、医药、医院、银行、信托、半导体等 20 多个行业。其旗下拥有 19 个一级利润中心，2000 余家法人实体，12 家上市公司，“1000+”工厂，“6.8 万+”企业客户，21.7 万供应商，“1000 万+”终端。

2. 第一阶段：加快国有资本向产业链价值链关键环节布局。华润集团通过“资本运营+战略管控+价值创造”的独特发展模式，经过 4 个战略期、历时近 20 年，终于打造形成了如今的产业体系。

（1）由贸易企业向实体企业的初转型。早在 20 世纪 80 年代中期，作为纯外贸公司的华润集团，就提出了向自营贸易转型、发展实业化项目的目标。加入世界贸易组织前夕，华润集团完成由贸易向实业转型，完成了国有资本由外贸领域向实业领域的有效配置，奠定了向多元化控股企业发展的坚实基础。

（2）由广撒网式的投资到聚焦核心。华润集团的产业在培育发展壮大过程中，也曾经历了广撒网式的投资，在试错过程中不断优胜劣汰，逐渐筛选出市场有潜力、民生有需求、国家有鼓励、资金有壁垒、能跻身世界一流的主营行业，借助香港国际金融中心的优势筹集资金，利用华润集团特有的多元化企业管控模式推动产业发展，在 2018 年形成了七大六小的主业格局。在中央要求国有企业实现高质量发展，国务院国资委大力推动国有资本向关系国计民生关键领域、产业链价值链高端进行配置的背景下，华润集团将业务进一步收缩于五大领域，即大消费、城市建设与运营、能源服务、大健康、科技与金融。华润集团主要负责人在内部会议上阐述原因时指出，将七大六小业务归类为五大领域，相近的业务在一个产业板块之内，有利于推动内部业务协同，有利于在所在领域中探索新业务、剥离低效资产，最终在所在领域形成国际一流的产业发展能力。在这个战略思想指导下，“十三五”期间集团努力做强做优做精主业、加快推进瘦身健体提质增效、持续推进企业重组和产业整合、大力发展战略性新兴产业，一改多年存在的产业布局分散、管理层级多、对产业链关键领域控制力较弱等久攻不下的老大难问题。

（3）打造未来科技产业制高点。2019 年，华润集团以原有的华润微电子、华润化学、华润纺织和华润北京生命科学产业园为基础，改组形成 4 家科技型企业，要求其在微电子、化学材料、环保科技、生命科学领域瞄准西方卡脖子产品和技术着力发展，打造未来科技制高点。在这之前，这 4 家企业先后剥离了与主业无关的非核心业务，清晰了战略方向，定型了可复制的商业模式，孵化出一批新技术项目。在此基础上，2019 年开始深耕业务领域，亮点不断涌现。

（4）推动传统产业升级、结构优化。华润集团大力推动地产、水泥、电力、燃气、零售等传统业务向智能、绿色、时尚方向发展，通过创新引领市场新需求。华润置地适应市场形势变化，改变了以往专注住宅开发、商业地产发展的方式，提出了"2 + X"发展战略，积极探索在康养、长租、智慧物业服务等 X 领域发展机会，推进城市建设与运营商业模式，探索城市智能化发展之路。华润水泥持续加大装修水泥等新产品发展力度，利用独创的水泥窑协同处置固废技术开展城市垃圾转化水泥业务，为宜居城市发展贡献力量。华润电力成立智慧能源公司拓展综合能源业务，与华润燃气携手加快清洁能源、储能技术、环保技术、智慧能源发展。华润万家对传统商超进行了技术改造，加快有竞争力的新零售业态的开发布局，高端新业态成为盈利增长点。华润集团还发挥多元化企业的业务协同优势，在各相关业务间构建出一批有独特竞争力的商业模式。2019 年，产融服务、智慧用能和华润通客户忠诚度项目等取得突破；大湾区储能项目、微电子智能应用项目取得进展；华润银行与雪花、怡宝、万家等开展产融协同取得成效；华润信托探索产融协同、上下游协同取得突破。

（5）大力发展大健康板块。经过 10 多年的耕耘，华润集团在大健康板块形成了药品生产、医药分销、零售药店、综合和专科医院、养老机构等业务组合。华润医药是国家定点的整合中央企业医药医疗资源的平台，现已在香港联交所上市，近年来持续收购了东阿阿胶、江中制药等一批知名药企，在化学药、中药、保健药、生物药领域形成了强大的生产能力；入股凤凰医疗，以此为平台收购了武钢、淮北煤矿的企业医院以及昆明儿童医院等一批医疗机构，一跃成为全国拥有病床数最多的医疗集团；并购了上海红日、上海颐家，建立了养老产业发展平台。华润医药商业开发的智能药房已推广至许多大城市的中心医院，大大缩短了患者交费取药的等候时间。新冠疫情期间，华润集团的线上诊疗业务发挥出重要作用，华润武汉医疗机构在疫情期间全力救治确诊病患，取得全部治愈的成绩。

（6）开展资本运营提升业务价值孵化新业务。华润集团的产业选择是战略导向型而非机会驱动型。在战略思想指导下，形成了从投资、运营、监管到退出一整套运行方式。借助中国香港特区资本市场优势筹集资金支持并购，通过并购整合打造产业航母，沿产业链价值链对内部业务进行不断重组优化，提升所在领域的控制力、影响力和竞争力。华润集团充分利用地处香港特区的优势，开展资本运营，包括企业上市、配股集资、创新融资、股权交易、发行债券、债务重组等，由此支持主业发展、业务结构优化。两年前，华润集团将非啤酒业务从华润创业剥离、将英国 SAB 股权注入雪花啤酒、与喜力啤酒开展战略重组，由此大幅提升了啤酒业务的市场价值。近年来，华润集团通过产业基金来支持主业发展和新业务孵化，进一步丰富了资本运营的手段，提升了对社会资本的整合能力，分散了投资风险。华润集团依托华润资本这一产业基金运营平台，与内部各业务单元设立了一批产业基金，开发了创新投资基金。2019年，新设立基金 6 只，华润电力通过润创产业基金投资风电，华润资产与华润啤酒共同探索低效资产处置基金创新模式，华润物业与华润资本筹建投资基金，上海万象城写字楼基金顺利退出。

（7）瘦身健体结构优化。在业务发展的同时，华润集团对于非战略导向下的业务、策略性投资则寻求出售，将回收的资金向主业集中，在这个过程中建立了较为成熟的产业退出机制。10 多年前，华润集团退出了在香港特区的石化业务，将资金用于拓展内地管道燃气行业，如今已成为全国规模最大的城市管道燃气服务商。2 年前，华润集团完成煤业全部退出，华润电力轻装上阵聚焦新业务发展。近年来，华润集团认真贯彻落实国务院国资委“瘦身健体、提质增效”的要求，压缩管理层级、清理亏损业务、关闭僵尸企业，经不懈努力，2019 年底全集团 90 户重亏企业同比减亏增利 127 亿元；压减企业 572 户，压减比率 22%；法人层级最长由 15 级压缩至 12 级，最长管理层级由 8 级调整至 4 级。

3. 第二阶段：多元化产业集团的数字化转型。华润集团面对传统企业经历的深重变革，将数字化和智能化转型发展视作提升管理效率、核心产业竞争力和服务客户能力的重要选择，加速推进向智慧国有企业的转变。

（1）战略布局奠定转型的根基。华润集团抓住了多元化产业集团的特点，让信息化战略发展始终与业务战略相匹配，集团总部聚焦全集团共享的管理信息化平台或者信息化技术基础平台建设，利润中心则始终抓住业务难点和痛点开展业务信息化工作。2018 年，华润集团提出了“智慧华润 2028”的数字化愿景和“云优先、智生长”的技术战略，希望集团和各利润中心在做“十四五”规划时，把实现数字化转型作为一个重要战略目标，拿出实实在在的战略举措和行动方案。

“云优先”指华润集团借助云计算这样一个高效和安全的平台，作为未来信息化建设、数字化转型、智能化发展的基础，同时赋能数十万家上下游企业和行业伙伴。华润集团旗下各业务板块将基于“云优先”模式制定数字化转型升级策略，共同打造具有华润特色的“云生态”。

“智生长”是从业务价值的角度出发，拥抱新一代信息技术，探索符合行业特性、华润特性的数字化转型道路，鼓励探索新模式、孵化新业态、培育新产业，塑造新的核心竞争能力。华润集团致力于推动新一代智能和信息技术与业务深度融合，将新一代智能和信息技术转变为生产力、将数据转化为新动能，进而驱动和引领业务、管理、产品、服务和商业模式等的创新突破和产业结构调整。目前，华润集团在组织能力、管理机制、制度规范等多个角度和领域，全力推进利润中心的智能化发展和数字化转型工作。

（2）组织变革保障转型能力。华润集团在数字化转型过程中，始终围绕信息化战略进行组织架构的设置和人力资源配置，通过持续推动组织变革，发挥企业文化的凝心聚力作用，打造适配的组织能力。

在信息化建设的起步阶段，全集团缺乏专业人才时，华润集团积极引入专业领航人，按照项目竖井式建立由“领航 + 中坚 + 新锐”组成的人才梯队；基础信息化成熟阶段，组织进行专业化分工，成立咨询、开发、运维部门。

进入数字化转型阶段后，华润集团开始了“管服分离”的组织变革，围绕智能化战略发展诉求，形成“一部两公司”建制，将信息管理部更名为智能与信息化部，规划引领，统筹推动，实现职能管理专业化。两家公司分别是润联科技和华润网络。润联科技聚焦 ToB 业务和集团共同技术平台研发建设，向利润中心和外部提供信息化服务；华润网络聚焦 ToC 业务，服务华润的会员客户，实现技术专业化和服务市场化。特别是润联科技，经过长期研发和积淀，打造出了具有行业赋能价值的 IT 产品和解决方案，为华润集团各产业提供信息化、数字化和智能化创新动力。

与此同时，华润集团一直注重培养数字化人才。为了满足集团战略发展和人才培养的需要，2019 年，华润大学揭牌成立首个智能条线的专业学院——智信学院。

智信学院将有效助力华润集团内部关于数字化认知的培训和塑造，激发创新精神、聚合科技专家资源、打通产学研渠道、促进科技成果转化，构建和谐共赢的产业技术生态圈，为华润集团各产业的数字化转型和智能化发展提供持续动力。

（3）实施路线由“点”到“面”。数字化建设是一项综合性系统工程，不可能一蹴而就，需要积极稳妥、系统有序地实施路线。有了数字化转型的核心战略目标，在具体实践上，考虑到自身行业跨度大、业态多、架构复杂，华润集团的数字化转型选择从“点”到“面”的实施路线。即，先以一个单位作为数字化转型的试点，单点突破后再将成功模式全面铺开，复制到其他单位，进而整体推进集团的数字化转型进程。

选择试点业务单元，华润集团一般基于两个方面的考虑：作业模式具有可复制性和代表性；进行数字化转型的意愿强烈。比如，华润雪花啤酒在全国有 70 多家工厂，经过多轮内部研讨和评估后，最终选取河北的一家工厂作为数字化转型的试点单位，针对其厂内生产设备进行数字化改造，目标是打通设备端数据和 ERP 等业务系统，从而促进设备效率提升 20%，设备故障率有效降低 30%。

（4）自主创新叠加对外合作。在数字化转型中，华润集团努力把握消化、吸收、转化与自主创新的关系，积极构建数字化转型的核心能力。

华润集团提出“宜研则研、宜合则合”的研发策略，既坚持自主创新、掌握关键技术，又追求对外互利合作，如成立大湾区中央企业数字化协同创新联盟，快速形成企业的数字化能力。

“宜研则研、宜合则合”，意味着要结合每家企业的情况，具体问题具体分析，决定是否进行自主研发。如果技术相对成熟并且市场上有非常成熟的第三方公司，那么可以选择和第三方公司合作。

润联科技成立了人工智能实验室、5G和工业互联网实验室、区块链实验室，招纳了许多博士、行业和业务专家开展系列技术攻关、产品研发工作。同时，润联科技也与许多伙伴建立了长期良好的合作关系，积极构建自己的产业生态，更好地服务华润集团及社会各行业客户。

在“十四五”发展阶段，数字化和智能化将成为实现“智慧华润”的重点。面向未来，华润集团提出了“智慧华润2028”的发展愿景：在“十四五”时期，全面推进数字化转型和智能化发展，各产业能够全面实现数字化，数据资产初步挖掘变现，创新能力显著增强，人均生产效率、行业竞争能力、服务客户能力显著提升。此后再经过 3 年努力，在华润集团成立 90 周年（2028 年）的时候，初步实现智能化，数据资产、平台资产价值充分发挥，对外市场化赋能，创新能力大幅提升，成为数字化智慧化发展的先行者。

4. 案例借鉴要点。

一是“去粗取精”层层聚焦核心业务。华润集团虽然从业态来看属于多元化的集团，但各板块业务是经历了不断聚焦核心的过程而形成，体现了向产业链价值链关键环节聚焦的过程。

二是结构优化，提质增效。华润集团在核心产业体系聚焦形成的过程中，也对“两非”业务进行退出，通过瘦身健体精简管理结构，提高运营效率。

三是技术加持转型发展。华润集团把握数字化智能化的发展趋势，开展了面向未来的“数字 + 云”技术的战略布局，配套信息化管理、人才队伍，以实现组织变革，为战略规划落地提供了保障支撑。

二、战略分析与制定的实现路径与案例

（一）实现路径

一是有效应用“对标”工具，探索新思路、新方法。一方面，国有企业的战略管理需体现“稳中有新，

以新促进”。其中，“新”所对应的新思路、新方法，需要采用对标工具来找差、挖掘与借鉴。另一方面，战略分析与制定需要长期跟踪，长效“对标”机制可作为支撑战略形成与修编的常态化手段。具体来看，“对标”的长效机制体现在实施层面和内容层面的两个闭环。在实施层面，将“对标”工具嵌入战略管理过程的各个环节。在内容层面，探索构建企业战略管理“对标”模型，结合定量指标（如企业经营业绩、外部市场与经济环境监测数据）与定性指标（如战略执行举措、落地效果评估），形成企业可动态回顾的抓手。

二是董事会主导、上下充分参与，凝聚多方智慧。一方面，国有企业“四会一层”的治理结构在战略管理方面也应发挥互相协调的积极作用。其中，作为“定战略、做决策、防风险”主体的董事会，需在配齐建强的基础上，充分主导公司战略的研究、讨论、选择与决策。内部和外部董事需深入企业，通过对内外环境的综合研判、思维的碰撞与萃取，形成战略共识。另一方面，战略需要达成共识，在制定阶段就需要相关方共同参与，董事会发挥主导作用，上至经理层、下至一线员工都应作为战略制定的亲历者。

三是职能战略与业务协同，支撑效益与效率提升。一方面，在战略制定阶段，需要让职能部门也参与战略分析与研讨的各个环节、共享战略分析信息，以形成多方协同的整体战略，为执行落地提供铺垫。另一方面，职能部门基于公司整体战略，分解、细化为自身的战略举措，比如人才发展战略，从提升效率、支撑经营的角度使战略落地，共同促进企业发展。

四是应用数字化、信息化手段，提高战略分析能力。为应对外部动态化、数字化的环境，企业战略分析的能力也需提高，以更全面、更快速地掌握信息，助力分析研判和周期性调整。

（二）案例借鉴：沃尔玛董事会在战略制定中发挥的作用

1. 公司简介。沃尔玛公司（WALMART），是一家美国的世界性连锁企业，以营业额计算为全球最大的公司，其控股人为沃尔顿家族。沃尔玛主要涉足零售业，是世界上雇员最多的企业，连续 8 年在美国《财富》杂志世界 500 强企业中居首位。沃尔玛公司有 8500 家门店，分布于全球 15 个国家，主要有沃尔玛购物广场、山姆会员店、沃尔玛商店、沃尔玛社区店等四种营业方式。沃尔玛宗旨为“帮顾客节省每一分钱”，承诺价格最便宜。公司一贯坚持“服务胜人一筹、员工与众不同”的原则，向顾客提供超一流服务的新享受。走进沃尔玛，顾客便可以亲身感受到宾至如归的周到服务。沃尔玛推行“一站式”购物新概念。顾客可以在最短的时间内以最快的速度购齐所有需要的商品，正是这种快捷便利的购物方式吸引了现代消费者。

2. 董事会“定战略”作用的主要表现。

（1）董事会对战略起监督作用。沃尔玛董事会对公司的经营战略和战略规划负有监督责任。随着沃尔玛不断改变其业务策略，董事会对战略的监督也是一个持续性的过程。2021 年全年，董事会及其委员会都在不间断监督和指导管理层处理各种战略事务，向管理层提供意见和建议，并在每次董事会和董事会委员会会议上进行战略讨论。沃尔玛的独立董事也定期在管理层不在场的情况下召开高管会议，讨论战略。在 2021 年，董事会参与了以下治理和战略的讨论：新冠疫情的应对措施，包括改变运营方式，为客户和员工提供更安全的设施，为兼职员工提供特别现金奖金和强化的带薪休假政策；在员工工资、培训和教育方面进行持续投资，为后续全渠道转型提供助力；持续审查国际业务组合。

董事会及其委员会监督整个战略规划过程，而管理层则负责执行该战略。董事会定期收到有关战略举措、技术更新、竞争和经济趋势以及其他发展的最新信息，并与高级管理团队积极沟通。自 2019 新冠疫情出现以来，董事会持续收到管理层关于疾病对公司员工、客户、业务、财务状况和运营影响的最新信息，并一直在监测疾病对公司战略造成的影响。

（2）电商委员会与电商战略。沃尔玛积极响应企业电商战略、经营模式和生态转变的需求，在董事会中设置了由独立董事担任召集人的技术与电商委员会，并且每年的定期会议中有1次安排在电商中心召开，聚焦电商战略的执行和优化。

在董事履职过程中，一些定期会议会安排在远离总部的地方开会，以创造董事与当地负责人沟通的机会，走访商场及其他设施，并走访竞争对手的商场。同时，每年坚持在电商中心开一次会议，聚焦电商战略。沃尔玛将聚焦电商的战略融入对董事的支撑工作中，为董事提供一线走访交流、熟悉业务提供便利机会。

3. 案例借鉴要点。

一是适时转型，电商战略焕发企业持续活力。作为《财富》世界500强的常客，沃尔玛已连续8年蝉联榜首。企业适时布局电商战略，是持续常青的关键举措。

二是为董事提供亲身体验的履职支撑，助力战略制定的决策。沃尔玛将董事走访自己和竞争对手商超、定期组织战略研讨等举措纳入履职支撑机制，为董事了解行业一线动态提供机会，也支撑了企业形成与时俱进的战略决策。

三是董事会与管理层协调运转，形成战略动态管理机制。沃尔玛的董事会与管理层围绕战略管理的各环节各司其职，董事会负责定战略、监督执行，管理层负责执行战略、反馈信息。使得企业可应对外部环境变化，及时修正战略方向，优化战略路径。

三、战略分解与执行层面的实现路径与案例

（一）实现路径

一是在实践层面，以共识推动战略解码与落地支撑。将战略总纲转化为各部门、各分支的执行清单，其中的关键难点在于达成对战略理解的共识。要消除理解偏差，一方面得将“功夫做在前”，即在战略研究与制定阶段就让多方参与，形成信息互换。另一方面是在战略解码的过程中，消除信息不对称，使得执行机构充分认识战略意图与执行目标。另外，通过完善组织、人才、技术配套，为落地打基础。

二是在理念层面，以企业文化推动战略执行。企业文化与战略在推动企业高质量发展中发挥着相辅相成的作用。企业内部在认知层面达成共识是行为层面战略得以执行落地的关键。这不仅要求企业文化能体现战略的精髓，也需要配套文化得以传播到位的抓手与举措。

（二）案例借鉴：中国中化“科学至上”企业文化助力战略执行

1. 公司简介。中国中化控股有限责任公司（以下简称“中化”，英文简称 Sinochem Holdings）是由中国中化集团有限公司与中国化工集团有限公司在 2021 年 3 月 31 日联合重组而成，为国务院国资委监管的国有重要骨干企业，员工 22 万人。中化集团前身是 1950 年成立的新中国第一家国营对外贸易公司——中国进口公司。中国化工成立于 2004 年 5 月 9 日，由中国蓝星（集团）总公司、中国昊华化工（集团）总公司等原化工部直属企业重组成立。

重组后，中化业务范围覆盖生命科学、材料科学、石油化工、环境科学、橡胶轮胎、机械装备、城市运营、产业金融等八大领域，是全球规模最大的综合性化工企业，并在生命科学业务中的农化、动物营养和材料科学业务中的氟硅材料、工程塑料、橡胶助剂等细分领域具有领先优势；石油化工业务特色鲜明，构建了石油化工全产业链发展模式；环境科学业务聚焦工业环保，正在快速发展过程中；高端轮胎业务全球领先；塑料机械业务世界一流；在城市运营领域，公司是国务院国资委首批确定的 16 家以房地产为主业的中央企业之一，旗下中国金茂是国内优秀的城市运营商；在产业金融领域，公司拥有多个金融业务牌照，信托、租赁等业务优势显著。

2. 中化集团企业文化塑造历史沿革。作为与新中国共成长的中化集团，在其70年的发展历程中，一代代中化人在不断变化的时代浪潮中奋力拼搏、锐意进取，创造了具有鲜明特色的中化企业文化。总体来看，中化企业文化的发展大致可以分为三个阶段：

（1）第一阶段是爱国、奋斗、进取（1950—1998年）。中华人民共和国成立后，为打破西方国家对我国的“封锁”“禁运”，中化集团的前身——中国进口公司承担起向国内进口战略物资的重任。到了20世纪六七十年代，公司积极扩大与世界各国贸易往来，逐渐发展为专营石油化工商品贸易的进出口企业，成为我国对外贸易的“领头羊”。到1987年，中化提出“三转三化”战略转型方案，由对外贸易公司向跨国公司转变。

在这一阶段，国际形势复杂严峻，中化人秉持乐观主义精神，根据不同国家灵活采取不同对外贸易政策，积极联合西方工商界，创造性地运用以货易货、利用港澳跳板等方法打破“封锁”“禁运”。在20世纪70年代，中化承担了我国首次向日本出口原油的任务，但国内从码头、储罐、装船设施，到原油品质均不满足要求。据公司老员工回忆，“当时几乎没有什么解决不了的问题，只要周总理一声令下，就是再大的困难都能够克服”。正是靠着这种精神，公司组成分工协作、攻坚克难的战斗集体，为尚不具备出口条件的大庆原油创造了条件，打开了中国原油向海外输出的通道。可以看出，救亡图存、忠于使命的爱国精神，自强不息、顾全大局的奋斗精神，敢为人先、勇于探索的进取精神，是中化这一时期企业文化的生动写照，引领了中化近半个世纪的发展步伐。

（2）第二阶段是创造价值，追求卓越（1998—2016年）。随着改革开放持续深入，中化版图不断扩张，但过快扩张和粗放经营带来了庞杂的业务和大量不良资产。1998年亚洲金融危机爆发，国家对进出口经营权全面放开，使公司失去了石油、化肥等商品的独家进口经营权，同时一场支付危机也席卷而来，公司风雨飘摇、濒临倒闭。

在这一阶段，中化人意识到，文化价值理念的缺失和管理能力的不足是危机爆发的内在原因。中化痛定思痛，勇敢打破铁工资、铁交椅、铁饭碗的“三铁”，树立“创造价值、追求卓越”和“做人做事”的价值理念，1998年，总部管理的关键岗位人员更换了三分之二，大批年轻干部走马上任，公司在5年内“关停并转”下属机构400余家，更率先在国内建立了科学规范的管理体系。在“创造价值、追求卓越”价值理念的引领下，中化用10年时间走出了一条振兴发展的道路，不仅渡过难关，更实现业绩突破性增长，成为促进产业发展和服务国民经济的重要力量。

（3）第三阶段是科学至上，知行合一（2016年至今）。2016年中化集团主要领导调整。5月，集团高层战略研讨会开了三天三夜，“创新”走入了公司战略和文化的视野中心。2017年，集团高层集团经理人年会上提出了“创新三角”，即创新主体、创新方式和创新文化，指出要“让创新成为中化人的思维方式和工作方法，成为我们的生存方式”。到2018年，经过两年深入观察、实践与思考，“科学至上”横空出世，吹响了中化战略转型的号角。同年7月，“科学至上”企业文化系统正式发布，树立了中化企业文化变革新的里程碑。系统发布之后，公司从企业文化建设工作规律出发，将2019年定位为新企业文化的宣贯元年，明确目标任务、完善组织机制、制作课件材料、组织学习培训、丰富文化传播，充分发动广大员工的积极性和创造性，让新的企业文化在员工心中落地生根。

在这一阶段，中化集团提出了打造科学技术驱动的世界一流综合性化工企业的战略目标。同时围绕“科学至上”理念，从价值理念、行为规范、宣贯传播等层面对企业文化进行系统重塑，设计出一套凝聚共识、深入人心的文化体系，并以此为基础开展广泛、持续的传播推广，促使“科学至上”真正成为整个企业的信仰和追求，为公司深化改革全面转型提供了强大的精神驱动力。而创立以“科学至上”为价值理念的全新企业文化系统，以文化融合引导业务和管理协同，这既是适应当前阶段中化改革发展和长远战略目标的必然要求，更是增强企业凝聚力、创造力和核心竞争力的重要举措。

3. 以企业文化带动战略执行。

（1）紧扣战略转型，坚持科学规划。战略与企业文化是相互的，推进战略实现必须借助于企业文化提供的基础。中化现如今正在加快发展成为一家以石油化工为基础、以生命科学和材料科学为引领、以环境科学为保障的世界一流综合性化工企业。在此过程中，公司紧密围绕“科学至上”价值理念开展文化宣贯和建设，逐步协同和引领各个业务单元的经营管理导向，并始终坚持科学规划、相融共进的工作原则，把企业文化工作与党建思想政治工作、员工培养及团队建设、品牌宣传等密切结合，并逐步融入各项经营管理活动之中。

（2）建立工作机制，有效组织保障。企业文化建设是一项综合性、全局性系统工程，在文化建设过程中，中化集团各单位明确了各自工作目标，各司其职、各负其责。比如，集团总部重在顶层设计，指引文化建设方向，通过对事业部督促、检查、指导、考评等方式推动文化工作开展；而事业部是文化建设的责任主体，以集团制定的框架为基础，依据实际情况和发展需求，具体组织实施本单位和指导下属经营单位开展文化建设，策划打造各具特色的文化活动。

（3）完善文化体系，宣贯整体发力。中化新企业文化系统发布后不久，公司构建起行为规范体系，并完善视觉识别体系，为“科学至上”精神内核的对外呈现打开了窗口。其中，行为规范体系是文化理念的行动表现，不论是对员工的行为准则，还是对经理人提出的“知行合一”，都较好地融入人才团队建设的实际工作中，有了科学系统的培养和评价指标。而视觉识别体系是文化理念的外化于形，公司发布了新版视觉识别系统手册、企业文化手册，将“科学至上”品牌口号与企业LOGO有机融合，大力推进文化理念在厂区、车间、办公室上墙，线上线下多方面体现企业文化视觉形象。

（4）设计培训课程，组建讲师队伍。目前，企业文化培训已成为中化集团各单位关键岗位培训班、新员工入职培训、青年班等项目中的重要培训内容，企业文化讲师团的选拔和专题培训也已经全面铺开。各单位组建扩充讲师团队，以集团通用课程为基础，融入代表不同公司和业务风格的案例和宣讲方法，以灵活有效的方式提升培训效果。比如，农业事业部深入田间地头开展培训近千场，员工层面数万人次接受文化宣讲；中国金茂组建企业文化大使讲师团，以文化赋能助力项目攻坚等。

（5）结合党建活动，助力文化落地。中化集团各级党组织结合党建、宣传和群团建设等工作，组织开展了一系列重要文化活动，如庆祝新中国成立 70 周年大型文艺汇演、庆祝中化集团成立 70 周年系列活动、“我和我的祖国”快闪、中化司歌合唱大赛等活动，并积极开展“中化工匠”“两优一先”“中化劳模”等先进典型选树表彰。各业务单位则结合各自特色，策划开展青年创新创效俱乐部、丰收新时代等文化活动，凝聚团队活力，助力业务提升。

（6）创新文化传播，营造良好氛围。中化集团各级宣传部门全面推进企业文化传播工作，比如制作发布企业文化手册，开展企业文化故事征文、微视频大赛，传播企业文化“最佳实践”，制作发布企业文化海报微电影等，以形象、艺术、感人的形式让员工和社会公众直观感受、深入理解中化文化。集团高层更成为企业文化最积极的“传播大使”，MAP、杀螨剂宝卓等创新研发的故事在各类会议、媒体采访中被提起。同时集团高层也提出，“中化的下一个‘宝卓’在哪里?”只有改革创新体制，营造创新文化，才能让中化未来的创新成果不断涌现。

4. 企业文化与战略管理相辅相成。经过两年多的宣贯推进，“科学至上”的理念要求已经深度融入中化各个业务单元、各项管理职能的“基因”中，成为开展经营管理活动的基本逻辑，并逐步转化为创新项目、创新技术和创新产品。近两年，中化以打造高通量创新机器为目标，进一步完善开放多元的产业化科技创新体系，一批能源、化工领域重点项目推进顺利、MAP创新业务快速发展、化工新材料、能源互联网、智慧地产、金融科技进展可喜。在打造世界一流综合性化工企业的道路上，这些成果实践也反哺科学至上企业文化精神，使其更加充实、丰满，为企业转型发展提供源源不断的动力支持。

5. 案例借鉴要点。

一是文化理念紧扣战略转型。中化集团文化塑造的历史，也是企业战略发展的变革。体现了企业顺应时代与外部环境变化，在战略定向所做的调整投射到内部文化驱动力的转变。

二是多措并举推动文化落地。中化集团企业文化的落地不仅体现在文化体系本身的完善，更通过党建活动、培训等方式广泛传播，扩大了战略理念的覆盖面，从而达到自上而下全面理解的效果。

三是以实践反哺文化与战略。通过以企业文化传播战略理念，中化集团在创新与能源等方面取得了实践突破，形成了支撑企业转型的动力。

四、战略动态管理层面的实现路径与案例

（一）实现路径

一是强化考核评价，补齐后端短板。国有企业战略管理闭环的弱点，多体现在后端的监控、评估与改进调整方面。因此，需进一步强化基于战略分解的考核评价，以及时修正战略决策，达到预期目标。

二是对标提升，结合自身实际制定战略闭环管理体系。形成战略管理闭环的方法以及企业管理实践多种多样。企业在对标学习优秀实践的同时，需根据自身特点打造战略管理闭环，将新技术的应用与闭环打造相结合。

（二）案例借鉴：华为 DSTE 战略动态管理体系

1. 公司简介。华为技术有限公司（以下简称“华为”），成立于 1987 年，总部位于广东省深圳市龙岗区。华为是全球领先的信息与通信技术（ICT）解决方案供

应商，专注于 ICT 领域，在电信运营商、企业、终端和云计算等领域构筑了端到端的解决方案优势，为运营商客户、企业客户和消费者提供有竞争力的 ICT 解决方案、产品和服务。

1994 年 IBM 推出 IPD（Integrated Product Development）之前，华为没有正式的战略规划流程，也没有完整的年度经营计划程序。随着 IPD 变革的开展，华为逐步构建了基于市场管理的战略规划与年度经营计划管理体系与流程。2004 年前后，IBM 提出了 BLM（Business Leadership Model），是市场管理的升级版和简化版，华为继续向 IBM 学习，于 2009 年引入 BLM，在此基础上对战略管理体系实施了升级，建立了 DSTE（Develop Strategy to Execute）管理体系。

2. DSTE 战略管理。华为开发战略到执行 DSTE 体系是端到端的战略管理流程体系，是企业的领导价值流，管理体系的集成通过战略管理流程实现。DSTE 将各功能部门（产品线、地区部、战略部、人力资源、财经、质量等）的管理实现了有机的集成与协同。同时，DSTE 端到端的战略管理就是组织的绩效管理流程。

开发战略到执行 DSTE 流程框架有四大阶段：战略制定、战略解码、战略执行与监控、战略评估，可以分别称为中长期发展规划（战略规划（SP））、年度业务计划与预算（BP）、管理执行与监控闭环、业绩及管理体系评估（见图2－1）。

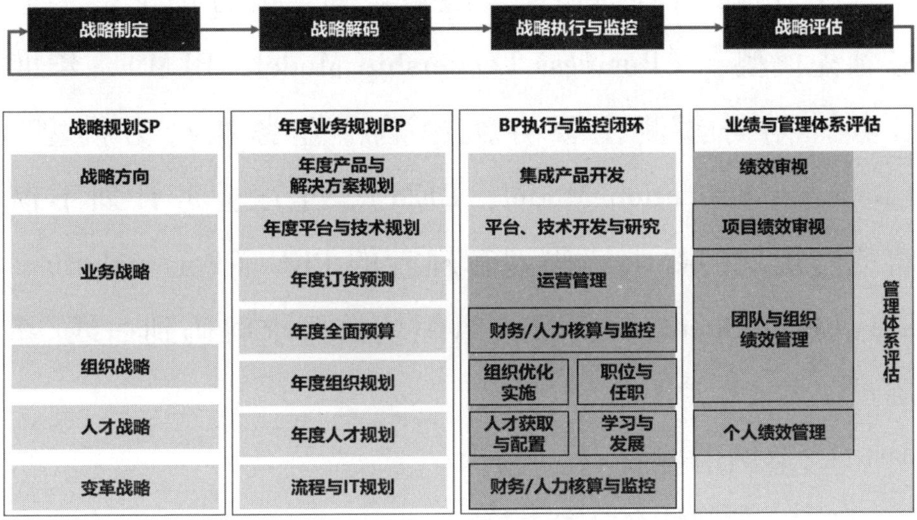

图2－1　开发战略到执行DEST流程框架

其中，战略规划发现战略机会点和识别市场价值转移趋势；战略解码确保全员“力出一孔”“利出一孔”目标聚焦，战略解码质量决定战略执行质量；战略执行与监控重在结果落地，以结果为导向，战略执行质量决定战略成败；战略评估敏捷迭代、反思改进。

开发战略到执行DSTE是制定中长期战略规划、制定年度业务计划与预算、执行并监控评估的统一流程框架和管理体系，保证公司及各业务单元中长期战略目标、与年度计划资源预算和滚动计划的一致性，确保各业务单元协调一致，牵引公司建立稳定和可持续发展的业务，管理公司及产业的投资组合，支撑企业战略与业务目标的实现。

在 DSTE 管理体系中，战略规划主要方法论是“业务领先模型”（Business Leadership Model，BLM），年度业务计划与预测主要方法论是“业务执行力模型”（Business Execution Model，BEM），年度业务计划不仅将战略规划的要求解码到管理者的 PBC（Personal Business Commitment），而且将组织绩效要求解码到一线/基层员工的 PBC 中。

3. 案例借鉴要点。

（1）案例特色。

一是关注战略分析。战略规划侧重于通过战略洞察，确定公司的战略方向和战略机会点，实现创新的业务设计，明确和把握战略控制点，并形成企业战略发展的关键里程碑。

二是明确年度计划。年度业务计划强调清晰的机会点、年度销售目标以及预定的市场目标（项目、大客户等）。为实现这些目标而制定的年度行动计划和策略，必须符合 SMART 原则，把工作落实到具体责任人，明确所需的资源和预算，以及关键的年度指标、组织 KPI 和个人 PBC。

三是落实闭环管控。通过 KPI 和 PBC 的绩效结果进行考核、最终落实到激励政策上，实现闭环管理。

（2）对国有企业实践战略执行的启示。

一是厘清战略管理流程。DSTE 完整地澄清了一个组织战略从制定到执行的业务脉络和管控视图。国有企业可以基于此明确战略管理流程，明确流程节点职责、责任主体。

二是扎根现实规划未来。DSTE 能够协助全面掌握现状，并基于现状勾勒可实现的未来，更能将未来的愿景分解为当下可执行的任务。国有企业制定战略规划时需脚踏实地，根据自身资源禀赋明确发展目标，避免好高骛远，强化战略目标落地性。

三是螺旋上升追求卓越。DSTE 应用闭环管控，促进战略管理质量螺旋上升，承载着企业管理持续追求发展、追求卓越的价值导向。国有企业可基于此强化自身战略定力，强化在错综复杂形势下为实现战略意图和战略目标所具有的战略自信、意志和毅力。

五、思考与建议

增强战略管理能力需将新时代改革发展要求与世界一流企业建设特征相结合。通过完善中国特色现代企业制度建设，打牢战略管理的基础。落实三级规划体系部署，作为战略管理的工作抓手。

在战略规划与制定中充分响应国家重大战略要求，持续发挥“国之大者”顶梁柱、压舱石的作用。在战略布局与谋划中响应国有经济布局优化与结构调整的要求，体现创新驱动、“一带一路”建设倡议、数字经济、绿色发展等国家重大战略要求。

“明”一流是“成”一流的前提，将对标理念嵌入战略管理各个环节。对标不仅常用于战略制定环节，更是在企业战略动态管理中发挥着引领和支撑的功能。建议形成长效对标机制，从工具应用向管理理念转变。

建立高端智库为战略管理提供支撑。制定既符合宏观要求又切合企业实际的战略，需要借助外部社会专家及同时打造内部智库团队，联合内外部的智慧，为董事会制定发展战略、实现一流的战略管理提供强大的智力支撑。

充分应用管理工具以提升战略管理效能。管理工具不在于“新”而在于满足适用的条件下要充分应用。比如针对战略研判中对自身优劣势分析不透的问题，可应用“SWOT”；针对战略考核评估不全面、质量不高的问题，可应用“平衡计分卡”等。

参考文献

[1] 郝鹏．新时代国有企业改革发展和党的建设的科学指南［J］．求是．2022（13）．

[2] 谢广营，徐二明．21世纪战略管理研究将走向何方——兼与国际比较［J］．北京交通大学学报（社会科学版）．2019（3）．

[3] MILLER D，FRIESEN P H. Porter's（1980）Generic Strategies and performance：an empirical examination with American data［J］．Organization Studies，1986，7（1）：37－55.

[4] DICKSON P R，GINTER J L. Market segmentation，product differentiation，and marketing strategy［J］．Journal of Marketing，1987，51（2）：1－10.

[5] FRAMBACH R T，PRABHU J，VERHALLEN T M. The influence of business strategy on new product activity：the role of market orientation［J］．International Journal of Research in Marketing，2003，20（4）：377－397.

[6] KNIGHT G，MOEN O，MADSEN T K. Antecedents to differentiation strategy in the exporting SME［J］．International Business Review，2020，29（6）．Doi：10.

1016/j. ibuserev. 2020. 101740.

［7］ CHELANGA K E, RONO L, BOIT R. Effect of differentiation and focus strategies on the financial performance of small and medium enterprises ［J］. Journal of Strategic Management, 2017, 1 (1): 29 –41.

［8］ SALAVOU H E. Competitive strategies and their shift to the future ［J］. European Business Review, 2015, 27 (1): 80 –99.

［9］ 陈劲．工业 5.0 中的智能创新战略：创造超越世界一流的绩效［J］. 清华管理评论，2022.

［10］ March, J. G. Exploration and Exploitation in Organnizational Learning ［J］. Organization Science, 1991, 2 (1): 71 –87.

［11］ Benner, M. J. , Tushman, M. L. Reflections on the 2013 Decade Award – "Exploitation, Expolration, and Process Management: The Productivity Dilemmma Revisited" Ten Years Later ［J］. The Academy of Maanagement Review, 2015, 40 (4): 497 –514.

［12］ 戴南，钱诚，赵宣，魏云飞．制造业企业平台化战略转型过程分析——基于动态能力视角［J］. 管理现代化，2020 (1).

［13］ 张小宁．平台战略研究评述及展望［J］. 经

济管理，2014（3）.

［14］ Meyer M H，Lehnerd A P. The Power of Product Platform：Competition and Antitrustin High Technology［M］. The Independent Institute：Oakland，CA，1999.

［15］ Eisenmann T，Parker F，Alstyne MV. Platform envelopment［J］. 2011，32（12）：1270－1285.

［16］谭安洛. 互联网＋与企业业务重塑［J］. 经济与管理科学，2016（3）.

［17］普华永道，《第25期全球CEO调研中国报告》［R］：28—31.

［18］杨锡怀，王江.《企业战略管理——理论与案例》［M］. 第四版. 北京：高等教育出版社，2016：6—14.

［19］徐二明，王智慧. 企业战略管理理论的发展与流派［J］. 首都经济贸易大学学报，1999（1）：5.

“中国现代企业管理”系列丛书

加快建设世界一流企业

（中）

中国大连高级经理学院　编

中国财经出版传媒集团
中国财政经济出版社

图书在版编目（CIP）数据

加快建设世界一流企业：全三册／中国大连高级经理学院编．--北京：中国财政经济出版社，2023.10

（“中国现代企业管理”系列丛书）

ISBN 978-7-5223-2063-2

Ⅰ.①加… Ⅱ.①中… Ⅲ.①现代企业制度-研究-中国 Ⅳ.①F279.2

中国国家版本馆 CIP 数据核字（2023）第 040854 号

责任编辑：王　芳　吕小军等　　　责任校对：胡永立

封面设计：思梵星尚　　　责任印制：张　健

加快建设世界一流企业（中）

JIAKUAI JIANSHE SHIJIE YILIU QIYE（ZHONG）

中国财政经济出版社 出版

URL：http：//www.cfeph.cn

E-mail：cfeph@cfeph.cn

社址：北京市海淀区阜成路甲 28 号　邮政编码：100142

营销中心电话：010-88191522

天猫网店：中国财政经济出版社旗舰店

网址：https：//zgczjjcbs.tmall.com

北京鑫海金澳胶印有限公司印刷　　各地新华书店经销

成品尺寸：170mm×240mm　16 开　17.25 印张　143 000 字

2023 年 10 月第 1 版　2023 年 10 月北京第 1 次印刷

定价：223.00 元（全三册）

ISBN 978-7-5223-2063-2

（图书出现印装问题，本社负责调换，电话：010-88190548）

本社质量投诉电话：010-88190744

打击盗版举报热线：010-88191661　QQ：2242791300

主　编　邱宝林

副主编　张之广　于　米

目　录

中册

第三篇　全面提升自主创新能力

第四篇　积极稳妥推进国际化经营

第五篇　增强企业抗风险能力

第三篇

全面提升自主创新能力

党的十八大以来，以习近平同志为核心的党中央把创新摆在国家发展全局的核心位置。在创新、协调、绿色、开放、共享的新发展理念中，创新居于首要位置。

党的十九大确立了到 2035 年跻身创新型国家前列的战略目标，党的十九届五中全会提出了坚持创新在我国现代化建设全局中的核心地位，把科技自立自强作为国家发展的战略支撑。

近年来，国务院国资委认真落实党中央、国务院决策部署，坚决贯彻习近平总书记关于国有企业科技创新和自主创新的重要指示批示精神，深入实施创新驱动发展战略。

2022 年 3 月，国务院国资委成立科技创新局，进一步突出强化企业的创新主体地位，有力推动重大科技专项任务的落地和原创技术策源地的打造，加快推动中央企业建设创新型领军企业。

2022 年 7 月，国务院国资委在中央企业负责人研讨班上提出，要把握中央关于加快提升技术牵引和产业变革的创新力的部署要求，进一步深化对中央企业打造原创技术策源地特殊重要意义的认识，以更大决心推动原创技术策源地建设走深走实，坚决当好打造原创技术策源地的先行军、国家队，全面推进“五个着力”——着力强化原创技术供给、着力加速创新要素集聚、着力深化创新主体协同、着力促进原创成果转化和着力优化创新生态。

中央企业要坚决做好科技自立自强的国家队，将自主创新作为“头号任务”，持续完善企业创新体系、增强创新能力、激发创新活力，促进产业链、创新链深度融合，提升中央企业原创技术能力。发挥中央企业投资规模大、辐射范围广、带动能力强的龙头牵引作用，加快提升产业链自主可控能力，进而实现产业链安全稳定。

一流的科技创新能力才能成就世界一流的企业。本篇重点讨论中央企业如何把握企业创新趋势和承担自主创新使命，如何完善创新体系、健全创新组织和培养创新人才，从而持续完善“政产学研金服用”七位一体的创新平台与生态，加快打造原创技术策源地和现代产业链链长。

创新的趋势与创新的挑战

当今世界正在经历百年未有之大变局，国际环境错综复杂，世界经济陷入低迷期，全球产业链供应链面临冲击，不稳定性不确定性明显增加。与此同时，新冠疫情影响广泛深远，"逆全球化"思潮暗流涌动。科技成为影响国际格局重构的"关键变量"，跃升为大国博弈"新边疆"。

以数字技术、信息技术为代表的新工业革命进程中，无论是《美国创新战略》、日本《综合创新战略》，还是《德国高技术战略》，都反映出发达国家在持续调整创新政策，紧锣密鼓地加速科技创新战略，以求在科技和制造领域不断取得尖端或前沿性研究进展，而这必然对中国的科技创新和企业创新带来了新挑战。

习近平总书记强调，在激烈的国际竞争中，唯创新者进，唯创新者强，唯创新者胜[①]。

谋创新就是谋未来。实施国家创新驱动发展战略，推进高水平的科技自立自强，中央企业责无旁贷。"察

---

① 2013 年 10 月 21 日，习近平总书记在欧美同学会成立 100 周年庆祝大会上的讲话。

势者智，驭势者赢。”坚持以创新引领发展，全面提升中央企业的自主创新能力，就要登高望远和审时度势，深入洞察创新的发展趋势和挑战。

一、今天的创新是数字化与低碳化双重革命交织下的颠覆性创新

纵观历史，人类文明进步的本质是信息革命和能源革命双重革命的推动结果。

（一）数字化革命下的数字化创新

从信息的角度来看，从农业社会到工业社会到信息化社会，就是人类交往方式从口语为主到文字为主再到数据为主的变迁史。数字化时代，没有了时间和空间的限制，可以实时了解、留存和传播全球信息。而且，信息交换不仅包括人和人、人和机器之间的交换，也包括机器和机器之间的交换。

党的十九大明确提出，推动互联网、大数据、人工智能和实体经济深度融合，建设数字中国、智慧社会。在“十四五”规划中国家明确提出大力发展数字经济，并在2035年远景目标纲要中明确要求我国数字经济核心产业增加值占GDP的比重要由2020年的7.8%提升至10%。在国家政策与产业需求的推动下，数字技术已

然融入产业发展，已经成为推动中国经济高质量发展的重要引擎，一个全新的数字经济时代正加速到来。

中央企业必须看到，数字化带来的远不止于企业生产和运营效率的提高。更重要的是，在以智能化为特征的数字经济新时代，人才、资本、技术等创新要素深度聚合，正在对企业的创新理念、创新方式、创新生态和创新价值等形成颠覆性冲击。

（二）低碳化革命下的可持续发展创新

从能源的角度来看，从农业社会到工业社会到信息化社会，是人类能源方式从薪柴为主到化石能源为主再到清洁能源为主的变迁史。农业社会，人们使用的是薪柴为主的植物能源。工业社会下蒸汽机、内燃机、电动机的发明，促进了煤炭、石油为主的化石能源的大规模应用。在促进了人类社会快速发展的同时，也由于化石燃料的广泛使用，造成了严重的环境污染和生态破坏，气候危机之下以清洁能源为代表的时代正在加速到来（见表3－1）。

表3－1　　人类信息能源方式变迁

社会阶段	信息方式	能源方式
农业社会	口语文明	植物能源
工业社会	文字文明	化石能源
信息社会	数字文明	清洁能源

最大的变化是变化方式的变化。

工业时代以来的碳排放引发的气候变化不再是缓慢的线性变化，也不再是可以往复的周期性变化，而是后果极为严重的指数型变化。BCG 的研究亦表明："如果不加以积极干预，21 世纪末全球气温将上升 5℃，粮食将减产 50%，75% 的物种将面临灭绝。"

习近平总书记指出，为推动实现碳达峰、碳中和目标，中国将陆续发布重点领域和行业碳达峰实施方案和一系列支撑保障措施，构建起碳达峰、碳中和"1＋N"政策体系①。毕竟，互联网大潮下，世界的物质交换、信息交流已然一体联动、荣损与共。所谓的"公地悲剧"② 不仅是彼时彼地，而是此时此地。每一个企业，不投身于低碳化发展，必将被时代潮流所抛弃。

今天，元宇宙、数字孪生、大数据、云计算、物联网等深入社会各领域，气候危机、碳排放、碳捕集、碳金融、碳交易、碳税等也渐为人们所熟知，数字化与低碳化正在引发生产方式与生活方式的全方位变革，而数字化能力与低碳化发展业已成为世界一流企业的标配。

中央企业要更新认知并把握创新的底层逻辑，不能将数字化仅仅视为一种技术变化，它是企业认知与战略

① 2021 年 10 月 12 日，《生物多样性公约》第十五次缔约方大会领导人峰会上国家主席习近平的视频讲话。

② "公地悲剧"：由于过度开发公共资源导致的市场失灵。

的深度转变，也不能将低碳化等同于高成本的绿色投入，它是环境效益的责任担当，更可能是企业降本增效、提升竞争力的重要抓手。

二、今天的创新是技术观更新和“五对技术”融合基础上的自主创新

伴随新一轮科技革命和产业变革深入发展，身处技术变局中的中央企业，要把握21世纪技术及创新特点，更新技术观，积极促进“卡脖子”技术难题的破解，持续提高自主创新的能力。

（一）更新技术观，促进五对技术的融合打通

技术改变世界，技术领导力往往决定企业的领航地位。技术是多学科融合与多因素交织的演化结果，主要包括深层技术与直观技术、数据技术与专业技术、网状技术与行业技术、共性技术与产品技术、发展技术与矫正技术“五对技术”的融合发展。

1. 深层技术与直观技术。1965年诺贝尔奖得主费曼最早提出了纳米层次具有无限的发展可能性，要向纳米层次开发；1986年诺贝尔化学奖得主约翰·波拉尼（John Charles Polanyi）说，在人、动物、植物的细胞核里，在原子的内部和宇宙的边缘，有许多新的世界正等

待着我们发现。中央企业需要关注并切入这些深层领域的探索、研究和发现，因为只有通过深层技术才能实现深度创新，才能深度进入和影响世界。

2. 数据技术与专业技术。按照杰伦·拉尼尔（Jaron Lanier）的观点，一切技术的底层都是数据技术，那些掌握最多数据、拥有最快服务器和最强处理能力的人或企业将引领发展。现实确实如此：软件定义汽车、数据决定体验，自动驾驶背后也是数据处理。中央企业必须认识到，数据作为"新时代的石油"，是推动所有产业发展的基础，也是生产力发展的关键要素之一。

3. 网状技术与行业技术。这世上没有一个人是孤岛，技术亦是。技术的交叉与融合、扩散与溢出，无时无处不在。中央企业需要重视网状技术与行业技术的生态共荣。正如《高塔与广场》的作者尼尔·弗格森（Niall Ferguson）提出的，当网络相互作用时，创新和新发明可能就从中产生了。当一个网络打破了僵化的等级结构时，它的创新就可能爆发式发展和扩散。通过无所不连的连接和融通、聚合与联动，可以更好地促进技术的共生，促进技术的网状发展。

4. 共性技术与产品技术。企业要关心狭义的产品技术，更要关心广义的共性技术。共性技术是指多个行业或领域广泛应用的技术，分为关键共性技术、基础共性技术和一般共性技术，如人工智能、物联网、区块链、纳米材料、太阳能技术、3D 打印、基因技术等。共性技术相对于产品技术而言，具有“通用性”（Generic）和“竞争前”（Pre - competition）[①] 的鲜明特征。中央企业必须重视共性技术高的溢出效应和扩散价值，积极参与并有所作为，构建行业的关键共性技术平台，健全行业的关键共性技术研发体系和基础共性技术支撑体系。

5. 发展技术与矫正技术。每一项技术都存在技术的优点与弊端、制衡与循环、旧问题解决与新问题产生等多元效应。矿山开采后，如何恢复土壤？电池方便了应用，如何循环回收？塑料普及了，如何消解处理？工业生产的“三废”如何处理？二氧化碳如何捕捉、封存和转化？随着经济从单一的线性经济到立体的循环经济的转型，企业不仅要考虑技术的正面“推进”，也要考虑技术的负面“矫正”。中央企业要全面统筹，把握技术的开始与结束、技术的进入与退出，技术的“油门”与“刹车”。

总之，作为中央企业，要摒弃单一性与狭隘性的技术观，促进“五对技术”的融合与打通。正如习近平总

① 共性技术的两大特征：一是“通用性”（generic），即对不同应用领域的新产品、新工艺和新服务开发至关重要的使能技术。二是“竞争前”（pre - competition），即共性技术属于技术开发的早期阶段，商业应用前景不明朗，但作为基础研究科学成果和产品专有技术（专利技术）之间的桥梁，可以为后续的产品技术开发和商业应用提供基础。

书记所强调的，要增强“四个自信”，要以关键共性技术、前沿引领技术、现代工程技术、颠覆性技术创新为突破口，敢于走前人没走过的路，努力实现关键核心技术自主可控[①]。毕竟，研究越深、元素越多、连接越广，技术融合下的乘数效应和溢出价值、复杂系统下的涌现效应和扩散价值也会越发强大，才能更好促进中央企业“卡脖子”技术难题的破解、原创技术策源地与产业链和“链长”的打造，最终成为真正的世界一流企业。

（二）洞察指数型变化，直面技术大加速的剧烈冲击

在系统理解21世纪技术创新的基础上，中央企业也要看到21世纪众多新技术融合发展带来的指数型变化，包括数字化、非物质化、迷惑性和颠覆性的特点。

1. 数字化。一项技术一旦完成了从物理过程向数字过程的转变，就能跃上摩尔定律[②]的肩膀，开启指数级增长。再加上量子计算技术的加持，数字化技术就会跃上罗斯定律[③]的肩膀，开启更加疯狂的增长之旅。

2. 非物质化。非物质化指工业化时期通过物质实现

---

① 2018年5月28日，习近平总书记在中国科学院第十九次院士大会、中国工程院第十四次院士大会上的重要讲话。

② 摩尔定律是由英特尔（Intel）创始人之一戈登·摩尔（Gordon Moore）提出来的，是指当价格不变时，集成电路上可容纳的元器件的数目，约每隔18—24个月便会增加1倍，性能也将提升1倍。换言之，每1美元所能买到的电脑性能，将每隔18—24个月翻1倍以上。这一定律揭示了信息技术进步的速度。

③ 罗斯定律是由D-wave的创始人罗斯提出的，是指量子计算机的计算能力会有更加强悍的指数级增长，罗斯认为人工智能尤其会从中受益。

的功能越来越多地被数字化方式实现。手表、照相机、视频游戏机、电视、GPS 系统、计算器、闹钟等这些曾经独立的产品（服务）现在都已经成为智能手机的标配。维基百科使得百科全书去物质化了，iTunes 消灭了实体形式的音乐商店。虚拟实验、数字化生产过程减少了大量的实物设备、生产材料等。

3. 迷惑性。技术在第一次引入时通常会引发炒作乃至过度泡沫化，但由于早期的技术进展大都滞后于媒体的宣传，以至于很快被轻视、被忽略乃至被放弃，然而随着时间推移下的持续迭代以及配套技术的成熟，后期极可能突然加速，实现爆发增长。

4. 颠覆性。一旦指数型技术开始真正影响我们的世界，就会冲击和破坏现有的产品、服务、市场和行业。正如当下的电动汽车正以其新能源和智能化的全新特质，对传统汽车产业链、上下游乃至使用习惯、售后服务都产生了颠覆性冲击；当下的互联网电商对传统线下销售的全面洗牌；当下的“风、光、氢”等清洁能源对化石能源的挑战等。

作为中央企业，既要跟进现有技术的迭代升级，更要关注前沿技术的最新进展，尤其是指数型技术对我们的冲击。结合自身的行业特点与战略定位，主动前瞻布局，尤其是加强对人工智能、量子计算、3D 乃至 4D 打印、传感器、机器人、XR[①]与元宇宙、材料科学与纳米技术、网络、5G及卫星、区块链、生物技术、合成生物学等指数型技术的跟踪、探索与实践，力争成为新技术的关注者、参与者、掌握者、受益者乃至引领者。

（三）提高创新站位，积极推进“卡脖子”难题的破解

习近平总书记指出，关键核心技术是要不来、买不来、讨不来的，要尽快突破关键核心技术，努力实现关键核心技术自主可控，把创新主动权、发展主动权牢牢掌握在自己手中[②]。

一代人有一代人的奋斗，一代人有一代人的担当。

在我国社会主义建设的初期，面对经济困难、条件艰苦和外部封锁的不利环境，在大庆精神、“两弹一星”精神等国有企业先进精神的指引下，广大干部职工艰苦奋斗、顽强拼搏、无私奉献和不断地开拓创新，解决了那一代人面临的一系列“卡脖子”问题，让中华民族在世界上站稳了脚跟。

---

① XR（Extended Reality，扩展现实），指通过计算机技术和可穿戴设备产生的一个真实与虚拟组合、可人机交互的环境，是VR（Virtual Reality，虚拟现实）、AR（Augmented Reality，增强现实）、MR（Mixed Reality，混合现实）等多种形式的统称。不同形式的视觉交互技术融合，实现虚拟世界与现实世界之间无缝转换的“沉浸感”体验。

② 习近平总书记：“加快建设科技强国，实现高水平科技自立自强”，《求是》2022年第9期。

在中国高质量发展的新阶段，面对科技和产业的动荡变化和外部国际形势及经济环境的波谲云诡，自主可控已经成为中央企业的必备能力和必要担当。更重要的是，这些关键技术的突破不仅仅影响到单个企业和产业的发展需求，更关系着相关产业、经济发展乃至国家稳定安全。中央企业要提高创新站位，自觉扛起科技创新大旗，围绕关键技术领域，通过“五对技术”的融合打通和深度介入，推进“卡脖子”技术难题的破解，让中华民族以更加昂扬的姿态屹立于世界民族之林。

《中华人民共和国国民经济和社会发展第十四个五年规划和2035年远景目标纲要》提出，“十四五”时期，我国将瞄准人工智能、量子信息、集成电路、脑科学、深空深地深海等前沿领域，实施一批具有前瞻性、战略性的国家重大科技项目。

“卡脖子”，是指中国缺乏自主创新、仍然受制于发达国家的多项关键核心技术和设备。不仅表现为一般性的关键核心技术，往往还涉及产业链、供应链的安全性。中央企业要自觉地把“卡脖子清单”转化为企业发展的“机会清单”和“创新清单”，瞄准世界科技前沿和一些“卡脖子”问题，前瞻布局，攻坚克难，通过产学研平台的深化与迭代来让更多重大创新成果喷涌而出。

2021年5月，国务院国资委向全社会发布《中央企业科技创新成果推荐目录（2020年版）》，包含八大类（核心电子元器件、关键零部件、分析测试仪器、基础软件、关键材料、先进工艺、高端装备和其他），178项技术产品，分别来自54家中央企业，反映出当前中央企业在科技创新实力与科技创新转化的应用能力和实力担当（见图3－1）。

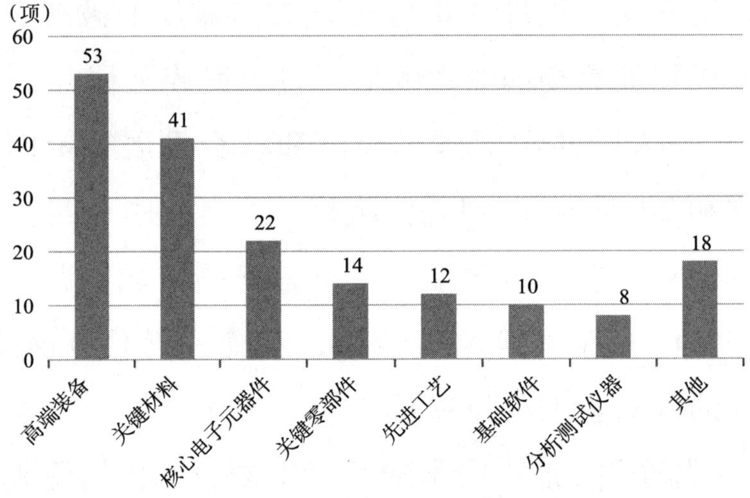

图3－1　2020年版的技术产品推荐数量

三、今天的创新是立足现状、认清差距基础上的持续创新

国有企业是我国国民经济重要支柱，在70多年的发展历程中与国家命运始终紧密相连。近年来，中央企

业加强补短板、强创新、聚焦主业，不断提升在行业乃至全球价值链中的地位，但与世界一流企业相比，尤其是创新质量与成效、竞争力与影响力等方面，仍有一定差距，也存在一定的问题。

（一）中央企业创新的成就与现实问题

“十三五”以来，中央企业认真贯彻党中央创新引领决策部署和习近平总书记重要指示批示精神，不断强化政治自觉、思想自觉、行动自觉，深入实施创新驱动发展战略，全力推进科技创新，自主创新能力明显增强，有力支撑了国家重大战略实施和现代化经济体系建设，日益凸显在国民经济中的支柱地位和国家战略科技力量的主力军作用，也取得了非常宝贵的进步与不凡的成就。

1. 创新意识和创新投入逐渐增强。中央企业深刻认识科技创新的重要性、紧迫性和重大战略意义，不断加大研发投入，强化科技管理，推动科技创新全面融入企业经营管理和发展全局，持续增强对国家战略的支撑能力。“十三五”以来，中央企业研发经费累计投入3.4万亿元，年均增长11.3%。2021年其研发经费投入9045.9亿元，同比增长16.1%，占营业总收入的2.49%。

2. 创新效益和创新成果不断涌现。中央企业为促进科技成果向现实生产力转化，加快成果应用推广，坚持在“用”上下功夫，促成了一系列包括核心电子元器件、关键零部件、分析测试仪器、基础软件、关键材料、先进工艺、高端装备等各领域的自主创新标志性成果的诞生。尤其在深空深海探测、现代武器装备、先进交通装备、重大基础设施等领域，以及国产航母、高铁、国产大飞机、特高压输变电、核电等设备研发及制造方面，取得了一大批具有世界先进水平的重大创新成果。

3. 创新体系与创新机制日益健全。科技体制机制改革持续推进，科技创新动力活力全面提升。善用新型举国体制优势，中央企业各类创新平台、创新联盟等资源不断丰富，有效促进创新要素向企业聚集，创新链条和体系化能力得到进一步完善。突出国家技术创新中心的分类建设思路，分别开展综合类国家技术创新中心和领域类国家技术创新中心建设。用好科技成果评价指挥棒，科技创新考核导向不断加强，研发投入强度、关键核心技术攻关等创新指标相继纳入企业负责人经营业绩考核，重大创新成果加分奖励政策、员工持股与跟投计划、科技成果转化分红等落地实施并发挥出积极作用。国有资本经营预算对科技创新领域的投入力度持续加大，为研发活动提供了有力的资金支持。

4. 创新模式与人才队伍趋于优化。通过数字化转型，推进以业务创新为导向的组织与人力资源体系，持续改进科技项目组织管理方式，聚焦关键核心技术项目，有力有序推进创新攻关的“揭榜挂帅”体制机制。中央企业积极加强创新人才引育，加快建设以战略科学家、一流科技领军人才和创新团队、青年科技人才队伍、卓越工程师为主体的国家战略人才力量，探索建立多种层次、不同形式的人才激励分配机制，精准实施海外引才和柔性引才，靶向引进重点领域领军人才，确保引得进、留得住、用得好。

面向未来，中央企业要承担更重要的创新责任，取得更大的创新成就，就需要关注创新的现实问题，因为只有敢于正视问题，才能更好地解决问题。

第一，创新认知和创新意愿存在不足。中央企业中，相当多一部分处于工程、建筑、能源、资源、通信等行业，这些行业一定程度上具有或多或少的制度性垄断特征，又具有一定的资源垄断性特征，往往有赖于国家的相关政策与旺盛需求。产业相对稳定和低风险的经营发展，一定程度上助长了组织惰性和路径依赖，中央企业对创新的全方位理解和对技术创新的盈利能力、市场影响力上的认知不足，对中央企业创新在国家创新发展战略和科技自立自强的关键性方面把握不够，进而导致创新认知与创新动力存在一定的不足。

第二，创新思维与协同创新能力有待提升。囿于传统国有企业的创新思维、视野与方法的开放度不足，员工个体创新思维的禁锢，导致国有企业的资金、人才、研发平台等优势发挥不够充分。尽管中央企业拥有相对丰富的创新资源，如规模相对较大的科研队伍、可观的研发投入、较好的科研硬件条件、遍布全国的下属企业和研发机构，各级政府的财政科技投入、国家级创新平台、创新工程、重点科技攻关项目等，由于资源分散，成员企业之间缺乏横向联合创新的机制设计，整合外部创新资源的能力和经验亦不足，协同创新能力存在一定欠缺等，以至于中央企业丰富的创新资源无法有效转化为创新成果。

第三，创新组织与创新生态体系不够完善。无论是外企、民企还是国有企业，共同面临的一个问题是企业做大后的“大企业病”。企业规模的扩大，一定程度上带来组织的臃肿低下甚至叠床架屋现象的普遍，导致管理成本增大，组织决策和运营效率下降。中央企业也往往缺乏平台思维和连接能力，“政产学研金服用”的创新链与产业链尚未充分打通，各自为战的分散化创新导致一体化创新合力不足，科技成果与社会需求脱节，资源使用低效。尽管近些年中央企业交出的是一份不错的经营和创新成绩单，但要想达到乃至超越世界一流水平，还要进一步“瘦身健体”，推进创新生态体系建设，通过打造创新联合体，让创新的人、财、物等投入充分连接融通，提高中央企业高水平科技的供给能力。

第四，创新机制与文化氛围营造需要健全。中央企业在内部市场化上仍有提升空间，要避免责任和利益传导机制不完善带来的创新动力不足，减少创新要素资源配置的分散、重复、低效问题。由于国有企业授权层级多、链条长，缺乏有效的人才提升和流动机制，导致组织人才流失比较严重，且新型的高端人才、创新人才相对缺乏。在组织文化上，有时强调短期导向和风险管控，缺乏容错机制和宽容失败的创新文化。毕竟，创新是一件高风险且结果不确定的事情，前期需要投入大量人力、物力和财力。

第五，创新成果和效果有待提升，尤其是科技领域的“卡脖子”问题亟待突破。我国产业基础能力相对薄弱，关键零部件、元器件和关键材料自给率仅有30%—40%，与发达国家存在差距。信息技术、高端装备制造、高端仪器仪表、新药创制、生物育种等战略性、基础性产业的核心技术受制于人的局面尚未从根本转变。部分中央企业习惯于商业模式创新和技术“跟跑”，对于原始创新的重视程度和方法掌握不够，对于核心技术的超前研究和储备不足，导致颠覆性创新能力较弱。

（二）中央企业创新的差距与成长空间

2022年度《财富》世界500强榜单显示，包括中国台湾地区企业，中国共有145家公司上榜，大公司数量继续位居各国之首，再次超过美国的124家。其中，国务院国资委监管的中央企业（含招商局集团旗下的招商银行）47家，上榜的国有企业数量合计为86家。

中国145家上榜公司平均利润有所上升，达到41亿美元，然而世界500强平均利润同期上升至62亿美元。其中，上榜的德国企业平均利润44亿美元，英国企业69.6亿美元，法国企业48.5亿美元，而美国企业平均利润更是高达100.5亿美元，几乎接近中国上榜企业的2.5倍。尽管中国在500强企业数量上实现了快速增长，但也要看到利润和增速存在的质量差距，尤其是创新竞争力差距带来产业层次和水平差距。

波士顿咨询集团（BCG）在2021年全球最具创新力的50家公司的报告中，美国有着最多的入榜公司，达到27家。其中，苹果、Alphabet、亚马逊、微软和特斯拉位居前5位，中国上榜公司有华为（8）、阿里巴巴（14）、联想（25）、腾讯（26）和小米（31）共5家（见图3－2）。

序号	公司名称	行业	总部	自2020年起的变化
1	苹果	科技	美国	—
2	Alphabet（字母表公司）	科技	美国	—
3	亚马逊	消费品	美国	—
4	微软	科技	美国	—
5	特斯拉	运输与能源	美国	+6
6	三星	科技	韩国	-1
7	IBM	科技	美国	+1
8	华为	科技	中国	-2
9	索尼	消费品	日本	—
10	辉瑞	医疗保健	美国	重返

图 3－2　2021 年全球最具创新力的 50 家公司 TOP 10

中国在运输与能源类、医疗卫生类、媒体和电信业类为零，科技类、消费和服务类也落后于美国。要引起重视的是，在全球创新 50 强里面没有中央企业，这在一定程度上说明了中央企业依然存在差距。

在研发投入的强度上，中央企业研发投入强度达到 2.5%，其中工业企业达到 2.9%，在营业收入快速增长的情况下，研发投入强度保持相对的稳定。但从研发费用率以及实际的创新产出上，与领先的 ICT 企业（10%以上）以及国内企业相比依然存在一定的差距（见图 3－3）。

2021年中国企业研发支出10强

单位：元

排名	公司	研发支出	研发费用率	所处行业
1	华为	1427	22.4%	计算机硬件与设备
2	阿里	578	6.9%	计算机软件与服务
3	腾讯	519	9.3%	计算机软件与服务
4	中国建筑	399	2.1%	工程建筑
5	台积电(中国台湾)	287	7.9%	计算机硬件与设备
6	百度	249	17.8%	计算机软件与服务
7	中国中铁	248	2.3%	工程建筑
8	鸿海(中国台湾)	241	1.8%	工业制造
9	中国石油	237	0.9%	能源化工
10	中国交建	228	3.3%	工程建筑

2021年全球ICT企业研发支出10强

单位：美元

企业	研发支出	研发费用率	增速	国家
亚马逊	560	11.9%	31.1%	美国
谷歌	316	12.3%	14.5%	美国
Facebook	247	20.9%	33.7%	美国
苹果	231	6.1%	16.9%	美国
微软	222	12.0%	11.7%	美国
华为	220	22.4%	0.1%	中国
三星	190	8.1%	6.6%	韩国
英特尔	152	19.2%	12.1%	美国
阿里	89	6.9%	6.1%	中国
腾讯	80	9.3%	33.1%	中国

图 3－3　2021 年中国企业、全球 ICT 企业研发支出 10 强

没有创新，就没有竞争力；没有创新，就没有发展力；没有创新，就没有影响力。

习近平总书记指出："问题是创新的起点，也是创新的动力源。"[①] 问题不可怕，可怕的是没看到问题；差距不可怕，可怕的是看到差距而放弃。中央企业一方面要自信于中国经济快速发展的基础和国有企业改革的成就；另一方面也要理性看到我们的不足，容不得半点懈怠和自满。

立足坚实的基础，直面创新的差距和问题，中央企业要避免盲目自大、急躁冒进、短期导向、形式主义、闭门造车、贪大求全和跟风炒作等创新误区，并将问题视为潜力，将差距转化为动力，奋起赶超，笃实前行。

---

① 2016 年 5 月 17 日，习近平总书记在哲学社会科学工作座谈会上讲话。

创新永无止境，中央企业要有“咬定青山不放松”的创新定力，也要有“十年磨一剑”的能力精进。中央企业要积极贯彻新发展理念，把握双重革命的颠覆性挑战，更新技术观，推进技术融合，聚焦“卡脖子”技术难题的解决，以更高质量的深度创新、全面创新和自主创新，加速打造原创技术策源地和现代产业链“链长”。

四、中央企业创新行动建议

1. 中央企业要把握高水平科技自立自强的国家战略，深入学习数字化转型与碳中和发展的相关国家政策与理论，推动企业全员提高对双重革命的认知，洞察颠覆性挑战的机遇和威胁，将数字化和低碳化植入企业发展战略和文化价值观。

2. 中央企业高管班子、创新团队及管理干部要加快形成新的技术观，理解指数型变化的影响。围绕自主创新的国家政策和要求，结合本行业环境和特点，研究“五对技术”在本企业及产业上下游的状态与推进策略，积极参与“卡脖子”技术的相关研发和推进工作。

3. 结合原创技术策源地和现代产业链“链长”的创新要求，中央企业要敢于正视和深挖本行业和企业的创新问题与差距，结合本企业情况，积极推进打造原创技术策源地、科技研发重地、科技人才高地，更好履行高水平科技自立自强的使命担当，并形成重点改进计划和提升策略。

创新的使命与创新的取向

习近平总书记强调，科技是国之利器，国家赖之以强，企业赖之以赢，人民生活赖之以好[①]。

国有企业作为中国特色社会主义的"两个基础"、党和国家最可信赖的"六个力量"[②]，既是中国国家利益的代表者之一，又是中国国家竞争力的主力军。

中央企业作为国家战略科技力量和产业领先的代表，更要将科技创新作为"头号任务"，围绕"卡脖子"问题进行重点攻关，打造原创技术策源地和现代产业链"链长"，以确保我国产业链、供应链、价值链的安全性与稳定性，巩固我国创新链在支撑产业链与供应

① 2016年5月30日，习近平总书记在全国科技创新大会、两院院士大会、中国科协第九次全国代表大会上的讲话。

② 2016年10月10—11日，习近平总书记在全国国有企业党的建设工作会议上的讲话。

链中的基础性地位。

一、使命在肩，力争世界一流的创新

习近平总书记指出，世界科技强国竞争，比拼的是国家战略科技力量。国家实验室、国家科研机构、高水平研究型大学、科技领军企业都是国家战略科技力量的重要组成部分，要自觉履行高水平科技自立自强的使命担当[①]。

世界一流企业不仅是一流的规模和盈利，更是一流的创新和担当。中央企业在创建世界一流企业的过程中，需要发挥国家战略实施中的支撑作用、大国科技竞争中的先锋作用、科技自立自强中的骨干作用和开放协同创新的主导作用。中央企业需要围绕打造原创技术策源地、当好现代产业链“链长”、资产保值增值的领军企业和员工创新创业的事业平台的四大使命，释放新型举国体制的创新优势，踔厉奋发，笃行不怠，以一流创新成就世界一流创新企业。

（一）发展深层技术，打造原创技术策源地

在新一轮科技革命和产业变革蓬勃兴起的今天，根

---

① 2021 年 5 月 28 日，习近平总书记在中国科学院第二十次院士大会、中国工程院第十五次院士大会和中国科学技术协会第十次全国代表大会上的讲话。

据研发投入强度、技术难度及附加值，技术往往分为三个层次：高等（深层）技术层次、中等（浅层）技术层次、低等（表层）技术层次。相对而言，高等技术的研发投入强度大、技术难度高，但其技术产出效应、影响力更大。拥有真正自主可控、开放、可迭代的深层技术与前沿产品，从微观层面来看是企业创新发展的需求，从宏观层面来看是国家强大的需求。

没有基础研究，就没有深层技术；没有深层的技术，就没有前沿产品和颠覆性创新；没有前沿产品和颠覆性创新，也就没有一流的自主创新能力。中央企业建设世界一流企业，要在新一轮科技革命和产业变革浪潮中发挥引领作用，依托新型举国体制的力量，围绕前沿技术和颠覆性技术加强超前研发布局，提升自主创新的力度与效度，继续强化企业科技创新主体地位，为我国经济社会发展和民生改善提供更先进的解决方案。

无论是从瞄准世界科技前沿、推进前瞻性基础研究、解决卡脖子技术难题等的战略要求来看，还是从实施国家重大科技项目包括关键共性技术、前沿引领技术、现代工程技术、颠覆性技术创新等的具体任务来看，或是从建设科技强国、质量强国以及打造创新型国家的使命担当来看，中央企业都需要发挥中流砥柱的基础性价值和带动性作用以及行业辐射和社会扩散的溢出效应[①]（Spillover Effect）。唯有如此，中央企业才能在新一轮科技革命和产业变革浪潮中发挥引领作用，真正打造世界一流的创新企业。

经过多年改革发展，中央企业的科技创新投入与能力有着较为突出的综合优势、集成优势和系统优势，具备发展深层技术、打造原创技术策源地的基础。中央企业的研发经费投入强度已经从 2015 年的 2.16% 提升到 2020 年的 2.55%，而且取得了一批世界级科技成果，涌现出一大批世界先进水平的标志性重大成果，打造了一批高水平科技平台，集聚了一批高层次创新人才。

中央企业要强化高目标引领，服务国家战略需要，瞄准世界科技前沿，以领跑思维、底线思维科学设定挑战性目标，敢于勇闯“无人区”，从源头上改变原始创新能力不足、关键核心技术长期受制于人的被动局面，加快推进原创技术策源地建设的走深走实。

1. 着力强化原创技术供给，实现体系化布局、进行全链条部署，在“卡脖子”问题方面取得更多更大突破。

2. 着力加速创新要素集聚，加快高端平台建设、加大原创技术投入、加强创新人才引育，打通科技、产

---

① 溢出效应，是指一个组织在进行某项活动时，不仅会产生活动所预期的效果，而且会对组织之外的人或社会产生的影响。

业、金融快速连接通道。

3. 着力深化创新主体协同，深化国内合作、推进开放共享、强化业务协同，更好支撑促进策源地建设。

4. 着力促进原创成果转化，主动开放市场和应用场景、提高成果转移转化成效、加强知识产权保护运用，加快形成现实生产力。

5. 着力优化创新生态，深化科研体制改革、强化考核激励、厚植创新文化，营造尊重人才、尊重创造、鼓励探索、宽容失败的氛围。

（二）提高产业层次，打造现代产业链链长

技术与产业都是分层次的，而产业层次与技术层次密切相关，技术层次决定着产业层次。不同的技术、产业层次其创新也有不同的特点。

按照 OECD 对产业的划分标准①，结合 21 世纪科技发展，产业可区分为六个层次，具体如图 3－4 所示。

一切分类都有相对性、模糊性和交叉性，但这些划分都在揭示一个深刻道理：越是上位技术，即基础化、深层化、数字化、共性化的技术，其带来的上位产业更

---

① OECD（经济合作与发展组织）按技术水平将产业分为四类：高技术行业，如飞机和航天器、基因工程和生物制药，纳米和新材料等；中高技术行业，如电气设备、汽车、化学产品、机械等；中低技术行业，如焦炭、炼油、橡胶、塑料、金属结构产品、船只建造和维修等；低技术行业，如木头、纸浆、印刷、食品饮料、烟草、纺织、皮革等。

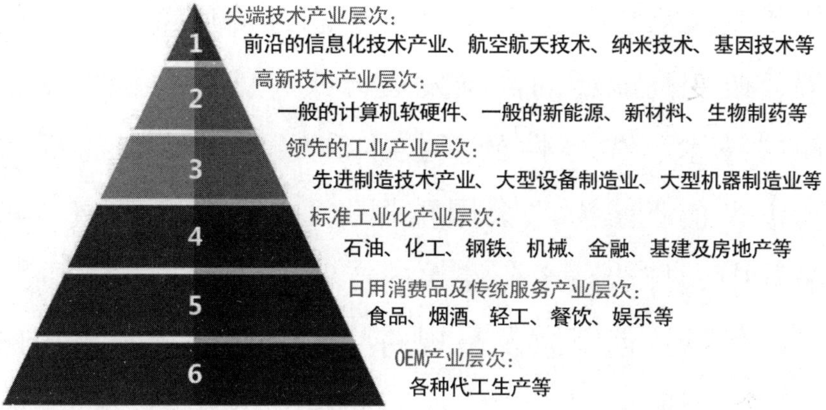

图 3－4　产业层次

有竞争力和附加值，且具有对下位产业的辐射、渗透及带动效应，因而中央企业需要不断提升产业层次。

提高产业层次，做产业创新发展的“并跑”和“领跑”企业，中央企业需要围绕数字化与低碳化的底层逻辑展开。在中国经济高质量发展的背景下，中国很难用高端白酒、房地产、代工服装等来有力参与全球竞争，中国也很难用高能耗、高污染的高碳产业持续参与全球发展，中国更需要智能芯片、清洁能源、尖端信息技术、纳米深层技术、基因工程技术、太空探索技术、新能源技术等。

在全球竞争背景下，低技术层次、高能耗技术是很难有世界一流的。截至 2021 年底，97 家中央企业囊括了能源、交通、通信、军工、石油石化、航天航空、材料等多个关乎国计民生和科技发展的重要行业。中国的高质量发展需要突破全球经济生态链的底部和产业链的低端，改变高能耗的高碳发展方式，就需要探索基础性的深层技术、先导性的新技术和绿色可持续的低碳技术，中央企业作为“大国重器”，必须使命在肩，积极参与其中，打造高产业层次的产业链链长。

现代科技创新愈发呈现跨学科、跨领域和跨界的特征，单个企业往往无法完成。而在“双循环”的新发展格局下，中央企业要发挥新型举国体制的特色，释放国资国企的资金、资源与制度优势，更需要围绕“卡脖子”技术难题和产业共性问题，通过产业创新基金和创新平台、创新联盟，积极引导和带动产业上下游、中小私营企业协同创新，打造“央企＋”创新平台和创新联盟。中央企业要围绕产业链部署创新链①、围绕创新链布局产业链②，通过“政产学研金服用”创新联盟来实现关键核心技术领域的创新突破和产业上下游企业的创新共赢。

（三）业绩持续增长，做资产保值增值的领先企业

习近平总书记强调，要坚持有利于国有资产保值增值、有利于提高国有经济竞争力、有利于放大国有资本

① 创新链是依托知识创新活动，以技术供给为核心，从基础研究到产业化的链式创新过程集合，反映了各创新主体在整个过程中的衔接、合作和价值传递关系。

② 产业链指从原材料一直到终端产品制造的各生产部门的完整链条，是一系列创新成果的物质呈现。

功能的方针，推动国有企业深化改革、提高经营管理水平，加强国有资产监管，坚定不移把国有企业做强做优做大[①]。

追求效益是企业的重要目标。对中央企业而言，必须清醒地认识到：有强大的盈利能力未必是世界一流企业，但世界一流企业一定需要稳定的经济效益，推进自主创新也一定离不开企业效益的保驾护航。2021 年中央企业实现营业收入 36.3 万亿元、净利润 1.8 万亿元，分别同比增长 19.5%、29.8%。营业收入利润率、研发投入强度、全员劳动生产率和资产负债率等也圆满完成预期目标，效益增长创历史最高水平。

新一轮科技革命蓬勃发展，产品服务升级迭代、产业链重构、价值链重塑，为企业带来更大机遇。中央企业在追求、实现创新目标的同时也要看到国有资本运营的效率、保值增值能力仍有较大提升空间。要持续提高国有资本运营效率，监管好、守护好、发展好国有资产，做资产保值增值的领军企业，推动国有资本进一步发展壮大，更好地实现人民群众对美好生活的向往。

（四）培养创新人才，做员工创新创业的事业平台

习近平总书记强调，“功以才成，业由才广。世上

---

① 2016 年 10 月 10—11 日，习近平总书记在全国国有企业党的建设工作会议上的讲话。

一切事物中人是最可宝贵的，一切创新成果都是人做出来的。硬实力、软实力，归根到底要靠人才实力”[①]。

21 世纪大企业的创新往往体现为“事”与“人”的双重创新。“事”的创新指企业在技术、产品创新的基础上实现业务创新、产业创新。“人”的创新指企业在现有人力资源基础上推进全体员工的能力创新、发展创新。中央企业必须看到，企业员工现有的素质和能力多是奠定在 20 世纪工业化基础上的运营和操作能力。而在数字化时代，这些重复性劳动、常规性工作正在快速、大面积地被机器人和人工智能所替代或转移，21 世纪的经济生产和创新发展更需要员工的创造力与创意工作。培养创新人才具有双重价值，既是企业创新发展的需要，也是员工成长发展的需要。

截至 2021 年 1 月，中央企业共拥有国内研发机构 4153 个，其中国家重点实验室 91 个。人才队伍方面，中央企业的研发人员有 97.6 万人，中央企业共有两院院士 229 位。可以说，中央企业具备培养创新人才和打造员工成长平台的条件。

面对人工智能时代对就业的冲击，中央企业需要承担激活和赋能员工的责任。当“不会被机器替代的人”

① 2018 年 5 月 28 日，习近平总书记在中国科学院第十九次院士大会、中国工程院第十四次院士大会上的讲话。

成为个体职业发展的诉求时，中央企业有责任通过培训学习和技术普及，借助学习型组织的打造和数据生产力的力量，激发员工价值创造的能动性，实现员工和企业的共同发展。正如钢铁企业的中国宝武，强调以智慧制造提升人事效率，以全员创新激发员工创造性，提高员工的就业弹性与发展能力，增强员工的获得感、安全感和幸福感。

在打造员工创新平台过程中，一些中央企业已经做出了很多有益的探索和积累了经验。如中国航天强调德才兼备的人才管理、唯才是举的选拔机制、人尽其才的任用原则、“干中学、学中干”的培养模式、科研人员的合理考核激励、众志成城的文化氛围等做法。如中化集团通过深化三项制度改革落地，激发员工价值创造能力，持续为集团再创佳绩的经验。如华润集团围绕“3+1”四类人才队伍（经营管理人才、科技人才、技能人才、香港人才）的人才强企战略等。

二、价值导向，勇担自主创新的重任

（一）加强自主创新，建设科技强国

习近平总书记指出，国有企业特别是中央所属国有企业，一定要加强自主创新能力，研发和掌握更多的国

之重器[①]。

迈克尔·波特（Michael E. Porter）说过："市场竞争实际上不是发生在国与国之间，而是在公司与公司之间进行。迄今为止，我不曾看到哪个国家未拥有强大的公司就能在全球经济中占先的。没有强大的公司，也就不会有持续的发展。"在某种意义上，一个国家的竞争力在很大程度上取决于该国企业的竞争力，而创新就是企业竞争力的集中体现和内在本质。

自 20 世纪 80 年代开始，中国逐步形成了依靠技术引进实现工业技术进步的政策，并演化为"引进外国先进技术—消化吸收—自主开发"的"三段式"路径。如果说 20 世纪 80 年代制造业"以市场换技术"和 2000 年以来互联网界"模仿是最好的创新"的引进吸收，帮助我们赢得了全球第一制造大国和网络应用大国的地位，那么时至今日，中国竞争力的提升仅仅依靠引进和消化吸收技术是远远不够的，更需要强力的自主创新来推动。

自主创新是一个企业或一个国家坚持技术主导权，并把发展技术能力作为竞争力或经济增长动力源的战略原则、政策方针、行为倾向。其实质就是要使科学技术

---

① 2018 年 6 月 13 日，习近平总书记在中集来福士海洋工程有限公司考察时讲话。

进步成为中国经济增长和社会发展的主要动力源，同时把本土技术能力的发展看作提高中国经济国际竞争力的主要途径。

越是高新技术，越离不开自主创新。由于技术能力是组织内生的，现代技术的复杂性使有关产品和工艺的技术知识更多元更广泛，构成技术知识的很大部分是缄默知识（Tacit Knowledge），只有在技术研发的过程和经验中才能内化形成，所以技术引进永远不能代替自主创新。

中央企业强调自主创新，更好履行高水平科技自立自强的使命担当，并不是盲目地排斥开放与合作。在日益加剧的不确定性和错综复杂的国际关系下，自主创新是中国实现科技自立和高质量发展的“底牌”，但也要辩证地看待自主创新与外来技术学习的关系　两者不是对立关系，而是合作关系。中央企业要通过积极向世界优秀企业学习，与优秀的创新者协作，才能最终实现自主创新。

（二）以客户为中心，持续创造价值

彼得·德鲁克（Peter F. Drucker）认为：“关于企业的目的，只有一个正确而有效的定义：创造客户。”

首先，企业创新是为客户创造价值，从而实现企业价值。企业一切工作的出发点和落脚点均来自客户，

“为客户创造价值”是企业应有的追求，也是企业创新的重中之重。

其次，企业创新逻辑是“客户视角”而非“内部视角”。即从客户的需求出发，审视自己需要培养和具备哪些新能力，从而主动适应与创造未来。作为中央企业，这里的“客户需求”，既包括企业的产品用户需求，也包括企业的外部客户需求，即国家战略需求和国计民生需求。创新要围绕客户需求展开，正如华为所强调的，客户需求导向优先于技术导向。不能以自己擅长什么，就去开发什么、生产什么、销售什么；而是客户需要什么，市场的未来需要什么，企业就持续提升能力以推进技术及创新突破。

再次，从客户的需求出发，不仅仅是满足于客户的现有需求，而是深入发现客户的潜在需求和未来需求，并前瞻性地引导和逐渐满足，持续为客户创造价值。正如号称“全球最以客户为中心”的亚马逊公司，1997年杰夫·贝索斯（Jeff Bezos）就提出：从公司开张之日起，我们就全力盯准客户，为客户创造价值，并且让他们感到这种价值是无可拒绝的。

最后，21世纪的企业和客户之间是一种共生、共创和共赢的关系。在激烈的市场竞争中，企业需要与用户构建长期、有温度的连接，与客户一起携手发展、共创未来。以客户为中心的创新，不意味着是企业单方面的创新努力，而是在与客户深度连接中一起共创解决方案，实现客户价值与企业价值的统一。

作为中国电子科技集团有限公司下属公司，海康威视在20余年的发展历程中，先后经历了“标准化产品供应商—半标准化、半定制化解决方案供应商—完全定制化的行业数字化转型方案供应商”的三个阶段。考虑到碎片化市场的需求定制化与产品场景化，海康威视坚定不移地选择了先行业、后技术的道路，深入客户的行业场景完善技术和产品、持续为客户创造价值。通过以“市场为导向”和“研发为核心”的双核驱动、营销管理、研发管理、供应链管理等系统的高效运作，确保以客户满意度为导向的公司整体战略实施。

（三）践行ESG理念，履行社会责任

从企业的深层动机、终极目标、经营方式、贡献程度来分析，今天世界上有三类企业。

第一类企业是近代以来成立的一般企业，即传统经济型企业，它是独立的营利性组织，往往以通过战胜对手争夺客户以及更大的市场份额，追求的是股东利益最大化，对社会的贡献主要表现在依法纳税和吸纳就业。这类企业经济能力大、获利能力强、股东回报多，但对社会的贡献并未更多体现。

第二类企业是以解决特定社会问题为核心目标的社会企业，它们不以股东获利为目的，而是将社会价值放在首位，往往以不少于65%的可分发利润用以解决社会或者环境问题。这类企业多是在区域市场、利基市场经营的小型企业，他们经济盈利相对较弱，但社会贡献则相对更大更多。

第三类企业是改变社会的一流企业，这类企业整合了一般企业追求盈利的经营能力和社会企业奉献社会的宏大目标。它们经济能力强大，也承担更大社会责任，为社会做出更大贡献。中央企业大都属于第三类企业，需要遵循 ESG（Environmental、Social、Governance）原则（见表3－2），关注并构建企业环境责任、社会责任、治理责任理念和绩效体系。

表3－2 ESG主要内容

环境 E	社会 S	治理 G
气候变化	劳工标准	董事会
温室气体排放	多元和包容	商业道德
废物和污染	健康和安全	股东权力
资源（水、土地、大气等）	数据隐私	贿赂和腐败
生物多样性	学习和发展	高管薪酬
……	……	……

2022年3月，国务院国资委成立社会责任局，组织指导中央企业积极履行社会责任，坚定不移地做强做优

做大国有资本和国有企业，加快打造世界一流企业。围绕 ESG 理念与落实，中央企业更要带头践行，注重生态环境保护、履行社会责任、提高治理水平，推进高质量发展，加快建设世界一流企业。

（四）融入全球发展，分享中国实践

习近平总书记指出，“经济全球化是时代潮流。大江奔腾向海，总会遇到逆流，但任何逆流都阻挡不了大江东去。动力助其前行，阻力促其强大。尽管出现了很多逆流、险滩，但经济全球化方向从未改变、也不会改变”①。

今天的世界，各国经济已高度相互依赖，人类经济比过去任何时候都更深入、更广泛。全球化的利益已经惠及大量国家、大量企业、大量劳动者和消费者。

世界一流企业不是自封的，是在激烈的国际竞争中脱颖而出的佼佼者。全球的创新交流也是双向的，不仅是发达国家向发展中国家传递创新，也可以如达特茅斯商学院维杰伊·戈文达拉扬（Vijay Govindarajan）教授所说的“逆向创新”（Reverse Innovation）②，即发展中国家也可能向发达国家逆向传播。比如我国市场巨大、

① 2022 年 1 月 17 日，习近平总书记在 2022 年世界经济论坛视频会议上的演讲。

② 逆向创新是指发达国家的企业在全球化过程中，努力为发展中国家的用户找到最佳解决方案，从头开始创新产品，把发展中国家作为创新基地，将产生的创新最终为全球用户服务。这种创新兼顾了两种经济体的不同需求。

面临的问题多样、创新应用空间巨大、各个层面的广泛参与、低成本优势等都能促进和形成更丰富的创新实践和经验。

中央企业“走出去”，深度参与国际分工，分享中国企业的创新实践，进一步融入全球发展，也是国内循环与国际循环相互促进的落地举措。既有利于我国企业更好适应新一轮全球贸易投资规则，进一步优化资源配置、创新价值实现、拓展价值增值空间；又有助于我国企业更好适应全球价值链演进的规律，进一步提升我国企业在全球产业链价值链中的地位。

在融入全球发展的同时，中央企业还要加强知识产权保护，做好企业知识产权管理标准化，打通知识产权创造、运用、保护、管理和服务全链条，更大力度地加强知识产权保护的国际合作和知识产权的全球治理，影响乃至主导相关行业国际标准的制定。

三、中央企业创新行动建议

1. 中央企业要积极承担自主创新使命，要围绕服务国家战略和高质量发展要求，深入推进“卡脖子”关键核心技术领域和产业共性问题上的创新突破，加快推进原创技术策源地和现代产业链链长的相关工作。

2. 中央企业在加快技术创新和自主创新的同时，也不能忽略存量业务的运营创新和市场创新。要大力促进国有资产的保值增值，保持经营业绩的稳定发展，并积极搭建员工创新创业的事业平台，实现员工创新创业与企业创新发展的有机结合，形成企业发展的强大动力。

3. 中央企业要将客户作为一切工作的出发点和归宿点，不仅把握客户现有需求，也要深挖客户的潜在需求，在与客户共生、共创和共赢的过程中促进企业创新发展，实现客户价值和企业价值的统一。

4. 中央企业一方面要积极践行 ESG 理念，注重生态环境保护、履行社会责任、提高治理水平，实现可持续发展；另一方面也要深度融入全球发展，用好国际国内两个市场、两种资源，分享中国实践，加强知识产权保护，主动参与全球知识产权治理和行业标准制定。

健全完善企业的创新体系

习近平总书记指出，“科技成果只有同国家需要、人民要求、市场需求相结合，完成从科学研究、实验开发、推广应用的三级跳，才能真正实现创新价值、实现创新驱动发展”[①]。

一、理解内涵，开启全面创新

（一）创新要实现价值

理解创新，首先要厘清创新与发现、发明的区别。

发现（Discovery）是对客观世界中前所未知的事物、现象及其规律的一种认识活动。发现也常常被称为科学发现，这是因为发现的结果本身是客观存在的，是不以人的意志为转移的。科学研究的目的就是发现这些客观存在的，尚未被人类掌握的规律，所以也称为科学发现。例如法拉第发现电磁感应，沃森与克里克共同发现DNA双螺旋结构等。

发明（Invention）通常是指人类通过技术研究而得到的前所未有的成果。《中华人民共和国专利法》指出：发明是指对产品、方法或者其改进所提出的新的技术方案。例如，爱迪生一生有数千件发明，中国古代的四大发明。

国际社会公认的“创新（Innovation）”一词是1912

① 2014年6月9日，习近平总书记在中国科学院第十七次院士大会、中国工程院第十二次院士大会上的讲话。

年由熊彼特（Joseph A. Schumpeter）在其著作《经济发展理论》中首先提出的。熊彼特认为，创新就是“生产要素的重新组合”。创新是通过“产品、市场、原料、流程和组织”的组合，创造新产品，发现新市场，使用新原料，运用新流程和形成新组织，从而创造新增量，实现创新发展。

2000 年，联合国经合组织（OECD）在《学习型经济中的城市与区域发展》报告中提出，“创新的含义比发明创造更为深刻，它必须考虑在经济上的运用，实现其潜在的经济价值。只有当发明创造引入到经济领域，它才成为创新”。

总而言之：创新需要实现价值，创新也是企业的主要使命与责任。

（二）创新是系统工程

创新是一个系统工程，只有完整地把握创新系统，才能建设好创新的体系。

中央企业在推进创新发展中，需要认识到系统之间的嵌套结构、连接结构，从更开阔更广泛视角研究企业创新，充分与众多系统交换、合作，利用众多系统可利用的资源开放创新，从点到面再到网的全面创新。

企业创新是系统工程，即创新是一个由一组相互连接的要素构成的、能够实现某个目标的整体。系统中

“要素”“连接”和“目标”三要件及相互的关系对一个系统来说，是必不可少的，它们之间的联系，协同促进，浑然一体（见表3－3）。

1. 要素是系统中最容易识别的部分，创新的要素主要包含：创新的分类、创新的资源、创新的主体等。

2. 连接也是至关重要的，连接形成结构，改变了要素之间的连接、结构，通常会改变系统的行为。创新的连接关联可以通过创新的范式、创新的方法来认识。

3. 目标是系统发挥的作用、系统的追求，是系统行为最关键的指向。落实在创新实践中，需要在限制中突破限制，在发展中平衡创新，才能实现功能、达及目标。

理解、研究、践行创新，头脑中要有创新系统的“总览全景”、胸有全局，才行有章法，才可以全面创新并有的放矢，就可以系统推进并纲举目张。

表3－3　创新系统的要素、连接和目标

要素	连接	目标
创新的分类	创新的范式	在限制中突破限制
创新的资源	创新的方法	在平衡中行稳致远
创新的主体		

二、把握要素，推进整合创新

（一）把握创新分类，让创新形式多起来

为了加深对创新的理解，有必要对创新进行分类，而多元维度的分类更有助于我们对创新要素的系统把握，也有利于全面创新的系统实践。

1. 根据创新的内容分类。创新是多方面的，有技术与流程、产品与服务、管理与模式、市场、文化等。大道至简，创新内容分类具有等价性，总体来说可以分为技术和产品主导的 P（Product）创新和策略与模式主导的 S（Strategy）创新。例如中央企业的 P 创新，可以从基础研发、工程集成、精益运营等角度开展，S 创新可以从管理模式、市场策略、企业文化等方面进一步升级。

2. 根据创新的领域分类。如教育创新、金融创新、工业创新、农业创新、国防创新、社会创新、文化创新等。创新不能停止在概念与发明阶段，要变成产品、服务和解决方案，才能最大化释放与体现创新的价值。

3. 根据创新的来源分类。如原创型创新、模仿型创新等。创新可以从模仿开始，但不能永远停滞在模仿阶段，更不能自得于模仿与抄袭——不是不能模仿，但不

能总是模仿。

4. 根据创新的方式分类。如独立创新、合作创新等。创新要为我所用，但不能有狭隘的自主创新观，需要在开放融合中共同推进创新，创造商业与社会价值。

5. 根据创新的层次分类。如探索式创新（Exploration）和完善式创新（Exploitation），探索意味着形成和发展新的知识，开辟新的领域和颠覆式创新；而利用则是对现有知识体系的改良完善，在既定领域和范式内开展创新，即渐进式创新。这两者之间的融合与权衡影响着企业的完整创新发展，即双元创新（Ambidexterity）。

6. 根据创新在企业经营中的流程分类。如创新决策、创新研发、创新推广、创新应用等。

（二）调动创新资源，让所有资源活起来

创新资源指企业技术及其他创新需要的各种投入，包括人力、物力、财力、智力等，这些既是需要流动的商品或服务，也是需要用好的重要资源。

各种创新资源都是有限的。创新就要用有限的创新资源实现更多的创新成果，需要企业形成动态的资源观，重新发现、认识、激活一切可掌控和可影响的资源。

1. 发现潜在资源。资源不仅仅包括有形的资产，还包括无形的资源，例如技术、数据、品牌、政策等。资

源不仅是当下可以利用的，还包括未来可以激发、提升为资源的。例如，没有被充分利用的现有的数据技术、共性技术及条件，如果从未来的发展角度充分利用就可以产生溢出效应，这就是未来的重要资源。

2. 盘活存量资源。企业现有的很多资源，可能因为各种原因而被闲置着。盘活存量，就是采取各种方式，整合资产，利用好现有的资源。比如在 20 世纪 60 年代，康宁公司研发出一种用于制造汽车风挡和监狱窗户的玻璃，但由于缺乏市场而技术封存。直到 2007 年初 iPhone 上市前，史蒂夫・乔布斯（Steve Jobs）苦苦寻觅一种耐磨损的透明材质，才让“金刚玻璃”重见天日，这就是后来名声大噪的大猩猩玻璃（Gorilla Glass）。

企业存量资源经过唤醒和整合，不仅能推动企业发展产生乘数效应，也会带动大量社会就业，给各类人才的价值实现提供更大空间，激发创新创造潜力。

3. 把握关键资源。企业至少有三种关键创新资源。

（1）技术资源。技术进步，改变了生产方式、提高了生产效率，极大促进了社会发展。没有技术创新，企业发展和国家崛起，基本就无从谈起。

（2）数据资源。当前数字经济正在引领新经济发展，数字经济覆盖面广且渗透力强，与各行业融合发展。数据要素的高效配置，是推动数字经济发展的关键一环。2020 年，数据首次作为一种新型生产要素写入中央文件，与土地、劳动力、资本、技术等并列为要素之一。

（3）人力资源。创新驱动的实质是人才驱动，谁拥有了一流科学家、一流工匠、一流管理者等创新型人才，谁就能在创新中占据制高点，在高质量发展中掌握主动、占尽先机。

（三）激活创新主体，让“央企 +”平台搭起来

创新的主体可以是个体，如创客、博客、播客、极客、个人研究者等，也可以是政府、企业、团体、大学、科研机构等组织。在这个连接、开放的时代，任何个体和组织都可以在价值链、生态链平台中发挥创造性、探索创新。而且，只有开放才能融入创新平台，只有合作才能更好地打通上下游资源，才能更好地实现创新共赢。

随着互联网的兴起和新型举国体制的发力，激活各类创新主体，整合生态链资源的创新平台越来越受到关注。

2014 年小米集团开启生态链计划，将投资扩展至供应链的创业公司，支持创新的技术和应用，赋能 5G、物联网和人工智能领域的相关企业，为先进制造和工业互联网相关的软硬件技术提供支持，构建互惠互利的生

态系统，打造“硬件—内容—互联网”的生态闭环。截至2020年底，小米AIoT平台已连接设备数（不包括智能手机及笔记本电脑）达3.25亿台，同比增长38%。除了小米的生态赋能模式外，平台的用户生成内容（User Generated Content，UGC）也是重要的平台模式，如哔哩哔哩（Bilibili）、知乎等。而在制造业领域，以HOPE海尔开放创新平台为代表的全球资源对接平台，通过整合全球一流资源、智慧及优秀创意，与全球研发机构和个人合作，为平台用户提供前沿科技资讯以及超值的创新解决方案。

中央企业在打造原创技术策源地过程中，要善用新型举国体制，积极打造“央企+”创新平台。积极推进“政产学研金服用”的协同创新，减少低水平重复，提升资源使用效率，促进不同所有制企业混合协同创新，组建产业技术创新联盟和高水平实验室等联合研发平台，构建自主创新和开放式创新相结合的技术创新体系。同时发挥集中力量办大事的优势进行联合攻关，着力突破关键核心技术和共性技术。

中央企业在打造原创技术策源地过程中，要持续完善技术创新体系。围绕“为谁创新、谁来创新、创新什么、如何创新”，对技术创新决策、研发投入、科研组织、成果转化进行全链条部署，对政策、资金、项目、平台、人才等关键资源加强统筹，对破解当下难题和建立长效机制作整体谋划，加快优化内部创新资源配置，协调推进基础研究、技术研究、转化应用，促进创新链产业链深度融合。

中央企业在打造原创技术策源地过程中，要着力原创成果转化。主动开放市场和应用场景，强化和深化产学研合作，直面成果转化中的难点问题，让企业既能接得住高校等创新主体的原创成果，又能转得出企业自身的科技创新成果，推动原创技术成果有得转、有权转、愿意转、转得顺，并积极落实知识产权保护与运用。

中央企业在打造原创技术策源地过程中，要进一步优化全球化研发策略，构建全球研发网络。要将海外研发机构融入现有研发网络和创新战略，深化与科技强国、关键小国、“一带一路”共建国家创新主体合作，建立人才交往、学术交流、利益捆绑机制。比如开展国际科技交流和技术合作，布局设立全球化的研发中心和联合创新中心，探索构建平行分散式的研发组织，开展跨国并购，吸纳各地顶尖人才增强研发力量等。

三、升级范式，驾驭多元创新

工欲善其事必先利其器。对创新而言，方法的创新往往比创新更重要，而且，掌握多元的创新方法也往往比掌握一种方法更有效。

（一）加快适应创新范式的演进

创新的范式是一个演化的过程，经历了线性的封闭创新、互动的半开放创新、无边界的开放创新三个发展阶段（见表3-4）。

表3-4　　创新范式演进

创新范式	核心观点	时代背景	代表理论
创新1.0	线性的封闭创新 先研发而后逐步线性扩散到应用	工业 1912—1999年	创新扩散理论 熊彼特“创新理论”
创新2.0	互动的半开放创新 以需求为导向、以人为本	信息社会 2000—2006年	创新双螺旋理论 克里斯坦森破坏性创新理论
创新3.0	无边界的开放创新 分布式协同的创新网络和生态	智慧社会 2007年至今	开放式创新 创新生态系统

1. 创新1.0——线性的封闭创新。工业时代，熊彼特将创新定义为：把一种新的生产要素和生产条件的新结合“引入生产体系”，最终推动传统产业彻底改造，甚至从无到有形成新的产业。

20世纪60年代，战后技术溢出使得市场上的新产品新技术层出不穷，罗杰斯的创新扩散理论成为创新领域的主流理论。该创新扩散的重点是“扩散”，而不是创新。一个创新只有被人们广泛接受了，才叫真正的创新，创新往往需要二次传播，甚至是多次传播。罗杰斯把创新的采用者分为五个类型，即创新者、早期使用者、早期大众、晚期大众和落后者（见图3－5）。

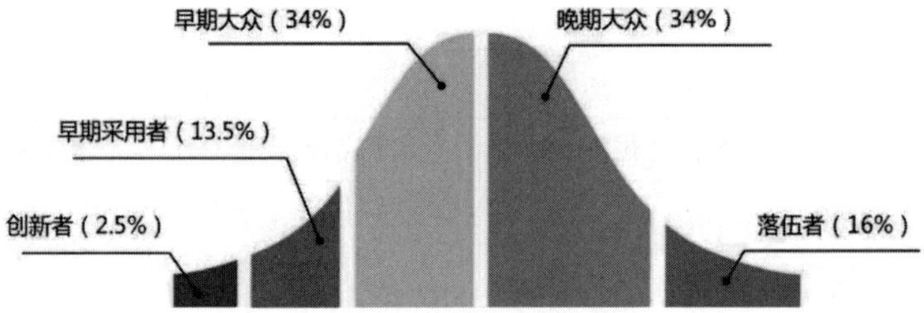

图3－5　创新的采用者

创新1.0模式，表现为清晰连贯的线性创新，强调技术创新是创新的主要内容，主要特征是企业组织内部先研发而后逐步线性扩散到应用。以工业社会发展为背景，这一模型奠定了创新理论大厦的根基，主要发生在企业内部研发部门，带有很大的封闭性。

2. 创新2.0——互动的半开放创新。进入21世纪，在信息技术的推动下，知识社会的形成及对技术创新的影响逐步浮现。科技创新体系的局限性被进一步关注，过度看重技术进步而缺少对用户体验的关注、科技成果转化率低、实用性和推广性差等诸多弊病被认真审视，人们发现技术进步与实际应用之间的脱节正是造成上述问题的主要原因。创新 1.0 模式因此遭遇挑战。

学术界进一步提出，技术创新是科技、经济一体化的过程，创新的路径应该是双向的，不只是从技术指向商业，应该是技术进步与应用创新“双螺旋结构”共同作用催生的产物。

以需求为导向、以人为本的创新 2.0 模式应运而生。技术进步为应用创造了新的承载方式，而应用创新往往很快会触达技术的极限，进而鞭策技术的进一步演进。技术推动和市场需求拉动相互促进，有时市场需求拉动的作用更大。在这一时期，应用创新在创新过程中的力量被深入挖掘出来。正是创新双螺旋的互补与互动，带动多主体、多要素交互作用，形成了有利于创新涌现的创新生态。

创新 2.0 的提出背景是后工业社会，新兴产业开始崛起，大规模定制成为可能，用户需求和体验得到前所未有的关注。这一时期的创新特点虽然仍以企业内部创新为主，但用户开始被纳入创新互动中，使创新不再只是单向线性地从研发向市场扩散，更多的需求因素被考虑进来，消费者、合作者等开始占据创新的重要位置。

3. 创新 3.0——无边界的开放创新。加州大学伯克利分校教授亨利·切萨布鲁夫（Henry Chesbrough）

2003 年提出“开放创新”（Open Innovation）的概念。

封闭的创新像是在一个篮子里扔进很多主意，然后在这里挑好主意。在“封闭创新”体系下，企业首先要找到优秀的技术研发和商业运营人才，包揽从研发到商业化的整个流程；创新成果如果不能直接推向市场，就只能束之高阁成为技术储备。

如果变成开放式创新，除了内部的主意、客户的主意，其他行业的主意也可以进入漏斗系统。相对于局限在企业内部为主的“封闭创新”，“开放创新”强调多主体的参与以及外部知识资源的重要性，企业从内外两个渠道实现技术研发和商业化，能够极大提升效能，缩短周期，降低成本。

开放式创新的基本模型分为：输入端、过程端和输出端（见图 3－6）。

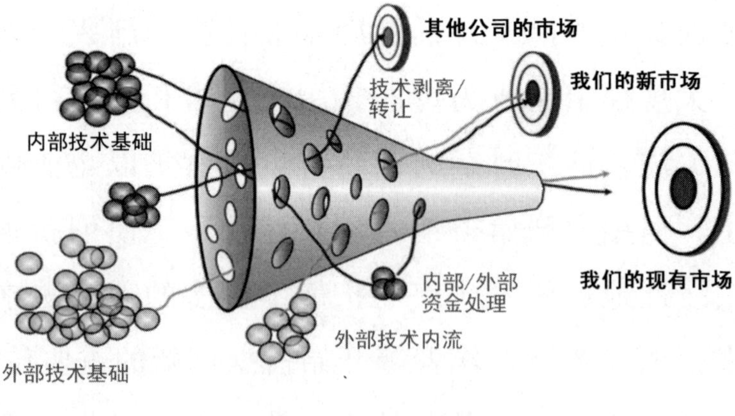

图 3－6　开放式创新

（1）输入端：内部技术库、外部技术库。

（2）过程端：外部技术在企业的内化、内/外部技术的风险评估。

（3）输出端：原有市场、新兴市场、跨界市场。

创新 3.0 的本质是从封闭的线性系统扩展为开放、复杂、融合的生态系统。在“开放创新”体系下，公司可以和外部的企业、研发机构以及其他主体充分合作，在人才、技术、资本等方面整合资源，从而实现共同的既定目标和商业利益。企业可以发掘专业领域内外部最优秀的技术研发或商业运营团队，利用自身优势帮助其补齐短板；暂时无法在企业内部落地生根的创新成果，也可以借助创业团队和公司实现外部商业化或市场变现，或通过专利等方式授权给第三方；鼓励支持员工成立创业公司推广相关成果，企业对其进行授权或投资；或者通过战略投资、孵化加速等方式实现创新在外部市场的成果转化。

（二）灵活运用多元创新的方法

1. 创新方法的演进。笛卡儿说过：“最有价值的知识是关于方法的知识。”这是因为，方法不仅仅可以提高个人的学习和工作效率，达到事半功倍的效果，而且能够复制推广。

为了更好更快地创新，我们需要深入了解并学习创新的方法。自“创新”概念提出至今的一百多年里，创新方法已达到数百种之多。择其大端，约略四类（见表3－5）。

表3－5　创新方法的演进

Hunter 寻找和采集的创新	Farmer 使用工具主动的创新	Worker 大规模生产的创新	Changer 21 世纪的创新
创新本天成，妙手偶得之	• 头脑风暴 • 六顶思考帽 • 六双行动鞋 • 缺点列举法 • 希望点列举法 • 世界咖啡屋	• Triz • 奥斯本核验表 • Scamper 法 • 和田十二法 • 移植法、组合法 • 5W1H/6W2H 法 • MIT 5 * 5 创新法	• 罗恩·吉布森《创新四透镜》 • 让·马贺·杜瑞《颠覆式创新：企业实现突破的 15 种方式》 • IDEO 的设计思维 • R&D，C&D，A&D

（1）Hunter 阶段。最初，人们对于如何创新不得要领，像四处寻觅采集野果的原始人一样，只能在无意识的情况下，偶尔得到一个创新的点子。1906 年，普林德尔（E. J. Prindl）在《发明的艺术》一文中，通过发明案例介绍了发明者们日常不自觉使用的各种发明方法，提出了对工程师进行创造力训练的建议，并以实例阐述了一些改进及创新的技巧和方法。这可以算是最早的探索创新方法的文章。

（2）Farmer 阶段。在意识到创新能够极大地提高生产效率后，人们开始主动寻求创新。1938 年，被誉为

“创造方法之父”的亚历克斯·奥斯本（Alex Faickney Osborn）总结出了现在非常著名的“头脑风暴法”，并取得应用的成功。随后，诸如六双行动鞋、六顶思考帽、世界咖啡屋等改进版的创新方法迅速普及。

（3）Worker 阶段。第二次世界大战和冷战期间，为了满足大规模生产的需求，各国开始追求更高效的创新方法。例如，1941 年提出“奥斯本检核表法”：有无其他用途？能否借用？能否改变？能否扩大？能否缩小？能否代用？能否重新调整？能否颠倒？能否组合？以直观、直接的方式激发思维活力。苏联发明家根里奇·阿奇舒勒（Genrich S. Altshuler）于 1946 年开始，在研究了世界各国 200 万份高水平专利的基础上，创立的一套具有完整体系的发明问题解决理论和方法——萃智（triz），对军事、工业、航空航天等领域均发挥了巨大作用，曾经被视为苏联的“点金术”限制外传。

（4）Changer 阶段：创新方法千千万，但运用之妙，存乎一心。除了解和使用上述方法外，中央企业应重点学习 Changer 阶段的重要创新方法论：开放创新、数字化创新以及战略创新。

2. 开放创新的方法。开放创新是一种依托于开放创新平台的无边界创新活动，平台上的人才、技术、资本等关键要素能够跨越企业、部门、赛道等边界自由流动，形成分布式协同的创新网络和生态，从而使创新的各个环节更高效，在痛点把握、创意萌生、原型设计、项目实施、商业化实现等环节都能更加灵活快速地突破壁垒和瓶颈。

创新的方法也不再聚焦于某一个实物产品或某一项技术发明，而是越来越融合。对于中央企业，在无边界的开放创新环境中，需要理解并实践的是——不仅要R&D（研发），还要C&D（联发）和A&D（购发）。

C&D（联发）是Connect & Development的缩写。苹果的APP Store是联发的典型，苹果APP上的应用程序几百万个，苹果开发的不足上百个，99%的应用程序由第三方开发。所以中央企业要主动连接、深度连接和持续连接各类资源和平台，因为没有连接人、没有连接思想、没有连接技术，就很难连接未来。

A&D（购发）是Acquisition & Development的缩写，发现、关注、接纳、收购适应未来、创造未来的创新苗头、创新种子。A&D主要是收购创新的创意苗头、创新的技术种子，完全不同于扩大当下市场规模的企业兼并。中央企业在购发创新中，更需转变并购理念，坚持软实力重于硬实力、技术重于产品、人才重于企业、潜力重于规模的原则，进一步提升创新效果。

3. 数字化创新。习近平总书记指出，发展数字经济是把握新一轮科技革命和产业变革新机遇的战略选择[①]。

国务院国资委在《关于加快推进国有企业数字化转型工作的通知》中提到，数字化转型不仅是“一把手”工程，更是涉及全员、全要素的创新活动，要充分激发基层创新活力，营造勇于、乐于、善于数字化转型的氛围，强化上下一盘棋。国有企业的数字化转型是建立在技术、管理、数据、安全的地基之上的，是瞄准产品创新数字化、生产运营智能化、用户服务敏捷化和产业体系生态化四个方向的全方位数字化。

埃森哲（Accenture）在大量研究中国企业数字化转型案例基础上，提出了中国企业数字化转型指数，并指出企业的数字化能力包括智能化运营和数字化创新两大方面。

智能化运营指的是企业从海量数据中生成数据洞察，实时且正确地制定决策、持续提升客户体验，借此不断强化当前核心业务。而数字化创新指的是企业借助数字技术，加速企业产品与服务创新，探索新业务，推进新策略和新商业模式。智能化运营与数字化创新的两大能力相辅相成、共同演进，推动企业的业务转型和数字化能力的提升。但对于大多数企业而言，更需要重视

① 2021 年 10 月 18 日，习近平总书记在十九届中央政治局第三十四次集体学习时的讲话。

数字创新能力的提升，即面向未来积极地探索新布局，从而为企业的增长不断注入动力。

在汽车及零部件、消费电子、物流、传统零售、医药、快速消费品、化工建材、冶金等样本行业中，智能化运营能力都相对好于数字化创新能力；同时，靠近终端消费者的2C行业的数字化水平相对高于2B行业。另外，初创企业的智能化运营能力和数字化创新能力及经营效果要明显强于数字化转型滞后的大企业。

研究结果引人深思，也是对大型2B类企业的提醒——中央企业需要提高智能化运营和数字化创新的双能力，尤其是后者。通过不断学习、整合、运营、实践数据挖掘、计算模拟、算法升级、数字孪生、虚拟实验等数字技术和方法，持续提高中央企业的数字化能力。

在传统的产业创新中，无论是产品研发、工艺优化还是流程再造，都要进行大量实证。通常来说，实证过程复杂、周期长、费用高、风险大，故创新往往是一项投入大、回报率低的工程。计算模拟等技术将人类赖以生存的物理世界不断数字化，具有实时高效、边际成本低、灵活构架等特点和优势，为产业创新带来了极大的便利和高效。

南方电网的云上仿真计算，现已大规模运用于年度运行方式的计算。之前需要一个团队花一周时间才能完成的任务，现在一个员工一天内就能完成。节省出的人力可基于仿真计算的结果，对异常故障进行更精细的判别分析，更加充分地掌握电网安全稳定特性，制定好保障电网安全的控制措施。

中国中车致力于打造数据驱动型企业，其下属的中车四方已建设了46条数字化、智能化生产线，制造模式逐步向少人化、无人化过渡，通过智能制造试点应用，整体生产效率较改造前提升约20%，制造成本降低10%以上，改善了作业环境，产品质量稳定性明显提高。

随着算力的提升，在虚拟世界中的仿真已经进化为物理实体与其数字虚体之间的精确映射，即数字孪生(Digital Twin)。2021年11月英伟达（NVIDIA）发布了Omniverse平台，这是一个能生成交互式AI化身的技术平台，集合了语音AI、计算机视觉、自然语言理解、推荐引擎和模拟技术方面等技术，号称是“工程师元宇宙”。

数字化时代的数字孪生，能够完成在时间和空间上交叉、重组和优化。随着对各个系统运行机理认知的不断提升，数字孪生系统对未来的预测将非常接近真实物理世界的变化，是中央企业在数字化时代加快创新研发，降低创新成本的必修课。

4. 战略创新。20 世纪，技术与管理是分离的。人们普遍认为技术是研发部门的事情，而战略是管理者的事情。正像英国学者达雷尔·曼恩（Darrell. man）指出的：在很多组织中，“技术”和“管理”几乎被完全分开了，这是很不幸的。我们常常发现，对某个技术问题的最佳解决方案出自管理变革；类似地，对某个管理问题的最佳解决方案往往来自技术革新。在真实的世界中，技术和管理并没有分离——它们只是一个整体的两个方面，必须将这两者结合成内在统一的整体。

21 世纪的技术、经济变化与社会发展，为企业展开了许多创新发展的新方向、新机遇。如果企业缺乏战略判断、战略创新能力，就将错失、葬送未来。

辉煌百年的柯达退出历史舞台，并不是因为其技术落后。数码成像技术就是柯达发明的，但柯达认为数码相机的发展会很慢，不用加速研发推进。同时还担心发展数码技术侵蚀自己现在占优势的机械相机、胶片市场。英特尔是 20 世纪计算机芯片的霸主，英特尔今日的暗淡也不是因为没有技术储备。苹果推出 iPhone 时，乔布斯曾请英特尔为其生产手机芯片，但被英特尔回绝。因为英特尔认为：手机芯片的市场远不如计算机市场大，同时手机芯片的价格又比计算机芯片价格低，量少价低又亏损自然不做。很明显，不论是柯达、英特尔还是摩托罗拉、诺基亚的衰落往往不是因为缺乏技术基础，而是战略判断失误，是缺乏战略创新。

缺乏战略创新，再好的技术也会弃之如敝履，再精确的战术也没有意义。总结那些名企衰落的经验，我们要高度重视企业的战略创新，要认识到企业特别是大企业创新的战略决策是企业的首要问题，要积极促进战略创新与技术创新融合统一。

罗恩·吉布森（Rowan Gibson）在《创新四透镜》中提供战略创新的四个步骤：

挑战权威：不能迷信过去的认知、过去的技术、过去的产品、过去的模式和流程，要先想一想哪些方面需要与时俱进地变化。

把握趋势：对标未来的趋势，探索并发现在哪些变化和不连续之处可以为企业提供实现重大飞跃的机会和所需的能量。

了解需求：以客户为中心，不仅关注客户当下的需求，更要关注客户潜在的新需求、发现其他人根本忽略的未满足需求。

利用资源：重新审视企业内外的人力资源与资产资源、系统整合资源、提升资源的效率，使整合的总和超过其各个部分的总和。

四、破立结合，践行自主创新

（一）在限制中突破限制

面对自主创新，人们多有“限制太多、难以创新”的畏难情绪。尽管限制从一个角度看是限制了一种行为、限制了一种形态、限制了现在，从另一个角度看是启发了新的做法、创新了一种精彩、开创了未来。

格律诗、填词牌都有严格的字数、节奏、音韵限制，才留下了千古传诵的唐诗宋词；篮球有了24秒的限制，才有竞赛的激烈；有红绿灯的限制，社会才有安全高效的交通。将限制转化为优势，从限制中破壳而生、化茧为蝶、重获新生的创新，即为限制性创新。

中央企业要理性地面对限制、理解限制，积极利用限制、突破限制，做好限制性创新。因为创新不可能没有限制，恰恰是在限制中才更需要创新。比如碳中和时代，低碳化或许限制了火电的发展、限制了高碳产业、限制了碳排放、限制了高污染，进而限制了过去我们习惯的生产方式与排放方式，过去的路已经难以持续，但新的低碳生产方式、新的更清洁的排放方式却是一条更有未来、更美好的新路，也是一条更需要用持续探索与自主创新来开启的新路。

（二）在前瞻中布局推进

世界一流企业必须要有世界一流的技术，只有技术引进、消化、吸收能力而没有原始创新能力不可能建成、坐稳世界一流企业。

中央企业要围绕“三个领先”（国际资源配置中占主导地位的领军企业、引领全球行业技术发展的领军企业、在全球产业发展中具有话语权和影响力的领军企业）不断提升自主创新能力。

1. 打造原创技术策源地。围绕服务国家战略和高质量发展需求，聚焦“卡脖子”技术领域，具备条件的中央企业可以向基础研究、应用基础研究等技术链前端环节延伸，积极参与国家重大基础研究任务制定，牵头组织实施应用基础研究项目。中央企业要积极承担国家各类攻关任务，集中力量推进国家重大科技攻关项目的实施，围绕信息与网络、制造与工程等领域提高原创技术的供给能力和关键资源的掌控能力。

2. 推进产业基础升级。重点围绕核心基础零部件（元器件）、关键基础材料、先进基础工艺、产业技术基础、工业基础软件等工业“五基”领域，加大研发投入，集中优势力量加快核心技术产品攻关突破，推动形成安全稳固的产业基础体系，推进产业基础“高级化”。发挥中央企业转制科研院所优势和作用，推动建设一批产业技术基础公共服务平台、试验检测类公共服务平台、产业大数据公共服务平台等，为提升产业基础能力提供“中央企业技术解决方案”。

3. 布局战略前沿技术。加强新一轮科技革命和产业变革方向研判，建立颠覆性技术常态化发现培育机制，选准突破口，布局引领未来、引发重大产业变革的前沿性、颠覆性技术，布局影响产业链安全稳定的基础性技术。中央企业要重点瞄准人工智能、量子技术、集成电路、生命健康、空天技术、深地深海、先进制造、现代能源等重点领域，按照“探索一代、预研一代、研制一代、装备一代”的梯队布局颠覆性的未来产业和技术，抢占自主创新的发展先机。

（三）在平衡中行稳致远

《中庸》谓，执其两端用其中。朱熹曰：和而不同，执两用中。

创新实践同样遵循平衡之道。例如，技术、产品的P创新会给企业带来巨大价值，但是往往时间相对长，难度也较大；S创新是模式和策略，相对更易推进。企业不可能每时每刻都有重大技术突破、产品突破，但是企业有许多条件可以持续推进S创新。以宜家为例，秉承“为大众创造更美好的日常生活，提供老百姓买得起的家居用品”的发展理念，靠的就是不断的S创新。所以，企业的创新要实现S创新和P创新的平衡。

探索（Exploration）和完善（Exploitation）是企业创新的两种方式。（1）探索式创新是一种大幅度的、激进的创新行为，其意图是寻求新的可能性。企业通过探索式创新设计新产品、开辟新的细分市场、发展新的分销渠道、为新的客户群体提供服务等。探索式创新强调获取和创造全新的知识，力求脱离和超越企业现有的知识基础。（2）完善式创新以企业现有的知识基础为依托，强调对现有知识进行提炼、整合、强化和改进，是一种小幅度的、渐进的创新行为。企业应通过完善式创新改进现有的产品设计、拓展现有的知识和技能、扩张和丰富现有的产品线、提高现有分销渠道的效率、为现有的客户群体提供更优质的服务等。这两者并非矛盾对立的，而是可以平衡的，意味着企业要做好两者的共存与并行，即双元创新（Ambidexterity）。

尽管行业环境与技术可能存在差异，但双元创新却是所有企业的必然选择，只是在推进中存在程度和节奏的差异。在环境相对稳定的情况下，更需要小幅度的、渐进的完善式创新。在环境动荡的情况下，创新将更多地强调获取和创造全新的知识，以寻求新的可能性，即探索式创新。对于中央企业来说，要想成功地开展竞争，打造可持续性竞争优势，需要平衡两方面的创新。例如中国高铁技术通过“引进、消化、吸收、再创新”，迅速领先世界，走的正是探索和完善平衡的创新道路。

五、中央企业创新行动建议

1. 中央企业要进一步提高创新的系统认知。进一步厘清创新与发现、发明的区别，把握创新的不同形式，结合自身产业和企业特点，围绕“无边界的开放创新”进行全面思考设计，围绕多元的创新方法进行系统学习和探索实践。

2. 中央企业要进一步健全企业的创新体系，积极搭建创新平台和创新生态，从基础研发、工程集成、智能制造与运营等角度开展 P 创新，从管理模式、市场策略、企业文化等方面开展 S 创新。

3. 中央企业要积极适应社会发展新要求，主动破除思维狭隘、保守僵化、路径依赖等主观限制，推进限制性创新。中央企业要前瞻布局原创技术、工业“五基”领域的产业基础和面向未来的前沿技术，形成梯队发展体系，抢占自主创新的发展先机。

4. 中央企业要平衡好探索（Exploration）和完善（Exploitation）的双元创新。通过探索式创新开发新技术、设计新产品、开辟新的细分市场、发展新的分销渠道、为新的客户群体提供服务等；通过完善式创新改进现有产品设计、扩展现有产品线、提高现有分销渠道的效率、为现有客户群体提供更优质的服务等。

加快打造创新型企业

习近平总书记强调，企业家要做创新发展的探索者、组织者、引领者，勇于推动生产组织创新、技术创新、市场创新，重视技术研发和人力资本投入，有效调动员工创造力，努力把企业打造成为强大的创新主体[①]。

中央企业要提升自主创新能力，承担创新使命，需要全力打造创新型组织，提高组织创新力。在实际工作推进中，中央企业可以围绕领导、机制、文化的组织创新三角做持续升级和重塑优化（见图3－7）。

---

① 2020年7月21日，习近平总书记在企业家座谈会上的讲话。

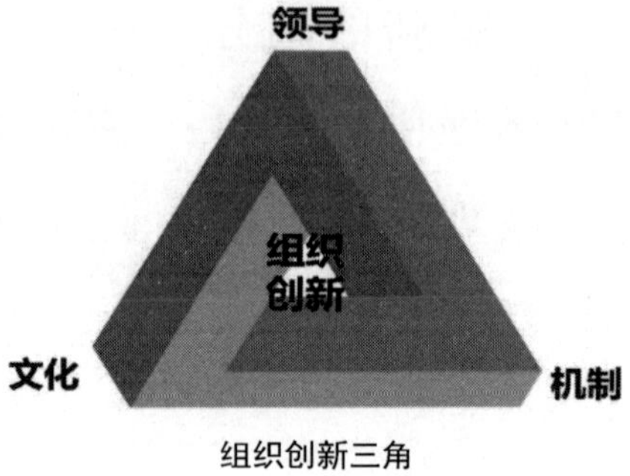

图 3－7　组织创新三角

一、没有创新领导，就没有创新企业

如果问什么是创新最大的障碍，人们不会说技术或者产品，甚至机遇，而会告诉你——是人。更重要的，是处于领导地位的人。

这确实是先决条件，因为没有领导，就没有创新。

2022 年 3 月 3 日，国务院国资委党委召开专题会议强调，要深入推进国有企业坚持高水平科技自立自强，发挥好出题者、引领者、攻关者作用，加快打造一批原创技术策源地。中央企业领导干部要紧密围绕企业和产业的原创技术和自主创新，积极提出问题，主动探索尝试，并组织创新人才、整合企业内外和产业链上下游的资源来协同攻关，一步步推进原创技术策源地的建设。

在中国经济向高质量发展的新阶段，科技创新正在从跟踪学习型向创新引领型、创造型转变，塑造高质高效的知识生产和应用体系，满足高质量发展需求成为重点。可以说，勇闯科技“无人区”是中央企业必须承担并履行的重要使命，而中央企业领导者的领导力转型升级也就成为企业勇闯科技“无人区”的必然要求。

（一）领导创新要大力弘扬企业家精神

熊彼特（Joseph A. Schumpeter）曾说：“企业家是刺激和发动其他一切事情的中枢。”20世纪末，伴随着美国经济从“管理型”向“创新型”的转变，彼得·德鲁克在《创新与企业家精神》一书中明确提出，创新是企业领导者工作的一部分。

习近平总书记说，市场活力来自于人，特别是来自于企业家，来自于企业家精神[①]。对于国有企业领导者而言，就要在爱国、创新、诚信、社会责任和国际视野等方面不断提升自己，努力成为新时代构建新发展格局、建设现代化经济体系、推动高质量发展的生力军。

毋庸置疑，企业家是新时代发展创新型经济的中坚力量，而21世纪的企业家精神也集中表现为创新和责任。

21世纪的创新领导，应当是保持求新求变的好奇，做顺应和创造趋势的引领者。变化既是风险挑战，也蕴藏着巨大机遇，关键是要保持好奇心和敏锐性，在拥抱

---

① 2020年7月21日，习近平总书记在企业家座谈会上的讲话。

变化中积极探索未知和发现未来，在尝试、迭代中修正完善，从而在变局中开辟新局。优秀的企业家一定意义上也是“深思熟虑的冒险家”，敢于打破常规束缚，冒着失败的风险去开创新的产品、模式、领域、市场等，从而不断带动企业乃至产业向前发展。

21 世纪的创新领导，需要既懂管理又懂科技，兼具企业家精神与科学家精神的新型企业家。尽管，企业家未必是科技专业出身，也很难是科学家，但要有基本的科技素养，在决策时需要重视、理解、研判技术趋势。20 世纪企业的重点是管理，但 21 世纪企业的重点是创新，无论是 S 创新还是 P 创新，都关乎科技发展走向与趋势的判断，必须发挥好企业家精神与科学家精神的双引领作用。

21 世纪的创新领导，需要推动员工成长、赋予员工新能和承担社会责任的平台领导。领导首先要有真诚、平等的意识，激发和赋能员工更开放地去创造，积极承担社会责任。21 世纪的领导是平台搭建者、平台领导者和责任承担者，他们更像指挥、教练、园丁，而不是无所不能的先知，无所不能的英雄、无所不魅的主角。

（二）领导创新要科学高效地做好决策

作为中央企业的高管领导，要充分认识到决策的三大局限性，科学高效地做好创新决策。

首先，决策总是理性有限的。诺贝尔经济学奖得主赫伯特·西蒙所言深刻：人们做出的任何决策都是理性有限的决策。因为决策需要充分的信息，但所有的决策信息都不可能是完全充分的。因为决策需要完美的理性来分析判断，但人的理性分析能力都不是完美无缺的全知全能。所以，人们做不出十分完美的决策，只能做出相对满意的决策。

其次，决策可能利益有偏。所有的决策者都是一个具体的存在，决策者们的岗位不同、职务不同、出身不同、经历不同、社会交往不同，是代表大股东、小股东，考虑管理者利益多些还是重视员工利益，偏向科研还是侧重生产、营销，从来就没有决策者是在利益真空中做决策的。

最后，决策有时情感偏激。所有的人都是理性与情感的统一，任何决策也不是在情感真空中做出来的。情商低，即不能认识自己的情绪、控制自己情绪，缺乏同理心、同情心的人做出的决策往往冲动、偏激和简单反应。

习近平总书记指出，我们想问题、做决策、办事情，不能非此即彼，要用辩证法，要讲两点论，要找平衡点[①]。面对不确定性的变化，也很难有完美决策。在创新探索中，企业领导者既要追求新技术新业务的前瞻

① 习近平：《干在实处 走在前列——推进浙江新发展的思考与实践》，中共中央党校出版社 2013 年版。

决策，也要保证现有技术现有业务高效决策。在深入发现和明确问题基础上，可以从决策过程的 IPO 三要素入手，来尽可能提高决策的质量与成效。

1. 信息（Information）：数据内容和数字化方式。充分而高质量的信息有助于降低创新的不确定性，因而决策需要更多的信息内容，更多的信息来源，更丰富的信息方式，才能为领导者的高质量决策提供信息基础。

2. 人员（People）：包括决定者、支持者、参与者、反对者及影响者等。在决策中，要避免独断专行，要让员工及相关利益主体参与进来，让不同领域、不同层级、不同观点、不同利益主体进行多元交流与碰撞，从而让方案更符合大多数利益主体的诉求，降低后期执行的阻力和障碍。如桥水基金的创意择优（Idea Meritocracy），就是基于每个参会人员的观点记录与分析，实现信息与观点的分享，从而把握决策在不同群体和层面的支持度，并通过数轮的演进来提升最终决策的质量。

3. 客观分析（Objective Reasoning）：客观分析意味着超越个人的利害私心，从企业长远角度和战略高度进行深思熟虑的统筹决策。集思广益，他人的意见有赞成的，也会有反对的，赞成的固然是好，反对的也殊为可贵，因为反对意见中往往可能暴露出未被觉察到的问题，从而促进决策的优化完善。

（三）领导创新要持续提升全脑领导力

要领导创新就需要完成领导力的升级，需要做好运营型创新和变革型创新的融合。企业既要做好围绕现有P（技术/产品）和S（策略/模式）持续迭代的运营型创新，也要探索P（技术/产品）和S（策略/模式）颠覆性的变革型创新，并推进两类创新的平衡协调与统一。

作为企业领导，其左脑的理性逻辑和右脑的感性想象各有所长，而这与运营型创新和变革型创新特点大致呼应（见表3－6）。

表3－6　左脑和右脑的特点

左脑特点：更善于运营型创新	右脑特点：更善于变革型创新
逻辑性	情绪化
细节取向	“蓝图”取向
事实判定	想象判定
偏好数字和语言	偏好形象和图像
聚焦于现在和过去	聚焦于现在和未来
适用于数学与科学	适用于哲学与文化
能够“理解”（内涵）	能够“懂得”（意义）
基于知识	基于信念
分析	概念
擅长秩序和模式	擅长空间认知
能够定义已经创造的事物	能够创造新功能或方法
基于现实	基于幻想
能够制定战略	能够展现可能性
喜欢安全	愿意冒险

创新领导者要通晓商业的“科学性”和人文的“艺术性”，具备兼容左脑和右脑思维的全脑领导力，实现左脑主导的运营型创新与右脑主导的变革型创新的平衡，形成可持续性的创新流（见图3－8）。

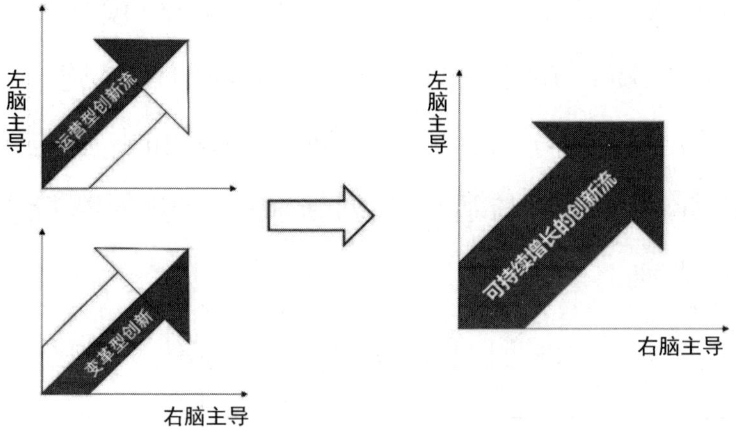

图3－8　全脑领导力

必须承认，不是每一个个体都会拥有完美、均衡的全脑领导力。清醒的领导者会了解自己的思维风格及其特点，可参照《创新领导力要求》进行对标分析（见表3－7），对于自身不具备的或者存在局限的，那么其高管搭档或团队伙伴应该具备。换言之，高管团队成员之间的多元互补保证了整体的全脑领导力，从而提高思考的能级和决策的质量，推进好变革型创新和运营型创新的平衡发展。

表 3-7　　工具表——《创新领导力要求》

创新领导力要求	工作中的表现
自信而谦虚	你满意你的表现并且不怕受到伤害。在前进过程中，你谦虚冷静保持清醒：不需要也不可能亲自找到全部答案，在出现偏差和错误时勇于承认。
远见和技术洞察	你对周围的变化保持敏感，愿意去尝试理解技术的本质或底层，对未来的技术发展富有远见。
真诚和信任	你坚持透明化并且避免过多的隐藏事项。你保持公司环境不被恐惧和对立所干扰，每个人都知道你关注真实的工作与价值，知道你言行一致，诚以待人。
勇气与突破	你愿意突破昨天的自己或标准，愿意给未来投一个大赌注。你不会为了保护过去而牺牲前进的机会，敢于尝试和探索。
善于学习	你始终保持好奇心，喜欢尝试，有一种如海绵一样吸收信息的能力。你愿意从读书、经历和人际沟通中获得知识，形成深度思考。
耐心与韧性	大创新往往需要时间，保持耐心和韧性，持续校准和迭代，你的愿景应该使团队致力于长期的成功。
务实行动	你实事求是，知道何时控制，何时放松。你能将所有点连接起来，抓住重点，推动事情整体进展。
培育他人	你创造积极向上的环境，营造创新探索的氛围，关注积极面并支持员工的探索与发展。
志在共赢	尽管存在竞争，但你不会孤立和封闭自己。你拥有合作心态并愿意与上下游协同共赢。

二、完善创新机制，激发中央企业创新活力

2021 年 11 月，中央全面深化改革委员会第二十二

次会议审议通过了《科技体制改革三年攻坚方案(2021—2023年)》。国务院国资委提出，要在完善科技创新体制机制中更好释放创新潜能，进一步推动一揽子创新支持政策落地，积极落实科技体制改革3年行动要求，健全符合科研特点的分类项目管理机制，完善以质量、贡献、绩效为核心的科研评价体系，加大授权放权力度，有效激发各类人才创新创造活力。

中央企业作为新型举国体制下科技自立自强的重要平台，要发挥国有企业党委（党组）领导作用，把方向、管大局、保落实，深刻认识和把握中央企业在新时代的党建要求，把科技创新摆在企业发展全局的核心位置，贯彻中央战略部署，研究决策企业科技创新重大事项，并通过组织转型升级、变革创新与机制优化来进一步最大化激发中央企业的创新活力。

（一）融入新型举国体制，打造创新联合体

我国经济正处于转变发展方式、优化经济结构、转换增长动力的攻关期，需要整合资源，最大限度发挥“集中力量办大事”的优势，突破战略性、前瞻性与关键核心技术，提升系统集成能力和自主创新能力，集中攻关“卡脖子”难题。各管一摊、各自为战的做法已不可行，亟须通过项目合作、产业共建、搭建联盟等方式，打造创新联合体，形成技术研究、应用研究和工程

项目“三位一体”的创新平台。

国务院国资委明确提出，要进一步强化国家战略科技力量、强化企业创新主体地位，加快关键核心技术攻关和原创技术策源地建设，打造创新联合体升级版，为高水平科技自立自强提供坚实有力的支撑。中央企业作为科技创新的国家队，要积极与国家的科技计划、攻关计划相对接，针对工业母机、高端芯片、基础软件、新材料、发动机等产业的薄弱环节，联合行业上下游、产学研的力量，组建创新联合体，建设重大创新平台承接国家战略任务，联合攻关，争取解决一批“卡脖子”的关键核心技术。

首先，在技术研究方面，中央企业要高度重视和重点布局基础研究和前沿科技、共性技术和战略性技术。在国家政策和政府重大需求的牵引下，发挥国家重点实验室及各类创新基地和平台的功能价值，抓好统一组织的定向科研和自由探索的基础研究，推动各类创新主体自主、协同、开放创新的系统性整合。发挥在长周期、高风险、高不确定性等技术领域和环节方面的使命担当，在国家战略性产业、支柱型产业的自主创新研究中，充分释放“集中力量办大事”的新型举国体制优势。如中国钢研牵头筹建中央企业协同创新平台，优化升级“小核心、大协作”研发模式，着力解决航空航天、电力能源、石油石化、海工船舶等重点领域高端装备制造与关键核心材料“卡脖子”问题。聚力打造原创技术策源地，全面对接装备集团需求，联合重点钢铁企业筹建陈篪特种钢创新中心，助推特种钢核心技术研发与应用自主可控；稳步推进“中国产业基础能力发展战略研究院”建设，切实发挥“国家队”“主力军”和行业智库作用。

其次，在应用研究方面，围绕研、产、销等环节，中央企业应积极搭建要素集成、技术创新、流程优化、人才培育、销售模式等的专业平台。中央企业要坚持以研带用、以用促研，完善成果转化机制，加快成果的市场化应用推广，提升中国的工业基础能力、产业附加值水平、营销和服务效率，成为真正意义的基于创新能力的产业链、供应链的“链长”。如 2022 年 4 月，国家电网联合 31 家企业成立新型电力系统技术创新联盟，涵盖电网、发电、电力装备、新能源、储能多个领域的国有企业、民营企业和高等院校，全面推进八大电力科技创新示范项目，预计研发总投入及产业带动将超过 1000 亿元。

再次，在工程项目方面，主动承担更多国家重大科技专项工程和重大工程项目的建设与创新。重大工程和项目往往关系到国计民生和关键技术，对于产业链上下游具有较强的带动力和辐射力。中央企业要善用“集中力量办大事”的新型举国体制优势，通过创新联合体，在关键技术、系统集成和系统管理等方面联合攻关，突破技术难度高和工程复杂程度大的项目瓶颈，推进关键核心技术的攻关突破，促进产业链创新链的深度融合。如白鹤滩水电站作为“西电东送”的国家重大工程，是当今世界在建规模最大、技术难度最高的水电工程，在由中国三峡集团牵头，国家电网、哈电集团、东方电气集团、中国电建、中国能建等的积极参与下，建成了仅次于三峡工程的世界第二大水电站，实现了我国高端装备制造的重大突破，也成为中央企业全产业链协同创新、自主创新的典型范例。

最后，在数字化技术赋能方面，中央企业需要以数字化技术的深度赋能与应用打造“央企+”创新平台。以数字化、智能化驱动的协同开放创新，统筹利用国内外创新资源要素，实现中央企业与其他各类知识主体（高校、科研机构、国家实验室等）深度协同以及与其他各类民营企业深度融通，加快形成强协同、松耦合的创新生态，从而在科技创新、产品创新、科技人才培养等方面发挥“政产学研金服用”的一体化优势。

（二）健全创新型组织，拥抱创新时代

工业时代环境相对稳态且变化缓慢，企业给市场提

供的产品、服务价值也相对稳定。而传统组织作为工业时代的产物，通过建立明确的分工、岗位、职责、流程、审计等体系，依靠计划、管控、考核、激励等方式来确保组织体系正常运转。

不难看出，传统组织的底层理论基础是物理学及机械论，更强调各部分（要素）以确定性的组合方式，达到系统效率最大化。这种机械化的陈陈相因，让管理思想大师查尔斯·汉迪（Charles Handy）不满的感慨——组织往往成为束缚人的囚笼。因为在这样的机械型组织中，人的才华、潜力往往被抑制，创新型人才也会流失严重。

传统组织需要完成向创新型组织的范式转换。因为面对多变的不确定性时代，这种传统的机械式组织，这种稳定基础上的发展，这种避免出现例外的管理，逐渐式微和过时，甚至成为发展的负累和桎梏。

创新时代对企业组织提出了新的要求，创新时代需要创新型组织。创新型组织，指那些创新意识和创新能力较强，能够持续进行技术和产品、策略和模式、组织与管理创新等活动的企业组织，是一种能积极拥抱变化，并将不确定性转化为确定性的组织形态，其本质特征是对内拥有极强的内在活力，对外展现出极强的适应力。

创新型组织往往都有扁平化、数字化和平台化的显著特征，并集中表现在充满活力的创新领导和创新人才，赋能于人的市场化机制，崇尚自由、开拓进取的创新文化。新型研发机构作为创新型组织的形式之一，可以更好地盘活创新资源，重组创新链条，提升国家创新体系整体效能，从而进一步培育创新型领军企业，建立世界级创新单元，实现研发机构投资主体多元化、组建模式多样化、运行机制市场化。

华为总裁任正非说过，“方向要大致正确，组织要充满活力”。厘清企业发展的大致方向后，充满活力的组织才能驱动企业快速奔跑。充满活力的组织必离不开充满创新力的员工，包括核心班子、决策团队、领军人物、研发队伍、一线岗位等，而且要有高密度的人才队伍和较高的创新人才充足率。

习近平总书记说过，在创新实践中发现人才、在创新活动中培育人才、在创新事业中凝聚人才。创新型组织要具备让人才涌现出来的机制和环境，包括 HR 团队要成为企业战略圆桌会议上的重要一员，帮助公司构建人才队伍、培育创新的土壤和氛围。

（三）引入市场机制，激发创新动力

习近平总书记强调，深化国有企业改革，必须创新体制机制，加快建立现代企业制度，发挥国有企业各类

人才积极性、主动性、创造性，激发各类要素活力[①]。

市场经营机制是国有企业改革的关键环节，是提高国有企业活力和效率的重要途径。国有企业改革3年行动开始以来，各企业坚持市场化方向，用市场化改革的思路和办法破解发展中的挑战和难题，持续深化国有企业三项制度改革（劳动、人事、分配制度），在打造面向市场竞争的、以质量效益为导向的现代企业上狠下功夫，取得了突出成效。

通过深化科研体制及院所改革，进一步破除策源地建设中的体制机制障碍。针对原创技术高风险性和不确定性特点，强化以创新能力质量、实效、贡献为核心的科研评价导向，建立长期、多维度的评价机制，建立分类项目管理办法，给予企业和科研队伍更大的原创技术研发、投资、激励自主决策权，最大限度地激发科研队伍的创新潜能。

通过强化考核激励，进一步围绕国家战略需求和企业创新重点，健全完善“干部能上能下，员工能进能出、收入能增能减”的“三能”长效机制。用好用足税收优惠、利润加回、资本金倾斜、单项工资总额、特殊事项清单管理等支持政策，打通政策“最后一公里”，精准实施股权、分红、科技成果转化收益分享等中长期

① 2016年7月4日，习近平总书记在全国国有企业改革座谈会上的讲话。

激励政策，激发员工的创新激情与活力。如海康威视自2010年上市以来，坚持每两年进行一次股权激励。2015年开始酝酿创新业务跟投平台，通过独特的“跟投”模式锁定核心员工与技术骨干，共享科研成果转化所带来的成果及利益，极大地促进了海康威视的业绩增长与发展。

通过“双向混改”，进一步推动各类所有制企业取长补短、相互促进和共同发展，进一步促进国有企业完善治理、结构优化、提升效率和深度转换经营机制，逐步形成股权混合的多元结构和有效制衡的法人治理结构，最大化发挥混合所有制的创新活力。

在技术创新的突破上，2022年初国务院国资委已经提出，把科技创新重大项目突破列入中央企业业绩考核范围，把中央企业的科研投入视同利润进行考核。中央企业要积极响应《中华人民共和国科学技术进步法》[①]的要求，建立和健全有利于技术创新的研究开发投入制度、分配制度和考核评价制度，完善激励约束机制，即“三个制度”和“一个机制”。

在创新项目的管理上，用好“揭榜挂帅”的创新管理模式。通过改革科技重大专项实施方式，把需要的关

① 《中华人民共和国科学技术进步法》已由中华人民共和国第十三届全国人民代表大会常务委员会第三十二次会议于2021年12月24日修订通过，自2022年1月1日起施行。

键核心技术项目张榜出来，赛马不相马，谁有本事谁就揭榜。把项目交到真正想干事、能干事、干成事的人手中。如2022年4月南方电网首次开展面向港澳的科技项目揭榜，探索粤港澳三地科技创新合作的长效机制，实现优势互补，合力解决碳达峰、碳中和背景下新型电力系统发展的关键共性问题，有效促进新能源大规模开发和利用。

（四）避免大企业病，推进变革创新

企业的成长总会经历由小到大的过程，成长到一定阶段就会成熟，但成熟之后却容易沾染大企业病——官僚主义，等级森严；机构臃肿，部门林立；本位主义，协调困难；流程繁多而僵化、效率低下；决策迟缓，形式主义；氛围沉闷，创新乏力等一系列不良现象。

“大企业病”下，那些习惯了既有资源、惯例的企业，往往倾向于保持以往的知识、经验、心智和行为模式，无法打破资源的束缚和惯例的制约，陷入一种“不可逆转的自我强化趋势”，即组织惰性。长此以往，企业就会不断地熵增①，最终陷入“熵死”的悲剧。

面向未来，变革是必须的，而且变革是持续的。

管理学家加里·哈默（Gary Hamel）说过，在这个

① 熵增定律于1865年由德国物理学家劳克修斯提出，它是热学第二定律，具体含义为：在一个封闭且孤立的系统中，热量总是从高温流向低温，从有序走向无序，这一过程是不可逆转的。

颠覆性加剧的世界里，组织必须同时具有战略适应力强、营运效率高的特征。我们需要建立一个新型的组织，其间的纪律和自由能相互包容。

无论库尔特·勒温（Kurt Lewin）的组织变革三段论[①]还是约翰·科特（John P. Kotter）的领导变革八步法[②]，其核心都是识变、求变、应变、驭变的一系列思考与洞见、探索与行动。

（1）洞察变化（识变）——审视内外环境，以未来视角审视和把握当前的形势与趋势。

（2）主动变革（求变）——拥抱变化，构建团队，达成创新共识，并鼓励行动。

（3）开始变革（应变）——存量业务和增量业务平衡发展，积极创新探索，并争取初战告捷。

（4）管理变革（驭变）——及时总结复盘，敏捷调整优化，业绩与文化双推进。

以中国宝武为例，成为国有资本投资公司试点企业以来，宝武积极落实党中央、国务院关于国资国企改革的决策部署，顺应新的变化与要求，紧扣国有资本投资公司定位，持续推进联合重组，产能规模不断扩大，步

---

① 美国学者勒温是计划变革理论的创始人，从探讨组织变革中组织成员的态度出发，提出组织变革经历“解冻、改变、冻结”三阶段的理论。

② 哈佛商学院教授约翰·科特提出变革管理的框架，即“领导变革八步法”：（1）树立紧迫感；（2）组建领导团队；（3）设计愿景战略；（4）沟通变革愿景；（5）善于授权赋能；（6）积累短期胜利；（7）促进变革深入；（8）推动成果融入文化。

入“超亿吨”时代。在此基础上，不断推进专业化整合，构建产业生态圈，追求国有资产保值增值，探索形成并持续升级国有资本投资公司的管控模式。

三、厚植创新文化，营造中央企业创新氛围

创新不仅是一个技术和经济现象，更是一个文化现象。企业的文化氛围会影响员工的思维方式和行为方式，从而对企业的创新发展产生重大影响。纵览国内外优秀创新企业，大都倡导并践行坦诚和精简的开放文化、宽容失败的容错文化和雨林生态的涌现文化。

（一）坦诚与简单的开放文化

今天的管理，不是去控制人，而是通过坦诚与简单，让每个人了解企业正在从事的创新活动，并激发每个人的善意和创意，释放每个人的才能与潜能，实现个体和组织的共同成长与发展。

正如桥水基金的创始人瑞·达利欧（Ray Dalio）在谈及公司成功的基本原则中说的，“了解真相是成功的关键，而对任何事（包括错误和弱点）都保持完全透明则有助于加强理解、不断改进”。桥水就是要极度求真，遇到问题要把问题摆到桌面上来，让每一个人都看到事情的本来面目，而不是遮遮掩掩。

没有坦诚，就没有忠诚。要让员工了解公司的情况，并让员工发表自己的声音，坦诚表达才代表对公司的真诚。坦诚相待，组织和个人才能了解彼此的真实想法，才能获得真正高效的双向反馈，从而促进双方更有指向性地共同完善。

2018 年华为公司提出改进工作作风的八条要求，其中有一条明确规定：我绝不说假话，不捂盖子，不评价不了解的情况，不传播不实之词，有意见直接与当事人沟通或报告上级，更不能侵犯他人隐私。

在一个封闭的系统内做功，最终会导致熵死。创新型组织要对抗熵增，让组织保持开放状态和耗散结构，瘦身健体，精兵简政，从而减掉“臃肿”实现高效。创新型组织要在管理和文化上做“减法”和“除法”，在激励上做“加法”乃至“乘法”，从而使组织长期保持活力，增强创新竞争力。

被誉为动画之王的皮克斯（Pixar），致力于“打造一个鼓励创意和创新的公司文化，然后在各种日常的事情中反复践行”，而其首要原则就是“消灭沟通层级，让员工畅所欲言”。

中国电子科技集团张直中院士曾自述，上下级的关系应该是坦诚真挚的，“……40 岁起我升任副总工程师，若干年后又升任总工程师，其间经常要指导年轻人员对某一课题的研究，有时我设想的研究路线和他们设想的研究路线有同有异，因为研究工作没有人能有十分把握，有时候我认为他们弯路多些，但只要他们的路线也是走得通的，经讨论后他们仍愿意走自己选定的路，我就尽力支持他们……所以，我们上下级的关系是坦诚真挚的”。

因为坦诚与简单的开放文化，组织上下才能信息同步、思维同频、行为共振，有助于组织战略方向贯彻的一致性，减少熵增，提高效率，也给组织活力的涌现留出了空间。

（二）宽容失败的容错文化

习近平总书记指出，“干事业总是有风险的，不能期望每一项工作只成功不失败”[①]。

哲学家卡尔·波普尔（Karl Popper）认为，一切生物对于环境发生的行为的最本质特征是试探性的。当试探成功的时候，就会把成功的模式和行为保持下来，如果错了那就进行新的尝试。波普尔明确提出了从错误中学习的“试错法”，即科学知识的增长往往遵循“Pl（问题）—TT（试探性理论）—EE（消除错误）—P2（新的问题）”的四段式。正如钱学森先生在论述科学发展规律时所说的，“正确的结果，是从大量错误中得出

① 2018 年 5 月 20 日，中共中央办公厅印发的《关于进一步激励广大干部新时代新担当新作为的意见》。

来的，没有大量错误做台阶，就登不上最后正确结果的高峰”，创新亦是如此。

1. 创新的本质是试错，即快速地从错误中找到正确的方向与方法。

著名的设计公司 IDEO 的口号就是：“早失败，早成功。”创新就是要跟过去不一样，想前人所未想，创前人所未创，自然就会有“偏差”和“错误”，这是创新必须付出的代价。

20 多年来，亚马逊“大胆想象，小步测试，快速失败，不断学习”的创新模式成就了亚马逊的高速发展。面对 Fire Phone 惨败①，杰夫·贝索斯（Jeff Bezos）甚至说，“如果你认为 Fire Phone 是一个大错，我们目前在开发‘更大的错误’。我是认真的，部分新产品将使 Fire Phone 显得不值一提。亚马逊取得的每一个成功都冒了很大险，是我们坚持不懈的结果。在我们的计划中，部分取得了成功，很多则没有成功。我们能汲取每一次失败的教训，跌倒后爬起来继续前行”。

2. 创新要宽容失败，更要奖励成功。

组织理论学家詹姆斯·马奇（James March）说过，大多数的标新立异者都是从点点滴滴的失败开始走向成

① 2014 年亚马逊（Amazon）推出首款智能手机 Fire Phone，销售惨淡，最终于 2015 年底退市。

功的，没有谁是“毕其功于一役”的英雄。因为只有经过无数次尝试，才能尝试诸多可能，才能找出这些可能中存在的最佳答案。

探索过程必然会产生“一定的浪费”，但如果没有“99%的浪费”，就不会获得最好的“1%的答案”。敢于试错，才能赢得机会。试错、修正、试错、再修正，像这样重复与迭代，看起来是“浪费”的投入，但恰恰是一步步逼近创新成功的不二法门。

习近平总书记在2018年视察万华烟台工业园时说，“谁说国有企业搞不好？要搞好就一定要改革，抱残守缺不行，改革能成功，就能变成现代企业”。万华之所以发展壮大成为全球异氰酸酯行业的领军者，成为“中国化工业自主创新的一面旗帜”，离不开坚定的自主创新之路。万华原董事长丁建生说过，“创新不可能一帆风顺，创新必然有失败，万华能够接受创新失败，但是绝不允许不创新”。在万华研发大楼的墙上，赫然写着“鼓励创新、宽容失败、重奖成功”。早在1999年5月，万华出台了《技术创新奖励办法》，规定技术创新的新产品，自盈利之日起连续5年净利润的15%奖励给个人；技术改造当年所产生盈利的20%—30%奖励给个人。

宽容失败是让员工心态放松和敢于探索的有力保障，正如3M的传奇CEO威廉·麦克奈特（William

L. Mcknight）所言，“切勿随便扼杀任何新的构想，要鼓励实验性的涂鸦，如果你在人的四周竖起围墙，那你得到的只是羊”。而对于创新的成功，要给予奖励，这是创新者激情投入和持续创新的强大动力。

3. 宽容失败并非无原则地纵容失败，创新欢迎的是“高质量的试错”。

必须指出，宽容失败并非无原则地纵容失败，更不是鼓励随随便便的失败，而是要摒弃无意义或低价值的失败。鼓励试错，宽容失败，也要避免违背科学规律和常识的蛮干，避免违背法律和道德底线的胡干，而且由于蛮干和胡干造成的失误更是要反思乃至追责的。

高质量试错是在遵循第一性原理下的快速探索和小步迭代，能够低成本试错，压缩犯错时间，以“小错不断”换来“大错不犯”，并从中收获创新经验，实现快速的学习迭代和创新成长。

厚植创新文化，要鼓励探索、宽容失败和奖励成功，要激发人们的挑战精神和战胜各种困难的勇气，把失败变作铺路石，持续迭代，并共享到创新成功的利益与价值，让创新之火永远燎原。

（三）雨林生态的涌现文化

为什么硅谷能长期引领全美乃至全球创新发展？

多年来无数人给出了无数答案：这里有斯坦福大

学，大学与硅谷业界、周边社区合作密切；硅谷宽容地对待外地、外国移民及创业失败者；硅谷拥有极佳的生活环境；这里有优越的孩童教育成长环境，吸引了高知人群；有发达的律师服务行业、银行业、会计师事务所、投资银行、设计顾问公司、猎头公司、企业孵化器；硅谷早先有大量政府投资……

格雷格·霍洛维茨（Greg Horowitt）等的《硅谷生态圈：创新的雨林法则》一书，却给出了更深的洞见：硅谷搭建出的是一种类似于热带雨林的创新生态系统，并且遵循如下7条法则：

1. 打破规则，追逐梦想。在农田里，那些最高的杂草总是最先被除掉。然而，在热带雨林里，要想茁壮成长，就必须接受和相信旧规则的打破和伟大的抱负是可以被接受的。

2. 敞开大门，倾听他人。你永远不可想象，门口那个穿着帽兜衫的男孩有可能是下一个亿万富翁。

3. 诚信，并且相信他人。在世界上大部分地区，信任是需要你去挣来的。然而，在硅谷，别人大都能够信任你正在做一件正确而伟大的事情。

4. 寻求公平，而非利益最大化。或许，世界上大部分地区的投资人，总是希望用最少的钱获得最多的股份比例。然而硅谷投资人或许尽量不去那么做，因为雨林生态要求每个人都努力进行公平交易，而不是占对方便宜。一旦有人受到了不公正的待遇，关系很可能就会破裂、公司土崩瓦解、创新也会失败。

5. 共同尝试，并不断迭代。在不能够预测结果是什么的时候，需要你大胆尝试，快速迭代、改正错误并不断进步。它并不依赖于一个完美的最初设计。

6. 犯错、失败，坚持。任何一家伟大的公司，成长的过程中也会面临无数次失败。错误和失败并不有趣，有时甚至会带来毁灭性的打击，但并不意味着事业的终结。雨林里不存在真正的失败，只有尝试、学习、忍耐和涌现。

7. 帮助别人，且不求回报。世界上大部分的商业环境往往是这样：你帮我一个忙，我帮你一个忙。然而在硅谷，很多人愿意主动去帮助别人，因为他们相信，某一天别人也会主动帮助我们。

被称为“地球肺部”的雨林，有丰富、多元的物种，却能成长共生。如果说雨林是自然的生态系统，那么将人的创造力、商业智慧、科学发现、投资资金以及其他元素杂糅结合在一起，就会形成创新的生态系统，就有可能萌发出多样的创新想法和行为，进而出现快速成长的新项目、新业务和新企业物种。

雨林的本质是多样性的共存和复杂生态下的涌现，

对于中央企业而言，无论是企业的内部创新生态，还是“政产学研用”的外部创新生态，都要像自然界的雨林生态一样，有参天大树、灌木、爬藤、地衣等多种植物，也有卷尾猴、树懒、食蚁兽、蜂鸟、鳄鱼等多种动物，更需要水、阳光和空气的支持。这些要素的差异性和相容性并存，松散耦合和交错共生，在混乱和秩序中实现持续的生态繁荣。

自然界的雨林不会预先决定新物种的进化过程和结果，但是会提供复杂的环境来培育偶然出现的物种，“物竞天择，适者生存”地完成优胜劣汰。可以说，创新很难按计划完美发生，好的物种是生长出来，好的创新是涌现出来，好的创意是淘汰出来的。因而，中央企业需要构建热带雨林的“创新土壤”和“文化基因”，以保证多元营养，催生出多样可能，甚至更有生命力的新形态、新物种的不断涌现。

四、中央企业创新行动建议

1. 中央企业要提升自主创新能力，可以从组织创新的三角，即领导、机制、文化三方面对自我评估，找出短板，有针对性的建设和提升。

2. 中央企业领导要有意识地培养和提升创新领导

力，可以参考工具表《创新领导力要求》的表单，进行自我的对标找差和持续完善。

3. 中央企业要积极研究和对接国家和国务院国资委的相关政策，积极探索和完善企业创新机制，比如融入新型举国体制，打造技术研究、应用研究和工程项目“三位一体”的创新平台，强化数字化的平台赋能。比如建立和健全有利于技术创新的研究开发投入制度、分配制度和考核评价制度，完善激励约束机制。比如用好“揭榜挂帅”的创新管理模式，关键核心技术项目张榜悬赏，“赛马不相马”，把项目交到真正想干事、能干事、干成事的人手中。比如着力优化创新生态，促进原创成果转化，强化正向激励，用好股权、分红、科技成果转化收益分享等中长期激励工具。

4. 中央企业领导要敢于面对企业成长过程中可能出现的“大企业病”，积极而持续地推进组织变革，克服组织惰性，升级管理模式，打造扁平化、数字化和平台化的创新组织。

5. 中央企业需要持续强化企业文化的创新导向，为打造原创技术策源地提供有力保障。围绕开放文化、容错文化和雨林文化形成相应的理念倡导、制度引导和形象体现，厚植创新土壤，激活每个个体，让创新的活力充分涌流。

大力培养创新型人才

习近平总书记强调：“我国要实现高水平科技自立自强，归根结底要靠高水平创新人才。”[①]

创新之道，唯在得人。中央企业要全面创新，就要推动全员创新，就要全力激发每一个员工的创造力，让人人参与创新，时时追求创新，处处体现创新。同时，中央企业更要遵循人才成长规律和科研活动规律，加快培养高水平科技领军人才队伍，包括一流的战略科技人才、科技领军人才、卓越工程师和高水平创新团队。

在国有企业改革3年行动任务中，在创新人才的引进培养和个体创造力的激发赋能上，中央企业多点突破，勇于探索，提供了诸多借鉴与参考。

中国航天科技集团在打造一流科技领军人才的工作中，强化重大工程历练人才，坚持“人才高度就是事业高度”理念，超前谋划人才布局，确保型号每推进一个

① 习近平总书记：“加快建设科技强国，实现高水平科技自立自强”，《求是》2022年第9期。

阶段，人才就跟进一批、储备一批，坚持以工程项目为牵引、以型号研制为平台，坚持让科技骨干担纲领衔重大工程，坚持让青年人才打头阵当先锋；坚持系统施策成就人才，坚持完成国家任务与锻造培养人才同频共振，推动科技人才在领域内深耕、专业上聚焦、学术上拓展、技术上钻研，不断强化航天精神引领，不断拓宽职业发展通道，不断注重加强个性化培养；优化创新生态激励人才，着眼推动“卡脖子”关键核心技术攻关和航天工程研制，持续强化人才激励，既精心组织实施人才专项支持计划，又加快构建开放融合的创新“生态圈”，同时坚持薪酬分配向科技骨干倾斜。

中国一重集团，大力发挥大国英才、大国工匠、首席技术专家、首席技能大师等四类创新人才的引领作用，组建劳模、党员、青年、党外人士和技能大师为带头人的五类创新工作室，以工会牵头，覆盖全厂职工开展“百万一重杯”劳动竞赛等。

中国宝武集团 2020 年起按照“全面对标找差、创建世界一流”的管理主题要求，全面组织开展“献一计”活动，发动职工建言献策并吸收转化，全面推进职工岗位创新，凝聚全体职工的智慧和力量，共同扛起企业创新发展的重任。

中央企业要成为真正的创新型企业，需要推进人才强企战略，大力培养创新人才。从个体创造力三角入手，即围绕动机、思维和知识三方面进行人才的激发、培养和提升（见图3-9）。

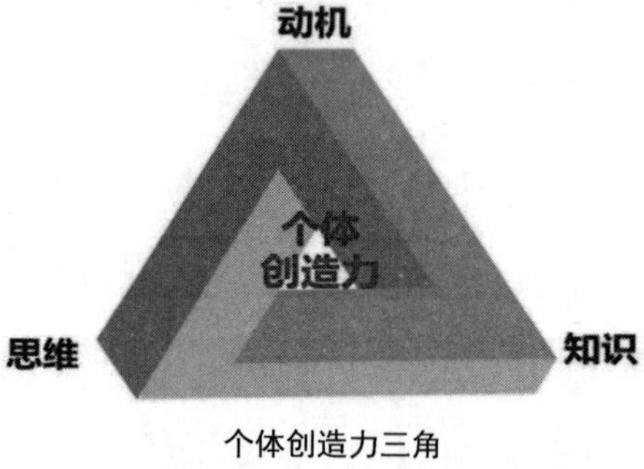

图3-9 个体创造力三角

一、动机：激发个体活力，释放创新潜能

员工创造力的三要素中，动机是出发点，动机是创新之源。

动机是促使人从事某种活动的念头。创新动机是指引起和维持主体创新活动的内部心理过程，是形成和推动创新行为的主要动力，是产生创新行为的前提。

（一）动机为源，点燃创新内在动力

人是形形色色的，创新动机亦是。简而言之，创新动机可以分为外在驱动和内在驱动。

外在驱动是来自于外部的刺激，比如财富、地位和

名声等，往往表现为功利主义。但是，这种外在激励往往随着逐渐得到满足而效果递减。而内在驱动是建立在好奇心与激情、善良与使命感的基础上，是为了自我实现、解决问题甚至改变世界的。那些拥有自我驱动力的个体，往往会想方设法地学习探索，努力利用一切资源与工具，积极开展外部合作等，也才会产生极致的高峰体验——“心流”[①]。

必须承认，无论是外在动力，还是内在动力，都是人类正常的发展动机，每个个体也都可以合法合理地追求和争取。但由于真正的创新往往要面对诸多的艰难险阻，需要持续的钻研精进，没有强烈的非功利动机，没有持久的内在动力，在荆天棘地中是很难逐梦笃行的。大创新需要大动机，艰难和持久的创新更需要强烈的内在动机。

内驱才是第一动力。致力于发现与解决问题的好奇心和激情、让社会更美好的善良和使命感往往是极致创新的源起，也是爱国精神、劳模精神、劳动精神、工匠精神、企业家精神、科学家精神的实质内核。对于中央企业的广大员工而言，尽管岗位有分工，工作有侧重，

① 心理学家米哈里·希斯赞特米哈伊提出了“心流”（Flow）这一概念，即当你全身心投入到一件目标明确而又有挑战的事情，而你的能力恰好能接住这个挑战时，你可能会进入的一种状态：它的特征是你做这件事的时候会忘记自己，忘记时间的流逝，你能体察到所有相关的信息，不管工作多复杂你都毫不费力，而且有强烈的愉悦感。

但爱国精神、劳模精神、劳动精神、工匠精神、企业家精神、科学家精神都需要全员内化吸收，并在自身的实际工作中贯穿和体现。

国家电网的“蓝领创客”张黎明，作为全国“五一劳动奖章”获得者、时代楷模，30 多年扎根配电抢修一线，却心怀质朴梦想——“让 60 多万企业用户和 260 万居民想用电时就有电”“电力抢修是雪中送炭、救人危急的事，干着光荣”。

高温合金研究奠基人、国家最高科学技术奖获得者师昌绪院士，在谈及创新时说：人生在世，首先要有一个正确的人生观，要对人类有所贡献。作为一个中国人，就要对中国作出贡献，这是人生的第一要义。大道不孤，中国矿物工程专家、两院院士王淀佐也说过，创新要为国家富强做贡献，为提高人民生活水平做贡献。即使受到了打击，也不能停下来。

1997 年乔布斯重回苹果，推出经典的“不同凡想”（Think Different）广告，再一次重申苹果的价值观——我们坚信有激情的人能让这个世界变得更美好。活着就要改变世界，可谓乔布斯的深层动机，他说过：“我们苹果公司的首要目标是制造世界上最优秀的产品，而不是成为全球最大或者最富有的公司”，他甚至也说过，“我更清楚什么是最重要的——创造伟大的发明，而不是赚钱。应该尽我所能，将此生放回历史和人类的思想长河”。

日本经营四圣之一的稻盛和夫基于“降低日本国民通信费用”这一念想，全力以赴，持续创新，克服了一次又一次的困难，最终创建了日本第二大移动运营商——KDDI。

面对光伏巨头隆基股份的崛起，有人问其董事长李振国，您心中的企业家精神是什么？李的回答是：首先要选择做对人类和地球有益的事，我们叫“善意经济学”。是的，作为中央企业，做有益于国家、人类和地球的事，以这样良善的动机和出发点，才能更好地吸引和凝聚人才，满怀激情地共创未来。

（二）全面驱动，引导和升华创新动机

毋庸置疑，个体的创新动机不可避免地受到企业环境和社会环境的影响。

从企业环境角度，中央企业要围绕员工个体的创新动机做足文章，做好全面驱动，即外部驱动与内部驱动并举，有效引导和升华员工的创新动机。

由于个体的创新行为受到企业的使命愿景、直接领导、工作设计、激励机制、培训学习五要素的影响。企业宏大的使命感和解决社会问题的崇高感往往能凝聚人和感召人；直接领导的闭目塞听、保守僵化、刚愎自

用、嫉贤妒能等也会打压员工的创新热情和探索；企业的岗位安排，忽略个人特质与兴趣，也会让员工索然无味；而企业有效的激励机制和培训学习，可以促进员工创新激情与能力的提升。

中央企业要激发和升华员工的动机，需要从以上五要素着手全面设计，比如坚持外部激励和内部激励相结合、物质激励与精神激励相结合、短期激励与长期激励相结合的原则，让个体的好奇心、善良与使命感融入企业的主航道和大项目，释放员工的创新潜能。比如结合国家政策，科技型企业对于重点业务与项目，针对创新人才，无论是短期激励，还是股权、分红、科技成果转化收益分享等中长期激励工具，能给尽给，应给尽给等。

在创新动机的激发中，中央企业也要避免某些不良导向或推动，如金钱至上、急于求成、攀比炫耀、争名夺利、成王败寇等，以及由此带来的弄虚作假、沽名钓誉、表面文章、忽略社会责任甚至违法犯罪的浅创新、伪创新，而较少真正的创新、颠覆性创新乃至革命性创新。

二、知识：丰富知识结构，提升创新素养

员工创造力的三要素中，知识是信息库，知识是创

新之基。

习近平总书记指出，能力不是一劳永逸、一蹴而就的，必须持续升级、不断扩容。我们要增强学习新知识、掌握新本领的自觉性和紧迫感，重新学习，不断掌握新知识、熟悉新领域、开拓新视野，全面提高领导能力和执政水平，否则就无法适应世界的变化，无法应对形势和任务发展带来的新挑战[①]。

知识经济时代，任何创造都离不开知识，知识是人类发挥巨大创造力的基础。

（一）培养成长型思维，健全个体知识结构

心理学家卡罗尔·德韦克（Carol S. Dweck）在《终身成长：重新定义成功的思维模式》中提出，那些拥有成长型思维（Growth Mindset）的人，认为智力是可以通过坚持努力以及专心致志的学习成长的，他们更加关注的是通过变化，学习新事物，获得成长，他们明白不可能每一次都成功。可以说，成长型思维才是个体与组织应对未来不确定时代的正确姿势。

2014 年萨提亚·纳德拉接任微软 CEO，他非常注重培养员工的成长型思维，并把成长型思维作为公司文化的核心之一。正如他所言，我们所熟知的已成过去，已

---

① 2018 年 1 月 5 日，习近平总书记在新进中央委员会委员、候补委员和省部级主要领导干部学习贯彻习近平新时代中国特色社会主义思想和党的十九大精神研讨班开班式上的重要讲话。

成负担，这是一个无所不学的时代，我们必须重新开始。

为适应未来科技时代的要求，企业作为一个“知识集合体”，要提高每一个员工个体的知识能级。中央企业一要培养员工的成长型思维。二要通过强化员工培训与学习，不断优化组织和个体的知识结构，实现知识的全面性、专业性和动态性的持续升级。三要在人才结构上，有意识地促进人才多元化，加大“T”型、“X”型和“A”型[①]人才的比例，从而提高组织中高层次人才密度与效能。

（二）更新知识内容，夯实创新基础

创新是知识创造的过程，前瞻创新离不开前沿知识，系统创新也离不开多元知识，持续创新也需要知识的动态更新和高效转化。

1. 触类旁通，增加知识广度。2021 年 4 月 19 日，习近平总书记在考察清华大学时强调：“美术、艺术、科学、技术相辅相成、相互促进、相得益彰。”一个窗口看不到完整的世界，在复杂的动态竞争环境下，更需要复合型人才。高密度的人才结构和多元的知识结构有

---

① “T”型人才指既在横的方面有广阔的知识面，也在纵的方面有较深的专门学问，即通专才；“X”型人才，指系统掌握两门专业知识，这些知识之间又具有明显交叉点和结合部分的人才。“A”型人才指横的方面有广阔的知识面，在纵的方面还有两门或多门精通且相互连接的专业，即综合型的通专才。

助于企业形成更具创造力的想法，从而更快更准更前瞻地抓住机会、规避风险。正如核物理学家陈佳洱院士所言，作为一名科研工作者，专业阅读必不可少，但人文阅读也不能偏废，特别是学一些哲学知识非常有用。

2. 根深叶茂，拓展知识深度。知识的深度既包括基础知识的厚实，更包括专业知识的精深，泛指对所在行业和领域的相关知识了解和掌握的专业程度。中央企业员工应精通专业知识，深入钻研本行业、本职工作的新理论、新政策、新案例、新技能、新模式等，成为企业各个条线和领域的行家里手。

3. 远见卓识，提升知识质量。人的时间是有限的，有限的时间不能耗费在无限的碎片知识和浅层知识中，而是要强调知识质量，即知识的系统性、深层性和新颖性。在知识爆炸且知识半衰期越来越短的今天，创新人才的创新工作更需要新的知识，比如数字化转型需要数字化理念与技能，碳中和发展需要绿色发展理论和 ESG 方法等。每个员工都要以更开放的学习心态和更快的学习速度吐故纳新，完成知识更新和动态补缺，才可能产生创新的“远见”和“卓识”，才可能成为具有世界眼光、把握发展规律、善于驾驭全局的开拓创新人才乃至领军人物。

4. 多元共融，促进知识转化。阅读是最好的礼物。

如果你想提高创造力，你就必须阅读不止。你既可以阅读专业学科、经济或商业，也可以阅读科学、哲学、历史和人文等。当然，读书是最基本的，也是最有效的方法之一，也可以从行万里路的“游历”和阅人无数的“交流”等方式中吸收新知识，促进知识的融合、转化和实践。

数字化时代，知识的获取方式更为便捷化和实时化。在获取的基础上，更要提高知识消化的过程，通过自我的思考、转化、总结、实践和运用来形成知识的循环与迭代、丰富与更新。

三、思维：完善棱镜思维，提高创新质量

1. 在个体创造力三要素中，思维是处理器，思维是创新之力。

思维是人类大脑对各种信息及知识进行处理的过程。两院院士路甬祥说过，实现我国科学技术的持续创新，既要靠现代化的先进仪器设备作为“硬件”，又要靠丰富的图书文献资料提供可靠信息源和信息载体，更要靠多样化的现代科学思维方式作为“软件”。

2. 创新思维宛如七色之光，即开放、前瞻、批判、辩证、系统、实践和感性的七维思维方式。

（1）提高创造力需要开放思维，避免隧道思维。两院院士、机车车辆专家沈志云教授说过，现代科学技术发展到今天，已经不存在任何严格的学科界限划分了，只有多学科交叉结合才能创造出最新成果。

心理学家亚伯拉罕·马斯洛（Abraham H. Maslow）也说过，从一个窗口看不到完整的世界。

开放思维意味着突破传统思维定式和封闭眼界，能够多信息、多视角与多方位看待与分析问题，从而包容不同想法，完成知识、观念、信息的充分交流与融合。

（2）提高创造力需要前瞻思维，避免后视镜思维。国家最高科学技术奖获得者、石油化工催化剂专家闵恩泽院士一直强调，创新不仅要有渐进性改进，也要有长远性研究。公司要投入相当一部分科研力量致力于长远性基础研究，去为公司勾画和准备未来。而这类研究的技术重点应放在与公司未来面临的业务问题最为有关的科学前沿。公司必须追求重大突破，寻求在认识上的“量子跃迁”，这将使公司能够创造出全新的东西来。

杰夫·贝索斯说得也很坚定：我深信，向前看比向后看会有更多的创新。

前瞻思维意味着企业坚持长期主义，主动思考未来并把握长远发展方向，基于未来的情景与趋势进行决策判断，保持战略定力地推进执行。

（3）提高创造力需要批判性思维，避免肤浅和从众思维。

创新需要独立思考，不唯书，不唯上，只唯实。独立思考是以事实为依据的，只有这样才能有所发现、有所发明、有所创造、有所前进。正如中国工程院院士周立伟所言，学源于思，思起于疑。疑问是思想的起点。一切有用的思想，都起于一个疑问；一切科学发明，实际上都起于思想上的疑惑。

爱因斯坦说过，同一个思维层次解决不了同一个思维层次的问题，你不能用造成问题的思维方式解决问题。

批判性思维（Critical Thinking）意味着企业管理是一种基于充分的理性和客观事实而进行理性评估与客观评价的行为。

（4）提高创造力需要辩证思维，避免极端化思维。两院院士、中国水电奠基人之一的潘家铮教授说过，学一点辩证法，它会使你聪明起来。①分别轻重，抓住重点，区别对待。②化繁为简，集中兵力攻一点。③从局部综合成整体，再从整体推广到特例。④经常注意各学科间的对应关系，考虑一些基本理论问题。

管理学家查尔斯·汉迪（Charles Handy）亦言，商业问题的答案不是非此即彼的，它们常常具有悖论性和两难性，而这正是商业的艰难之处，也是其吸引人之处。面对某个商业难题，我们选择一种解决方案，很可能也是在引发另一种（或许是更大的）难题；我们在规避一种危险时也是在趋近另一种危险。问题是，我们不得不在这两种甚至更多种危险之间穿行。

辩证思维意味着管理本质上是对悖论的管理，是对企业中各类矛盾的统筹平衡。

（5）提高创造力需要系统思维，避免片面思维。通信信息系统专家陈太一院士强调，系统是由相互作用、相互依赖的若干要素组成的具有特定功能的有机整体，系统思维是把物质系统当作一个整体加以思考的思维方式。

《系统思考》作者丹尼斯·舍伍德（Dennis Sherwo）指出，系统思维帮助我们纵观全局，看清事物背后的结构和逻辑，才能解决现实世界中的复杂问题。系统不仅仅是一些事物的简单集合，更是一个由一组相互连接的要素构成的，能够实现某个目标（功能）的整体。

系统思维意味着全面、变化、联系地思考问题和推进创新工作。

（6）提高创造力需要实践思维，避免空谈主义。隧道及地下工程专家王梦恕院士说过，创新要反复试验，要在工程实践中解决实际问题。工程学科要与具体工程项目相结合，一定要到现场进行试验，要在工程实践中解决实际问题。

管理学家德鲁克也强调，管理是一种实践，其本质不在于“知”而在于“行”；其验证不在于逻辑，而在于成果；其唯一权威就是成就。

实践思维意味着实践作为检验真理的唯一标准，在现实中探索应用和商业化推广。

（7）提高创造力需要感性思维，避免单纯的逻辑和理性思维。中国科学院院士杨叔子教授说过，正确的创造性的思维是一个整体的思维。逻辑思维是这个整体思维的基础，而形象思维则是这个整体思维的主要创新源。

乔布斯也说得坦诚，最重要的是，拥有追随自己内心与直觉的勇气。你的内心与直觉多少已经知道你真正想要成为什么样的人，任何其他事物都是次要的。

感性思维意味着用直观感性和表象思考与解决问题的思维。

3. 激活思维，释放每个员工的创造力，让每个员工的创意成为组织创新的星星之火。创新思维棱镜中每个维度是独立的，而合起来又是统一的。各个维度之间可能存在一定的交叉融合。如同一座大楼，透过不同窗户看到的景致是截然不同的，而综合起来才能全方位透视这个世界，从而形成更系统和深刻的创造力。

习近平总书记指出：“生活从不眷顾因循守旧、满足现状者，从不等待不思进取、坐享其成者，而是将更多机遇留给善于和勇于创新的人们。”①企业要推动和赋能员工创新，就要鼓励员工多开放思考，多前瞻思考，多批判性思考，多辩证思考，多系统思考，多实践思考，多感性洞察。

在个体创造力三要素中，动机是出发点，是创新之源；知识是信息库，是创新之基；思维是处理器，是创新之力。三者协同一体，互为促进，成就了富有创造力的个体，促进企业创新人才的打造。

建设世界一流企业，要聚天下英才而用之，中央企业积极培养高水平科技领军和经营人才队伍，提升每个员工的内驱力和创造力，形成多层次、多元化和可持续的技术与创新人才体系，才能在自主创新的强国之路上走实走远。

四、中央企业创新行动建议

1. 企业的发展建立在人的发展基础之上，创新亦是

① 2013年5月4日，习近平总书记在中国航天科技集团公司中国空间技术研究院同各界优秀青年代表座谈讲话。

如此。中央企业要提升自主创新能力，需要大力培养创新人才，需要从个体创造力三角（动机、思维和知识）入手，进行人才的创新引进、培养和提升。

2. 围绕创新动机，中央企业要着力激发员工的创新动机和激情，保障外部驱动，更要加大内部驱动，有效引导和升华员工的创新动机。

3. 围绕创新知识，领导干部要具备成长型思维，并积极打造学习型组织、健全企业的培训学习体系。中央企业要动态更新企业的知识系统和持续提升员工的知识修养，在知识的广度、深度、质量和转化上夯实基础、做足文章。

4. 围绕创新思维，中央企业要提高员工的创新思维，培养高水平创新人才队伍。在实际工作中，中央企业要营造创新氛围和滋养创新思维，鼓励员工多开放思考、多前瞻思考、多批判性思考、多辩证思考、多系统思考、多实践思考和多感性洞察，释放每个员工的激情和智慧，让每个员工创造力的涓涓细流汇成企业自主创新的星辰大海。

第四篇

积极稳妥推进国际化经营

2022年2月28日，习近平总书记主持召开中央全面深化改革委员会第二十四次会议，审议通过了《关于加快建设世界一流企业的指导意见》，要求加快建设一批产品卓越、品牌卓著、创新领先、治理现代的世界一流企业，在全面建设社会主义现代化国家、实现第二个百年奋斗目标进程中实现更大发展、发挥更大作用①。因此，我国要实现高质量的经济发展，必然要培育一批能够体现国家实力和国际竞争力、引领全球科技和行业产业发展的世界一流企业，而世界一流企业离不开企业国际化。

① 习近平主持召开中央全面深化改革委员会第二十四次会议强调：加快建设世界一流企业 加强基础学科人才培养，新华社，2022年2月28日。

企业国际化分为两类：一类是内向型国际化，另一类是外向型国际化。所谓内向型国际化是指企业通过“引进来”等方式，吸收国外的资金、技术、原材料、人才和先进的管理经验等，在国内与外国投资者合资、合作经营而实现的国际化。所谓外向型国际化是指企业通过对外贸易、对外承包工程和对外直接投资“走出去”，输出资金、技术、人才、产品和服务，广泛利用国内外两种资源，实现生产要素全球范围内的优化配置和组合，在国外开展跨国经营而实现的国际化。

本篇主要讨论企业外向型国际化。

企业国际化现状和挑战

一、企业国际化现状

中国企业“走出去”经历的阶段顺序是先以输出产品的对外贸易为主，接着以产品和服务输出的对外承包工程，最后进入到资本输出的对外直接投资阶段。

改革开放以后，中国企业依靠土地、人口、制度等红利快速积累起规模及成本优势，吸引了大量来自欧、美、日、韩等发达国家和地区的 OEM 代工订单，开始进入出口扩张期、产品与营销全球化。随着对全球市场的熟悉，中国企业开始在海外建立分公司（办事处）、子公司或投资建厂，所投行业集中于资源开发、承包工程、旅游等资源型和贸易型领域。加入世界贸易组织（WTO）后，中国政府积极制定对外直接投资相关促进政策，商贸服务业、金融业对外投资额度不断攀升，跨国并购在对外直接投资中占比不断加大。

2021 年 9 月，中国企业联合会、中国企业家协会公布了《2021 年度中国 100 大跨国公司》名单，名单依据企业自愿申报的数据，参照联合国贸易和发展组织的标准，由拥有海外资产、海外营业收入、海外员工的非金融企业，依据企业海外资产总额的多少排序产生。跨国指数则按照［（海外营业收入 ÷ 营业收入总额 + 海外资产 ÷ 资产总额 + 海外员工 ÷ 员工总数） ÷ 3 × 100%］计算得出。2021 中国跨国公司 100 大中，民营公司 33 家，国有及国有控股公司 67 家，民营公司比上年增加 10 家，说明当前民营大企业国际化的进程在加快，但国有及国有控股公司仍占据明显优势地位（见表 4 – 1）。

表 4-1 2021 年度中国 100 大跨国公司 20 强名单

名次	公司名称	海外资产（万元）	海外收入（万元）	海外员工（人）	跨国指数（%）
1	中国石油天然气集团有限公司	84533024	77006442	121197	23.24
2	腾讯控股有限公司	62928124	3340096	6353	20.51
3	中国石油化工集团有限公司	51437189	52076028	34222	18.58
4	中国远洋海运集团有限公司	49585460	19318829	15865	43.68
5	中国海洋石油集团有限公司	49144073	33010610	3885	33.75
6	华为投资控股有限公司	48131577	28978386	45000	36.75
7	联想控股股份有限公司	32236268	30607222	41631	57.44
8	国家电网有限公司	31040788	7680237	16168	3.86
9	中国交通建设集团有限公司	27591504	14026315	39634	17.13
10	复星国际有限公司	21125329	6390897	5839	27.47
11	中国铝业集团有限公司	21020839	6152573	2382	17.18
12	广州越秀集团股份有限公司	20407057	354714	1932	14.17
13	浙江吉利控股集团有限公司	19965356	15112652	42583	40.47
14	中国五矿集团有限公司	16919297	10949281	11601	12.85
15	中国电力建设集团有限公司	15143425	9586639	37957	17.67
16	中国建筑股份有限公司	13943686	8964123	28496	6.63
17	潍柴控股集团有限公司	13507694	7576535	39249	37.63
18	中国广核集团有限公司	13457089	2041888	3605	14.59
19	海尔集团公司	12559798	10185902	34922	32.24
20	中国兵器工业集团有限公司	10234984	23124741	15183	25.86

（一）对外贸易发展历程及特点

我国对外贸易发展经历了四个阶段。

1. 第一阶段（1949—1978 年）计划经济下的国家统制贸易。

1978年以前，我国建立了集外贸经营与管理于一体的外贸体制，中央以指令性计划直接管理少数专业性贸易进出口公司（1978年底有130多家），对外贸易的目标主要是进出口在总体上达到平衡。

2. 第二阶段（1979—1991年）有计划的商品经济、一部分的贸易开放。

1978年12月，党的十一届三中全会以后，中国开始实行改革开放的国家战略，进行经济体制改革，其中包括外贸体制的改革。为了配合外贸企业改革，国家采取了放宽外汇管制、实行出口退税政策、外经贸部下放部分权力等一系列配套改革的措施，为外贸企业利用市场机制自主经营创造了外部环境。

3. 第三阶段（1992—2001年）符合国际规范的贸易政策体系。

1992年，我国外贸政策体系开始以符合国际规则为导向的改革。1994年颁布了第一部《中华人民共和国对外贸易法》，以国际规范为目标，在货物贸易、外资、知识产权、反倾销等各个领域出台了一系列的法律法规，同时政府的政策透明度也不断加强。这一轮外贸体制改革的实施，加强了市场经济机制的调节作用，促进了我国对外贸易市场化的进程。

4. 第四阶段（2002 年至今）有管理的贸易自由化。

2001 年 12 月加入 WTO 至今，我国在市场准入、国内措施、外资待遇、服务贸易等各个领域均较好地履行了自身的承诺和义务。这一阶段的最明显的特征就是我国的贸易政策体系改革已经与国际贸易体制接轨，发展同步，政策变化的动力由单纯的内生或者外生转变为内外协调。2013 年起中国成为世界第一大货物贸易国（见表 4－2）。

表 4－2　　2011—2021 年我国进出口总体情况　　（金额单位：亿元）

年份	进出口		出口		进口	
	总额	增速（%）	总额	增速（%）	总额	增速（%）
2021	391008.5	21.35	217347.6	21.23	173660.9	21.50
2020	322215.2	2.09	179278.8	4.01	142936.4	－0.22
2019	315627.3	3.48	172373.6	5.02	143253.7	1.68
2018	305010.1	9.68	164127.8	7.06	140880.3	12.89
2017	278099.2	14.26	153309.4	10.76	124789.8	18.88
2016	243386.5	－0.86	138419.3	－1.95	104967.2	0.60
2015	245502.9	－7.09	141166.8	－1.89	104336.1	－13.31
2014	264241.8	2.35	143883.8	4.92	120358.0	－0.56
2013	258168.9	5.74	137131.4	6.01	121037.5	5.43
2012	244160.2	3.28	129359.3	4.96	114801.0	1.45
2011	236402.0	120.89	123240.6	30.14	113161.4	818.27

资料来源：国家统计局。

自2022年12月30日起，各地商务主管部门停止办理对外贸易经营者备案登记。这是外贸经营管理领域重大改革举措，将有利于进一步优化营商环境，释放外贸增长潜力，推进对外贸易高质量发展。

国家统计局资料显示：2021年，我国货物进出口总额39.1万亿元，同比增长21.4%。其中，出口21.7万亿元，同比增长21.2%；进口17.4万亿元，同比增长21.5%；顺差4.4万亿元。外贸进出口、出口、进口增速均为10年来同期新高。根据世界贸易组织（WTO）数据统计，2021年，全球进出口贸易总额44.8万亿美元，同比增长26.1%，中国进出口总额6.05万亿美元，在全球进出口贸易总额中占比为13.5%，继续保持世界货物贸易第一大国地位。

我国对外贸易排名前10的国家和地区是东盟、欧盟、美国、日本、韩国、中国香港特区、中国台湾地区、澳大利亚、巴西和俄罗斯。

我国对外贸易发展呈现以下特点：

（1）市场多元化成效明显，国际市场布局更趋优化；

（2）中西部地区进出口快速增长，区域布局更趋协调；

（3）高技术、高附加值产品出口强劲，商品结构持续优化；

（4）进口保持较快增长，部分大宗商品进口量减价升；

（5）外贸经营主体活力增强，民营企业主力军作用突出；

（6）新业态新模式加快发展，外贸集聚区建设取得新进展。

（二）对外承包工程发展历程及特点

我国对外承包工程发展经历了四个阶段（见图4－1、图4－2）。

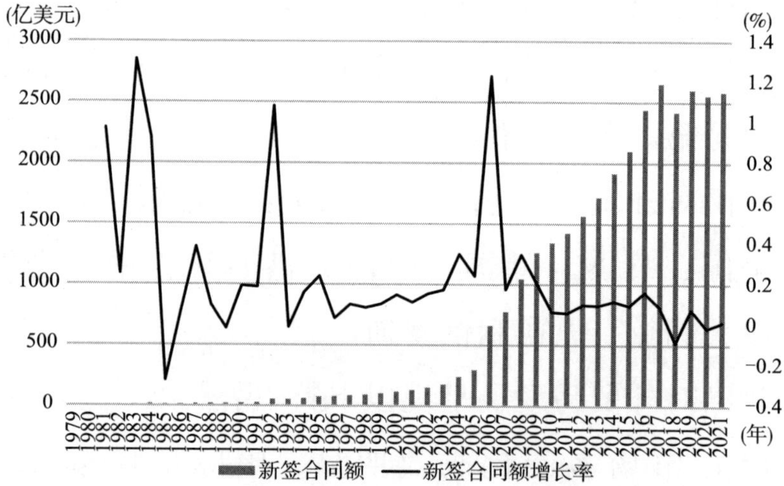

图4－1　1979—2021年中国对外承包工程新签合同额及增长率

资料来源：中国对外承包工程统计公报。

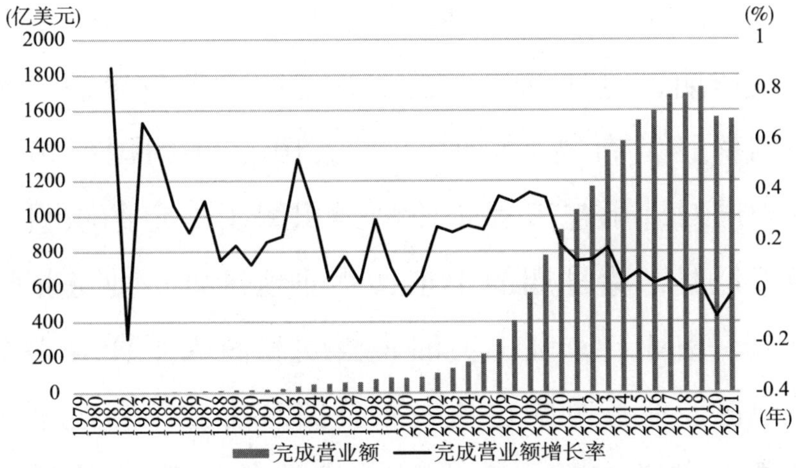

图 4－2　1979—2021 年中国对外承包工程完成营业额及增长率

资料来源：中国对外承包工程统计公报。

1. 第一阶段（1979—1991 年）起步阶段。1978 年 11 月，经中共中央、国务院批准，中国成立了第一家对外承包工程企业——中国建筑工程公司，随后中国公路桥梁工程公司和中国土木工程公司相继组建，加上原对外经济联络部所属的专门从事国际经济合作的中国成套设备出口公司，四家国有企业以“守约、保质、薄利、重义”为经营原则，率先开展了中国对外承包工程业务。1979 年，上述四家公司在伊拉克、也门、埃及、索马里、马耳他等国家和地区共签订 24 项对外承包工程合同，总金额 3352 万美元，由此揭开了中国对外承包工程业务的序幕。

2. 第二阶段（1992—2003 年）稳步发展阶段。

1992 年，邓小平同志“南方谈话”后，中国改革开放进入提速期，对外承包工程企业进一步解放思想，不失时机调整经营布局。同时，经过 10 多年的国际市场竞争，中国对外承包工程企业已经积累了一定的项目执行和管理经验，除早期的中东、北非地区外，业务拓展到南亚、东南亚、非洲、美洲、西欧和南太平洋等多个国家和地区。业务范围也从一般公路和房建项目逐渐扩大到供水、市政工程、水电站、铁路等诸多基础设施领域，如中国建筑工程公司承建的阿尔及利亚松树喜来登酒店和中国石油总公司承建的苏丹喀土穆炼油厂。

3. 第三阶段（2004—2017 年）快速发展阶段。传统承包（即与业主签订的仅是项目施工合同）快速向总承包方式转变，EPC 等交钥匙工程以及 BOT、PPP 等带资承包方式流行，承包商融资能力不断加强。2008 年，对外承包工程新签合同额跨上千亿美元台阶，2015 年跃至 2000 亿美元。

4. 第四阶段（2018 年至今）高质量发展阶段。2018 年，对外承包工程新签合同额 2418. 0 亿美元，同比下降 8. 8%；完成营业额 1690. 4 亿美元，同比增长 0. 3%。新签合同额自 1993 年以来首次出现负增长，完成营业额增速创近年来最低。与此同时，随着共建“一带一路”向高质量发展方向不断推进，对外承包工程面临发展方式创新、业务转型升级等重大挑战。

2021 年，我国企业在 180 多个国家（地区）开展对外承包工程业务，新签合同额 2584.9 亿美元，同比增长 1.2%；完成营业额 1549.4 亿美元，同比下降 0.6%。完成营业额前 10 位的国家和地区是阿联酋、中国香港特区、巴基斯坦、印度尼西亚、马来西亚、沙特、孟加拉国、阿尔及利亚、俄罗斯和澳大利亚。

我国对外承包工程发展呈现以下特点：

（1）大型复杂项目持续增多，PPP/BOT 项目明显增加；

（2）八成业务集中在亚洲、非洲市场，五成以上业务聚焦“一带一路”共建国家；

（3）已形成以交通运输、一般建筑、电力工程、石油化工、电子通信建设为主的五大优势领域；

（4）国际竞争力不断提升，我国企业占据全球工程市场约 28% 的份额；

（5）对外承包工程双赢（东道国、中国）、多赢（东道国、中国、第三国）效果显著。

（三）对外直接投资发展历程及特点

我国对外直接投资发展经历了四个阶段（见图 4－3、图 4－4）。

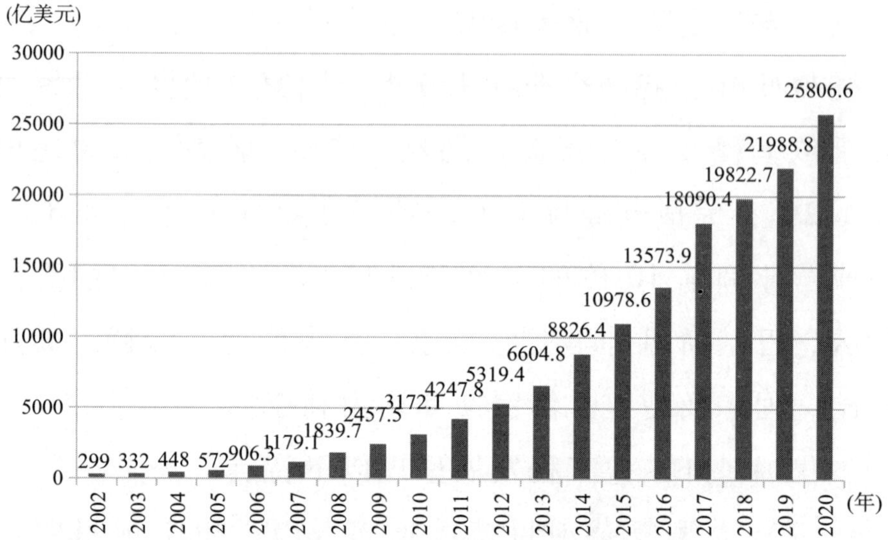

图 4－3　2002—2020 年中国对外直接投资存量情况

资料来源：中国对外直接投资统计公报。

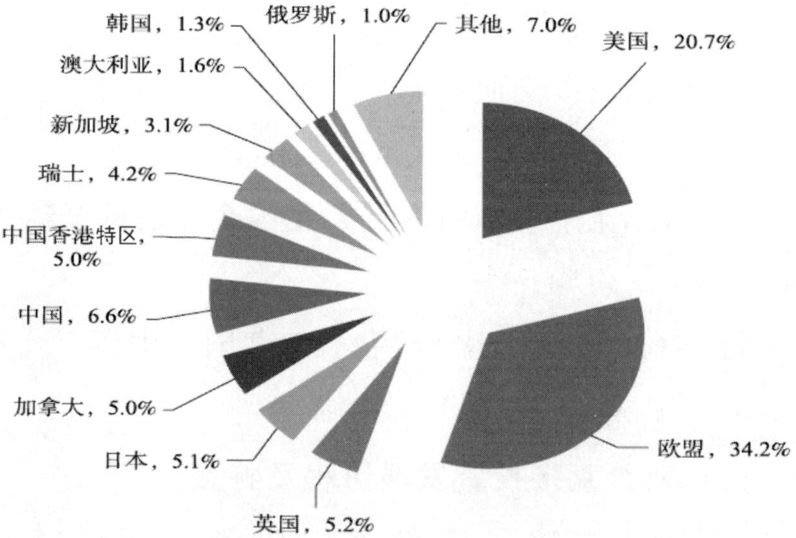

图 4－4　2020 年末全球主要经济体对外直接投资存量占比

资料来源：中国对外直接投资统计公报。

1. 第一阶段（1979—1991 年）初始起步阶段。1979 年 8 月，国务院颁布《关于经济改革的十五项措施》，在第十三项中明确提出允许“出国开办企业”，从而拉开了我国内地企业以对外直接投资形式参与国际投资与合作的序幕。但由于国内储蓄与外汇双缺口，我国对外直接投资规模小且主要依托对外贸易，参与企业少、管制严、对外直接投资增长缓慢。

2. 第二阶段（1992—2000 年）调整发展阶段。1992 年，邓小平同志“南方谈话”后，我国开始构建社会主义市场经济体制，并谋求积极扩大我国企业的对外投资和跨国经营，对外直接投资逐渐上升至国家发展战略。1992 年，首钢 1.2 亿美元收购濒临倒闭的秘鲁国有矿业公司的马尔科纳铁矿 98.4% 股份，成为中国对外直接投资的先行者。

3. 第三阶段（2001—2016 年）高速增长阶段。2001 年 12 月加入 WTO 后，“走出去”战略被写入《国民经济和社会发展第十个五年规划纲要》，与对外贸易、利用外资并列为我国开放型经济发展的三大支柱。2013 年习近平主席提出的“一带一路”倡议后，对外直接投资快速发展，对外投资的区域和产业分布越来越广泛，对外直接投资不断超越发达国家。

4. 第四阶段（2017 年至今）高质量增长阶段。党的十九大以来，我国政府加强对企业对外投资的真实性、合规性审查，市场主体对外投资更趋成熟和回归理性，尽管我国对外直接投资增速有所放缓，但投资结构和质量效益明显优化。

有资料显示，2020 年，我国对外直接投资净额（简称流量）为 1537.1 亿美元，同比增长 12.3%。其中，新增股权投资 630.3 亿美元，占 41%；当期收益再投资 716.4 亿美元，占 46.6%；债务工具投资 190.4 亿美元，占 12.4%。

截至 2020 年底，我国 2.8 万家境内投资者在国（境）外共设立对外直接投资企业（简称境外企业）4.5 万家，分布在全球 189 个国家（地区），年末境外企业资产总额 7.9 万亿美元，对外直接投资累计净额（简称存量）2.58 万亿美元。其中，股权投资 14777.3 亿美元，占 57.3%；收益再投资 7860.4 亿美元，占 30.4%；债务工具投资 3168.9 亿美元，占 12.3%。

我国对外直接投资存量排名前 10 的国家和地区分别是中国香港特区、开曼群岛、英属维尔京群岛、美国、新加坡、澳大利亚、荷兰、印度尼西亚、英国和卢森堡。

联合国贸发会议（UNCTAD）《2021 世界投资报告》显示，2020 年全球对外直接投资流量 0.74 万亿美元，年末存量39.25万亿美元。以此为基数计算，2020年中国对外直接投资分别占全球当年流量、存量的20.2%和6.6%，流量位列按全球国家（地区）排名的第一位，存量列第三位（仅次于美国和荷兰）。

我国对外直接投资发展呈现以下特点：

（1）首次位居全球第一，占比达到两成；

（2）对外投资并购数量增、规模减，结构持续优化；

（3）新增股权投资增长三成，收益再投资创历史新高；

（4）涉及领域广泛，近七成投资流向租赁和商务服务、制造、批发和零售、金融领域；

（5）对“一带一路”共建国家投资增长两成，占比提升一个百分点；

（6）超六成投资来自地方企业，中央企业对外直接投资增长较快；

（7）非公经济控股主体投资规模与公有经济大体相当。

综上所述，我国对外贸易经过70多年的发展，对外承包工程经过40多年的发展，对外直接投资经过30年的发展，企业国际化具有以下三个显著的特点：

（1）国家政策驱动中国企业国际化作用明显。1978

年12月，党的十一届三中全会后，国家开始实行对内改革、对外开放的政策，中国企业国际化起步；1992年初，邓小平同志“南方谈话”掀起又一轮改革开放热潮，中国企业稳步开展国际化业务；2000年10月，党的十五届五中全会提出实施“走出去”战略，中国企业加快了国际化步伐；2001年12月，中国正式加入WTO，中国经济与世界接轨，中国企业全面融入经济全球化，参与世界竞争；2013年，习近平主席提出“一带一路”倡议，中国企业国际化发展进入新时期，由参与全球经济分工到开始主导全球经济发展。

（2）我国对外贸易、对外承包工程和对外直接投资已在全球占据十分重要位置。2021年中国GDP为114.4万亿元，对外贸易总额39.1万亿元，对外承包工程完成营业额1万亿元，对外直接投资完成0.94万亿元。中国成为世界第一贸易大国，对外贸易总额占世界贸易总额13.5%；中国是国际工程承包第一大国，占全球市场份额约28%（2022年度ENR TOP 250全球最大250家国际承包商入榜的79家中国企业完成的营业额占比28.4%）；对外直接投资流量以20.2%的份额占据全球第一位，投资存量2.6万亿美元，排名全球第三。

（3）从对外贸易或对外承包工程业务起步发展成为知名国际化企业。以中粮集团为例，其以粮油进出口贸易起步。2014年，中粮集团携手厚朴、淡马锡、渣打、IFC、中投等国内外知名投资者组建了中粮国际，斥资40亿美元完成了对来宝农业、尼德拉两家跨国粮商的收购，组建海外农粮业务的管控平台。2017年，中粮国际设总部于日内瓦，与全球四大粮商同场竞技。

以中交集团为例，其以旗下路桥和港湾的对外承包工程起步，逐步进入对外直接投资领域。2010年，中交收购了世界著名海上钻井平台设计公司 Friede Goldman United Ltd 100%的股权。2015年，中交收购澳大利亚 John Holland Group Pty Ltd 100%股权，John Holland 是澳大利亚领先的工程和承包服务提供商之一，在铁路、隧道、水处理、环保及能源资源等领域具有经营优势。2017年，中交收购巴西工程咨询设计公司 Concremat 80%股权，Concremat 成立于1952年，是巴西乃至南美地区最大的工程设计咨询企业。中交还直接投资斯里兰卡港口城开发项目、喀麦隆克里比深水港特许运营项目、尼日利亚莱基港 PPP 项目、肯尼亚内罗毕快速路 BOT 项目、柬埔寨金边至西哈努克港高速公路 BOT 项目等一批绿地投资项目。

二、企业国际化面临的挑战

应当看到，我国企业与世界一流企业相比，在资产、企业规模与发展速度等方面大多具有明显优势，但由于我国企业国际化发展的时间较短，加上受制度、语言、文化等多种因素的影响，我国企业在国际化过程中面临比其他国家企业更为复杂的形势与风险。

（一）内部挑战

1. 国内市场大、机会多、发展快、风险小。我国具有超大型国内消费市场与全球最完备的产业链，国内经营足以满足企业大部分市场需要，这导致企业国内外两个市场经营不平衡，加上海外经营风险大，很多企业将大部分精力放在国内市场上。以对外承包工程为例。工程类企业已在国际工程市场占有28%的份额，而设计咨询类企业在国际工程市场的份额不足7%，这主要是因为设计咨询类企业在国内任务饱满，“走出去”动力不足。

2. 国际竞争力尚在培育中。改革开放以来，随着国民经济持续快速发展，企业国内竞争力不断提高，也逐渐缩小了同跨国公司之间的差距。但我国企业国际化发展历程不长，从国内竞争力到国际竞争力的建立仍需时日。目前，我国多数企业尚未掌握核心竞争技术，大部分企业经济规模小、国际市场占有率低、品牌知名度不高，还不具备在世界范围内主动配置优质资源的能力。

3. 国际化发展战略与实际操作脱节。虽然各企业都制定了国际化发展战略，从它们的经营目标和方向性来看，却不是所有企业都有清晰、明确的国际化战略路径。一些企业国际化没有注重与企业自身发展规律适配，缺乏分析论证，国际化战略进展比较曲折。部分企业在制定国际化战略时会过于理想化，制定了宏伟的发展战略往往流于文字形式，战略实施没有达到预期效果。部分企业国际化是为了“锦上添花”，主要精力还是放在国内发展上。

4. 国际化程度不高，属地化程度低。中国企业联合会、中国企业家协会公布的《2021 年中国 100 大跨国公司》名单显示，中央企业跨国指数很少有超过 30% 的，如中粮集团跨国指数 10.8%，中交集团跨国指数 17.1%，跨国指数最高的是洛阳钼业 74.0%，民营企业的跨国指数高于国有企业。我国企业跨国指数不高，一是因为国内市场大，分母大；二是海外业务规模确实还不够大。以中交集团为例，2022 年度 ENR Top 250 全球最大 250 家国际承包商数据显示，中交集团以 219.1 亿美元国际营业额居第三位，国际营业额占其全部营业额的 17.7%，第一名西班牙 ACS 集团国际营业额为 327.5 亿美元，国际营业额占其全部营业额 90.3%。可见，无论是营业额绝对值还是占比，国内企业与国外企业都还有较大差距。

国际化程度不高还反映在属地化程度低。改革开放以后“走出去”的我国企业陆续在海外投资设立各种实体型企业，如前述，我国对外直接投资存量已位居世界第三，但我国企业在东道国属地化经营程度不高，企业还处在“走进去”阶段，还没有到“融进去”阶段，主要表现是总部授（放）权不够、属地高管凤毛麟角、中方人员调动频繁、与当地社区共发展欠缺等。

5. 国际化风险应对能力不足，需加强与他人合作。我国企业开展国际化业务的重要国别市场和重要项目常受到各类风险影响和干扰，原因是企业风险管理能力不足，事前准备不足，事发后应对措施单一，综合解决能力欠缺。在选择市场和项目时缺乏周全考虑。如对政府换届可能带来的不利影响估计不足；或未能未雨绸缪，事先未能与一些重要利益相关者合作，遇到重大挑战时只能自己扛；或盲目自信，低价进入国际工程市场、或高价并购目标企业，事后无力改变亏损局面等。

汝之砒霜，彼之饴糖。通过与他人合作增强风险应对能力，减轻风险带来的损害，是国际化经营风险防范的主要手段。不能仅看到别人分享了利益，而要想到一旦风险来临，他人在分担风险方面不可替代的作用。

6. 以国内思路搞国际化，重复交学费情况屡见不鲜。我国企业“走出去”成功的项目各有各的成功原因，失败的项目原因基本一致——以国内解决问题的思路思考国外问题、忽略国际市场和国内市场的不同是失败的主要原因。我国企业家经常站在专业角度考虑项目的问题，较少或忽略项目可能受到的国际、东道国政治经济环境的影响。由于文化使然，我国企业总结项目成功经验多，总结项目失败教训的少，导致“走出去”企业重复买单交学费。成功的经验固然重要，但失败项目的教训更有价值，这一点大家都有共识，但做起来很难。

7. 面对复杂的全球经营市场环境，复合型国际化人才匮乏。我国企业国际化经营已然面对复杂的全球经营市场环境：（1）中外员工并肩，面临文化多元化的队伍，当地员工数量远远超过中国员工数量；（2）属地化经营，面临东道国上至总统下至村民各阶层人士，同时和他们打好交道是一个巨大挑战；（3）长期经营，在项目不同阶段面临权重不断变化、诉求多样的不同的利益相关者；（4）全球经营，面临不同的政治制度、不同的经济发展程度、不同民族、不同文化的多样化市场；（5）国际并购，面临境内外差异巨大的公司治理模式等。这对企业进一步国际化提出更多挑战。

我国企业懂专业的人很多，懂外语的人也很多，但既懂专业又懂外语的人就不多了，再加上国际商务、财务税务、法律等方面的知识要求，这类人才就更少了。虽然不少企业提出了“海外优先”的口号，但只有少数公司制定了有海外经历干部的优先提拔政策，长期奋战在海外一线负责人很难进入集团管理层，这导致海外领军人才一直是稀缺资源。

（二）外部挑战

1. 后疫情、后全球化的挑战。随着 2017 年中美贸易谈判，2020 年新冠疫情突发，2022 年俄乌冲突爆发，世界政治经济形势发生巨大变化，进入了后疫情、后全球化时代。百年未有之大变局进入加速演变期，美国遏制、打压中国崛起势头更为猛烈，由我国政府直接管理监督的中央企业，成为美国打击的重点对象。美国综合运用“实体清单”“长臂管辖权”、投资审查、限制融资、供应链审查、直接竞争、签证筛选等“全政府”策略打压我国科技进步，阻碍中央企业国际化业务发展。截至目前，483 家中国企业被纳入美国实体清单（其中央企及子公司 110 个）、106 家中国企业被列入未经核实清单（其中央企及子公司 6 家）、57 家中国企业被列入军事最终用户清单（其中中央企业及子公司 33 家）。

2. 一些重要国别市场政治经济形势不稳。受新冠疫情影响，一些“一带一路”沿线重要国别市场出现经济困难，如 GDP 增速下降、政府财政预算赤字加大、外汇储备减少、债务潜在违约、货币贬值严重，导致政局不稳定或政府非正常换届，如缅甸、巴基斯坦、斯里兰卡等。

3. 国际经贸新规则的挑战。竞争中立、透明度、非商业支持等国际经贸新规则逐步变成国际贸易和投资协定中普遍规则，对我国企业限制增加。有几类规则需要企业在国际化经营中加大重视。

第一类是区域/全球经贸协定的新规则要点。例如，RCEP的原产地累积制度、中欧投资协定较高的市场准入水平、CPTPP更高的贸易自由化程度和严格的约束规则、数字经济伙伴关系协定（DEPA）的模块化非约束性承诺框架等。

第二类是特定领域的新规则要点。例如，碳关税、数据及隐私安全条例等。

第三类是部分国家和地区发起的具有联盟性质的协议。例如，欧盟主导的“碳边界调整机制”“欧洲电池创新”、美国主导的“美国半导体联盟”等。

第四类是金融监管方面的新规。例如，美国曾以限制涉港资金流动为手段制裁中国香港特区，当前仍以限制金融资本流动的方式制裁中国企业。

新规则对中国企业在国际化经营中的合规管理提出的要求也越来越高。

4. 高端产业链主导权不足，关键技术亟须突破。

一是中国制造业处于全球价值链中低端，产品能耗高，碳排放高，增加值率低。二是中美贸易摩擦遏制中国价值链地位提升。典型案例如美国在半导体产业链上对中国的打压：中国芯片企业被美国阻挠其采购生产设备或海外并购，并被切断海外供应链；同时美国以价值观划线，主导成立半导体产业联盟。

中国企业普遍面临的情况是企业大而不强，部分产业的关键核心领域的技术尚未掌握，关键核心领域长期受制于人的局面未得到根本改变。此外，欧美等国家对中国引进关键核心技术正在进行限制，对国企开展并购严加审核。

5. 西方同行嫉妒中国企业发展速度，第三方市场合作需加强。中国企业国际化经营步伐逐年加快，以对外承包工程为例，过去 10 年，即 2013—2022 年度进入 ENR Top 250 全球最大 250 家国际承包商的中国企业由 55 家增加到 79 家，国际营业额由 670.1 亿美元增加到 1129.5 亿美元，增加 68.6%，市场份额由 13.1% 增加到 28.4%，增加 68.6%，而同期 ENR Top 250 营业额由 5108.8 亿美元下降到 3878.5 亿美元，下降 24.1%。面对中国企业惊人的逆行发展速度，一些国际同行抱怨中国企业是国有企业、以不合理低价竞争、中国银行提供的融资不透明、中国建设的项目仅是资产而不是价值链等。

加强和西方同行在第三国市场合作，实现共赢是消除抱怨的最好做法。如中国港湾和法国公司在喀麦隆克里比港特许运营项目上的合作，化解了利益冲突。这类合作应进一步加强和扩大。

6. 全球关注中国企业合规经营。以世界银行合规为例，1999 年被世界银行制裁的中国企业仅为 4 家，2015 年有 20 家，2018 年 40 家，2022 年达 200 家，受制裁的企业逐年增加。被制裁的原因排序是欺诈、腐败、串通等。世界银行启动制裁依据投诉，根据投诉启动调查，根据调查确定制裁等级。中国现在是最大的工程承包国，被关注、被监督、被投诉很正常，关键是自身要行得正，经得起监督和检查。这方面亟待提高。

7. 国际舆论环境不友好，一些重要项目缺乏后评价。在美国等西方利益团体的操纵下，国外针对中国企业特别是国有企业的负面报道增多，部分非政府组织发布捕风捉影、严重失实的关于中国企业海外投资的报告，刻意抹黑中国企业形象，煽动当地民众的敌对情绪，针对中国企业负面舆论衍生风险增加。而我们反驳和解释的力度不够，也不专业，使得这些负面影响长期挥之不去，或遇到合适时机就重复出现。

负面报道的产生原因是对项目的评价体系不一样，一些基础设施项目如铁路，如果仅从项目本身的回报来评价，很难实现盈利，但东道国在铁路建成以后获得的巨大间接利益往往被忽略了。应该重视重要项目独立第三方后评价机制，客观评价项目的价值：眼前的价值和长远的价值、直接价值和间接价值等。对重要项目进行后评价也是为了做到自己心中有数。

企业国际化目标和任务

一、企业国际化动机

英国学者邓宁（J. H. Dunning，1927—2009 年）1998 年提出的四种对外直接投资动机类型被后续的研究广泛引用。具体而言，企业对外直接投资的动机可以分为市场寻求型、资源寻求型、战略资产寻求型以及效率寻求型四种。

（一）市场寻求型

寻求海外市场是我国企业对外直接投资的首要动

机。对外直接投资不仅能够帮助中国企业开辟和扩展国际市场，还能够规避国际贸易壁垒。作为世界出口大国，中国一直以来都面临着配额限制、反倾销、关税等问题，严重阻碍和制约了我国企业的经贸发展。通过对外直接投资的方式进入海外市场已成为企业巩固市场和持续发展的重要手段。

（二）自然资源寻求型

自然资源寻求型的对外直接投资主要目的是寻求国内稀缺的资源以及维护原料来源的稳定性。由于国别间的自然资源分布存在非均衡性，而产品生产对资源需求具有刚性，因此需要通过对外直接投资或贸易的方式获取国内稀缺的自然资源。随着逐渐成为世界上最大的锡、铁矿石、锌、铝等消费国，我国目前面临着上述自然资源供给不足的现状，寻求海外自然资源成了中国企业对外直接投资的重要动机。近几年，中国企业不断收购海外石油资产（如油田、气田），金属和采矿业也成为中国企业海外投资的焦点行业。

（三）战略资产寻求型

近年来，我国企业在对外直接投资中寻求战略资产动机受到了越来越多的关注。战略资产指难以通过贸易和模仿获得的、稀缺的并使企业获得竞争优势的资源和能力，例如创新技术、管理能力、知识、品牌等。过去，我国大部分产业是通过承接发达国家产业转移发展起来的，在竞争中逐渐形成了以低成本制造、劳动密集型生产加工为核心的竞争优势，处于产业链的低附加值环节。我国企业正通过对外直接投资作为获取关键战略资产的跳板，提升全球竞争力以缩小与发达国家企业的差距，更有效地实现创新赶超。

（四）效率寻求型

效率寻求型的对外直接投资的主要目的是建立全球生产体系，实现规模经济和资源的最优配置。随着全球经济一体化的发展，全球市场竞争日益演变为跨国公司生产体系的竞争，因此国际化公司需要通过对价值链的各个环节进行全球资源配置来降低生产成本和增强竞争优势。

中华人民共和国成立 70 年以来，1949—1992 年是严重缺乏资本与技术阶段，对外直接投资以换取外汇的市场寻求型动因为主。拥有一定投资经验和资本积累之后，1992—2000 年对外直接投资动因是市场寻求与效率寻求并存，同时，资源寻求动因以满足国内生产需要为主。2001 年之后，除以上三种动因外，逆向技术溢出与投资管理溢出的战略资产寻求动因日益突出，其投资目的是强化国内生产、占领国内市场并依托获取的先进科技以提高国内企业竞争实力，并通过技术进步效应促进国内产业结构升级。

同时，中国对外直接投资动因变迁深刻影响着区位变迁。我国企业在“走出去”的发展历程中呈现出不同动因决定不同区位的特征。2000 年之前以市场寻求型和效率（低成本）寻求型为主的对外直接投资，在区位上体现为向东南亚、中东及拉美等欠发达地区的投资，因为此类投资能缓解贸易顺差过大和贸易摩擦与壁垒的问题。2001 年加入 WTO 之后，大量涌现的资源寻求型对外投资，在区位上主要集中体现在中东、南美和澳大利亚等石油和铁矿产地。此外，最近十余年来出现的以获取先进技术等为动因的“战略资源寻求型”对外投资，在区位上主要集中在欧美（2018 年美、澳、加、新四国大幅提高投资准入壁垒之后，我国此类投资的重点区位转向欧洲各国）。所以，投资区位变迁受投资动因变迁的深刻影响，其背后是投资资本（外汇储备等）和投资经验的积累及政策的推动。

此外，对外投资行业的变迁其实是资本与经验的不断积累、技术与人才的不断获得所引发的投资行业在产业链上下游的扩展效应体现。投资行业变迁的逻辑内涵体现在生产要素禀赋的改变引起国际分工与国际投资动态比较优势的变化。而中国对外投资动因变迁也深刻影响着行业变迁。早期由于资金技术的匮乏，只能以获取市场占用为目的，仅能在餐饮等服务业和建筑工程业开展对外投资，以求初步“走出去”并能成功立足国际市场；之后一段时期，对外直接投资基础规模初步形成，可以进行效率寻求和资源寻求，各种制造业和采掘业纷纷对外投资以实现更优质、更稳健的“走出去”；当前是经历战略资源寻求后的“全动因引发全行业”对外投资全面升级时期，各种投资动因与行业影响相互交织并快速发展，以努力实现高质量发展目标。

二、企业国际化战略意义

（一）实现国际产能合作

国际产能合作指存在投资意愿与引资需求的国家或地区间，通过生产互补优势、共享资源、调剂余缺，是一种国家间产业互动融合的合作方式。国际产能合作以各国产业互补为前提，以互利共赢为目的，是国际产业转移与对外直接投资相结合的新模式。国际产能合作不仅包含要素（如劳动和资本）、产品（如原材料、半成品和工业制成品）和产业的输出，更依据各国间的比较优势，在布局生产和完善投资国工业体系的同时，提升其制造能力。合理带动国内优势产能的“走出去”，既要满足合作方的需要，更要符合当地社会和环境的发展要求。例如，浙江省青山控股集团有限公司投资 7.72 亿美元设立印度尼西亚青山不锈钢有限公司，红狮水泥投资约 7 亿美元在缅甸、印度尼西亚、尼泊尔等地设立水泥生产线等。对外直接投资有利于化解过剩产能，为供给侧结构性改革提供了去产能的有力支持。

（二）实现创新驱动发展

企业国际化有助于提高企业的研发创新水平，提升全球竞争力，并将国外新技术转移到母国，从而促进母国技术进步和经济发展。

第一，企业进入东道国后，能够近距离接触东道国的先进生产要素和前沿信息，把握技术动态，获得研发资源。第二，东道国的市场竞争和良好的研发环境会激励跨国企业进行研发活动，以提升其技术创新能力，从而获得自身技术优势。第三，企业可以在海外以联合研发或并购等方式，吸收东道国先进技术及战略性资产，并在国内外技术共享基础上激励国内企业加大研发投入。第四，跨国企业能够吸收海外优秀科研人才，实现高级人力资本流动。高级人力资本在母国公司和东道国子公司之间的流动，不仅可以提高母国的创新资本，而且可以使技术等资源在流动过程中实现溢出和扩散。第五，跨国企业的研发有助于利用内部市场向国内进行技术转移。企业通过对外直接投资逆向技术溢出效应提升企业自身技术和管理经验，也会对同行业企业起到示范作用。

（三）优化全球产业链布局

产业链全球化是提升产业链水平、强化其产业在全球价值链各环节的增值能力、实现在全球价值链地位升级的过程，也是提升产业链安全稳定能力、自主可控能力、适应韧性能力和国际竞争能力的过程。对外直接投资、国际贸易和对外承包工程是企业在全球范围内优化资源配置、增强竞争力和开拓市场的重要途径。基于国际分工体系和比较优势，充分利用全球范围内的资源、技术和市场，发挥本国比较优势、弥补资源和能力短板，对于一个国家优化产业链布局、形成具有国际竞争力的产业链具有重要意义。

科学统筹协调对外直接投资与产业链布局的关系，发挥国际化的积极作用、抑制其负面影响，对于有效保障我国产业链关键环节的控制力、稳定性、安全性与韧性，推动全球价值链攀升，增强国际竞争力具有重要意义。

（四）促进对外贸易和对外承包工程升级

对外直接投资能够带动对外贸易和对外承包工程的发展，促进我国对外贸易结构升级和对外承包工程转型升级，进而可促进经济结构优化，推动经济高质量发展。

首先，通过对外直接投资，对外贸易企业可以绕开东道国贸易壁垒、减少敏感商品出口数量，缓解贸易摩擦；对外承包工程企业则可以通过直接投资获得投建营一体化（PPP/BOT）项目，避免低水平的投标竞争，减轻企业风险，实现可持续发展。其次，对外直接投资可以促进企业技术进步和管理水平提升，改变我国在国际分工中的地位。最后，对外直接投资可以促进我国对外贸易商品结构升级和对外承包工程转型升级，从而有利于我国经济发展方式转变。

（五）提升企业国际竞争力

一方面，企业在东道国经营时，东道国具有较高的生产技术水平和管理技能的企业会对跨国企业起到“示范”作用。通过学习和吸收东道国先进的技术和管理经验，利用人员流动、内部消化转移等方式将学习到的新知识、新方法应用到本国生产实践中去，从而使本国相关产业的生产得到优化，促进本国产业升级。另一方面，国际合作有利于强化国际化人才队伍建设，培育尊重国际市场、熟悉国际商业规则的高素质国际化人才队伍。

国际化人才既要了解东道国的制度、法律、文化等，还要了解国内的市场情况，成为联通中外文化和经营的桥梁。通过跨国合作、外派、境外研修等多种方式，能够加强境内外人才交流，拓宽人才上升渠道，为企业贡献更多的管理知识和经验，创造更好的经营环境。

三、企业国际化目标和任务

依据世界一流企业“产品卓越、品牌卓著、创新领先、治理现代”的16字奋斗目标，我们提出建设世界一流企业的国际化目标和任务供参考：

（1）进入世界500强或本细分行业世界排名前3；

（2）实现国际营业额、利润占比30%以上；

（3）提供高附加值、高科技含量、具有全球竞争力的产品和服务；

（4）提升品牌知名度、拥有享誉全球的知名品牌；

（5）实现全球市场布局，以全球为市场，统筹好国内、国际两个大局，将我国超大规模市场优势转化为国际竞争优势；

（6）实现资本、资源、技术、人才各类要素全球化配置，成为主导全球产业链、供应链和价值链的“链主”企业；

（7）具备跨国企业治理能力；

（8）具备全球风险防范能力；

（9）具备合规经营能力；

（10）拥有一支高素质、多元化的国际化人才队伍。

企业国际化推进措施

一、洞察国际市场政治经济环境

人类社会正面临百年未有之大变局。随着过去数十年经济全球化的突飞猛进，一方面人财物的流动性在全球范围内迅速增长，另一方面贸易不均衡、地域发展差距、个人收入差距全球性急速扩大。但企业的全球化扩张诉求却越来越强烈，产业链的全球化、人才的全球化、技术革新的全球化、金融的全球化等越演越烈。更重要的是，气候变暖、新冠疫情等需要全球协同应对的社会治理问题的紧迫性也陡然升级。在经济全球化进程中通过推行改革开放政策而迅速崛起成为经济大国的中国企业，如何面对这一大变局，需要大格局大智慧。

（一）要关注全球政治经济环境

一是全球化发展以来产生的发展不平衡、贫富分化、经济主权流失等问题的累积使民粹主义、保护主义等逐渐抬头，新冠疫情暴发后，全球化的负面效应被突然放大；二是全球产业分工不平衡的脆弱性凸显，未来全球产业链、供应链布局将以安全为主，美国等西方国家已经开始通过产业回迁、产业链重构的方式调整产业布局，将战略资源掌握在自己手中，减少对中国的过度依赖；三是中美贸易摩擦带来的地缘政治博弈愈演愈烈，政治阻碍力度加强，美国等西方国家在政治、经济、军事等领域对中国进行各种打压，特别是对我国高新技术产业的遏制打压将长期化，阻碍了我国企业跨国并购的发展；四是2022年2月以来的俄乌冲突，给全球经济带来重大冲击，特别是给我国“一带一路”倡议的推进带来不确定性。一方面，中国在欧亚大陆的布局被拦腰截断。另一方面，能源价格和粮食价格的暴涨，未来一两年内极有可能导致“一带一路”沿线多个国家爆发政治冲突和政权更迭，这对我国在沿线投资造成不小的外部风险。

（二）要关注区域政治经济环境

目前新一轮的国际经贸规则正在重塑，区域经贸合作机制加快推进。我国正持续推进加入全面与进步跨太平洋伙伴关系协定（CPTPP）和数字经济伙伴关系协定（DEPA），并在高质量实施区域全面经济伙伴关系协定（RCEP）协定。

区域全面经济伙伴关系协定（Regional Comprehensive Economic Partnership，RCEP），目前有15个协定成员国，即东盟10国+中日韩澳新。RCEP成员国人口约占全球的28.7%，GDP占全球总量的29.3%，贸易额占全球总量的27.3%，是全球最大的自由贸易区。RCEP是一个全面、现代、高质量和互惠的自贸协定，RCEP成员均是我国重要的经贸伙伴，将助力我国加快形成新发展格局。

（三）要关注周边国家政治经济环境

中国依托“亲诚惠容”的周边外交，完成了一些具有标志性的项目，如中巴经济走廊系列项目、中老铁路项目、印度尼西亚雅万高铁项目、中俄油气合作等。在南海问题上，中国坚定维护主权权益和核心利益，强化了南海的主权存在，在很大程度上化解了“南海仲裁案”对中国的不利影响，彰显了中国在国际社会的影响力和动员能力。

在错综复杂的国际局势下，中国在周边地区将继续面临复杂局面和诸多现实挑战。当前要格外关注印度、菲律宾、缅甸、巴基斯坦等国的政治经济形势，更好地从宏观上把握周边环境的总体走势，对周边外交进行系统的筹划与设计，为中华民族伟大复兴、“两个一百年”战略目标的实现，提供更有力的周边战略支撑。

二、洞察所处行业环境

企业所处的行业环境作为微观企业个体的集合体，对企业的生产经营具有重要的意义。企业要想获得可持续的发展，必须要对行业环境进行周密的分析和研究。国际工程企业因其生产技术特点及项目不同于一般的制造业企业，行业环境会影响国际工程企业的核心竞争力。受宏观环境和市场环境的双重影响，国际工程行业正在发生深刻变化，进入转型升级、高质量发展的关键期。

本部分将以国际工程行业环境为例，对行业发展的大环境进行探究。对国际工程行业环境的分析，对其他行业的国际化进程也有重要的参考借鉴意义。

（一）熟知行业发展现状和趋势

国际工程行业环境可以用美国 ENR 杂志过去 5 年全球最大 250 家国际承包商（ENR Top 250）数据为依据来分析。

2017—2021 年 ENR Top 250 全球最大 250 家国际承

包商营业额规模及区域市场分布如表 4－3 所示。ENR Top 250 营业额由 4824.0 亿美元下降到 3978.5 亿美元，下降 17.5%。除了欧洲地区外，其他地区营业额均有不同程度的下降，其中，中东地区下降达 40.4%。这显示过去 5 年国际工程市场环境不佳，市场竞争激烈，企业风险加大。

表 4－3　2017—2021 年 ENR Top 250 国际承包商营业额地区分布

单位：亿美元

年份	海外总营业额	亚洲/澳大利亚	欧洲	中东	非洲	拉美/加勒比	美国/加拿大
2021	3978.5	975.3 (24.5%)	1131.0 (28.4%)	485.4 (12.2%)	467.8 (11.8%)	219.9 (5.5%)	698.2 (17.5%)
2020	4203.5	1073.1 (25.5%)	1059.8 (25.4%)	555.2 (13.2%)	482.7 (11.5%)	216.4 (5.1%)	816.0 (19.4%)
2019	4730.7	1252.2 (26.5%)	1058.3 (22.4%)	713.8 (15.1%)	552.3 (11.7%)	267.9 (5.6%)	882.7 (18.6%)
2018	4872.9	1273.9 (26.1%)	1078.1 (22.1%)	809.2 (16.6%)	600.9 (12.3%)	297.9 (6.1%)	809.3 (16.6%)
2017	4824.0	1276.1 (26.5%)	1023.4 (21.2%)	814.0 (16.9%)	624.2 (12.9%)	300.0 (6.2%)	782.9 (16.2%)

资料来源：美国《工程新闻纪录》杂志。

2017—2021 年，中国对外承包工程企业整体表现不错。在 ENR Top 250 营业额规模下降 845.5 亿美元（17.5%）的情况下，入榜的中国企业营业额规模仅下降11.5亿美元（1%），在国际工程市场份额由23.7%增至28.4%（见表4-4）。亚洲市场取代非洲市场成为中国对外承包工程企业最大区域市场，中东市场份额有较大增长，欧洲市场增加速度快。我们要分析导致国际工程市场规模减少的原因以及区域市场增减变化的原因，以便于今后能更加有的放矢地选择（调整）市场。

表4-4　2017—2021年ENR Top 250国际承包商入榜中国企业营业额地区分布

单位：亿美元

年份	入榜公司数	ENR Top 250 营业额合计	入榜中国公司营业额合计	入榜中国公司份额（%）	亚洲/澳大利亚	非洲	中东	拉美/加勒比	欧洲	美国/加拿大
2021	79	3978.5	1129.5	28.4	472.1 (41.8%)	277.4 (24.6%)	194.4 (17.2%)	50.4 (4.5%)	115.1 (10.1%)	20.1 (1.8%)
2020	78	4203.5	1074.6	25.6	456.3 (43.4%)	294.4 (27.4%)	188.9 (17.6%)	45.9 (4.3%)	72.6 (6.8%)	16.5 (1.5%)
2019	74	4730.7	1200.1	25.4	542.8 (45.2%)	341.7 (28.5%)	175.7 (14.6%)	63.4 (5.3%)	48.9 (4.1%)	25.2 (2.1%)
2018	75	4872.9	1189.7	24.4	519.9 (43.7%)	365.7 (30.7%)	171.4 (14.4%)	72.3 (6.1%)	42.4 (3.6%)	18.0 (1.5%)
2017	69	4824.0	1141.0	23.7	481.5 (42.8%)	373.2 (32.7%)	164.4 (14.4%)	69.1 (6.1%)	29.7 (2.6%)	23.1 (2.0%)

资料来源：美国《工程新闻纪录》杂志。

从对外承包工程企业过去5年在国际工程市场的表现来看，可以得出以下三个结论：

（1）在国际工程市场规模整体下降的形势下，保持了较好发展态势；

（2）主要市场在亚洲、非洲；

（3）在全球各区域市场发展不平衡。

（二）细分国际市场

2022年度ENR Top 250入榜的79家中国企业国际营业额份额为：在全球市场为28.4%，在非洲市场59.3%，在亚洲市场55.3%，在中东市场40.0%，在拉丁美洲及加勒比市场22.9%，在澳大利亚市场25.8%，在欧洲市场10.2%，在北美市场2.9%。中国企业在各区域市场不同的市场份额反映了市场要求和企业能力的匹配度，因此需要我们区分不同市场，以便采取更加有针对性的竞争策略。

1. 世界银行关于世界经济区域划分。2020年7月，世界银行发布了2019年全球人均GDP排行榜。2019年全球GDP总量为87.75万亿美元，人均GDP为11436美元。高收入组经济体人均GDP为44584美元，人均GDP大于12536美元的国家列入此组；中等以上收入组经济体人均GDP为9040美元，人均GDP 4046—12535美元的国家列入此组；中等以下收入组经济体人均GDP为2177美元，人均GDP 1036—4045美元的国家列入此组；低收入组经济体人均GDP为780美元，人均GDP

低于 1035 美元的国家列入此组。高收入组经济体国家和低收入组经济体国家人均 GDP 相差 57 倍（780/44584），在选择目标市场时，我们要充分关注到这一巨大差异对开展国际化经营活动的影响。

2. 按中国技术标准被接受的程度划分国际工程市场。按中国技术标准被 100% 接受、部分接受、基本不接受和不接受可将国际工程市场分为四类地区。第一类地区（欠发达经济体国家），主要是撒哈拉以南非洲地区国家，100% 接受中国标准；第二类地区（发展中经济体国家），南亚、北非、中亚、拉美等一些国家，部分接受或不排斥中国标准；第三类地区（准发达经济体国家），中东、中东欧、拉美等一些国家，基本不接受中国标准；第四类地区（发达经济体国家），西欧、北美、澳新等，完全不接受中国标准。可用这一分类指导不同地区的国际工程业务。

3. 参考世界银行按人均 GDP 的分类方法，结合中国企业在不同人均 GDP 国家国际工程业务开展情况和中国技术标准在不同地区被接受的情况，按人均 GDP 可将国际工程市场分为以下四类：

第一类地区，人均 GDP 在 4000 美元以下的国家，主要是非洲撒哈拉以南的地区国家，也包括南亚和东南亚的一些国家，这些国家接受中国技术标准，中国产品可以无障碍进入该地区，中国企业具有很强的竞争力。这是全球国际工程的初级市场。

第二类地区，人均 GDP 4000—10000 美元的国家，主要是中东、北非部分国家、东南亚部分国家、中亚、拉丁美洲地区的国家，这些国家不完全排斥并有条件地接受中国技术标准和中国产品，遇到具体项目时一事一议，中国企业有较强的竞争力。这是全球国际工程的中级市场。

第三类地区，人均 GDP 10000—20000 美元国家，主要是中东欧地区国家、土耳其、俄罗斯、巴西等，基本不接受中国标准，中国公司在该地区实施的项目基本上采用欧美标准或本地标准，中国企业需要发现自己的比较优势，并与他人联合实现优势互补。该地区可以认为是全球承包工程准高端市场。

第四类地区，人均 GDP 20000 美元以上国家，这些国家是西欧、北美和澳新等，只有少数中国企业在这类市场开展业务。在这个地区不接受中国技术标准，中国产品进入该地区需要经过复杂的认证手续，中国工人进入该地区工作也需要经过复杂的工作签证审批手续。这是全球承包工程高端市场。新加坡（人均 GDP 58902 美元）、以色列（人均 GDP 43689 美元）、阿联酋（人均 GDP 44300 美元）可以看作进入西欧、北美、澳新市场的练兵之地。

（三）对标行业标杆企业

“他山之石，可以攻玉”。行业标杆企业要在行业头部企业里寻找，行业头部企业的发展历程和特点可能各不相同，所以要研究标杆企业、发现标杆企业特点，从而借鉴标杆企业对我们有价值的做法。那么国际工程行业内标杆企业是什么情况呢？

以西班牙建筑和服务产业集团 ACS 为例。ACS 集团是西班牙最大的建筑公司，总部设在马德里，员工 19 万人，在全球 70 个国家设有分支机构。2013 年起连续 10 年稳坐 ENR Top 250 最大 250 家国际承包商排名第一名。2019 年完成营业额 450.2 亿美元，其中国际营业额 389.5 亿美元，国际化率 86.5%。根据 2019 年 ACS 经济和财务报告，营业额地区分布为：西班牙 13.9%，美国市场占比 43.4%，加拿大 4.2%，澳大利亚市场 17.5%，新西兰 1.2%，欧洲（除西班牙）4.8%，其他市场 15.0%。

1983 年，西班牙 ACS 的前身 CP 建筑公司由于经营不善，时任 CP 公司行政副总裁佩雷斯（Florentino Pérez Rodríguez）抓住机遇，以 1 个比塞塔买下公司，并很快扭亏为盈。1993 年起第一次大规模重组，1997 年起第二次大规模重组，2002 年起第三次大规模重组，通过三次大重组，ACS 取得了在西班牙传统建筑行业的垄断地位。

2007 年 3 月，ACS 从慕尼黑金融投资公司 Custodia 手中收购了当时 ENR Top 250 最大 250 家国际承包商排名第一、德国首屈一指的建筑企业 Hochtief 公司 25.1% 的股份，并在随后两次增持至 71.72%，从而成为这家德国公司最大的股东，一举奠定了其在国际市场的霸主地位，使 ACS 自 2013 年起坐上 ENR Top 250 头把交椅至今。

西班牙 ACS 集团的发展给我们的启示：

（1）发展和扩展主要依赖并购；我们主要是内生式发展。

（2）在高端市场经营，西班牙 ACS 营业额 85.0% 来自西班牙、欧美、澳新市场；我们主要在亚非市场（83.6%）。

（3）高国际化率，获得整个国际市场机会，分散在一国经营的风险，西班牙 ACS 国际营业额占比 90.3%；我们八大建筑央企国际化国际营业额占比介于 2.6%—20.6%。

（4）积极参与特许经营项目，主要途径是并购成熟的特许经营公司。近年中国企业也开始参与投建营一体化（PPP/BOT）特许经营项目，但主要目的之一是工程

EPC，所以做的绿地项目多，而绿地项目比棕地项目（成熟的特许经营项目）风险大。

（四）评估自身在所处行业地位

2022 年度 ENR Top 250 全球最大 250 家国际承包商数据显示，进入前 10 的有 4 家中国企业，他们是中交（排名第 3）、电建（排名第 6）和中建（排名第 7）、中国铁建（排名第 10）。各区域市场情况如下：非洲市场有 6 家中国企业进入前 10；亚洲和中东市场各有 5 家中国企业进入前 10；在拉丁美洲和加勒比有 3 家中国企业进入前 10；在澳大利亚市场有 2 家中国企业进入前 10；在欧洲有 1 家中国企业进入前 10；美国、加拿大没有中国企业进入前 10；各专业市场情况如下：在交通、电力领域各有 4 家公司进入前 10；在房屋、石油、供水、制造业领域各有 2 家中国企业进入前 10；在一般建筑、工业、通信、污水和废物处理领域各有 1 家中国企业进入前 10。

对外承包工程企业要客观分析自己在非洲、亚洲和中东市场以及交通、电力领域的优势所在，在其他区域市场和其他专业领域的优劣势是什么，可以借助 SWOT 分析这一战略管理中的常用工具。通过分析，确立自己在行业中所处的位置，扬长避短，以全球为市场制定符合自身发展的经营战略。

对外承包工程企业按海外营业额可以分为领军企业及六个梯队。其中领军企业（年完成海外营业额 20 亿美元以上）除了一级建筑央企外，另有中国港湾、水电国际等近 10 家二级央企。第一梯队（年完成海外营业额 10 亿美元以上）大约有 10 多家企业。

处于不同梯队的企业应采用不同的国际化经营战略。

三、制定国际化经营战略

国际化经营战略是企业中长期发展规划，是提升企业全球竞争力和保持可持续性发展的重要决策。企业国际化经营战略的制定、关键路径选择和执行措施等，都将直接影响企业国际化进程的成功与否，企业，尤其是企业领导要高度重视企业国际化经营战略的制定。

本部分将介绍 5 种国际化经营战略：专业为本，企业通过培育核心能力，在专业上精益求精；全球经营，通过统筹协调母公司和分布于世界各地的子公司的生产经营活动，在全球范围内实现生产要素的有效配置；属地化深耕，企业在一个国别市场长期、全面、深度经营；投资拉动，企业通过投资来带动国际贸易，以及通过投建营一体化项目带动对外承包工程；并购扩张，企业通过国际并购实现海外业务规模扩张。

（一）专业为本

世界一流企业分为两种：一种是规模实力强大、综合实力超群的全球领先企业，即全能型企业，以进入世界 500 强的世界一流企业为代表；一种是规模不大但在细分领域世界领先的隐形冠军，以德国中小型家族企业居多，在中国是指工信部推行的“单项冠军”企业。专业为本说的是第二种企业，其实也包含第一种企业，即数家专业领先企业构成了规模实力强大、综合实力超群的全球领先企业。

全能选手往往具备资本优势、人才优势、对产业链上下游的影响力和控制力优势，多产品、多业务、多渠道的协同效应优势，社会、行业资源优势等。与实力雄厚而又雄心勃勃的全能选手企业相比，单项冠军企业略显势单力薄，在市场竞争中感受到全方位的压力，那么单项冠军企业的未来之路在哪里？单项冠军企业要想在自己的赛道上持续领先，长盛不衰，至少需要从 8 个方面不断积累夯实提升自己的核心能力：一是专注一件事；二是全球经营；三是自主经营；四是组织机构精简；五是持续创新；六是频繁联系客户；七是高绩效文化；八是员工忠诚度高。

所谓专业为本，即企业通过培育核心能力，即核心技术、核心产品和服务，在专业上精益求精，做到人无我有，人有我精；在行业上培育全产业链服务能力，能够提供一揽子有价值的解决方案；从而拥有别人所没有或者比别人更好的产品或服务，借以占领市场，取得更多市场份额，有效地规避经营风险。

一个将专业为本作为经营战略的企业首先要建立一个愿景，即企业志在将专业发展到极致，成为该专业的佼佼者，并且这一愿景得到全体员工认同，成为全体员工共同愿景，所有人均朝着愿景的目标前进。其次，打造创新型企业，专业能力的发展是创造性的工作，要做到人无我有，人有我优，没有创造性的工作，是不可能实现的。最后要不断学习，打造学习型组织。这里有四层含义：一是终身学习；二是全员学习；三是全过程学习；四是团队学习。只有保持学习能力，不断突破组织成长的极限，才能保持专业的领先地位。

（二）全球经营

中国企业国际化路径：从国际贸易或国际工程项目开始，进入一国开展国别经营或属地化经营阶段，然后通过开发周边市场实现区域经营，最后进入全球经营阶段。

全球经营的企业以全球为市场，在全球范围内寻找最有价值的商机，在全球范围内配置最有效率的生产要素，防范全球风险，从而创造更高价值。

全球经营战略下，中国企业必须克服以下障碍：

（1）语言是制约中国企业全球经营的首要障碍，尤其是葡萄牙语、西班牙语、俄语，更有一些小语种国家，如波兰、塞尔维亚等。

（2）市场准入是制约中国企业全球经营的第二个障碍。

（3）技术标准是制约中国企业全球经营的第三个障碍。

全球经营战略下，对中国企业国际化人员要求更高：

（1）必须有更宽广的视野、更长远的眼光、更敏锐的商业嗅觉，从而能捕捉到更有价值的商业信息；

（2）必须熟悉并善于在不同政治环境、不同商业习惯、不同文化下工作和生活；

（3）必须有更强大的风险识别和防范能力。

全球经营战略下，中国企业必须培育三种能力：

（1）捕捉全球商机能力，包括目标国别市场和目标项目选择能力；

（2）配置全球优质资源能力，包括和世界一流企业、当地有实力的企业合作能力，以增强竞争力，防范风险；

（3）防范全球经营风险能力，包括识别风险能力和规避、转移、减轻风险能力。

（三）属地化深耕

属地化经营是指企业在一个国别市场长期、全面、深度经营。经营生产所需的一切要素，如人员、设备、材料、技术、土地、资金等最大幅度地取自当地。除了赚取利润，回报当地社会也成为企业运行的目的。评价企业的经营成果不仅仅是利润指标，企业在当地的资产增值也应包括在评价指标内。采用属地化经营战略的企业要深入研究当地环境，如政治、法律、经济、社会，主动融入当地社会，以当地人能接受的方式进行沟通，成为当地社会一份子，与当地社会共发展。属地化经营有利于企业长期占领海外市场、并实现可持续发展。

属地化的衡量标准：

（1）在当地注册了公司（有限公司、合资公司）；

（2）在当地拥有产权的生产经营场所；

（3）在当地投资和承揽的项目可使公司持续稳定运营；

（4）有稳定的当地员工队伍（包括高管和管理层）；

（5）在当地拥有机械设备和周转材料；

（6）在当地拥有资金和持续的现金流；

（7）在当地拥有商誉和品牌影响力；

（8）在当地拥有政商关系；

（9）与所在社区和谐共处；

（10）在当地纳税。

初级阶段的属地化以实现以下三条为标准：

（1）在当地注册有限公司（独资或合资），并获得相应执照和资质证书，成为当地的外国公司；

（2）人力资源属地化，依东道国政府要求和企业降低劳动力成本的要求，雇佣当地员工包括管理人员；

（3）供应链属地化，使用当地工程分包商从事设计、施工等，在当地采购设备材料，雇佣当地服务商——清关代理、会计师事务所、律师事务所等。

更进一步的属地化面临如下一系列挑战：

（1）总部放权；

（2）高管属地化；

（3）与当地社区共发展。

（四）投资拉动

根据我国企业对外直接投资项目来看，境外投资的领域包括矿业（石油）、房地产、工业、农业、物流、商业和其他，境外投资尤其要关注那些由于基础设施（公路、铁路、港口等）过大而尚未开发的资源类项目，如非洲的矿产资源。境外投建营一体化有机场、港口、公路、轨道等交通基础设施项目、电、水、医院等民生项目、垃圾焚烧、污水处理等环保项目、园区（自贸区、工业园）项目等。

投资拉动战略指企业通过直接投资矿山、石油、工业、农业等带动对外贸易、和通过投建营一体化项目带动对外承包工程，投资的回报主要在生产运营阶段，并主要取决于投资项目的产品或服务的质量以及用户付费能力。

以肯尼亚内罗毕快速路 BOT 项目为例。该项目连接国际机场、内罗毕环城路和中心城区，全长 26.8 公里，总投资 6 亿美元，是肯尼亚第一条收费公路项目，特许经营期为 30 年，2022 年 5 月 14 日投入运营。

又以克罗地亚塞尼 156MW 风电项目为例。总投资 1.7 亿欧元，特许经营期 25 年，电力竞价上网，2011 年 11 月并网发电。

比较这两个项目可知，一是用户不一样，一个是众多的驾车个人（零售），另一个是国家电力公司（批发）；二是价格调整机制不一样，一个是收取固定费用（调价难度大），另一个是竞价上网；三是币种不一样，一个收取当地币，另一个当地币就是欧元。实施投资拉动战略的企业，尤其要关注用户的付费方式。

（五）并购扩张

国际并购有着比自我内生式发展拥有更快的优势。如 2016 年江苏省交通科学研究院收购美国最大的环境监测公司 Test America 的 100% 股权和西班牙 EPTISA 工程公司 90% 的股权，在 ENR Top 225 国际设计公司的排名由当年的第 93 名增至来年第 45 名。

又以洛阳钼业为例。2012 年上市后，洛阳钼业开启了国际并购之旅：2013 年以 8.2 亿美元的价格，收购澳大利亚北帕克斯铜金矿（NPM）80% 权益；2016 年收购巴西的铌磷业务和刚果（金）铜钴业务（TFM）56% 股权；2017 年收购 TFM24% 股权，对 TFM 权益提升至 80%；2018 年参股华越镍钴 30% 股权，布局印度尼西亚 6 万吨镍钴湿法冶炼项目；2020 年收购刚果（金）（KFM）铜钴矿 95% 的权益。上市 10 年间，通过国际并购，洛阳钼业营业额增加了 30 倍。

下面以巴西为例来分析国际并购的机会。

2021 年 12 月，巴西政府公布了《2021—2050 年基础设施一体化计划》，巴西政府将通过改革监管体制，优化营商环境，吸引私人投资，使每年用于基础设施建设的投资能够达到 GDP 的 2.5%—3%。该计划推出了 132 项大型项目，其中包括 21 个铁路项目、10 个高速公路项目、6 个港口项目、11 个电信项目、29 个水电项目。巴西货币里亚尔从 2013 年 1 美元兑换 2.04 里亚尔贬值到 2022 年 1 美元兑换 5.57 里亚尔，成为吸引国际直接投资较多的国家之一。

以美国威尔逊室内设计公司并购为例来分析国际并购的挑战。

2014 年，中国企业完成了对美国威尔逊室内公司 100% 股权收购。遗憾的是 2020 年 2 月，该企业发布公告称，由于疫情，威尔逊公司经营受到重大影响，2020 年度主营业务收入同比下降幅度较大，经营严重亏损，应收账款回收难度较大，现金流周转不善，资金链存在断裂的风险，同意威尔逊公司提出的破产清算申请。这个案例告诉我们国际并购并非易事。

国际并购一定要对并购后如何管理目标企业有充分的考虑和提前的安排，包括但不限于并购后采用何种公司治理模式，中国公司的治理模式和海外企业的治理模式有很大不同，虽然一个公司如何治理是大股东说了算，但如果并购后的公司治理模式不能得到员工的认同，员工会“用脚投票”，辞职了之。另外，如何克服文化差异也是需要认真考虑的问题。

虽然难度和风险并存，但国际并购依然是企业快速成为国际一流企业的途径之一。

四、培育目标市场和目标项目选择能力

目标市场和目标项目选择是建设世界一流企业国际化的第一步，也是重要一步，因为市场和项目选择不能出错，如果市场和项目选择错了，轻则无所建树，重则

经营失利导致经营亏损。市场和项目选择也和企业自身实力、提供的产品和服务有关，企业应选择适合自己的市场和项目。

目标市场和目标项目选择对初次走出国门的企业非常重要，这很好理解。目标市场和目标项目选择对已在市场打拼多年的企业也很重要，因为市场是不断变化的，而我们对市场的认知也是在不断提升的，需要用市场选择的方法不断地拷问自己：当下我的市场选择和项目选择是否正确？培育目标市场和目标项目选择能力，是中国企业国际化经营永恒的课题。

（一）选择目标国别市场

在中国企业开展国际化经营的众多国别市场中，印度尼西亚（2020 年 GDP 1.06 万亿美元，人口 2.6 亿人，人均 GDP 3912 美元）是一个突出的国别市场。印度尼西亚是 2020 年中国对外直接投资额（流量）排名前 10 的国别（地区），当年流量 22 亿美元，存量 179.4 亿美元。印度尼西亚同时也是 2020 年中国对外承包工程完成新签合同额、营业额排名前 10 的国别，当年新签合同额 119.2 亿美元，完成营业额 71.7 亿美元。是什么吸引中国企业如此青睐印度尼西亚？一是资源，二是市场。资源分为油气资源、矿产资源（煤矿、锂矿）和其他资源；市场分为工程承包市场、主要消费品市场和数字经济。同时，印度尼西亚还是“一带一路”首倡国家，政治稳定、经济持续发展，中国企业具有比较优势，与中国友好。

目标市场选择原则：（1）优先选择“一带一路”国家；（2）优先选择政局稳定的国家；（3）优先选择有资源的国家；（4）优先选择亚洲重点市场国家；（5）优先选择非洲重点市场国家；（6）优先选择重要国别市场；（7）优先选择经济持续稳定发展的国家；（8）优先选择与中国友好的国家；（9）优先选择中国公司具有比较优势的国家；（10）优先选择小而美的国家。

（二）评估目标国别市场

目标市场选择能力的关键是评估目标市场，针对其政治环境、经济环境、法律环境、社会环境、营商环境、市场机会、现有和潜在竞争者作出客观评估，以决策是否进入该市场长期经营（对新进入市场者），或是否需要调整现有经营策略（对已进入市场者）。

（三）选择目标项目

目标项目选择非常重要，它能帮助我们做到：（1）避免盲目跟进不靠谱的、风险过大的、中途可能夭折的项目；（2）预设项目策略、提升项目成功率；（3）预判项目风险、提升项目盈利水平。

致力于创建全球一流的企业要选择全球市场重要

项目。

1. 以全球油气项目为例。近期非洲有三个重要油气项目引人关注：乌干达艾伯特湖油田项目、毛里塔尼亚与塞内加尔海上边界的GTA跨界海洋天然气田（Greater Tortue Ahmeyim）项目、莫桑比克北部近海的鲁伍马（Rovuma）盆地油气项目。

中海油参与投资开发的乌干达艾伯特湖油田项目2022年2月1日举行开工仪式，乌干达总统穆塞韦尼出席。2006年在该国西部的艾伯特湖区发现原油储备，油田面积1518平方公里，探明地质储量超60亿桶。作为投资方，法国道达尔能源公司和中海油拥有乌干达艾伯特湖油田项目的权益。项目一期预计总投资150亿美元。乌干达能源和矿产开发部表示，预计在未来4年内完成建设工程，并将于2025年开采出第一批石油。该油田项目还将建设全长1443公里的东非首条原油管道，横跨乌干达和坦桑尼亚两国，设计输油量每天21.6万桶。

2. 以全球矿业项目为例。近期几内亚西芒杜铁矿情况令人关注。由新加坡韦立国际集团、山东魏桥集团和几内亚UMS集团组成的“赢联盟”在成功投资建设几内亚圣图—胡达铝土矿区+达圣铁路（125公里）后，又高调介入几内亚西芒杜铁矿1#2#区块，几内亚政府拥有 15% 的股份。中铝和力拓组成联合体拥有西芒杜 3#4# 区块，力拓这家英澳矿业公司自 1997 年以来一直持有这两个区块 45. 05% 的股份，中国铝业和几内亚政府则分别拥有 39. 95% 和 15% 的股份。基础设施是阻碍西芒杜项目开发的主要因素之一，根据最新达成的协议，两家联合体将合作建设一条 670 公里的穿越几内亚的铁路和一个港口，几内亚将获得 15% 的铁路、港口的股份。

摩根大通分析师表示，一旦西芒杜铁矿全面投产，预计每年将生产1 亿吨铁矿石，其中 1 号和 2 号区域年产量为 6000 万吨，3 号和 4 号区域年产量为 4000 万吨。如果全线投产，西芒杜本身将成为世界第五大铁矿生产商，仅次于 FMG、力拓、淡水河谷、必和必拓。

（四）评估目标项目

当我们获取并筛选了项目信息，判断其可行性主要是看以下几个方面：（1）项目符合政府发展规划吗？（2）政府换届对项目会产生影响吗？（3）民众或地方政府支持项目吗？（4）地缘政治对项目有影响吗？（5）项目在经济上可行吗？（6）项目在技术上可行吗？（7）项目符合环保（减碳）要求吗？其中，项目是否符合政府发展规划最为重要。

企业要了解东道国政府的迫切需求，跟踪并开发符合东道国政府发展规划的项目。如 2014 年发布的吉布提“2035 愿景”，利用有利的区位优势，做内陆大国埃塞俄比亚的出海口，成为地区金融商贸物流中心，成为非洲的迪拜或新加坡。招商局在吉布提发展顺应了吉布提“2035 愿景”。2012 年 12 月，招商局入股吉布提港口和自贸区管理局，拥有 23.5% 的股份，旋即开展吉布提新的多功能码头的建设；2017 年 5 月，吉布提多哈雷多功能码头开港运营，和同期开通运营的亚吉铁路相得益彰；2018 年 7 月，招商局入股吉布提国际自贸区，并举行了 2.4 平方公里起步区开园仪式；2018 年 9 月，吉布提老港改造项目谅解备忘录签字，老港将建设东非国际特别商务区。在吉布提“2035 愿景”下，10 年间招商局成功地向吉布提输出了“前港—中区—后城”蛇口模式，实现了双赢。

市场选择和项目选择是一对孪生兄弟，市场选择解决我们到哪里去的问题，项目选择决定我们干什么事。到风平浪静且有鱼的地方打鱼是目标市场和目标项目选择的唯一目的。

五、培育全球资源整合能力

全球资源整合可定义为，为了满足市场需求，一家企业通过和其他企业结成合作关系以获取项目所需各种生产要素和服务，满足当地法律、资质、技术和业绩要求，提升整体竞争力，防范项目风险，获得项目利润的行为。

（一）全球资源整合的三个层次

全球资源整合的动机可以分为以下三个层次。

1. 满足项目投标资格、技术要求和市场准入要求。这是全球资源整合的初级动机。

2. 提升竞争力、防范风险。有三种情况：一种是和当地公司组建联合体，利用当地公司熟悉当地情况的优势，尤其是当我们第一次在该市场开展业务时；第二种是和国际知名公司组建联合体，利用国际知名公司熟悉市场规则的优势；第三种是和专业公司合作，利用专业公司的专业能力和竞争优势。通过全球资源整合来提升竞争力、防范风险十分有效。

以三峡南亚公司为例。三峡南亚公司于2011 年9 月在开曼群岛注册成立，管理总部设在香港特区，股东为三峡国际、世界银行旗下国际金融公司（International Finance Corporation，IFC）、丝路基金（Silk Road Fund，SRF），分别拥有70%、15%、15%的股份。由于IFC 加盟，三峡南亚的项目能够做到按国际惯例运作，有效地防范了各类风险。

以喀麦隆克里比深水港为例。2011 年克里比港开工建设，包括4 万吨级多用途泊位和5 万吨级集装箱泊位，由中国港湾承建。由于西非地区尤其是法语区国家的港口、物流的主导权掌控在法国公司手里，所以克里比港建成后，在港湾积极推动下，一个由法国公司主导、中国港湾和当地公司参加的港口运营维护联合体成功获得了克里比港 25 年的特许运营权，这一合作达到了抵御政治风险、化解利益冲突的目的，中国港湾也获得了从建造商转型为运营商的学习良机，实现了各方共赢的结局。2018 年 3 月克里比港一期投入运营。

3. 为业主提供一揽子解决方案和拥有全产业链服务能力，是全球资源整合的最高层次。如前文所述，招商局在吉布提“前港—中区—后城”开发模式就属于顺应东道国发展需求、提供一揽子解决方案的典型案例。

（二）全球资源整合的对象

企业需要整合的是自身缺少的资源，以满足市场和项目准入要求、达到提升竞争力、防范风险、提供更好服务的目的。哪些是中国企业需要整合的资源呢？

1. 国际行业翘楚。何为国际行业翘楚？一种是规模实力强大、综合实力超群的全球领先企业，如全球 500 强企业；另一种是规模不大但在细分领域世界领先的企业。这两类企业对项目的成功非常重要，他们要么在全球某个地区经营多年，熟悉当地的政治、经济、社会、法律等情况，要么在行业内具有权威性、专业性，为本地社会和业内所接受和认可。

以巴基斯坦 SK 水电站 BOOT 项目为例。作为大股东的葛洲坝公司聘请英国莫特麦克唐纳（Mott Macdonald）公司作为项目公司的业主工程师，莫公司是 ENR Top 225 排名靠前的国际设计咨询公司，拥有丰富的水利水电项目管理经验，作为英国本土成长起来的国际性咨询公司，谙熟英国法律体系和各类规则，具备足够应对该项目各种挑战的能力。目前项目进展顺利。

2. 有实力的当地公司。一家在东道国有实力、有影响力、公共关系资源丰厚的当地合资伙伴，对项目成功非常重要。首先当地合作伙伴的公共关系资源，能处理好东道国各种许可权的获取、土地征收（租赁）和移民安置等，还可以降低和防控项目运作风险，尤其是东道国的政治风险。其次联合体有了当地成分，更容易被当地政府和民众接受。

以孟加拉国帕亚拉燃煤电站为例。中机公司和孟加拉国西北电力公司以 50:50 组建孟中电力有限公司，以 PPP 模式投资建设运营该电站，特许运营 25 年，总投资 19.8 亿美元，其中孟中电力有限公司出资 20%。当地公司的参与将有效防范政治风险、运营风险等。帕亚拉燃煤电站已于 2020 年并网发电。

3. 专业公司。对外承包工程、对外直接投资项目会涉及各种不同专业任务，这时一家乃至数家专业合作伙伴对项目成功非常重要。一个项目的实施和运营离不开和项目范围相关的专业公司作为合作伙伴或分包商，这是专业化分工的结果。企业不可能是一间大而全的公司，其要么在某专业方面不擅长，要么自己实施成本更高，因此需要通过与专业公司的合作获得专业和成本优势。专业公司的参与还能分担项目风险。

此外，银行、保险公司、律师事务所、会计师事务所、各类咨询公司也是企业需要整合的资源。

（三）联合体——全球资源整合的平台

全球资源整合有三个途径或者称为三个手段：一是成立合资公司，把需要的资源按（能力）股份大小成立合资公司，费力；二是结成长期总分包合作关系，不够紧密，难以做到共享成果、共担风险；三是组建联合体，联合体只为一个特定的项目，不需要改变联合体成员的股本结构，甚至不需要投入股本金，项目结束就解散，最佳。

何为联合体？两个或两个以上有着互补经营能力的企业，为了达到共同拥有项目，共同使用资源等战略目标，以契约形式或以股本金投入，结成优势互补、风险共担、要素双向、多向流动的矩阵式组织。联合体只为了某一个特定的项目达成，项目结束后就解散。

联合体分为以股本金形式组成的联合体和以契约形式组成的联合体两种。以股本金形式组成的联合体一般用于跟进投资类项目，如 BOT、PPP 项目，项目中标后成立项目公司 SPV。以契约形式组成的联合体，一般用于跟进设计施工总承包项目，如 EPC 项目，又分为紧密型联营体（Joint Venture）和松散型合包集团（Consortium）两种。

组建国际工程项目联合体，需要关注以下 10 个问题：(1) 为什么要组建联合体？(2) 业主对国际工程项目联合体的要求？(3) 如何选择联合体成员？(4) 如何确定分工及股份比例？ (5) 谁是联合体牵头方？(6) 谁担任联合体总经理？(7) 联合体协议主要内容？(8) 联合体费用分担方式？(9) 联合体如何运营管理？(10) 联合体存在哪些风险、如何防范？

以澳大利亚墨尔本东北干线项目设计施工总承包项目为例。中国建筑联合意大利 Webuild、韩国 GS 和澳大利亚 CPB 公司组成联合体，2021 年 10 月中标签约该项目，合同额 110 亿澳元，主要工作内容包括 6.5 公里双线六车道隧道及配套工程设计施工。中国建筑通过联合体方式成功进入了澳大利亚市场（人均 GDP 为 5.18 万美元)。

（四）全球资源整合的成功要素

全球资源整合成功至少需要三个要素：一个具有可

行性的项目；一个好的联合体牵头方；一系列严谨的、被遵守的联合体协议。

1. 一个具备可行性的项目是全球资源整合成功的基础。项目的可行性可分为政治可行性、经济可行性和技术可行性。计划以联合体模式整合全球资源而实施的项目，应客观评估其可行性，没有任何企业愿意在不具备可行性的项目上投入。

2. 一个有实力的联合体牵头方是全球资源整合成功的前提。联合体要有牵头方，就像团队必须要有老大一样。谁是天然的、合适的联合体牵头方呢？笔者认为拥有以下至少一种或多种能力者可以成为联合体牵头方：主要或关键工程实施者、核心技术拥有者、资金实力雄厚者或市场资源拥有者。联合体牵头方在联合体的作用举足轻重，尤其是在联合体遇到风险时。联合体牵头方平时要以身作则，在出现问题时要挺身而出，因为联合体利益的大部分是牵头方的利益。将牵头方在联合体内股份最大化是鼓励牵头方在项目遇到困难时有所担当的最佳手段。

3. 一系列有约束力的联合体协议是全球资源整合成功的保障。当今世界是契约时代，联合体成员经过协商、谈判、争吵而达成的联合体协议是全球资源整合成功的标志，是联合体顺利运行的保障，因为联合体协议谈判签订的过程是任务分工、利益分享、风险分配的过程，一旦联合体协议签署，意味着各方达成共识。

联合体协议中最重要的条款包括：（1）联合体各成员方；（2）联合体牵头方；（3）联合体各成员股份比例；（4）联合体各成员分工；（5）管理机构和工作机制；（6）费用分担；（7）争议的解决；（8）退出。

联合体协议最好由国际、国内和当地三个律师团队起草，以便：（1）符合国际惯例、满足国际公司的需要；（2）符合中国法律、满足中国公司需要；（3）符合当地做法、满足当地公司需要。

六、培育全球经营风险防范能力

风险就是生产目的与劳动成果之间的不确定性：（1）风险表现为收益的不确定性；（2）风险表现为成本和代价的不确定性。

风险分为：（1）已知风险；（2）未知风险（黑天鹅）。

风险管理：（1）要为已知风险找到解决方案（规避、减轻、转移、自担）；（2）要为未知风险留有预案（投保+不可预见费用）。

（一）国际工程项目风险四象限

不同国家和地区的国际工程项目，风险种类和损害程度是不一样的。这主要是因为全球各地区经济发展程度不一样，国际工程项目面临的环境和要求不一样所导致的。

不同性质的国际工程项目，风险种类和损害程度是不一样的。这主要是因为项目复杂程度、项目周期的长短、资源调配和管理的难度所导致的。

不同资金来源的国际工程项目，风险种类和损害程度是不一样的。这主要是由资金到位的可靠、及时程度、资金的含金量所导致的。

不同实施模式的国际工程项目，风险种类和损害程度是不一样的。这主要是在不同实施模式下，项目参与者的利益关系不同所导致的。

国际工程项目风险四象限能够帮助我们：（1）比较容易地识别国际工程项目的风险；（2）比较准确地判断风险发生的可能性；（3）比较准确地评估风险发生时导致的损失程度；（4）更加有针对性地做好风险管理。

中国企业家习惯用国内经验思考国外项目问题，或会导致失之厘毫，谬之千里；中国企业家有时更多地把风险管理重点放在项目实施管理和技术层面上，或会忽略更高层次但影响更大的国别政治和市场风险。

（二）国家层面 10 大风险

企业国际化经营面临的国家层面的 10 大风险如下：

（1）政府换届；（2）地缘政治；（3）政府腐败；（4）恐怖主义袭击；（5）地区武装冲突；（6）国内动乱；（7）社会治安恶劣；（8）批准与许可；（9）强制技术转让；（10）法律法规健全、变化与执法环境。

在国家层面10大风险中最关键的风险是政府换届。当下地缘政治的风险也越来越高，尤其是地缘政治叠加政府换届带来的风险不容低估。近期，一些国家政府面临换届，在竞选期间和上任之后，诋毁中国企业参与的项目的情况时有发生，尤其是前政府支持的项目。

政府换届风险一般应对措施：

（1）在政府换届前，将已取得的项目成果落地；

（2）在合同中设置保护条款以免受政府换届影响；

（3）对政府换届走向要有正确预判；

（4）尽早和新政府建立联系；

（5）风水轮流转，结交新朋友，不忘老朋友。

（三）市场层面10大风险

企业国际化经营面临的市场层面的10大风险如下：（1）营商环境；（2）市场准入；（3）当地币贬值；（4）通货膨胀；（5）严格的税务管理；（6）严格的环境保护；（7）工会及工人罢工；（8）社区关系；（9）合规经营；（10）同业竞争。

在市场层面10大风险中当地币贬值是关键风险。

以南亚两个重要国别市场巴基斯坦和孟加拉国为例。过去10年巴基斯坦卢比贬值了81%，2022年以来巴基斯坦卢比持续贬值，8月最低时239.9卢比兑换1美元。孟加拉国塔卡的情况要好得多，过去10年塔卡贬值仅7.5%，但2022年以来塔卡贬值有加大的趋势，8月创下115塔卡兑换1美元的新低。

当地币贬值对以当地币作为收益的项目影响巨大，国际化经营必须考虑汇率变化对产品和服务收益的影响。当地币贬值风险的最佳应对措施是，项目收益以美元等硬通货币支付，或以美元等硬通货币计价、当地币支付。外国企业做到这一点并不容易，但如果我们已经和有实力的国际机构如IFC、当地有实力的公司形成合作（合资）关系，事情会容易一些。

（四）项目层面10大风险

企业国际化经营面临的项目层面的10大风险如下：业主（用户）资金不到位（导致支付滞后、工程量减少、项目延期、暂停、中止等）；审批滞后（设计审批、施工方法审批、工作签证审批、验工计价审批等）；进度滞后（不明地质与水文、征地拆迁、生产要素配置不合理等）；成本超支（报价低、物价上涨、汇率变化、赶工等）；分包商（供应商）违约；质量不合格；现场安全；合同管理不当；财务税务管理不当；联合体（项目公司）风险。

在项目层面10大风险中，业主（用户）资金不到位是关键风险。以巴基斯坦政府拖欠3000亿卢比电费为例。中巴经济走廊电力项目占巴基斯坦总发电量的近25%，电价低且实惠，但由于巴基斯坦300多万工商户、2000多万个人户欠费，巴基斯坦电力公司收回的资金不足，已拖欠中企3000多亿卢比的电费（1美元=180.5卢比）。

业主（用户）资金不到位风险的存在，凸显出市场选择和项目选择的重要性。在对市场和项目的评估阶段，需要对项目可能出现的业主（用户）资金不到位风险进行评估，制定风险应对措施，如投保相关保险，必要时应放弃项目。

（五）全球风险防范原则

开展国际化经营要把规避风险放在第一位，“危地不去，乱地不往”，通过选择一个稳定的市场开展国际化经营规避50%的风险；第二要把风险减轻放在重要位置，通过全球资源整合（联合体）方式减轻30%的风险，联合体成员能力互补性使得“汝之砒霜，彼之饴糖”成为可能；第三要重视风险转移，可通过投保借保险公司转移10%—15%的风险；第四要自担5%—10%的风险，主要通过留有不可预见费用来保障。

七、培育具有国际视野的国际化人才队伍

（一）国际化人才队伍的要求

习近平总书记强调，发展是第一要务，人才是第一资源，创新是第一动力[①]。在探讨企业国际化这个课题时，参与者无一例外地认为，国际化人才对企业国际化经营具有不可或缺的作用。企业国际化是我国经济发展的新动力之一，国际化人才培养是企业全球化扩张的重要环节。培育满足国际化经营所需高端、多元和复合型的人才队伍，对企业的人才培养模式、路径提出了更高的要求。那么，什么样的人才是企业国际化经营所需要的呢？

以阿联酋铁路项目为例。招标文件对主要岗位人员的要求：

总监（授权代表）：具备大学学历，硕士学位为佳，不少于20年的设计管理或大型土木工程建设的工作经验，尤其是铁路项目。副总监包括生产总监、计划和控制经理、施工总监、技术总监：具备大学学历，硕士学位为佳，不少于15年的设计管理或大型土木工程建设

---

① 习近平："发展是第一要务，人才是第一资源，创新是第一动力"，新华社，2018年3月7日。

工作经验，尤其是铁路项目。这样的人才并不好找，中国不缺专业人员，也不缺外语人才，但缺少“专业＋外语”人才，如果再加上“国际工程规则＋国际工程商务”的复合型人才就更缺了。

根据国际工程实践，总结归纳国际化领军人才必须具备下列能力和经历：(1) 国际视野；(2) 远见；(3) 商机判断能力；(4) 项目承揽能力；(5) 项目实施能力；(6) 成功担任过海外项目经理；(7) 成功担任过国别经理；(8) 成功担任过总部部门经理；(9) 在国外累计工作10年以上；(10) 能用外语直接沟通。这个标准强调了国际化领军人才在海外具体项目实践中锻炼培养的必要性和重要性。

(二) 国际化人才队伍建设中存在的问题

随着“走出去”战略不断推进，更多的企业参与到国际化经营道路上。由于国际化经营的目的地具有多样性，各国在政策法律、文化、经济发展水平等方面有着较大差异，企业需要大量掌握国际规则、进行跨国经营管理、跨境基础设施建设、跨文化交流、参与全球治理等领域的国际化人才。

然而，当前企业国际化人才队伍建设还存在人才储备不足、培养机制不健全、管理体制不完善等问题，在吸引人才、培养人才、留住人才上还存在欠缺，不少企业的国际化人才队伍难以支撑境外业务的快速开拓要求，这在一定程度上制约了企业国际化的发展。同时，国际化人才培养也不能一蹴而就，系统性、有针对性地培养一个合格的人才需要一定时间。

（三）国际化人才队伍建设的对策建议

人才资源是提高国家竞争力的关键要素，我国企业要想在激烈的国际市场竞争中占据优势地位，就必须深刻认识到国际化人才队伍建设的重要性和紧迫性，构建起一支结构合理、数量充足、熟悉国际市场规则、具备国际商务沟通能力与跨文化认知能力的国际化人才队伍。

第一，企业必须制定国际化人才培养的总体规划，包括短期规划和长期规划，在管理、技术、法律、金融、投资等领域引进和挖掘一批国际人才；第二，针对企业国际化经营的需要，按国别、行业建立相应的国际化人才培训体系，使国际化经营人才有针对性地学习掌握东道国的市场环境和文化习俗、行业发展环境和游戏规则；第三，建设海内外人才交流平台，不同员工的文化背景和业务领域不同，企业应积极促进海内外员工的交流合作；第四，设立国际化人才绩效考核机制，通过引入人才培训测评的方式，既关注当前企业国际化人才培养的效果，又能够以动态化的形式跟进员工的国际化知识的应用情况，为企业国际化人才的长效机制奠定基础；第五，完善人才晋升考核机制，激发国际化人才工作积极性，推动企业国际化经营有序开展，提升企业整体竞争力。

中国有句俗话，“狭路相逢勇者胜，勇者相逢智者胜，智者相逢仁者胜”。国际化领军人才要具备勇、智、仁三大特质。勇，敢于承担结果具有不确定性的任务；智：善于在复杂情形下提出各方接受的解决方案；仁：始终以共赢的理念平衡各方利益分歧。企业国际化需要培育具备“勇智仁”三种特质的国际化人才。

八、结语

2019 年 4 月，习近平主席在第二届“一带一路”国际合作高峰论坛主旨演讲中指出，要努力实现高标准、惠民生、可持续目标，引入各方普遍支持的规则标准，推动企业在项目建设、运营、采购、招投标等环节按照普遍接受的国际规则标准进行，同时要尊重各国法律法规。要确保商业和财政上的可持续性，做到善始善终、善作善成[①]。我们要认真学习、深刻领会习近平主席讲

① 习近平在第二届“一带一路”国际合作高峰论坛开幕式上的主旨演讲，新华社，2019 年 4 月 26 日。

话精神，在建设世界一流企业的国际化工作中贯彻落实习近平主席讲话要求。

中央企业国际化要以高质量共建“一带一路”为重点，推动优势行业和关键领域向价值链高端迈进，带动中国装备制造、技术、标准和服务走向世界，积极参与国际规则制定，塑造国际竞争新优势，提升全球产业发展话语权。

中央企业国际化要以“三个领军、三个领先、三个典范”为目标，建设适用于国际业务的观念理念和体制机制，把推进国际化的过程当作中央企业创建世界一流企业最重要的抓手。

中央企业国际化要以人才国际化为先，培育一批立足“两个大局”、心系“国之大者”，具有爱国情怀、国际视野、全球战略眼光、市场开拓精神、管理创新能力，通晓国际规则和国际惯例并能在对外交往中推动中国解决方案落地实施并取得成功的国际化人才。

道阻且长，行则将至，行而不辍，未来可期。让我们加倍努力！

第五篇

增强企业抗风险能力

党的十八大以来，面对波谲云诡的国际形势、复杂敏感的周边环境、艰巨繁重的国内改革发展稳定任务，以习近平同志为核心的党中央坚持底线思维、增强忧患意识、有效防范和化解前进道路上的各种风险，保持了经济持续健康发展和社会大局稳定。习近平总书记在党的二十大报告中指出：“我国发展进入战略机遇和风险挑战并存、不确定难预料因素增多的时期，各种‘黑天鹅’‘灰犀牛’事件随时可能发生。我们必须增强忧患意识，坚持底线思维，做到居安思危、未雨绸缪，准备经受风高浪急甚至惊涛骇浪的重大考验。”[①] 并号召全党

① 《习近平：高举中国特色社会主义伟大旗帜 为全面建设社会主义现代化国家而团结奋斗——在中国共产党第二十次全国代表大会上的报告》，新华社，2022 年 10 月 25 日。

必须坚定信心、锐意进取，主动识变应变求变，主动防范化解风险，不断夺取全面建设社会主义现代化国家新胜利。

增强企业抗风险能力作为现代企业治理能力的重要体现，是建设世界一流企业的基石。2022 年 2 月 28 日，中央全面深化改革委员会第二十四次会议审议通过的《关于加快建设世界一流企业的指导意见》（以下简称《指导意见》）为加快建设世界一流企业、增强企业抗风险能力提出了行动纲领。中央企业要认真贯彻落实习近平总书记关于防范化解重大风险的重要论述精神，充分认识增强企业抗风险能力的重要性，按照《指导意见》的要求把安全发展贯穿生产经营全过程，建立覆盖企业各领域的全面风险管理体系，强化内部审计监督对增强企业抗风险能力的作用。要推动企业加强国际化经营合规管理和风险防控，实现境外风险防范全覆盖。要创新风险管理方式，运用信息化等手段将合规管理和风险防控各项要求嵌入企业经营管理，有效防范化解处理各类风险，牢牢守住不发生重大风险和系统性风险的底线。

增强抗风险能力既是当前中央企业的现实需要，也是缩小与世界先进管理水平差距的重要途径。2022 年 9 月，中国大连高级经理学院举办“加快建设世界一流企业专题研讨班”，国务院国资委有关领导对增强企业抗风险能力提出具体要求：要牢固树立安全第一理念，建立全面风险管理体系，强化合规经营管理，建立健全长效机制，聚焦重点领域风险加大防控力度，尽早发现、有效处置风险隐患。通过健全完善现代公司治理体系，力争实现管理体系和管理能力现代化，切实提升企业稳健合规经营、持续健康发展、有效防范化解处理风险的能力和水平。

中央企业要按照《指导意见》和国务院国资委相关要求，以“增强认识、自查情况、找准差距、补足短板”的思路制定工作路线图，抓重点、补短板、强弱项，结合企业自身实际做好工作计划，细化工作步骤，建立健全风险防控机制，不断增强企业抗风险能力。

本篇从中央企业多年来的风险管理实践出发，结合风险管理现状、经验及存在问题，借鉴标杆案例的管理实践，提出建设世界一流企业增强抗风险能力的目标任务和推进措施。

中央企业风险管理现状、经验及存在的问题

一、中央企业风险管理现状

国务院国资委成立以来，先后印发了一系列政策规定，指导中央企业持续加强风险管理。中央企业建立起一套自上而下防风险的工作机制，初步形成较为完备的风险管理体系，内控体系逐步健全，内控体系有效性得到全面提升。全面加强合规管理，加快提升依法合规经营管理水平，着力打造法治央企。不断加大金融、财务、国际化经营等重点领域风险防控力度，使中央企业抗风险能力不断增强。

（一）中央企业风险管理的主要工作

国务院国资委成立以来，着重从加强法律风险防范机制建设、加强全面风险管理体系建设、加强内部控制体系建设与监督工作、强化合规管理、建设世界一流企业抗风险能力等方面，指导中央企业持续提升风险管理

能力，切实推进风险管理工作。

1. 加强法律风险防范机制建设。自2004年始，中央企业按照“建立机制、发挥作用、完善提高”的总体思路，通过实施法治工作三个“三年目标”，开展了法律风险防范机制建设工作。国务院国资委先后印发《国有企业法律顾问管理办法》（国资委令第6号）、《关于推动落实中央企业法制工作新五年规划有关事项的通知》（国资发法规〔2014〕193号）等政策文件，进一步深化企业法制工作，中央企业依法经营水平显著提升，有力强化了法律风险防范。

2. 加强全面风险管理体系建设。2006年6月印发《中央企业全面风险管理指引》之后，国务院国资委相继出台了一系列政策文件，风险管理、内部控制等政策相继完善，中央企业深入实施风险管理工作，持续健全全面风险管理体系，不断提升抗风险能力。集团层面高度重视加强风险管理顶层设计，将风险控制作为总部的重要职能，着力打造风控平台，将管理资源和焦点向风险管理职能集中。中央企业连续十余年向国务院国资委提交年度全面风险管理报告，企业风险管理工作突出重点，针对重大业务事项开展专项风险评估工作，针对企业经营管理中的薄弱环节开展了专项风险检查工作。全面风险管理体系建设工作对应对国际金融危机等重大风险卓有成效。

3. 加强内部控制体系建设与监督工作。伴随国资国企改革进一步深化，为增强中央企业风险防控能力，进一步加强风险管理、内部控制协同机制，2019 年 11 月国务院国资委印发《关于加强中央企业内部控制体系建设与监督工作的实施意见》（国资发监督规〔2019〕101 号）。随后，国务院国资委印发了《中央企业重大经营风险事件报告工作规则》（国资发监督规〔2021〕103 号）等多项政策文件，要求中央企业建立健全以风险管理为导向、合规管理监督为重点，严格、规范、全面、有效的内控体系，将风险管理要求嵌入业务流程，提高风险防控能力。

4. 强化合规管理，打造法治央企。2018 年 11 月，国务院国资委印发《中央企业合规管理指引（试行）》（国资发法规〔2018〕106 号，以下简称《指引》），指导企业切实加强合规管理，取得积极进展和明显成效。2021 年 10 月印发《关于进一步深化法治央企建设的意见》（国资发法规规〔2021〕80 号），进一步提升依法治企能力水平。2022 年中央企业实施“合规管理强化年”，明确提出打造法治央企目标，将合规要求覆盖各级子企业。严格落实规章制度、经济合同、重大决策 100% 法律审核把关要求，落实违规经营投资责任追究制度，努力打造法治央企。2022 年 9 月，国务院国资委发布了《中央企业合规管理办法》（国资委令第 42 号），通过部门规章对中央企业进一步深化合规管理提出明确要求，与《指引》相比更加突出刚性约束，内容更全、要求更高、措施更实。

5. 建设世界一流企业，增强抗风险能力。2020 年，国务院国资委印发《关于开展对标世界一流管理提升行动的通知》（国资发改革〔2020〕39 号），指导中央企业开展对标世界一流管理提升行动，对包括风险管理在内的八个方面提出管理提升的要求。2022 年，出台《关于中央企业加快建设世界一流财务管理体系的指导意见》（国资发财评规〔2022〕23 号）等一系列政策文件，从不同业务角度对建设世界一流企业增强抗风险能力提出具体要求。

（二）形成较为完备的风险防控体系

1. 准确识别风险并制定应对措施。据中央企业报送的 2009—2019 年风险管理报告统计数据，重大风险点共计 378 项。以 2019 年的十大风险为例，按出现频次排序为：现金流风险、健康安全环保风险、投资风险、国际化经营风险、竞争风险、宏观经济风险、业务结构转型风险、政策风险、人力资源风险和工程项目管理风险。各中央企业根据自身实际情况，针对重大风险点制定相应的防控措施，以确保重大风险可控在控。

2. 持续完善风险防控体系。中央企业深入推进风险管理基础工作，持续开展研究和实践，不断创新风险管理的思路和方法，完善风险防控体系建设。明确风险管理责任部门和职责范围，将风险管理渗透在日常经营管理中，实现风险管理与业务管理深度融合。持续开展内部控制评价，将风险管理纳入绩效考核。充分应用信息化、数字化、智能化手段，加强风险管理信息化建设。在风险评估、预警监控和风险管理信息化等领域向世界一流企业看齐。

3. 风险管理工作纳入企业长期战略。企业从战略决策做起，将风险理念渗透到运营管理、文化建设等各方面。强调董事会积极履行风险管理职责，将加强内部控制、防控重大风险和战略管理、科学决策共同列为董事会的中心工作，强化董事会发挥对企业风险管理的领导和督促作用。建立风险管理工作长效机制，使之对企业长期稳定健康发展起到保驾护航作用。把内控和风险管理作为重要的职能放在集团总部，确保企业重大风险可控在控。

（三）探索境外风险管理的有效途径

1. 加强境外投资监督管理，建立信息统一归集和共享机制。2017 年 1 月，国务院国资委颁布《中央企业境外投资监督管理办法》（国资委令第35号），加强中央企业境外投资监督管理，推动提升国际化经营水平。2018年1月，商务部、人民银行、国务院国资委等机构共同发布了《对外投资备案（核准）报告暂行办法》（商合发［2018］24号），加强对外投资备案（核准）报告管理工作。建立健全部门间信息统一归集和共享机制，切实防范境外投资风险，促进对外投资健康有序发展。

2. 持续开展境外风险动态识别评估工作。据近年来中央企业全面风险管理汇总分析报告显示，企业境外业务主要面临政治风险、经济与营商风险、非传统安全风险、对华舆论风险等。境外项目实施单位定期不断更新风险清单，系统梳理项目风险。一些企业每年组织所属境外业务单位开展风险评估，编制风险评估报告。常态化评估境外业务整体风险状况，进行境外业务风险的趋势动态分析，对企业境外业务存在的风险、发生原因准确把握，及时采取应对措施。

3. 加强境外风险防控，推动国际化经营迈上新台阶。中央企业通过将风险管理向境外一线基层延伸，增强了境外员工的风险防控意识，建立了境外风险管理工作网络，为开展境外风险管理工作奠定了良好基础。适应汇率双向波动，加强汇率风险管理。遵循相关国际法律、联合国和世界银行等规定和项目所在国法律法规，推进境外合规风险管理，筑牢境外法律风险防范底线。注重加强人才队伍建设，建立更加积极的国际化人才引进培养机制。

二、中央企业风险管理取得的经验

近年来，中央企业在提升风险管理意识、健全风险管理体系、培育风险管理文化、推进风险管理组织机制建设、抓好重大风险防控等方面，都呈现出整体提升的工作态势。在企业运行实践中，注重传递压实风险管理责任，持续提升风险防控体系运行能力，抓好重点领域风险防控，制定应对举措，严守不发生重大风险的底线。

（一）发挥党组织对风险管理的领导核心作用

面对各类风险挑战，国务院国资委党委和中央企业各级党组织坚持立足新发展阶段、贯彻新发展理念、构建新发展格局，充分发挥党组织对风险管理的领导核心作用，着力推动国资央企高质量发展，不断增强国有经济竞争力、创新力、控制力、影响力、抗风险能力，充分发挥其国民经济“顶梁柱”的作用。

（二）加强顶层设计，全系统提升抗风险能力

中央企业把风险防控放到更加突出位置，从严从实

抓好债务、投资、金融业务等重点风险防范化解，资产负债率近年来持续下降，高风险业务得到有效遏制，融资性贸易业务基本杜绝，存量风险得到妥善处置。加强顶层设计，把稳增长、抓改革、强创新、促发展、防风险等多重监管目标统筹起来，实现全方位全过程监管。出台董事会工作规则、开展落实董事会职权试点，更好地发挥董事会定战略、作决策、防风险的作用。

（三）夯实工作基础，提升风险管理能力

持续推动风险管理体系升级，不断完善管理制度和流程。推进关键指标监控与风险管理信息化，在重要业务领域建立关键风险指标，对现金流、资产负债率、“两金”（应收账款和存货）占比、成本、利润等指标进行重点监控。落实决策风险评估机制，将风险评估审查作为重大经营事项决策的必经环节。

（四）完善管理机制，压实风险防控责任

完善风险管理工作考核机制，将风险管理工作纳入业绩考核体系。进一步明确风险管理工作情况考核占业绩考核总分的比例，将风险管理评价结果计入企业年度绩效考核。探索风险防控协同机制，部分企业已开展各类风险内在关联研究，探索体系防控、综合施策的方式方法，提升协同防控合力。

（五）加强动态跟踪与研判，防范化解重大风险

加强风险的动态跟踪与研判，开展系统的排查与治理，防范化解重大风险。加强对重大风险评估预测、识别研判、经营处置等方面的具体路径和方式方法的探析，提升重大风险防控能力。组织专项风险检查和防控工作，对重大风险进行系统排查和专项治理。系统应对涉外风险，健全完善工作机制，一企一策应对处置涉外风险。

三、中央企业风险管理存在的问题及原因分析

（一）风险管理组织建设仍需加强

风险管理专业人员须具备综合素质，既要懂得风险管理的理念和方法，更要有丰富的业务经验和操作能力。据近年来中央企业全面风险管理汇总分析报告显示，目前中央企业风险管理组织建设明显不足，普遍缺乏风险管理专业人才，60%以上的企业集团总部风险管理专职岗位人员远不能满足需求，且综合素质和能力有待提升①。

（二）风险、内控、合规及监督问责制度体系仍需协同

风险、内控、合规及监督问责各职能定位不明确，

---

① 国资委企业改革局《2019年度中央企业全面风险管理汇总分析报告》。

相关业务部门的职责定位未厘清，造成企业风险管理体系运行不畅，风险管理的作用发挥不充分。企业需要进一步协同风险、内控、合规、法务、审计、监察、纪检等，以高效的方式施行一体化风险管理。

（三）重大风险防控的有效手段仍待丰富

加大重大专项风险的管控力度。要特别关注由于战略定位、资源储备、产业链优先级、竞争策略等决策的偏差可能导致的战略风险，由于上中下游业务的发展、经营方向或进度不协调可能面临的产业链风险，由于外部环境影响、市场行情预测不准确、持有实物存货数量过高、物流管理不到位等导致的供应链风险，由于创新技术难度大、定位不当、投资不足导致的创新技术风险，由于金融固有的风险特性，央企内部的金融业务板块如金融租赁、信托公司需要控制的金融风险等。积极采取有效防控措施，避免重特大风险发生。

（四）风险管理信息化数字化建设亟待加强

与世界一流企业相比，不少中央企业风险管理信息化、数字化水平有较大差距。据国务院国资委 2019 年的统计，仅有不到一半（43 家，占比 45.7%）的企业建立了风险管理信息系统，企业信息化水平良莠不齐。其中只有 25 家企业风险管理信息系统与主要业务系统对接，信息互通共享仍面临较大障碍，风险防控联动机制尚未有效建立。企业工作人员对信息化数字化工具不熟练，信息化运营和风险管理有机融合脱节，“信息孤岛”“数据共享”问题未能有效解决，数据资源也未得到充分利用。

（五）境外风险防范全覆盖迫在眉睫

企业“走出去”投资项目损失的风险相对偏高，需要高度重视地缘政治风险，廉洁风险还需要进一步强化，风险防范需要进一步加强。尽管许多央企在尝试探讨将外汇风险与司库建设结合起来，但实际效果有待加强。围绕境外经营投资重点领域以及境外大额资金使用、境外项目佣金管理、大额采购等重要事项，结合境外企业所在国家或地区的法律法规及政治、经济、文化特点，研究制定境外风险管理制度规定，需要切实推进境外审计全覆盖、常态化。在日益复杂严峻的国际形势下，提升中央企业国际化经营水平，实现政治、经济、安全等境外风险防范全覆盖迫在眉睫。

（六）一些重大风险损失事件仍需引以为戒

虽然中央企业风险管理取得显著成效，但仍然发生了一些因企业违规经营造成国有资产巨额损失的事件。这些重大风险事件后果严重、影响恶劣、教训深刻。要对照这些案件深刻反思、引以为戒，举一反三、警钟长鸣，确保落实国有资产保值增值责任。这些惨痛教训说明，企业的抗风险能力不是照搬其他企业的招数就能奏效的，而是要在市场竞争摸爬滚打中逐渐练就，甚至要从付出惨痛代价、遭受巨大损失的教训中得来。

中央企业风险管理存在的问题，恰恰表明抗风险能力建设创新方式不够，在风险管理理念、方法、人才储备、效果等方面与世界一流企业的最优管理实践尚存在差距。面对日益严峻的形势和挑战，中央企业要积极借鉴世界一流企业实践经验，全面提升抗风险能力，有效防范化解处理各类风险。

增强企业抗风险能力的目标与任务

中央企业要依照《关于加快建设世界一流企业的指导意见》（以下简称《指导意见》）对增强企业抗风险能力提出的行动纲领，结合自身实际从思想意识、体系建设、工作方法、管理范围、方式创新、效果实现等方面贯彻落实各项工作。按照建设一批“产品卓越、品牌卓著、创新领先、治理现代”的世界一流企业的总体要求，根据中央企业加快建设世界一流企业，增强抗风险能力的实际需求，制定长、中、短期工作目标，不断增强风险意识，统筹安全和发展，将安全发展贯穿生产经营全过程，以新安全格局保障新发展格局。

要对标一流找准差距，深化风险管理基础工作，建立覆盖各重要领域的全面风险管理体系，强化内部审计监督。推动企业加强国际化经营合规管理和风险防控，实现政治、经济、安全等方面的境外风险防范全覆盖。要根据当前复杂局面和时代提出的新要求，以信息化、数字化等为手段将合规管理和风险防控各项要求嵌入企业经营管理之中，创新风险管理方式，有效防范、化解、处理各类风险，为建设世界一流企业保驾护航。

一、强化风险防范意识，增强防控重大风险的本领

（一）坚持底线思维，增强忧患意识

党的十八大以来，习近平总书记就防范化解重大风险发表了一系列重要论述，为中央企业增强抗风险能力提供了强大的思想武器和行动指南。2019 年 1 月 21 日，习近平总书记在“省部级主要领导干部坚持底线思维着力防范化解重大风险专题研讨班”开班式上的讲话中强调，要深刻认识和准确把握外部环境的深刻变化和我国

改革发展稳定面临的新情况、新问题、新挑战，坚持底线思维，增强忧患意识，提高防控能力，着力防范化解重大风险。习近平总书记指出，面对波谲云诡的国际形势、复杂敏感的周边环境、艰巨繁重的改革发展稳定任务，我们必须始终保持高度警惕，既要高度警惕“黑天鹅”事件，也要防范“灰犀牛”事件；既要有防范风险的先手，也要有应对和化解风险挑战的高招；既要打好防范和抵御风险的有准备之战，也要打好化险为夷、转危为机的战略主动战[①]。

在建设世界一流企业进程中，中央企业要深入领会习近平总书记防范化解重大风险重要论述精神，增强忧患意识，准确研判当前严峻复杂形势，尤其是做好对美长期斗争的准备，确保企业高质量稳定发展。要明晰企业发展现状与未来建设世界一流企业目标的差距，不断增强抗风险能力。

（二）增强防控重大风险的本领

习近平总书记指出，要提高风险化解能力，透过复杂现象把握本质，抓住要害、找准原因，果断决策，善于引导群众、组织群众，善于整合各方力量、科学排兵布阵，有效予以处理。要完善风险防控机制，建立健全

① “坚持底线思维，着力防范化解重大风险”（2019 年 1 月 21 日），《习近平谈治国理政》（第三卷），外文出版社 2020 年版。

风险研判机制、决策风险评估机制、风险防控协同机制和风险防控责任机制，主动加强协调配合，坚持一级抓一级、层层抓落实[①]。

中央企业增强抗风险能力，既要不断总结自身风险管理的工作经验，也要积极借鉴世界一流企业先进的管理理念和方法，还要吸收一些企业因风险管理不善导致失败的教训，不断增强防控重大风险的本领，为世界一流企业风险管理实践提供中国方案。

（三）为提高核心竞争力增强核心功能奠定基础

新一轮国企改革深化提升行动强调以服务国家战略为导向，以提高核心竞争力和增强核心功能为重点，为建设现代化产业体系、构建新发展格局、推动高质量发展、推进中国式现代化作出更大贡献。抗风险能力是企业核心竞争力的重要体现，也是发挥核心功能的基础保障，中央企业要落实习近平总书记关于“必须坚持标本兼治、远近结合，牢牢守住不发生系统性风险底线”[②]的要求，切实防范化解经营风险，加强债务、投资、国际化经营等风险防控，完善司库体系建设，坚决守住依法合规经营底线。树牢高质量发展理念，坚决遏制片面扩大规模的冲动，坚决摒弃粗放式发展路子，确保取得

① “坚持底线思维，着力防范化解重大风险”（2019 年 1 月 21 日），《习近平谈治国理政》（第三卷），外文出版社 2020 年版。

② 《习近平：当前经济工作的几个重大问题》，《求是》，2023 年 4 月。

经得起检验的经营业绩，坚决防范化解重大风险。

中央企业在建设现代化产业体系、构建新发展格局中发挥科技创新、产业控制、安全支撑的作用。因此，要深入分析研判关键技术攻关、基础研究、科研平台体系建设、创新人才培养等因素可能引发的科技创新风险，不断丰富创新研发中风险评估、管理、控制的手段。运用风险管理前瞻性的思维、手段和工具，根据科技研发过程中的不确定性，努力在加大科技投入、完善科技创新体制机制、加强核心技术攻关和成果转化应用等方面寻求突破，助力高水平科技自立自强。要以打造自主可控、安全可靠、竞争力强的现代化产业体系为己任，不断加强产业链、供应链领域风险管理，研究产业链、供应链发展规律，主动研判国内外形势，确保产业链、供应链自主可控。要围绕国之所需强化中央企业在能源、资源、粮食等重点领域的服务保障作用，准确把握能源、资源、粮食等领域市场态势，利用国内国际两个市场、两种资源，充分发挥安全支撑作用，打造供给强劲、安全保障有力的一流企业。

二、统筹安全和发展，把安全发展贯穿生产经营全过程

中央企业要深入落实《指导意见》和国务院国资委

《关于开展对标世界一流管理提升行动的通知》等相关政策要求，统筹发展和安全，把安全发展理念贯穿生产经营全过程，进一步完善风险管理体系，为加快建设世界一流企业更好服务国家战略，提高企业核心竞争力和增强核心功能提供安全保障。

（一）增强对统筹发展和安全重要性的认识

面对复杂性、严峻性、不确定性明显上升的发展环境，中央企业要增强对统筹发展和安全重要性的认识，遵照"疫情要防住、经济要稳住、发展要安全"的要求，坚决把思想和行动统一到党中央决策部署上来，为保持宏观大局稳定作出贡献，确保党中央大政方针落实到位。

中央企业要把保障国家安全作为义不容辞的责任，发挥国有经济"压舱石"作用。要抛弃片面追求增长速度与经济规模的传统发展模式，加快增长方式"由量向质"转变，实现发展与安全的协调和速度与质量的统一。要增强机遇意识和风险意识，树立底线思维，把困难估计得更充分一些，把风险思考得更深入一些，注重堵漏洞、强弱项，下好先手棋、打好主动仗，有效防范化解各类风险挑战。

（二）将安全发展贯穿生产经营全过程

习近平总书记在党的二十大报告中指出，要增强维护国家安全能力。提高各级领导干部统筹发展和安全能力，增强全民国家安全意识和素养，筑牢国家安全人民防线[①]。中央企业党委（党组）要发挥“把方向、管大局、促落实”的作用，牢固树立安全第一理念，把统筹发展和安全作为企业经营管理的指导原则，摆脱粗放式发展的路径依赖，避免出现发展不平衡、不协调、不可持续的问题。

要秉承“人民至上、生命至上”的发展理念，按照“统筹发展和安全，建设更高水平的平安中国”要求，把安全发展理念建立在制度中，融汇到文化里，体现在流程上。统筹安全与发展的关系，必须明确不发展就是最大的风险，要以安全保发展，以发展促安全。建立健全长效机制，聚焦重点领域、关键业务、重要环节潜在风险，完善全过程、全链条风险防控体系，尽早发现、有效处置风险隐患。按照“稳定大局、统筹协调、分类施策、精准拆弹”的方针，突出分类施策，使风险处置工作更优化、更精准，实现安全和发展和谐统一。

（三）切实强化安全生产责任

要牢固树立安全发展理念，强化红线意识和底线思维，建立健全安全生产责任体系，构建安全生产长效机

① 《习近平：高举中国特色社会主义伟大旗帜 为全面建设社会主义现代化国家而团结奋斗——在中国共产党第二十次全国代表大会上的报告》，新华社，2022 年 10 月 25 日。

制。持续改进提升安全风险防控体系，深入把握安全风险防控的有效途径。严格落实全国安全生产电视电话会议精神，坚持安全第一，强化风险分级管控和隐患排查治理，建立健全安全隐患排查治理制度措施，准确把握风险隐患内涵，系统科学地开展风险辨识，全面深入地进行安全风险评估。加强安全监管执法，强化安全生产基础保障，建立健全安全生产标准体系，加强安全生产教育培训。严格事故调查与责任追究，深入分析生产事故原因，认真汲取事故教训。

三、建立覆盖企业运行各领域的全面风险管理体系

要将风险防控体系与经营管理体系融为一体，建立包括风险研判、识别、评估、应对、管理等环节，覆盖企业战略、规划、投融资、市场运行等各领域的全面风险管理体系。不断完善组织体系、制度体系、监督体系，聚焦企业运行的各重点领域和关键环节，实现全面风险管理体系有效运行，在风险事件发生的前、中、后期采取精准有效的应对措施，确保不发生“颠覆性”风险。

（一）建立健全与经营管理高度融合的风险管理体系

一是将风险、内控、合规管理要求嵌入业务流程。

建立健全以风险管理为导向、合规管理为重点、内控制度为抓手的风险防控体系。从战略高度把控风险，树立和强化管理制度化、制度流程化、流程信息化的内控理念，通过“强监管、严问责”和加强信息化管理，严格落实各项规章制度，促使企业依法合规开展各项经营活动，实现“强内控、防风险、促合规”的管控目标，形成全面、全员、全过程、全体系的风险防控机制，全面提升风险防控体系有效性。

二是加强重点领域风险防控，坚决抓好重大风险防范化解工作。聚焦关键业务、重点领域、重要环节以及境外业务等，定期分析内外部环境的不确定因素及影响，梳理风险防控体系执行情况，认真查找制度缺失或流程缺陷，及时研究制定改进措施，确保体系完整、全面控制、执行有效。按照建设一批“产品卓越、品牌卓著、创新领先、治理现代”的世界一流企业的要求，对产品风险、品牌风险管理加以顶层设计，并作为重大战略问题来考虑。努力培育具有行业话语权和美誉度的产业品牌，向世界一流企业加快迈进。

三是加强特殊风险事项的监测与专项管理。健全重大风险防控机制，在当前新冠疫情防控和国际局势动荡的新形势下，特别要注意产业链、供应链风险。积极采取措施，强化企业防范化解重大风险全过程管控，加强经济运行动态、大宗商品价格以及资本市场指标变化监测，提高对经营环境变化、发展趋势的预判能力。结合风险防控体系监督评价工作中发现的经营管理缺陷和问题，综合评估企业内外部风险水平，有针对性地制定应对方案，防止风险传导，避免发生系统性、颠覆性重大风险。

（二）完善风险防控机制，提高主动防控风险能力

风险管理能力指企业对所拥有的风险管理资源进行合理配置和有效使用的能力。风险管理体系建设和风险管理能力建设是企业风险管理的两个核心要素，风险管理体系的成效如何，最终要通过风险管理能力来体现。风险管理体系是企业应对内外部不确定性的体制机制安排，而风险管理能力则是执行管理目标或任务时所表现出来的综合素质。没有有效的管理能力，再好的制度也难以发挥作用。

增强抗风险能力要实现从“被动应对”向“主动防控”转变，在企业运行实践中把握风险管理规律，提高驾驭复杂局面的管理水平，增强主动防控风险的能力。尤其要在投资并购、改革改制重组等重大经营事项决策前开展专项风险评估，并将风险评估报告、应对措施和处置预案等作为重大经营事项决策的必备支撑材料，对超出企业风险承受能力或风险应对措施不到位的事项严格把关、审慎决策。

（三）强化合规管理体系建设，打造法治央企

按照《中央企业合规管理办法》（国资委令第42号）和国务院国资委对“合规管理强化年”提出的要求，建立起完整的合规管理组织架构，加强合规管理体系建设，有效推进合规工作的落实，努力打造法治央企。不断增强依法治企能力，塑造国际竞争新优势，提升全球产业发展话语权。

一是加强合规管理机制建设。在建立总法律顾问制度基础上，加强各个层级合规机构建设，具备条件的企业应配备合规官，使法律管控体系与合规管理体系有效融合。合规官对规章制度、经济合同和重要决策等方面的法律审核把关。从源头防控合规风险，制订合同管理手册，强化合同文本的标准化管理，并规定各类合同的会签机制。

二是加强合规管理系统建设。合规部门加强与业务部门的深入沟通，实现合规管理系统与运营管理系统高度融合。在企业运行流程的各个环节及时提醒或揭示风险，有利于管理人员密切关注、严格规范执行。从事前提醒到事中督查，再到事后审查，在关键节点提出合规风险防控建议，实现有效管控。

三是加强合规管理信息化建设。运用信息化手段将

合规要求嵌入业务流程，实现对重点领域、关键节点的实时动态监测。合规部门通过信息化手段密切关注、分析与企业生产经营相关的法律法规、规章制度、行业标准要求等，及时发出风险警示，减少违规风险发生。

（四）加强应急演练，增强应急处突能力

企业再大再强，管理制度再完善，也会遇到突发风险事件。重大突发事件带有不可预知的特点，往往会给企业带来紧张和压力，以惯常处理方法无法解决。若不能立即解决，会令企业运行系统失衡，影响日常运作。因此，处理重大突发事件（以下简称“处突”）最能够考验企业的抗风险能力，对企业来说，应对重大危机是一场综合系统的考验。

一是应急机制。企业应建立应急处突机制，遇到突发事件时能够及时启动。应急处突机制需要多个部门、多个系统协同，要做好合理分工，形成合力，共同化解处理突发事件，使企业尽快恢复正常运行。

二是应急演练。平日要加强应急预案、全系统应急预演，力争做到“一个预案后面总有一个预案跟随”，管理层决策快，团队相互配合，协同调配资源，形成强有力的应急处突能力。

三是快速反应。决策层能够对事件准确判断，第一时间果断制定处理方案；要迅速调集各类资源，如人

员、资金、物资储备等；执行团队快速反应，采取积极有效的应对措施，及时控制局面。

四是回顾总结。在应急处突之后，要进行复盘总结，做到举一反三，不断积累处理危机事件的经验，探索妥善处理重大突发事件的规律，增强应急处突能力。

四、强化内部审计监督对增强企业抗风险能力的作用

要强化内部审计对风险管理的监督作用，构建纪检监察、审计、巡察、风控等各类监督主体协同高效的“大监督”“大风控”管理体系，促进风控、审计、纪检等形成合力。发挥董事会审计委员会的作用，组织企业对重点领域、关键环节进行排查，使专项审计与全面审计相结合，增强对事前、事中、事后的监督。

（一）充分发挥内部审计的监督与评价作用

要认真贯彻落实国务院国资委《关于深化中央企业内部审计监督工作的实施意见》（国资发监督规〔2020〕60 号），强化内部审计监督评价作用。围绕党中央重大决策部署和国家重大战略任务情况、提质增效稳增长、突出主责主业、混合所有制改革、大额资金管控、对赌模式并购投资、高风险业务和“三重一大”事项等重点

领域和关键环节，加强内部审计监督检查。要细化经济责任审计、境外经营投资、内控体系建设、审计整改落实及结果运用等方面工作，提升公司治理水平和风险防范能力。

（二）发挥内部审计的监督协同功能

内部控制、合规管理、纪检监察、巡视等有各自不同的角度和工作重点，内部审计可发挥企业内部监督协同功能，加强与各监督管理部门的沟通协调，将各方面集中反映的问题领域作为重点关注事项。加大与财务、内控、运营、采购、销售、企业管理等业务部门之间的交流，加大对高风险业务的监督力度。对重大决策、重要项目安排和大额资金使用情况进行全过程跟踪审计。加强对可行性研究论证、尽职调查、资产评估、风险评估等对重大决策、重要项目具有重要影响的环节的监督力度，强化对决策规范性、科学性的监督，促进企业提高投资经营决策水平。

（三）推进审计发现问题整改工作

内部审计要对企业风险防控体系运行情况开展全覆盖监督评价，特别是对出资企业管理制度是否完善，内控体系制度整合优化是否到位，重大风险评估监测是否深入，境外集团管控、内控体系、合规体系是否健全以及年度报告规范性等重点问题进行监督评价。内部审计部门可以通过监督落实风险审计的成果，出具监督评价报告，促进各类风险得到有效防范和控制。加强对审计发现问题整改落实的监督检查，建立完善审计整改工作制度，完善整改落实工作规范和流程，促进整改落实工作有效落地。中央企业管理人员尤其是主要负责人，要克服审计整改就事论事的倾向，高度重视审计成果的运用，坚决防止屡审屡犯现象发生。

五、加强国际化经营合规管理和风险防控

面对日益复杂的国际形势，中央企业要以构建人类命运共同体为使命，按照《指导意见》的要求，推动企业加强国际化经营合规管理和风险防控，建立政治、经济、安全、文化等领域全覆盖的境外风险防控体系，增强国际化经营重要领域、重点区域、关键环节的风险防控能力，保障"一带一路"及中央企业国际化经营目标的实现。

（一）主动应对国际化经营面临的新形势、新挑战

在开展国际化经营过程中，中央企业面临着部分国家政局不稳、民族矛盾和资源利用争议增多、投资对象国政策随意性等风险。一些东道国政府基于国内政局变化、利益矛盾，往往会出现不履行或违反合同约定的情

况。因此要积极应对日益加剧的地缘政治风险，高度警惕并妥善处理类似缅甸密松水电站项目由于东道国政府违约导致的巨大损失事件。

新冠疫情暴发以来，由于境外机构人员管理成本大幅增高，人员流动受限，物流清关不畅造成设备材料不能及时供给等原因，致使境外机构运营管理受到巨大影响。在此背景下，中央企业要加强与外交和外贸等部门的密切合作，积极采取多种方式减少新冠疫情给境外项目带来的不利影响。

随着国际局势的新变化，再加上新冠疫情带来的影响，中央企业面对的国际安全形势日益复杂严峻，要增加境外安保投入，加强“人防、技防、物防”等保护措施，确保境外人员和商业利益的安全。

（二）提高境外合规风险管理能力

近年来，境外国家安全审查以及外国投资审查制度趋严，特别是敏感地区的敏感行业受到特别关注，反垄断和审查制度聚焦中国国有企业。中兴通讯事件充分暴露出中资企业在管控境外合规风险方面的能力滞后，境外合规管理体系存在明显漏洞，因此要主动应对境外合规风险带来的新挑战。

1. 认真贯彻落实习近平法治思想、习近平外交思想。中央企业在开展国际化经营时，要认真贯彻落实习近平法治思想、习近平外交思想，加强境外合规能力建设。坚持统筹国内法治和涉外法治，加快涉外法治工作布局，为企业强化境外依法合规经营、涉外法律风险防范应对，提供有力支撑和保障。

2. 探索建设境外合规风险管理体系。近年来，不少中央企业努力探索境外合规风险管理体系建设，将管理现状与世界一流企业最佳实践进行对标，找出合规管理的薄弱环节，提出改进方向。有的企业根据自身业务特点建立起境外合规管理防线，明确员工合规职责及行为合规要求，对高风险事项进行合规审查，设置合规官，构建合规交叉审查机制，形成了全员参与、职责清晰、全程监督的合规管理格局。

3. 切换思维方式和工作方法，适应境外合规要求。中央企业在境外合规管理方面经验还比较欠缺，生产经营过程中的一些环节存在违规风险。究其原因，无论是企业总部、项目公司还是监管机构，习惯于用国内思维方式和做法开展境外投资、经营和监管。监管方式和手段也难以跟上迅速发展的国际化经营步伐，因此，中央企业“走出去”须及时切换思维方式和工作方法，以适应境外合规环境。

4. 加强境外合规审计，强化境外合规管理。加大境外企业内部审计监督力度。结合境外企业所在国家或地区的法律法规及政治、经济、文化特点，研究制定境外内部审计制度规定。突出境外内部审计重点关注领域，聚焦境外经营投资立项、决策、签约、风险管理等关键环节，围绕境外经营投资重点领域以及境外大额资金使用、境外项目佣金管理、大额采购等重要事项，对重大决策机制、重要管控制度和内控体系有效性进行监督，强化境外合规管理力度，保障境外国有资产安全。

（三）实现境外风险防范全覆盖

1. 实施境外与国内风险管理的分类管理。鉴于国际化经营风险比国内业务风险更具复杂性和多变性，中央企业应根据国际、国内风险管理的不同需求和特点实施分类管理，以增强境外风险防范的全面性、预防性和主动性。不断完善境外风险管理制度，对境外企业和项目严格管理，加强境外项目风险评估、落实风险防范措施。尤其加强境外突发事件的紧急救援、维稳善后、舆情应对等处置，确保境外资产和人员安全。

2. 建立境外风险防范全覆盖的防控体系。企业国际化经营的类型不同，所在国家的政治、经济、文化环境不同，企业的管理基础不同，境外人员管理水平不同，所遇到风险类型和程度也不尽相同，必须建立全面覆盖并适合自身特点的境外风险防控体系。应结合项目所在国政商环境，建立境外风险管理清单，力求实现境外风险管理全覆盖，制定境外风险防控措施。如建立和完善境外风险信息收集、动态监测和报告机制，建立科学规范的境外风险评估体系，完善突发事件应急处置体系等。要形成多层级、多维度的风险防控联动机制，如部委联动机制、央企联动机制、集团上下联动机制等，实现风险管理"无缝跨境互动"，实现境外风险管理全覆盖。

3. 加强境外项目决策风险管理。境外项目在研究、立项、决策、实施、运营及终结全生命周期的各个阶段存在着各种各样的风险，其中最大的风险存在于决策阶段。境外项目在决策阶段要充分了解项目所在国信息，了解已在投资国投资的企业尤其是中资企业的经验教训，研究投资国国家风险等级，研究投资国产业政策及其可能变化的趋势等。充分开展尽职调查，识别出潜在风险，便于将风险管理关口前移，提高决策的准确性。

4. 加强境外安全风险管理。境外机构或项目所在国发生政权更迭、战争、恐怖袭击、绑架抢劫、严重暴力事件、社会动荡、公共卫生、自然灾害等都将严重威胁中央企业人员及财产安全。2015 年 10 月，中国铁建三名高管人员在马里袭击事件中遇难后，习近平总书记作出重要批示，要求有关部门加紧研究、加大投入和保障、加强境外安全保护工作，以确保我国公民和机构的安全。习近平总书记在党的二十大报告中进一步指出，要加强海外安全保障能力建设，维护我国公民、法人在海外合法权益，维护海洋权益，坚定捍卫国家主权、安全、发展利益①。中央企业在境外项目实际运行中，要根据不同地区、不同国家、不同项目的特点，建立与境外项目相适应的安全管理常态化工作机制，确保企业国际化经营人员和财产的安全。

六、以信息化为基础创新风险管理方式

为应对当前复杂形势和各种挑战，中央企业要按照《指导意见》提出的要求，创新风险管理方式，引导企业运用信息化等手段将合规管理和风险防控各项要求嵌入企业经营管理，有效防范化解处理各类风险。要充分运用信息化、智能化、数字化等手段，实现风险管理的思维创新、制度创新和技术创新。

（一）不断完善风险管理信息系统建设

信息化可帮助企业贯彻风险战略、实施内部控制手段、合规管理手段、固化风险管理流程。因此，一些国际知名企业每年要拿出占经营收入总额5%—10%的资金投入信息化建设，用于优化信息系统，支持企业战

① 《习近平：高举中国特色社会主义伟大旗帜 为全面建设社会主义现代化国家而团结奋斗——在中国共产党第二十次全国代表大会上的报告》，新华社，2022年10月25日。

略、推动企业创新、提高生产效率、降低成本。鉴于与世界一流企业在风险管理信息化设施建设的差距较大，针对风险管理信息系统与主要业务系统对接不畅，工作人员对信息化、数字化工具不熟练等问题，中央企业应加大风险管理信息化建设的投入力度，尽快完成风险管理信息系统与主要业务系统对接的升级改造，解决“信息孤岛”问题，充分利用数据资源，实现“数据共享”，逐步实现信息化向数字化转型。

（二）充分发挥风险管理信息化的作用

1. 加强风险评估，增强对各类风险提前预判能力。在重大项目投资决策时，可借助信息化手段运用风险量化分析结果作为重大决策的依据。结合风险评估确定的重大和重要风险，以现金流、资金链、投资规模、投融资能力、资产负债、健康安全等确定风险管控重点，确定风险管控指标体系。信息系统通过设置专门测试模型，使系统能够对重大、重要业务风险进行压力测试，为确定阶段性管理目标、推行精细化管理提供支持。

2. 通过信息化、数字化对重大风险进行监测预警。建立重大风险监测预警制度，充分利用大数据、云计算等技术，对重点领域、关键节点开展实时动态监测，对流动性、应收预付款、国别、项目实施、汇率、衍生品、金融投资等方面的风险进行重点监控，实现合规、内控、风险即时预警。明确风险预警标准，运用信息化手段对在发生重大风险或突发事件制定应急预案、明确责任人员、制定处置程序时提供支持，确保突发事件得到及时妥善处理。

3. 运用风险管理信息系统加强过程控制。借助信息系统探索风险管理持续改进的工作机制，协调集团公司和子公司在把握重大投资项目时的选择、论证、决策、融资及贷款等关键环节，推进项目全过程控制。在信息系统内设置关键控制环节和控制点，实现风险管理关口前移的目标。根据监测结果启动应急机制，并根据情况变化调整控制措施，从而大大提升风险管理效果。

（三）运用信息化、数字化、智能化手段防控风险

中央企业要结合自身实际探索创新防控风险的路径和方法，要逐步实现运用信息化、数字化、智能化手段防控风险的目标。通过大量数据采集、分析、整理，自动识别和防控风险，以此加强源头治理、系统治理、重点治理，不断创新风险管理方式。

一是以信息化为手段将风险、内控、合规、法律四套制度体系融合，形成“四位一体”的风险防范格局。二是通过信息化实现风险管理过程可控、可查、可追溯，使业务流程里的每个岗位、每个员工都发挥风险管理的作用。三是以信息化为手段，打破部门间的信息阻

隔、管理边界阻隔，减少低效重复的管控措施，形成防控合力。

在未来的发展中，中央企业随时会面临贸易战、科技战、金融战、网络战等新挑战，因此要特别注意防范网络信息安全风险。如今互联网已经沦为以美国为首的西方资本控制全球网络信息空间领域的战争工具，必须提早做好应对和反制措施，也必须创新此领域的风险管理手段。

增强中央企业抗风险能力的推进措施

一、从完善公司治理入手，增强企业抗风险能力

（一）充分发挥各治理主体在风险管理中的作用

中央企业要通过健全完善现代公司治理体系，实现管理体系和管理能力现代化，切实提升企业稳健合规经营、持续健康发展、有效防范化解处理风险的能力和水平。

划清党委会、董事会、经理层、监事会、职代会等各治理主体权责边界，协同工作高效运作。按照党委会“把方向、管大局、促落实”的职责定位，党委会前置研究讨论重大经营事项，对企业风险管理发挥领导作用。党委会根据前置清单，对重大经营事项把关。党委会前置讨论既不能“一刀切”，也不能“走过场”，而是真正发挥“把方向、管大局”的作用，在此方面南方电网的经验值得借鉴。

［案例］ 南方电网发挥党委会“把方向、管大局、促落实”的领导作用，制定了党委会前置研究讨论重大经营管理事项清单，使企业党委在决策、执行、监督各环节的权责和工作方式更加清晰明确。南方电网对党委会前置研究讨论事项形成了三种方式：一是对标准明确、程序清晰、风险敞口确定的决策事项，采用制度审议方式；二是对业务性质清晰、计划性强、风险敞口可控的决策事项，采用综合审议方式；三是对标准不明确、程序不清晰、计划性不强、风险不确定的决策事项，保持“一事一议”的方式。南方电网的做法，既不“一刀切”，也不“走过场”，真正使党委发挥了对重大经营管理事项把关的作用。

按照董事会“定战略、作决策、防风险”的职责定位，充分发挥审计与风险委员会的作用，推动完善企业风险管理体系、内部控制体系、合规管理体系和违规经营投资责任追究工作体系，有效识别研判、推动防范化解重大风险，并对相关制度及其有效实施进行总体监控和评价。

经理层要充分发挥“谋经营、抓落实、强管理”的积极作用，强化管控各类风险的执行力和执行效果。要聚焦如债务风险、投资风险、法律风险、金融风险、境外投资运营风险等重大风险，强化实时监测预警，及时排查处置风险隐患。同时要提高应急处突能力，保证在遭遇重大风险时，能够使企业迅速恢复正常运行。

（二）在企业文化中强化安全发展理念

优秀的风险管理文化催生风险临界意识，提高风险警觉性，在风险事件发生之前主动防控，从而实现“治未病”，防患于未然。风险管理文化要求管理者对风险要保持高度敏感，对可能发生的风险常备不懈。一方面要动态评估、细致分析观察企业运行中的各种潜在风险，抓早抓小、防微杜渐，勿使小患成大祸；另一方面要抓住关键环节，明察秋毫、擒贼擒王，使引发风险事件的导火索得到及时控制。

将风险管理文化渗透到企业日常经营管理之中，增强所有员工的风险防控意识，使安全发展的理念深入人心，让企业全体人员形成风险管理、合规经营的行为习惯。在此方面，摩根大通应对美国次贷危机的经验值得借鉴。

［案例］2006 年 10 月，在摩根大通（J. P. Morgan Chase & Co.）经营分析会上，零售业务中的抵押贷款业务副总裁报告了次级抵押贷款借款人的违约率大幅上升，次级贷业务存在“大面积坏死”的可能。会议把各种建设性意见总结在一起，并通过压力测试，预判次级贷业务有可能给公司带来毁灭性的危害。CEO 遂向公司所有部门下达指令，要求他们摆脱对次级贷的风险敞口，大量抛出次级贷业务。正是由于强烈的风险防控意识和快速反应，使摩根大通在随后爆发的次贷危机中的损失远远小于竞争对手。在雷曼等许多知名公司纷纷倒闭时，摩根大通凭借及时的预警和快速抛出次贷业务，躲过一劫。

（三）落实不同管理层级风险管理责任

企业的不同层级承担着不同的风险管理责任。集团公司要制定企业风险管理战略，发挥战略引领作用，确保集团中长期战略规划、总体经营方针目标、“三重一大”事项等符合国家战略规划、产业发展政策和行业发展方向，且与公司持续健康发展的趋势相适应。要构建完备的风险管理、内控、合规、法律融合的控制体系，对出资企业的制度落地情况进行监督检查。要准确研判宏观形势，并根据内外部环境变化及突发事件对企业战略做出适应性调整。

二级企业要确保集团风险管理、内控、合规、法律的制度执行到位。坚持科学民主决策，对重大经营事项进行充分论证，详实揭示项目潜在风险，对重大项目执行中的不确定性全面预估；强化合规风险防控，决策程序公开公正规范，重大经营决策须经法律审核，确保决策结果充分体现出资人意志，不出现重大失误。采用有效措施防范投融资、金融财务、产业链供应链、知识产权、安全环保等领域的风险，确保不出现重大资产损失事件。

三四级企业要加大管理创新力度，特别注意加强产品质量和安全生产管理。要根据自身条件和与世界一流企业的差距，把加强产品质量、安全生产风险管理作为工作重点，积极借鉴世界一流企业的先进经验，探索精细化管理的规律。以深化改革促进风险管理，结合薪酬制度和人力资源制度改革，增强各级管理人员和员工的风险防范意识。在此方面，BP 公司实施一体化风险防控的经验值得借鉴（见后文案例）。

二、提升风险管理基础工作水平，构建高效风险防控体系

（一）深化风险识别评估等基础工作

面对复杂多变的形势、监管趋严的经营环境，风险评估工作的难度、跨度加大，应采取更完备的技术手段，从源头上防范化解企业重大风险，真正把问题掌控在萌芽之时。健全风险研判、识别、评估、应对机制，做到防患于未然，实现由被动处理向主动防御转变。

一是做好风险辨识。通过风险辨识提高风险预判力。由于风险具有明显的不确定性和难以预测的特征，风险识别要从根本性、深层次、结构性的潜在危险因素进行辨识；尤其关注输入性风险的倒灌效应，关注新发突发风险的扩散效应。

二是做好风险评估。把握好工作步骤，科学评估风险，从风险的发生原因、政策影响、可承受度、风险偏好、复杂性关联性及时间波动性、现有控制措施的有效性、敏感性等方面开展风险评估分级；对潜在重大风险可结合建模、数据预测、桌面推演等手段作为技术支撑。对各类风险易发、多发带来的挑战，要更加注重全面提升风险预判力，做到精准拆弹，抓好风险处置

工作。

三是主动采取风险应对措施。面对多种不确定性因素，企业要有防范风险的先手，打好主动仗，将风险关口前移，做到未雨绸缪，对苗头性风险早发现、早处置、早化解，避免发生重大风险或危机。企业集中管控系统性风险，将重大风险管控关口“前移”到业务发生单位，变事后应对为事先防控，切实做到治已病、防未病。

（二）规范重大投资项目决策评估流程和方法

按照国务院国资委提出的“持续完善投资监管工作机制”的要求[①]，要规范企业重大投资项目决策风险管理的流程和方法。对参与企业重大投资决策的人员如党组成员（党委常委）、董事等，应加强重大投资项目决策风险管理方面的培训，使之逐步熟悉重大项目风险评估的基本流程，了解风险评估方法，将项目全生命周期风险评估深度融合在项目决策中。

要严格按照重大投资项目决策风险管理流程规定的各环节（见图 5－1），做好项目信息收集和尽职调查、深入开展项目可行性研究、制定风险应对策略、项目后评估计划等。项目决策的全部会议内容要有记录并归档，使项目论证过程可追溯。

---

① 《国资委举办中央企业负责人研讨班》，国资小新，2022 年 7 月 17 日。

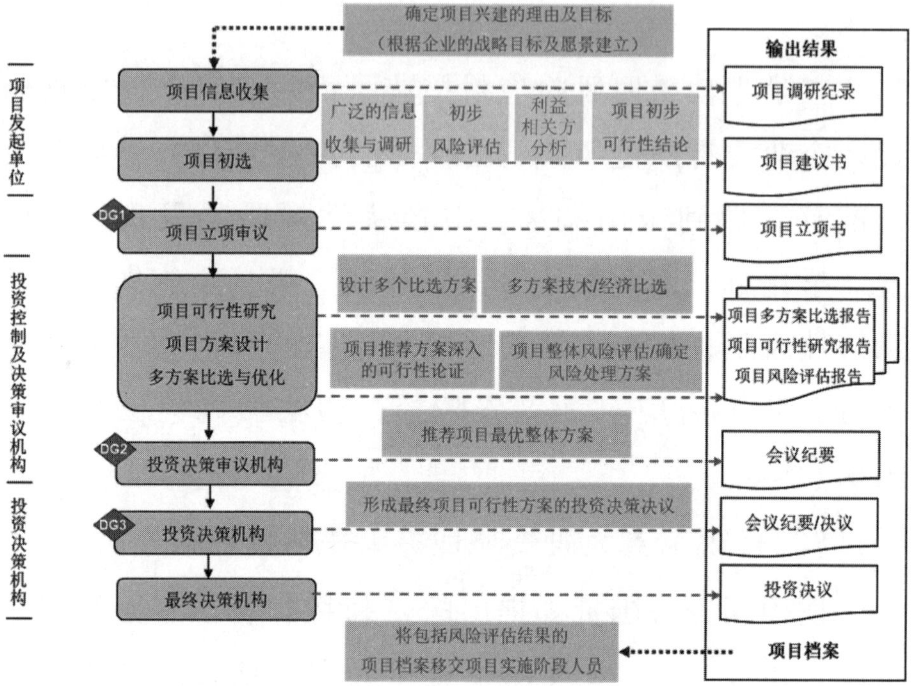

图 5－1　企业重大项目决策流程的细化

运用量化风险分析工具加强项目风险评估，是企业项目决策风险管理的重要环节。加强重大项目风险管理，要加强项目前期尽职调查，全面收集风险信息，采用定性与定量相结合的方法，使各利益方能够在决策过程中公平客观地参与风险评估；倡导合规、内控部门先期介入，对项目决策各关键环节严格把关，聚焦关键风险点，对项目可研报告深入分析讨论（见图 5－2）。

中央企业在开展重大投资项目决策时要规范风险管理流程，对项目可行性进行深入研究、充分揭示项目风险，该出手要及时出手，该止步时及时止步。在此方

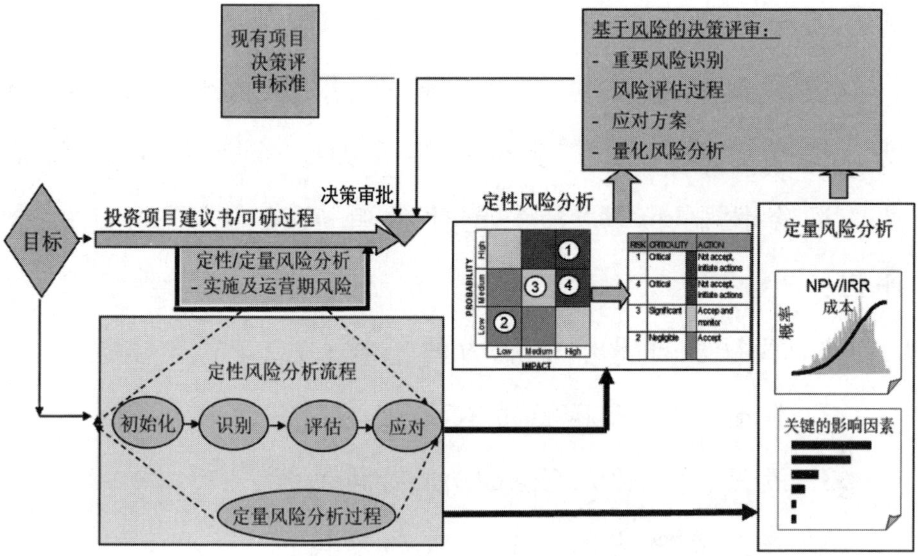

图 5－2　将风险评估融入重大项目投资决策流程的方案设计

面，中国五矿集团有限公司（以下简称“中国五矿”）的经验值得借鉴。

［案例］ 中国五矿在成功收购 OZ 公司的同时，根据重点项目风险管理的“六不投原则”，果断放弃 R 项目。位于澳大利亚的 RIDLEY 磁铁矿项目（简称 R 项目）是五矿从备选库的众多项目中选取的比较有优势的项目。集团投资委员会对 R 项目预可研情况审议时认为，该项目主要风险为港口物流风险，也就是铁矿石开采出来后很难运出来，而且这一问题在较长时间内难以解决。经过总裁办公会的激烈讨论，认为 R 项目的港口物流风险短期内难以独立解决，项目风险超出了五矿在资金、管理方面的承受能力，经综合考量决定放弃该项

目，因而避免了因决策不当造成的损失。

中国五矿遵循的“六不投”原则，分别从战略角度、投资收益角度、资金筹集角度、企业内部条件角度、风险控制和转移角度对项目风险状况进行综合评判：

1. 不符合自身承受能力的不投；

2. 资金来源未落实的不投；

3. 没有契约化风险抵押机制的不投；

4. 产品竞争力不达到一流的不投；

5. 不符合发展战略和规划的不投；

6. 团队不稳定，责任不落实的项目不投。

（三）构建世界一流企业风险管理指标体系

在对中央企业抗风险能力的表现进行分析评价时，可以通过对标世界一流企业风险管理经验，结合行业特征和企业特点，从如下方面加以考察。

对于战略风险防控能力，可选取宏观环境及产业信息情报的获取与分析、战略决策的调整、战略空间的拓展等作为评价指标。

对于财务风险防控能力，可选取资产负债率、流动比率、速动比率、财务预算准确率、财务预算控制率等作为评价指标。

对于生产经营风险防控能力，可选取自主可控水平、供应链备份、安全生产事故率等作为评价指标。

对于重大项目风险防控能力，可选取重大投资项目决策风险评估流程和方法、项目全生命周期管理、NPV（净现值）、IRR（内部收益率）、项目后评估等作为评价指标。

对于融资风险防控能力，可选取融资成本率、利息保障倍数、债券信用等级等作为评价指标。

对于产品风险防控能力，可选取产品设计、生产技术、设备精度、“三检”工作、售后服务等作为产品质量风险管理评价指标。

对于品牌风险防控能力，可选取品牌战略规划、品牌文化、品牌延伸、品牌扩张、品牌危机防范等作为品牌风险管理评价指标。

对于国际化经营风险防控能力，可选取境外合规和风险管控措施的有效性，实现境外政治、经济、安全等方面的风险防范全覆盖等作为评价指标。

对于重大突发事件风险防控能力，可选取预案、预演和危机应对措施的有效性及处突决策能力、协同调配能力、依法应急能力、复盘总结等作为评价指标。

中央企业可根据行业特点和建设世界一流企业的实际需求，尤其要根据以规模效益见长的企业和在细分行业专精特新企业的不同需求，制定切实可行的评价指标体系，深入探索在复杂严峻环境下增强企业抗风险能力的规律。

三、促进风险管理与经营管理流程深度融合的具体途径

（一）通过深化改革推动风险管理工作

在深化国有企业改革背景下，中央企业党组织处于领导地位，对企业重大决策事项起领导把关作用。董事会是企业决策机构，依法决定企业重大决策事项。从董事会“防风险”的职责看，董事会要指导监督企业加强各类风险管控，聚焦企业债务风险、投资风险、法律风险、金融风险、境外投资运营风险等，强化实时监测预警，及时排查处置风险隐患。企业根据需要设置风险管理专门委员会，作为董事会的决策咨询支持机构，全面推动风险管理工作。董事会和经理层根据各自定位相互协同配合，正确履行风险管理的职责。经理层通过任期制与契约化管理强化任期考核和激励约束，促进风险管理的执行效果。

（二）加快构建世界一流财务风险管控体系

建设世界一流企业必须加快构建世界一流财务风险管控体系，进一步强化负债率红线约束，大力压降永续

债规模，加快推进司库管理体系建设，实施资金穿透监管。

一是构建战略导向、执行有力的预算考核体系，深度融合、灵活响应的业财支撑体系，安全集中、效益协同的资金管理体系，嵌入、量化的财务风险管控体系，智能、高效运转的智慧财务体系，以提升金融风险防范和金融资源配置能力、业务支撑能力。

二是加强集团管控，压缩管理层级，实行集中有效的采购管理、投资管理和资本运营；不断完善以战略管控、财务管控和关键经营要素管控为核心的经营管理体系；加快司库体系建设，重构金融管理体系，进一步加强资金的集约、高效、安全管理；促进业财深度融合，推动企业管理创新与组织变革，不断增强企业价值创造力、核心竞争力和抗风险能力。

三是利用信息化手段深化“两金”管控手段，持续分析“两金”管控潜在风险，从严设定“两金”预算边界管控预算目标。确保“两金”增幅不超过营业收入增幅，“两金”周转效率稳步提升，经营活动现金流量明显改善。

四是突出 EVA（经济增加值）导向，以资产负债类指标为重点实行安全边界管控，实现国有资产保值增值的最终目标。要建立健全金融业务运行监督体系，加强对金融子企业财务、业务和风险等信息监测分析和风险预警。要定期梳理、分析和排查金融业务面临的风险隐患，制定预案和整改措施，并及时处置化解，守住风险底线。

（三）加强产业链、供应链风险防控

习近平总书记在党的二十大报告中指出，要增强维护国家安全能力。坚定维护国家政权安全、制度安全、意识形态安全，加强重点领域安全能力建设，确保粮食、能源资源、重要产业链供应链安全[①]。中央企业要将产业链、供应链风险管理作为战略来考虑，强调产业链的全面安全、自主可控和全链条的高质量发展，强调产业链的产业贡献值。

一是构建稳定的产业生态。完整的产业链必然依托与之相适应的产业生态。要通过产业影响力使企业集团内外部各种产业要素资源实现有机协调，从而构成各有分工、相互依赖、相互支撑的动态产业空间，在产业上下游形成完整的产业链和供应链，维护稳定的产业生态。

二是发挥产业组织者作用，成为有凝聚力的产业链链长。强化产业综合服务理念，以维护产业链、供应链

---

① 《习近平：高举中国特色社会主义伟大旗帜 为全面建设社会主义现代化国家而团结奋斗——在中国共产党第二十次全国代表大会上的报告》，新华社，2022 年 10 月 25 日。

安全稳定协同发展为己任，以前瞻性的战略视野组织产业链上下游企业共同强化基础产业的自主研发和本土布局，突破产业链的核心技术瓶颈，助力形成独立自主的完整产业链。

三是与上下游企业协同合作形成命运共同体，打造全套产业链。以深化国企改革为契机，通过实施股权多元化和混合所有制改革构建全套产业链。在产业链、供应链上下游带动地方国企和民营企业共同发展，以产业链构筑价值链，使产业服务理念渗透到产业链各个环节。通过融合国有企业和民营企业的优势，加大优链强链力度，逐步掌控核心供应链，不断优化现有的产业链。

四、建立健全合规管理制度，打造法治央企的具体措施

（一）强化合规管理体系，推动法治央企建设

目前，中央企业合规管理普遍存在两方面问题，一是过分强调市场目标和业绩考核任务，缺乏合规管理的主动性，合规机构缺失，相关管理制度不健全且执行不力，难以形成合规管理合力；二是各项制度、规则之间衔接不畅，存在冲突，执行中难以平衡制度的刚性与企业运行的实际需求。因此，需要以“大合规”体系推动

法治央企建设。

一是中央企业运用法治思维和法治方式深化改革、推动法治央企建设与发展，深入研判新任务、新要求、新形势，提前预判未来可能出现的合规风险，及时制定应急方案和防范措施。二是公司总法务全程参与混合所有制改革、投资并购等重大项目，加强法律审核把关，坚持依法依规操作，严控法律合规风险。三是根据企业经营管理及业务模式不断强化风险管理制度、强化管控措施。

中央企业强化合规管理要汲取一些企业因违规经营给国有资产带来巨大损失的教训，深刻反思，举一反三，避免重蹈旧辙。在此方面，中国铁路物资股份有限公司（以下简称“中国铁物”）违规开展大宗商品融资性贸易巨损案例就是典型的反面教材。

[案例] 2009—2013 年，中国铁物不顾国务院国资委提出的“严禁开展无商品实物、无货权流转或原地转库的融资性业务”要求，所属 8 户子企业违规开展融资性业务 24.4 亿元，给企业造成巨大风险。截至 2014 年底，该企业资产负债率达到 109.7%，所属 13 家子企业资不抵债，生产经营基本停止。

该案例教训深刻。

一是有令不行、有禁不止。中国铁物对党和国家关于企业特别是中央企业依法依规经营的政策置若罔闻，对国务院国资委的三令五申视而不见，对抗清理整顿的有关指示，我行我素、不服监管，毫无政治意识、大局意识，无视党的政治纪律、政治规矩，背弃了中央企业应担负的政治责任。

二是党的领导弱化，管党治党缺失。中国铁物党委和铁物股份党委软弱涣散，对重大业务经营风险问题不研究、不提示；党委书记、副书记、党委常委带头违反政治纪律和政治规矩，有禁不止；全面从严治党不力，导致中国铁物问题丛生，企业在一个时期内持续性、系统性地发生违纪行为。

三是政绩观、业绩观扭曲。中国铁物主要领导在扭曲的政绩观、业绩观驱使下，放弃企业核心竞争力，违规从事大宗商品融资性贸易，用虚而不实的贸易业务量虚增经营规模、冒进快上，造成国有资产重大损失，最后留下一堆烂摊子，使企业背上沉重的债务包袱。

四是制度存在“牛栏关猫”现象，管控不力。中国铁物未建立有效的风险防控制度，合同、资金、存货、担保等管理制度形同虚设，对子企业的各项管控措施不力，制度“防火墙”完全失效。这是该案暴露的重要制度原因[①]。

① 案例来源：中纪委媒体披露中铁物等国资损失：违规开展融资贸易，中国新闻网，2017 年 05 月 25 日。

（二）发挥“三道防线”作用，推进合规风险管理

所谓合规管理的“三道防线”是企业根据不同的岗位职责及功能对风险管理责任进行划分，形成构建资源共享、信息互通的合规风险防范机制。

第一道防线，业务部门是风险管理的责任主体，承担实施风险防控的具体执行责任。在日常经营活动中执行风险防控工作流程。工作内容包括按照风险防控管理要求完善制度和流程；进行合法合规性审查；开展合规风险事件应对处置；开展评估，针对存在的问题及时整改；提交年度计划及工作报告；提高岗位人员的专业能力等。

第二道防线，风险防控牵头部门负责组织开展日常工作，承担合规风险管理的组织、协调责任。工作内容包括起草合规风险管理年度计划及工作报告、制定制度；组织开展风险识别和预警、应对、培训和评价考核；加强境外合规风险管理，强化重大决策合法合规性审核把关等。

第三道防线，纪检监察机构和审计、巡视等部门在职权范围内履行合规风险管理监督工作，承担合规风险管理监督、评价、问责的责任。对企业经营管理行为进行监督检查；在职责范围内对风险事件进行调查，追究相关部门和人员责任；对完善企业合规风险管理体系提出改进意见和建议等。

（三）合规管理体系落地的具体手段

合规管理组织体系建设是实施有效合规风险管理的基础，只有建立了从治理层到管理层、执行层的规范体系，才能保证合规管理体系有效运行，对此，相关研究机构制定了“企业合规管理组织体系评价指标”[①]。

一是加强合规管理机制建设。在建立总法律顾问制度基础上，加强各个层级合规机构建设，具备条件的企业应配备合规官，使法律管控体系与合规管理体系有效融合。

二是加强合规管理系统建设。合规部门加强与业务部门的深入沟通，实现合规管理系统与运营管理系统高度融合。在企业运行流程的各个环节及时提醒或揭示风险，利于管理人员密切关注，严格规范地执行。

三是加强合规管理信息化建设。运用区块链、大数据、云计算、人工智能等新一代信息技术，推动合规管理从信息化向数字化升级，探索智能化应用场景，从而有效提高管理效能。

四是“四位一体”管理的融合。探索构建法律、合规、内控、风险管理协同运作机制，加强统筹协调，提高管理效能。推动合规要求向各级子企业延伸，加大基层单位特别是涉外机构合规管理力度。

---

① 《合规：企业合规管理体系有效性评估》，郭凌晨、丁继华、王志乐主编，企业管理出版社，2021 年出版。

五、实现政治、经济、安全等方面境外风险防范全覆盖

（一）建立多渠道、多领域的信息情报体系

中央企业开展国际业务有必要建立多渠道、多领域涵盖政情、军情、商情、恐情、灾情、疫情等方面的信息情报系统。加强外交机构、监管机构、企业集团、项目公司的信息沟通交流。加强对国别风险、汇率风险的预判，并提早防范。建立海外安保体系，确保人员与财产安全，实现政治、经济、安全等方面全覆盖。在此方面有必要借鉴世界一流跨国公司国际化经营的成功经验，例如日本企业以综合商社为核心的抱团“走出去”模式，对中央企业国际化经营具有一定借鉴价值。

［**案例**］在日本财团模式中，综合商社是核心。对财团内部企业而言，综合商社既是拓展海外市场的先锋，也是至关重要的信息情报机构。在开展国际化经营中，综合商社起到了你中有我、我中有你的联合纽带作用。多家企业一起将国际市场的蛋糕做大，以贸易物流作为牵引，规范运作，防止内部恶性竞争，实现合作共赢。日本企业在最初进入一个地区或国家的时候，一定会第一时间找到所属财团综合商社在当地的分支机构，

寻求信息咨询等方面的协助。对财团外部企业而言，综合商社通过提供免费的投资咨询服务并少量入股，将合作企业纳入其全球产业链，与合作企业互惠互利、共享信息。作为日本企业走向世界的“流通窗口”，综合商社通过在金融、物流、调研、咨询、市场营销等方面直接为制造业企业提供支持，为日本企业国际化发挥有机协调作用，大大提高了企业与项目所在国的信息对称性，因而降低日本企业境外投资决策风险、国别政治风险、跨文化风险和安全风险等。

（二）国际化经营风险防范的重点工作

1. 健全境外风险防控组织体系。强化工作责任制，建立专职机构，发挥风险防控部门的独立作用。认真做好所在国政治、经济、宗教、法律、风俗、文化、市场等方面风险的分析和评估，做到积极稳妥、量力而行。强化境外项目运行风险管理，进一步健全项目管理体系，梳理优化工作流程，建立系统、科学、实用的标准和制度体系。

2. 加大境外业务协同，避免恶性竞争。要发挥境外市场和项目信息报备系统作用，帮助企业持续加强境外业务协调管理，防止热点市场恶性竞争，促进国际化经营合规管理。通过信息系统还可以对境外资产、人员、项目分布和经营情况实现动态监测，对境外业务进行全过程管控。

3. 加强境外合规风险管理。中央企业要将依法合规作为国际化经营的底线、红线，严格遵循国际规则和项目所在国法律，对违规行为“零容忍”，坚决筑牢“防火墙”。要在境外重要子企业或区域设置合规管理机构，配备法律合规人员，完善重大项目全程参与机制，强化法律合规审查，有效防范境外合规风险。在此方面，中国交通建设集团有限公司（以下简称“中交集团”）的经验值得借鉴。

［案例］ 中交集团建立健全海外业务合规风险防范体系，规范经营行为，建立四道合规管理防线：建立员工自查、管理部门负责人审查、合规官审查和合规官交叉审查，形成全员参与、职责清晰、全程监督的合规管理格局，实施合规风险分级分类管理。

具体做法如下。一是要素识别。对集团合规管理现状进行细致分析，找出风险较高的业务流程及环节，分析现有合规管理工作与有关要求及国际最佳实践的差距。二是危害评估。针对高风险领域，分别对业务流程、业务内容、控制措施、人员情况等管理现状进行危害评估，将管理现状与最佳实践进行对标，找出合规管理的最薄弱环节。三是策略选择。研究与项目相关的国家法律法规、世界银行合规要求、国际合规惯例以及国际最佳实践，提出改进方向。四是防范控制。针对合规管理关键环节，建立具有针对性、有效性和可操作性的海外合规风险防范机制，构建了权责分明、流程清晰的海外合规风险控制体系。五是监控跟踪。海外分（子）公司、办事处设合规官，监测和报告合规风险，提出风险防范和应对方案、受理违反合规管理的内外部投诉和举报。集团定期抽调合规官，对海外各单位进行合规交叉审查。

（三）构建海外安保体系，确保人员和财产安全

增强境外安保风险管理意识，做到未雨绸缪，将境外安保风险防控作为国际化经营的先决条件来考虑，以确保境外人员和财产安全为目标，以安全风险评估预警体系为基础，健全境外项目全过程安保风险管理机制，坚持经营与安保防控并重，构建起全方位的境外安全风险防控体系。在此方面，中国石油天然气集团有限公司（以下简称“中国石油”）的经验值得借鉴。

［案例］ 中国石油在国际化业务中特别关注政局动荡、民族宗教冲突、战争、恐怖活动和社会治安混乱等不安全因素，以此构建相应的海外安保体系，确保人员和财产安全。

具体做法如下。一是对海外项目实施风险四级动态管理。按照风险评估矩阵，将海外项目安全风险分为

红、橙、黄、蓝四个等级。对红色（高安全风险）地区，严禁项目进入；对橙色（较高安全风险）地区，要求项目在施工作业前开展安全风险评估，制定有效的安保计划，经总部审核批准后方可实施。二是加强信息收集和预警。通过国家有关部门、国外情报机构以及项目现场，建立了多种信息收集渠道，开展安全形势研判，每周发布《海外社会安全形势周报》，遇有紧急情况，及时发布安全预警，采取更严格的安全措施，做好防范工作。三是强化海外应急能力建设，编制完善有效的应急预案，准备可靠的应急资源、快速的应急反应队伍，适时开展处置能力演习。

六、运用信息化、数字化等手段将风险防控要求嵌入企业经营管理

（一）加快实现风险防控的信息化管理

面对日益复杂严峻的新形势、新挑战，中央企业要充分应用信息化、数字化和智能化手段，紧密围绕国内外业务风险，将信息化嵌入风险防控的全链条、全过程，加快实现风险防控的信息化管理。推进指标监控实时化、风险预警自动化、指标体系可视化，借助信息化系统实现内控、法务、合规体系与其他业务部门的互联

互通，提高企业预警、防控、处置风险的能力。

（二）探索智能化、信息化系统的具体措施

结合国资监管信息化建设“三年行动计划”“实施国资监管数字化智能化提升专项行动”，全面提升国资央企在线监管能力水平。

一是以战略导向、执行高效的信息化体系，建立“战略—评估—防范—激励”闭环管理机制。以战略目标为引领，以风险评估为抓手，以风险防范为牵引，以薪酬激励为保障，推动公司战略落地做实。

二是以深度融合、灵活响应的风险支撑体系，打造“一体化”信息化模式。积极推动信息化管理向业务前端延伸，实现情报收集分析、智库信息检索、风险阈值设定、分析模型预测等，高效支撑公司业务决策。

三是建立安全、集中、效益、协同的信息化体系。坚持安全和效益原则，实现四项集中：风险、内控、合规和法律审批权限高度集中，防控工作在一个职能模块高度集中，穿行测试高度集中，指标考核高度集中。

四是建设标准、集中、智能的信息化体系。聚焦效率，开展人工智能创新实践；聚焦风控，建设财务风险智能预警平台；聚焦价值，建设数据综合分析平台。

（三）探索应用信息化系统防范化解各类风险

一是实施嵌入式管理，将内控规则嵌入 IT 系统，推

动内控从线下到线上转变。二是实施系统升级，构建集中化管理系统，推动内控从分散到集中转变。三是实施量化管理，构造风险量化监控模型，推动风险管理从定性到定量转变。四是实施智能化升级，将智能技术应用到内控领域，推动风控从人防向技控转变。五是实施“云化监管”，创新内控审计模式，推动内控审计从抽样到全量转变。

总之，增强企业抗风险能力不是一蹴而就的，要不断完善风险管理体系和防控措施。其中企业家的准确判断和果断决策是关键，专业的风险管理人才队伍是基础，完善制度的有效执行是保障，现代信息技术是手段，不发生颠覆性重大风险是底线。

案例分析

一、英国石油公司风险管理实践案例[①]

（一）基本情况

英国石油公司（BP P.l.C.，以下简称“BP”）是

① 案例参考：全面风险管理网。

世界上最大的能源公司之一，由前英国石油、阿莫科、阿科和嘉实多四家公司整合重组而成。BP 在欧洲、北美洲、南美洲、亚洲及非洲建立了完整的业务体系，在全球 100 多个国家从事经营活动。作为世界领先的能源企业，BP 以加强综合管理为基础，在全球广泛的业务领域加强风险管理，积累了较为丰富的经验。

（二）主要做法

1. 强化风险控制的业务模式。从原来以区域性为主的业务管理模式转变为以专业为主的业务管理模式，将上游业务拆分为勘探、开发和生产三个部门。新的管理模式有利于增强各专业的技术能力、强化风险控制以及在全球范围建立和推行统一的作业标准和流程。BP 建立了专职风险管理机构（安全与运营风险部门），全面负责公司在全球各地安全与运营风险的监管与审计。

业务模式和组织结构的变革使得 BP 从区域性业务组织模式转变为全球性业务组织模式，有助于在全球范围内建立和推行统一的作业标准，制定并实施重大项目开发建设标准化流程，强化项目决策期和建设期风险控制。同时，变革促进了专业人才和知识的长期积累，强化风险管理的责任追究制度。

2. 风险管理理念。以风险为导向的管理思想。公司整体强调对风险管理价值的高度肯定和统一认识，主要体现在两方面：一是决策机制以风险评估为基础，二是管理架构设计以有效管理风险为目的。

治理结构、管理模式与风险管理相适应。BP 充分重视公司治理层面的风险控制。在董事会层面明确管好生产运营和安全风险是实现公司目标的保证。执行层对业务实施风险管理强调两个前提，一是参与交易的业务必须符合公司的战略要求，二是必须符合外部环境的合规要求。

风险评估结果起到一票否决的作用。BP 的管理团队在决策过程中，把风险评估作为最重要的工作环节。例如在上游勘探开发投资前，会组织独立评估小组到现场实地采集数据。BP 开发了一整套评估模型，通过模型测算全面评估风险。评估小组的专业意见会作为项目决策的基础，如果评估小组认为该项目可能存在不可控制或不可承担的重大风险，决策层会选择果断放弃。

3. 风险管理组织。BP 的风险管理组织分为决策层、管理层和执行层三个层次。

（1）决策层。董事会负责战略风险以及集团层面安全与运营风险的管理；董事会各委员会审核各业务和职能部门的报告；审计委员会和安全、道德与环境保障委员会每年召开一次联合会议，协助董事会评估公司风险管理体系的有效性；BP 的总审计师（内部审计部主管）

对集团风险管理行为进行审计。

（2）管理层。首席执行官负责内控与风险管理体系的建立与维护，下设 CFO、安全与运营风险执行副总裁等共同构成执行管理层。执行管理委员会下设五个分委员会：运营风险委员会负责安全、环境与运营方面的风险；财务风险委员会负责财务与交易方面的风险；披露委员会负责财务报告方面的风险；人力资源委员会负责人力资源方面的风险；资源承诺委员会负责与投资决策相关的风险。

集团首席执行官与各业务部门和关键职能部门一起，开展定期业绩审核，以监督运营业绩和风险管理情况，并在必要时加以干预。

（3）执行层。集团总部职能部门中最重要的风险管理部门是新设立的安全与运营风险部门，属于专职综合运营风险管理部门，在 BP 集团范围内促进安全、合规和可靠的运营。安全与运营风险部主要通过下列方式来履行职责。

①针对全球业务层面应用的安全与运营风险管理，制定标准并对这些标准进行更新和维护。

②独立于业务线经理，对安全与风险进行专门审核，制定标准并对这些项目进行更新和维护。

③为业务部门提供深入的技术专业支持。

④必要时有权干预，要求业务部门采取纠正措施。

4. 风险评估方法和信息系统。BP 制定了详细的风险评估指导文件，包括风险量化建模的方法、对评估参数的估算、模型矫正和关键假设等。风险评估融入各业务单位的日常工作中。各业务单位都建立了自己的风险库，记录内外部发生的实际损失事件，识别潜在的风险因素，通过统计分析、压力测试、模型预测等方法，对相关风险进行持续评估、监控与报告。此外，推崇系统化和自动化，在管理过程中，特别在风险识别和分析过程中，尽可能发挥信息系统的支撑作用。当支持计划内业务的战略性解决方案明确之后，就会实施应用层面的解决方案。BP 每年用于系统开发和系统实施的预算都高达数十亿美元。

5. 内部控制与合规管理。在内部控制方面，BP 发展并建立起一套完整的管理框架，确保治理层面和业务层面的合规性。合规性管理框架包括七大要素，即明晰的成文规定、标准和控制；对员工进行培训，确保有效的内部沟通；员工行为；严格执行政策；持续的监控并报告进展；管理层的支持，保证充分资源支持；经验反馈机制，持续改进和提高。并通过一系列举措来保证重点突出、实际有效的监管和控制，进而实现规范治理和合规管理。在运作原则与规程方面，通过制定员工行为规范，明确了对监管者、客户以及社会的责任，指导各业务单位以最高标准进行业务操作，确保各层面的合规经营。

6. 风险理财。BP 合理利用风险理财手段来降低收益波动，实现企业价值增长，降低整体风险水平。主要包括对保险策略和金融衍生工具的有效运用。其中保险策略调整充分考虑了风险和自身的承受能力；对衍生品交易的风险管理则要求明确高层管理者的职责，董事会负责制定公司整体风险管理和资本运用政策。

7. 运营风险管理体系。BP 采用一套全球统一的运营风险管理体系（OMS），来对全球运营风险实施统一管理和监督，安全与运营风险部门负责监督该体系的实施。

OMS 包括组织、领导力、结果、运营优势、风险、程序、资产和优化八项要素（见图 5－3），这些要素为 OMS 业绩改进循环提供了要求和标准方面的信息。OMS 提供了集团范围的框架，在安全、风险管理和运营完整性方面推动全公司范围的严谨和系统化工作方式。在当地层面实施的 OMS，是实现安全及负责运营的核心。要求每个运营部门拟定一套当地的 OMS（即 LOMS），每年对 OMS 中各项标准和规程与当地流程和程序之间的差距进行评估，然后拟定一份缩减差距的计划，确定需要采取哪些步骤改进绩效。

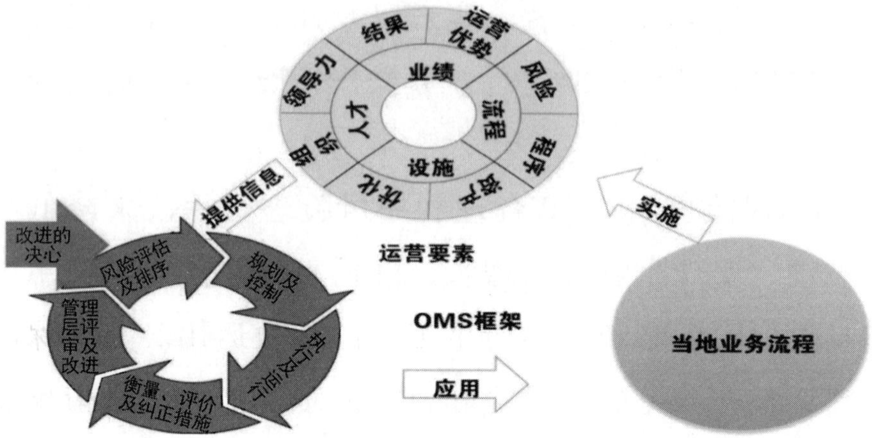

图 5-3 BP 的 OMS 运营风险管理体系框架

（三）经验启示

一是董事会更多地参与到风险管理中，在对风险的认识、风险管理框架的建设方面发挥了领导作用。二是通过将风险管理与日常经营管理进行更好的整合，风险管理职能的价值预期在不断增长。三是在各专业管理体系基础上建立综合运营管理体系，通过强化综合管理增强管控能力，同时建立与质量管理、内控与合规、HSE管理、标准管理相统一的风险管理体系。四是风险管理体系以降低运营风险、系统性提升运营质量和绩效为核心目标。五是强调管理结构、流程、标准和人员能力的全球统一性，消除各专业管理体系之间的交叉重叠，制定全球统一的风险管理标准、流程和操作规范。

二、Y 公司打造风险管理“升级版”[①]

（一）基本情况

Y 公司高度重视提升风险管控能力，强化多体系有机融合，将风险管理、内控、内审监督、合规、责任追究体系要求嵌入业务流程，形成“全面、全员、全过程、全体系”联动一体化风险防控机制。按照“分层、分类、集中”管理原则，构建横向到边、纵向到底、层次清晰分明的风险管控体系。围绕“坚决守住不发生重大风险底线”的目标，抓住有效化解存量风险和筑牢风险防范体系两条主线，聚焦重大风险，打好风险化解“攻坚战”。经过多年实践，取得了富有成效的经验。

（二）主要做法

1. 加强顶层设计整合风险管理职能。

（1）通过整合、优化、强化职能，加强集团层面风险管控工作的顶层设计，变分散管控为统一部署的风控合规组织架构，形成集中有力的“组合拳”。

（2）风控合规部门实行“双向负责制”，集团层面由董事长分管，一名副总经理协管。风控合规部向董事

---

① 案例参考：孙友文主编，《国有企业风控融合体系实践与案例》，经济科学出版社 2022 年版。

长和管理层同时汇报工作，并接受审计委员会工作指导。各子企业风控合规部门独立开展工作，同时接受集团工作指导。

（3）统一集团风险战略，确定集团风险偏好、控制风险总量。搭建全集团风险偏好体系，制定集团整体风险管理战略，确定集团风险偏好。由上而下指导子企业风险经营，制定各业务线条风险指标；由下而上反馈风险偏好执行结果，进行核实调整。同时，从不同层面出发进行风险管理，达到控制风险总量和各业态风险的目标。

2. 整合风险防控体系，实现强内控、防风险、促合规。为实现“强内控、防风险、促合规”的管控目标，落实国务院国资委提出的“建立健全以风险管理为导向、合规管理监督为重点的内控体系，且要将风险管理和合规管理的要求嵌入业务流程”要求，整合风险防控体系，对风险管理体系、内部控制体系、内审监督体系、法务管理体系、合规管理体系、制度管理体系和违规责任追究体系七个工作体系进行有效融合。

总体思路是以合规为底线、合规监督为重点，通过合规管理体系和法务管理体系将“内部规章和外部规章”的要求嵌入制度流程，通过风险管理体系将风险管理要求嵌入制度流程，并着重抓好重大经营风险和重大项目风险评估，将风险管理要求融入内控。内部审计体系则围绕重点业务、关键环节和重要岗位，对子公司内控体系有效性进行进度评价，准确揭示风险隐患和内控缺陷；违规追责体系对违规损失行为实施责任追究。通过构建监督评价体系，形成联动闭环机制实现管控目标，最终形成“全面、全员、全过程、全体系”的风险防控机制。

3. 构建“5422”一体化防控机制，落实风险防控重点。按照“分层、分类、集中”管理原则，各层级依照工作职责精准施策，逐级控制风险。集团集中管控系统性风险，将重大风险管控关口前移到业务发生单位，变事后应对为事先防控。明确党委、董事会、专业委员会、各级领导审批权限，明确总部职能部门体系督导职责，明确基层单位风险防控措施，有效构筑风险防控“三道防线”。在此基础上开发“三道防线”升级版即风险防控点阵模型，以层层穿透贯通的立体点阵实现更加精准的风险管理，构筑风险“防火墙”，有效隔离风险蔓延。

构筑风险防控“三道防线”的做法如下：第一道防线做好源头控制，重点解决日常经营管理中的“缺位”问题；第二道防线做好风险专业管控，重点解决早期风险预警、中期应对、后期处置等问题，为第一道防线搭建嵌入风险管控的业务流程；第三道防线对风险结果进行独立评估，并不定期地到第一道防线进行巡视，听取基层风险防控建议。这样就形成了循环往复、不断迭代的动态管控防线。

为打通公司内部存在的职能分工屏障，Y公司打造了贯通关联的“5422”一体化风险防控机制。风险管理有五项机制：风险研判预警机制和风险决策评估机制、风险防控协同机制、风险考核问责机制和风险信息报告机制。内部审计有四项机制：内部审计制度、审计作业机制、审计整改督导机制和审计汇报机制。内部控制有两项机制：内控建设机制和内控评价机制。违规追责有两项机制：追责工作机制和追责实施报告机制。通过高效运行的风控一体化工作流程，打通了各环节的接口，使风控、内控、内审、追责各自在不同的风险管理阶段发挥作用，实现无缝对接（见图5-4）。

通过构建贯通上下、业务联动的一体化风险管控机制及“三重一大”流程、节点式跟踪管控措施，Y公司推动重大项目风险评估前置于决策，严格把控重大风险隐患，确保风险评估与项目评审工作质量（见图5-5）。

Y公司抓住有效化解存量风险和筑牢风险防范体系两条主线，坚持底线原则，加强风险前置研究，把控关键环节；集团开展风险排查，梳理重大风险事件，与基

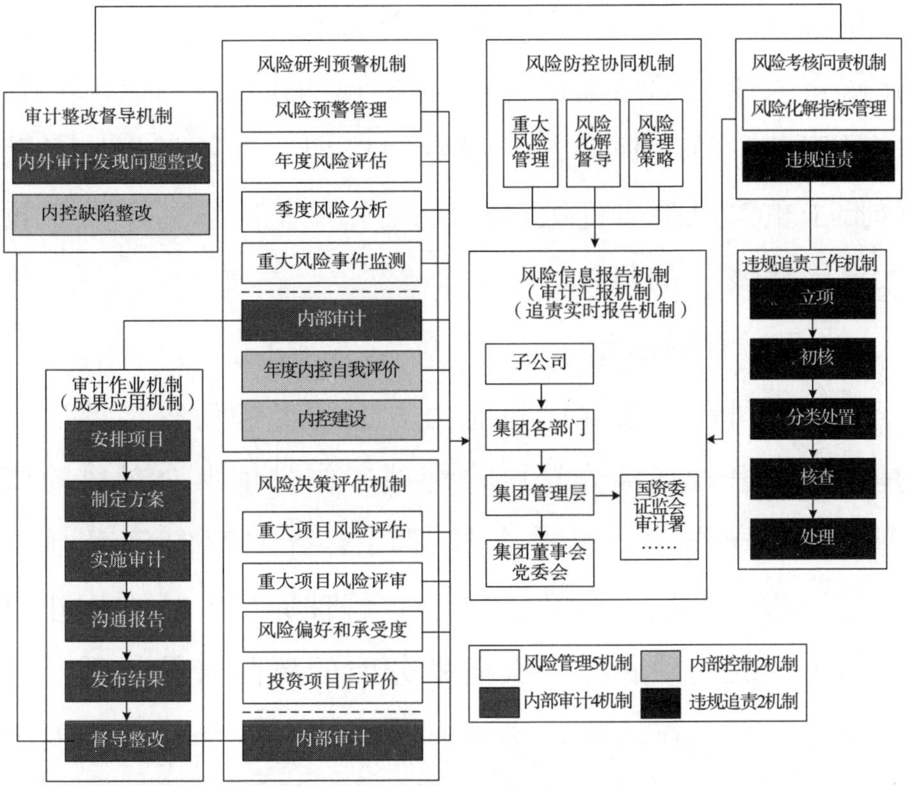

图 5－4　Y 公司风险管控一体化运行机制

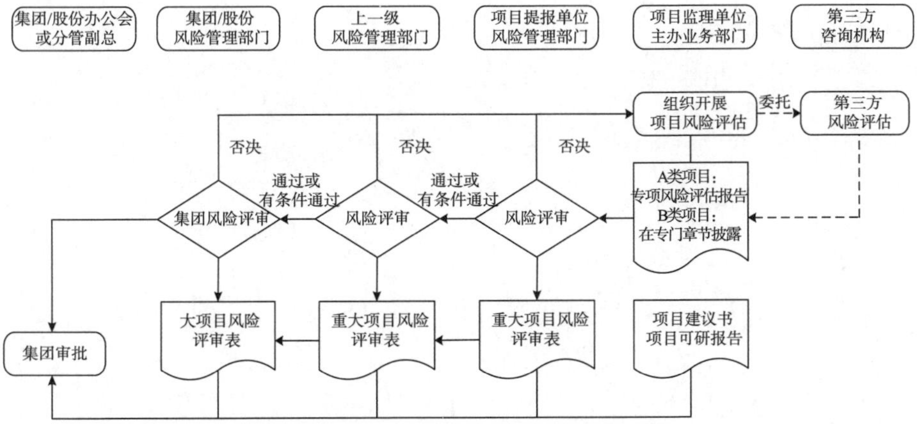

图 5－5　Y 公司集团重大项目风险评审流程

层单位签订“化解重大风险目标责任书”，制定“防范化解重大风险专项工作行动方案”，集团提供工作指引，按月跟踪、持续督导，开展专题培训、专题汇报，显著降低了重大风险事件敞口，实现了“坚决守住不发生重大风险底线”的目标。

（三）经验启示

Y 公司在增强抗风险能力方面的经验值得借鉴。一是集团董事长直接分管风险管理工作，董事会对风险管理发挥领导作用，风控合规部门实行“双向负责制”。二是按照“分层、分类、集中”管理原则，建立构建横向到边、纵向到底、层次清晰分明的风险管控体系。三是整合七个工作体系，实现风险管理与业务管理高度融合，以实现“风险管理升级版”。四是构建“5422”一体化“风险防控点阵模型”，构建整合防控机制，落实风险防控重点。

"中国现代企业管理"系列丛书

加快建设世界一流企业

（下）

中国大连高级经理学院 编

中国财经出版传媒集团
中国财政经济出版社

图书在版编目（CIP）数据

加快建设世界一流企业：全三册 / 中国大连高级经理学院编. --北京：中国财政经济出版社，2023.10

（“中国现代企业管理”系列丛书）

ISBN 978-7-5223-2063-2

Ⅰ.①加… Ⅱ.①中… Ⅲ.①现代企业制度-研究-中国 Ⅳ.①F279.2

中国国家版本馆 CIP 数据核字（2023）第 040854 号

责任编辑：王　芳　吕小军等　　　责任校对：胡永立

封面设计：思梵星尚　　　责任印制：张　健

加快建设世界一流企业（下）

JIAKUAI JIANSHE SHIJIE YILIU QIYE（XIA）

中国财政经济出版社 出版

URL：http：//www.cfeph.cn

E-mail：cfeph@cfeph.cn

社址：北京市海淀区阜成路甲 28 号　邮政编码：100142

营销中心电话：010-88191522

天猫网店：中国财政经济出版社旗舰店

网址：https：//zgczjjcbs.tmall.com

北京鑫海金澳胶印有限公司印刷　　各地新华书店经销

成品尺寸：170mm×240mm　16 开　20.75 印张　173 000 字

2023 年 10 月第 1 版　2023 年 10 月北京第 1 次印刷

定价：223.00 元（全三册）

ISBN 978-7-5223-2063-2

（图书出现印装问题，本社负责调换，电话：010-88190548）

本社质量投诉电话：010-88190744

打击盗版举报热线：010-88191661　QQ：2242791300

主　编　邱宝林

副主编　张之广　于　米

目　　录

下册

第六篇　信息化管理与数字化转型

第七篇　加快推进企业绿色发展

第八篇　建设世界一流财务管理体系

案　例

第六篇

信息化管理与数字化转型

当今时代，新一轮信息技术革命蓬勃发展，推动全球加速进入数字经济时代。以习近平同志为核心的党中央高度重视信息化发展，提出要抓住信息技术发展的历史机遇，加快建设制造强国、质量强国、航天强国、交通强国、网络强国、数字中国。习近平总书记多次强调，加快发展数字经济，促进数字经济和实体经济深度融合，打造具有国际竞争力的数字产业集群。[①] 习近平总书记主持召开中央全面深化改革委员会会议审议通过的国有企业改革三年行动方案，对国有企业积极采用信息化、智能化方式，推进管理体系和管理能力现代化提

① 习近平总书记在中国共产党第二十次全国代表大会上的报告，新华社，2022年10月25日。

出了明确要求。国务院国资委坚决贯彻党中央关于建设网络强国、数字中国系列重要指示精神，大力推动传统产业数字化智能化绿色化转型升级，指导推动中央企业积极发展数字经济，专门印发《关于加快推进国有企业数字化转型工作的通知》，为中央企业数字化转型指明方向。

信息技术是当前全球投入最集中、创新最活跃、应用最广泛、辐射带动作用最大的技术创新领域，是全球技术创新的竞争高地。因此，基于信息技术开发与应用的企业信息化管理和数字化转型，对中央企业管理提升和业务变革的全方位引领与支撑作用越发显得迫切和重要。在当前复杂多变的国际国内新形势下，大力推进数字化转型、智能化发展，能够充分发挥信息技术的叠加、倍增和放大价值效应，加快构建形成实时、开放、高效、协同的创新体系，极大释放人才、资本、信息、知识等有形和无形资源的创新活力，有效激发中央企业创新发展的内生动力，大幅降低创新的门槛和成本，不断催生新产业、新业态和新模式，尽快形成适应新时期数字经济发展需要的核心竞争力，促使中央企业从要素驱动向创新驱动发展，从粗放管理向精益管理发展，从量的扩张向质的提升发展，为深化国有企业改革、发展混合所有制经济，培育具有全球竞争力的世界一流企业提供强大支撑。

本篇从信息化管理和数字化转型的基本概念出发，

对中央企业现状和国家相关政策进行分析和解读，同时借鉴国内外标杆企业实践的经验教训，提出中央企业在数字经济大背景下提升信息化管理水平，加快推出数字化转型的战略框架、参考路径和推进措施。

中央企业信息化管理与数字化转型现状、问题与经验

一、信息化管理与数字化转型基本概念

信息化管理与数字化转型是一个事物的两个方面，信息化管理是基础，数字化转型是目标。正确认识信息化管理与数字化转型的基本概念、特征和内在联系，将有助于企业统一思想、凝聚共识，有效提升数字化转型的效率与质量，从而显著提升企业现代化管理水平和综合竞争力。

信息化指利用计算机软件、硬件、通信技术等，基于科学的业务流程、先进的组织架构与标准化的数据架构，搭建信息系统网络，实现企业生产、经营、管理、决策数据的收集、传输、存储、分析应用的过程。目的

是通过搭建支撑业务运营、发展和变革的信息系统，扩大信息资源共享范围，促进企业发展方式转变，提升管理水平和效率效益。

企业信息化管理是采用先进的管理理论与方法，实现信息技术支持下的运作管理，提升管理水平，建立竞争优势，并对企业采用的信息技术、建立的信息系统、获取到的信息资源、信息化实施运作过程进行计划、组织、控制、协调和指挥，以降低企业信息化实施风险，使企业在信息技术和信息资源上的投资能够取得最大的收益。企业信息化管理工作内容通常包括规划、设计、建设、运行与维护、采购、信息安全、信息技术标准、管理制度、信息化治理结构和信息技术队伍建设等。国际著名咨询公司高德纳（Gartner）提出企业信息化管理部门的六大职能包括：需求响应、规划、设计、选商、实施和运行维护（如图 6－1 所示）。

图 6－1　企业信息化管理部门的职责

信息化能够通过多种方式创造价值、提升管理水平和增强核心竞争力，可归纳为三个方面：自动化效应、信息效应与转型效应（如图6-2所示）。

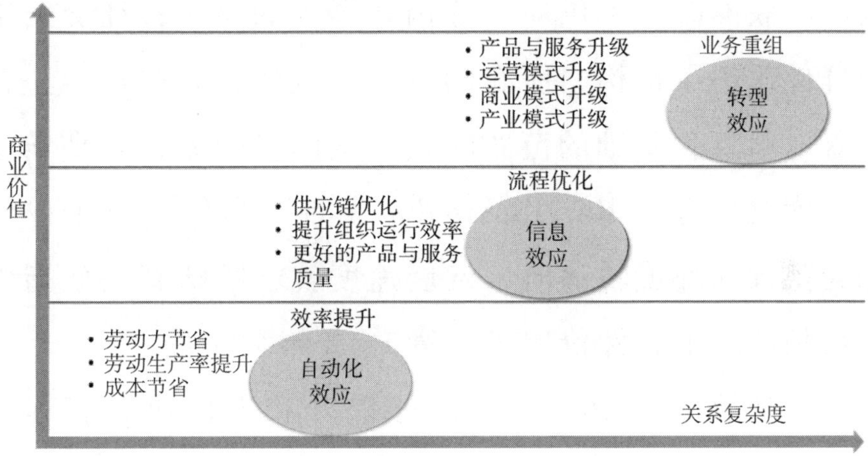

图6-2　信息化创造价值方式

自动化效应指从信息技术被视为资产角色中获取效率方面的价值，能够替代劳动力和有形资产，如物联网、智能机器人等。这种方式创造的价值主要体现在劳动力节省、劳动生产率和产品（服务）质量的提升以及成本节省等。

信息效应指来自于信息收集、传输、存储、处理和分析应用能力所创造的价值。通过信息资源的有效利用，充分发挥其中蕴含的方法、标准、知识和理念等无形资源价值，提升专业化管理水平，降低业务运营成本，提升决策科学性，最大化地提高人、财、物等有形资源的利用效率。

以信息为基础的环境会带来根本性、颠覆性的机遇。半导体芯片影响了图像的捕捉、显示、存储和控制；互联网改变了供应、分销和零售的渠道；社交网络和群件改组了机构。所有的迹象都表明，人类社会正在朝着以信息为基础的范式转化。美国发明家、未来学家雷·库兹韦尔（Ray Kurzweil）发现：当你朝一个以信息为基础的环境转移时，发展速度就会跳跃到一条指数级增长曲线上，性价比将会每1—2年翻一番。

转型效应指信息技术能够提升和支持业务流程创新、管理变革、转型升级创造的价值。作为流程重构和组织架构再造的结果，转型效应创造的业务价值随着信息化建设和应用的不断升级而愈加明显。转型价值最终会体现在产品与服务模式、业务运营模式、商业模式、产业链（供应链）模式等转型升级以及由此带来的销售额增加、对市场变化响应能力增强、劳动力结构与规模优化等。可以得出结论，数字化转型是信息化驱动下的一场业务、管理和商业模式的深度变革。

数字化转型是以信息化建设为驱动力，围绕业务发展、管理变革需求，应用新理念、新技术、新方法进行组织、流程和资源优化，带动运营模式、商业模式、产品与服务、产业模式等转型升级，提升企业核心竞争能力，其本质是企业信息化建设的扩展和外延。在数字化转型过程中，技术是支撑，业务是内核。转型的根本目的是提升企业现代化治理水平和管理能力、产品和服务竞争力，获得更大、更长远的竞争优势。

企业数字化转型有两个维度（如图6-3所示）。一是企业内部自上而下的转型，包括业务运营模式、商业模式、产品与服务转型，也可称为纵向转型。主要是传统企业通过大力开展信息化建设，搭建集中、集成、共享的信息系统，推动实现生产经营管理网络化运行，助推传统企业升级到共享、智能企业，实现产业数字化。例如，国际商业机器公司（IBM）建立9个共享服务中心支撑全球业务运作，开发认知计算系统（IBM Watson），推动高科技含量工作向无人智能发展，实现共享智能业务运营。二是产业间转型，也可称为横向转型，就是传统企业在开展自身信息化建设的同时，不断形成信息技术优势，进军信息技术产业，为其他企业提供信息技术服务，从传统生产、服务企业跨产业升级到信息技术服务业，实现数字产业化。例如，美国通用电气公司（以下简称“GE”）组建数字化公司，向市场推出工业互联网平台Predix，驱动GE从工业制造业向“高端制造+信息技术服务业”转型。国家电网有限公司（以下简称“国家电网”）、中国宝武钢铁集团有限公司

（以下简称“中国宝武”）、中国石油、中国石油化工股份有限公司（以下简称“中国石化”）等信息化领先的中央企业，其内部新兴信息技术产业收入与市值都呈现稳定增长趋势。同时，信息技术的普及应用也为社会发展和人类进步带来积极的催化驱动作用，给人们的生产生活带来技术进步福利，促进社会升级。

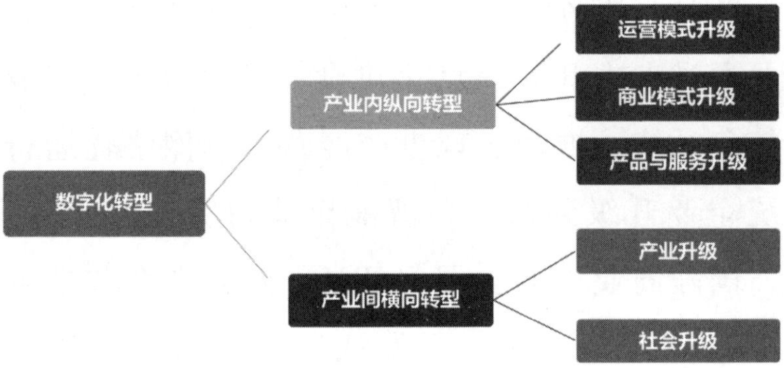

图 6－3　数字化转型的两个维度

随着数字技术的进步，传统工业经济逐渐向数字经济过渡，机器人、数控机床和其他数控设备等数字化工具成为分析当下全新生产方式的起点。结合数字经济的发展形态，构成当代社会经济基础的生产工具是计算机等数字通信设备，代表生产力水平的技术是新一代数字技术，即互联网、大数据、物联网、5G、云计算、人工智能、区块链、脑机接口等组成的数字技术体系。根据雷·库兹韦尔提出的“加速回报定律”，一旦技术变得数字化，或者它可以被编辑为以 0 和 1 表示的计算机代码，技术就能够呈指数级加速发展。因此，数字新生产力是在“数据 + 算力 + 算法”定义的世界里，知识创造者借助智能工具，基于物质、能源以及数据这一新生产要素，构建的一种认识、适应和改造自然的新能力。数据生产力意味着知识创造者的快速崛起、智能工具的广泛普及和数据要素成为核心要素。

以知识创造者、智能工具和数据要素为核心的数字生产力时代正在开启。2017 年发布的《国家新一代人工智能发展规划》指出，经过 60 多年的演进，特别是在移动互联网、大数据、超级计算、传感网、脑科学等新理论、新技术以及经济社会发展强烈需求的共同驱动下，人工智能加速发展，呈现出深度学习、跨界融合、人机协同、群智开放、自主操控等新特征。人工智能作为新一轮产业变革的核心驱动力，将进一步释放历次科技革命和产业变革积蓄的巨大能量，并创造新的强大引擎，重构生产、分配、交换、消费等经济活动各环节，形成从宏观到微观各领域的智能化新需求，催生新技术、新产品、新产业、新业态、新模式，引发经济结构重大变革，深刻改变人类生产生活方式和思维模式，实现社会生产力的整体跃升。由此可见，数字经济就是建立在新一代数字技术基础之上的全新经济形态，而数字化转型则是企业应用数据“新生产要素”和新一代数字技术，构建数字“新生产力”，创造数字“新经济”的系统性变革过程。

二、中央企业信息化管理与数字化转型现状

中央企业认真落实党中央关于建设世界一流企业的系列重大部署和国务院国资委系列部署要求，把信息化纳入建设世界一流企业的目标体系，把数字化转型作为贯彻习近平总书记关于建设网络强国、数字中国等重要指示精神的具体行动，作为推进公司治理体系和治理能力现代化的重大战略举措，大力推动互联网、大数据、人工智能等信息技术与主营业务融合应用，着力培育新的增长点，加快形成新动能，为加快数字经济发展、推动中国阔步迈进信息社会作出了突出贡献。领先中央企业在数字化转型方面取得系列性丰硕成果，起到了一定的示范效应。但必须看到，中央企业之间信息化建设与数字化转型进展不均衡，领先企业、追赶企业与信息技术基础薄弱企业呈现正态分布。

一是认知与顶层规划能力全面加强。中央企业普遍将数字化转型战略作为“十四五”业务规划的重要内容之一。企业领导层对信息化阶段发展规律、价值特征、方法论以及信息化能够大幅度提升劳动生产率、降本增

效、推动业务转型升级、提升企业核心竞争力的认识持续增强。越来越多中央企业认识到信息化管理与数字化转型是实现高质量发展、绿色低碳转型、建成具有全球竞争力世界一流企业战略目标的重要抓手和不可或缺的手段。顶层设计意识、编制方法与能力、设计质量与执行得到全面加强。

二是建立健全数字化转型组织体系。中央企业大都建立健全由“一把手”负责的信息化管理或数字化转型委员会，负责规划计划、技术赋能、管理变革、业务转型等重大事项决策；设立主管领导负责日常管理工作的协调与审批；建立健全专职职能管理部门，负责规划计划制定、项目建设、信息安全等管理与提升；锻炼形成一批具有架构设计，有自主开发、建设、运行维护能力的信息技术支持队伍。同时，中国石油、国家电网、华润集团有限公司（以下简称“华润集团”）等中央企业先后成立了数字科技公司，专项赋能，支撑集团内部数字化转型升级，同时也对外提供数字化服务。

三是形成适合中央企业特点的最佳实践。包括“一把手”工程、集中统一原则、基于业务战略的规划设计方法、项目管理实施方法、基于流程的管理制度体系、信息安全防护体系、信息技术标准体系以及适时应用新技术新理念、建立健全组织体系与数字化人才队伍等实践，形成了适合中央企业推动数字化转型的认知、组织、应用、基础技术能力框架及易理解、易执行、易推广的实施策略、路线图与方法论等。

四是建成应用数字化转型平台体系，成效显著。中央企业按照顶层设计和统一规划，积极运用云计算、物联网、工业互联网、边缘计算、数字孪生、人工智能、知识图谱、区块链等信息技术，与生产经营管理变革、组织与流程优化、业务发展创新等深度融合，建成并应用一大批涵盖生产运行管理、经营管理、办公管理、辅助决策的集中集成平台体系；在推动产品、服务、业务运营模式、商业模式、产业模式等转型升级方面作用显著，催生与应用一大批生产运行、经营管理、面向服务的共享中心，已经形成趋势；头部企业正在推进产品与业务模式向无人智能迈进。数字化转型大幅度提升中央企业全员劳动生产率，创造了巨大量化或定性的商业价值。

五是建成并运行覆盖业务的可靠基础技术体系。中央企业充分发挥新基建主力军作用，积极应用5G、北斗导航、IPv6、云计算、移动应用、软件定义一切等技术，建设应用支撑国内外业务的信息技术广域网络、局域网络体系，纳管信息系统与数据、互相热备的绿色数据中心体系，支撑资源共享的业务应用云、科学计算云、电子商务云等基础设施云体系。依据国家法律法规要求，建设应用包括管理、控制、技术在内的信息安全防护体系；持续开展信息技术标准体系的制定、发布与应用；高度重视数据资产建设，建立健全数据治理组织，搭建数据湖、数据中台、主数据管理平台等，不断提升数据质量与管理水平。

六是自主创新能力不断提升。在推进信息化管理与数字化转型过程中，中央企业开发应用了一大批拥有自主知识产权的重大成果，例如：能够支撑特大型企业经营管理的国产 ERP 系统，促进数据分析共享的大数据平台、数据湖等系列产品；支撑生产作业现场向智能无人值守转型的物联网、工业互联网、边缘计算、智能工业视频和生产安全自动预警等平台；支持科学研究与开发智能创新、基于知识图谱技术的下一代知识管理系统；具有战略意义的北斗导航定位、IPv6、基础设施监控与运行维护等系统；遵循国家法律法规的信息安全系列产品、信息安全运行中心（Security Operations Center，SOC）等。

三、中央企业信息化管理与数字化转型存在的问题

在推进数字化转型过程中，部分中央企业仍存在认知能力不到位，在决策、实施、业务变革过程中的效率低下，存在巨大改进空间；对信息技术独有的创造价值

方式与特征了解不到位，对影响能够增强竞争优势的投入标准不关注，不愿意投入；企业信息技术基础架构（EA）需要持续提升，数字化转型的系统性能力需要增强；缺失顶层管理标准，各说各的话，影响沟通决策质量；存在全面推广已建成应用系统的力度衰减，信息化对业务转型的支撑效果不佳、竞争力增加不明显等问题，与国内外领先企业间存在差距拉大的风险。

（一）企业现有组织和管理架构不适应转型的需求

2020 年 6 月，国务院国资委正式印发《关于开展对标世界一流管理提升行动的通知》（国资发改革〔2020〕39 号）提出要“加强信息细化管理，提升系统集成能力”。对标国际一流实践，解决企业以往在信息化管理过程存在的诸多问题，需要重点解决两个问题：信息化管理缺乏统筹规划，信息化与业务“两张皮”。这两个问题也体现了企业现有组织和管理架构难以适应数字化转型的需求。

首先，数字化转型面临集团集中式管理要求与业务单元追求敏捷创新的矛盾。集团层面希望一盘棋地去思考转型，需要顶层设计和长期规划，要求统一大平台、大架构、大中台。但二级企业则是希望能够小步快跑，迭代式创新。

其次，数字化转型要解决信息化与业务“两张皮”

的问题。国际著名咨询公司 IDC（以下简称“IDC”）研究数据显示，企业数字化转型面临最突出的两个整体挑战是协作创新和有限的经验技能。我国企业的数字化转型已进入需要业务和职能部门主导和深度参与的阶段。对业务部门而言，最大的挑战来自与合作伙伴的协作、用户的数字化体验、同业的差异化和信息共享；对信息化、数字化部门来说，最大的挑战则是来自对新技术的认知不足，然后才是数字化与业务的融合、数字技术的挖掘和新技术的投资回报率等问题。

最后，数字化转型对企业全员的思维理念和数字素养提出了全新挑战和要求，但多数处于传统产业的国有企业则面临数字人才紧缺、能力不足、结构失衡的严峻挑战，难以支撑企业数字化转型要求。具体到实施与执行的层面，中层干部缺少抓手，对具体往哪里转、怎么转，思路不清晰。因为数字化转型本身就是个新事物，没有作业可抄，只能摸着石头过河。

（二）数据要素驱动作用尚未充分发挥

数据是数字化转型的核心驱动要素，能够打破传统要素有限供给对增长的制约，不断催化和转化传统生产要素。中关村信息技术和实体经济融合发展联盟（以下简称“中信联”）2021 年的调查显示：目前国有企业现场数据采集率不高，能够实现在线自动采集并上传的现场数据比例为 13.4%，不同业务条线间存在数据壁垒、数据开发利用水平和能力不足，67.8% 的国有企业尚未开展专门数字化建模，仅开展了简单报表应用，数据要素作用尚未充分发挥。

（三）碎片化供给不能满足整体转型的需求，尤其是核心技术受制于人

当前国有企业在数字经济领域从 0 到 1 的颠覆性创新还不够强，具有技术主导权的世界级领军企业不够充足，高端装备、核心工业软件、关键基础技术受制于人，高端咨询、系统性解决方案等信息技术服务起步较晚，蕴含产业机理的共性知识方法、标准工具互动创新不强，尚未形成良性运转的数字化转型技术、产品和服务生态。

首先，面临整体转型诉求与碎片化供给之间的矛盾。很多国有企业已经走过了单点、局部上的转型，迈入了全局的转型。企业需要端到端的、集团级的整体数字化转型解决方案，以此推动价值链、产业链各个环节的联动。而数字化转型本身是一种集成式创新，涉及大量跨学科、跨专业技术的交叉。然而，现有服务商不具备数字化转型所需要的全部知识体系，只能满足局部的诉求。

其次，面临旧有 IT 遗产与新技术导入之间的矛盾。

国有企业在机房、服务器、ERP、OA 等方面每年都有很大的投入。但是信息化技术及工具还停留在旧有形式，投入偏于保守。关键是国有企业的认知没有跟上，没有跳出旧有的思维定式。

（四）不同行业的数字化转型发展不平衡

2021 年 12 月，点亮智库发布的《2021 国有企业数字化转型发展指数与方法路径白皮书》中指出，近年来，新一代信息技术持续创新并加速向制造业、服务业等领域渗透，引发产业形成新的生产方式、产业形态、商业模式和经济增长点。各重点行业因发展基础、企业组成结构等不同，数字化转型发展现状、模式、路径及发展趋势不尽相同。

（五）不同企业处于数字化转型的不同阶段

IDC 根据其对全球企业数字化转型企业的研究，将企业数字化转型分为五个发展阶段，分别为单点实验、局部推广、扩展复制、运行管理和优化创新。由于企业战略目标、所在行业的竞争力和整体数字化程度不同，导致当前企业在转型的进程上也存在很大的差异。

根据浪潮集团有限公司与 IDC 2020 年进行的联合研究，中国企业数字化转型各阶段的分布情况与全球趋势基本一致：公开声明数字化转型的企业占比超过 75%，但还有 8.8% 的受访企业才开始进行数字化转型的尝试

(单点实验阶段)；处于局部推广和扩展复制阶段的企业首次超过了70%；值得注意的是5.3%的受访企业已经处于数字化优化创新阶段，利用数字技术在行业内持续创新，进而影响市场格局。

（六）面向数字经济的现代服务业体系建设力度和速度不够

形成服务业主导的经济结构是我国经济转型升级的战略选择。随着数字经济时代的到来，其与服务经济的融合发展，对于推动服务业转型升级、促进经济结构调整以及保障民生就业意义重大。

尽管我国数字经济和服务经济的融合程度越来越高，但数字经济与服务经济的融合仍存在一些问题和不足，主要是面向数字经济的现代服务业体系建设力度和速度都还不够。具体体现在：一是数字化程度不高。数据碎片化、数据壁垒、信息孤岛现象仍然存在，服务APP化弊端日益凸显，数据利用效率不高；服务业数字化集中在营销、业务和IT等方面，主要为单点效率提升，尚未形成一体化数字解决方案。二是服务业数字化的渗透率偏低。截至2020年3月，我国网民规模达9.04亿，但生活服务“日活跃用户”规模仅约1.5亿，占比仅为16.6%；用户年龄层的覆盖面有待拓宽，老年人“数字鸿沟”问题日趋严重。三是服务业数字化水平不均衡。生活服务业的数字化程度相对于金融、信息服务等生产服务业来说偏低，生活服务业细分领域的数字化程度差异也较大；产业链数字化发展不均衡，上游原材料供应、中游物流运输环节的数字化程度亟待提升。四是服务业因其丰富的业态已成为孕育新职业的摇篮，但大量服务业新业态尚处于起步阶段，新职业从业者面临培训体系不完善、上升空间有限、社会保障缺失等诸多问题。要解决这些问题，中央企业责无旁贷。

（七）支持开放融合的创新发展模式的技术体系尚未建立到位

开放融合是数字经济的内在本质要求，也是商业模式创新的基石。

数字经济的发展打破了传统的企业、产业链、价值链的边界，甚至不同行业间也在不断融合。中央企业作为所在行业产业链、价值链的核心，正在尝试各种融合创新的模式，但是目前支持这些开放融合的创新发展模式的技术体系还没有很好地被建立。

四、中央企业信息化管理与数字化转型的主要经验

作为我国经济高质量发展的主力军、实体经济的顶梁柱，中央企业在推进信息化管理和数字化转型中发挥

着战略性支撑作用，在以数字化转型赋能企业高质量发展方面已积累了一些宝贵经验。

（一）系统化顶层设计能力和持续优化的执行能力并重

数字化转型是一项系统性的变革工作，涉及经济、产业、企业、部门、单元等多个层次，以及战略、业务、技术、管理、要素等多个专业领域，中央企业推进数字化转型需要从转型思路、转型内容、转型阶段、转型举措等多个方面来设计推进路径。

数字化转型是一个过程，绝非一朝一夕可完成，不能因为暂时的困难和挫折而放弃，同时不应停滞在某个阶段，而是应该巩固转型成果，持续创新，不断提升企业的核心竞争力。各家企业情况各不相同，但都应根据外部市场环境、自身行业和企业业务发展情况、数字化现状，提前规划 3—5 年的数字化转型路线图，综合运用转型的经典模式和敏捷模式，既有整体的数字化转型愿景和目标，又能小步快跑，提升创新能力。

数字化转型需要组织持续创新。建立跨部门的数字化转型办公室，由业务或职能部门牵头，相关部门参与，作为协调和落实执行的主体。并且在资源有限的情况下，明确优先项目，由点及面，逐步推开。同时，国有企业的数字化转型涉及面广，不可冒进，在稳定经营的前提下，应提前做好数字化转型的支持保障工作，包括管理、人员、技术等方面的持续创新和支持保障。

（二）坚持以客户为中心，实施开放创新融合发展

数字化时代的“以客户为中心”不再是简单地收集客户反馈，持续提升自身服务，而是更加全面地发掘客户深层次的需求，创造性地拓展服务领域和服务方式，完成与客户的共同成长。在工业时代，定制化意味着效率降低，大规模意味着同质化。在数字化时代，将定制化与规模化合二为一，实现“规模定制”，重建满足细分场景客户需求的创新能力。中国第一汽车集团有限公司（以下简称“中国一汽”）、中国宝武等企业积极开拓定制化新模式，着力增品种、提品质、创品牌，增加高附加值产品的有效供给。

数字技术赋能推动企业打破传统基于业务线的科层制、流程化管理模式，开展精益解耦。以能力及资源作为后端，着力提炼抽象通用业务能力或IT能力，并进行集约化管理，凸显规模经济优势；以业务或服务作为前端，通过对后端资源能力的即时组装，实现面向市场需求的敏捷响应。天翼云、中国电子云、华润云等中央企业平台实现数字化转型由局部走向全面，有效提升用户全生命周期服务响应能力。

（三）发力新基建，打牢转型的技术基础

加强5G、人工智能、大数据中心等新型基础设施

建设，打通信息“大动脉”，是数字化转型的“硬核”支撑。越是推进数字产业化和产业数字化，越要加快建设智能化综合性数字信息基础设施。国家电投通过基础设施云平台建设，推进资源利用向新型数字基础设施转型。遵循国家数据中心布局要求，国家电投已启动在贵州贵安新区的国家电投云数据中心建设。中核集团正有序推进核工业数据中心项目建设，一期建成后将首先面向集团内部提供持续稳定可靠的 IT 基础设施共享服务；围绕核电工程建设和生产运营，积极策划并推动 5G 网络部署和应用工作，进一步提升安全生产能力。

国家政策也在鼓励企业进行新基建和新技术的示范应用。国务院国资委将在原有 209 户“科改示范企业”基础上，组织充实扩围工作，截至 2022 年 7 月底已扩大到 440 户。其中侧重吸纳那些重点发展的具有前瞻性、战略性的新兴产业，特别是能够将 5G、人工智能、工业互联网、物联网、大数据、区块链等创新技术与实体产业融合运用的国有科技型企业。

（四）加大研发投入，聚焦关键技术突破

关键核心技术是数字经济发展的“命门”，也是中央企业数字化转型的重中之重。

国务院国资委积极引导推动中央企业着眼服务国家发展安全大局，聚焦行业关键领域和核心技术加强科研攻关，加快打造原创技术“策源地”和现代产业链“链长”，以高水平、自立自强和更好的服务构建新发展格局。

全力推动关键技术突破，中国电子科技集团有限公司（以下简称“中国电科”）布局了北斗应用、民用通信、智慧城市与数字政府、数字交通、三代半导体、网络安全、信创和视频安防等八个核心产业，重点发展民用雷达、信息基础设施、金融科技等 N 个重点产业，提高数字技术基础研发能力。其中，在网络安全方面，中国电科完成国资国企网络安全在线监管平台和核心产品一期建设以及中央企业 2000 余家二级单位全覆盖技术方案发布。同时，深化国资监管大数据平台项目建设，并积极推动烟草行业工业互联网网络安全综合监管平台的构建。

中国核工业集团有限公司的 23 家科研院所也在加大数字化、智能化领域的研发投入，补齐核工业数字化的短板和弱项，进一步加强信息技术、制造技术、材料技术等的渗透与融合，加快形成一批重大突破性成果。

（五）积极打造数字化生态

数字经济时代，一切即服务（XaaS）在商业生态系统中已经变得越来越重要。从产业维度来看，传统产业与数字产业间的界限逐渐模糊，跨界发展更加普遍。从企业维度来看，在行业云平台的支撑下，同行业企业间将建立协同合作、优势互补的竞合关系。从组织维度看，伴随人才跨界转型、能力复合化，首席数字官等数字业务复合型岗位应运而生。多家中央企业先后成立数字科技产业公司，加速推进数字产业化，聚焦重点领域布局新兴产业，积极打造数字化产品和服务能力。

数字化生态系统比以往任何时候都更具模块化与合作性，共生共享的生态合作思维成为共识。未来，企业的“数字能力”能否与行业共识接轨、接入行业数字生态系统，将成为其不被排挤出下一代供应链网络的必备保障。不同实体出于同一商业目的而进行的数据交互将逐步加强，合作多于竞争，共享多于独占。国家电网建设的能源工业云网，带动产业链、供应链数据、资源、业务融合互通，推动 9000 余家上下游企业协同发展，平均降低企业综合成本 5%—10%。

数字化转型不是“单打独斗”，要加强开放协同，注重共建共享。2021 年 10 月 13 日，中央汽车企业数字化转型协同创新平台由中国汽车技术研究中心、中国兵器装备集团有限公司、中国电信集团有限公司（以下简称“中国电信”）、中国电子信息产业集团有限公司、中国一汽、东风汽车集团有限公司（以下简称“东风公司”）等多领域中央企业发起成立。平台通过发挥服务保障、牵引带动和桥梁纽带作用，提升企业数字技术创新能力，全面赋能企业数字化转型，共建汽车产业数字生态。未来，要进一步发挥汽车数字化、智能制造等协同创新平台赋能企业数字化转型的积极作用。

2022 年 7 月 23 日，国务院国资委“中央企业数字协同创新平台赋能国有企业数字化转型专项行动”启动。本次专项行动包括六大中央企业数字协同创新平台：中央企业智能制造协同创新平台、中央企业北斗产业协同发展平台、中央企业电子商务协同创新平台、中央企业区块链合作创新平台、中央汽车企业数字化转型协同创新平台和中央企业数字化发展研究院。这六大中央企业数字协同创新平台就是中央企业数字化转型走向系统发展的最新动作。

（六）充分发挥数据作为关键驱动要素的作用

数据作为生产要素的属性日益凸显。在企业内，数据是驱动科学决策、精益生产、精准营销的新型生产要素，更可以激活新模式、新业态，进而对其他生产资料带来“乘数作用”；在企业间，数据将成为企业可定价、可流转、可变现的新型价值载体，也将成为企业战略竞争力的重要组成部分。中国石油、中国移动通信集团有限公司（以下简称“中国移动”）、华润集团等企业将数据作为集团重要战略资源，健全数据治理组织，推进数据资源汇聚和资产化管理，探索建立数据交易机制，为管理提升和业务变革注入新动能。

（七）构建主动防御、立体全面的安全体系

安全是智能的前提，智能是安全的保障。随着数字化转型逐渐改进企业原有生产和经营方式，企业的每一个主体和资产都会形成数字孪生，安全风险会延伸至生产和经营的方方面面，更需统筹安全保障，为企业保驾护航。企业将统筹发展和安全，重点保障数据安全、网络安全和基础设施安全。中国电科、中国石油等中央企业设立网络安全机构，构建更加主动、前瞻和先进的新型网络安全保护体系，统筹推动数字化与网络安全协同发展。

中央企业作为国民经济的重要骨干和中坚力量，要牢牢把握数字化发展新趋势，抓住建设“数字中国”的历史新机遇，既要注重顶层设计，又要关注底层逻辑。以市场需求引领创造数字新体验，勇于探索、敢于创新，必将不断涌现更多具有全球竞争力的世界一流企业。

中央企业数字化转型的目标与任务

中央企业数字化转型任重道远，要实现建成具有全球竞争力的世界一流企业奋斗目标，需要正确掌握信息化阶段发展规律，推动数字化转型不断迈向集中、集成、共享、智能的更高发展阶段；需要全面把握企业数字化转型的重点方向，高质量推动产品与管理模式演化升级；需要抓住数字化转型以少博多、全过程创造、叠加放大、跨阶段倍增等价值特征，有质量、有效率推动数字化转型，实现创造价值最大化。

一、认清企业信息化阶段发展规律

作为一种特殊的资源，信息价值是消除不确定性，信息资源可以无限重复利用，但是其利用的成本和效果是跟技术有关的。

1989 年，管理学家罗素·艾可夫（Russell L. Ackoff）撰写了《从数据到智慧》（*From Data to Wisdom*）一

书，系统地构建了 DIKW 金字塔体系，即金字塔从低到高依次为数据（Data）、信息（Information）、知识（Knowledge）及智慧（Wisdom）。随后，学者泽莱尼（Zeleny）提出了 4 个知道（Know）比喻，比较形象地区分了 DIKW 体系中的元素（如图 6－4 所示）。

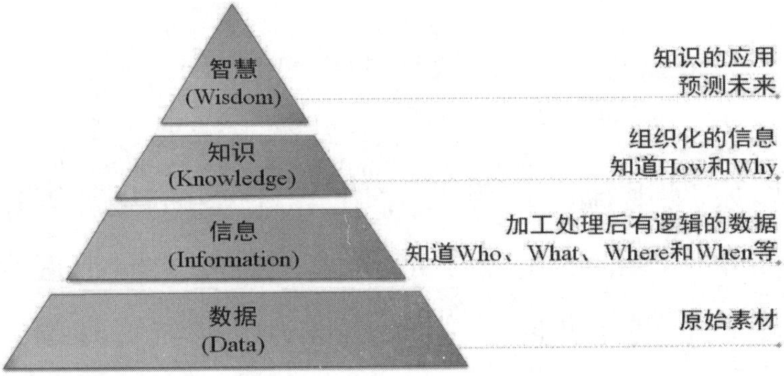

图 6－4　DIKW 体系

泽莱尼对 DIKW 体系注解最深刻的地方是指出了数据如果不实施进一步处理，即使收集数据的量再大，也毫无价值，因为仅仅就数据本身，这些原始素材是“无意义”（Know－nothing）的。数据最大的价值在于形成信息、变成知识，直至升华为智慧。DIKW 体系将数据、信息、知识、智慧纳入金字塔形的层次体系，实际就是一个价值体系，每一层都比下一层提炼出更多的价值。

数据是记录下来可以被鉴别的符号。它是最原始的素材（如数字、文字、图像、符号等），未被加工解释，未回答特定的问题，没有任何意义。信息是已经被处理、具有逻辑关系的数据。它是对数据的解释，使数据具有意义。数据只有成为信息才有了价值，这里面的关键是有了人的介入，也就是说只有具备特定意义的数据才能给接受者带来价值。信息可以对某些简单的问题给予解答，譬如：谁？什么？哪里？什么时候？

知识是从相关信息中过滤、提炼及加工而得到的有用资料。它不是信息的简单累加，往往还需要加入基于以往的经验所做的判断。因此，知识可以解决较为复杂的问题，可以回答“如何”的问题，能够积极地指导任务的执行和管理，进行决策和解决问题。在特殊背景或语境下，知识将数据与信息、信息与信息在应用中建立有意义的联系，它体现了信息的本质、原则和经验。此外，基于推理和分析，还可能产生新的知识。

智慧是人类所表现出来的一种独有的能力，主要表现为收集、加工、应用、传播知识的能力以及对事物发展的前瞻性看法。在知识的基础之上，通过经验、阅历、见识的累积而形成的对事物的深刻认识、远见，体现为一种卓越的判断力，可以回答“为什么”的问题。

当前，随着数字经济的发展，数据已经成为关键生产要素。数据的生产要素属性建立在数字技术进步的客观事实上。海量数据必须要与算力、算法相结合才能打通上述 DIKW 价值创造体系的链条。在云计算、边缘计算等数字技术成熟运用之前，海量数据的存储、计算、分析需要投入大量人力、物力，同时基于算法的限制，初始阶段数据转化为有效信息的能力有限，企业没有经济动机去付出高昂的成本来换取以数据创造微不足道的价值。因此，“数据+算力+算法”是人工智能的基本要素，也是数据演化为生产要素的外部必要条件。从算力角度看，云计算等基础设施全面覆盖，使海量数据的存储、处理、应用成为可能。与此同时，由摩尔定律可知数字技术成本将持续下降，生产部门更有动机通过数据挖掘优化资源配置。从算法角度看，算法的迭代更新不断提高从数据中提取有用信息的能力，信息的积累带来新知识的获取，进而提高人类决策的能力。因此，生产部门只有基于算力、算法等数字技术普惠发展的客观条件，才具备经济动机去利用数据创造价值。同时，人类价值观的动态变化导致数据成为关键生产要素。生产要素的演进是由消费者需求刺激的，而需求根植于人类价值观的发展水平。工业经济下的大生产模式通过机器和设备等放大和延伸体力劳动，此模式下追求的是丰裕的物质财富生产。在物质需求被不断满足的条件下，个性化、定制化的消费主义浪潮开始出现，原始生产要素对于满足消费者需求的动态变化无显著贡献，而数据可以做到对消费者价值观的精准映射。与工业经济时代不同的是，数字经济时代是通过不断放大和延伸智力劳动，将人类的自我实现需求放置于经济活动的中心，追求的是物质和精神财富的高质量发展。

基于 DIKW 体系，企业信息化发展也呈现出阶段性。关于信息化发展阶段的划分，国内外一些机构和专家学者进行了专门研究。美国管理信息系统专家诺兰（Nolan）在总结了若干企业信息系统发展的经验和规律后，于 1973 年首次提出了信息系统阶段理论，并于 1980 年进一步完善，将企业信息系统的发展划分六个阶段，即初始、普及、控制、整合、数据管理和成熟阶段，也就是著名的诺兰模型。世界银行纳格 · 汉纳（N. Hanna）等提出了信息技术扩散模型，将信息技术在企业中扩散划分为三个阶段：替代阶段、提高阶段和转型阶段。在多个任期担任国家信息化专家咨询委员会常务副主任的周宏仁博士，在《信息化论》中从信息技术发展、数字化处理内容、数字化应用指导思想三方面提出企业数字化发展的三阶段论。

随着信息化建设不断发展深入，人们对其发展阶段的认识越来越深刻，国内外知名咨询公司研究结果和实践证明，企业信息化一般会经历分散、集中、集成、共享和智能五个发展阶段（如图 6－5 所示）。

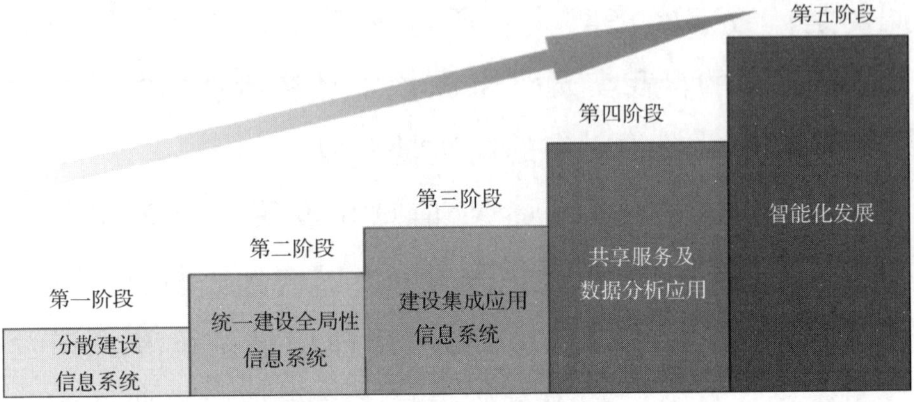

图 6－5 信息化发展五个阶段

分散建设阶段，即信息技术应用/信息化 1.0 阶段，成员企业（Business Unit，BU）或部门依据自身发展需要，独自建设支持单项业务、局部应用的信息系统，对企业生产经营管理中一些定期重复、操作简单并且相对独立的业务实现信息化。这些信息系统对原来的手工操作进行单纯模拟，网络和业务覆盖范围小，涉及业务流程和岗位职责变化少，建设过程中人为阻力小，提高了工作效率和质量。但在解决具体业务问题时，容易形成众多分散的小信息系统或信息孤岛，企业内跨单位和部门的信息无法充分共享，信息化总体拥有成本（Total Cost of Ownership，TCO）高，提高企业核心竞争力的作用有限。

集中建设阶段，即信息技术应用/信息化 2.0 阶段，企业应用统一的方法论，根据业务发展战略，制定统一的信息技术总体规划，统一设计全局性的大集中信息系统，统一组织信息系统建设，统一制定与实施企业信息化管理制度和标准，统一实施信息安全防护体系。大集中信息系统覆盖业务范围广，大幅度提升数据传输的数量、质量和范围，消除信息孤岛，实现跨部门信息共享，明显增强业务发展与运行能力，提升管理水平。实施过程中需要取代众多分散系统，实施阻力增大。在企业信息化建设和数字化转型过程中，大集中建设是关键重要的里程碑，促使企业信息技术基础架构可扩展、可升级及投资收益最大化。

集成建设阶段，即信息技术应用/信息化 3.0 阶段，企业依据业务发展战略和全面完成大集中信息系统建设的现状，编制集成建设的信息技术总体规划，包括经营管理信息系统间集成，ERP、人力资源管理系统与办公管理、基础应用系统集成，信息系统与自动化系统集成，信息安全防护体系、主数据、元数据管理系统与应用系统集成，以及开展信息技术资源集成的基础设施云建设、企业级数据中心体系建设。信息化推动业务转型升级的重要作用越来越明显。

共享服务阶段，即信息技术应用/信息化 4.0 阶段，企业在集中集成信息化发展的基础上，制定共享发展的信息技术总体规划，在应用管理类信息系统和共享信息技术平台支持下，通过数据、信息、知识、资源、服务等充分共享，创新形成以各类共享中心为主要特征的生产经营组织模式，包括生产运行共享、设备运行维护共享、生产安全监控、财务共享、人事管理共享、物资采购共享和信息技术共享等。

智能化发展阶段，即信息技术应用/信息化 5.0 阶段，企业制定实施智能化应用规划，在产品、服务、应用系统、基础设施和信息安全防护体系建设中大量应用人工智能技术，研究、梳理、制定各个领域智能化的知识图谱，作为机器学习、深度学习和认知计算的基础。通过工业互联网、大数据分析和人工智能技术应用等，实现企业在产品、服务、生产运行管理、经营管理和办公管理共享服务基础上，进一步升级为无人智能模式。

二、全面认识企业数字化转型价值

在数字经济时代，企业赖以生存的基础发生了巨大变化——适应智能社会生态的企业在未来才能生存。数字化转型的根本目的是在大融合、大协同、大渗透、大交叉的时代创造价值、提升竞争力。因此，认识数字化转型价值特征和规律，对增强企业数字化转型的自觉性、提升数字化转型成果意义重大。

数字化转型价值是在数字化转型过程中搭建与应用信息系统，辅以必要的资源配置与流程优化，将产品、生产运行、经营、办公和决策活动迁移到信息系统网络上运行而产生的业务增量效益、运营模式变革、为员工创造的福利以及以先进方法与技术应用创造的总体拥有成本的节省量等价值。

（一）全过程创造价值

数字化转型价值创造贯穿于建设方法、建设过程，深入应用于全生命周期。采用按总体规划建设集中统一信息系统的方法，可以扩大信息共享范围、减少信息孤岛、提升系统性能，能够明显降低由建设投资、运行维护费用、安全防护成本和后续升级投入等构成的总体拥有成本。在数字化转型过程中可以优化业务流程、摸清企业家底和提升员工素质。通过数字化转型系统的深入应用，可以实现产品与服务模式、业务运营模式、商业模式等的转型升级。

（二）"1 +1 >2"叠加放大效应

"1 +1 >2"指建成两个信息系统协同应用所创造的价值远远大于两个独立信息系统创造的价值之和。叠加放大效应来源于信息系统之间的协同性、互补性与数据共享。随着企业数字化转型系统增多，应用系统间共享的标准、流程和数据就越多，建设应用方法会更规范、更成熟，通过相互借鉴技术架构、应用架构，应用系统的功能与性能就越完备。

（三）跨阶段价值倍增

在信息化分散、集中、集成、共享和智能五个发展阶段中，始于集中建设，在完成一个阶段的规划实施，即实现了从前一个阶段到该阶段的跨越，包括从分散到集中、从集中到集成、从集成到共享、从共享到智能发展的四次跨越。企业一般在 3—5 年内完成一个阶段的数字化转型方案实施，升级后的系统不但功能得到提升，应用的业务范围也会成倍增加。通过应用系统之间功能互补、数据共享、应用系统与基础设施资源共享、信息安全防护体系与其他系统数据共享，以及建设方法创造价值、建设过程创造价值、应用创造价值、叠加放大效应等因素，驱动数字化转型跨阶段创造价值倍增。

三、把握企业数字化转型目标方向

根据前文中对中央企业数字化转型的定义和内涵的阐述，可以确定中央企业信息化管理与数字化转型的目标是锚定国家使命和政策要求，把握信息化发展的历史机遇，拥抱数字生产力，实现创新驱动的高质量发展，构造竞争新优势，建设世界一流企业。基于这一目标，结合国有企业发展现状，设计出国有企业信息化管理和数字化转型目标和任务的整体框架（如图 6-6 所示）。

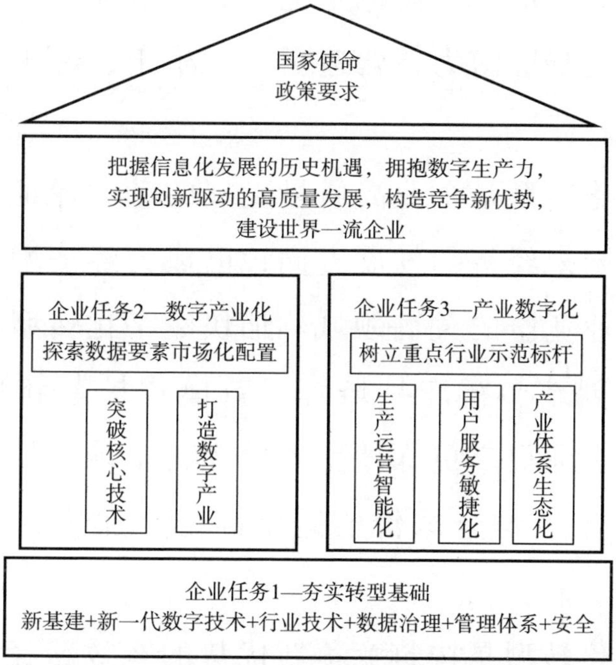

图 6-6　国有企业信息化管理与数字化转型目标和任务框架

国务院国资委 2020 年 8 月 21 日发布《关于加快推进国有企业数字化转型工作的通知》，要求中央企业深入学习领会习近平总书记关于推动数字经济和实体经济融合发展的重要指示精神，研究落实党中央、国务院有关政策，将数字化转型作为改造提升传统动能、培育发展新动能的重要手段，不断深化对数字化转型艰巨性、长期性和系统性的认识。发挥国有企业在新一轮科技革命和产业变革浪潮中的引领作用，进一步强化数据驱动、集成创新、合作共赢等数字化转型理念，系统组织数字化转型理论、方法和实践的集中学习，积极开展创新大赛、成果推广、树标立范、交流培训等多种形式的活动，激发基层活力，营造勇于、乐于、善于数字化转型的氛围。

数字化转型是企业高质量发展的动力保证。数字经济代表了未来经济的发展方向，已成为经济增长的核心要素和企业竞争的关键领域。加快数字化转型将加速推进新技术创新、新产品培育、新模式扩散和新业态发展，推动企业更广更深地融入并完善全球供给体系，促进我国产业迈向全球价值链中高端，加快企业高质量发展。

数字化转型是构筑竞争新优势的有效路径。新一代信息技术是新一轮科技革命的核心力量，孕育着产业变革的巨大潜能，是我国构筑竞争优势、抢占发展主导权的关键领域。加快数字化转型，将推动国有企业的生产方式、业务形态、商业模式等产生颠覆式重构，有机会发挥后发优势，实现“换道超车”，抢占新一轮产业竞争制高点。

数字化转型是创新驱动发展的有力抓手。新一代信息技术是全球创新最活跃、应用最广泛、辐射带动作用最大的创新领域，在当前复杂多变的国际国内新形势下，加快数字化转型，将有效激发国有企业创新活力，降低国有企业创新门槛和成本，加快构建实时、开放、高效、协同的创新体系，促进创新驱动发展。

国有企业功能分类使国家使命的多元价值需要与国有企业功能使命有效衔接，为国家使命和国有资本战略定位分类嵌入企业战略提供精准“接口”。《中共中央、国务院关于深化国有企业改革的指导意见》等系列政策依据主责主业将国有企业划分为商业类和公益类，在践行国家使命过程中发挥着不同功能作用。其中，商业类国有企业是激发国有经济活力、放大国有资本功能和实现国有资产保值增值的市场主体，包括一般商业类和特殊商业类。前者通过发展优势产业、优化资本投向和提升国有经济竞争力创造最优市场价值。后者主业处于关系国家安全、国民经济命脉的重要行业和关键领域，主要承担重大专项任务，重点发展战略性前瞻性产业，是服务国家重大战略、保障国家安全和国民经济运行以及增强国有经济控制力、影响力的担当主体。公益类国有企业是改善民生、服务社会和提供公共产品的保障主体，通过不断提高公共服务质量和效率实现公共价值最大化。通过分类定位，商业功能性国有企业聚焦经济价值属性的国家使命，在国有资本战略定位中发挥产业引领作用；战略功能性国有企业聚焦战略价值属性的国家使命，在国有资本战略定位中保障战略安全和国计民生；公共功能性国有企业则聚焦公共价值属性的国家使命，在国有资本战略定位中提供公共服务。

基于上述目标要求，我们将中央企业数字化转型的主要任务总结为三个大项：夯实转型基础、数字产业化和产业数字化，每个大项下面还可以将任务进一步分解。不同功能分类企业都需要完成这三大项任务，只是侧重点会有所不同。

四、推进企业数字化转型主要任务

中央企业数字化转型的主要任务包括：建立健全数字化转型组织体系和运行机制；加强顶层蓝图设计，沿着转型路线图，科学高效地实施数字化转型方案，体系化推进产品、服务、运营、商业和产业模式升级；巩固与扩大数字化转型成果；持续优化升级网络安全防护体系，有力保障数字化转型。

（一）加强对标，着力夯实数字化转型基础

1. 建设新基建，建设基础数字技术平台，加强数字技术与行业技术的融合。运用5G、云计算、区块链、人工智能、数字孪生和北斗通信等新一代信息技术，探索构建适应企业业务特点和发展需求的“数据中台”

“业务中台”等新型IT架构模式，建设敏捷高效可复用的新一代数字技术基础设施，加快形成集团级数字技术赋能平台，提升核心架构自主研发水平，为业务数字化创新提供高效数据及一体化服务支撑。加快企业内网建设，稳妥推动内网与互联网的互联互通。优化数据中心布局，提升服务能力，加快企业上“云”步伐。充分利用数字技术的引导作用，加强数字技术与行业技术的融合发展，构建行业技术新优势。

2. 建立系统化管理体系。应用两化融合管理体系标准（GB/T 23000系列），加快建立数字化转型闭环管理机制，以两化融合管理体系促进企业形成并完善数字化转型战略架构。积极推进数字化转型管理工作与质量管理、信息安全、职业健康管理等体系的融合应用。建立数字化转型诊断对标工作机制，定期开展诊断对标，持续提升新一代信息技术与企业业务融合发展水平。

3. 构建数据治理体系。加快集团数据治理体系建设，明确数据治理归口管理部门，加强数据标准化、元数据和主数据管理工作，定期评估数据治理能力成熟度。加强生产现场、服务过程等数据动态采集，建立覆盖全业务链条的数据采集、传输和汇聚体系。加快大数据平台建设，创新数据融合分析与共享交换机制。强化业务场景数据建模，深入挖掘数据价值，提升数据洞察能力。

4. 提升安全防护水平。建设态势感知平台，加强平台、系统、数据等安全管理。使用安全可靠的设备设施、工具软件、信息系统和服务平台，提升本质安全。建设漏洞库、病毒库、威胁信息库等网络安全基础资源库，加强安全资源储备。搭建测试验证环境，强化安全检测评估，开展攻防演练，加快培养专业人才队伍。

（二）把握方向，加快推进产业数字化创新

推动产品和服务的数字化改造，提升产品与服务策划、实施和优化过程的数字化水平，打造差异化、场景化和智能化的数字产品和服务。开发具备感知、交互、自学习和辅助决策等功能的智能产品与服务，更好地满足和引导用户需求。

1. 推进生产运营智能化。推进智慧办公、智慧园区等建设，加快建设推广共享服务中心，推动跨企业、跨区域和跨行业的集成互联与智能运营。按照场景驱动、快速示范的原则，加强智能现场建设，推进5G、物联网、大数据、人工智能和数字孪生等技术规模化集成应用，实现作业现场全要素、全过程自动感知、实时分析和自适应优化决策，提高生产质量、效率和资产运营水平，赋能企业提质增效。

2. 推进用户服务敏捷化。加快建设数字营销网络，

实现用户需求的实时感知、分析和预测。整合服务渠道，建设敏捷响应的用户服务体系，实现从订单到交付全流程的按需、精准服务，提升用户全生命周期响应能力。动态采集产品使用和服务过程数据，提供在线监控、远程诊断、预测性维护等延伸服务，丰富完善服务产品和业务模式，探索平台化、集成化和场景化增值服务。

3. 推进产业体系生态化。依托产业优势，加快建设能源、电信、制造、医疗和旅游等领域产业链数字化生态协同平台，推动供应链、产业链上下游企业间数据贯通、资源共享和业务协同，提升产业链资源优化配置和动态协调水平。加强跨界合作创新，与内外部生态合作伙伴共同探索，形成融合、共生、互补、互利的合作模式和商业模式，培育供应链金融、网络化协同、个性化定制和服务化延伸等新模式，打造互利共赢的价值网络，加快构建跨界融合的数字化产业生态。

4. 突出重点，打造行业数字化转型示范样本。

重点行业1：打造制造类企业数字化转型示范。

以智能制造为主攻方向，加快建设推广智能工厂、数字化车间、智能炼厂和智能钢厂等智能现场，推动装备、生产线和工厂的数字化、网络化和智能化改造，着力提高生产设备数字化率和联网率，提升关键工序数控化率，增强基于数字孪生的设计制造水平，加快形成动态感知、预测预警、自主决策和精准执行能力，全面提升企业研发、设计和生产的智能化水平。积极打造工业互联网平台，推动知识能力的模块化、软件化和平台化，加快产业链、供应链资源共享和业务协同。

重点行业 2：打造能源类企业数字化转型示范。

加快建设推广智慧电网、智慧管网、智能电站、智能油田和智能矿山等智能现场，着力提高集成调度、远程操作和智能运维水平，强化能源资产资源规划、建设和运营全周期运营管控能力，实现能源企业全业务链的协同创新、高效运营和价值提升。

重点行业 3：打造建筑类企业数字化转型示范。

重点开展建筑信息模型（BIM）、三维数字化协同设计、人工智能等技术的集成应用，提升施工项目数字化集成管理水平，推动数字化与建造全业务链的深度融合，助力智慧城市建设，着力提高 BIM 技术覆盖率，创新管理模式和手段，强化现场环境监测、智慧调度、物资监管、数字交付等能力，有效提高人均劳动效能。

重点行业 4：打造服务类企业数字化转型示范。

着力推进智慧营销、智慧物流、智慧金融、智慧旅游和智慧供应链等建设，推动实体服务网点向虚拟智慧网点转变，打造智慧服务中心，发展基于互联网平台的用户服务，打造在线的数字服务产品，积极创新服务模式和商业模式，提升客户体验，提高客户黏性，拓展数字服务能力，扩展数字业务规模。

（三）技术赋能，全面推进数字产业化发展

充分发挥国有企业新基建主力军优势，积极开展5G、工业互联网、人工智能等新型基础设施投资和建设，形成经济增长新动力。带动产业链上下游及各行业开展新型基础设施的应用投资，丰富应用场景，拓展应用效能，加快形成赋能数字化转型、助力数字经济发展的基础设施体系。

1. 加快关键核心技术攻关。通过联合攻关、产业合作和并购重组等方式，加快攻克核心电子元器件、高端芯片、基础软件和核心工业软件等关键短板，围绕企业实际应用场景，加速突破先进传感、新型网络和大数据分析等数字化共性技术及5G、人工智能、区块链和数字孪生等前沿技术，打造形成国际先进、安全可控的数字化转型技术体系。

2. 加快发展数字产业。结合企业实际，合理布局数字产业，聚焦能源互联网、车联网等新领域，着力推动电子商务、数据资产运营、共享服务、平台服务和新零售等数字业务发展，打造规模化数字创新体，培育新业务增长点。面向企业数字化转型需要，加强资源整合优

化，创新体制机制，培育行业领先的数字化服务龙头企业，研发和输出数字化转型产品和系统解决方案。

3. 探索数据要素市场化配置。数据要素市场化既是数字经济的新现象，又是市场经济的新问题。数据成为数字经济时代新的生产要素，成为与土地、劳动力、资本和技术并列的基本生产要素之一。市场经济要求生产要素进行市场配置，数据要素也不例外。数据要素源于劳动创造，其使用需要付费，因此数据具有稀缺性，这就是数据要素市场化的客观依据。数据作为数字经济的新兴生产要素要配置到生产领域，必须建设与之相匹配的、规范有序的交易市场。2020 年 4 月，中共中央、国务院发布《关于构建更加完善的要素市场化配置体制机制的意见》，提出“加快培育数据要素市场”问题，并将数据作为与土地、劳动力、资本和技术并列的生产要素。接着在 2020 年 5 月，中共中央、国务院发布《关于新时代加快完善社会主义市场经济体制的意见》，再次强调“加快培育发展数据要素市场，建立数据资源清单管理机制，完善数据权限界定、开放共享、交易流通等标准和措施，发挥社会数据资源价值。”数据要素市场化的提出体现了我国深化社会主义市场经济体制改革的顶层设计思路。

数据要素市场化配置是企业实现数字化转型的基

础，中央企业作为数字化转型的排头兵，要积极探索，敢于创新，积极实践，为数据要素市场化配置贡献创新案例和中央企业力量。

中央企业数字化转型的推进措施

中央企业数字化转型是涉及业务、技术、管理、组织、制度和方法等的系统工程，是一场宏大持久性的变革。在“一把手”领导负责制引领下，中央企业要做好企业信息化管理与数字化转型顶层设计，明确目标和任务，加大数字化人才体系建设，重构数字化能力，创新数字化发展模式，创建数字化思维文化，巩固转型成果（如图 6－7 所示）。

一、建立“一把手”负责制，创建数字化思维文化

2017 年 12 月 8 日，习近平总书记在中共中央政治局集体学习时指出，善于获取数据、分析数据、运用数

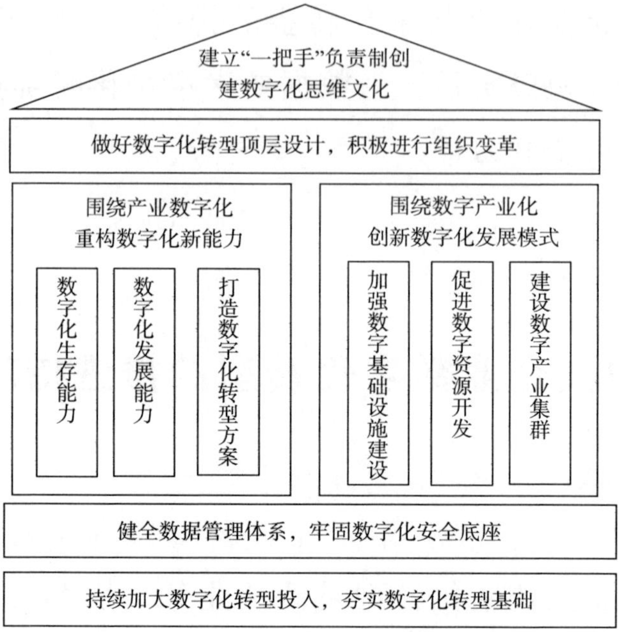

图 6-7 企业数字化转型推进措施框架图

据是领导干部做好工作的基本功。各级领导干部要加强学习，懂得大数据，用好大数据，增强利用数据推进各项工作的本领，不断提高对大数据发展规律的把握能力，使大数据在各项工作中发挥更大作用[①]。数字经济是未来经济发展的新制高点，国家已先后出台百余项政策规划和指导意见，涉及数字产业化和产业数字化的各个关键环节。在此背景下，国有企业必须树立数字化变革意识，成为数字化转型的主力军，在抢占未来经济制高点中发挥先导引领作用。

---

① 习近平总书记在中共中央政治局第二次集体学习时的讲话，新华社，2017 年 12 月 9 日。

数字化转型涉及多方面的管理变革，具有艰巨性、复杂性和长期性。企业在数字化转型过程中，领导干部不仅要自己学习，还要在企业内培养学习氛围，创建“数字化思维”文化，从认知和行为两个方面推动企业的成功转型。企业上下对数字化转型的认识存在震撼曲线特征（如图 6－8 所示），由一开始的不了解、盲目乐观、反感、绝望到尝试、接受、主动参与。

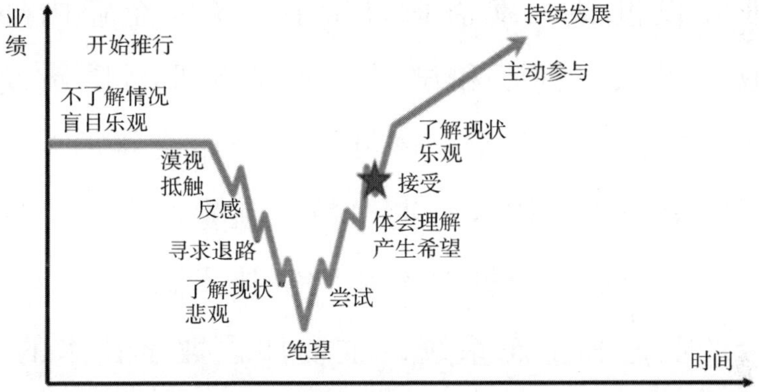

图 6－8　数字化转型认知的震撼曲线

因此，企业“一把手”在数字化转型这场组织变革中的工作主要包括三个方面。一是培养数字化领导力，要有前瞻性和紧迫感以及勇于引领变革和应对挑战的勇气。要在数字化转型面临变革障碍、悲观和绝望情绪蔓延时，给予强有力的支持和鼓励，缩小基层员工心理低谷的宽度与深度，及时步入乐观、积极的精神状态，提升数字化转型成功率。二是鼓励数字化创新，将数字化转型作为企业发展战略的重要组成部分，需要将数据驱动的理念、方法和机制根植于发展战略全局。通过组织变革更好地支持创新文化，让组织变得更加敏捷和具有柔性；三是建设数字化团队，大胆培养和提拔适应未来发展的人才，统一认知、提高员工的“数字修养”、重视利用数字技术并鼓励以创新来赋能员工。

企业“一把手”负责制的核心是要把数字化转型作为企业建设世界一流企业的抓手，统筹企业内外部资源，敢于投入、创新和试错，构建企业高质量发展之路。在其带领下，企业全体员工和合作伙伴需要深刻认识数据要素和数字技术产生“数字新生产力”的客观规律，积极主动地将数据要素和数字技术融入企业的全流程、全产业链和生态系统，主动加强数字技术的学习，倡导企业经营活动一切以数据为依据的文化氛围。

为此，企业制定数字化转型方案后，需要交给企业数字化转型委员会、投资决策董事会审议通过，将其作为企业总体投资、预算的一部分，列入企业发展规划和年度投资计划。同时，定期开展数字化转型推进会，通过企业年度工作会议、数字化转型专题大会、重点项目启动会进行部署，通过年度数字化转型培训、董事会成员培训、项目培训等提升认知和实施能力，营造全员深度参与数字化转型的文化氛围。

（一）年度工作会议部署

数字化转型方案作为企业发展战略的重要支撑，通常由企业“一把手”在年度主要领导干部大会上部署，明确数字化转型的重大意义、目标、途径、方案、计划、各级领导者的职责、各成员企业的任务、考核与激励措施等。在企业内部清晰传递数字化转型是覆盖全局的总体战略，统一认识，促进企业内部部门与部门、部门与成员企业、成员企业与技术支持队伍之间协同合作，创造预期价值，取得预期成果。

（二）年度数字化转型大会部署

围绕数字化转型方案实施，每年定期召开数字化转型大会。通常由企业总部各部门、各专业分公司领导、成员企业数字化转型分管领导、企业与成员企业技术支持队伍负责人与骨干参加。由数字化转型主管部门宣讲并解读方案内容、配套措施、实施计划、考核激励办法及相关要求。由企业人力资源管理部门公布数字化转型指导委员会、专家委员会和项目管理组织构成。由数字化转型主管领导做动员部署，内容通常包括对数字化转型战略意义的认识、总体目标与阶段成果，明确企业各级领导的职责与任务，落实数字化转型项目实施计划与绩效考核方式等。

（三）重点项目启动会部署

数字化转型通常是依据方案分为多个阶段、多个项目持续实施。通过组织召开重点项目启动会，数字化转型主管部门发布项目目标、工作内容、覆盖业务范围、实施阶段计划及相关要求，组织相关专家作业务转型与管理变革解决方案、信息系统及应用技术培训。项目指导委员会负责人作部署、提要求，明确产品、服务、业务运营模式、商业模式转型目标、应用的方法论、需要执行的工作计划、相关部门和成员企业的职责、任务和考核要求等，促进各方紧密合作，按计划完成任务。

（四）年度数字化转型培训

结合数字化转型的重点任务，每年组织数字化转型培训。培训的内容通常包括：数字化转型方案、重点项目设计、重要平台布局、新兴信息技术、信息安全防护方案、信息技术标准体系和相关管理制度等。依据培训内容，参加培训的人员包括但不限于企业数字化转型主管领导、相关部门负责人、业务骨干、信息技术骨干和全体信息技术人员等。

（五）建设复合型的数字化人才队伍培养体系

随着数字化转型的逐渐深入，越来越多的企业组织召开董事会成员、高级管理人员培训班，内容包括数字化转型方案、成员企业数字化转型成果与价值分享，新兴信息技术应用及最佳实践、专家讲座等。

数字化技术的竞争就是人才的竞争，数字科技创新发展需要不断壮大人才队伍和加大研发投入，中央企业需要持续加强数字化人才和资金投入，优化数字化人才引进机制，建立集团层面统一的数字化人才培养体系，尤其是复合型数字化人才队伍的培养，解决集团各公司面临短期效益和人才长期培养的压力，并不断完善激励机制，持续加大数字化创新奖励范围和力度，创造培育数字化人才的土壤。

二、做好数字化转型顶层设计，积极进行组织变革

遵从变革的通用流程，中央企业数字化转型的路线图可以浓缩、简化为“方案制定、部署与培训、方案实施、成果固化”四大步骤（如图 6－9 所示）。采取现状调研、差距分析、技术展望和整体规划的设计思路，研究制定企业数字化转型方案，做好顶层设计，确保方案的前瞻性、科学性和实用性；结合企业数字化转型工作的总体安排，做好方案实施的部署、动员、宣贯和培训，提升企业上下对数字化转型重要性、紧迫性和创造价值的认识，为方案顺利实施奠定基础；采取科学项目管理方法，按计划高效、高质量推进方案中数字转型项

目实施，通过先试点后推广模式，提升数字化转型质量与成功率；数字化转型实施后，采取考核激励、标准化运行维护和转型认证等多种措施，持续巩固升级数字化转型成果。

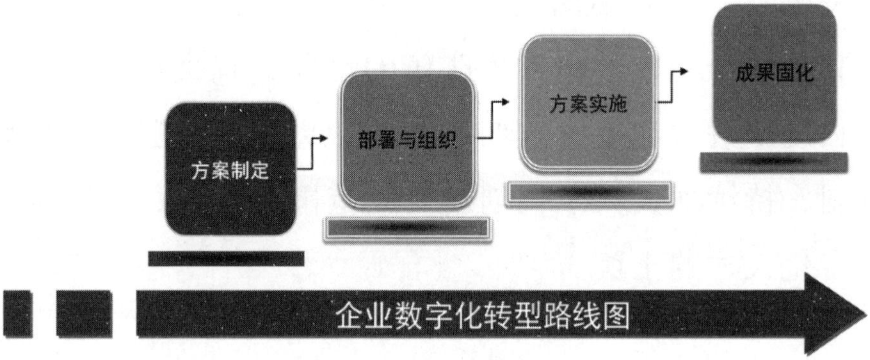

图 6-9　企业数字化转型路线图

（一）数字化转型路线图特征

数字化转型路线图具有长期适用、简化易执行、聚焦关键路径、普遍指导性等特征。

长期适用性。信息化阶段发展规律表明了信息技术应用从分散到集中、集成、共享和智能的五个阶段。每一个阶段的落地实施，都在推动业务层面新一轮转型升级，创造一波新的商业价值，增强一次竞争优势。五个发展阶段内含四次跨越，推动四轮转型升级，创造四波价值，提供四次增强竞争力机遇。在五个阶段信息化建设与数字化转型过程中，四步骤路线图都适用且有效。

简化易执行。信息化建设与数字化转型是长期而艰巨的系统工程。制定方案与顶层设计需要采取三步法完成。数字化转型方案包含分类的应用系统、基础设施、信息安全防护体系、信息技术标准与组织完善等；落地实施的总流程通常包括规划、项目可行性研究、立项审批、实施、验收、运行维护和成果固化等核心任务；具体到项目实施，流程又包括启动、需求调研、需求确认、系统设计与开发、系统配置、系统测试、数据准备、用户培训和上线应用等。路线图将顶层设计方法、流程、方案体系等内容浓缩为方案制定；把整体方案部署实施、总体方案与项目实施流程、上线应用等归纳为部署培训与方案实施两个步骤；对信息系统运行维护、考核激励机制和数字化转型成果升级等简化为成果固化。这个路线图的四个步骤能够起到提纲挈领的作用，具有易理解、易学习和易执行的特性。

聚焦关键路径。路线图囊括了信息化建设与数字化转型的关键路径，每个步骤都需要细化，但不能缺失。路线图描述的过程及内容是信息化建设与数字化转型资本投入和人力资源投入的主要领域，需要完成的重点任务是解决数字化转型需求和问题的主战场。

普遍指导性。不管企业信息化基础如何，是薄弱、领先还是处于中游水平，是处于集中还是共享智能等不同发展阶段，只要按照路线图认真贯彻执行，都能够指导企业克服问题与困难，有效切入转型升级、创造价值和增强企业竞争力的轨道。

（二）顶层设计增强竞争力要素

数字化转型路线图起步于方案制定。在顶层设计过程中需要采用科学的方法论，制定具有竞争力且能够落地实施的数字化转型方案。

制定具有竞争力的数字化转型方案。在数字化转型过程中，处于关键路径、起支撑作用的主要因素是信息系统建设与应用。中央企业需要在顶层设计的源头制定具备竞争优势的方案，为建设具有竞争力的世界一流企业奠定基础。数字化转型方案在以下三种情况能够为企业增强竞争优势：一是中央企业有支撑业务发展和管理变革的信息系统而竞争者没有时；二是中央企业与竞争者都有支撑相同业务的信息系统，但中央企业的信息系统性能及功能具有先进性优势；三是中央企业的信息系统性能、功能与竞争者相同，但中央企业信息系统总体拥有成本具有优势，投资收益率明显高于竞争对手。

制定能够落地实施的数字化转型方案。数字化转型方案不能落地实施，通常存在三个原因：一是缺少方法论支撑，制定的方案过于简单，不能系统推动业务转型升级，不能落地实施；二是方案满足业务需要，也可以落地实施，但具体操作时不能严格执行；三是制定的方案投入强度过低，从源头既处于竞争弱势。在数字化转型方案编制后期，需要对规划的项目做深入研究，包括支撑的业务种类、组织范围、投资估算、最佳实践及潜在供应商，进行概念设计。进入可行性研究与立项阶段，需要在概念设计基础上，完成初步设计，为招标选商、项目实施、验收奠定基础，环环相扣，有效推进方案落地实施。

采用三阶段方法编制数字化转型方案。数字化转型方案关系企业未来一个时期变革管理的目标，体系庞大、业务与技术相互交织复杂、相关技术种类繁多，对企业影响深远。基于国内外知名信息技术咨询公司普遍采用的企业架构（Enterprise Architecture，EA）先进理论方法，数字化转型领先的中央企业在方案编制时，会归纳、应用“现状分析、技术展望和总体规划”三阶段方法（如图 6 - 10 所示），包括现状调研与需求分析、愿景制定与架构设计、项目规划与实施设计。

现状调研与需求分析，旨在调研、分析企业业务需求和信息系统情况，通过对企业业务及信息化现状进行分析，并根据行业最佳实践和信息技术发展趋势，为愿景制定与架构设计阶段提供基础依据。

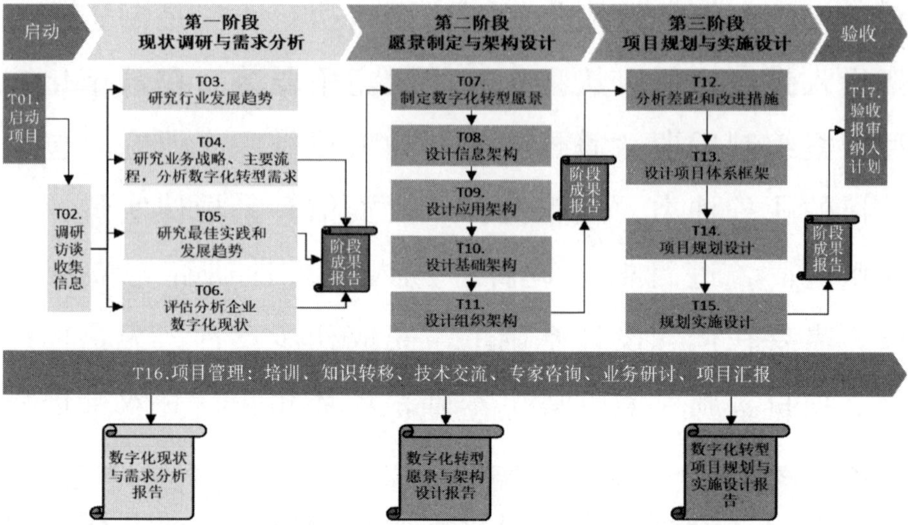

图6-10 数字化转型方案编制“三步法”

愿景制定与架构设计，旨在根据企业业务及信息化现状，结合行业最佳实践和技术发展趋势，对企业数字化转型架构进行设计，使企业对数字化转型发展蓝图有一个较确切的认识和理解。

项目规划和实施设计，旨在通过比较企业信息化现状与转型愿景，分析主要差距、找出改进机会、设定总体目标、明确实施计划、提出变革策略、进行风险分析、确定面临的挑战，以此为基础确定整体的项目体系，提出建议实施的数字化转型项目，制定项目实施计划，进行投资估算，分析项目实施效果、存在的风险，并建议保障措施。

（三）组织变革保障转型顺利推进

顶层设计完成后，企业就需要对整个组织进行变革才能保障数字化转型的顺利推进。

首先，需要设置强有力的部门来协调业务和信息化部门，统筹推进数字化转型落地。建立跨部门联合实施团队，探索建设数字化创新中心、创新实验室、智能调度中心、大数据中心等平台化、敏捷化的新型数字化组织，推动面向数字化转型的企业组织与管理变革，统筹构建数字化新型能力，以钉钉子精神切实推动数字化转型工作，一张蓝图干到底。

其次，中央企业目前职能驱动型的组织结构和管理方式难以快速响应市场环境的不确定需求，需要通过数字技术手段打破“部门墙”，促进数据、资源、知识等高效利用和按需共享，推动跨部门、跨层次、跨企业的组织管理变革，加速向平台化、生态化的柔性组织转变。

数字化转型的目标定位从单纯追求提质、降本、增效等经济效益转向构建数字企业或产业生态，通过价值网络、价值生态的共建、共创和共享，带动产业链上下游、关联产业、全社会的可持续发展，履行数字经济时代更大的社会责任。

三、围绕产业数字化任务，重构数字化新能力

企业需要以构建企业数字时代核心竞争能力为主线，

制定数字化转型能力建设方案，纳入企业年度工作计划，明确相关部门和岗位工作要求，通过建立数据驱动的战略闭环管控和动态优化机制，加强动态跟踪和闭环管控。

传感技术、虚拟现实技术、增强现实技术、混合现实技术和数字孪生等技术的日益发展，使得任何物理世界的对象在数字世界都将有一个孪生体，而且这两个孪生体还通过网络连接起来相互作用。与此同时，以 5G 为代表的泛在网络的建设（这种物理世界的数字化和网络化已经无处不在），使得“万物互联”成为现实，这些变化给企业带来的最大机会就是可以通过数字技术整合以前无法企及的内外部资源。但由于数字化转型过程是一个系统性创新过程，对应着转型和创新引发的高度不确定性，相关方最迫切需要提升的是应对挑战、抢抓机遇的新型能力。

数字经济时代的新型能力既需要技术硬能力，即适应快速变化的环境，深化应用新一代信息技术，建立、提升、整合、重构组织的数字化生存能力，也需要管理软能力，即赋能业务加速创新转型，构建竞争合作新优势，改造提升传统动能，形成新动能，不断创造新价值，实现新发展的数字化发展能力。一个企业能够获得多大的收益，将取决于其具备的能力水平。为此，可以将企业数字化转型分为四个阶段，区分每个阶段的最主要指标就是能力整合的范围（如图 6－11 所示）。企业需要根据自己在数字化规划中的现状和目标来进行新型能力的建设。

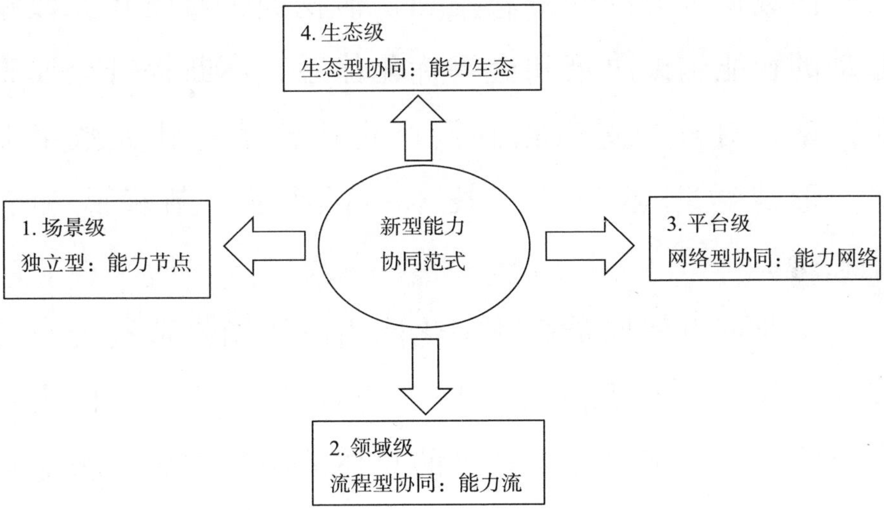

图 6－11　企业数字化能力阶段图

首先，由于市场环境不确定性的持续上升，单纯的 IT 资源“上云”已经难以满足企业柔性发展的需求，需要尝试并推动能力的平台化。构建以运营级平台思想为代表的一体化经营管理平台、共享服务平台和共享数据平台，成为数字化转型重要抓手之一。从业务角度来看，国有企业数字化转型本质上是新一代信息技术驱动下的研制业务和管理模式的变革重构。相比于局部实现信息化，国有企业数字化转型要搭建的是一个全场景、全链条的数字生态运营级平台。因此，数据运营级平台的建设将成为重中之重。

其次，建立规范的数据标准和有效的管理机制，为数据的采集、存储、传递奠定坚实的基础，数据工作重心转向数据资源的开发利用和价值挖掘，对内建立数据驱动的智能辅助决策和全局优化体系，不断提升全要素生产率；对外通过数据的资产化运营培育壮大数字业务，形成数据驱动的新技术、新产品、新模式和新业态。

企业可以依据企业数字化能力阶段图打造适合自身发展的数字化转型方案（以下简称“方案”）。作为指导企业开展数字化转型升级的总体蓝图，方案是企业获取数字化转型能力的全面、系统的中长期计划，是企业战略规划的重要组成部分，也是数字化转型的顶层设计，解决并提供做什么事情的框架体系。数字化转型方案通常由企业信息化管理部门负责，组织成员企业、职能管理部门和信息技术队伍共同完成，按项目、分年度投资实施。每五年进行一次全面提升，依次形成企业数字化转型方案1.0、2.0、3.0、4.0等升级版。根据企业战略调整、业务管理变革及规划项目实施情况，每年对方案进行滚动调整，使其能够有效支撑业务转型升级和战略目标实现。

企业可以借鉴国外咨询公司的研究成果和大型集团

型企业的实践经验，站在信息系统支撑业务发展和管理变革的角度，设计完整系统支持产品转型、生产运行管理转型、经营管理转型、办公管理转型和决策管理转型的项目体系，形成以信息系统赋能业务转型和产业升级的能力。其中，应用系统体系包括生产运行管理项目群、经营管理项目群、办公管理项目群和辅助决策项目群。不同行业的企业最大的差异体现在生产运行管理项目群和产品与服务项目群，其他几类项目基本属于共性项目。企业可以将项目框架体系作为行动蓝图，按照设计优先级分步实施、循序渐进，逐步实现数字化转型目标。

四、围绕数字产业化任务，创新数字化发展模式

数字产业化指为产业数字化发展提供数字技术、产品、服务、基础设施和解决方案，以及完全依赖于数字技术、数据要素的各类经济活动，是数字经济的核心产业。在实现业务流程的数字化管理和运行的基础上，转向有效应用新一代数字技术构建数字时代竞争能力，开展新技术、新产品、新模式和新业态培育，推动业务创新转型。大国大市场优势为我国产业数字化发展提供了完备的产业链条和丰富的综合应用场景，国有企业要切

实发挥产业龙头牵引作用，大力推进数字技术与实体经济深度融合，从企业内部、局部、单元级业务场景逐步扩展到全产业链、全要素和民生服务全场景。

一是加强数字基础设施建设。数字基础设施建设呈现了高投入、高风险、见效慢和辐射范围广的特征。在未来的数字基础设施建设过程中，国有企业要坚持协调发展的理念，合理配置5G通信、云计算以及人工智能等基础设施资源，积极探索和推进数字化转型协同创新平台建设，组织数字化转型相关交流研讨，提升国有企业在数字基础设施建设中的影响力和辐射力。

二是促进数字资源开发。面对数字化资源约束、数字化能力薄弱以及数字化创新不足的问题，国有企业可将构建数字化生态作为切入点，通过生态合作与组织学习，逐渐将外部数字资源和数字能力内部化与共享化，缓解数字化变革的资源与能力约束。在双循环新发展格局下，国有企业要利用市场竞争机制，规范数据资源交易，区分数据资源的所有权和经营权，推动数据资源的资产化，通过市场竞争实现数据资源的增值。

三是建设数字产业集群。数字产业集群有助于发挥数字经济的乘数效应以及赋能效应，在此过程中，国有企业应该发挥主力军作用，以开放融合为原则，共建数字化转型生态圈。通过数字产业集群所产生的集聚效应带动集群内企业的协同发展。国有企业要依托自身优势，充分发挥骨干和核心作用，增强在产业集群中的影响力，提升产业集聚效应。

国有企业的数字化转型应探索借鉴业务流程与管理以及商业模式的数字化变革，建立数字创新机制，推动管理、业务与创新的数字化变革，这是将数字化资源与能力转化为数字价值的关键。

根据国务院国资委网站上中央企业“一把手”谈国有企业数字化转型内容，可以归纳出不同行业中国有企业数字化转型的一些典型做法。如表6－1所示，简要列出了不同行业类型中代表性国有企业在数字化转型方向上的有益探索。

表6－1　部分中央企业数字化转型方向实例

	制造类	能源类	服务类	建筑类
产品创新数字化	东风公司：打造智能驾驶和网联汽车产品	国家能源集团：建设智能矿山与智能电站	南航集团：率先推出电子客票、网上订座、电子登机牌、人脸识别登机服务	中国电建：通过数字化技术推动建筑业从产品建造向服务建造转型
生产运营智能化	东风公司：通过工业互联网体系来推进智能制造	国家能源集团：启动调度中心指挥平台项目建设	南航集团：完成“航油e云”，打造“南航e家”办公平台	中国电建：工程建造由“经验驱动”向“数据驱动”转变

续表

	制造类	能源类	服务类	建筑类
用户服务敏捷化	东风公司：实现客户连接和交易过程的数字化	国家能源集团：从能源产品供应商向能源综合服务商转型	南航集团：全力打造“南航 e 行”	中国电建：以大数据预测实现敏捷的服务能力
产业体系生态化	华润集团：从单一的生产制造企业转变为资源服务平台	中国石化：构建“石化智云”工业互联网生态	南航集团：实施生态圈战略	中国电建：构建过程数字化生态

对于尚处于转型初期的国有企业而言，难以面面俱到地在四个方向上同时发力，多面出击不仅会导致目标分散，而且还会加重转型过程中的预算压力。

更具可行性的选择是，在实践中发现并选择较为具体的领域进行尝试、探索与突破，采用快速迭代的方式修正转型中的方案漏洞并积累行业经验，以成功案例在企业内部形成正反馈的激励循环，提高企业转型的内在动力。

五、健全数据管理体系，牢固数字化安全底座

在信息安全管理上，需要从针对单元软件工具或单个数字化设备设施的安全防护体系向构建全面、系统的

主动防御、预测性防护的安全体系转变。

随着网络安全法、数据安全法、个人信息保护法等法律法规相继出台，如何规范数据处理活动、保障数据安全，成为企业面临的一个重要课题。企业收集数据后的保管和使用都使得数据安全风险增大，企业需要认真研判法律法规、监管规定、行业准则、国际标准和有关合规管理的新变化，建立健全企业数据安全合规管理体系，打牢数字化转型安全底座。中央企业需要加大技术、人才和管理能力的投入，以底线思维对待网信安全问题，投入到位、培训到位、管理到位、应急到位，确保达成“高效安全”和“自主可控”的数字化安全目标。

企业需要建设态势感知平台，加强平台、系统、数据等安全管理。使用安全可靠的设备设施、工具软件、信息系统和服务平台，提升本质安全。建设漏洞库、病毒库、威胁信息库等网络安全基础资源库，加强安全资源储备。搭建测试验证环境，强化安全检测评估，开展攻防演练，加快培养专业人才队伍。

梳理世界一流企业的网络安全管理实践，发现它们具有以下共同特征：将网络风险纳入现有风险管理和治理流程中；利用行业标准和最佳实践保证企业建立全面的信息安全规划，制订安全有效的信息安全管理实施方案；通过网络风险识别重要资产及其影响，并基于风险评估结果确定具体的网络安全防范措施、确定优先级、资源分配策略及制度管理政策和战略；设立监督和审查机制，采用网络安全预算评估、IT采购计划、云服务、事故报告、风险评估等手段对信息安全进行监督和管理；开发和测试信息安全事件响应计划和流程，全面预测可能的网络威胁；持续关注信息安全管理，时刻监控企业自身网络风险环境等。围绕数字化转型的信息安全，企业制定和实施涵盖管理、控制、技术的网络安全防护体系（如图6－12所示）。同时，顺应新一代信息技术发展，针对云计算、大数据、物联网、移动应用、工业互联网、工业控制等技术应用，有计划、有步骤地增强安全防护能力。

信息安全管理类项目
1.信息安全组织完善
2.风险评估能力建设
3.信息安全运行能力建设

信息安全控制类项目
1.信息安全制度与标准完善
2.应用系统安全合规性实施
3.基础设施安全配置规范开发

信息安全技术类项目
1.身份管理与认证
2.网络安全域实施
3.灾难恢复系统
4.内容审计平台
5.办公专网建设
6.桌面安全管理
7.信息安全运行中心

图6－12　企业数字化转型网络安全防护体系架构

六、加大数字化转型投入，夯实数字化转型基础

2016年10月9日，习近平总书记在中共中央政治局第三十六次集体学习时强调，要加大投入，加强信息基础设施建设，推动互联网和实体经济深度融合，加快传统产业数字化、智能化，做大做强数字经济，拓展经济发展新空间[①]。2018年4月21日，习近平总书记在全国网络安全和信息化工作会议上提出，要推动产业数字化，利用互联网新技术新应用对传统产业进行全方位、全角度、全链条的改造，提高全要素生产率，释放数字对经济发展的放大、叠加、倍增作用[②]。深入贯彻落实"加大信息化投入，获取放大、叠加、倍增价值"的指示精神，需要借鉴国家科技投入模式和欧美发达国家的做法，引入数字化转型投入强度和投入强度系数的概念，指导企业大力推进数字化转型。

很长一段时间内，国内很多企业下了很大功夫制定和实施数字化转型方案，部分领域取得了令世人瞩目的成就。但与发达国家相比，数字化转型领域的差距不仅

---

① 习近平总书记在中共中央政治局第三十六次集体学习时的讲话，新华社，2016年10月9日。

② 习近平总书记在全国网络安全和信息化工作会议上的讲话，新华社，2018年4月21日。

没有明显缩小，还有拉大的趋势。造成这种状况的原因是多方面的，其中最主要的一个原因是：我国企业缺乏对数字化转型投资强度的正确认知，投资强度大大低于竞争者。结果导致尽管企业认认真真制定规划、执行规划，但几轮规划实施下来，可能与世界一流企业的差距越来越大，始终处于追赶的尴尬局面，无法为企业积累竞争优势。

目前，我国尚没有固定、明确的数字化转型投资强度的制度和方法，欧美发达国家在经济领域则用销售总额的1%—3%来确定数字化转型支出的合理范围。多年来，我国企业数字化转型投入达不到销售额的0.3%，低于发达国家的三分之一，致使数字化转型对经济发展的驱动作用大大弱化。

投入不足会给企业带来两个方面的严重问题或陷阱：一是有限的投入用于已经建设应用系统的运行维护，疲于应付固化已有成果，不能够为企业提供持久创新动力；二是与竞争者相比，缺少支撑业务发展的信息系统，系统功能及性能处于劣势，导致数字化转型不能够或无法带来竞争优势。

数字化转型投入包括两部分：一部分是投资，用于新项目建设、新的信息系统开发、技术创新，包括软件、硬件、咨询实施、内部技术队伍建设等费用；另一部分是成本支出，用于已建信息系统的运行维护。

数字化转型的投入强度，通常由企业销售总额的某个百分比确定下一年度数字化转型投入总量，这个百分比称为数字化转型投入强度系数。该系数是衡量企业数字化转型投入强度的指标，能够作为优化经济结构、落实网络强国战略、建设具有竞争力的世界一流企业目标的重要抓手。

数字化转型投入强度依企业规模和发展阶段有所差异，企业需要参照国际同行业标准，采用按营业收入比例确定数字化转型投入额度的机制，确保按规划持续投入建设资金；按已建成项目投资的一定比例确定年度运行维护费用，并做到资金统一管理、专款专用，为数字化转型提供充足的资金保障。

案例分析

一、中国电信：构建5G云网数一体化基础　开拓数字化转型新局面

（一）中国电信推进数字化转型的实践

中国电信坚持以习近平新时代中国特色社会主义思

想为指导，认真贯彻落实习近平总书记重要讲话和重要指示批示精神，深入贯彻落实网络强国、数字中国战略，加快实施“网是基础，云为核心，网随云动，云网一体”的云网融合战略，把“云化改革和数字化转型”作为企业全面深化改革和推进转型升级的总框架总视图，构建“5G＋云＋网＋大数据”一体化。

一是加快推进云网融合。持续推进移动网络、光纤网络建设，加快推进5G网络建设，构建新型信息基础设施，建立云网一体的数字化运营流程和机制，不断提升网络运营水平。依托全国600多个数据中心、3000多个边缘机房和丰富的网络资源，率先建成“2＋4＋31＋X＋O”的云资源池布局，可就近满足政府及企业的“上云”需求，成为“离客户最近的云”。中国电信的5G、光网覆盖全部天翼云资源池、主流公有云资源池，可通过CN2（中国电信下一代承载网）精品网满足各行业客户一点接入、灵活组网、多云畅达需求，通过OTN（光传送网）传输精品网实现传输通道物理隔离的超高安全保障，通过5G切片能力实现对“云”的高品质访问，通过云网融合实现以云调网、云网一点开通一站服务。

二是打造企业数字化平台。搭建以云网融合为核心的数字化平台，逐步沉淀通用产品能力，着力打造场景化的行业解决方案，形成差异化市场竞争能力，对内、对外开放调用，成为我国经济社会数字化转型的基石和平台。构建业务中台、数据中台和技术中台，建立大数据“湖”，推进全域资产数字化与全量数据入“湖”，建设全域云边协同的大数据、AI大底座。对内打造企业内部服务生态，提升智能化运营、管理及服务能力；对外打造垂直行业服务生态，提升数据驱动型应用能力。

三是强化网信及数据安全保障。围绕提升用户感知和加速业务创新，建设与数字化转型相适应的安全理念和防护模式。以“云—网—应用—数据”安全运营一体化为目标，从各单位单点防御转向全网联防联动，实现全网安全运营能力、安全防护能力和安全产品服务能力“三提升”。加强数据安全防护及大数据安全可信区能力建设，落实数据分类分级管理，基本建成覆盖云、网、应用和数据的一体化纵深防御体系。

四是加强数字化应用赋能。推动企业智慧运营能力全面提升。在营销服务数字化方面，构建全客户、全产品和全渠道触点协同的数字化营销服务支撑体系，企业销售效率和服务质量大幅提升。在云网运营数字化方面，按照云化、解耦和融合的目标，提升5G和重点云网产品运营能力，统一云网调度和基础设施管理。在资源配置数字化方面，聚焦企业关键资源，重构投资、成本配置体系，实现基于效益的动态下达和提前布局；运用大数据技术促进企业降本增效，推动成本配置模式数字化变革；快速推进新型基础设施建设，积极参与各地市新型智慧城市建设，赋能千行百业数字化转型。充分依托大数据和人工智能技术，打造数字政府中台、工业互联网平台等数十个数字平台，助力政府及企业客户构建能力集约、数据融合的中枢系统；基于不同行业的业务特征，打造百花齐放的业务平台及应用，在数字政府、工业互联网、教育、医疗、金融、交通物流、农业、军民融合和中小企业等领域助力数字化转型。

五是充分发挥数字化优势，积极助力疫情防控。新冠疫情暴发以来，中国电信充分发挥5G、云网融合和大数据优势，积极保障信息通信畅通，快速搭建火神山、雷神山的通信网络，大力推动科技抗疫，推出翼知疫行、远程会诊系统等多项信息化应用，助力抗疫取得显著成效。其中，利用5G网络和天翼云平台与央视频合作，实时展示火神山、雷神山医院建设场景，实时在线观看峰值超过2000万人次，累计直播访问量超过3亿人次，被称为史上最强“云监工”。在农村地区推广“天翼大喇叭”，及时传播疫情防控、农情资讯等信息，产生了巨大社会影响。

（二）推进国有企业数字化转型的思考和建议

推进国有企业数字化转型是一项复杂的系统工程，

一定要做好顶层设计，抓住主要矛盾，瞄准关键环节，集中力量重点突破，进而实现全面推进。

一是坚持以云网为基础。“云”是数字经济的载体，网是数字经济的底座，“云”和网作为重要的信息基础设施，在5G时代相互融合、共生共长，共同驱动数字化转型加速发展。推进数字化转型，应以云网为基础，发挥国有企业新基建主力军作用，积极开展5G、数据中心等新型基础设施建设，加快推进云网融合，让云网成为数字化转型的重要基础保障。

二是坚持以应用为抓手。应用是人机交互的界面，是数字化转型的制高点，也是数字化转型最直观的体现。推进数字化转型，要从应用切入，加快推进投资、运维、管理、营销和服务等各项经营管理工作的数字化进程。同时，联合产业链上下游，利用大数据、AI等新技术，丰富应用内容、扩大应用范围，繁荣数字产业生态。

三是坚持以安全为前提。没有信息安全就没有国家安全。在推进数字化转型过程中，要始终把安全放在首位，不断强化网信安全能力建设，推进云网安全融合，加强平台、系统和数据等安全管理，完善云网一体安全运营，强化安全检测评估，推动安全原子能力赋能数字化平台，提升企业数字化安全生产治理能力。

四是坚持以数字化平台建设为重点。进一步推进数字经济高质量发展，关键在于建立起适应于企业数字化转型实际的数字化平台，整合企业内、外部原子能力，形成场景化的新型产品和业务形态。应以数字化平台为重点，建设适应企业发展的数据中台、业务中台，面向能力的提供者和使用者，推进能力使用，提升能力的价值，打造能力使用的生态，建立市场需求导向的业务管理体系，实现能力市场化运作。

五是坚持以核心技术自主掌控为保障。不掌握核心技术，再好的应用、再大的平台，也等于在别人的墙基上砌房子，很难经受住风雨的考验。数字化转型过程中，要坚持核心技术自主研发、自主掌控，围绕 5G、云计算、安全、人工智能等领域，打造国际领先、安全可控的数字化转型技术体系，保障各项工作平稳安全有序推进。

同时，我们建议在推进国有企业数字化转型过程中，要把握好几个关键点。一是加快业务数字化，构建数据标准和数据治理体系，夯实企业数字化转型大规模推广的基础。二是加快数字业务化，通过场景化推进，从上到下实现纵向贯穿，构建一个可以创造、传递、支持和获取新价值的体系。三是建立适配数字化转型的机制以及智能驱动型组织管理方式。四是做好数字化人才体系建设，打造一支具备数字化转型思维和数字化转型能力的队伍。

二、中国宝武：数智重塑未来钢铁

近年来，中国宝武积极响应数字经济时代号召，主动落实国家战略，坚持新发展理念，致力于打造成具有全球竞争力的世界一流企业，发挥国有企业在新一轮科技革命和产业变革浪潮中的引领作用，大力推进新一代信息技术和钢铁行业的深度融合，通过数字化重塑传统钢铁业。

（一）中国宝武数智化转型的发展要求

中国近现代钢铁工业在历经 130 年的曲折发展之后，已经走出了一条中国特色社会主义的钢铁发展之路，创造了世界钢铁发展史上的奇迹。当下，中国钢铁工业已成功解决了“有没有”“够不够”的数量问题，但聚焦供大于求、环境负荷、成本压力、人才短缺、能源消耗、安全生产等行业现状和痛点，还须解决“好不好”“强不强”的质量问题。

大势将至，未来已来。历次科技革命都催生新的产业格局。当今世界正经历百年未有之大变局，习近平总书记指出：“新一轮科技和产业革命正在创造历史性机遇。”[①] 智能制造正成为新一轮工业革命的核心驱动力，智能技术无疑将成为经济增长的新动能、产业发展的新蓝海、高质量发展的新引擎，推动数字经济和实体经济融合发展，加快推进数字化转型势在必行。

钢铁是一个传统制造产业，就生产过程控制而言，钢铁制造过程工况最复杂恶劣、控制精度要求最严苛、应用场景最多，对互联网、物联网、大数据、人工智能有着非常迫切的需求。中国宝武定位为一家以钢铁业为主要载体，积极谋求转型的高科技企业，要从“老大”变“强大”，离不开技术创新和商业模式的创新。所以中国宝武顺势而为，积极探索，抓住时代发展机遇，积极践行“双循环战略”，加快推进数智化建设，充分发挥数字技术在钢铁产业发展中的赋能引领作用，将制造优势与网络化、智能化相叠加，有效提升企业产品和服务的质量和效率，推进钢铁制造生产方式和企业形态的根本性变革；同时以产品和服务数字化、智能化为导向推进产业转型升级和商业模式的创新，培育发展新动能，进一步提升钢铁产业链现代化水平和钢铁行业竞争力。

① 习近平主席在二十国集团领导人第十次峰会第一阶段会议上的讲话，《人民日报》，2015 年 11 月 16 日。

（二）中国宝武数智化转型实践和初步成效

中国宝武积极推进数据驱动、集成创新、协同共享等数字化转型理念，围绕智慧制造、智慧服务、智慧治理三大领域探索转型实践，取得初步成效。

一是持续推进“四个一律”目标，加快打造智慧钢厂。中国宝武提出以“四个一律”推进智慧制造，即“制造环节操作室一律集中并搬离现场、人工体力操作岗位一律机器人、设备运维一律远程、服务一律上线”。通过推行操作室集中形成一批集控中心优秀实践，打破传统工厂管理架构，使高度集约化管理成为可能；通过推进现场少人无人化，加快工业机器人、无人化行车、人工智能等新技术应用，上海基地在全球率先实现“一键炼钢出钢”；通过推进设备运维一律远程，体系联动开展多基地设备远程运维布局，推动公司设备管理体系转型升级；推动“服务一律上线”，强力推进各子公司网上采购和钢铁产品网上销售。眼下，黑灯工厂、无人库区、数字车间、智慧工厂、人工智能、大数据、云计算、区块链、5G、仿真和AR技术的大量应用，使钢厂已不再是傻大黑粗、油污满面的形象。宝钢股份宝山基地已入选国内钢铁行业首家“灯塔工厂”——中国宝武正在向现代高科技企业转型升级。

二是协同共建高质量钢铁生态圈，打造产业互联网领域的领军企业。依靠大数据支撑、网络化共享和智能化协作，中国宝武创新智慧服务新模式，打造第三方钢铁云平台："产业电商" + "产业物流" + "产业金融"。在产业电商领域，通过在线钢铁新零售服务，配套仓储、运输、加工等增值服务，满足用户便捷交易和精准交付需求。平台当前企业用户超过 12 万家，每日交易用户数在 5000 家以上。在"产业物流"领域，构建智慧物流服务体系，目前已接入仓储企业超过 2000 家，运输企业 5000 家，加工产线超过 1000 条。在"产业金融"领域，构建智慧金融服务体系，打造中国宝武在线数字化金融服务平台，已累计发生业务规模上千亿，服务中小企业 2000 家。在新冠疫情期间，钢铁生态圈的建设为中国宝武加快推进企业复工复产发挥了积极作用。

三是推进管理变革和流程再造，提升治理体系和治理能力现代化。中国宝武基于新一代工业互联网技术的应用，大胆推动钢铁企业组织形态和集团企业治理体系变革。在集团层面，中国宝武作为国有资本投资运营公司，运用数字化、智能化手段，逐步构建国有资本投资公司智慧治理新平台，实现与国资监管综合信息监测展示系统的融合集成，寓监督于管理。在子公司层面，打造"一总部多基地"的管控模式，构建智慧高效的总部，打造智能敏捷的制造基地，形成“一个智慧决策中心+系列智慧工厂”的“1+N”的智慧时代网络型钢厂，并逐步向无边界、开放、共赢、互信的One Mill（一个工厂）演进。在专业层面，打破地域边界、行政边界和层级边界，利用工业互联网实现同专业（如高炉、热轧）的互联互通和数据远程智能应用，从而实现跨地域、跨单元的专业化协同共享。

（三）中国宝武数智化转型赋能与开创未来

未来中国宝武强化信息化向数字化、网络化和智能化全面转型发展的顶层设计和整体策划，围绕技术创新、管理创新和商业模式创新等方面，以“新生态”“新基建”“新技术”“新保障”等方面建设为举措，通过技术赋能推进数字产业化发展，支撑钢铁生态圈各类业务云平台建设，引领钢铁行业全面转型升级。

一是大力推进“新基建”“新技术”创新，打造生态圈互联互通基础设施底座。中国宝武坚持技术创新引领战略，数字化转型新型基础设施建设先行，在新规划期致力于持续构建“一朵云”（即宝武分布式云计算中心），为互联网生态圈客户提供数据中心及云计算服务能力；“一张网”（即覆盖全国的高速承载网络），为生态圈建设提供“大动脉”；“一个平台”（即中国宝武工业互联网生态平台），适用于大型钢铁集团的工业互联网架构，实现全要素、全产业链、全价值链的全面连接，支撑全局可控、全产业链协同；“一个大数据中心”（即统一云化部署的大数据中心架构），为实现数据变资产、数据驱动创新业务新模式奠定基础。面向国际国内科技前沿，加快关键核心应用技术攻关，跟踪世界科技发展的大趋势，研判钢铁产业发展的大趋势，围绕产业链部署技术创新链，部署六大类“新技术”在钢铁行业深度融合的研究研发。

二是大力推进“新保障”创新，构建完善的数智研发体系及大数据治理体系。为保障集团数智化转型战略的扎实落地，积极构建协同创新（专业协同、基地协同、国内协同、国际协同）、开放、共赢的数智研发体系。2020 年新年伊始，成立中国宝武工业互联网研究院、中国宝武大数据中心，与宝信软件合署办公，统筹中国宝武工业互联网/大数据中心的架构设计及前沿技术研究，积极参与各类标准、专利的制定，贡献宝武力量，引领行业发展。同时，集团公司进一步开展系统性、整体的研究和策划，构建“治理运营统分结合，互联互通、逻辑统一，物理部署授权可分”原则下的大数据治理体系，按照“联邦制”组织建设策略，集团与子公司协同配置数据治理及运营功能，统分结合建设集团全层次业务域，设计编制治理和运营的相关制度、流程和规范。通过建设良好的数据生态环境，达到协同共建的目的，让钢铁生态圈连枝同气，更加蓬勃兴盛。

三是大力推进“新生态”创新，打造行业领先的数字化服务龙头企业，持续为用户创造价值。结合钢铁生态圈八大功能体系建设战略，全面构筑中国宝武虚实结合的智慧钢铁数字生态。初步构建“3 +8 +6”泛在链接、数据共享、业务贯通和全面感知的数智化应用体系；构建一批“平台 +”数智生态业务云标杆，平台竞争力显著增强；提升数据、资金等生产要素流通效率，高质量产业大数据实现 PB 级突破，全面提升高质量钢铁生态圈及国有资本投资公司智慧治理现代化的应用创新能力和数智化赋能能级。合理布局数字产业，聚焦交易、物流、金融、远程运维、工程设计、大数据和工业互联网等领域，培育一批行业领先的数字化服务龙头企业，研发和输出数字化转型产品和系统的解决方案。

三、华为：加速数字化转型　构建智能世界

华为技术有限公司（以下简称“华为”）是一家具有中国特色、同时又全球领先的公司。它在 2016 年正式启动数字化转型，并在 2017 年年初将公司愿景调整为“把数字世界带入每个人、每个家庭、每个组织，构

建万物互联的智能世界”，正是因为看到了数字时代所带来的机会和挑战。

（一）华为数字化转型框架

华为在从2016年开始至今的数字化转型过程中，积累了许多数字化转型案例，也总结出了一套理念和方法，得到了许多经验和教训，这些内容都总结在下面这个“华为数字化转型框架”中（见图6-13）。

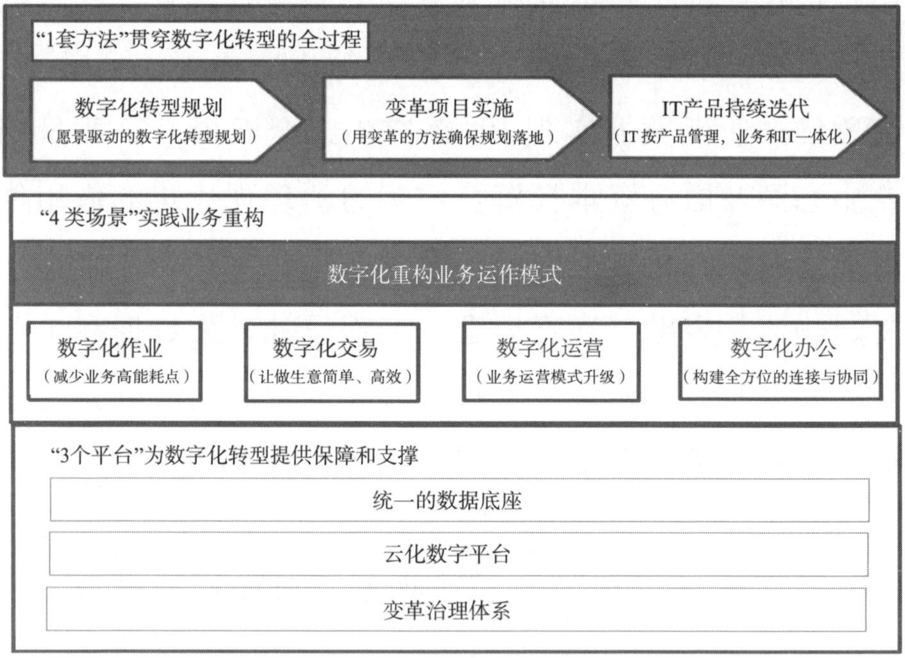

图6-13 华为数字化转型框架

这个框架可以总结为“1套方法、4类场景、3个平台能力”。

1. “数字化转型规划”方法要点。企业需要在数字时代重新思考业务战略，重新思考和定义如何为客户创造价值，重新思考企业的商业模式，以清晰的业务战略作为数字化转型规划的输入，通过愿景来描绘未来5—10年数字化转型将取得的成就，进而设计架构蓝图，对愿景进行系统性的、分层分级的梳理和诠释，最后规划出变革项目，承接数字化转型举措，并为每一个项目确定优先级。

2. “变革项目实施”方法要点。变革按项目方式推进，更有利于突破转型过程中的各种束缚。

3. “IT产品持续迭代”方法要点。IT（互联网技术）产品与项目应适当解耦。IT的产品化运作需要企业改变作战队形，改变之前需要交接式的IT开发方式，将IT融入业务，共同组建业务和IT一体化产品团队，并实现“业务、数据、IT”联合组队，做到“业务人员懂IT，IT人员懂业务”，实现产品团队一盘棋运作。

数字化转型要求IT产品团队能更敏捷地响应业务，改变之前的“烟囱式”IT交付方式，由“做功能”变为“做服务”。这就需要IT产品团队改变设计方法，用服务化“V模型”指导团队的一体化设计，让业务、数据、IT有机融合在一起。

4. 从“4类场景”着手业务重构。4类场景分别为：数字化作业、数字化交易、数字化运营和数字化办公。

5. 构建“3 个平台能力”，为转型提供支撑。企业如果拥有统一的数据底座以及稳定、高效的数字平台，那么它的数字化转型就会有源源不断的数字动能。同时，一套精心设计的变革治理体系，将是有序推进数字化转型的主要保障。

（二）华为数字化转型的五个关键举措

举措 1：重构用户体验。

第一个关键举措是重构用户体验，实现面向客户的精益协同。华为将企业的业务活动归纳总结为：一个人通过一个业务活动，操作一个企业的数据资产，在公司相应的业务规则下面运作。通过对一个企业业务对象的数字化、业务活动的数字化和业务规则的数字化，打破过去烟囱式孤立的应用系统，形成由“应用找人”，而不是“人找应用”，从而让所有的业务活动能够更好更高效地在场景中形成和完成。

举措 2：重构业务的作业模式。

第二个关键举措是重构业务的作业模式，即要实现全业务的数字化仿真。在数字化转型的过程中，华为使用了“数字孪生”的概念。基于数字孪生的业务重构是覆盖全业务链条的数字时代的新 IT，将工业时代的精益制造“JUST IN TIME”（准时化生产方式）的概念引入到数字化的世界，即数字时代的“精益制造”。通过充分利用数字世界复制成本、规模成本和时间成本趋于零的特征，不断提高企业业务的运行效率和创新速度。

举措3：重构运营模式。

第三个举措是在企业实施数字化转型时重构运营模式，实现数据驱动的智能决策。华为用了18个月打通了整个公司的数据，让数据作为公司的数据资产被有效统一管理，充分发挥数据最大价值。重构运营模式的关键是从事后系统、报告系统走向一个真正的全实时反馈的运营系统。从感知、预测、分析、决策、行动到复盘，形成一个完整的全业务的运营系统。

举措4：塑造企业数字化操作系统。

为了构筑企业统一的数字化战斗力，华为通过打造“企业数字化的操作系统”，加速推进企业数字化水平。基于数字化平台“鸿源云道”，推进整个华为的数字基础设施转向“云化”的新型基础设施。同时，加大使用公有云，也建设了华为自己的私有云，构建了一个全面的多云系统，实现了华为IT能力的跨越式发展。

举措5：构造数字化转型生态系统。

华为发起了一个集众智、聚众力的行业企业数字化联盟。通过面向企业打造开放的平台，华为致力于在通用的底座上以搭乐高积木的方式——形成通用技术后快速在千行百业得到复制——来构建自身的生态系统。这样，每个企业都可以站在巨人的肩膀上加速数字化转型，促进企业形成高质量的全球竞争力。

参考文献

[1] 国务院国资委．做强做优中央企业　培育具有国际竞争力世界一流企业［S］．2010.

[2] 国务院国资委．中央企业做强做优、培育具有国际竞争力的世界一流企业要素指引［S］．国资发改革〔2013〕17 号．

[3] 国务院国资委．中央企业做强做优、培育具有国际竞争力的世界一流企业对标指引［S］．国资发改革〔2013〕18 号．

[4] 国务院国资委．关于加快推进国有企业数字化转型工作的通知［S］. 2020. 8.

[5] 中共中央办公厅，国务院办公厅．国家信息化发展战略纲要［S］. 2016.

[6] 中央网络安全和信息化委员会．“十四五”国家信息化规划［S］. 2021.

[7] 工业和信息化部．“十四五”信息化和工业化深度融合发展规划［S］. 2021.

［8］中央企业管理提升活动领导小组．企业管理信息化辅导手册：中央企业管理提升系列丛书［M］．北京：北京教育出版社，2012.

［9］周宏仁．信息化论［M］．北京：人民出版社，2008.

［10］范玉顺．信息化管理战略与方法［M］．清华大学出版社，2008.

［11］刘希俭，等．企业信息技术总体规划方法［M］．北京：石油工业出版社，2012.

［12］刘希俭，等．企业信息化管理实务［M］．北京：石油工业出版社，2013.

［13］刘希俭，等．企业 ERP 系统建设管理［M］．北京：石油工业出版社，2014.

［14］刘希俭，等．企业信息化价值［M］．北京：石油工业出版社，2020.

［15］马丁·柯利．管理信息技术的商业价值：IT 和业务经理实用策略［M］．北京：电子工业出版社，2006.

［16］张其仔，等．新工业革命背景下的世界一流管理：特征与展望［J］．经济管理，2021，43（6）．

［17］金晓燕，任广乾．双循环新发展格局下国有企业数字化转型研究［J］．中州学刊，2022（5）：

15—22.

［18］戚聿东，杜博，温馨．国有企业数字化战略变革：使命嵌入与模式选择——基于3家中央企业数字化典型实践的案例研究［J］．管理世界，2021，37（11）：137—158.

［19］何玉长，王伟．数据要素市场化的理论阐释［J］．当代经济研究，2021（4）：33—44.

［20］王静田，付晓东．数字经济的独特机制、理论挑战与发展启示——基于生产要素秩序演进和生产力进步的探讨［J］．西部论坛，2020，30（6）：1—12.

［21］国务院国资委．关于开展对标世界一流管理提升行动的通知［S］．国资发改革〔2020〕39号．

［22］中国信通院．中国数字经济发展白皮书．2021.4.

［23］国家统计局．数字经济及其核心产业统计分类（2021）［S］．2021.5.

［24］“十四五”新基建规划［S］．2021.9.

［25］中华人民共和国国民经济和社会发展第十四个五年规划和2035年远景目标纲要［S］．2021.

［26］中关村信息技术和实体经济融合发展联盟．团体标准 T/AIITRE 10001－2021．数字化转型参考架构．2021.

[27] 中关村信息技术和实体经济融合发展联盟. 团体标准 T/AIITRE 20001－2021. 数字化转型新型能力体系建设指南. 2021.

[28] 中关村信息技术和实体经济融合发展联盟. 2021 国有企业数字化转型发展指数与方法路径白皮书. 2021. 12.

[29] 国家发展和改革委员会. "十四五" 数字经济发展规划 [S]. 2022. 1.

[30] 国资委科创局. 关于发布 2020 年国有企业数字化转型典型案例的通知 [S]. 2021. 2.

[31] 华为企业架构与变革管理部. 华为数字化转型之道 [M]. 北京：机械工业出版社，2022.

第七篇

加快推进企业绿色发展

中国绿色发展状况

一、绿色发展内涵

习近平新时代中国特色社会主义经济思想提出，“推动绿色发展，就是要坚持绿水青山就是金山银山的发展理念，把经济活动、人的行为限制在自然资源和生态环境能够承受的限度内，给自然生态留下休养生息的时间和空间。”①

① 中共中央宣传部、国家发展和改革委员会：《习近平经济思想学习纲要》，人民出版社、学习出版社2022年版。

从狭义的角度来看，绿色发展就是要大力发展环境友好型的产业，通过污染治理、节能减排、生态修复的技术措施，实现经济发展和自然的和谐共生。从广义的角度来看，绿色发展是指以资源节约型、环境友好型、能源低碳型生产方式和生活方式为核心的发展理念和模式，包含了节约发展、低碳发展、循环发展、清洁发展、协同发展等很多方面，这些方面共同构成绿色发展的整体。绿色发展打破了把发展与保护对立起来的思想束缚，指明了实现发展和保护内在统一、相互促进和协调共生的方法论。

具体来说，绿色发展就是经济发展与资源环境可持续的协调发展。一方面，经济增长与资源环境负荷脱钩，即经济增长的同时不增加或少增加资源环境负荷，经济增长和资源环境可持续性改善能够同时实现。另一方面，使绿水青山成为金山银山，其实质是把资源环境作为生产要素进而转化为生产力，促进经济绿色增长。

二、中国绿色发展历程

改革开放以来，面对传统粗放的发展模式带来的资源环境问题，我国政府坚持节约资源和保护环境的基本国策，从节约资源能源到绿色低碳循环发展，在绿色低碳发展道路的探索上作出了不懈努力。

（一）1978—2000 年：节能降耗

党的十一届三中全会决定将工作重点转移到经济建设上来之后，全国生产能力迅速得到释放。同时，也带来了能源供应紧张的问题。1979 年 11 月，《关于提高我国能源利用效率的几个问题》简报指出，在国民经济调整期间，工业生产要按 6% 或者稍高一点的速度增长，能源不足的问题就变得更加尖锐、更加紧迫；各地区、各部门"要将加强能源管理和节约能源的工作，提到重要的议事日程上来，努力采取各种措施，积极提高能源利用效率，大力降低能源消耗，从节能中求增产，从节能中求速度"。1998 年 1 月，《中华人民共和国节约能源法》正式颁布实施，相应的部门规章和地方性节能法规也相继出台，我国节能工作从此走上法治化轨道。

（二）2001—2011 年：增效减排

进入 21 世纪后，随着我国经济总体规模的不断扩大，"高投入、高消耗、高排放、低效率"的传统增长模式带来的资源、能源问题更加突出。2002 年，党的十六大将"可持续发展能力不断增强，生态环境得到改善，资源利用效率显著提高"作为全面建成小康社会的奋斗目标之一。2006 年，《中华人民共和国国民经济和社会发展第十一个五年规划纲要》明确规定，到 2010 年，单位国内生产总值能耗要比“十五”期末降低20%，主要污染物排放总量要减少10%左右。2007年，党的十七大报告提出，建设生态文明，基本形成节约能源资源和保护生态环境的产业结构、增长方式、消费模式。2011年，《中华人民共和国国民经济和社会发展第十二个五年规划纲要》提出，2015年要比2010年单位国内生产总值能源消耗降低16%，单位国内生产总值二氧化碳排放降低17%，非化石能源占一次能源消费比重达到11.4%。

（三）2012—2019年：推动绿色循环低碳发展

2012年，党的十八大报告提出要着力推进绿色发展、循环发展、低碳发展，形成节约资源和保护环境的空间格局、产业结构、生产方式、生活方式。2015年10月，党的十八届五中全会提出“创新、协调、绿色、开放、共享”五大发展理念。2017年，党的十九大报告明确提出，要建立健全绿色低碳循环发展的经济体系、构建市场导向的绿色技术创新体系、构建清洁低碳和安全高效的能源体系、倡导绿色低碳的生活方式等。2018年5月，习近平总书记在全国生态环境保护大会上强调，绿色发展是构建高质量现代化经济体系的必然要求，是解决污染问题的根本之策[①]。

---

① 习近平出席全国生态环境保护大会并发表重要讲话，中华人民共和国中央人民政府网，2018年5月19日。

（四）2020 年至今：推进碳达峰碳中和目标实现

2021 年 2 月 22 日，《国务院关于加快建立健全绿色低碳循环发展经济体系的指导意见》发布，提出建立健全绿色低碳循环发展经济体系，促进经济社会发展全面绿色转型，是解决我国资源环境生态问题的基础之策。2022 年，习近平总书记在主持中共中央政治局第三十六次集体学习时指出，“减排不是减生产力，也不是不排放，而是要走生态优先、绿色低碳发展道路，在经济发展中促进绿色转型、在绿色转型中实现更大发展。要坚持统筹谋划，在降碳的同时确保能源安全、产业链供应链安全、粮食安全，确保群众正常生活。”[①]

实现碳达峰、碳中和目标，对绿色低碳转型将形成强大的倒逼机制，要求加快产业结构优化升级，发展战略性新兴产业和现代服务业，抑制高耗能高排放项目发展，推动传统产业绿色低碳转型；加快构建清洁低碳安全高效的能源体系，严格控制化石能源消费特别是煤炭消费增长，加快发展风能、太阳能、生物质能、海洋能、地热能等非化石能源；大幅提升能源效率，加强重点领域节能，构建以绿色低碳为特征的工业、建筑、交通体系和消费模式，大幅度降低能源消耗和二氧化碳排放强度，合理控制能源消费总量和二氧化碳排放总量，

---

① 习近平主持中共中央政治局第三十六次集体学习，新华网，2022 年 1 月25 日。

将碳达峰、碳中和的压力转化为产业升级、技术进步和绿色低碳转型的动力。

三、中国绿色发展成效

在探索绿色低碳发展道路的进程中，中国在产业结构调整、能源结构优化、节能管理和循环经济发展、低碳发展试点示范、低碳社会建设等方面积极探索和实践，推动形成了绿色低碳的发展方式和生活方式，促进了二氧化碳排放强度的持续降低以及非化石能源消费比重的逐步提高。2021 年，全国单位国内生产总值二氧化碳排放同比[①]下降 3.8%，达到“十四五”序时进度；天然气、水、核、风、光等清洁能源消费比重达到 25.3%。

（一）产业结构持续优化

大力推进“三去一降一补”，着力化解钢铁、煤炭等行业产能过剩矛盾，逐步扭转了低水平竞争局面，促进了重点行业脱困升级和集约发展。一、二、三产业比例进一步优化，三次产业增加值占国内生产总值的比例从 2012 年的 9.1%、45.4%、45.5% 优化为 2021 年的 7.3%、39.4%、53.3%。

---

① 本篇中“同比”均指与上一年同一时期相比。

（二）能源结构逐步优化

经过多年发展，我国能源生产和供应能力显著提高，建成全球最大的能源供给体系，能源结构持续优化。2012 年，我国一次能源生产总量为 35.1 亿吨标准煤，其中，原煤占 76.2%，原油占 8.5%，天然气占 4.1%，水电、核电、风电等共占 11.2%。2021 年，我国一次能源生产总量为 43.3 亿吨标准煤，其中，原煤占 67.6%，原油占 6.8%，天然气占 6.0%，水电、核电、风电等共占 19.6%。

能源消费结构持续向着更清洁、更高效、更可持续的方向转变。2021 年，我国能源消费总量约 52.4 亿吨标准煤，其中煤炭消费占比下降至 56.0%，较 2015 年下降 8%；水电、核电、风电、太阳能发电等清洁能源消费占 25.5%，较 2015 年提升 7.6%。2021 年，我国总发电装机容量达到 23.8 亿千瓦，水电、风电、光伏及核电等非化石能源占全部发电装机的比重达到 47%。

（三）资源利用效率稳步提升

为推动节能工作，我国实施《中华人民共和国节约能源法》及相关法规，出台《节能减排综合性工作方案》，同时还大力推广节能技术和产品，推进建筑节能、工业节能、交通节能。

在节能技术和产品推广方面，我国实施了节能产品惠民工程；推广使用高效节能空调、节能汽车、高效电机、绿色照明产品等节能产品。2020年，政府采购节能环保产品占同类产品采购规模的比例达到85%以上。2020年底，财政部、住房和城乡建设部共同发布《关于政府采购支持绿色建材促进建筑品质提升试点工作的通知》，明确以南京、杭州、绍兴、湖州、青岛、佛山6个城市作为首批试点城市。截至目前，6个试点城市已将209个试点工程项目全面推开，项目金额达1025亿元。

在建筑节能方面，随着一系列建筑节能文件的出台，政府投资公益性建筑、大型公共建筑、城市保障性住房开始全面执行绿色建筑标准，北京、天津、上海、重庆、江苏、浙江、山东等地已在城镇新建建筑中全面执行绿色建筑标准。全国范围内获得绿色建筑标识的项目数量实现了成倍的跳跃式增长。2008—2019年，全国获得绿色建筑评价标识的项目从10个增加至1.4万个；到2019年底，全国累计共评出2万个绿色建筑评价标识项目。

工业是我国能源消费和碳排放的重点领域，也是节能工作的重点攻关领域。“十三五”期间规模以上工业单位增加值能耗下降16%，单位工业增加值二氧化碳排放量比2015年下降约22%。2021年，重点耗能工业企业单位电石综合能耗下降 5.3%，单位合成氨综合能耗与上年持平，吨钢综合能耗下降 0.4%，单位电解铝综合能耗下降 2.1%，每千瓦时火力发电标准煤耗下降 0.5%；全年全国万元国内生产总值能耗比上年下降 2.7%。

在交通节能方面，“十三五”时期，“五纵五横”综合运输大通道全面贯通，基本形成了由铁路、公路、水路、民航、管道等多种运输方式构成的综合交通基础设施网络，稳步推进构建节能高效的综合交通运输体系。重点城市绿色出行比例提升，大中城市中心城区 2021 年绿色出行比例达到 70% 以上。交通运输单位工作量能耗总体持续下降，2019 年，营运船舶单位运输周转量能耗降低 7.7%，提前完成“十三五”目标任务；2021 年，铁路单位运输工作量综合能耗 4.07 吨标准煤/百万换算吨公里，同比下降 7.29%；民航业单位运输周转量能耗降低 3.1%。新能源汽车推广成效显著，2021 年，国内新能源汽车全年销量超过 350 万辆，同比增长 157.8%。

（四）环境质量不断改善

党的十八大以来，我国不断加强环境保护，深入实施大气、水、土壤污染防治三大行动计划，着力打好污染防治攻坚战，环境质量持续改善，大气环境、水环境状况明显改观，土壤环境保持总体安全，生态环境保护发生了历史性、转折性、全局性变化。

“十三五”期间，我国环境质量进一步实现了“三升三降”。即：环境空气达标城市数量、优良天数比例提升，重污染天数比例、主要污染物浓度下降；地表水水质优良断面比例持续提升，劣Ⅴ类断面比例持续下降；水质优良海域面积比例持续提升，劣四类水质海域面积比例持续下降。作为“十四五”开局之年，2021年全国污染防治攻坚战深入开展，生态环境质量持续改善。2021年，全国地级及以上城市空气质量优良天数比例为87.5%，同比上升0.5%；PM2.5浓度同比下降9.1%；地表水Ⅰ—Ⅲ类水质断面比例为84.9%，同比上升1.5%；万元国内生产总值二氧化碳排放下降3.8%；氮氧化物、挥发性有机物、化学需氧量、氨氮4项主要污染物总量减排指标顺利完成年度目标。

（五）生态环境保护得到加强

“十三五”期间，我国构建了以国家公园为主体的自然保护地体系，明确了生物多样性保护优先区域，全国90%的陆地生态系统和71%的国家重点保护野生动植物物种得到有效保护。同时，我国实施了一批生态保护修复重大工程；全国治理矿山修复面积约400万亩；在祁连山、贺兰山、长白山、小兴安岭等重点生态功能区开展了 25 个山水林田湖草生态保护修复工程试点；在海域主要实施了“蓝色海湾”整治行动、海岸带保护修复工程等。“十三五”期间，15 万个建制村完成了农村环境的综合整治，全国建制村的生活垃圾处置体系覆盖率已经达到了 90% 以上，18 个省份实现了农村饮用水卫生监测乡镇全覆盖。而作为“十三五”时期加强生态环境保护、推进生态文明建设的一项重大制度安排，中央生态环境保护督察从 2015 年底开始试点，到 2017 年实现了所有省份的全覆盖，2018 年对 20 个省份的整改情况进行“回头看”，共推动解决老百姓身边的生态环境问题大约 15 万个。

（六）绿色产业加速扩大

党的十八大以来，绿色产业政策将行政手段与市场化手段结合，在清洁能源发展方面以经济激励性政策为主，通过补贴等激励手段引导社会绿色发展。2019 年，国家发展和改革委员会、工业和信息化部、自然资源部、生态环境部、住房和城乡建设部、中国人民银行、国家能源局联合印发了《绿色产业指导目录（2019 年版）》，为绿色产业的健康发展指明了方向。

“十三五”期间，我国节能环保产业发展势头良好。2021 年，我国节能环保产业产值达到 8 万亿元，年增速超过 10%。从区域分布来看，我国节能环保产业发展呈现出“两带分布”的格局，分别为辽宁至珠三角地区的“沿海行业带”与四川至长三角地区的“沿江发展轴”。与节能环保产业一样，清洁能源产业也得到了长足的发展。截至目前，我国在运核电机组共 54 台，总装机容量达到 5581 万千瓦，居全球第三位。最新统计数据显示，2022 年 1—5 月，全国核能累计发电 1663 亿度，占全国同期累计发电量的 5.1%。截至 2022 年 6 月底，我国可再生能源发电装机达 11.18 亿千瓦。其中，水电装机 4 亿千瓦（其中抽水蓄能 0.42 亿千瓦）、风电装机 3.42 亿千瓦、光伏发电装机 3.36 亿千瓦、生物质发电装机 3950 万千瓦。

（七）绿色生活方式大力推广

在低碳社会建设的实践中，通过开展节能宣传周、全国低碳日、绿色出行宣传月和公交出行宣传周、气候变化科普宣传、“节能校园，你我共建”主题宣传、绿色商场“减塑”和绿色餐饮倡议等活动，普及了低碳发展理念，倡导了绿色生活方式。各界媒体积极宣传低碳环保理念，通过对低碳领域重要战略规划及政策文件的出台进行及时宣传报道和深入解读、介绍各省市生态文明的案例和绿色发展案例，以及录制“倡导低碳生活，宣传节能减排”的广播电视节目，引导公众关注低碳发展。公众广泛参与自备购物袋、双面使用纸张、控制空调温度、不使用一次性筷子、购买节能产品、低碳出行、低碳饮食、低碳居住等节能低碳活动，参与了低碳生活的实践。

（八）生态文明制度体系正在健全

党的十八大以来，我国生态文明建设取得了显著成效，生态文明制度体系基本形成。我国出台了数十项生态文明相关改革举措，制修订了近30部与生态环境保护、资源保护相关的法律法规。生态文明写入党章、写入宪法，实现了党的主张、国家意志、人民意愿的高度统一。同时，我国国土空间开发保护格局更加优化，资源能源利用效率持续提升，“十三五”规划纲要确定的生态环境保护9项约束性指标和污染防治攻坚战阶段性目标任务圆满完成，以国家公园为主体的自然保护地建设体系也初步建立。

同时，我国建立了生态文明建设目标评价考核制度。中央生态环境保护督察深入推进。对重点区域、重点工作开展监督帮扶，探索建立国家和地方协同发现并解决问题的新机制，不断健全环境治理责任体系。强化环境保护、自然资源管控、节能减排等约束性指标管理，严格落实企业主体责任和政府监管责任。强化生态文明制度的执行力，加强对生态文明制度执行的监督，推进生态环境保护综合行政执法，健全生态环境保护行政执法和刑事司法衔接机制，依法严惩重罚生态环境违法犯罪行为。严格落实领导干部生态文明建设责任制，牢固树立制度的权威，让完善的制度成为推进生态文明建设的有力保障。

（九）为全球绿色发展贡献中国方案

中国秉承构建人类命运共同体的理念，积极推进《巴黎协定》达成和落实。率先发布《我国落实2030年可持续发展议程国别方案》，联合发起“一带一路”绿色发展国际联盟，促进绿色“一带一路”建设和联合国《2030年可持续发展议程》的实施。习近平总书记在第七十五届联合国大会一般性辩论上郑重宣布“中国将提高国家自主贡献力度，采取更加有力的政策和措施，二氧化碳排放力争于2030年前达到峰值，努力争取2060年前实现碳中和”[①]，为全球绿色发展树立了榜样。

我国为推进节能减排、走绿色发展道路制订了越来越具体的内容和实施计划，为全球生态环境治理提供了中国智慧和中国方案，彰显了中国推动构建人类命运共同体的责任担当。

---

① 习近平总书记在第七十五届联合国大会一般性辩论上的讲话，《人民日报》，2020年9月23日。

四、中国绿色发展的主要路径

推动经济社会发展全面绿色转型，需要牢牢把握“全面”和“绿色”两个关键，从经济社会发展全局入手，推动经济社会绿色高质量发展。

（一）强化绿色低碳发展规划引领

大国发展，规划先行。推动经济社会发展全面绿色转型，首先要强化规划引领作用。一是将碳达峰、碳中和目标要求全面融入经济社会发展中长期规划，强化国家发展规划、国土空间规划、专项规划、区域规划和地方各级规划的支撑保障。二是加强各级各类规划衔接协调，确保各地区、各领域落实碳达峰、碳中和的主要目标、发展方向、重大政策、重大工程等协调一致。

（二）优化绿色低碳发展区域布局

优化绿色低碳区域布局是推进经济社会发展全面绿色转型的重要组成和路径。一是持续优化重大基础设施、重大生产力和公共资源布局，构建有利于碳达峰、碳中和的国土空间开发保护格局。二是在推动实施京津冀协同发展、长江经济带发展、粤港澳大湾区建设、长三角一体化发展、黄河流域生态保护和高质量发展等国家重大区域发展战略中，强化绿色低碳发展导向和任务要求。三是加快推动绿色低碳发展，整体谋划新时代国土空间开发保护新格局，科学有序统筹布局生态、农业等功能空间。

（三）加快推动形成绿色生产方式

加快形成绿色生产方式，推动源头降碳，对实现碳达峰、碳中和具有重要作用。一是大力推动节能减排，全面推进清洁生产，推进能源资源全面节约。二是加快发展循环经济，加强资源综合利用，实现绿色低碳循环发展。三是扩大绿色低碳产品和服务有效供给，推动政府绿色发展能力建设。四要加快发展绿色产业，形成经济社会发展新的绿色增长点。

（四）全面推动生活方式绿色化

加快推动生活方式绿色化，是倒逼生产方式绿色低碳转型的有力手段。一是扩大绿色低碳产品消费，倡导简约适度、绿色低碳的生活方式，反对奢侈浪费和不合理消费。二是把绿色低碳发展纳入国民教育体系，推动绿色发展理念深入人心。三是开展绿色低碳社会行动示范创建，从衣、食、住、行、用、娱等方面推进全社会绿色低碳程度提升。四是凝聚全社会共识，加快形成全民参与的良好格局。

中国企业绿色发展现状、问题和经验

一、绿色发展是建设世界一流企业的必由之路

（一）绿色发展已成为世界一流企业的共同追求

2008年国际金融危机后，国际社会普遍认为人类社会文明要想继续向前推进发展，就必须向“绿色发展”的轨道转变。2008年10月，联合国环境规划署为应对金融危机提出绿色经济和绿色新政倡议，呼吁各国大力发展绿色经济，并于2011年2月发布《绿色经济报告》，为全球经济描绘了绿色发展的新蓝图，阐明绿色经济是全球经济增长的新引擎。2016年，《巴黎协定》生效，其长期目标是将全球平均气温较前工业化时期上升幅度控制在2摄氏度以内，并努力将温度上升幅度限制在1.5摄氏度以内。目前已有数十个国家通过立法或政策宣示，提出了零碳或碳中和目标。为抢占绿色发展先机，一些跨国公司开始实施绿色供应链采购，推动供

应链上下游提高能效和环境绩效。伴随着经济全球化和环境问题全球化的大潮，绿色发展已经成为世界一流企业的共同追求。

（二）绿色发展是企业必须落实的国家重大战略

发达国家在两百多年工业化过程中分阶段出现的资源环境问题，在我国现阶段集中显现了出来；发达国家在经济高度发达后，用了几十年时间逐步解决的资源环境问题，我们则要在短时间内高质量解决，难度之大前所未有。

紧要关头，习近平总书记站在历史和全局的高度，在深刻剖析人与自然关系、资源环境问题的基础上，开创性地提出了生态文明思想。党的十八大以来，我们党深刻回答了为什么建设生态文明、建设什么样的生态文明、怎么建设生态文明的重大理论和实践问题，提出了一系列新理念新思想新战略[①]。党的十八大报告首次单篇论述“生态文明”，并提出“推进绿色发展、循环发展、低碳发展”。党的十八届五中全会创造性地提出新发展理念，其中一项便是绿色发展，至此绿色发展上升为国家重大战略。《中共中央关于党的百年奋斗重大成就和历史经验的决议》指出：“生态文明建设是关乎中华民族永续发展的根本大计，保护生态环境就是保护

① 《习近平谈治国理政》（第三卷），外文出版社 2020 年版，第 360 页。

生产力，改善生态环境就是发展生产力，决不以牺牲环境为代价换取一时的经济增长。”实施绿色发展战略，是我国建设生态文明，实现经济社会可持续发展的内在要求和必然选择。国有企业必须深入贯彻落实新发展理念，以习近平生态文明思想为指导，正确处理好经济发展同生态环境保护的关系，切实把绿色发展理念融入企业发展各方面，推进形成绿色生产和发展方式。

（三）绿色发展是企业实现碳达峰、碳中和的必由之路

2020 年 9 月 22 日，习近平主席在第七十五届联合国大会一般性辩论上郑重宣示“中国将提高国家自主贡献力度，采取更加有力的政策和措施，二氧化碳排放力争于 2030 年前达到峰值，努力争取 2060 年前实现碳中和”①。此后，习近平总书记在不同场合多次谈到碳达峰、碳中和，强调实现碳达峰、碳中和是一场广泛而深刻的经济社会系统性变革，要把碳达峰、碳中和纳入生态文明建设整体布局，拿出抓铁有痕的劲头，如期实现 2030 年前碳达峰、2060 年前碳中和的目标②。“十四五”时期，我国生态文明建设进入了以降碳为重点战略方

---

① 习近平主席在第七十五届联合国大会一般性辩论上的讲话，《人民日报》，2020 年 9 月 23 日。

② 习近平总书记主持召开中央财经委员会第九次会议上的讲话，新华社，2021 年 3 月 15 日。

向、推动减污降碳协同增效、促进经济社会发展全面绿色转型、实现生态环境质量改善由量变到质变的关键时期[①]。习近平总书记关于碳达峰、碳中和作出的一系列重要论述，为新时期我国绿色发展提供了根本遵循。国有企业作为国民经济的重要支柱和命脉，在能源结构转型、产业结构优化、重点领域节能降碳等方面，都有着举足轻重的地位和影响力，必须坚持绿色发展，勇做开启全社会生产方式、生活方式绿色低碳转型发展新篇章的“先锋队”和“主力军”。

二、企业绿色发展的定义与内涵

习近平总书记在省部级主要领导干部学习贯彻党的十八届五中全会精神专题研讨班上的讲话指出“绿色发展，就其要义来讲，是要解决好人与自然和谐共生问题。人类发展活动必须尊重自然、顺应自然、保护自然，否则就会遭到大自然的报复，这个规律谁也无法抗拒”[②]。习近平总书记关于绿色发展的重要论述为我们做好相关研究指明了方向。

① 习近平总书记在中共中央政治局第二十九次集体学习上的讲话，新华社，2021年5月1日。

② 习近平在省部级主要领导干部学习贯彻党的十八届五中全会精神专题研讨班上的讲话，人民网—人民日报，2016年5月10日。

目前国内外学术研究领域尚未形成关于企业绿色发展定义的一致意见。我们认为，企业绿色发展就是企业在生产经营各方面和全过程都始终贯彻生态文明理念，不以破坏生态环境为代价追求经济利益，强调绿色与发展有机统一，在发展中保护、在保护中发展，最大力度提高资源利用效率，最大限度减少对环境的不良影响，最终实现高质量发展和高水平保护的相互协调、相互促进。其内涵主要包括以下方面：

从企业经营发展看，一是践行生态文明理念，提高绿色发展意识。企业在生产发展的过程中，要处理好与自然环境的关系，树立尊重自然、顺应自然、保护自然的生态文明理念，通过科学决策尽可能避免或减少企业经济活动对生态环境的损害或破坏，并采取有效措施向保护资源环境的绿色经济方向转型发展。二是履行环境保护义务，树立绿色发展形象。作为市场经济主体，企业负有节能减排和废弃物无害化处理、承担环境保护与治理费用等的责任和义务，应当严格遵守《中华人民共和国环境保护法》《中华人民共和国土壤污染防治法》《中华人民共和国水污染防治法》《中华人民共和国大气污染防治法》等法律法规，不折不扣地履行资源和环境保护义务。三是培育绿色内生动力，提高绿色发展能力。企业要通过用好用足国家在税收、财政、金融、价格等领域的一系列政策支持，加大对绿色发展的研发投入，通过技术创新，减少对原材料的使用和消耗，减少污染物的产生和排放，减轻废弃物处置压力，降低生产成本，激发市场活力和潜力，用“市场看不见的手”，促进企业绿色发展的内生动力。

从企业的社会责任看，一是要将绿色发展作为企业的基本责任。习近平总书记深刻指出，国有企业是中国特色社会主义的重要物质基础和政治基础，是党执政兴国的重要支柱和依靠力量[①]。国有企业要做落实新发展理念的“排头兵”、做创新驱动发展的“排头兵”、做实施国家重大战略的“排头兵”。二是要将绿色低碳转型作为高质量发展的必由之路。随着绿色发展的深入推进，巨大的绿色低碳投资和消费需求将为经济高质量发展注入新的动能，为国有企业带来空前机遇和广阔市场。当前，碳达峰、碳中和正在掀起以绿色低碳为主要特征的新一轮产业和科技革命，国有企业只有主动调整发展战略、管理方式、投融资模式等，才能抓住这一历史性机遇，在行业中继续占据主导地位，在经济社会深刻变革中不断发展壮大自己。三是国有企业是国民经济的“顶梁柱”“压舱石”，一方面，有实力践行绿色低

① 习近平总书记在全国国有企业党的建设工作会议上的讲话，新华社，2016 年 10 月 11 日。

碳转型发展，用实际行动为国家碳达峰、碳中和目标实现贡献力量；另一方面，有能力引导行业发展方向，带动中小企业乃至全社会生产生活方式绿色转型。

三、企业绿色发展存在的主要问题

近年来，我国企业在践行绿色发展理念、生产绿色产品、使用绿色技术、开展绿色营销、履行绿色责任方面取得了长足进步，为我国绿色发展做出了重要贡献。但是部分企业在绿色发展过程中，仍存在意识不强、路径不清、能力较弱等问题，加之国家政策机制尚不健全的影响，绿色发展水平仍然相对滞后。

（一）绿色发展意识有待提升

部分企业生态环境保护意识不强，落实生态保护和节能减排方面政策的积极性不高，绿色发展内在动力不足，绿色发展意识有待提升。在很长一段时间里，企业绩效考核机制都以经济效益增长为主要考核指标，对节能减排、生态环保、公众幸福感等社会效益缺乏足够重视。部分企业绿色管理考核制度不健全，管理方式不科学，对人员环保健康安全相关培训较少，环境风险防范意识和能力弱，导致企业事故频发。例如，江苏盐城工业园爆炸事件、天津港爆炸事件，这些突发事故不仅造成了大量的生命、财产损失，也给环境造成严重负面影响。

（二）绿色转型路径不够清晰

企业发展战略与规划直接影响绿色目标的实现。部分企业中长期规划仅关注产业项目带来的经济目标，未全面分析企业发展路径的各种可能性和可行性，没有在发展中考虑绿色低碳要求。许多企业虽已制订了明确的绿色发展目标，却因为对所在区位特点、区域产业发展状况、环境规制的现状、区域资源基础等因素认识不够清晰，不清楚如何实现目标、找不到适合自身绿色发展的路径。部分企业清洁生产水平偏低，资源利用效率不高，缺乏治理污染的积极性，企业生产与绿色发展不能协调一致，制约了绿色目标的实现。

（三）绿色技术创新能力较弱

部分企业的绿色技术创新人才匮乏，现有技术人才知识结构不合理，且缺乏对绿色新政、新技术、新装备等知识的储备和应用经验，不能很好地将新兴技术与企业低碳发展进行融合。随着节能环保标准不断提升，企业绿色化投入亟待提高，但现状是普遍存在绿色化研发资金投入较低问题，且高效绿色技术和节能环保装备应用不及时。数字化、智能化技术的应用是加快企业绿色转型的动力，但在传统行业数字化转型过程中，既存在着成本高、核心数字技术供给不足等问题，又缺乏能够将战略咨询、架构设计、数据处理等关键任务集中起来，并能实现“总集成”的第三方服务提供商。

四、中国企业绿色发展典型经验

企业不仅是市场经济的重要参与者，也是资源的主要消耗者和环境问题的制造者，更是重要的环境治理责任主体。党的十八大以来，对标世界一流企业，中国企业以多种方式参与到现代环境治理体系的构建和实践中。广大企业秉持绿色发展理念，坚持以企业与环境和谐共生为价值取向，以绿色、低碳、循环为主要原则，以节能、高效、无污染为基本抓手，把实现企业效益、承担社会责任和环境的可持续发展作为绿色发展的目标，大力发展循环经济、开展绿色制造、全面推行清洁生产、参与“领跑者”制度建设、构建 ESG（Environmental、Social、Governance）等，形成了一定的中国企业绿色发展经验。

（一）企业循环发展模式基本建立

2005 年以来，我国大力发展循环经济，在重点行业、重点领域和产业园区探索循环经济发展模式，国家发展和改革委员会等有关部门先后开展了园区循环化改造示范试点、城市矿产示范基地、大宗固体废弃物综合利用、资源循环利用基地、再制造试点、生产者责任延伸制度试点等工作。通过示范试点，循环经济理念广泛传播，技术装备水平显著提高，企业循环式生产、园区循环式发展、产业循环式组合模式逐步成熟升级，商业模式不断创新，各类型企业、各行业、各领域循环化改造和绿色发展水平稳步提升。在循环经济重要指标方面，截至2019年，十类主要再生资源回收利用量超过3.5亿吨，煤矸石、粉煤灰、尾矿、冶金渣、工业副产石膏、建筑垃圾、农作物秸秆等大宗固体废弃物综合利用量约30亿吨，农作物秸秆综合利用率超过85%。据清华大学统计测算，截至2019年底，我国主要资源产出率[①]比2015年提高27.1%。“十三五”时期，我国万元国内生产总值用水量累计下降25%左右，单位国内生产总值能耗累计下降近14%[②]。随着以企业为主体的循环经济产业链纵深发展，资源消耗最小化、环境风险最低化、经济效益最大化的绿色循环发展模式得到迅速推广。

（二）企业绿色制造水平不断提升

世界需要绿色制造，中国更需要绿色制造。近年

---

① 主要资源产出率：国内生产总值与主要资源实物消费量的比值。主要资源包括：化石能源（煤、石油、天然气）、钢铁资源、有色金属资源（铜、铝、铅、锌、镍）、非金属资源（石灰石、磷、硫）、生物质资源（木材、谷物）。

② 资料来源：《2020年我国资源节约和环境保护工作成效显著　确保“十三五”各项任务圆满收官》，中华人民共和国发展和改革委员会网。

来，国家主管部门大力推动产业结构绿色低碳转型、培育绿色制造产业、构建绿色制造体系。中国制造企业以“生产、管理、产品”为主题，在绿色低碳减排领域走出了属于自己的道路，形成了绿色制造体系。

绿色制造体系建设主要包括绿色工厂、绿色产品、绿色园区、绿色供应链、绿色制造标准体系、绿色制造评价机制和绿色制造服务平台等。其中，绿色工厂、绿色产品、绿色园区、绿色供应链是绿色制造体系建设的主要内容。绿色制造体系建设对当前缓解资源环境约束具有积极作用，对推进供给侧结构性改革、加快企业绿色增长具有积极意义。在当今中国制造行业中，由传统工业化道路迈向新型工业化道路的趋势已经非常明显，各行各业都处在整体转型升级和高质量发展过程中。截至2021年，中国已建成2783家国家级绿色工厂、223个国家级绿色工业园区、296家国家级绿色供应链管理示范企业，覆盖了主要工业行业。中国制造业的绿色转型和绿色制造工作取得显著成效。

（三）企业清洁生产效果日益显著

为提高资源利用效率、保护和改善环境，我国全面推行以企业为主体的清洁生产，要求企业不断采取改进设计、采用先进的工业技术和设备等措施，持续提高清洁生产水平。2003年，国家颁布了《中华人民共和国清洁生产促进法》，并于2012年进行了修订完善，为全面开展企业清洁生产工作提供了法律保障。2006年，国家发展和改革委员会牵头编制了《清洁生产评价指标体系编制通则》，陆续发布钢铁、水泥等45个行业的清洁生产评价指标体系。2015年，工业和信息化部印发了《工业清洁生产审核规范》和《工业清洁生产实施效果评估规范》，进一步规范工业清洁生产审核工作。2021年，国家发展和改革委员会牵头印发《“十四五”全国清洁生产推行方案》。

通过多年来大规模应用清洁生产技术，钢铁、建材、火电等行业部分企业的绿色生产已达到国际领先水平。如以我国火力发电行业为例，从中华人民共和国成立初期的主流技术低温低压发电，经过了中温中压、高温高压、高温超高压，一直到亚临界、超临界、超超临界等新技术的逐步突破，实现了发电标准煤耗和二氧化硫（SO_2）产生强度的双下降。又如，造纸行业，随着硫酸盐法+碱回收、烧碱法+碱回收等清洁生产技术的出现，全国废水化学需氧量（COD）产生强度较传统化学浆法降低了86%，大幅降低了废水末端治理成本。制浆造纸过程清洁生产技术累计削污贡献率为47.2%，依靠清洁生产技术支撑，造纸行业摘掉了污染大户的“黑帽子”。

（四）企业“领跑者”制度不断健全

按照“政府主导、企业配合、机构监管、社会参与、市场配置”的原则，我国初步建立了能效、水效等“领跑者”制度体系与模式。能效“领跑者”方面，2014 年 12 月，国家发展和改革委员会、财政部、工业和信息化部、国家机关事务管理局、国家能源局、国家质量监督检验检疫总局、国家标准委联合发布了《能效“领跑者”制度实施方案》（发改环资〔2014〕3001 号），建立能效“领跑者”制度，通过树立标杆、提高标准，形成推动终端用能产品、高耗能行业能效水平不断提升的长效机制，促进节能减排。2016 年 4 月，国家发展和改革委员会、水利部、工业和信息化部、国家质量监督检验检疫总局、国家能源局联合印发《水效“领跑者”引领行动实施方案》（发改环资〔2016〕876 号），在工业、农业和生活用水领域、重点用水产品、用水企业开展水效“领跑者”行动，制定水效“领跑者”名单，树立先进典型，开展节水产品认证。2020 年，我国发布了钢铁、铁合金、电解铝、铜冶炼、铅冶炼、水泥、平板玻璃、原油加工、乙烯、合成氨、甲醇、烧碱、电石、焦化行业重点用能行业能效“领跑者”名单，遴选 65 家企业具备行业能效领先水平的“领跑者”。水效“领跑者”方面，2020 年，工业和信息化部、水利部、国家发展和改革委员会、市场监督管理总局围绕钢铁、石油炼制、现代煤化工、乙烯、氯碱、氮肥、造纸、纺织染整、化纤长丝织造、啤酒等行业，遴选出30家具备引领示范和典型带动效应的水效“领跑者”。

近年来，随着制度不断完善，我国企业标准“领跑者”制度实施取得显著成效。根据中国标准化研究院2021年开展的关于企业标准“领跑者”制度的调查，超过半数消费者愿意参考企业标准“领跑者”作为选购依据。“领跑者”制度将持续引领企业技术创新发展，以标准在市场竞争中的示范效应，激发企业创新活力，带动行业创新发展。

（五）企业构建ESG推动可持续发展

ESG是环境（Environmental）、社会（Social）和公司治理（Governance）的简称，是一种关注企业环境、社会、治理绩效的投资理念和评价标准，其发展理念和实践与当前全球经济社会发展背景高度契合，已经成为国际资本市场中的主流投资策略。21世纪初，我国出台了相关政策法规来规范和引导企业的ESG活动。2002—2021年，我国共出台了62部与ESG相关的政策法规。其中，有48部政策法规现行有效。

我国ESG实践主要包括具体活动、相应信息披露和评价三个方面内容。ESG理念与绿色转型要求高度契合，有利于推动传统产业调整，布局战略性、前瞻性产业，推动绿色产业发展，加强可再生能源的开发利用，引导企业积极研发转型升级所需的绿色低碳关键技术，促进碳达峰、碳中和目标实现。ESG 投资在中国有巨大的需求、坚实的基础以及广阔的前景，在促进中国可持续发展、产业绿色转型升级方面的作用重大。据中国社会科学院调查研究显示，近六成中央企业已明确统筹推动控股上市公司 ESG 的工作部门；近五成中央企业将编发 ESG 报告作为推动控股上市公司 ESG 工作的主要措施；超 20% 中央企业通过制定 ESG 管理办法、出台 ESG 指导意见、开展 ESG 考核评价、开展 ESG 专项培训、建立 ESG 工作交流沟通与回应机制、定期上报 ESG 工作开展情况等方式推动控股上市公司开展 ESG 工作。

此外，多数国有企业逐渐接受并把 ESG 的相关标准应用到日常生产经营过程中。环境治理方面，国有企业坚定不移走生态优先、绿色发展之路，在确保生态环境不再继续遭到破坏基础上，开展生态修复。三峡集团落地实施的江西省九江市长江大保护 PPP（政府和社会资本合作）项目，覆盖九江市 90% 以上城区，有效提升了居民居住环境和鄱阳湖水环境。履行社会责任方面，国有企业坚持以人为本，积极肩负起社会型企业责任，开展公益项目，推动社会包容性发展。公司治理方面，中国特色现代企业制度不断深化。目前，95 家中央企业全部建立董事会，其中 82 家外部董事占多数。中央企业集团全部实行“双向进入、交叉任职”的领导体制，实现党委（党组）书记、董事长“一肩挑”。随着 ESG 制度执行的不断深入，中央企业体制机制不断完善，企业发展质量效益逐渐提升。

中国企业绿色发展的战略目标与评价体系

企业是我国经济活动的主要参与者、就业机会的主要提供者、技术进步的主要推动者，在国家发展中发挥着十分重要的作用。国有企业特别是中央企业作为国民经济的稳定器、压舱石，推动绿色发展不仅是经济责任，更是政治责任、社会责任，同时也是实现自身转型升级和高质量发展的重要基础。中央企业要切实提高政治站位，以强烈的使命意识、责任意识不断深化改革，全面落实国家绿色发展战略，深入实施制造强国战略，增强企业国际竞争力，把绿色发展理念贯穿企业建设发展的全过程，加快建设一批产品卓越、品牌卓著、创新领先、治理现代的世界一流企业，实现高质量发展，更好发挥国有经济战略支撑作用。

一、企业绿色发展的战略目标

（一）全面落实国家绿色发展战略

习近平总书记多次强调，绿水青山就是金山银山，保护环境就是保护生产力，改善环境就是发展生产力。绿色是高质量发展的底色，是永续发展的必要条件和实现人民对美好生活的向往的重要体现。企业作为经济社会发展的重要支柱和关键组成部分，坚持绿色发展理念，实施绿色发展战略，是企业可持续发展的重要抓手，是我国经济结构调整和发展方式转变的关键，也是坚持和完善生态文明制度体系的必然要求。

一是参与构建绿色低碳循环发展经济体系。随着《中华人民共和国国民经济和社会发展第十四个五年规划和2035年远景目标纲要》《关于加快建立健全绿色低碳循环发展经济体系的指导意见》《关于加快建立绿色生产和消费法规政策体系的意见》等文件出台，国有企业特别是中央企业作为绿色低碳循环发展经济体系构建的主体之一，应提高政治站位，全方位、全过程推行绿色规划、绿色设计、绿色投资、绿色建设、绿色生产、绿色流通、绿色生活、绿色消费，使发展建立在高效利用资源、严格保护生态环境、有效控制温室气体排放的基础上，统筹推进高质量发展和高水平保护，全面推动企业绿色转型升级。

二是全力支撑碳达峰、碳中和目标实现。国务院发布《关于完整准确全面贯彻新发展理念做好碳达峰碳中和工作的意见》《关于印发2030年前碳达峰行动方案的通知》，为下一步碳达峰、碳中和工作安排部署指明方向。中央企业在碳达峰、碳中和工作中使命重大，应完整、准确、全面贯彻新发展理念，做好碳达峰、碳中和工作。坚持系统观念，处理好发展和减排、整体和局部、短期和中长期的关系，以全面绿色转型为引领，以能源绿色低碳发展为关键，加快形成节约资源和保护环境的生产方式，坚定不移走生态优先、绿色低碳的高质量发展道路。同时，要立足国情实际，处理好减污降碳和能源安全、产业链供应链安全的关系，有效应对绿色低碳转型可能伴随的各种风险。根据自身情况制订碳达峰行动方案，提出符合实际、切实可行的碳达峰时间表、路线图、施工图。

三是积极培育壮大绿色产业及绿色技术新动能。随着《绿色产业指导目录（2019年版）》《关于构建市场导向的绿色技术创新体系的指导意见》《关于组织开展绿色产业示范基地建设的通知》等文件的出台，明确建成市场导向的绿色技术创新体系，强化企业绿色技术创新主体地位，支持一批龙头骨干企业，推动产学研用深度融合、协同高效。中央企业要加强产业集聚发展，提高绿色产业集聚度，打造形成绿色产业集聚发展品牌。做强做优做大国有资本和国有企业，强化绿色技术创新驱动绿色发展，推动完善创新体系、增强创新能力、激发创新活力，努力打造原创技术策源地，加快建设具有全球竞争力的世界一流企业，努力打造引领绿色发展的新标杆。

（二）积极支撑制造强国战略实施

制造业是国民经济的主体，是立国之本、兴国之器、强国之基。我国坚持把可持续发展作为建设制造强国的重要着力点，将“绿色制造工程”作为重点实施的五大工程之一，部署全面推行绿色制造，努力构建高效、清洁、低碳、循环的绿色制造体系。中央企业要牢记“国之大者”，加快制造业绿色改造升级，转变主要依靠资源要素投入、规模扩张的粗放发展模式，增强绿色精益制造水平，大幅降低能耗、物耗和水耗水平，提升我国制造业整体竞争力。

一是积极构建绿色制造体系。中央企业应按照全生命周期的理念，革新传统设计、制造技术和生产方式，全面实施绿色战略、绿色标准、绿色管理和绿色生产。

开发绿色产品，推行生态设计，显著提升产品节能环保低碳水平。建设绿色工厂，实现厂房集约化、原料无害化、生产洁净化、废物资源化、能源低碳化。发展绿色园区，推进工业园区产业耦合，实现近零排放。打造绿色供应链，加快建立以资源节约、环境友好为导向的采购、生产、营销、回收及物流体系，落实生产者责任延伸制度。

二是加快制造业绿色改造升级。中央企业要全面推进绿色化改造，大力开发和推广应用能源高效利用、污染减量化、废弃物资源化利用和无害化处理等绿色工艺技术，实现绿色生产。加强绿色产品研发应用，推广轻量化、低功耗、易回收等技术工艺，持续提升终端用能产品能效水平。积极引领新兴产业高起点绿色发展，努力在新兴领域打造绿色全产业链，积极建设绿色数据中心和绿色基站，大力促进新材料、新能源、高端装备、生物产业绿色低碳发展。

三是加大绿色科技投入力度。中央企业要把全面推行绿色制造作为一项系统工程，加快制造业的绿色化、高端化、智能化发展。注重先进工程科技的投入力度，实施绿色技术创新，加快研发应用技术先进、经济可行的实用技术，积极组织实施能够统筹节能、降耗、减排、治污的集成化、系统化绿色解决方案。同时，完善创新体制机制，推动薪酬分配向做出突出贡献的科研人才倾斜，运用好中长期激励政策，充分激发骨干员工干事创业的积极性、主动性、创造性。

（三）显著提高绿色国际竞争力

随着经济全球化进程的加快，企业间竞争日趋激烈，要想在日益激烈的市场竞争中求得生存和发展，必须具备核心竞争力。在我国已经深度融入全球经济的背景下，中央企业作为体现我国综合国力的大企业大集团，应加快建设具有全球竞争力的世界一流企业，积极参与全球绿色技术和贸易标准制定，全面提升我国在绿色贸易中的主动权和话语权，在全球绿色治理体系中发挥更加重要的作用。

一是提高积极应对绿色贸易壁垒的能力。绿色贸易壁垒（Green Barriers to Trade，GBT），即环境贸易壁垒，是相关国家在国际贸易中为保护自然生态环境质量、促进人类和动植物健康生长，通过法律机制、先进环境技术或检验检疫手段等优化进口商品服务的一种途径。绿色贸易壁垒一方面要求产品达到质量审核条件，另一方面要求商品的设计环节、制造环节、包装环节以及消费环节都应纳入环境保护理念。中央企业要积极参加国际经济、贸易和技术等合作，努力争取国际话语权，并根据国际市场变化适时调整经营策略，积极开拓全球多元市场；按照国际性标准建立环境管理体系，严格执行国际环境标准，积极开展环境管理、能源管理、ESG 评价等认证，积极推动绿色标准互认工作，建立绿色国际化企业形象。

二是主动适应国际贸易新的碳关税环境。碳关税（carbon tariff）是针对高耗能的进口产品特别征收的二氧化碳排放税。随着欧盟碳边境调节机制（Carbon Border Adjustment Mechanism，CBAM）正逐步获得许多发达国家认可，中国外贸发展或将面临全面的全新的碳关税环境。中央企业要积极应对碳关税影响，加强出口产品的碳排放管理，主动提高产品绿色化水平，提升高附加值产业和服务业贸易比重，降低高耗能产业出口比重；积极开展国际碳足迹等认证，提高符合国际先进质量标准商品出口比重，积极打造中国品牌强化装备制造和大型成套设备出口的综合竞争优势，扩大中高端成套设备、高端零部件等高质量、高技术、高附加值产品出口；探索创立中国自己的碳标签、低碳订单、低碳产品认证等形式的低碳标准，全面参与甚至引领全球气候治理。

三是深化国际合作助推“一带一路”绿色发展。我国在共建“一带一路”实践中，始终秉持绿色发展理念。中央企业作为高质量共建“一带一路”的重要主体，在积极参与共建国家基础设施建设和投资的过程中，应积极履行环境保护社会责任，推动基础设施绿色低碳化建设和运营管理，加强生态环境治理、生物多样性保护和应对气候变化等领域的投资合作。推动绿色资金融通，使用绿色债券等绿色融资工具筹集资金，引导投资决策绿色化。在有条件的地方建设中外合作绿色工业园区，推动绿色技术创新成果转化落地。扩大绿色贸易，共建一批绿色工厂和绿色供应链，加快绿色产品标准、认证、标识国际化步伐。深化与共建国家的发展合作，探索建立国际绿色低碳技术创新合作平台和培训基地，提高应对气候变化的联动能力。

二、企业绿色发展的评价体系

本篇基于企业绿色发展的内涵和国内外相关研究及发展趋势，并依据科学性、代表性、系统性和可操作性等原则，结合我国企业绿色发展的实际需求，从企业制定绿色发展战略、构建绿色管理体系、提高绿色生产能力、加强绿色技术创新、强化绿色社会责任五大方面，构建我国企业绿色发展的评价指标体系（见表7-1）。

表 7-1　企业绿色发展水平评价指标体系

序号	一级指标	二级指标	指标说明
1	绿色发展战略	1.1 企业绿色发展规划和年度计划	研究制订企业中长期的绿色发展规划，围绕产品全生命周期的各个流程，明确企业绿色发展的目标、重点任务和重大项目布局，并细化年度工作任务和绩效目标
		1.2 最高管理者承诺	最高管理者代表企业对绿色发展做出承诺，并向社会发布
		1.3 产业结构绿色化	积极推动企业内部产业结构的绿色化，提高绿色产业产值在企业总产值中的占比
		1.4 绿色发展专项预算	设置企业绿色发展专项资金，制定专项资金使用办法，用于支持企业绿色发展工作，如：产业转型升级投资、节能节水投资、清洁生产投资、污染治理投资等
		1.5 绿色发展目标实现率	企业制定绿色发展目标的完成率
		1.6 绿色制造标准制定	主导或参与工业和信息化部标准化委托机构或标准化工作组组织的绿色制造相关国家、行业、团体标准制定
		1.7 合规性经营	对下属子公司的合规性经营提出严格要求
		1.8 市场化交易	企业年排污权、用能权、碳排放权交易额
2	绿色管理体系	2.1 绿色管理职能部门	设置专职负责绿色发展统筹协调的部门，配备专职人员，负责策划、推动、执行和监督企业及下属公司绿色发展行为
		2.2 绿色管理制度	建立企业内部绿色管理制度体系，制度文件涵盖组织管理（如职责分配、绩效考核或统计制度等）、过程管理（如设计、生产、废弃物处置等）、专项管理（针对企业绿色发展重点环节专项设置管理制度）

续表

序号	一级指标	二级指标	指标说明
2	绿色管理体系	2.3 绿色绩效考核机制	将绿色发展要求纳入企业经营业绩考核中，制定和实施与国际先进水平接轨的绿色企业标准，对相关部门和子公司开展绿色绩效考核，考核结果上报最高管理者
		2.4 绿色制造相关培训	编制企业绿色经营工作指南或培训教材，作为企业系统开展绿色发展培训的基础教材。为管理者、技术人员开展培训，提升员工的思想意识和推进绿色发展的能力
		2.5 环境管理体系认证	推动企业开展环境管理体系建设
		2.6 能源管理体系认证	推动企业开展能源管理体系建设
		2.7 绿色管理信息化平台	建立企业绿色发展数据管理平台，对子公司和供应商的关键资源、能源、环境指标进行规范化、常态化、信息化管理
3	绿色生产能力	3.1 万元工业产值综合能耗	企业（含控股子公司）综合能源消费量与企业（含控股子公司）总工业产值的比值
		3.2 万元工业产值新鲜水耗	企业（含控股子公司）新鲜水消费量与企业（含控股子公司）总工业产值的比值
		3.3 可再生能源使用比例	企业（含控股子公司）可再生能源使用量占企业（含控股子公司）总能源消耗量的比值
		3.4 万元工业产值碳排放量削减率	与上一年相比，企业（含控股子公司）万元工业产值碳排放量削减的比例
		3.5 万元工业产值污染物排放量	企业（含控股子公司）主要污染物（COD、氨氮、二氧化硫、氮氧化物）总排放量与企业总工业产值的比值
		3.6 工业固体废物综合利用率	企业（含控股子公司）总工业固体废弃物综合利用量占工业固体废弃物总产生量与总综合利用往年贮存量之和的百分率
		3.7 关键工序数控化率	企业关键工序环节上使用数字控制技术的比例

续表

序号	一级指标	二级指标	指标说明
4	绿色技术创新	4.1 绿色技术创新中心	建有绿色技术研发中心，研发条件在国内处于领先水平
		4.2 绿色技术研发投入	投资于能够显著提高产品绿色属性的设计技术，或具有明显节能、节水、减排效益的工艺技术。企业绿色技术研发投入占主营业务收入的比重（%）
		4.3 绿色技术专利数量	持有绿色技术数量
		4.4 绿色技术先进性	企业自主研发的绿色技术在关键技术、工艺和关键工序集成优化方面在行业内所处的水平
		4.5 绿色设计工具开发	通过在产品设计开发、原料选择、生产工艺验证、包装优化、回收利用等多个环节的实践，构建产品全生命周期管理的绿色设计平台，建设具有行业代表性的绿色设计信息数据库、绿色设计评价工具和平台等，优化原料选择、产品设计和制造方案
		4.6 推广应用绿色设计技术	在产品设计过程中广泛应用绿色设计技术，持续开发和使用低毒低害、无毒无害的绿色原料和助剂，推广高性能、轻量化、环保健康新材料
		4.7 绿色技术改造投资	利用绿色技术对工艺过程实施技术改造
5	绿色社会责任	5.1 创建绿色工厂	从事制造业的控股子公司中绿色工厂的数量或占比
		5.2 开发绿色产品	绿色产品产值与企业总工业产值的比值
		5.3 创建绿色供应链管理企业	企业或下属控股子公司被列入绿色供应链管理企业名单

续表

序号	一级指标	二级指标	指标说明
5	绿色社会责任	5.4 实施绿色采购	实施企业绿色采购管理，优先将绿色制造体系名单单位纳为合格供应商
		5.5 发布绿色发展/可持续发展报告	发布企业绿色发展/可持续发展报告
		5.6 开展 ESG 评价	顺应全球发展趋势，接轨国际，围绕环境、社会、公司治理三大维度进行企业 ESG 评价
		5.7 交流与合作	组织行业绿色技术现场交流会或在行业相关会议上介绍企业绿色发展经验
		5.8 绿色公益活动	组织多样化的绿色相关公益宣传活动，加强与所在地区政府、社区、周边居民的交流和沟通，通过公益性活动，履行社会责任

（一）制定绿色发展战略

绿色发展战略指在企业中长期发展规划中研究制订绿色发展规划，围绕产品全生命周期的各个环节和流程，明确企业绿色发展的目标、重点任务和重大项目布局，并细化年度工作任务和绩效目标，经由最高管理者代表企业对绿色发展作出承诺并向社会发布。制定绿色发展战略，应积极推动企业内部产业结构的绿色化，提高绿色产业产值在企业总产值中的占比。开展绿色发展专项预算工作，设置企业绿色发展专项资金，用于支持企业绿色发展工作。积极推动企业绿色发展目标的完成，鼓励和支持企业主导或参与绿色制造相关标准制定，并对下属子公司的合规性经营提出严格要求。积极提高企业在排污权、用能权、碳排放权领域的市场化交易额，调动企业在节能减碳、绿色发展方面的主动性。

（二）构建绿色管理体系

绿色管理是指企业要设置专职负责绿色发展工作的部门，配备专职人员，负责收集涉及企业绿色发展相关的法律、法规、政策、标准、客户要求等信息，策划、推动、执行和监督企业及下属公司绿色发展工作的实施。加强绿色管理，建立企业内部绿色管理制度体系，制度文件涵盖组织管理、过程管理、专项管理。建立绿色绩效考核机制，将绿色发展要求纳入企业经营业绩考核中，制定和实施与国际先进水平接轨的绿色制造企业标准，对相关部门和子公司开展绿色绩效考核，考核结果上报最高管理者。积极开展绿色制造相关培训，编制企业绿色经营工作指南或培训基础教材，提升管理者、技术人员等的绿色意识和推进绿色发展的能力。积极推动公司开展环境管理体系和能源管理体系认证，搭建企业绿色管理信息化平台，建立企业绿色发展数据管理平台，对企业内所有公司和供应商的关键资源、能源、环境指标进行规范化、常态化、信息化管理。

（三）提高绿色生产能力

绿色生产是从企业能源结构优化、能源资源利用效率、污染物排放和碳排放，以及生产过程的数字化水平等方面全面考量企业绿色生产水平。在能源结构优化方面，可选取企业可再生能源占比指标；在能源资源利用效率方面，可选取万元工业产值综合能耗、万元工业产值新鲜水耗，对标对表《高耗能行业重点领域能效标杆水平和基准水平（2021 年版）》《高耗能行业重点领域节能降碳改造升级实施指南（2022 年版）》等政策文件，或能效、水效“领跑者”等相关指标，推动重点行业绿色低碳发展；在污染物排放和碳排放方面，可考量企业万元工业产值污染物排放量、万元工业产值碳排放量削减率、工业固体废物产生量及综合利用率等指标；数字化水平方面可考量关键工序数控化率等指标。

（四）加强绿色技术创新

绿色技术创新是指企业通过技术创新、自主研发提供绿色设计、绿色技术、绿色产品等，推动绿色低碳循环经济的可持续性发展，成为绿色发展的倡导者、推动者和践行者。在加强绿色技术创新方面，企业应建立绿色技术研发中心，注重不断提升研发条件和能力。企业要加强绿色技术研发投入，注重投资在能够显著提高产品绿色属性的设计技术，或具有明显节能、节水、减排效益的工艺技术上，提高企业绿色技术研发投入占主营业务收入比重，增加绿色技术专利拥有数量，保持绿色技术先进性。同时，进行绿色设计工具开发，通过在产品设计开发、原料选择、生产工艺验证、包装优化、回收利用等多个环节的实践，构建产品全生命周期管理的绿色设计平台，建设具有行业代表性的绿色设计信息数据库、绿色设计评价工具和平台等，优化原料选择、产品设计和制造方案。推广应用绿色设计技术，在产品设计过程中广泛应用绿色设计技术，持续开发和使用低毒低害、无毒无害的绿色原料和助剂，推广高性能、轻量化、环保健康新材料，推进产品结构优化设计、产品功能组合与优化设计、节能降耗设计、易回收拆解设计等，提升产品的可靠性和绿色性能。加大企业绿色技术改造投资，利用绿色技术对生产工艺全流程实施绿色化改造。

（五）强化绿色社会责任

绿色社会责任是企业自觉把“生态优先，绿色发展”理念贯穿到生产经营活动中，用实际行动保护清新空气、清洁水源、美丽山川、肥沃土地和生物多样性。企业需担起绿色社会责任，将绿色社会责任理念融入企业战略、日常运营、产品全生命周期中，实现绿色社会责任与企业经营有机融合。积极提高从事制造业的控股子公司中绿色工厂的数量或占比，开发绿色产品，提高绿色产品产值与企业总工业产值的比值。加快企业或下属控股子公司进入工业和信息化部绿色供应链管理企业名单。实施企业绿色采购管理，优先将绿色制造体系名单单位纳为合格供应商。发布企业绿色发展或可持续发展报告，同时，顺应全球发展趋势，接轨国际，围绕环境、社会、公司治理三大维度开展企业 ESG 评价。积极组织行业绿色技术现场交流会或在行业相关会议上介绍企业绿色发展经验。开展绿色公益活动，组织多样化的绿色相关公益宣传活动，加强与所在地区政府、社区、周边居民的交流和沟通，通过公益性活动，履行社会责任。

企业推进绿色发展的任务与措施

加快发展方式绿色转型是一项长期性任务。“十四五”时期，企业要以习近平新时代中国特色社会主义思想为指导，深入贯彻落实习近平生态文明思想，坚持绿水青山就是金山银山理念，实施可持续发展战略，积极参与碳达峰、碳中和行动，全面推进发展方式绿色转型，推动我国绿色发展迈上新台阶。

企业要构建绿色管理体系，将绿色管理贯穿于企业战略规划、产品设计与制作、营销、财务、文化建设的各个环节；开发绿色产品、建设绿色工厂、发展绿色园区、打造绿色供应链；加快推进能源结构优化，严格控制化石能源消费，积极使用清洁能源，推动构建新型电力系统；加快推进能源资源利用效率提升，积极发展循环经济；加快推进绿色低碳技术攻关和应用，研发绿色低碳产品；推动投融资模式创新，释放绿色发展投融资空间，为建设美丽中国做出应有贡献，为全球绿色低碳转型贡献中国智慧和中国方案。

一、完善企业绿色管理体系

加强企业绿色管理，是把绿色发展的理念融入企业生产经营活动，并从企业生产经营的各个环节履行能源资源节约集约利用和控制污染责任，以期实现经济、社会和环境环保等可持续发展目标的管理行为。从系统的观念出发，从企业最初的原材料采购到进入市场开展全过程环境管理，以提高绿色竞争力为核心，大力构建企业绿色管理体系，把绿色管理作为企业生存与发展的战略性选择，并需要企业所有管理者和员工的参与。企业绿色管理体系至少应涵盖四方面内容：绿色战略规划体系、绿色业务流程管理体系、绿色管理资源要素体系和绿色管理保障体系。

（一）编制实施绿色战略规划体系

绿色战略规划是企业实施绿色管理的纲领性、方向性、指导性文件体系，是涉及绿色社会责任使命、绿色管理目标和绿色战略计划的长远性安排，绿色战略规划要具有长期稳定性、目标清晰性和可落实性。

（二）构建绿色业务流程管理体系

在绿色业务流程管理体系构建上，企业需设置专职负责绿色发展工作的部门，配备专职人员，统筹绿色战略规划在业务流程部门的分解。企业的业务流程部门，如研发设计部、采购部、生产部、销售部、物流部等是实施企业绿色管理的主体单位。企业绿色管理具体任务包括绿色研发与设计、绿色采购管理、绿色生产、绿色营销、绿色运输及配送管理、绿色售后管理等。

（三）加强绿色管理资源要素体系

绿色管理资源要素体系的构建包括培育绿色文化、使用绿色物料、开发和积累绿色技术、积累和利用绿色信息、建立绿色绩效系统、积累绿色人力资源和绿色信誉等。由企业最高管理者开始，培育企业绿色价值观和绿色经营观，把绿色生态、绿色文明、绿色生产和绿色消费等绿色观念，嵌入企业文化。

（四）制定绿色管理保障体系

绿色管理制度保障体系主要包括绿色管理规章制度体系和绿色管理质量评价体系。建立企业内部绿色管理制度体系，涵盖组织管理（如职责分配、绩效考核或统计制度等）、过程管理（如设计、生产、废弃物处置等）、专项管理（针对企业绿色发展的重点环节专项设置管理制度）等，制定和实施与国际先进水平接轨的绿色企业标准，对相关部门和子公司开展绿色绩效考核，考核结果上报最高管理者。绿色管理质量评价体系是指尽量建立、实施并保持满足 GB/T19001 的要求的质量管理体系、GB/T28001 要求的职业健康安全管理体系、GB/T24001 要求的环境管理体系、GB/T23331 要求的能源管理体系的评价体系，并且每年发布社会责任报告，说明履行利益相关方责任的情况，特别是环境社会责任的履行情况，报告可公开获得。

二、构建企业绿色制造体系

现阶段实施绿色制造工程，构建绿色制造体系，已经成为我国制造业发展的主攻方向。绿色制造体系主要包括工作基础（绿色制造标准体系、绿色制造评价体系）、主要内容（绿色工厂、绿色产品、绿色园区、绿色供应链）、支撑平台（线上服务平台、线下服务平台）三个部分（见图7－1）。

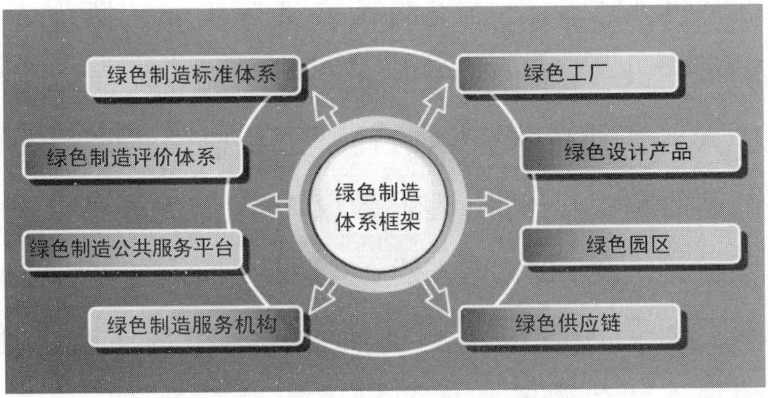

图7－1　绿色制造及其体系建设框架

其中，绿色工厂、绿色产品、绿色园区、绿色供应链是绿色制造体系建设的主要内容，在建设中各有侧重，协同推进（见图7－2）。

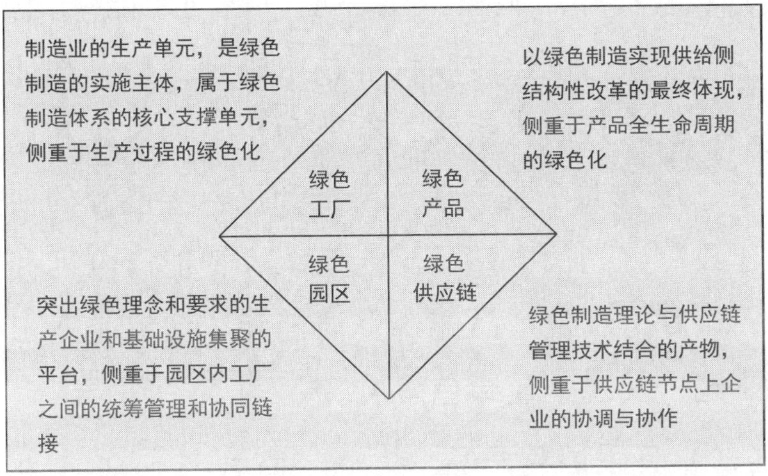

图7－2　绿色制造体系核心内容定位

（一）创建绿色工厂

绿色工厂是制造业的生产单元，是绿色制造的实施主体，属于绿色制造体系的核心支撑单元，侧重于生产过程的绿色化。企业应在保证产品功能、质量以及制造过程中人的职业健康安全前提下，积极引入产品全生命周期的管理理念，优先选用绿色工艺、技术和设备，满足基础设施、管理体系、能源与资源投入、产品、环境绩效等要求创建绿色工厂。企业应采用自然通风遮阳、绿色建材、绿色建筑技术等措施建设或改造厂房，降低厂房内部能耗。将清洁生产、绿色生产贯穿产品全生命周期，优先使用清洁原料，对各种物料严格分选、合格堆放，避免污染，推动水、气、固体污染物资源化、循环化、无害化利用，降低厂界环境噪声、振动及污染物排放，营造良好的职业卫生环境。推动用能结构优化，采用热电联供、电热冷联供等技术提高工厂一次能源利用率，设置余热回收系统，有效利用工艺过程和设备产生的余（废）热。提高工厂清洁和可再生能源的使用比例，建设厂区光伏电站、储能系统、智能微电网和能管中心，以降低单位产品能源资源消耗，缓解企业工厂高能耗难题，实现企业绿色发展。

（二）开发绿色产品

绿色产品是以绿色制造实现供给侧结构性改革的最

终体现，侧重于产品全生命周期的绿色化。中国企业大力开发绿色产品要把绿色发展贯穿于设计、制造、销售和回收处置等全过程，严格执行国际、国家或地区的环境保护标准，加大人、财、物投入力度，大力研究可替代能源，积极开发可替代资源，发展资源再生型产品，以绿色产品倒逼绿色材料、绿色设计、绿色制造和绿色服务等，突出生态产业链绿色健康发展，推进防治工业污染和提高经济效益。同时，通过5G技术、大数据、人工智能、工业互联网等数字化手段及时了解消费者的绿色产品需求，建立企业与企业、企业与消费者的即时沟通机制，及时传递绿色供需信息，捕捉消费者绿色需求，策划开发绿色产品。积极实施开展生态化工业技术改造，打通合理高效的物质流、能量流、信息流和价值流，以生态工艺为目标改造传统落后工艺流程，淘汰高耗能、高污染关键性设备，减少物料利用，降低废料产出，优化无废料工艺生产控制系统，采取综合高效利用能源和资源等先进技术，发展符合时代要求的绿色产品。

（三）建设绿色园区

绿色园区是突出绿色理念和要求的生产企业和基础设施集聚的平台，侧重于园区内工厂之间的统筹管理和协同链接。企业可以按照现代园林标准开展园区布局和建设，积极利用自然资源绿化、美化、亮化园区，建设绿色园区，争当绿色行业标杆。积极推动产业集群化发展，带动产业上中下游联动发展，促进产业组团化、集聚化发展，提高土地节约集约化利用水平，推动基础设施的共建共享。利用市场机制，严格落实排放标准，对达标排放实施全过程管控，在园区层级加强余热余压废热资源的回收利用和水资源循环利用，建设园区智能微电网，促进园区内企业废物资源交换利用，补全完善园区内产业的绿色链条，推进园区信息、技术服务平台建设，不断提高绿色发展能力和水平。

（四）打造绿色供应链

绿色供应链是绿色制造理论与供应链管理技术结合的产物，侧重于供应链节点上企业的协调与协作。中国企业打造绿色供应链，要从各环节提升环境绩效、推动企业节能减碳技术改造、减少产业链中碳排放入手，实现全链条的系统性节能减排。按照产品全生命周期理念，加强供应链上下游企业间的协调与协作，发挥核心龙头企业的引领带动作用，确立企业可持续的绿色供应链管理战略，实施绿色伙伴式供应商管理，优先纳入绿色工厂为合格供应商并采购绿色产品。在采购体系中形成约束，由龙头企业带动上下游供应商加入绿色供应链，不断延伸，确保整个产品生命全周期的绿色化。在产业链的上下游管理中，应用大数据、工业互联网等技术手段，对供应商进行绿色指标体系评价，并进行信息共享，或利用网络技术搭建供应链绿色信息管理平台，实现实时、动态化管理，各个环节有效监测，保障绿色供应链高效率运行。

三、推进能源清洁高效利用

能源是国民经济的命脉，是人类生存和发展的物质基础。积极推进能源的绿色供给和清洁高效利用，是全面贯彻落实党中央“四个革命、一个合作”能源安全新战略[①]，对于加快推动能源领域实现碳达峰和碳中和、实现能源永续利用和战略安全、促进经济社会发展全面绿色转型具有重要意义。企业特别是能源企业的低碳转型，应当牢牢抓住能源低碳转型的全球时机，结合企业自身实际，从以下方面入手，推动企业实现自身的业务转型。

（一）加快推进化石能源清洁高效利用

企业要推进煤炭消费转型升级，严格合理控制煤炭消费增长。统筹煤电发展和保供调峰，严格控制煤电装

---

① “四个革命、一个合作”能源安全新战略指推动能源消费革命、能源供给革命、能源技术革命、能源体制革命，全方位加强能源国际合作。

机规模，根据发展需要合理建设先进煤电，继续有序淘汰落后煤电，加快现役机组节能升级和灵活性改造，推动煤电向基础保障性和系统调节性电源转型。支持企业探索利用退役火电机组的既有厂址和相关设施建设新型储能设施。推进其他重点用煤行业减煤限煤，有序推进煤炭替代和煤炭清洁利用。严控传统煤化工产能，稳妥有序发展现代煤化工，提高煤炭作为化工原料的综合利用效能，促进煤化工产业高端化、多元化、低碳化发展，积极发展煤基特种燃料、煤基生物可降解材料等。加快推进绿色智能煤矿建设，鼓励利用废弃矿区开展新能源及储能项目开发建设，加大对煤炭企业退出和转型发展以及从业人员的扶持力度。加大油气资源勘探开发和增储上产力度提升油气田清洁高效开采能力，加快页岩气、煤层气、致密油气等非常规油气资源规模化开发，鼓励油气企业利用自有建设用地发展可再生能源以及建设分布式能源设施，根据自然条件特点，在油气田区域建设多能互补的区域供能系统。推动炼化企业转型升级，严控炼油产能，有序推进减油增化，优化产品结构。鼓励传统加油站、加气站建设油气电氢一体化综合交通能源服务站。

（二）加快推动新能源和清洁能源发展

优化非化石能源发展布局，不断提高非化石能源业务占比。完善清洁能源装备制造产业链，支撑清洁能源开发利用。全面推进风电、太阳能发电大规模、高质量发展，因地制宜发展生物质能，探索深化海洋能、地热能等开发利用。坚持集中式与分布式并举，优先推动风能、太阳能就地就近开发利用，加快智能光伏产业创新升级和特色应用。因地制宜开发水电，推动已纳入国家规划、符合生态环保要求的水电项目开工建设。统筹能源供需平衡，积极安全有序发展核电，培育高端核电装备制造产业集群。稳步构建氢能产业体系，完善氢能制、储、输、用一体化布局，结合工业、交通等领域典型用能场景，积极部署产业链示范项目。加大先进储能、温差能、地热能、潮汐能等新兴能源领域前瞻性布局力度。

（三）加快提升能源节约利用及能效水平

企业要统筹好“控能”和“控碳”（“双控”）的关系，坚持节约优先发展战略，探索增强能耗总量管理弹性，合理控制能源消费总量，强化碳排放总量和排放强度管理，加强碳排放核算与信息披露。完善用能管理，严格落实建设项目节能评估审查要求，加快实施节能降碳重点工程，推进重点用能设备节能增效。加强产业规划布局、重大项目建设与能耗“双控”政策的有效衔接，推动能源资源配置更加合理、利用效率大幅提高。

对标各行业能效标杆水平，尤其是高耗能行业企业和重点用能企业，要根据企业实际情况、发展预期、生产装置整体能效水平等，加快工艺革新，深入开展企业综合能效提升工程，实施能量系统优化、电机系统节能改造、余热余压利用和生产工艺节能改造，实施系统节能改造和能效提升，促进先进节能技术的集成优化运用，推动节能从局部、单体节能向全流程、系统节能转变。结合国家发布的产品技术目录，使用绿色低碳能源、采用节能高效的用能设备和工艺装置，实施电机能效提升、变压器能效提升和燃煤锅炉节能环保提升工程，大力推广高效电机、风机以及变压器等节能产品，加大淘汰落后高耗能通用设备力度，推进重点设备能效提升。建立节能目标责任制，根据政府管理节能工作的部门下达的能耗总量控制和节能目标任务及要求，科学评估节能潜力，合理分解目标，落实到相应层级或岗位，并定期组织内部考核。进一步规范计量标准，提高企业能源计量器具配备及管理水平。

（四）加快参与构建新型电力系统

着力提升供电保障能力，提高电网对高比例可再生能源的消纳和调控能力，确保大电网安全稳定运行。加强源网荷储协同互动，着力提升电力系统灵活调节能力。加快实施煤电灵活性改造，推进自备电厂参与电力系统调节。高质量建设核心骨干网架，鼓励建设智慧能源系统和微电网。强化用电需求侧响应，推动中央企业积极参与虚拟电厂试点和实施。加快推进生态友好、条件成熟、指标优越的抽水蓄能电站建设，积极推进在建项目建设，结合地方规划积极开展中小型抽水蓄能电站建设，探索推进水电梯级融合改造，发展抽水蓄能现代化产业。推动高安全、低成本、高可靠、长寿命的新型储能技术研发和规模化应用。健全源网荷储互动技术应用架构和标准规范，建设源网荷储协同互动调控平台，塑造多元主体广泛参与的共建共享共赢产业生态。

四、提高资源集约节约利用水平

以“减量化、再利用、资源化”为原则，以低消耗、低排放、高效率为基本特征，提高企业资源利用效率。在资源投入端，坚持“减量化”的原则，围绕实现低消耗目标，对冶金、建材、火电、化工等高耗能企业，大力推进降低资源投入、节材、节水、节电、节煤。在资源利用端，坚持“资源化”的原则，围绕实现资源高效率目标，采用先进工艺和技术，促进资源深加工和低品位资源开发利用。大力提升资源的综合利用率和加工水平，大力推动资源深加工，提高资源附加值。

在资源回用端，坚持“再利用”的原则，鼓励企业改进产品设计和制造工艺，推进资源循环利用，使企业生产由“资源—产品—废弃物”的单向式直线流程向“资源—产品—废弃物—再生资源”的循环流程转变，努力突破制约循环经济发展生产过程中的技术瓶颈，大力开发废弃物重新利用处理技术和设备，使资源得以循环利用。

（一）打造完善循环产业链条

企业内部或企业间通常存在着大量上下游关系和相互价值交换，一个环节产生的副产物和废物，往往能成为其他环节或关联企业的原料，实现循环利用。企业应按照“横向耦合、纵向延伸、循环链接”的原则，对自身的生产过程进行甄别，建设和引进与自身产业相关的关键项目，或通过收购、合作等方式，拓展产业链条，推动项目间、企业间的相互链接，实现物料闭路循环，形成“原料—产品—废物—原料”的循环过程，将上一个环节排出的副产物及废物作为下一个环节的原料。通过打造循环产业链，可以做到物尽其用，促进原料投入和废物排放的减量化、再利用和资源化，提升企业的资源利用效率。园区实施循环化改造，开展环境管家、绿色联盟、产业共生、第三方环境服务等创新发展模式，完善污染防治体系，健全环境风险排查和污染治理长效机制，推动企业循环式生产、产业循环式组合，搭建资源共享、废物处理公共平台，提高能源资源综合利用效率。

（二）提升固废资源循环利用水平

企业要将“减量化、再利用、资源化”的原则贯通到固废资源排放、处置、加工、流通、应用等环节，推动废钢铁、废有色金属、废纸、废塑料、废旧轮胎等主要再生资源规模化、规范化、清洁化利用，加快构建废弃物循环利用体系。借鉴学习现有“城市矿产”示范基地、资源循环利用基地、大宗固体废弃物综合利用示范基地以及骨干企业经验模式，以节能降碳为导向，推进大宗固体废弃物的大掺量、规模化、高值化利用。大力推动再制造产业发展，以推动再制造产业高质量发展为目标，进一步强化再制造领域关键共性技术研发应用，结合工业智能化改造和数字化转型，积极布局发展汽车零部件、工程机械、文化办公设备等再制造产业。加强固废资源化技术装备研发，突破一批共性关键技术和大型成套装备，不断推动现有固废资源化项目开展技术升级和设备更新，提高机械化、信息化和智能化水平。另外，企业还需不断强化自身的资源整合能力，探索建立完善固废综合利用交易信息平台，推动企业间、产业间、区域间加强信息交流，不断进行资源优势整合，提高资源配置效率。

（三）加快水资源节约及回收利用

摸清企业用水现状，统计企业用水设备或工序的各种水量，从而发现企业用水的薄弱环节。根据企业的用水情况，制定合理化用水方案和节水措施，加强用水管理，开展用水审计、水效对标，实施节水技术改造及再生水回用改造，提高用水效率。在企业内推行水资源梯级利用、开展中水和雨水的回用利用及分质供水系统建设等工作，推广应用蒸汽冷凝回用、间接冷却水循环利用、污水处理回用等节水技术，推动水资源回收利用，降低新鲜水用量以及需处理或外排的废水总量。企业和园区应积极推进以节水为重点的循环化改造，布局节水及水循环利用设施建设，促进企业间串联用水、分质用水，一水多用和循环利用。在条件具备的地区，尤其是缺水地区和水环境敏感地区，推动现有污水处理设施提标升级扩能改造，开展工业废水循环利用和分级回用，提升污水资源化利用水平。

五、加强绿色技术开发应用

成为世界一流企业，一方面要努力掌握该行业的关键技术、核心技术或共性技术，具备不可复制、难以替代、独占性的核心竞争力；另一方面要努力突破瓶颈制约，在战略性、前瞻性领域取得关键核心技术突破，引领和带动行业不断发展。绿色技术创新已经成为当前技术创新的重要阵地，是推动我国经济高质量增长、顺利实现碳达峰、碳中和目标的重要动力，也是提升企业国际竞争力和产品绿色附加值的关键举措。

（一）制定企业绿色科技创新战略

绿色技术革命是新一轮科技革命的重要内容，新技术革命爆发改变了传统技术经济范式，为后发企业的技术赶超创造了技术赶超窗口，与此同时，我国企业面临着关键核心技术受制于人、创新效率不高、科技领军人才不足、创新体制机制有待完善等问题。在此背景下，我国企业更应把握住科技革命爆发期产生的技术创新“黄金期”，坚持面向世界科技前沿、面向经济主战场、面向国家重大需求、面向人民生命健康，制定实施绿色科技创新战略，增强科技自主创新能力。健全绿色技术创新投入、研发、转化、应用机制，构建产销研紧密衔接、产学研有效结合的开放的绿色技术创新体系，形成前瞻性研究、基础研究、应用开发研究和技术转化相配套的梯次研发结构，打造共性技术研发平台，力争在一些关键领域实现重大技术突破，培育一批高附加值的尖端产品，最终实现在绿色技术领域对西方发达国家的技术赶超。

（二）加强绿色技术自主研发

明确企业绿色技术创新目标。充分发挥企业创新主体作用，加快绿色低碳重大科技攻关，积极承担国家绿色低碳重大科技项目，围绕节能节水、生态环境保护、新能源生产消费、煤炭清洁高效利用、智能电网运行、高效安全储能等领域，以关键共性技术、前沿引领技术、现代工程技术、颠覆性技术创新为突破口，提升产业技术装备和管理水平，引导能源、化工、环保等行业企业加强科技攻关，推动绿色低碳能源、高效安全储能、低碳与零碳工艺流程再造、减污降碳、碳捕捉利用与封存的技术取得重大突破。不断提升和保持自主创新能力，使核心业务、主导产品拥有自主知识产权的核心技术，支撑、带动产品乃至产业绿色化升级，进一步推动供应链、产业链的全面绿色低碳转型，适应和创造市场需求，有效应对国际绿色贸易壁垒，具备条件的要努力成为国际绿色标准的制定者、主导者。

加强企业绿色技术创新体系建设。实践反复告诉我们，关键核心技术是要不来、买不来、讨不来的，必须坚定不移走自主创新之路，牢牢掌握创新主动权、发展主动权，企业要根据国家绿色战略、市场需求与自身发展实际，以自主创新、重点跨越、支撑发展、引领未来为指导，加强基础科学研究能力，着力增强原始创新，积极推进集成创新，技术引进着眼于提升自主创新能力，更加注重协同创新，积极整合高校、科研院所、产业园区等力量构建以企业为主体、产学研相结合的开放的技术创新体系。龙头企业特别是中央企业要发挥自身主动性、积极性、能动性，破解实现技术突破、产品制造、市场模式、产业发展“一条龙”转化的瓶颈，加快推动绿色低碳科技成果转化和产业化。

打造绿色低碳科技创新平台。聚焦先进核能、绿色低碳电力装备、新型电力系统、新能源汽车及智能（网联）汽车、储能系统等重点领域，布局建设一批原创技术策源地，强化原创技术供给，加速创新要素集聚。中央企业要积极承建或参与绿色低碳技术领域国家重点实验室、国家技术创新中心、技术孵化中心等平台建设，加强行业共性技术问题的应用研究，发挥行业引领示范作用。整合企业、高校、科研院所、产业园区等力量，在绿色低碳技术领域建立体系化、任务型创新联合体，整合创新资源，加强创新合作，打造绿色低碳产业技术协同创新平台，加强科研资源开放共享。

（三）完善绿色技术创新保障体系

加强绿色技术创新队伍建设，充分利用国际国内两种人才资源，吸引具有国际经营能力和绿色技术开发能力的优秀人才在我国企业集团担任各类重要管理职务，造就具有战略眼光、创新精神的企业家和科技领军人才队伍，打造目标导向、组织灵活、运作高效的绿色技术创新团队。加大研发投入力度，对标国际龙头企业，加大研发投入占经营收入的比重，有力支撑自主创新能力的提升。加强组织保障，围绕绿色发展核心业务领域和未来发展方向健全研发组织管理体系、加强研发平台建设。有条件的企业可设立以战略性、前瞻性和关键绿色低碳技术研究为重点的研究院。利用信息化手段变革基础管理，借助信息化、网络化平台构建绿色低碳技术协同研发体系、加强绿色低碳技术标准化体系建设。

（四）加大绿色创新知识产权保护力度

绿色创新需要强有力的知识产权保护做支撑，企业发展不仅要坚持自主创新，加强研发，占领技术的“制高点”，同时也要加强知识产权保护，制定有效的知识产权保护战略，增强企业竞争力。从源头开始保护知识产权，在绿色技术的研发、应用、推广等每一个环节都要采取必要措施对创新成果进行保护，及早开始专利申请和专利布局。鼓励企业建立绿色创新技术的管理机构，对业务活动可能涉及的各类绿色创新的知识产权，如专利权、商标权、著作权、商业秘密等进行规划和管理。加强绿色创新知识产权保护和宣传，对企业管理人员和科技人员进行培训，增强知识产权保护意识。在必要情况下尽可能建立绿色技术档案，对独有的绿色技术研发记录权利证书、缴费记录、知识产权合同，著作权原始载体等资料注意保存，以便在进行维权诉讼或者面临他人侵权指控时能提供足够的证据。随着绿色产业的快速发展，企业之间的知识产权纠纷也随之增多。相关企业要未雨绸缪，避免知识产权纠纷带来的不利影响，同时在遭遇侵权诉讼时应积极进行维权，捍卫自己的合法权益。

六、创新绿色发展投融资模式

相比传统工业化阶段的投资项目，绿色能源、绿色技术研发与应用等绿色项目具有外部性强、风险不确定性高、初期资金投入大、“绿色溢价”实现周期长等特点，现有的金融工具与未来潜在的绿色项目投资需求之间存在一定的不匹配、不适应。绿色发展需要绿色金融支持。绿色金融是指为支持环境改善、应对气候变化和资源节约高效利用的经济活动，即对环保、节能、清洁能源、绿色交通、绿色建筑等领域的项目投融资、项目运营、风险管理等所提供的金融服务。企业要推进绿色发展，必须用好用足绿色金融工具，借力金融“撬杠”，实现企业的绿色可持续发展。

（一）绿色信贷

绿色信贷是我国绿色金融体系的重要组成部分。2021 年，中国本外币绿色贷款余额达 15.9 万亿元，较 2020 年增加了 4.0 万亿元，同比增长 33.05%。目前我国银行业绿色信贷产品主要由担保类信贷产品、排碳排污额度相关的金融衍生品以及未来收益权型信贷产品等组成。

面向绿色项目的担保类信贷产品，包括投向节能环保、资源循环利用、节能减排、创新材料、清洁能源以及绿色建筑等项目的信贷。此类产品可以理解为绿色项目通过第三方保证担保而实现融资需求的产品，一般而言，绿色项目贷款会增设优惠条款，如特殊优惠利率、取消抵押物等。

排碳排污额度相关的金融衍生品型信贷，包括碳配额、碳排放权、排污权等额度的质押融资，节能减排技改项目融资等。绿色项目在此类产品的贷款流程中，一般以各类排碳排污权、减排额度、用能额度作为质押担保实现融资需求，是绿色信贷创新性的着重体现。目前开展的碳交易是通过市场化机制，对环境负外部性进行校正，使其内部化为排放主体的成本，达到“谁污染，谁付费”的效果。作为实现碳中和的重要抓手、推动绿色低碳发展的重要引擎，全国碳排放权交易市场于2021年7月16日正式上线启动交易。

收益权型信贷产品，包括合同能源管理保管融资和合同能源管理未来收益质押融资。其按照未来收益的一定比例，提前将绿色项目的未来收益作为贷款的还款来源，无须提供其他抵押物，尤其适合无大量固定资产的节能环保服务型企业实现融资需求。

（二）绿色债券

绿色债券是我国绿色金融的第二大载体，规模仅次于绿色信贷。近年来，我国绿色债券市场获得较快发展。2021年，贴标绿色债券发行规模共计6463.49亿元，较2020年增长123%。

绿色债券可以划分为绿色金融债、绿色公司债、绿色企业债、绿色债务融资工具、绿色ABS等，不同类型企业可以根据自身条件发行不同类型债券。在绿色债券发展初期，以商业银行等金融机构为发行主体的绿色金融债占据主导地位，随着政策完善以及实体企业认知程度提升，以实体企业等为发行主体的绿色公司债、企业债、债务融资工具等占比迅速提升。

2021年4月，人民银行、国家发展和改革委员会、证券监督管理委员会印发《绿色债券支持项目目录(2021年版)》，自2021年7月1日起施行，将支持项目的范围进行统一，并初步实现国内与国际通行标准和规范的趋同。该目录是当前发行绿色债券最重要的参考标准，为绿色债券的发行提供了良好的政策环境，有利于绿色债券的进一步发展。

（三）绿色基金

绿色基金指专门针对绿色发展而建立的专项投资基金，旨在通过资本投入绿色产业，获得绿色发展红利，同时推进国家生态文明建设。截至 2020 年末，市场共有 80 只绿色主题公募基金，规模为 1694.11 亿元。

从当前市场看，绿色基金投资类型包括股权投资、创业投资、证券投资、企业并购以及其他混合类型等，绿色基金中股权投资基金占多数。当前绿色基金投资的重点主要是新能源、环境保护、节能降碳、循环经济四大领域，其中新能源和环境保护产业又占了投资规模的 70% 以上。近年来，还有很多基金采取“金融机构 + 实体企业”的模式成立基金，一方面能够借助金融机构的资源整合、资本市场融资等专业优势，另一方面能够受益于上市公司在行业内的资源和专业优势，这种相结合的基金运作商业模式逐渐受到投资者青睐。

（四）综合性融资工具

在实际的经济活动中，许多以项目为导向的融资需要综合运用多种融资工具，打好“组合拳”，如在生态导向的发展模式（EOD）项目中，就需要针对不同区域、不同产业基础特点，综合、充分用好绿色贷款、绿色债券、合同能源管理、绿色项目损失分担等绿色金融特色产品，用好各级“生态保护补偿资金”、跨区域生态补偿等补贴资金，实现项目收支自求平衡；对于拥有环境权益的项目主体可考虑将其收益作为还款来源，或作为抵押担保措施，例如林权、水权、绿证的价值开发。此外，针对光伏发电、风力发电、抽水蓄能电站等有显著碳减排效益的行业，可开发绿色金融专属产品，延伸太阳能建筑一体化、农光互补、渔光互补、其他分布式能源多能互补等，改善配套环境，提高综合收益。

总之，在具体项目开发中，要灵活应用各类绿色金融产品，算好大账、长远账、整体账、综合账，建立经济发展与生态环境保护之间的平衡点，探索一条“绿水青山”与“金山银山”统筹发展的新路径。

第八篇

建设世界一流财务管理体系

财务管理是企业管理的重要环节，是企业实现基业长青的重要基础和保障。近年来，中央企业认真贯彻落实党中央、国务院决策部署，高度重视财务管理工作，持续优化管理手段，不断创新管理模式，积极应用先进管理工具，财务报告、全面预算、资金管理、财务信息化、财务内控、财会队伍建设等工作取得显著成效，前瞻性、有效性稳步增强，规范化、标准化明显提高，有力支撑了中央企业持续健康发展。

同时也要看到，部分中央企业集团化财务管控建设不到位、财务管理功能发挥不充分、财务管理手段落后于技术进步，与新时期中央企业高质量发展目标不匹配、不适应。归纳起来可以总结为两个方面：一是信息方面；二是资源方面。

从信息方面来说。多年来，中央企业在会计信息的收集、加工、整理等过程中，会计核算与管理的集中工作取得了巨大的成就，大幅度提高了会计信息的质量，优化了会计信息在集团内的可比性，使会计信息在企业的管理、决策和考核中所起的作用越来越强。但是，会计信息在企业的管理、决策，特别是考核中所起的作用逐渐强化对会计信息质量的进一步提高起到了反噬作用，使会计工作面临天花板，甚至可能导致会计信息失真。这不仅破坏企业财务管理的基础，甚至可能导致在宏观上对一些重大问题出现误判。

从资源方面来说。多年来，中央企业在以货币基金为主线的有形资源和以信用为特征的无形资源两个方面，都持续有效推进对资源的集中管理与配置，这大幅度提高了资源配置的效率、优化了资源配置的结构，体现了国有企业集中力量办大事的制度优势。但是，各种资源向总部的快速集中，在一定程度上对企业规模冲动的释放起到了推波助澜的作用，导致有的企业规模无序扩张，甚至存在产能过剩和杠杆率过高的风险。

正是在这一背景下，围绕贯彻落实党的十九大报告提出的“培育具有全球竞争力的世界一流企业”的要求，针对企业财务管理，国务院国资委出台了一系列制度，指导企业持续加强资金管理、推行全面预算管理、完善财务信息化等工作。当下，新一轮科技革命和产业变革深入发展，数据已成为新的生产要素，财务管理工作面临新的机遇和挑战。如何进一步夯实企业财务管理的基础，转变财务管理的功能作用，理顺企业财务与业务的关系？一方面，优化财务对业务的服务职能；另一方面，强化财务对业务的牵制与监督功能，严守财务边界，坚守财务底线，确保不发生系统性风险。为进一步深入开展对标世界一流管理提升行动，指导中央企业立足新发展阶段要求和信息技术变革大势，加快提升财务管理能力水平，更好支撑企业实现高质量发展，2022 年 3 月 2 日，国务院国资委制定出台了《关于中央企业加快建设世界一流财务管理体系的指导意见》（以下简称《指导意见》），本篇的内容以《指导意见》的出台背景和政策要求为基础，分三个部分来阐述：一是立足于集团化企业，结合这一领域的理论研究和最新的技术发展成果，借鉴国内外其他集团企业财务管理的经验，阐述企业财务管理的一般定位与发展趋势。二是从《指导意见》的政策要求出发，结合中央企业财务管理的一般性特点，阐述贯彻落实政策要求的具体方法与实施建议。三是以《指导意见》的相关要求为判断标准，选取风险管控、财务赋能业务与服务业务、数字化转型与智能化升级、财务管理体系建设、财务共享服务建设、财务管理能力评价体系建设等重要领域央企财务管理的先进案例，介绍实际做法，输出管理标杆。

企业财务管理及其变化趋势

财务管理指以企业的资源为对象，围绕资源的配置、使用、消耗及效率的提升等所开展的一系列计划、组织、指挥、协调、控制活动。与此相近且有着密切关联的几个概念还包括管理会计、集团财务管控和公司理财。管理会计主要服务于单位内部管理需要，是通过利用相关信息，有机融合财务与业务活动，在单位规划、决策、控制和评价等方面发挥重要作用的管理活动。企业集团财务管控更加注重集团母子公司之间的关系，而公司理财强调的是企业与金融市场和资本市场的关系。概括而言，管理会计为企业财务管理提供信息支持，集团财务管控更多的是处理集团母子公司之间的财务关系，公司理财更多关注的是企业和市场的财务资源交换关系。当然，上述这几个概念之间的区别本身并不是非常严格的，不同的角度对这几个概念的理解也会有所差异。本书并不是一个理论性的专著，我们不去关注这几个概念本身之间的差异，而是更加关注中央企业的财务管理取得了怎样的成就，以及在这个成就基础上，按照国务院国资委的整体部署，下一步如何更好地推进中央企业的财务管理工作。

近年来，中央企业财务管理工作取得了巨大进步，主要表现为：财务保障精确化——不断建立健全企业债务风险监测预警机制、逐步拓展融资渠道、提高资金使用效率、压缩支出规模、切实做好资金保障工作；财务管理规范化——推动执行《企业会计准则》，强化决算基础工作、加强决算审核与审计管理、落实决算问题整改、探索全级次报送试点等工作，推动了中央企业管理规范化水平逐年提高，极大地提高了会计工作的规范化和精细化。财务管理集中化——国务院国资委持续推动中央企业构建集团化财务管理体系，强化集团总部财务管理功能，提升集团化运作水平，推动财务功能由会计核算向价值管理转型。财务管理手段丰富化——中央企业财务工作主动适应和融入数字化、信息化、智能化的趋势，积极探索财务管理信息化改造，运用智能化的计算技术逐步推动业务与财务系统的互联互通。会计师职责深入化——国务院国资委不断加强中央企业总会计师的配备与管理工作，明确了总会计师的职责权限，建立了总会计师报告、述职与评价制度；要求中央企业建立和完善总会计师制度体系，加强子公司总会计师职责管理，加强中央企业财会队伍建设、充实后备人才队伍。财务队伍建设专业化——中央企业聚焦高素质专业化履职能力，不断完善建立财务高端人才的锻炼、培养和选拔机制；注重高端财务人才培养，积极调整财会队伍结构，提高管理会计人才比重。

企业的财务管理是一个动态适应企业所处政策环境、发展阶段、战略规划与管理方式的过程。适应转变经济增长方式、提高经济增长质量的要求，在国资国企改革发展的大局引领之下，应用理论研究的最新成果和技术发展的最新方法，推动企业财务管理转型升级，以更好地服务于业务发展、聚焦于风险管控，是中央企业集团财务管理工作的最新要求。

一、转变经济增长方式对中央企业财务管理工作提出了新要求

从宏观政策角度来讲，党的十九大报告提出，“我国经济已由高速增长阶段转向高质量发展阶段”，“坚持质量第一、效益优先，以供给侧结构性改革为主线，推

动经济发展质量变革、效率变革、动力变革”。党的二十大报告提出，“加快构建新发展格局，着力推动高质量发展”。国务院国资委强调“做强、做优、做大国有资本与做强做优做大国有企业有机统一，”“当前，做强、做优更为紧迫”。

通过探究企业财务与企业业务决策及业务执行之间的关系，我们不难发现，在追求规模和速度的发展阶段，一般由业务决策层主导战略规划的制定与重大投资项目决策，财务部门负责组织和筹措财务资源以支持战略目标的实现和重大投资项目的落地。这种业财配合工作机制的优点在于能够为企业业务的快速增长提供资源保障，但在快速发展的过程中，上述模式可能导致决策层对风险的关注不够，以至于随着规模的增长，风险不断增加甚至积累，不利于构建可持续发展格局。

在构建企业财务管理体系过程中，要将中央的决策部署体现在具体的管理理念和管理制度上，这需要思考和解决如何实现政策要求与企业发展无缝对接的问题。

（一）转变经济增长方式、提高经济增长质量的政策要求

转变经济增长方式、提高经济增长质量，是保持经济持续健康发展的必然要求，是适应我国社会主要矛盾变化和全面建成小康社会、全面建设社会主义现代化国家的必然要求，是遵循经济规律发展的必然要求。这也给中央企业的财务管理工作提出了新要求。

推动高质量发展是当前和今后一个时期确定发展思路、制定经济政策、实施宏观调控的根本要求，必须加快形成推动高质量发展的指标体系、政策体系、标准体系、统计体系、绩效评价、政绩考核，创建和完善制度环境，推动我国经济在实现高质量发展上不断取得新进展。

（二）社会责任对中央企业财务管理工作的要求

转变经济增长方式、提高经济增长质量，国有企业要有责任和担当，充分发挥领军的作用。

坚持质量第一、效益优先，要求中央企业的财务管理工作中不能盲目地通过进行投融资来实现企业的扩张，而是一切要以发展质量为根本，以企业的效益为原则。在财务管控流程中，财务的监督职责要发挥到位，并推进财务与业务的进一步融合，实现监督职能的关口前移，准确掌握企业财务和非财务信息，形成对业务段的约束，保证企业的经济决策以质量和效益为优先。

实现中国制造向中国创造转变，中国速度向中国质量转变，制造大国向制造强国转变，就要持续推进“三去一降一补”，增强微观主体活力，提升产业链水平，以此推动经济高质量发展。中央企业的财务管理工作中更是要紧紧围绕对于国有资本的结构调整，来推动中央企业的高质量发展，充分发挥财务的服务保障职能，合理地运用财务的调节和分配机制，在控制好风险的前提下，实现中央企业向强和优的转变。

二、国有企业做强做优要求中央企业财务工作取得新进步

党的十九大报告提出，要完善各类国有资产管理体制，改革国有资本授权经营体制，加快国有经济布局优化、结构调整、战略性重组，促进国有资产保值增值，推动国有资本做强做优做大。这也要求中央企业财务工作要取得新进步。

（一）国有企业做强做优的政策要求

“十一五”时期强调中央企业的做强做大，“十二五”时期，随着中国成为全球第二大经济体，国务院国资委对所有中央企业提出了“做强做优中央企业、培育具有国际竞争力的世界一流企业”的要求。

从中央企业的实际出发，做强做优关键是要做到“四强四优”，即自主创新能力强、资源配置能力强、风险管控能力强、人才队伍强和经营业绩优、公司治理优、布局结构优、企业形象优。条件基础较好的企业，

要在“四强四优”基础上着力培育、打造具有国际竞争力的世界一流企业，努力发展成为主业突出、公司治理优良、掌握自主知识产权的核心技术、拥有国际知名品牌、具备较强国际化经营能力、在国际同行业综合指标处于先进水平的企业。

习近平总书记在全国国有企业党的建设工作会议上强调，国有企业是中国特色社会主义的重要物质基础和政治基础，是我们党执政兴国的重要支柱和依靠力量。在这样特殊的历史时期，承担这样重要的责任和使命，中央对国有企业提出了做强做优做大，培育具有全球竞争力的世界一流企业的要求。国有企业作为独立市场主体，是国有资本的主要运营载体，做强做优做大国有企业对于做强做优做大国有资本具有基础性、实质性和决定性的意义。

（二）国有企业做强做优对企业财务管理工作的要求

党的十九届五中全会提出，统筹发展和推动国有企业做强做优的要求，在集团企业财务管控中也有新的目标和新的理解。做强对于财务管控的要求是要提高企业的盈利能力，做优对于财务管控的要求是要提高企业的抗风险能力。综合来说，做强做优就要求财务管理工作要在守住风险底线的前提下实现企业盈利能力的提升。

在做强做优的同时，也要注意持续“三去一降一补”，持续“瘦身健体”，提升主业核心竞争力。这就更要求在集团财务管控的过程中控制债务风险，压两金，不盲目追求规模。实现盈利能力的提升，在做好资金管控和税务管控等传统财务管控的基础上，财务职能要更多地从后段前移，进行企业战略管控。从根本上通过参与战略的选择、商业模式的制定，从源头控制债务风险和流动性风险的发生，更好地参与整个业务流程中，为企业提供更全面而有价值的服务。

未来中央企业的财务管理工作要形成新的工作思维，完善财务功能，提升财务能力，加快财务转型，实现管理一流。这就要求中央企业财务一方面要优化为业务部门创造价值提供服务的能力；另一方面，还需要有效参与企业战略规划的制定与重大项目投资决策，提升决策的牵制能力与执行的监督能力，要形成业务与财务的有机合作和相互制衡，形成全流程服务与制衡业务的财务职能。只有这样才能实现国有企业的高质量发展，才能达到将国有企业做强做优的目标。

三、相关财务理论的发展推动企业财务管理创新

与财务管理理论相关的领域包括财务会计、管理会计以及与管理相关的很多理论内容。这些内容随着实践

发展也在不断发展和完善之中。近年来，管理会计领域的新发展、新思想最为明显，本书更多着眼于管理会计领域的新发展。

（一）全球管理会计原则

2014 年 11 月，英国皇家特许会计师公会与美国注册会计师协会共同发布了《全球管理会计原则》（*Global Management Accounting Principles*，以下简称《原则》）。《原则》将管理会计定义如下："管理会计是为组织创造价值和保值而收集、分析、传递和使用与决策相关的财务和非财务信息。"《原则》中强调了三个概念：信息（包括财务信息和非财务信息）、决策和价值创造与保值，这也正是当今企业管理的核心问题。

与美国管理会计师协会 1998 年对管理会计的定义"是一种参与企业管理决策、设计计划和业绩管理系统的职业，该职业以财务报告和控制形式提供专业经验以帮助管理层制定和实施组织的战略"相比，两者在帮助制定和实施决策方面的定位是一致的。但《原则》的定义更加强调了"财务和非财务信息的提供"和"创造价值"的重要性，这也充分体现了当今管理会计的发展方向和未来趋势。

在现代企业的财务管理理论中，"财务和非财务信息的提供"代表企业财务所要关注的信息不仅是以货币形式提供的财务信息，还包括非货币形式的财务信息，这意味着企业财务进行的信息收集、风险管控、服务决策，都需要从财务段穿透到业务段，将财务与业务两者结合进行分析和传递，并以此为基础进行分析来为企业“创造价值”。

（二）财政部关于实施管理会计的意见

2016 年 6 月，财政部出台了《管理会计基本指引》（以下简称《基本指引》），标志着我国管理会计体系建设迈出了一大步，是我国建成现代企业财务管理体系道路上的重要里程碑。《基本指引》将管理会计定义如下：“管理会计是通过利用相关信息，有机融合财务与业务活动，在单位规划、决策、控制和评价等方面发挥重要作用的管理活动。”与《原则》相比，我国的《基本指引》突破传统民间组织形式对其的规范，以条日形式制定，将管理会计基本理论上升到法规高度，具有法律指导效应。

《基本指引》明确，“单位应用管理会计，应遵循融合性原则。管理会计应嵌入单位相关领域、层次、环节，以业务流程为基础，利用管理会计工具方法，将财务和业务等有机融合”。财务高管、财务团队与内外部业务合作伙伴之间的有效协作和融合，是企业谋求效率提升、有效管控风险的重要途径，也是推动企业成功创新和增长的关键。对于现代企业而言，业财融合不仅是业务流程与财务核算的融合，更是管理创新与价值创造的融合。因此，以业财融合为基础实现管理会计的广泛应用，对增强企业的综合实力和提高竞争优势具有极其重要的现实意义。

（三）理论的最新发展对集团化企业财务管理的促进

随着适应现代企业的管理会计体系的逐渐完善和适应我国国情的《基本指引》的出台，意味着国家制度层面的管理会计基本理论体系开始形成，这对于集团化企业的财务管控实践也具有深远的指导意义。

1. 财务和非财务信息结合。信息是市场经济有效运行的关键因素之一，信息不对称是制约经济运行方式和经济效率的基本问题。尽管单纯的财务信息能够在一定程度上反映出企业整体的财务状况和经营业绩，但由于财务信息的产出过程要严格遵循会计准则、制度等规范的要求，且需要进行货币计量，导致非货币性信息难以反映、未来信息难以反映、企业风险难以全面体现等局限性。

对非财务信息的分析可以弥补传统财务管控中仅对财务信息分析的不足。通过对非财务信息的分析可以把握各项财务信息变动的原因，从“质”的角度解释财务信息。将财务信息和非财务信息进行综合分析，也利于把握企业未来的发展趋势，合理评估企业的经营状况与经营战略，使整个财务管理过程更加全面，提供的决策信息更加科学准确。

2. 财务与业务活动融合。财务与业务活动的有机融合简称为业财融合。具体来讲，业财融合是指业务部门与财务部门通过信息化技术和手段实现业务流、资金流、信息流等数据源的及时共享，基于价值目标共同作出规划、决策、控制和评价等管理活动，以保证企业价值创造过程的实现。随着信息技术的发展，集团化企业财务管控中建立财务共享中心成为必然趋势，这会在一定程度上弱化财务与业务之间的非正式沟通，属地化的财务和业务脱节的风险在上升，属地化企业的财务必须保证业务的发生与凭证的产生同步，财务共享中心则保证在收到原始凭证之后及时进行信息处理，从而财务和业务的融合越来越重要。

业财融合可将结果分析和对产生此结果的原因结合起来，通过对企业财务和业务数据的分析、计算和挖掘，使用于决策的信息结果更加准确与接近事实。同时，业财融合通过业务到财务的全流程打通，底层数据间的壁垒将被打破，从源头上消除信息孤岛现象。数据互联互通和信息共享的实现，将保障会计信息的全面性，能更好地指导企业运营和决策。

3. 末端化财务到流程化财务。传统财务位于整个业务流的最末端，职能仅限于把原始凭证加工为会计信息；随着业务与财务的信息融合、管理融合，末端化财务会前移转变为流程化财务。财务要发现改进企业内部生产经营过程中的薄弱环节，就必须渗透到业务流的全过程中，从而提高财务对于企业风险的防范及管理效率。

随着财务流程的前移，财务从事后的风险管控转化为事前的源头治理和事中的即时监督。财务可以及时获取各种生产经营信息，在事前通过财务信息和非财务信息的分析评估业务的风险程度，从源头上杜绝风险的发生；在事中通过对经营管理的分析评估潜在的风险，及时向管理层提出风险预警，并协同业务部门探寻风险原因，共同商讨有效的解决方案，以此提高风险管控水平和效率，从而实现对业务决策的支持。

四、信息技术进步驱动财务管理创新

信息技术的不断进步是当今世界发展的大趋势，是推动经济社会各个领域变革的重要力量。财务管理信息化是国家信息化的重要组成部分，是财务管理发展的必然选择。面对信息技术的不断进步，财务管理体系也必然迎来不断的发展、改革和创新。

企业财务管理的信息化、数字化和智能化有不断加速的趋势。以机械性审核、记录和计算为主要手段的传统会计核算工作；以具体每一笔业务为基础；以税法规范为准绳的税款计算与缴纳工作；以资金收付、票单开具为特征的基础性往来工作等，这些高标准化、高重复性和低附加值的传统财务工作，将会持续集中、共享，并在不久的将来实现智能化。这一领域的智能化使得不需要或仅需要少量的人工干预就能够完成更高质量的基础性财务工作。这种从手工到智能化、自动化的转变，不仅是工作方式的转变和效率的提升，而且会是工作内容的丰富化和工作成果的优化。例如，传统的以明细科目为工具的核算，在提供少量明细信息的同时，事实上掩盖了大量管理所需要的明细信息，而核算智能化将实现逐张原始凭证的信息元素级核算，真正形成财务的数据库甚至数据湖。

（一）企业财务领域的信息技术进步

按照企业的业务财务流程，可以把整个流程划分为业务段，财务段和决策段，财务领域的信息技术进步对整个业务流程都产生了深远的影响。

从业务段工作内容来看，主要包括业务发生、生成凭证和凭证流转。传统财务在该阶段参与度低，对于风险控制手段后置，工作方式较为被动。未来企业的业务流程，财务工作与业务工作将逐步走向深度融合，即业务系统和财务系统在信息输入、处理、存储和输出以及控制等层面上将实现高度共享，未来财务会第一时间掌握业务的发生和凭证的生成与流转，对于风险的控制从事后监督到源头治理，变被动为主动，业务段流程将必然有财务的深度参与。

从财务段工作内容来看，主要包括凭证审核、会计记录和生成报表。传统财务花费大量人力，进行机械性的审核、记录与计算，而未来企业的财务段流程随着财务信息化、智能化的发展，科技的应用会导致财务段流程的模式变革，新技术的应用会将传统的财务管理流程封装在智能引擎驱动下的信息系统中，由计算机自动或在人机协同下执行，打破原有财务运作的基本原理和思想，导致财管理模式的改变。例如，国家电网的智慧商旅已经实现智能化的酒店与交通工具选择、审核与结算，省去了传统流程的人工参与，并将合规管理前置。

从决策段工作内容来看，主要包括现状呈现、信息支持和决策辅助。传统财务提供简单的数据和一般化的分析。未来企业的决策段流程会提高会计处理的人机协同程度，随着神经网络、NLP（自然语言处理）等技术的成熟与应用，会大幅度促进业财税管的高度融合管理，实现对数据的深度挖掘，提供对决策的深度融合信息支持，并在此基础上提供涉及企业管理、法律、税务、金融、投资等全方位的决策备选方案。

总的来说，未来的财务信息技术进步将突破传统企业财务管理的边界，不仅有能力对企业全流程的业务财务信息进行深度处理和利用，实现财务管理新生态的形成，而且将拓展到企业稳步健康发展的生态环境中。

（二）信息技术进步给企业财务工作带来的挑战和机遇

如前所述，信息技术进步将会实现标准化、重复性和低附加值的财务工作的智能化，从而为财务的转型升级带来重大机遇。但是，信息技术的发展本身也给财务工作带来了新的挑战，需要谨慎地面对，变挑战为机遇。

1. 财务信息系统发展面临的挑战和机遇。随着信息技术应用的逐步深入，现代企业财务工作越来越依赖于信息系统。但伴随着信息系统的发展，也出现了如信息孤岛、没有清洗的大数据、僵化的处理流程，还有不配套的管理制度、昂贵的系统建设成本和不灵活的应用引擎等，这些都在不同程度上阻碍了企业财务信息化的健康发展。随着技术的持续进步和管理的逐渐规范，在解决上述问题之后，会使财务信息系统更完备、更有可操作性，从而更好地为企业健康发展保驾护航。

2. 财务信息安全面临的挑战和机遇。当前，运行的财务信息系统中普遍存在设备故障、网络瘫痪、软件漏洞、认证和加密系统缺陷、病毒和黑客的威胁等安全问题，这些问题如果处理不当，必然会给企业造成不可估量的损失。为应对信息安全方面的挑战，必须从宏观和微观两个层面加强 IT 治理能力建设，加大对加密、备份、防火墙等技术的研发力度，不断普及信息系统安全教育，进一步完善安全法规和制度。以此实现财务信息的绝对保密与绝对安全，降低企业运营中的风险。

3. 财务人才培养面临的挑战和机遇。企业对财务人才的培养仍存在着内容局限化问题，需要构建新的财务人才培养体系，财务人员不仅应该掌握财务方面的知识与技术，还要实现财务人员对业务的深度接触、对信息化系统的全面了解，同时要培养财务人员挖掘数据、处理数据的能力，从而做到利用信息技术的进步为企业管理决策贡献力量。

4. 会计职业发展面临的挑战和机遇。信息技术进步带来了企业财务数字化和智能化的转型，对会计职业发展提出一些新的挑战，如共享中心的建设、RPA 项目的实施、智能系统的上线等给很多基层的财务人员工作带来了极大的挑战。但随着企业财务智能化转型的不断深入，也会出现更多的新角色新职业，财务人员必须积极投身变革当中，主动接触学习最新的理论知识与实践技能，以便持续适应企业财务工作的变革与发展。

不断进步的信息技术正在深度影响着企业财务的发展走向，给企业财务工作带来了很多挑战与机遇。企业为持续健康发展，必须深刻认识这些挑战的本质，采取有效措施积极应对，迎接挑战，把握机遇，利用信息技术的变革更好地为企业健康良性发展作出贡献。

五、全球范围集团化公司与民营企业对财务管理创新的启示

（一）全球范围集团化企业财务管理演进启示

21 世纪以来，随着全球化的不断推进，财务领域技术的不断进步和企业商业模式与交易模式的不断创新，从全球的角度来看，集团化企业财务管理演进迅速，相对应的财务功能定位出现了一些新的趋势。概括起来主要包括以下几个方面：

1. 趋向于价值领导者。财务管理更加强调服务于企业战略，CFO（首席财务官）的职能逐渐向 CVO（首席价值官）转变，财务管理者成为企业价值的引领者。一是通过科学的资源配置引导业务运营和管理行为，确保

价值目标的实现；二是主动控制风险，实现对价值的有效保护；三是助力企业内外部有效的沟通协作，构建企业价值共识。

2. 趋向于业务伙伴。财务管理服务于业务运营，因此需抓住本源，实现业财融合和一体化管理。这主要体现在：一是财务管理切入业务全流程各个环节，通过财务分析深度揭示业务价值实现的程序，明确风险与机会；二是打通业财一体流程，使前端业务数据通过中台完成财务数据的转换，实现财务语言的可追溯以及业财数据的迅捷转换；三是通过财务分析真正实现有深度的业务分析和洞察，为企业创造价值。

3. 趋向于经营管理。财务管理的价值从基础的工作记录逐渐转向于为企业经营管理决策提供支撑。世界一流财务在做好信息记录、报告和合规管控的同时，进一步将会计角色深化应用于运营管理各环节之中，在财务各职能领域，实现业财信息的互通并充分发挥财务数据的价值，从而强化其专业功能与增值作用的发挥，提升财务整体管理水平与专业能力。此外，我们还可以将成熟运作的、具有充足资源与能力的财务功能独立作为经营单元，对外部提供服务并创造价值。

4. 管理模式趋向多元化。随着企业规模的不断扩大，财务管理的单一职能已不足以应对管理跨度和复杂层级带来的挑战，这就要求财务部门在企业内部开展更多的部门间合作以及外部协同工作，以实现内外部资源的整合与增值，并从管资源向管价值、强约束向激发活力转变，逐渐实现由基础财务管理扩展到覆盖全价值链的管理。

5. 运营模式从专业中心趋向于通用中心。共享中心、GBS（全球共享服务）的建立，使原来的“专业中心”演化为“专业 & 赋能 & 变革中心”，从而深化了各业务前中后台的衔接，实现了高效、灵活、集约的财务运营。这不仅强化了财务对业务前端的支撑，也打通了企业的全职能，共同为业务前端赋能。

6. 支撑体系趋向敏捷和智能。强化财务中台支撑体系建设能够使财务组织更敏捷应对各业务场景。领先的财务中台实现了财务功能的细化与模块化，成为业务与财务之间的桥梁，能够灵活承接前端多元化业务需求，集中统一进行业财转换与控制，提供集成数据信息。

“存于中台理念，虚于中台形式”是财务中台支撑体系发展趋势。在这个大背景下，财务中台越来越多地采用区块链分布式技术，力求实现企业内部业务财务全链条管理、内部外部的交互一体化，以及合约交付与财产风险多方认证的万物互联态势。

基于上述背景，一些全球领先的财务组织已经逐步开始探索智能化新兴技术在财务领域的创新应用场景，以智慧赋能财务管理变革与提升，引领企业未来发展。在这种大的财务管理变革的背景下，我国民营企业和国企都顺应而变，在集团财务管理方面取得了非常显著的成果，为本书研究提供了重要支撑。

（二）境内民营企业集团财务管理演进的启示

民营企业是我国社会主义市场经济的重要组成部分，在保障产业链供应链稳定、促进社会就业、繁荣市场经济中具有重要作用。随着不断深化改革开放，我国的民营企业财务管理工作也不断呈现新的趋势。

1. 财务管理的职能转变。财务管理的职能定位已经从局限于反映企业经济行为的客观描述与记录，转变为让财务管理的作用更多体现在对企业价值提升的贡献上。企业管理者对财务管理工作重视程度逐渐提高，明确财务管理是精益与价值创造型的财务管理。

2. 战略规划意识不断增强。现代企业管理离不开战略管理，民营企业从过去的缺乏愿景和战略逐步转变为拥有中长期发展计划和定位。企业集团管理需要有一个相对完整的战略规划，并按照战略管理的流程去进行战略规划，从而避免企业因为盲目扩张、不确定的外部环境等问题的影响导致企业危机。

3. 财务管理精细化。伴随着社会分工越来越精细和专业化程度越来越高，民营企业由粗放的经营方式，逐步向着精细化管理的方向迈进，财务管理的精细化则是其必要条件。例如，海尔公司通过建立了目标细分、标准细分、任务细分、流程细分，实行财务精确计划、财务精确决策、财务精确控制、财务精确考核的科学管理模式。

4. 财务管理集中化。为强化财务管控，企业实行资金集中管理和账务集中管理，如华为公司已实现了跨区域、跨国度的财务集中管理，从而加强了总部的监管、提高了资金使用效率，进而有利于节省成本、财务标准化作业和实现绩效考核公平。

5. 转向以管理会计为主。单一的财务会计不创造或较少创造价值，而管理会计与业务紧密结合，为业务提供甚至于指导业务战略的方向性选择。受益于信息技术的进步，ERP 的普遍实施、业务流程高度的集成化自动化，财务管控流程不断前移。

我国民营企业的财务管理工作已经实现从过去以账务处理为核心的粗犷的财务管控模式，转变为现在的以经营管理为核心的精益化财务管控模式，并在积极探索大数据时代下人工智能对财务管控的变革尝试。

基于上述财务管理理论发展趋势和面临的新挑战和机遇背景之下，国务院国资委在 2021 年，开展了关于构建世界一流财务管控体系的课题研究，在这个课题研究的基础之上于2022年3月发布了《关于中央企业加快建设世界一流财务管理体系的指导意见》。该文件提出了“1455”（即围绕一个目标，推动四个变革，强化五项职能，完善五个体系）的一流财务管理体系框架，那么这个财务管理体系应该如何理解？这是本部分要解决的问题。

世界一流财务管理体系建设要求

国务院国资委在《关于中央企业加快建设世界一流财务管理体系的指导意见》中，提出的建设世界一流财务管理体系的“1455”框架，是指“围绕一个目标，着力推进四项变革，重点强化五项职能和持续完善五大体系”。

一、围绕一个目标

关于世界一流财务管理体系的定义，业内已经基本形成共识，但对于中央企业世界一流财务管理体系的内涵，国务院国资委认为，首先要围绕一个目标来展开。这一个目标可以用“三个更”和“12 字标准”来概括，即更好统筹发展和安全，更加注重质量和效率，更加突出“支撑战略、支持决策、服务业务、创造价值、防控风险”功能作用；以“规范、精益、集约、稳健、高效、智慧”12 字为标准。在此基础上，国务院国资委还提出用 5 年左右的时间中央企业整体财务管理水平明显跃上新台阶，通过 10—15 年的努力，绝大多数中央企业建成与世界一流企业相适应的世界一流财务管理体系的目标。

（一）三个“更”

1. 更好统筹发展和安全。更好统筹发展和安全是新时期国有企业发展的重要要求。立足于财务的视角，更好统筹发展和安全，主要是要求国有企业在通过投资、并购等措施推动发展的过程中更好地关注债务风险和重大投资决策风险。关注债务风险需要设定发展的资产负债率上限，以资产负债率上限和企业盈利能力倒推企业所能承受的投资规模和最大发展速度。关注重大投资决策风险，是指随着经济新常态的到来，宏观经济和微观企业的规模都会从高速增长转入中低速增长，发展速度降低使企业的容错能力显著下降，这就要求企业进一步提高投资决策质量，降低决策风险。

2. 更加注重质量和效率。更加注重质量和效率意味着企业要顺应经济增长方式转变的内在要求，实现由外延式增长到内涵式增长的转变，降低对增长速度和规模扩张的依赖，更多通过现有资产的充分利用和现有业务的高效率运营，加速资企周转、提高产品质量和附加值、降低资产负债率、控制决策风险，从而提高企业经济运行的质量和效率。

3. 更加突出“支撑战略、支持决策、服务业务、创造价值、防控风险”功能作用。“支撑战略、支持决策、服务业务”是对企业财务在企业整体工作中功能目标的要求，强调的是企业财务行为；“创造价值、防控风险”是对企业财务在企业整体工作中作用目标的要求，强调的是企业财务结果。

需要强调的是，更加突出“支撑战略、支持决策、服务业务、创造价值、防控风险”功能作用，不是简单地突出财务的服务职能，而是更加强调重构业财关系。所谓重构业财关系，一方面，要求财务管理为业务管理与决策提供高质量的信息、高效率的流程、高水平的服务；另一个方面，为了更好地统筹发展和安全，更加注重质量和效率，也要求财务部门更加积极有效地参与企业的业务流程全过程、风险管控全环节、合规管理全领域。也就是说，面向未来的财务职能定位，要发挥服务与监督两个功能，两手同时抓，两手都要硬。

（二）以“规范、精益、集约、稳健、高效、智慧”为标准

1. 规范，简单来说就是以“规”为“范”。财务工作是企业内部规范性、政策性最强的工作之一，需要建立健全完整的财务管理制度流程并确保落实，以制度加强管理。

2. 精益，强调企业要以实现目标为导向，力求降低成本、提高产品质量、不断创新资源节约型的生产方式。在成本控制方面，精益要求按照质量和效益导向，通过持续不断地推进精细化核算与精细化管理，促进成本管理水平的提高。

3. 集约，指在企业发展方式的选择上，更多通过技术水平的提高、竞争能力的强化和管理的优化来提高现有业务的盈利能力，取代传统的以规模速度推动的经济增长方式和企业发展模式。

4. 稳健，指企业的持续发展不以风险的持续积累为代价，特别是不以资产负债率的提高为代价。同时，提高决策的质量，优化投资回报水平，尽量避免资产沉淀和无效资产的产生。

5. 高效，指财务部门要为决策提供高质量的信息依据，为业务开展提供高速度的流程支持，并在战略规划、年度计划、业务策划与执行等全流程、全领域积极有效地参与，与业务建立伙伴关系，为决策提供参考意见。

6. 智慧，指财务人员要积极拥抱信息技术进步，将高标准化、高重复性、低附加值的传统财务工作智能化，从而解放人力，为财务工作做好服务与监督的转型升级奠定基础。

这里需要特别强调的是，更好统筹发展和安全，更加注重质量和效率，更加突出“支撑战略、支持决策、服务业务、创造价值、防控风险”功能作用；以“规范、精益、集约、稳健、高效、智慧”12 字为标准开展财务工作，不仅是对企业财务部门和财务人员的要求，也是对企业决策层和业务部门的建议和要求。财务管理是企业的财务管理，不是财务部门的财务管理。财务服务职能的发挥，更多考验的是财务部门和财务人员的观念和能力；但财务监督职能的发挥，则更多要求公司治理结构的不断完善、企业领导层的大力支持和企业业务部门的积极配合。

二、着力推动四项变革

国务院国资委在《指导意见》中指出，建设世界一流财务管控体系，在紧紧围绕一个目标的同时，要从理念、组织、机制和功能手段四个方面着手推进变革。

（一）推动财务管理理念变革

1. 立足实际。借鉴先进但不照搬照抄，坚持独立自主、贴合自身，建立与企业行业特点、愿景文化、战略规划、发展阶段、组织架构相适应，与中国特色现代企业制度相匹配的财务管理体系。

2. 守正创新。既要坚守“支撑战略、支持决策、服务业务、创造价值、防控风险”的基本功能定位，更要积极顺应内外部环境变化，着眼未来，主动变革，把财务管理转型升级放到国资国企改革发展大局中去谋划、去推动。

3. 开放协同。对内深化业财融合、产融协同，对外保持与投资者、债权人的有效沟通，强化产业链、供应链的有效链接，推动各方主体、各类资源、各种要素协同联动聚合发力，实现内外部利益相关者价值共生、共享。

4. 精益求精。深入践行全员、全要素、全价值链精益管理理念，强化精准投入、精细作业、精确评价，实现资源配置更优化、业务管控更科学、考核导向更明确，促进企业不断提高劳动、资本、技术、管理、数据等全要素生产率。

5. 技术赋能。主动运用大数据、人工智能、移动互联网、云计算、区块链等新技术，充分发挥财务作为天然数据中心的优势，推动财务管理从信息化向数字化、智能化转型，实现以核算场景为基础向业务场景为核心转换，努力成为企业数字化转型的先行者、引领者、推动者，为加快产业数字化、数字产业化注智赋能。

6. 坚守底线。严守财经法纪，确保会计信息真实可靠；严把合规关口，强化经营管理活动监督与控制，促进依法合规经营理念深入人心；坚持底线思维，严控财务边界，有效保障经营稳健、资产安全，牢牢守住不发生重大风险的底线。

（二）推动财务管理组织变革

1. 健全职能配置。树立“大财务”观，坚持不缺位、不越位、不错位，建立健全各级财务职能和岗位设置，不断夯实财务报告、资金管控、税务管理等基础保障职能，深化拓展成本管控、投融资管理、资本运作等价值创造职能，确保财务资源科学配置、财务运作高效协同。

2. 优化管控模式。坚持集团化运作、集约化管理，强化集团重要财务规则制定权、重大财务事项管理权、重点经营活动监督权，实现集团对各级企业财务管控的“远程投放”和“标准化复制”；坚持因企施策、因业施策、因地制宜，区分不同业务特点、上市非上市、国际国内等情况，探索完善差异化管控模式，实现集中监管与放权授权相统一、管好与放活相统一。

3. 转变运行机制。结合数字化时代企业管理转型需要，探索推动财务运行机制从金字塔模式向前中后台模式转变，从流程驱动为主向流程驱动与数据驱动并重转变，努力实现管理层级扁平化、管理颗粒精细化、管理视角多维化、管理场景动态化、管理信息实时化，确保反应敏捷、运转高效。

4. 拓展服务对象。以资本和业务为纽带，将财务服务对象由单个企业或集团的利益相关者，延伸整个产业链、供应链、生态链，促进数据、信息、技术、标准、金融等全方位协同融合，实现价值共生、共建、共享、共赢，努力促进企业成为产业发展的引领者、产业协同的组织者，助力打造原创技术“策源地”和现代产业链“链长”。

（三）推动财务管理机制变革

1. 加强关键指标硬约束。坚持质量第一、效益优先，建立以资产负债率、净资产收益率、自由现金流、经济增加值等关键指标为核心的财务边界，科学测算投资、负债、利润、现金流等指标的平衡点，保持企业整体资本结构稳健、风险可控在控。

2. 加强资源配置硬约束。坚守主责主业，建立资本收益目标约束，限制资源流向盈利低、占资多、风险高的业务领域，加强金融、境外等重点领域管控，加快低效资本回笼、无效资本清理、亏损资本止损，促进资本布局动态优化。

3. 加强风控规则硬约束。统筹发展和安全，健全与公司治理架构及管控要求相适应的财务内控体系，扎紧扎牢制度的笼子，健全完善风险管理机制，以规则的确定性应对风险的不确定性。

4. 加强政策激励软引导。科学制定个性化、差异化指标体系和激励措施，统筹利用财务资源，促进企业更好发挥在落实国家安全、国计民生等重大战略任务中的主力军作用，加强对创新能力体系建设和前瞻性战略性新兴产业投入的支持，助力科技自立自强和国有经济布局优化。

（四）推动财务管理功能手段变革

1. 支撑战略。科学配置财务资源，平衡资本结构，建立由战略规划到年度预算，由预算到考核的闭环联动机制，推动上下贯通、协调一致，促进企业实现发展质量、结构、规模、速度、效益、安全的有机统一。

2. 支持决策。积极有效参与重大决策全过程，提供准确、高效、多维数据信息，主动、及时发表专业性、建设性意见，支持理性决策、科学决策。

3. 服务业务。主动融入业务事前、事中、事后全流程，有效识别业务改进的机会和目标，帮助解决业务痛点和难点，为生产运行优化赋能。

4. 创造价值。运用全面预算、成本管控、税务规划等有效工具，通过资金运作、资产管理、资源配置、资本运营等有效手段，主动创造财务价值，促进提升企业价值。

5. 防控风险。健全风险防控体系，加强源头治理，强化穿透监测，实现经营、财务风险精准识别、及时预警、有效处置，为企业持续健康发展保驾护航。

三、重点强化五项职能

强化五项职能，指以财务管理主要对象，以“票、账、表、钱、税”为维度，强化核算报告、资金管理、成本管控、税务管理、资本运作五项职能，这是推进财务管理转型升级的抓手和切口。

（一）强化核算报告，实现合规精准

信息和资源是企业财务工作的两大对象。信息工作主要指企业财务通过参与到业务的全过程，以会计凭证为基础，以收集、记录、汇总、分析等手段为企业内部

和外部的信息使用人提供有价值的信息。《指导意见》从统一企业的会计核算制度、完善会计核算流程、优化核算的稽核机制、强化核算的审计监督和充分运用核算的现代化手段等角度，要求企业强化核算报告，实现合规精准。

财务对业务的服务首先体现在为业务提供交易、决策和管理所需要的信息。例如，精细化的成本信息应用于成本管理，精细化的应收账款账龄信息应用于应收账款回收管理。信息对价值创造有两方面的作用：一方面，规范、精细化的会计信息本身是管理决策与考核的基础，对于价值创造不可或缺。例如，计提资产减值准备通常属于纯粹的财务会计问题，但是企业集团按照会计准则的规定足额充分地计提资产减值准备，是督促各级企业加速资企周转、减少资产沉淀、盘活存量资产、出清低效无效资产、提高资产质量的重要手段之一。另一方面，规范精益的会计信息也是业务部门以价值创造为导向的管理活动的必要基础。例如，国内企业的应收账款的账龄分析一般是以入账为基础，入账账龄在考核应收账款周转率、做好应收账款的总额控制以及量化应收账款相关的信用政策管理上具有价值；但对于制定应收账款的回款计划、及时推进与客户之间的应收账款回收与管理作用甚微。所以，财务部门需要以业财融合为导向，延伸业务前端，将合同约定的回款节点与业务开展的节点进行匹配，在匹配的基础上将合同节点转化为业务时点，从而制定以合同约定的回款日为基础的账龄分析基础，进行账龄管理。这也是业务部门强化业务管理、创造业务价值的重要手段。

需要强调的是，表面上看起来，核算的信息是由财务提供的，核算的过程是在财务内部开展的，但事实上，企业的核算是嵌入企业业务开展的全流程之中的，是以凭证为基础的。规范的核算首先要求业务流程与财务流程相融合、要求业务的开展与凭证的产生与传递同步，而这一切都离不开领导的支持和业务的配合。所以，要认识到强化和规范企业的会计核算工作，是财务提供服务的首要表现，是提供发挥监督的前置基础，这是财务部门的职责所在，也是领导层和业务部门需要关注的首要财务工作。

（二）强化资金管理，实现安全高效

资金是企业资源的内核与主线，是除信息之外企业财务工作另一对象的主体。《指导意见》从加强司库管理体系的顶层设计、主体规划、系统建设与落地实施等角度，要求企业加强司库体系建设，从而实现对全集团资金的集约管理和动态监控，强化境外资金、应收账款等的管理，完善资金内控体系，落实监管要求。

立足于业务和决策层，我们应该看到，以资金为代表的有形资源的集中和精益化管理，在降低资产负债率、提高企业盈利能力、有效管理资金安全风险等方面取得了巨大的成效，资金管理成为企业财务价值创造的重要手段之一。但存在两个方面的新情况应该在决策时加以考虑：一是随着发展由高速度转向高质量，企业特别是处于竞争性行业的企业之间的竞争，将可能从增量竞争转向存量竞争，竞争态势更加激烈。为适应这种激烈的竞争，企业日常经营管理集中的力度可能会有所减弱、停滞甚至可能会有所回调，但这与财务资源的集中集约化管理之间可能存在矛盾，这就需要考核发挥更有效的作用。二是不仅要关注有形资源，如资金、固定资产投资等的集中精益化管理，还需要关注无形资源，特别是信用资源的集中精益化管理，防止出现有的企业利用国企信用资源优势在金融市场上增加甚至积累债务风险，特别是通过表外融资、永续债等变相的债务融资形式导致规模无序扩张。因此，在资源集中精益化管理的背景之下，要同步强化财务的决策牵制力和执行监督力，防止业务决策通过集中管理的资源倒逼财务放松债务风险管理，甚至累积债务风险。

（三）强化成本管控，实现精益管理

更加注重质量和效率，重要的表现之一就是要强化

成本管控，实现精益管理。为此，《指导意见》要求企业牢固树立过“紧日子”思想，坚持一切成本费用皆可控，坚持无预算不开支，健全全员、全要素、全价值链、全生命周期成本费用管控机制。

立足于企业的业务和决策层，我们应该看到，企业的成本管理不应该局限于管理阶段甚至于设计结算，还需要从更加全周期的视角看待和强化成本管控。一般来讲，成本管控可以分为三个层面。（1）商业模式及交易阶段的成本管控，如将企业的价值链分解为一个一个独立的价值单元，通过该价值单元在内部执行的成本和在市场采购的价格之间的对比分析，将内部高成本的价值单元以外包等方式实现市场化采购，在企业内部只保留企业自身有足够的成本与质量优势的价值单元，这就是价值链思想，这种成本管控思想将控制成本和培育企业核心竞争能力相结合，是近年来世界一流企业的常见甚至通行做法，如消费电子领域的制造外包。（2）技术模式与设计阶段的成本管控，如在产品设计和工程建设项目设计时，分解技术结构、技术可靠性等技术目标与成本代价之间的对应关系，从而以最恰当的成本去实现产品与资产的功能，这种成本管理思想是传统的以技术手段管控成本思想的延续。（3）管理模式与执行阶段的成本管控，这个层面强调通过细化成本核算、量化成本标准、强化成本考核来建立全过程、全方位、全要素、全参与的成本管理体系。

（四）强化税务管理，实现规范高效

《指导意见》要求推进集团化税务风险与合规管理，建立税务政策、资源、信息、数据的统筹调度和使用机制。做到“应缴尽缴，应享尽享”。

立足于企业的业务和决策层，对当下国有企业的税务工作，应该有三点认识：(1) 近年来，国家在推进减税降费的同时，税收执法环境持续规范和完善，纳税筹划的空间越来越小，税收合规的风险越来越大。实务中有一些游走于税收法律法规边缘的节税手段，对于国有企业来说是没必要的，更是不明智的。(2) 尽管纳税筹划的空间在变小，但即便相同或类似目的的交易，在不同的交易模式和交易结构设计下，也可能会产生不同的纳税要求，所以，相同或类似目的的交易，也可能产生不同金额的“应缴尽缴，应享尽享”税负。(3) 特定的税收优惠政策和税收法律法规要求，往往与企业特定的交易模式和交易结构相联系的，而这些交易模式和交易结构并不总是能够被业务和领导人员所识别与理解，所以，强化税收的合规管理，实现“应缴尽缴，应享尽享”，就必然要实现业务流程、财务流程、税务流程的高度融合，推动企业财务在业务流程的源头参与，通过

业务流程的优化规划、完善设计、合规执行来推进税收合规管理，管控税收风险。试图在业务流程的末端消除业务设计和业务实施中已沉淀税负风险的想法和做法是错误的。

（五）强化资本运作，实现动态优化

资本运作是集团化企业财务管控的重要手段和特征。《指导意见》要求加强制度和规则设计，立足国有经济布局优化和结构调整，服务企业战略，聚焦主责主业，遵循价值创造理念，尊重资本市场规律，适应财务承受能力，优化资本结构，激发资本活力。从而盘活资产存量；加大“两非”剥离、“两资”清理工作力度，加快亏损企业治理、历史遗留问题处理，优化资产和业务质量，提升资本效益；强化金融业务管理，严防脱实向虚。

立足于企业的业务和决策层，在开展资本运作的过程中，要重点关注两个问题：第一，在投资、并购、资产处置等工作中，存在大量的风险甚至主要风险，其识别、评估和管控，需要高度的财务专业思维与丰富的财务专业能力，如并购中的估值风险、资产处置中的合规风险等。所以，应该贯彻“大财务观”，推动和要求企业财务全过程、全方位参与企业资本运作。第二，对子公司与被投资企业的管理包括很多方面，但财务的管控是其中最重要的方面之一，尤其需要强调的是，对子企业和被投资企业的财务管控，不是在投资和并购完成之后开始的，管控的主要架构往往是在交易谈判阶段设定的，所以，财务部门全过程、全方位参与投资、并购等工作，对于强化和优化子企业和被投资企业的管控，具有特殊的重要意义。

四、持续完善五大体系

完善五大体系，即全面预算、合规风控、财务数字化、财务管理能力评价、财务人才队伍建设体系。这是支撑财务管理职能落地、实现财务管理体系有效运行的根本保障，也是推进财务管理转型升级的主线和重点。

（一）完善纵横贯通的全面预算管理体系

预算管理是集团化企业财务管控的重要手段，是资源配置的主要平台。《指导意见》要求完善覆盖全部管理链条、全部企业和预算单元，跨部门协同、多方联动的全面预算组织体系、管理体系和制度体系，实现财务预算与业务、投资、薪酬等预算的有机融合。

当前，中央企业在预算管理体系的建立、组织职责的明确、管理流程的建设与管理机制的推进等方面都取得了很好的成绩。未来企业预算管理工作应该重点推动贯通以下三个方面：

1. 打通预算管理与战略规划的关系，把预算管理的统筹与配置资源这一职能从年度预算拓展到战略规划制定阶段。一方面，需要在战略规划制定阶段，有效统筹机会与风险、速度与质量之间的关系，并以此引领战略级的资源配置；另一方面，需要通过平衡战略规划制定阶段的资源配置方案设计和资源配置结果要求，引导企业制定中长期的财务指标确定机制，减少年度预算制定过程中的上下级博弈及不确定性。

2. 打通业务计划与财务预算之间的关系，把预算管理的统筹与配置资源的职能与业务开展密切结合起来。业务计划关注业务的具体做法、投入资源、产出成果等，财务预算则关注不同业务的综合财务表现。换言之，业务计划与财务预算是一个问题的两种表现形式：一方面，企业财务应该在财务数字化转型的背景之下，主动实现财务从末端到全流程的转变，将预算的编制延伸到业务计划制定的前端；另一方面，财务也应该将风险管控的端口前移，通过在预算阶段对业务的统筹安排，将资源配置与风险管控合二为一，实现风险的源头治理。

3. 打通预算管理与绩效考核之间的关系，用考核手段保证预算目标的实现。需要注意的是，强调预算指标在考核中的引领作用有可能进一步加剧预算编制过程中的上下级博弈，甚至降低预算编制的质量和会计信息的质量。解决上述问题，不能通过分离预算指标与考核指标来降低业务的博弈动机，而要通过强化财务与业务的关系和明确博弈的规则来提升财务的博弈能力。否则容易导致预算管理在企业财务管理甚至企业管理中的边缘化，进而降低企业财务对资源配置的统筹能力。本节将重点介绍调研对象航天科技、中国电科、中国海油、国家电网、中国移动、国投集团以及招商局在这个领域的成功做法。

（二）完善全面有效的合规风控体系

强化合规风控体系是更好统筹发展和安全的内在要求。《指导意见》要求建立健全财务内部控制体系，以源头参与和流程管控的理念，完善债务风险、资金风险、投资风险、税务风险、汇率风险，还有国际业务的风险，如履约风险、佣金风险、外派财务人员的管理等各类风险管控。加强财会监督与纪检、巡视、审计等监督主体的协同联动，形成合力。

立足于企业风险内控工作的实际，从财务的视角来看，企业的风险及财务在风险管理中的职能发挥，可以划分为以下三个层面。

1. 需要建立制度或实施流程来管理的风险。此类风险是非金融企业中出现频率最高的一类风险，常见的如财务合规风险、资金安全风险、信用风险、存货积压风险、固定资产投资决策风险、投资与生产运营成本管理风险、并购估值风险、并购整合风险、资产损失风险等。对于此类风险，在财务数字化转型和财务人员从传统的财务工作中解放出来的背景下，财务需要转变观念、积极进取，不断探索和丰富企业财务在风险管理过程中的职责定位与方式方法。可行的方法是通过业财融合与财务的远端介入实现源头治理，从而深刻洞察业务风险点，在业务发生之前系统性识别风险并针对性地制定风险管理所需要的制度和流程，并在执行中持续完善，切实把此类风险的管理由问题导向的风险控制转变为风险导向的源头治理。

2. 需要设计或实施交易管理的风险。此类风险典型的有利率风险、汇率风险、大宗商品价格风险以及意外重大损失风险等。这些风险的管理，一般是通过套期、锁汇、利率互换或保险等交易手段来对冲或转移风险。其中利率风险和汇率风险传统上就属于企业财务的风险管理职能范围；但财务应该进一步丰富工作的内容和手段，结合自身专业优势，在套期方案设计、套期关系制定、套期风险评估与重估、套期方案实施管理等方面，进一步发挥财务专业的风险管理优势，加强和优化对大宗商品价格风险和重大意外损失风险的管理。

3. 债务风险和流动性风险。此类风险的管理强调两个方面。一是债务风险和流动性风险在传统上就属于财务的风险管理基本职能，应该进一步强化和完善。二是企业债务风险的大小在战略规划的制定阶段和重大项目的投资决策阶段已经确定，事后管理效果甚微。所以，有效管理债务风险和流动性风险，必须进一步提升财务的独立性，强化财务的决策牵制力和执行监督力，使财务能够充分有效地参与企业的战略规划制定、重大项目决策和商业模式设计过程中。换言之，债务风险和流动性风险，是战略制定与业务决策的结果，而不是业务执行的结果，更不是事后管理的成果。

需要强调的是，财务的风险管理职能中，有些风险的管理属于传统的财务职能，在职责定位和履行中并不存在争议，如财务合规风险、资金安全风险、利率风险、汇率风险、债务风险、流动性风险等。但另一些财务在风险点的管理中发挥的作用、履行的职能，在不同企业中具有不同的表现，如信用风险、存货积压风险、固定资产投资决策风险、投资与生产运营成本管理风险、并购估值风险、并购整合风险、大宗商品价格风险等。在财务转型的总体要求之下，在复杂的风险管理中，应该要求财务人员熟悉业务、拓展职能、丰富工作场景，使财务部门具备风险管理中心的能力与职责。

（三）完善智能前瞻的财务数智体系

信息技术的快速进步与迭代是当下企业财务工作面临的重大机遇和挑战，在这一背景之下，《指导意见》要求企业完善智能前瞻的财务数智体系，推动企业财务工作数字化、智能化，解放财务人员，将财务工作从末端化转向流程化，财务从数据加工整理中心向战略支撑中心、决策支持中心、业务服务中心、价值创造中心和风险防控中心的转变奠定基础。

对于这一问题，企业业务部门与决策层应该强化两点认识：（1）企业财务数智化是企业整体数字化、智能化建设与转型的一部分，既要体现财务专业的特殊要求，也要纳入企业整体数字化、智能化规划、建设、实施等整体工作；（2）财务数智化方面的投入，既是提高信息质量和流程反应速度的要求，也是解放财务人员，从而更好发挥财务服务与监督职能的基础。

（四）完善系统科学的财务管理能力评价体系

《指导意见》要求企业构建与企业战略和业务特点相适应、与财务管理规划和框架相匹配的财务管理能力评价体系，促进各级企业财务管理能力水平渐进改善、持续提升。

（五）完善面向未来的财务人才队伍建设体系

《指导意见》要求企业健全财务人才选拔、培养、使用、管理和储备机制，打造政治过硬、作风优良、履职尽责、专业高效、充满活力的财务人才队伍，实现能力更多元、结构更优化，数量和质量充分适应时代进步、契合企业需求。

需要明确的是财务管理能力评价体系和财务人才队伍建设体系，更多的是财务部门自身的工作。换言之，是财务部门要以自我革新的心态与观念，持续不断地提高人员和体系的履职能力，为更好地发挥服务与监督两大职能提供保障。

中央企业建设世界一流财务管理体系的思考与案例

在持续建设世界一流财务管理体系的过程中，各中央企业对照政策要求、结合自身特点、契合时代发展脉络、积极应用信息技术进步的最新成果，在更好统筹发展和安全，更加注重质量和效益，更好发挥支撑战略、支持决策、服务业务、创造价值、防控风险等方面，做了大量的探索性工作，取得了丰硕的成果。本部分精选六个案例，从不同侧面展示中央企业建设世界一流财务管理体系的思考与做法。

更好统筹发展和安全，一个重要的方面是要解决投资规模、发展速度与债务风险、安全边界之间的关系问题，在这方面，国家电网以财务承受能力为边界的投资管控模型就给出了很好的答案。财务数字化转型、智能化升级是未来财务管理体系建设的重要组成部分和基础设施工程，中交集团坚持标准化建设、集中化部署的财务云体系建设，打通业财、穿透层级，为集团化企业财务管控奠定了良好的基础。企业财务的转型升级，要积极拥抱信息技术进步，推动传统高标准化、高重复性、低附加值工作的自动化与智能化，在此基础之上，解放人力，将财务的人力资源投入为业务提供更好的服务，为企业做更好的风险管控过程中，中移动以“一站式”支撑模式锻造财务服务品牌，实现了从核算财务到价值创造财务与风险管控财务的转变。在传统财务工作模式下，商旅频率较高的公司中，财务人员需要花费大量的时间、精力和耐心处理商旅业务的合规管理、费用报销、票据管理等事项，国家电网的智慧商旅共享服务新模式，不仅提高了商旅相关财务工作的效率，降低了财务工作的强度，更重要的是，大大提高了企业业务人员的用户体验，提升了业务部门的获得感。共享服务集团化、市场化、智能化和多元化，是未来企业共享服务的重要方向，中国石化集团以市场化主体运营共享服务，不断拓展共享服务的深度和广度，助力企业财务的转型升级。世界一流财务管理体系不是一个客观的标准，不是一个静止的状态，而是一个努力的方向，是一种发展的趋势。在这个过程中，需要对企业财务管理能力和水平进行持续的评价，并以企业的发展战略、业务特点和管理需要等为导向，进行持续优化，国投集团持续优化为导向实施财务管理能力评价，是这一做法的先行者。

案例一：国家电网以财务承受能力为边界的投资管控模型

一、投资管控模型的实施背景

投资是企业扩大再生产的手段，投资规模的确定不仅关系到企业运营，也影响到社会发展。投资作为起点，一方面形成资产，进而影响企业的准许收入及利润；另一方面投资形成在建工程转化为固定资产，增加运维、折旧等成本，减少当期利润。同时，公司净利润、折旧等形成投资能力，支撑并约束投资规模。投资对公司发展具有长期、重大影响，投资、资产、利润、负债率之间相互影响、相互制约，需要平衡好有限的财力资源和投入需求上升之间的矛盾。财务作为资源调配、价值创造的决策支撑者，有必要建立基于经营状况的投资约束机制，以财务承受能力作为投资决策的输入条件，统筹经营核心要素，加强财力资源运作，强化价值引领，推动提质增效，有效解决投资效益意识不足、投资需求统筹平衡把控不足等问题。

二、投资管控模型实践与做法

投资能力指企业通过预测期内企业经营、筹资、投资活动产生的现金流量净额，是满足特定约束条件且能使企业持续经营时财务能力所能支撑的投资规模上限，是科学指导企业开展投资活动的量化指标、前提基础和重要保证。投资能力测算基于定量分析，解决“在一定的经营状况下，企业能投多少”的问题，既遏制投资冲动导致企业恶性循环，又避免畏首畏尾影响企业长远发展。

测算模型。国家电网投资能力模型以自由现金流为核心，以资产负债率、净利润等经营目标边界为约束，合理预测设定相关参数，建立以经营目标约束下的现金流量恒等式模型。即投资能力 = 经营产生的现金流量净额 + 筹资产生的现金流量净额 + 投资活动现金流入 + 货币资金余额变动（见图 8 – 1）。

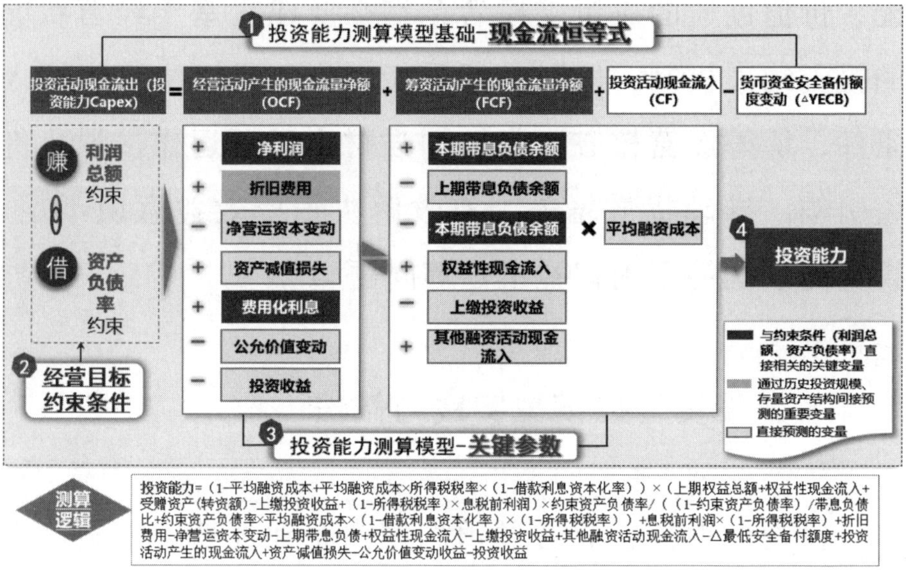

图 8 – 1　国家电网公司投资能力测算模型

同时，对于部分下属单位为分公司管理体制情况，可引入内部模拟利润概念，测算模型逻辑基本一致，上级单位可按照资产总额占比确定分摊系数，将固定资产、带息负债、权益及等支撑单位增量经营成果还原分摊至下级单位计算内部模拟利润。

投资能力由四部分构成：一是经营活动产生的现金流净额，主要是净利润、折旧费、费用化利息等；二是筹资活动现金流净额，主要是带息负债余额变动、权益性现金流入、上缴投资收益等；三是投资活动现金流入，主要投资活动产生的现金回报和用户工程结余资金等；四是货币资金安全备付余额变动。通常情况下，约束资产负债率越高，投资能力越大，但是高投资没有高收益，将推高资产负债率，带来经营风险增加或难以完成上级考核指标；经营活动现金流越充裕、盈利规模越大，可用于电网投资的资金就越多，投资能力越强；债务融资规模越大，资产负债率越高，投资能力越大，但是提高资产负债率会影响企业的经营安全，也会受到上级业绩考核目标的限制。

主要指标。期末权益根据预测年度净利润、总部注资、东西帮扶基金、引入社会资本、财政资金支持、接收用户资产等权益变动先行确定。期末负债总额 = 期末权益 × 资产负债率/（1 - 资产负债率），根据期末权益和资产负债率约束计算得出。费用化利息 = 本期带息负债余额 × 平均融资成本 ×（1 - 借款利息资本化率）。净利润 =（息税前利润 - 费用化利息）×（1 - 所得税税率）。本期带息负债余额 =（息税前利润 - 约束利润总额）/［平均融资成本 ×（1 - 借款利息资本化率）］。期末权益直接根据历史和预算数据填报，其余四项主要指标以利润总额及资产负债率两个关键经营目标作为约束条件，根据存量结构、预算数据以及约束条件锁定值测算得出。

测算方法。以利润总额和资产负债率目标为约束，结合历史数据、下年度预算数据以及远期财务规划数据，测算公司有多少钱可用于投资以及可以借多少钱用于投资。第一步计算得出经营性现金流净额、除自有投资事项外的投资性现金流入、除带息负债规模变动外的筹资性现金净额，确定公司经营积累的资金规模；第二步计算得出利润总额约束条件下的最大费用化利息规模，并推导得出带息负债规模变动上限；第三步计算得出资产负债率约束条件下的负债规模上限，扣除其他负债后，确定带息负债规模变动上限；第四步比较第二、第三步的带息负债变动规模，取同时符合利润总额和资产负债率目标约束条件的值作为追加的筹资性活动现金净流入；第五步依据现金流量恒等式，将前四步计算结果（经营+投资+筹资现金流净额）扣除电网企业的货币资金安全备付变动额，得到可用于自有投资的资金总量，再除以平均投资资金使用率（依据历年投资资金支出/投资计划规模计算得出），最终得出对应投资计划的投资能力。

管控机制。落实战略部署，加强边界管控，优化资源配置，集中调配各类资源，科学确定投资规模，开展投入产出评价，促进投资闭环管控。一是明确职责及流程。投资能力测算与应用随同全面预算管理流程一并实施，发展计划部门归口投资计划管理，财务部门归口投资能力管理，分层级平衡投入需求与投资能力，统筹调配投资能力余缺，分别履行投资计划及预算决策程序。二是加强财务边界管控。财务与业务协同确定经营边界指标，以完成国务院国资委或上级单位资产负债率、净利润管控目标、经营业绩考核、国家主权级信用评级等边界指标为前提确定边界条件。三是强化各级主体责任。建立责权对等、分级负责投资管控机制，各级单位作为投资责任主体，根据自身承受能力合理安排投资，规范投资管理行为，形成有效投资的责任和压力传导机制。四是全面应用投资能力测算结果。加强各级财务与业务统筹，平衡投资能力与需求，按照“量入为出、量力而行”原则，提出优化高中低等不同边界条件下的投资规模目标，合理确定投资规模、结构和时序。五是加强资源统筹调配。在保持总投资能力与投资规模一致的前提下，提升集团化运作水平，统筹调配投资能力余缺资源，给予能力不足单位追加资本金、东西帮扶基金及减免投资收益等政策支持，缓解单位间投资能力不均衡现状。六是分类确定各单位投资规模。严格控制投资能力缺乏单位投资规模，保证安全、政策保障等刚性投资，争取内外部政策支持，避免过度投资导致财务状况持续恶化。优化项目储备时序管理，按照轻重缓急进行排序，把有限资金投向保安全、占市场、见效益的项目。七是加强投入与产出分析评价管理。定性分析和定量评价投资计划执行及经营目标变化情况，根据内外部形势变化，建立投资能力测算及投资计划定期调整工作机制，确保投资能力有保障，投入资金有来源，财务边界不突破，投入产出有效益。

三、投资管控模型取得的成效

建立“投前看能力、投中有预算、投后产效益、效益促投资”投资能力管控机制，在管理理念、机制建设、管控手段方面实现了根本性变革，有力保障了战略目标的实现。

1. 促进管理理念变革。投资能力作为公司规划和投资计划安排的前置条件和主要参考，加强精准投资和重视投资能力在公司上下形成广泛共识，将债务风险管控、源头防控系统性风险等融入业务前端，优化投资能力应用及管控机制，并固化至各专业管理办法进行制度化安排，财务价值创造能力不断提升。

2. 促进管理机制变革。以投资能力管理为抓手，量化了投资规模上限，合理设定了财务边界、业务边界、行为边界。公司“十三五”、2020—2022 年三年规划及“十四五”规划编制全面应用投资能力测算结果，集团层面规划总规模与投资能力保持一致，年度投资计划安排以投资能力测算结果为依据，各单位投资由管规模向优结构和排时序拓展，“大财务”协同效应突显。

3. 促进管控手段变革。发挥了集团化运作优势，统筹“大经营”资源调配，考虑区域内发展和资源不平衡状况，加大总部帮扶、东西帮扶力度，充实欠发达地区电网建设资金规模，服务地方社会经济建设，投入产出效益显著提升。

4. 保障战略目标落地。投资能力与投资规模持续多年的高效匹配，财务资源在各板块、各单位精准调配，保障了国家能源及战略高质量落地，支撑了公司经营实力不断夯实。2021 年在《财富》世界 500 强中排名第 2 位，连续 17 年获得国务院国资委业绩考核 A 级，连续 9 年获得三大国际评级机构国家主权级信用评级。

建立基于自由现金流的投资能力管控机制，从理论和实践两个层面不断拓展内涵和外延，以此为基础推动财务管理理念变革、运营机制变革、治理效能变革，构建了财务价值创造和引领新模式，取得较好管理效益和经济效益。

案例二：中交集团财务云建设助推集团管控能力不断提升

2020 年以来，中国交通建设集团有限公司（以下简称“中交集团”）把握数字化转型契机，协同推进基础设施升级、数据标准制定、管理流程优化、业财系统集成等工作，打造标准统一业财融合的“财务云平台”，同步开展跨二级法人的管控服务型区域财务共享中心建设，面向全球提供专业、高效、规范的“共享云服务”，实现集团对各级企业财务管控的“远程投放”和“标准化复制”，提升集团化管控能力，助力企业高质量发展。

一、财务云建设背景

（一）走出企业管理数据困境

长期以来，企业管理面临着数据困境。在信息系统建设方面，缺乏统一规划，各专业系统功能交叉、数据重复存储，形成信息孤岛；在数据治理方面，缺乏统一规范的数据标准，各专业系统间无法有效贯通，严重阻碍数据的汇聚、共享与应用，影响企业管理决策。企业亟须理清职能管理界面、制定统一数据标准，实现信息系统的统一规划、集中部署和有效集成，通过数字化手段打通企业管理断点，走出企业管理困境。

（二）推动财务运行机制转变

在集权管理为主的中央企业，传统的财务管理依托层层传递的金字塔模式，当面对业务情况复杂、规则常变、维度多重的决策需求时，仅能取数“靠要”，用数“靠表”，财务管理手段严重落后于技术进步，财务管理功能不能充分发挥。企业需要以数字技术与财务管理深度融合为抓手，实现流程的自动执行、业财的协同联动和数据的多维汇聚，推动财务运行机制从金字塔模式向前中后台模式转变，努力实现管理层级扁平化、管理颗粒精细化、管理视角多维化、管理场景动态化、管理信息实时化，确保反应敏捷、运转高效。

（三）促进管理制度有效落地

长期以来，企业面临已制定出台的管理制度难以落地的窘境。企业按照法律法规、政策要求制定了合规制度体系，但是违规事项屡禁不止，合规风险有增无减。这就需要企业在审视制度体系科学性、时效性的同时，建立制度执行保障体系。在技术保障方面，借助数字化手段将管控点固化到信息系统，实现管理要求的线上刚性控制；在组织保障方面，建立跨二级法人单位的管控服务机构，打破业务监督的行政管辖，借助财务云平台提供规范、统一、高效的云服务，促进管理制度在各层级的有效落地。

二、财务云建设方法

中交集团财务云紧盯支撑世界一流财务管理体系建设目标，按照“统一规划、系统兼容、分步实施”的要求，通过标准化建设、集中化部署、数字化应用建立横向业财集成、纵向层级贯通、前中后台模式协同的财务应用云平台。业务前台对应各核心业务系统，实现业财无缝对接、数出同源和管理穿透；财务中台包含共享报账、司库管理、税务管理和预算管理等财务核心应用，定位为数据采集平台、管控执行平台和协同工作平台。财务后台包括财务核算和报表管理，通过配置大量规范化、复杂化的计算和校验规则以及全级次数据的批量自动处理任务，可提供定制化的数据展示（见图 8－2）。

（一）标准化建设

中交财务云以标准化建设“夯基础、建体系”，统一制度、流程和数据标准，满足集团管控需求。

一是重新审视现有制度的科学性和适用性，通过开展全级次单位制度的废改立，建立起包含公司章程、议事规则、管理办法、实施细则和指导意见的规章制度体

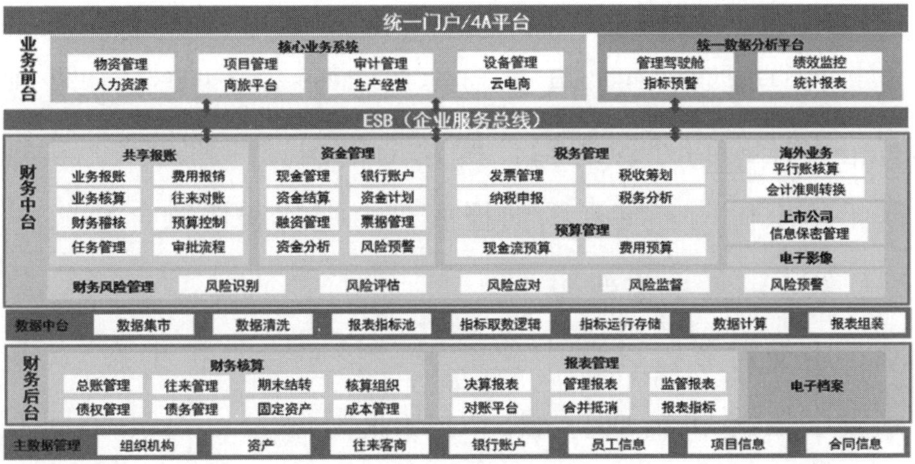

图 8－2　中交集团财务云平台架构

系。二是全面梳理管理职能界面，制订信息系统管理及业务架构，明确专业系统所处的层级及职能边界，避免系统边界不清或功能重复。三是梳理 1096 条公司标准流程，129 条对下管控流程，打通数千个业财对接断点，实现业务与数据的上下通透与业财贯通。四是制定并发布机构、人员、往来单位、项目等 13 类主数据标准，统一业务与财务数据语言，累计推动 460 万条主数据入库，完成主数据系统与 16 个统建系统集成、33 家二级单位自建应用系统集成，实现主数据在各单位系统中的贯标落地和数据应用赋能。五是统一集团会计政策和会计估计，建立包含 4185 个科目和 41 个必挂辅助类别的两级管控会计核算体系。集团管控会计科目和必挂的会计辅助，强制一贯到底，实现集团“一本账”；二级单位可增加本级辅助，满足核算精细化与管理个性化要求。六是整合全级次决算报表和多维管理报表，优化现有报表样式和处理逻辑，构建全集团“一张表”，实现基于组织机构多维视图的报表自由组装和任意合并。

（二）集中化部署

中交财务云以集中化部署“搭平台，扩生态”，统一底层架构和集成标准，对内业财融合，对外协同联动，实现数据的汇聚共享和管理穿透。

一是为适应财务云大数据、高并发、多终端的应用需求，中交集团升级原有基础设施，采用云网安一体化架构部署，建设北京、厦门双数据中心，打通海外网络“最后一公里”，实现全集团“一张网、一个库、一朵云”；二是改变财务系统分级部署、财务模块分散应用的现状，统一底层架构，横向整合财务各模块、连接各业务系统，纵向贯通各级子企业，打造标准统一、业财融合的财务大集中平台；三是财务云开放 120 多个标准接口，实现与 10 多个统建系统和 100 多个二级单位自建系统的对接，统一结算通道和税务平台，实现银企直联、财企直联和税企直联；四是将公司标准流程准确嵌入信息系统，保证流程在不同系统中不重不漏，顺畅衔接，将信息系统建设由满足部门单一需求，向满足支撑公司战略实现的管理体系运行总体需求转变。

（三）数字化应用

一是构建集团级数据湖，打造集团数据存储底座，实现多系统数据以统一、规范的标准入湖汇聚、安全存储、业财共享和高效利用。二是打造企业财务管理驾驶舱，系统梳理了共九大类422项指标，包括生产经营指标、重要财务指标，支持层层穿透查询，多维度、多场景展示，打造纵向穿透、横向协同、为管理赋能的财务可视化平台。

（四）规范化落地

一是固化管控节点。围绕项目全周期管理梳理九大类业务流程，将集团和各单位千余份财务制度落实为百余个具体的管控节点，分别固化在十余类业务单据的填报和审核环节，实现管理要求的智能控制。二是强化刚性约束。财务云将预算管控、资金计划、表单勾稽关系等财务管控规则前置到业务系统，通过调用并回写应收应付台账，实现“无合同不结算、无结算无债务、无债务不支付，无计划不支付”，落实全面预算和资金计划的刚性控制，使每一笔支付的资金都有理有据，杜绝违规支付。三是同化稽核规则。建立跨二级法人单位的区域财务共享中心，履行合同合规、财务核算、资金结算三大职能。对不同单位相同场景的业务基于同样的规则提供规范、高效、专业的共享云服务，实现稽核规则的统一化，助力企业合规经营。

三、财务云建设效果

（一）重大财务事项的全面管理

统一的司库管理体系，基于集中统一的多级资金池，可实现对企业经营活动、筹资活动、投资活动产生的现金流量的全面感知；资产管理模块可以对包含固定资产、无形资产、使用权资产在内的八大类资产的全生命周期价值实现全景展示；上下贯通的标准流程可实现对大额支付、大额筹资、大额投资、重大资产处置的线上审批和全流程追溯；全面预算管控体系通过刚性控制可对预算外支出全面禁止，推动集团对重大财务事项的全面管理。

（二）重要经营活动的全面监督

高效的业财协同，使集团所有业务都经过线上审批汇聚至统一的财务云平台，通过将定额标准等财务管控规则前移，实现对经营业务的事前监督，将违规和超标事项控制在申请环节。六大区域财务共享中心，通过一体化财务云平台对全球业务提供稽核云服务，打破财务监督的行政管辖壁垒，对同场景业务按相同标准执行，有效提升财务监督的独立性和有效性。

（三）重要指标数据的全面穿透

依托于统一标准的财务大集中平台，实现集团全方位的管理“穿透”。基于全集团唯一的主数据编码，可实现债权债务、资产状况等从报表指标—总账凭证—业务单据—合同审批—项目立项的全链条双向穿透查询，实现“业财穿透”。基于统一的组织机构主数据，可实现报表指标、预算执行、货币资金、税务指标从集团到项目的全级次穿透管控，实现“层级穿透”。集团统一的数据湖不仅形成天然的历史数据沉淀池，更为开展数据价值挖掘、实现数据驱动的未来指标预测打下坚实基础，形成“时空穿透”。

（四）重大财务风险的全面管控

通过财务云的信息管理与预警功能，对汇率风险、利率风险、债务风险、投资风险、税务风险等，建立风险量化指标和动态监测预警机制，实现风险“早发现、早预警、早处置”，确保风险可控在控，避免出现非预期损失。通过财务管理驾驶舱，建立以资产负债率、净资产收益率、自由现金流、经济增加值等关键指标为核心的动态预测模型，科学测算投资、负债、利润、现金流等指标的平衡点，保持企业整体资本结构稳健、风险可控在控。

案例三：中国移动以“一站式”支撑模式锻造财务服务品牌

中国移动紧密围绕国家指引导向以及公司转型发展需要，聚焦“业务财务”领域精细化管理，逐步建立了基于业财融合的管理会计体系，以业财深度融合为基础，以多维、精细数据为核心，拓展管理会计应用，助力公司转型升级和业务发展。为真正打通业财、推动业财融合落到实处，公司创建了“一站式”支撑业财融合推进模式。

一、践行客户服务理念，打造“一点”支撑模式

“一站式”支撑指财务部门设置专人，“一点”为业务活动提供全方位支撑服务，支撑范围涵盖效益评估、资源控制、风险把控、财务结算、税票管理等各个方面。做个类比，提供“一站式”支撑的财务人员就是财务部门的前台，即一线客服，用户（也就是业务部门）遇到的所有财务相关问题都可以去找前台人员/一线客服人员，倘若有些问题前台人员无法解决，则会求助财务后台的各专业线条的专家来协助解决，这些后台

专家相当于二线客服。财务人员开展支撑服务时，不仅要说 YES 或 NO，还要说 BUT，即遇到有风险或者方案设计不规范的业务活动时，不能只说“不行”，更要发挥自己的专业优势，告诉业务部门“怎么行”，真正帮助解决问题。“一站式”支撑充分体现了财务的市场意识、客户意识，将“服务”落到实处（见图 8－3）。

图 8－3　“一站式”支撑模式

以产品支撑为例，某省移动设置财务线条“产品看管团队”，选择一批经验丰富、综合素质高的财务专家担任“财务产品经理”，按照分工对全量产品实行专人看管，“一站式”对接负责所看管产品的所有财务事项，包括熟悉各产品收入、成本、效益精细化核算的具体规则与流程，提出优化建议；复核看管产品的效益数据，定期反馈效益分析、效益数据应用、产品运营情况等相关报告；深入了解产品营销策略，长期跟踪熟悉产品及行业的发展情况，对产品运营管理提出专业意见与建议，实现“核算规则—产品数据—效益分析—运营支撑”一站式的闭环支撑。

二、制定专业支撑指引，固化支撑服务方法

为提高业财支撑服务质量，集团公司在信息与通信技术（Internet Data Center，IDC）、家庭宽带等重点领域统一制定“一站式”支撑指引，梳理业务发展的事前、事中、事后全生命周期阶段的支撑要点，规范指导业财人员的支撑服务活动；针对互联网数据中心（Information Communication Technology，ICT）、营销案等对投入产出要求较高的业务活动，统一制定效益评估模型，开展投入产出分析，闭环评估业务发展效果，推动业务改善提升。

以 ICT 业务为例，“一站式”支撑指引规定，在开展 ICT 项目支撑过程中，财务人员要综合考虑项目与战略的匹配性、预计资源投入、投资回收期、决策流程的合规性、营运资金保障、税务风险防范、合同条款的规范完整性等各项因素。每个 ICT 项目上线之前，都必须从净现值、净现值率、内部收益率、静/动态回收期等不同维度开展项目投入产出测算，支撑管理决策；每个项目开展过程中，跟踪管理收入、支出、资金等情况，保障项目可持续发展；每个项目完成后，对标事前预

算，评估效益情况，最终通过全生命周期一览表全面展示各个阶段项目收支、效益、垫资、欠费等关键信息，实现闭环监控（见图 8－4）。

参数	折现率	所得税率
值	5.5%	25%

数据类型	指标值							
	原项目投入与产出	1	2	3	4	5	6	7
项目收入合计	—	—	10.38	20.75	31.13	42	—	—
项目支出合计	—	4.0	7.8	5.9	6.8	5.9	—	—
项目毛利润（收入-支出）	—	-4.0	2.6	14.9	24.3	35.6	—	—
弥补以前年度亏损	—	—	2.6	1.4	—	—	—	—
应纳税所得额	—	—	—	13.5	24.3	35.6	—	—
所得税	—	—	—	3.4	6.1	8.9	—	—
项目现金流入	—	—	11.0	22.0	33.0	44.0	—	—
项目现金流出	—	20.0	4.0	2.0	3.0	2.0	—	—
项目现金流	—	-20.0	7.0	16.6	23.9	33.1	—	—
累计项目现金流	—	-20.0	-13.0	3.6	27.6	60.7	61	61

评价指标	指标值							
	原项目投入与产出	1	2	3	4	5	6	7
净现金流（NCF）	—	-20	7	17	24	33	—	—
累计净现金流	—	-20	-13	4	28	61	61	61
净现金流现值	—	-19	6	14	19	25		
累计现金流量现值	—	-19	-13	1	21	46	46	46
累计现金流折现	46							
总投资现金流	—	20	—	—	—	—	—	—
总投资现金流现值	—	19	—	—	—	—	—	—
累计总投资现金流现值	—	19	—	—	—	—	—	—
累计总投资折现	19							
总成本现金流	—	—	4	2	3	2	—	—

图 8－4　ICT 项目效益评估模型

部分省移动进一步细化 ICT 业务“一站式”支撑手册，包含从售前效益评估、售中收支管理到售后交维等全流程每个环节具体规范要求和详细操作截屏指导，目的是让一线 ICT 业财新人能迅速上手、有依可循、提高效率，减少电话咨询、反复试错等时间成本。上线DICT[①]项目管理系统，固化管理流程与机制，将项目风控从“人防”升级为“智防”，实现了项目报表可视化、报账提交智能化、收支匹配自动化等，把复杂留给系统、把简单留给一线。

三、传导财务效益理念，逐步促进价值经营

业财融合的核心是推动“价值”理念融入业务前端，使业务活动从方案设计到生产运营整个过程都有意识地提高资源使用效率。由于部门分工与职能不同，业务部门对“价值”和“效益”缺乏先天的敏感度，如果在实际工作过程中财务部门总是就价值谈价值，对业务部门提要求、设限制，很容易引起对方反感，导致事倍功半。通过“一站式”支撑，推动“财务学业务，业务懂财务”，锻造了财务服务优质品牌，能够大幅提升业务部门感知，在此基础上逐步融入业务活动，传导财务效益理念，引导业务部门不仅关注业务规模，更要关注业务价值，将价值经营融入业务发展的全流程，起到事半功倍的效果。

以投资效益管控为例，通信行业属于重资产行业，

---

① DICT是大数据时代，DT大数据技术与IT信息技术、CT通信技术的深度融合。

大部分成本与资本开支直接或间接相关，投资规划设计考虑不周对后续成本影响大，某省移动财务部门通过“一站式”支撑服务，与投资规划部门建立深度协同关系，共同打造投资效益全流程管理体系，基于全成本理论，对无线基站投资项目搭建量化评估模型，引入标准造价、平均资费、标杆成本，强化标杆管理，科学预测生命周期内投资、收入、成本和效益，择优选址。开展新建站点需求审核，对于低、负效益的站点，通过重新选址、优化建设等方式，实现节省造价约 1.3 万元/站，新址建站流量明显优于原规划站点，从源头提高投资效益（见图 8 –5）。

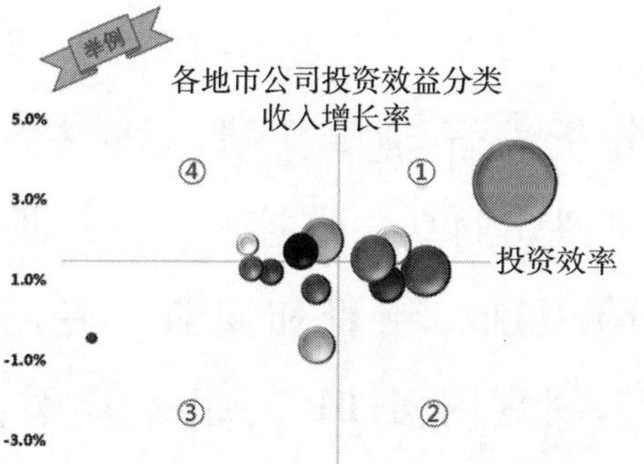

分类	投资表现		投资策略
第①象限	投资效率高	增长率高	加大投入，快速提升份额
第②象限		增长率低	保持投入，审视市场占有率
第③象限	投资效率低	增长率低	控制投入，关注社会效益
第④象限		增长率高	按项目重点审视，关注内部挖潜

图 8 –5　某省移动分地市投资效益分类管理思路

四、探索财务 BP 体系，升级“一站式”支撑

为了进一步深化业财融合，敏捷赋能业务发展，中国移动创新业财协作模式，探索构建财务业务伙伴（Business Partner，BP）体系，推动财务支撑人员派驻至业务前端，通过主动服务、价值引领、敏捷响应、全程融入，助力业务高质量发展，从而实现“一站式”支撑的实践升级。

集团公司组织部分单位开展试点，将财务 BP 始终聚焦四个定位，一是扮好“参谋者”，主动参与决策管理，提升价值引领能力；二是干好“情报员”，真正融入业务发展一线，实现信息及时互通；三是做好“联络官”，推动业财及时沟通、分析、管理和反馈，使财务思想和业务逻辑充分融合；四是当好“风控官”，把控各项财经政策，快速实现风险识别、预警和规避。专门制定财务派驻人员管理规范，规定财务 BP 的组织管理、工作机制及权利义务，明确财务 BP 在业务发展中拥有列席会议、参与决策、管理项目、收集信息、预警风险的职能，在汇报层级上，被赋予向业务单元一把手直接汇报的权利，确保财务 BP 深入参与业务部门日常经营，实现公司财务部对各业务部门财务管控的“远程投放”。目前，试点单位财务 BP 体系已实体化运行并得到内部

一致肯定，财务管理转型成果逐步显现，业务发展质效得到提升。

五、业财融合取得实效，锻造财务服务品牌

“一站式”业财支撑避免了业务部门一找多，把原先业务部门需要做的沟通等工作转化为财务部门的内部沟通工作，而且能够为业务发展过程中遇到的涉财问题提供建设性解决方案，得到业务部门的广泛认可。

经过多年实践，在提升财务服务质量的同时，推动效益观念深入人心，业务部门对资源的态度从原来的多多益善、无序争抢逐步转变为理性申请、效益优先；现在业务部门推出新业务、设计商务模式、制定套餐资费、调整营销政策、对产品评估下线时，都会主动找到财务部门共同商议研究，请财务从成本效益等角度进行把关，更加全面地考虑业务价值、促进业务高质量发展。

案例四：强调用户体验感的国家电网商旅共享服务新模式

2018 年以来，国家电网把握数字化转型契机，通过再造管理流程、整合商旅资源、突出共享运营等措施，构建具有“虚拟共享”特征的国网商旅云 APP（以下简

称“国网商旅云”），有效解决传统差旅管理分散、超标虚报、体验不佳等问题，以“互联网＋”的“小应用”，实现商旅业务精益管理、提质增效、智能服务的“大成效”。

一、商旅共享服务实施背景

（一）落实数字化转型的必然要求

近年来，国家围绕“大云物移智链”等新技术，出台一系列政策文件，要求企业以数字化转型推动管控模式升级。企业的商旅业务具有发生频度高、涉及人员多等特点，并且在传统线下分散管理、手工处理票据的模式下，存在信息共享难、工作效率低、流程耗时长等痛点。运用数字技术对商旅业务进行优化提升，并以商旅业务场景作为数字化转型切入点，符合数字化发展要求，有利于以点带面促进管理升级。

（二）促进业务规范的有效手段

传统商旅管理模式中，商旅资源由员工自行分散预订、事后审核报销方式开展，难以全面落实差旅标准、规范工作流程，也难以从根本上杜绝差旅超标、虚假报销、错报重报等违规行为，差旅费超标、违规报销等一度成为企业各类内外部监督检查的高频问题。为此，需要构建高效的商旅共享服务新模式，支撑企业商旅制度标准、操作规则和差旅资源的集中统一管理，有效防范商旅业务合规风险。

（三）推动效率效益提升的客观需求

差旅费管理是企业财务的常态性工作。从业务办理看，传统商旅业务审批、预订、制证、审核、报销需要大量人工参与，工作费时耗力，影响财务管理向赋能业务和价值创造延伸；从费用管控看，员工分散预订差旅服务，无法有效聚合集团差旅出行需求，难以发挥规模效应降低成本。商旅共享服务模式能够充分发挥集团化、集约化、数字化优势，有效提升集团企业商旅业务财务管理效率，助力降本增效。

二、商旅共享服务主要做法

国家电网围绕商旅业务全过程，充分整合内部信息系统和外部商旅资源，按照“管理精益化、运营共享化、服务智能化”的理念，打造了集应用前台、资源中台、运营后台于一体的商旅共享服务新平台——国网商旅云：按照员工实际出行场景，以应用前台支撑商旅业务全流程线上管理，以资源中台全面适配交通、住宿等商旅产品需求，以运营后台统一提供运营服务，实现商旅业务全在线智能处理、全过程规范管控、全场景便捷出行、全票据集中管理、全级次高效应用（见图8-6）。

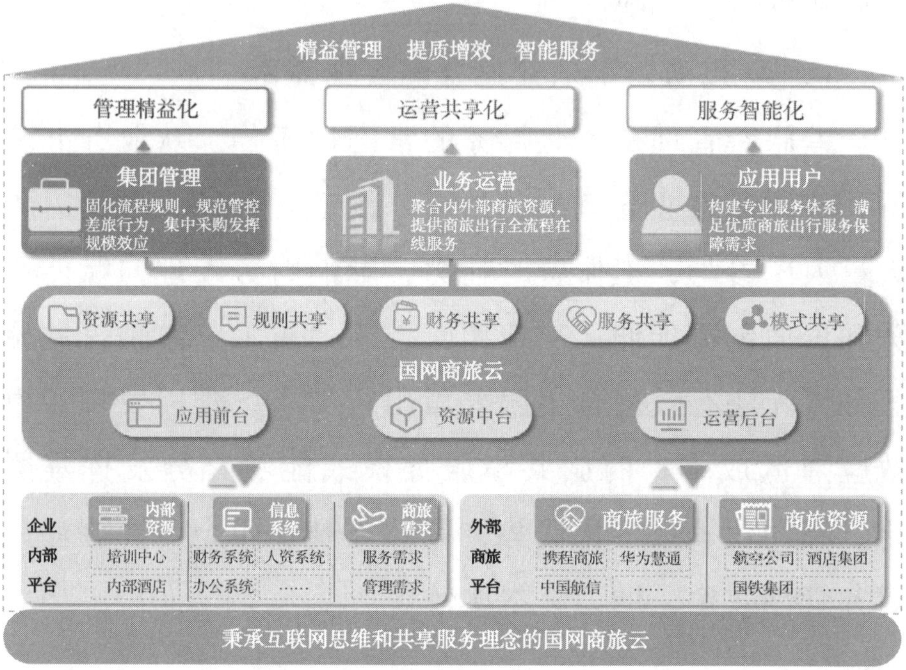

图8-6 国网商旅共享服务平台架构

（一）打造应用前台，实现全流程数字化应用新体验

一标准全面覆盖。根据差旅业务管控要求，全量梳理、整合提炼形成900余项全集团共同使用、高度统一的差旅规则，全面覆盖13种商旅场景、在线管理200多类业务流程，并通过实施集中运营向集团成员单位提供商旅管理标准化方案。一入口统一服务。打造员工移动端、服务运营端、业务管控端“三端合一”的商旅业务应用前台，为各单位提供商旅出行服务统一入口，满足

商旅申请、审核、预订、报销、对账、结算等全流程业务需求，实现商旅“一入口处理”。一站式线上办理。国网商旅云全面适配出行操作与服务需求，通过与集团内部其他信息系统集成对接，实现员工商旅出行的全业务全流程线上处理，预算自动关联、审批在线流转、差标规则固化、报销快速校验，为员工提供预订免垫付、出行免取票、报销免贴票的“三免”服务新体验（见图8－7）。

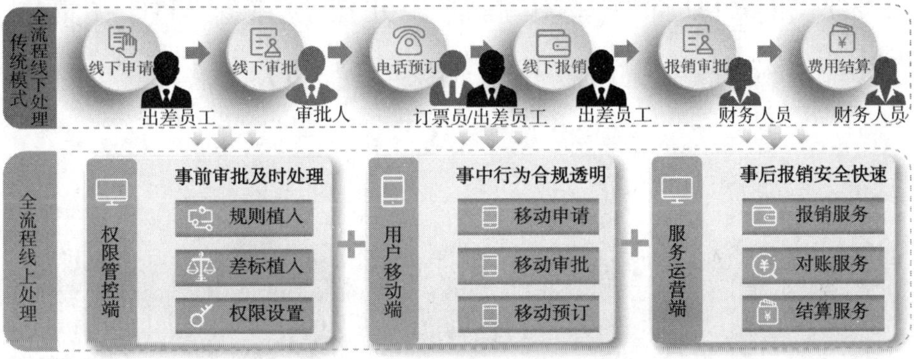

图8－7　全流程线上业务处理模式

（二）打造资源中台，满足差旅便捷舒适出行新需求

创新打造商旅自有资源中心，对内高效整合集团商旅需求，对外全面汇聚商旅产业链渠道和平台资源，以“总对总”战略合作为重点，与国铁集团、主流航司、酒店集团、商旅服务商等深度合作，充分发挥规模化集中采购优势，签订大客户协议享受专属优惠，打造合规高效、安全可控、体验友好的商旅资源中心。不断丰富

商旅服务产品库，聚焦员工高品质出行服务需求，按品类、渠道、价值等维度对商旅产品进行分类管理，形成满足员工全场景便捷出行需求的商旅服务产品库，实现大交通（飞机、高铁等跨省市交通）、小交通（机场轻轨、出租车、短途公路客运）、酒店住宿等差旅资源无缝衔接，保障员工安全、高效、舒适出行。截至 2022 年 9 月底，国网商旅云的自有资源中心专属大客户优惠协议已覆盖 25 家主流航司、25 家酒店集团（1.6 万个门户）和 3600 余家单体酒店，并成为首家与国铁集团 12306 系统直连的企业用户（见图 8－8）。

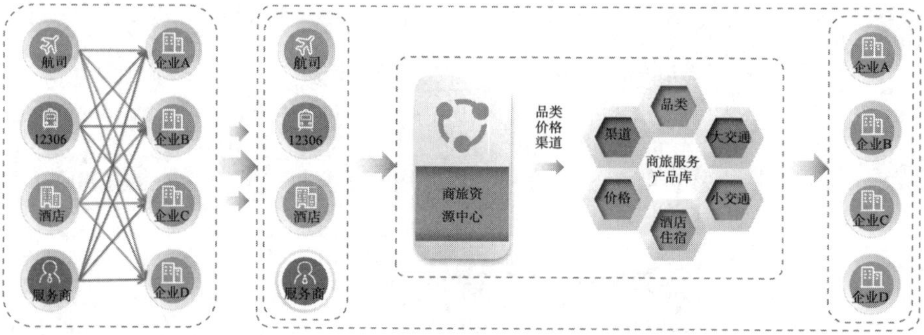

图 8－8　国网商旅共享服务平台资源管理模式

（三）打造运营后台，驱动构建集约共享服务新模式

国网商旅云充分发挥连接内外优势，以“四统一”打造运营后台，提供集约高效、安全共享的商旅业务运营支持（见图 8－9）。

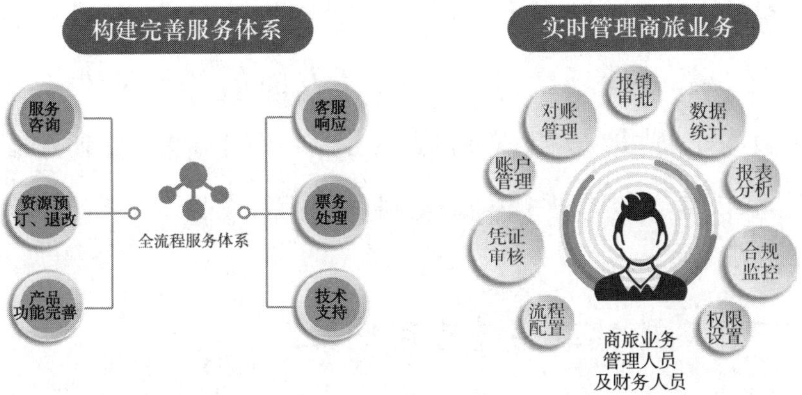

组建专业服务团队，建立完善的应急预案及机制，向集团内各所属单位提供7×24小时共享运营服务，及时响应和满足跨地域、跨单位、跨类别的商旅服务保障需求。

面向商旅业务管理人员及财务人员，提供账户管理、权限设置、流程配置、凭证审核、报销审批等9项商旅业务管理功能，实现商旅业务实时在线处理和动态管控。

图8－9　国网商旅共享服务平台服务保障体系

统一业务管控，面向集团成员单位，统一提供账户管理、流程配置、超标监控、虚报监控、对账管理、数据统计等共享服务。统一对账结算，国网商旅云作为集团唯一的采购方，统一与商旅资源方、服务商对账结算；作为唯一的服务商，统一为集团成员单位提供商旅共享服务，统一对账、统一结算，有效提升整体商旅业务处理效率。统一票据管理，国网商旅云集中保管公司全量差旅业务纸质票据，并正在加快推进以“结构化数据＋可信版式文件”全面替代纸质票据和影像，推动差旅业务全过程票证的电子化接收、报销、入账、归档。国家电网已经全国首家成功接收并全流程电子处理铁路电子客票和航空运输电子行程单，无纸化应用成效正在加速呈现。统一运营保障，组建专业团队，提供涵盖客服响应、票务处理、技术支持等方面的 7×24 小时共享运营服务，满足全级次高效应用，及时响应和满足跨地域、跨单位、跨类别的商旅服务保障需求。

三、商旅共享服务应用场景

国网商旅云上线后，差旅业务在手机移动端实现了申请、审批、预订、报销、支付“一站式”全流程在线管理，广大员工差旅出行体验大幅提升。截至 2022 年 9 月底，国网商旅云已经覆盖国家电网所属各级单位，注册员工用户达 91 万人，日活最高超 10 万人，在提升财务管理效率、推动提质增效、服务员工便捷出行等方面成效显著（见图 8－10）。

图 8－10　移动端全流程线上办理差旅业务

服务员工便捷出行，传统模式下，员工出差需要自行线下办理审批、自行垫付预定资源、自行获取保管票证、自行贴票办理报销，差旅业务线上线下交互频繁、员工垫资压力较大、报销流程费时耗力。现在，通过国网商旅云，实现了员工出行全流程移动端办理，预订免垫付、出行免取票、报销免贴票，“一站式”解决了大型企业商旅管理、员工出行报销的痛点难点。同时，员工还可以优享大客户专属服务，飞机、火车预定、退票更加便捷，超 80% 合作酒店提供免费早餐、延迟退房、免费取消等增值服务，员工出行获得感不断提升。

推动财务效率提升，传统模式下，财务人员办理差旅报销业务，需要线下审核员工自行填报的报销单据和差补标准，并在系统上逐条完成办理。现在，通过国网商旅云，员工差旅报销能够自动关联出差申请和预算信息、自动计算校验差补、自动入账报销支付，差旅报销重复工作量降低 80% 以上，大大减少了传统模式下财务人员低价值、重复性工作，推动财务人员不断向管理型、数字型、价值型转变。

支持经营提质增效，业务办理从“多环节人工”向“全链条在线”转变，实现 1013 万笔商旅订单零超标、零违规，基本消除商旅业务管理风险点，员工合规意识、精益管理水平显著提升；商旅管理从“分散无序”向“共享提效”转变，通过需求统一满足、资源统一采购、费用统一结算，集团采购规模优势转化为强大议价能力，公司机票每公里均价下降15%，酒店每间夜均价下降17%，确保在资源价格、品质、服务等方面实现效益最大化。

赋能企业数字转型，秉持“虚拟共享”理念，通过平台一级部署、全网应用，实现平台要素、管理元素、数据资源的全面共享，有效避免了以往各单位同类系统重复建设、资源重复投入的情况，助力公司数字化转型。从2018年试点上线到2020年全面应用，仅用不到两年时间就快速完成了近3000个企业主体推广实施，充分验证了国网商旅云所具备的可快速复制推广、业务适配和安全防护能力。

以国网商旅云为依托，国家电网已经建成了一个灵活可控的系统云平台、丰富多样的产品资源库和完善成熟的建设方法论，以全流程自动化、无纸化、数字化为特点的业务处理方式也正在不断扩展到更多业务类型，数字赋能转型发展的成效不断显现。国网商旅云获评第二十七届全国企业管理现代化创新成果一等奖，并陆续推广应用到其他企业，提供了可快速复制的集团企业差旅业务精益管理典型方案，积极助力企业管理创新突破和商旅行业变革发展。

案例五：中国石化持续升级以价值创造为导向的共享服务

中国石化集团共享服务有限公司是 2017 年成立的中国石化集团全资子公司，在中央企业中较早地全面部署推进共享服务建设，经过近 10 年的发展，形成了较为成熟的业务标准、实施策略、运营模式和服务体系，搭建了一体化智能共享平台，并不断拓展共享服务范围，通过建立高效运营、持续改进、价值提升的管理机制，打造一体化、智能化的服务支持平台，提供财务、HR、IT、商旅、党建平台等共享服务，以及大数据分析、专家咨询等专业支持服务。下一步在现有五个业务线条基础上，加快推进境外共享、工程造价、内控、档案和法律共享五个新领域拓展，协助开展采购、内部审计协同和招投标三个方面共享服务深化应用，形成“5 +5 +3”的共享服务发展格局，推进更多职能领域共享模式下的变革与发展。目前，业务板块涵盖油田、炼油、化工、销售、科研及专业公司，并逐步拓展到中国石化境外所有企业和外部市场。

一、构建共享服务体系，推动管理变革

（一）强化标准规范，推动从严治企

一是强化标准规范。启动会计业务标准化建设，形成了基于业务场景和专业板块的会计业务标准化体系；明确共享服务目录，规范服务范围、职责界面和操作流程；开展数据标准体系建设，规范主数据管理和基础类、指标类数据标准分类；建立统一的业务、流程、数据标准体系，实现了业务标准化、流程规范化，将制度、规范嵌入信息系统和流程操作关键环节，确保集团公司统一制度的有效执行，数据、报表信息质量大幅提升，生产经营情况、经营成果反映更加全面准确。

二是深化财会合规体系建设。以会计信息质量提升为抓手，完善稽核检查制度规范，常态化开展会计基础工作检查，推进源头合规、过程监控、事后评估闭环管理，筑牢依法合规防线，打造会计信息质量放心工程。

（二）加快业财融合，推动流程再造

一是推进“端到端”流程优化。开展业务流程写实，诊断现有流程的问题缺陷，建设“流程＋系统＋数据＋人”一体化管控的财务共享流程管理体系，持续推进端到端的业务流程优化，建立基于流程的业务运行和

组织体系，基于业务流程重塑组织与职责，促进共享端和企业端的效能提升。

二是大力实施流程创新。实施共享模式下的物资采购三单自动匹配、合同履约集成，推进集团内部关联交易流程优化，全面推广商旅平台和费用报销情景化提报等，以流程的优化再造推动管理效率的大幅提升。

（三）着力技术创新，深化智能应用

一是打通系统连接。设计建设智能化共享服务平台，形成前、中、后台的业务和系统架构，与中国石化统一建设的 ERP、资金集中、关联交易、商旅、HR、合同等业务管理系统紧密集成和数据共享。

二是深化技术应用。开发 ERP 凭证模板，深化 OCR 自动识别技术应用，建立财务公司电子回单与付款凭证自动对账归档，首批纳入国家级增值税电子发票电子化报销、入账、归档项目试点，持续提升自动化水平和工作效率。自主研发的“享当当”流程自动化机器人，实现了人机互动优化、高并发多线程运行等技术优化，月节约近 3 万个人工时。建设网络安全、数据、技术三大实验室，打造数字化产品和服务，提升共享服务数字化、智能化水平。

（四）提升运营质效，促进行业发展

一是搭建运营管理体系。围绕服务集团战略和企业转型，建立共享服务质量管理、客户管理、风险管理、运营绩效、知识管理、项目管理、专业能力提升等工作运行机制，持续提升业务处理质量效率和企业满意度，业务处理准确率、及时率保持在99.99%以上。利用业务和数据平台优势，总结提炼企业最佳业务实践和管理优化建议2000余条，快速复制推广。

二是制定行业团体标准。积极推动行业发展，近年来，接待了70余家政府机构、国企央企、学术机构等来访调研。结合行业需求，积极探索建立财务共享标准体系和专业认证体系，联合19家国企央企，总结提炼共享服务建设实施经验，牵头制定并发布行业首个《企业财务共享服务》团体标准，为大型企业改革发展提供参考借鉴。

二、深化共享服务价值，突显改革成效

（一）强化价值引领，有力推动企业转型

一是推动企业管理转型。通过实施共享服务，进一步理顺各层级管理关系，按照“管办分离”的原则，明晰职能定位和管理界面，优化再造流程，建立战略财务、经营财务、共享财务、专家团队的“四位一体”财务管控模式，推动财务管理从单一核算型向价值创造型

转变，深化业财融合，为构建中国石化战略型集约化财务管控体系奠定基础。将纳入共享的业务重塑为流程化、标准化、智能化的服务，真正实现寓管理和监督于服务，有效提升风险管理水平，全面发挥共享服务在资源优化配置、数据价值挖掘、战略支持保障等方面的支撑作用。

二是保障企业合规管理。建立业务、系统、流程三位一体的风险排查机制，健全以数据安全为主的商业秘密防护体系，形成企业与共享风险防控双向反馈机制，梳理出企业和共享端业务风险点 13 类 2150 个，制定 180 个防范措施，开展常态化业务稽核和全方位风险防控，为企业提供事前识别、风险预警及分析服务，有效防范风险，促进合规经营。

（二）深化创新驱动，大力推动降本增效

一是多方位提质增效。以集约化运营和流程、技术创新，助力效率大幅提升，通过加强系统间集成，实现信息自动识别、业务自动处理，减少纸质单据流转，整体业务准确率和及时率均超 99.99%，共享端自动制证率接近 85%，大幅减少企业业务人员、财务人员工作量，全系统财务人员用工总量降低 22.8%，人力资源报表完成时效提前 25%，“享当当”流程自动化机器人应用不断深化，业务处理效率提升 80% 以上。

二是运营成本持续降低。通过持续流程优化、自动化、智能化建设，实现工作效率提升和基础服务降费，为鼓励企业均衡提报业务，企业共享共同开展流程优化降低企业运营成本。商旅平台上线后集团整体差旅费用节约17.3%，有力支持集团公司降本增效。

（三）创新人才集约化管理，优化人才队伍结构

一是节约用人成本。实施共享后，集团公司财务人员从2014年的1.97万人降至1.52万人，从事人力资源的员工从2015年年末的1.29万人降至1.12万人，从事会计核算及人力资源业务人员占比持续降低，有效推动专业队伍结构优化。

二是盘活人才资源。共享服务公司98%的员工来自集团内部，充分利用现有人力资源存量，鼓励企业和员工深入参与和投入转型过程，发展新业态，创造新价值，有效实现了人力资源盘活和优化配置。

三、推动共享服务升级，促进高质量发展

“十四五”期间是我国经济高质量发展的关键期，立足新发展阶段，贯彻新发展理念，构建新发展格局，中国石化共享服务建设将紧紧围绕“加快建设世界一流企业”的目标要求，持续推动管理创新和技术进步，打

造共享服务升级版，为中国石化高质量发展提供有力支持。

（一）迭代升级共享服务，全面提升服务价值

始终将价值引领和管理提升放在突出的战略位置，持续推动共享服务内容、用户体验、技术方法和专业能力的迭代升级，实现由基础向增值、由标准向定制、由境内向境外服务延伸，纵向上推进与业务深度融合，横向上持续拓展共享服务领域，全面建成专业高效、卓越运营、创新领先的全球共享服务体系，为集团战略目标实现提供服务支持保障。

（二）持续创新商业模式，积极融入新经济

结合中国石化的产业格局，共享服务作为新经济的重要组成部分，以平台＋数据＋服务的模式，进一步将现代信息技术与传统的财务、人力资源、采购、客户等业务领域紧密衔接，应用自动化、智能化、数字化的工具方法，聚焦客户需求，构建敏捷组织和团队，支持商业模式创新，在推动集团公司产业升级、打造新动能等方面发挥更大作用。

（三）深化应用新技术，践行绿色低碳发展

进一步深化互联网技术应用，创新共享会计档案管理模式，推行商旅平台，帮助员工环保出行，推动无纸化办公，在全集团全面推广电子发票和银行回单全面电

子化，预计全集团每年可节约纸张5亿张，减少碳排放250吨，节省一个省级标准档案库房约8000平方米，节约单据扫描和邮寄费约4000万元，全方位助力集团公司降本减费、绿色低碳发展。

（四）全面推进数字变革，全力推动数智化升级

发挥“数据共享中心”作用，通过构建数字化组织、建立数字化标准、深化数字化应用，培养数字化人才，全面推进公司数字化改革；积极探索应用数字技术，深挖数据资源，建立标准统一的业财数据体系，深度参与数据治理、数据资产管理和应用，挖掘数据价值，围绕战略支撑、价值提升、风险防控，打造数字产品与服务，支持管理决策，实现“精细管理、精准决策、精益运营”，支撑集团数字化转型升级。

案例六：国投集团持续优化为导向实施财务管理能力评价

为探索建立与国有资本投资公司多元化业务特点相适应的财务管控体系，国投集团自2011年起启动财务管理能力评价研究工作，制定财务管理能力评价办法，逐步形成了集团财务管理能力提升的闭环管理体系，在推动各级企业落实集团财务管控要求、提升管理水平等方面收到了良好效果。

一、财务管理能力评价的工作实践

（一）财务管理能力评价的目标及原则

国投集团财务管理能力评价以落实国务院国资委财务管控要求，服务发展需要，推动财务转型，促进集团财务管理工作标准化、流程化为目标，通过对企业财务管理涉及的各项职能、要素进行分解，构建具有针对性的评价指标体系，以此为“标尺”对财务工作基本规范、能力表现及成效结果等进行评价，引导成员企业提升财务管理水平，增强财务管理的价值创造能力。

相较审计监督与内控检查，财务管理能力评价更侧重于管理提升，旨在保障集团财务工作规划稳步推进、重点工作任务有效落地，督促企业向先进水平看齐，不断查找财务管理存在的差距，指导企业有方向、有步骤地改进财务工作。相关工作的开展主要遵循以下原则。

1. 导向性原则。结合国资委管理要求、集团战略发展需要，充分体现集团财务管理方向。

2. 重要性原则。聚焦重点企业和关键业务流程，通过评价点分值和权重的倾斜，突出评价重点。

3. 适用性原则。结合集团多元化业务的特点，对特殊业务板块设置针对性评价指标，提升各业务类型企业对评价指标的适用度。

4. 动态优化原则。遵循适用性、科学性和有效性要求，根据经营环境和财务管控要求的变化，动态更新、持续优化评价指标。

5. 闭环管理原则。通过明确指标要求、组织现场评价、督促整改提升等措施，形成闭环管理机制。

目前，国投集团财务管理能力评价工作由集团财务部统一组织，并由评价工作组具体开展。评价工作组由集团财务部牵头组织成立，成员包括集团财务部及部分成员企业财务人员、中介机构专业人员。评价工作原则上每年开展一次，评价过程采用自评、现场复评、集中评审相结合的方式开展。

（二）财务管理能力评价的指标体系

通过梳理财务管理流程中的主要业务控制点，国投集团制订了由评价模块和具体的评价标准组成的财务能力评价指标体系。指标体系共有“3＋1”个一级模块，16个二级模块，248个具体评价点。一级模块分别为财务管理保障、财务管理职能、财务管理载体和财务管理良好实践。

1. 财务管理保障模块主要评价财务管理体系基础保障要素的完备性和有效性，包含2个二级模块：财务环境与信息沟通、财务组织机构与财务人员管理。

2. 财务管理职能模块主要评价财务管理各项具体职能的运行情况，包含 10 个二级模块：全面预算管理、资金管理、投资管理、资产管理、采购与销售管理、工程管理、税务管理、成本管理（非金融企业适用）、工程项目承包管理、金融业务管理（金融企业适用），其中前七个二级模块为通用模块，适用于各企业；成本管理模块专用于非金融企业；工程项目承包管理模块专用于主业为工程项目承包业务的企业；金融业务管理模块专用于金融企业。

3. 财务管理载体模块主要评价各种会计信息输出和保管的情况，包含四个二级模块：会计核算、对外财务报告、经营活动分析报告和会计档案。

4. 财务管理良好实践模块为加分项，评价内容为各单位在财务管理方面具有特色的创新实践以及每年重要财务专项工作的完成情况，其中，对每年重要财务专项工作完成情况的评价根据各年集团财务重点工作的变化而调整。

每个二级模块再细化为具体的评价点。评价点主要分为两类：一种是规范类的评价点，反映财务会计政策法规的规范性要求；另一种是提升类的评价点，根据管理水平或工作完成质量的差异，分高、中、低三个级次分别设定评价标准。每个评价点均规定了具体的检查方式，便于评价操作。

评价指标体系框架如图 8－11 所示。

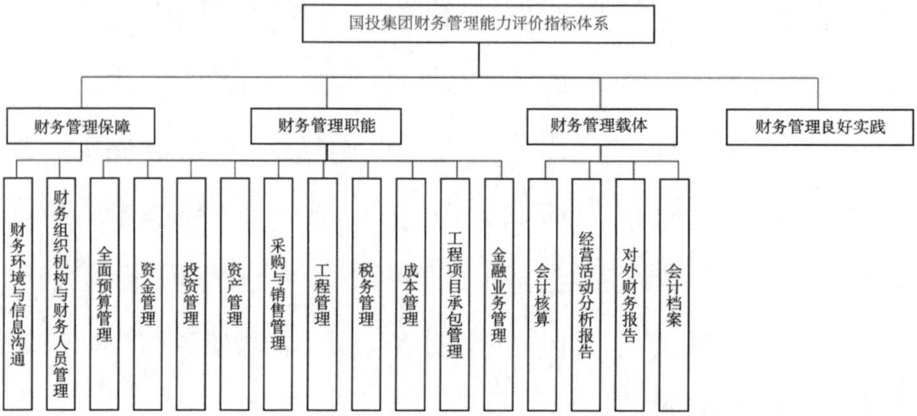

图 8－11 财务管理能力评价指标体系

（三）财务管理能力评价的输出结果

为更加准确客观地反映被评价企业管理水平，使评价结果更具可比性，国投集团财务管理能力评价通过制定评分标准和计分规则使评价输出结果最终以量化得分的形式进行呈现。同时，为了使不同规模和业务范围的企业评价结果具有可比性，还设置了管理难度系数用于平衡各被评价企业的管理难度差异。被评价企业财务管理能力评价总得分的计算方式如下：

评价总得分＝被评价企业实际得分×管理难度系数

1．被评价企业实际得分。被评价企业实际得分为各个评价模块财务管理能力得分的总和。财务管理保障、财务管理职能、财务管理载体三个基础评价模块的满分为 100 分；财务管理良好实践模块为加分项，加分项得分最高不超过 10 分。具体计算方式如下：

被评价企业实际得分 = 基础评价模块得分 + 财务管理良好实践加分

（1）基础评价模块得分。基础评价模块得分为每个基础评价模块最终得分之和。每个基础评价模块最终得分计算公式为：

$$\text{每个基础评价模块得分} = \frac{\sum \text{实际得分}}{\sum \text{适用评价点满分值}} \times K_i$$

其中，K_i为基础评价模块 i 的权重分值。

适用评价点满分值，是指企业财务管理能力满足评价点规定的最高要求时的得分。在实施评价时，如果被评价企业未涉及某个评价点所反映的业务，则该评价点不适用该企业，对应分值不计分。

模块权重分值（K_i）是根据各基础评价模块的相对重要程度及包含的评价内容，赋予每个模块不同的权重分值。各基础模块的权重分值可根据当年的评价重点进行适当调整。

（2）财务管理良好实践得分。财务管理良好实践作为加分项，其得分上限为 10 分。对于财务专项工作做得较好，或者财务工作亮点突出、成效显著的企业，经集团财务部最终评审后给予加分。

2. 管理难度系数。管理难度系数由企业资产总额、营业收入、职工平均人数和管辖范围四个因素的管理难度系数加权计算确定。管理难度系数计算公式为：

$$D = \Sigma \left(D(x) \cdot W_x \right)$$

$$D(x) = a\Phi^{-1}(x^*) + b$$

其中 D 为企业的管理难度系数；x 为各影响因素或其对应的取值；$D(x)$ 为单因素 x 的管理难度系数；W_x 为各因素的权重；x^* 为 x 的标准化值，$x^* = \frac{(x-\mu)}{12\sigma} + 0.5$，$\Phi^{-1}(x^*)$ 为标准正态分布 $\Phi(x^*)$ 的反函数。为避免管理难度系数过大造成的过度调整，管理难度系数应控制在1—1.1，a 和 b 的取值可根据当年被评价企业整体情况进行调整。

（四）财务管理能力评价结果的应用

为保障集团财务管控要求落地，激发企业提升财务管理水平的积极性，国投集团结合自身的实际情况，形成了具有国投特色的财务管理能力评价结果应用方案。具体包括：

1. “抓”落实。将年度各被评价企业单户财务管理能力评价报告向被评价企业及所属板块公司发放，同时建立由评价排名靠后企业财务负责人或所属板块公司分管副总就整改情况向集团财务部进行专项汇报的机制，追踪整改情况。

2. “复”评价。每年选取上年评价排名后10%的企业开展复评价，对屡查屡犯的企业进行通报批评，对相关责任人员进行问责。

3. “推”自评。鼓励二级子公司在所辖板块企业范围内，依据评价指标体系自主开展评价工作，推动各板块落实评价指标标准的主动性，提升板块整体财务管理能力。

4. “扩”影响。将评价结果推送至集团内部融资服务企业（如财务公司），作为其提供融资服务的参考依据。

5. “强”导向。参考评价结果，在每年财务工作评优及财务人才选拔评选的名额分配、加分比选等方面向优秀企业及财务人员进行倾斜。

6. “树”先进。对评价中发现的财务管理优秀实践案例通过集团内部刊物和网络等渠道进行宣传。

7. “促”交流。组织先进企业职工代表在内部培训或会议上，就先进管理经验做专题分享，带动集团财务管理水平整体提升。

二、财务管理能力评价的初步成效

财务管理能力评价成为强化集团财务管控，提升财务管理水平的“助推器”。财务管理能力评价通过将集团财务管控的各项要求和重点工作部署在指标中细化要求、明确标准，为各级企业落实集团财务管控要求提供了依据，同时也为各级企业提升财务管理水平设定了“标尺”；通过现场评价、督促整改，形成了落实财务管控责任的闭环体系，保障了各项管要求的落地实施；通过量化打分使被评价企业更容易对标先进，明确提升空间，督促企业向评价标准看齐、向先进水平看齐，有效地引导了成员企业提升财务管理能力。

财务管理能力评价成为加快财务工作转型的“加速器”。财务管理能力评价充分结合集团在不同发展阶段对财务工作定位和功能提出的不同要求，通过将各个时期财务工作转型的思维逻辑和价值导向融入评价指标中，将财务管理的最新理念和目标定位细化成各级企业财务组织的行为标准和落实措施，推动了财务工作不断转型升级，更好地发挥了财务工作支持企业发展的作用。

财务管理能力评价成为完善财务风险防火墙的“加固器”。财务管理能力评价通过对各级企业财务工作开展的“体检”，帮助集团及时发现成员企业财务管理中已存的和潜在的财务风险并采取措施及时防范，推动构筑财务风险的“防火墙”，监测并防范企业生产经营中的操作风险、政策风险、流动性风险等。

未来，国投集团财务管理能力评价工作将紧扣“十四五”时期集团财务工作规划中提出的“建设与世界一流企业相适应的一流财务管控体系”的总体目标，把“集团化运作、精益化管理、标准化建设”的理念要求融入评价指标中，重点围绕建设“三个体系”和提升“四个能力”的有关内容开展评价，推动集团财务各项重点工作落地实施，助力提升集团财务工作整体管理水平，为把国投集团加快建设成为具有全球竞争力的世界一流资本投资公司贡献力量。

案 例

中国宝武：构建“一基五元”发展战略
共建产业生态圈推动人类文明进步

中国宝武以战略迭代升级推动高质量发展、建设世界一流伟大企业，确定了“成为全球钢铁及先进材料业引领者”的企业愿景、“共建产业生态圈推动人类文明进步”的企业使命、“一基五元”的发展战略，并通过在重组中进行专业化整合、治理型战略管控、构建绩效驱动型战略执行体系等有力推动战略落地实施。

基于“产业生态圈”的“一基五元”发展战略聚焦主责主业，握指成拳，既激发了中国宝武多产业之间的协同效应，也激发了中国宝武与产业利益相关者之间的协同效应。通过“一基五元”发展战略的构建与实施，中国宝武探索了担当现代产业链“链长”的实现路径。

一、“一基五元”发展战略的内涵

（一）“一基五元”发展战略示意

中国宝武“一基五元”发展战略的内涵如图1所示。

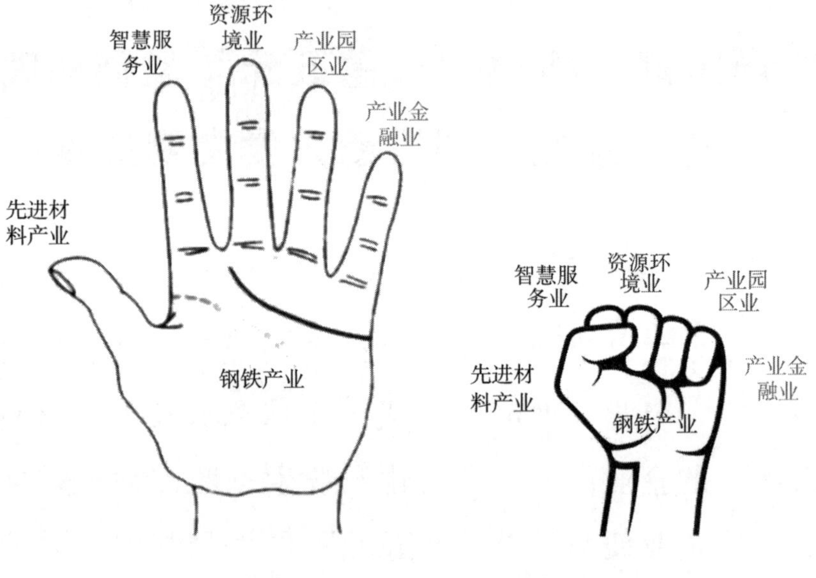

图1 中国宝武“一基五元”发展战略示意图

“一基”指钢铁产业；“五元”指先进材料产业、智慧服务业、资源环境业、产业园区业、产业金融业。

（二）“一基五元”发展战略的关系分析

中国宝武以“一基五元”产业组合体系搭建钢铁生

态圈的骨架，“一基五元”就像一只手，钢铁产业就是手掌，“五元”业务就是长在手掌上的五个手指，没有手掌手指就无法依附，反过来手指缺失手掌的功能就受限。

中国宝武的业务组合“一基五元”，并非传统管理学意义上多元化发展的概念。“一基”和“五元”之间、“五元”相互之间是相互依存、互为支撑的关系：

（1）“一基”是根本，是基础，是“五元”核心竞争优势的来源；

（2）“五元”是围绕“一基”派生出的相关的支撑性、功能性组成部分，是“一基”竞争优势的增量；

（3）“五元”之间也是相互联系、相互作用的，如产业金融业、智慧服务业对产业园区业可以提供强有力的资源支撑。

二、为什么确定“一基五元”发展战略

（一）“一基五元”发展战略是贯彻落实国家战略的具体举措

党的十九届五中全会提出：发挥国有经济战略支撑作用；在新发展阶段，坚定不移贯彻创新、协调、绿色、开放、共享的新发展理念，加快构建以国内大循环为主体、国内国际双循环相互促进的新发展格局，实现

高质量发展。中国宝武“一基五元”发展战略，是立足新发展阶段发挥国有经济战略支撑作用，完整、准确、全面贯彻新发展理念，构建新发展格局的具体举措。

通过实施“一基五元”发展战略，中国宝武主动承担钢铁产业的现代产业链“链长”职责，力求实现以技术创新、管理创新、商业模式创新为第一动力的发展，以与钢铁产业、钢铁相关产业利益主体协调发展、共创共享为内生特点的发展，以绿色发展为普遍形态的发展，以开放发展为必由之路的发展，以共享发展为根本目的的发展。

（二）“一基五元”发展战略是构建钢铁产业生态圈的有效路径

与大多数产业类似，钢铁产业利益主体之间竞争特征明显，“零和”博弈现象较为普遍。“产业生态圈”改变了利益主体之间的关系，基于“相互依存、共生共存”理念，更加强调“合作”而非“竞争”。中国宝武定位于钢铁产业生态圈的创立者、价值观的守护者、基础设施的搭建者，“一基五元”发展战略与中国宝武在钢铁产业生态圈中的职责定位相契合。

1. 钢铁产业生态圈的内涵。钢铁产业生态圈就是围绕钢铁产业领域的制造、交易、物流、原燃料、金融、数据、技术等核心环节，所有业务关联方共同参与打造的集多功能于一体、为用户提供高效、敏捷、安全的产品和服务的产业生态系统。产业生态圈旨在基于合作共赢理念，将利益主体之间原有的“竞争关系”转变为“竞合关系”，通过吸引钢铁产业以及钢铁相关产业的多利益主体共建共享，实现合作共赢。钢铁产业生态圈涉及的主要行业和利益主体如图 2 所示。

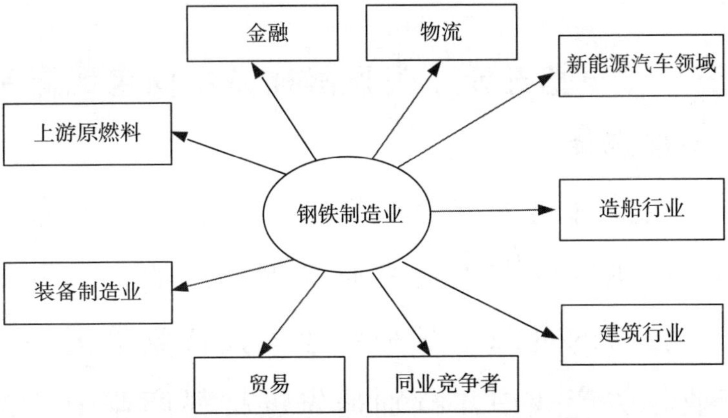

图 2　钢铁产业生态圈涉及的主要行业和主要利益主体

2. 钢铁生态圈的价值性分析。钢铁生态圈涉及核心企业和行业上下游、相关行业的多种类型企业，其价值性分析如表 1 所示。

表 1　钢铁生态圈理念的价值性分析表

序号	相关行业	战略行为	价值性
1	与上游原燃料行业	共同参与原燃料产业投资	减少博弈，稳定供需
2	与上游装备制造行业	由现有的“销售产品”改变为“提供服务”	减少博弈，促进双方利益趋同

续表

序号	相关行业	战略行为	价值性
3	与金融、物流、贸易等行业	签订战略合作协议	形成稳定伙伴关系，避免“断链”风险和成本波动风险
4	与钢铁产业同行业	形成合理的分工，追求极致的专业化	减少恶性竞争，实现差异化竞争格局
5	与新能源汽车、造船、建筑等下游行业	不断创新产品，满足用户需求变化	发现新蓝海，解决用户需求痛点

（三）“一基五元”发展战略是中国宝武聚焦主责主业的最佳选择

中央企业都是大型企业集团，在多个产业布局是必然选择。中国宝武的主责主业是钢铁产业，一方面，中国宝武的独特的资源禀赋和企业的独特竞争优势，在与钢铁产业相关产业中，特别是先进材料产业中，具备优势迁移效应。另一方面，不断地重组整合，要求中国宝武必须认真思考如何将钢铁产业做强做优做大，而资源环境业、智慧服务业、产业园区业、产业金融业等具有促进钢铁和先进材料主业协同发展的作用。

三、“一基五元”发展举措

（一）“一基”的发展举措

钢铁产业大力推进专业化、区域化、平台化公司建设，钢铁平台公司跨基地整合融合成效显著，强化与标杆民营钢企的效率和效益对标，现场持续改善提高，综合竞争力不断增强。

中国宝武已经具备1.3亿吨的产能，形成了沿江沿海的“弯弓搭箭”布局，后续将进一步推进联合重组，构建以新能源钢厂为特色的沿廊沿线布局，与沿江沿海“弯弓搭建”错位发展，持续提升产业集中度。

（二）“五元”的发展举措

大力发展先进材料产业。寻找与钢铁流程型大规模生产特征相匹配的其他先进材料产业领域介入机会，加大投资力度，尽快建立竞争优势，协同钢铁打造科技含量不断提升的综合材料解决方案供应商。聚焦与钢铁材料具有互补性和替代性的特种冶金材料、铝、镁、钛及其合金材料，以及碳基、硅基等无机非金属材料，构建差异化竞争优势。

发展智慧服务业。加快巩固提升数字经济基础设施服务能力，在以钢铁业为代表的流程型制造数字化智慧化综合解决方案、数字化工程建设与咨询服务、核心冶金设备先进制造服务、设备智能运维服务，以及构建基于钢铁等先进材料及相关大宗商品和工业品的第三方互联网平台建设方面积极作为，突出技术渗透、提高价值贡献，为产业生态圈打造全生命周期智慧制造和服务的体系架构，促进先进制造业和现代服务业深度融合。

发展资源环境业。积极对接国家资源能源战略，全面提升保障能力。国内铁矿全面提产增效，国外重点项目落地出矿。推进再生钢铁原料资源利用。构建与低碳钢铁及先进材料制造体系相适应的新能源保障体系，立足长远，以自备为目标抢占先机、加快布局。

发展产业园区业。产业园区业基于集团存量不动产资源，构建新产业发展空间，推动产城融合，充分释放在城市钢厂转型、现代产业园建设、工业遗存保护开发、生态圈高科技产业引流等方面的价值，保障老钢铁基地转型中员工新的职业发展。

发展产业金融业。依托金融牌照资源协同优势，坚持产融结合、以融促产、融融协同，打造以资本运作和产业投资为主要功能的产融结合服务平台。结合第三方互联网平台积累的数据资产，以现代科技赋能，产业金融和金融科技双轮驱动，为产业生态圈提供供应链金融、财富管理、资本运作和投行咨询等产融结合型综合服务。

（三）“一基五元”之间的战略协同

钢铁产业是“一基五元”的根基，为“五元”提供有力支撑，是“五元”产业独特竞争优势的最主要来源。

先进材料业与钢铁产业耦合协同，为用户提供综合材料解决方案。在确保钢铁材料先进性的同时，大力发展其他与钢铁材料具有互补性和替代性的先进材料，适应公司向综合材料解决方案提供商转型。

另外的四个产业的功能在于促进钢铁产业和先进材料业的协同发展。资源环境业、智慧服务业、产业园区业和产业金融业不是要向外独立发展，而将其定位于促进钢铁和先进材料主业协同发展的专业化协作产业，更加聚焦主责主业。

例如，宝钢股份与武汉基地通过研发协同、采购协同、产品协同、生产协同、营销协同，累计实现整合协同效益 115 亿元，进一步巩固了行业第一的地位。马钢集团、太钢集团实施联合重组后，效率大幅提升，企业发展均迈上了快车道，2021 年两公司营收（2079 亿元、1160 亿元）、利润（132 亿元、150 亿元）均创历史最高水平。马钢、昆钢、重钢、太钢相关专业化整合项目累计实现协同效益超 20 亿元。通过整合集团内外部资源，宝武碳业建立焦油加工能力世界第一、市占率全国第一的行业地位。宝信软件持续巩固作为国内钢铁行业智慧制造解决方案首选供应商的领军地位。宝钢资源实现资源开发、贸易一体发展，成为国内矿产资源供应头部企业。

四、“一基五元”战略实施的关键做法

（一）联合整合融合新模式

2016 年 12 月以来，中国宝武成功联合重组马钢集团、太钢集团，实际控制重庆钢铁，受托管理中钢集团、重钢集团、昆钢公司。经多年实践探索，中国宝武形成从联合到整合再到融合的成熟做法。

1. 多方共赢、市场决定，树立联合重组新范式。

一是在联合重组路径选择上，主要采用国有资产无偿划转加资产注入的方式实现控股，有力支撑被重组企业产业发展、经营改善、管理提升，有效促进地方经济发展。

二是在联合重组具体操作上，坚持市场决定原则，按照“项目建议、可行性研究、项目实施”三个阶段扎实推进，切实防范国有资产流失；实现钢铁行业、地方经济、中国宝武、目标企业多方共赢。

2. 战略引领、规范运作，创新整合融合新模式。

一是建立战略引领的整合融合规则。以“一基五元”业务组合为基础框架，以“一企一业、一业一企”为基本要求，以“五个一批”（回归、整合、调整、出售、关停一批）为主要方式，高效有序推进整合融合。

二是形成规范运作的整合融合方法。归纳提炼整合融合“道、法、术、器”，制定发布《专业化整合工作指导手册》，细化为 4 个阶段、11 个工作环节及 2 项关键控制性活动。

2016 年至今共开展整合项目 195 个，通过专业化整合、平台化运营、生态化协同、市场化发展，多个业务单元已成为各自领域的单项冠军。

中国宝武“一基五元”产业板块近年快速发展，并购重组也不可避免带入大量法人，但“瘦身健体”避免了企业的“虚胖”。太钢集团、西藏矿业、重钢集团、昆钢集团等新进或受托管理企业全部制定压减计划，下属企业计划清理退出比例均超过 40%，平均达到 50%，近半数的企业在员工队伍稳定基础上正在被“关停并转”，防止新收购企业成为新的“包袱”。2021 年年末，中国宝武合并报表范围法人总户数仅有 629 户，总量得到有效控制。

（二）升级国有资本投资公司管控新架构

中国宝武紧扣国有资本投资公司定位，以体制机制改革为关键，以加强党的领导为保障，充分激发动力活力，形成具有推广示范效应的管控架构。

1. 清晰定位、统筹谋划，不断升级国有资本投资公司管控架构。按照“分业经营、分级管理”思路，构建

“资本运作—资产经营—生产运营”三层架构。集团总部围绕战略管控和资本运作，形成前台业务中心、中台职能部门、后台共享单位高效协同，职能管理与项目运作并重的管理体系。子公司围绕产业发展和业务整合，构建以“强总部、集管控、重协同、汇数据”为特点的“一总部多基地”管理体系，推进专业化管理与属地化管理有机结合，形成多个具有宝武特色的产业管理模式。

2. 权责法定、有效制衡，持续完善重大事项决策体系。贯彻落实两个“一以贯之”，全面梳理形成 29 类 150 项《重大事项决策权责清单》，完善配套决策会议体系，明确党委核心领导地位、董事会依法决策地位和经理层指挥执行地位，全面提高决策效率和决策质量。同时，根据子公司产业特点及体系能力，“一企一策”制定《授权放权事项清单》，明确权限、精简流程，充分激发子公司发展活力。

3. 健全体系、完善制度，全方位支撑管控体系有效运行。

一是建立与“管资本”匹配的六大综合运行体系。权责法定、权责透明的法人治理体系是前提，战略引领、布局优化的资本运作体系是核心，活力迸发、绿色智慧的科技领航体系为动力，超跑追领、绩效驱动的战略执行体系为关键，开放融合、合规有序的海外发展体系是突破，防控有效、智慧穿透的风险监督体系是保障。

二是构建上下贯通的“1 + N”制度树体系。以中国特色社会主义制度为指导，形成“加强党的领导、综合运行体系、专业管理体系、保障服务体系”4 大类、26 个中类和 75 个小类的制度树体系，实现各管理体系上下联动、协调运作。

（三）实践战略落地执行新路径

中国宝武摒弃单纯以预算目标完成度衡量企业业绩的传统做法，通过开展对标提升，建立完善绩效驱动型战略执行体系。

1. “超跑追领”，建立并不断丰富中国宝武绩效导向。将绩效导向的内涵丰富为“超越自我、跑赢大盘、追求卓越、全球引领”（“超跑追领”）。与过去比，“超越自我”是基本追求；与对手比，“跑赢大盘”是重点追求；与行业比，“追求卓越”是更高追求；与目标比，“全球引领”是最终追求。以全面对标找差驱动子公司制定“超跑追领”目标及配套举措项目，以“全球引领”为目标推动产业快速发展。

2. 闭环穿透，畅通战略制定到战略执行“任督二脉”。构建以战略规划为牵引，以商业计划、管理报告、绩效审核为过程控制手段，以“闭环”与“穿透”为特点的绩效管理体系。一是在三层管控架构中统一应用，“自上而下”战略牵引与“自下而上”执行反馈有效互动，保证股东意志纵向到底；二是将经营业绩、战略任务、专业职能三方面内容体现在各个环节，按照绩效导向进行对应、转化、传递，实现管理要求横向到边。

五、启示意义

（一）中央企业发展战略必须完整、准确、全面贯彻新发展理念

2015 年 10 月，习近平总书记在党的十八届五中全会上提出了创新、协调、绿色、开放、共享的新发展理念，强调创新发展注重的是解决发展动力问题；协调发展注重的是解决发展不平衡问题；绿色发展注重的是解决人与自然和谐问题；开放发展注重的是解决发展内外联动问题；共享发展注重的是解决社会公平正义问题，强调坚持新发展理念是关系我国发展全局的一场深刻变革。

习近平总书记强调：“新发展理念是一个整体，无论是中央层面还是部门层面，无论是省级层面还是省以下各级层面，在贯彻落实中都要完整把握、准确理解、

全面落实，把新发展理念贯彻到经济社会发展全过程和各领域。”“创新发展、协调发展、绿色发展、开放发展、共享发展，在工作中都要予以关注，使之协同发力、形成合力，不能畸轻畸重，不能以偏概全。”

中央企业要将新发展理念融入企业发展战略之中，完整、准确、全面贯彻新发展理念。中国宝武的案例实践表明，完整、准确、全面贯彻新发展理念，一方面发挥了中央企业对国家战略的支撑作用；另一方面也确保了国有企业发展的正确方向。

中央企业发展战略要把创新发展作为第一动力，大力推进技术创新、管理创新、商业模式创新，特别是要加大力气攻克“卡脖子”技术；要使协调成为内生特点，承担主责主业的现代产业链“链长”，与产业相关利益主体共创共享、协调发展；要承担起行业绿色发展的使命担当，使绿色发展成为普遍形态；要充分利用国际、国内两个市场两种资源，使开放发展成为必由之路；要充分体现“发展为了人民”的理念，把共享发展作为根本目的。

（二）中央企业发展战略必须聚焦共创共享，促进多主体合作共赢

1. 理论借鉴。

（1）利益相关者战略。利益相关者理论要求管理者和企业家必须考虑可以影响企业行为或被企业行为所影响的群体或个人的合法利益。企业一方面要实现自身的目标，企业价值最大化或内部利益相关者价值最大化；另一方面，价值是由于利益相关者能够通过相互之间的自愿协议联合起来满足他们的需要和诉求的过程中创造出来的。

（2）商业生态系统。商业生态系统是由具有价值利益关系的群体或组织构成的动态结构系统，并且具有动态演化特征（见图3）。系统内的成员通过合作、交流和共享机制形成价值互动关系，创造衍生或利基价值。企业的价值创造活动需要与分包商、供应商、研发机构甚至竞争对手展开合作，上下游的利益相关方交织成价值链条，进而增强单独企业价值创造的本领。

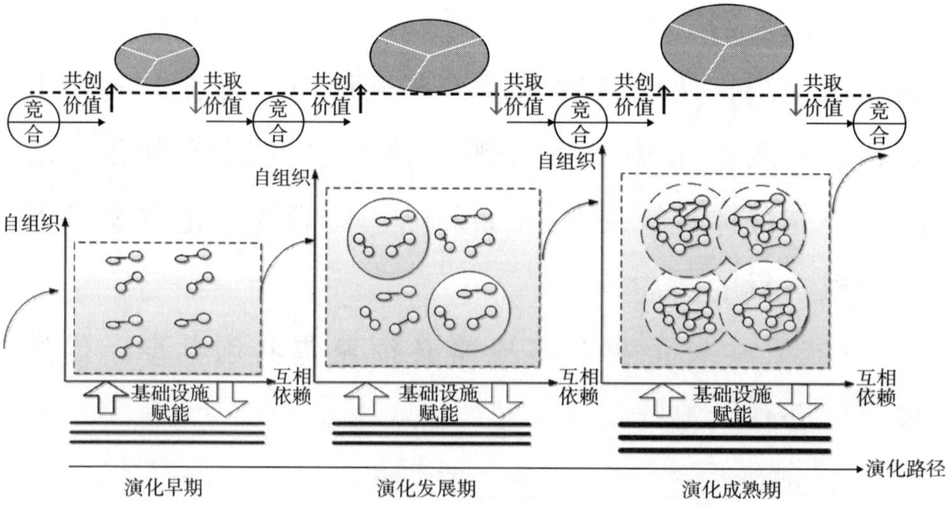

图3 商业生态系统

商业生态系统的本质是一个资源的集合体，内部的不同成员对资源有着不同的利用方式。例如，核心企业通过共享资源来维持现有的合作关系和吸引潜在的合作者；主导企业主要以攫取商业生态系统中的资源来维持自己的发展；利基企业通过获取核心企业和其他企业的资源来维持自己的细分业务发展。其中，核心企业是商业生态系统的建立者，对商业生态系统治理起到了非常关键的作用，它通过分享、整合和动员商业生态系统资源来实现价值的共同创造，最终实现商业生态系统的健康发展。

2. 实践关键点。

（1）中央企业在“生态圈”骨架搭建上须识别利益相关者的诉求，致力于共创价值。中央企业要成为股东、员工、客户、社会等利益相关者的共建共享平台。在战略理念上，要将利益相关者纳入企业战略管理范围之中，将利益相关者价值作为企业价值创造的一部分。

在搭建“生态圈”骨架时，要准确识别价值链上下游以及同行业者等多维利益相关者的价值诉求，分析各成员在技术、知识、资源上的专业优势、互为补充，共同围绕核心价值主张做出各自不可替代的特殊贡献。

（2）完善“生态圈”建设的基础设施，提高技术性、物质性及制度性手段。中央企业作为生态圈中的核心企业，须完善一切能够高效实现系统价值主张的基础设施，保持生态系统的稳定和发展。其中，技术性手段包括基础性数字化信息技术和相关设施服务，如数字化应用平台、软件信息应用系统、通信基础设施；物质性手段包括众创空间、创业孵化器/加速器、创新实验设备与场地、多样化创业扶持项目等；而制度性手段包括因宏观地域而引起的制度基础，如特定的地域文化、法律法规、市场制度、（非）政府组织等。

（3）为“生态圈”提供动力机制，促进“生态圈”的可持续演进。中央企业在建设“生态圈”的发展过程中，不限于与某一成员间的合作与竞争，而是同时与多个/类型成员形成不同程度的多维竞合关系。

各利益相关者自愿选择加入与退出生态系统、自主选择交流互动对象、自主决定资源配置。无论系统成员规模大小、资源多少、组织性质如何，都有独立自主权，以免丧失“生态圈”内部活力和外部适应性。

通过基础设施的持续完善，利益相关者之间的价值共创和竞合战略为“生态圈”提供动力机制，促进其可持续演进。

（三）中央企业发展战略必须聚焦主责主业形成战略协同

1. 理论借鉴。

（1）战略协同。战略协同是相关多元化的理论基础，只有存在战略协同，才会实现“1+1>2”的结果。多元化运营的协同优势和价值不仅在于创造了规模效益，更关键的是多元化业务协同为资产改进、创造和裂变创造了一定的机会，进而为多元化公司带来可持续竞争优势。

（2）协同效应。协同效应一般是指在复杂大系统内包含各个子系统，而各个子系统中的要素所进行的协同行为能够超越各个要素自身的单独作用，进而提升系统的整体效应。从经济学角度出发，战略协同能够对企业各类资源进行有效整合，从而帮助企业实现成本降低和规模效应，从而为企业带来附加价值。

2. 实践关键点。

（1）在集团战略顶层设计上做好产业规划，从规划上考虑产业之间的战略协同。以“集团公司—业务板块—实体公司”三层架构为例，要围绕企业主责主业，做好战略规划，确保各业务板块战略对集团整体战略形成有力的战略支撑；确保实体公司战略与业务板块战略之间的有机联系；确保子企业之间差异性互补，必要时可以适度竞争。

（2）关注外部协同，勇当现代产业链“链长”。资源的有限性与市场需求的无限性是企业始终面临的矛盾，而技术创新压力、规模不断扩大和不确定性的外部环境使企业仅靠内部资源无法应对挑战和风险。

企业迫切需要突破有形组织的界限，充分利用和整合外部资源，这使得外部协同日益重要。外部协同是指企业通过并购扩张战略、建立战略联盟、供应链协同以及与外部环境之间的协同，不断实现企业与其他企业以及环境之间的互动，从而增加企业可以配置的资源范围，或是提高企业现有资源的利用效率。

在畅通产业链供应链循环中，国有企业需要更好地运用非股权联盟这一重要手段，肩负起产业链“链长”责任，不断补链强链，加强上下游产业协同，与产业内其他主体形成竞合关系。

（3）在战略性重组中，要强化专业化整合。国有企业战略性重组经常发生，在战略性重组中要强化专业化整合。战略性重组可能是产业链前后的两家企业重组，也有可能是处于同一领域的两家企业重组。

产业链前后的重组，属于前向一体化或后向一体化，通过控制原材料供应商、关键设备供应商，或是销售渠道获得协同效应。

同一领域处于竞争关系的重组，属于横向一体化，通过横向并购实现规模经济，使不同下属企业在生产设备、研究开发或其他服务等方面实现资源共享，从而实现协同效应。

中远海运：重组促腾飞　融合变强大 打造世界一流大国商船队

自2016年重组成立以来，中国远洋海运集团有限公司（以下简称“中远海运”或“集团”）认真贯彻习近平总书记关于国有企业改革发展和党的建设重要论述，积极落实国企改革三年行动方案，以“取得三个明显成效”为目标，致力于打造全球领先的综合物流供应链服务生态，全力创建具有全球竞争力的世界一流企业。

一、中远海运重组整合基本情况

中远海运集团改革重组6年来，已成为全球最大的综合航运企业，经营船队综合运力超过1.1亿载重吨；成为全球最大的码头运营商，集装箱码头年吞吐量达1.3亿标准箱；在规模上拥有“六个世界第一”“多个世界前列”，集团总资产从重组时的5930亿元上升到2021年年底的9762亿元，实现增长65%。在世界500强排名中，从2016年的465名上升到2021年的231名，连续3年超过马士基集团。

集团在重组时坚持战略引领，整合方案按照“6+1”产业集群，对原两大集团旗下航运、物流、航运金融、装备制造、航运服务、社会化六大产业集群以及“互联网+”创新支撑等方面进行重新梳理和顶层设计。2016年，即完成了集团总部和全球集装箱运输、全球港口和码头经营管理、全球油轮运输、全球干散货运输、全球综合物流、航运金融、装备制造七大核心业务的专业化重组以及海外网络的重组整合工作，为集团的快速发展夯实了基础。2017年以来，集团一方面扎实推进已重组整合板块的业务协同和深度融合；另一方面勇涉改革深水区，敢啃硬骨头，完成了船员管理体制改革、财务公司、信息资源、香港中远海运、船舶贸易、理货、船舶管理体制改革、地区公司定位与发展等重组整合项目。

二、中远海运重组整合主要历程

（一）箭在弦上：一次寒冬中的“联姻”

2016年年初，世界航运业持续低迷，甚至有人说“大西洋里没有船了”。形势如此严峻，加上在产品布局、经营模式上相近，规模效应难以释放，中远、中海两大航运公司均面临困境，步履艰难。为了扭转这种不利局面，2016 年 2 月 18 日，中远、中海正式重组为中国远洋海运集团有限公司。自此，中国航运乃至世界航运业进入了新时代。

此次“联姻”背后，有着众多原因。首先是重组前两家集团面临着相同的窘境。从宏观经济形势看，重组前的几年受全球经济低迷影响，各航运细分市场不断下滑，大部分企业均持续亏损，航运企业面临着前所未有的挑战。其次，从企业特点看，两大集团经营高度同质化，相近的经营战略使两大集团各自铺设类似的全球网络，并斥巨资造船、造箱、投资物流基础设施，造成了大量的重复投资。再次，重组整合符合各方期待、得到广泛支持。中远和中海两家集团同根同源，均为原交通运输部所属企业，在长期发展过程中既竞争又合作。高层管理人员、主要经营业务骨干长期相互交流，在发展战略、经营策略等重大问题上具有共识，两大集团的价值观和管理理念也高度趋同，同时，两大集团重组整合也正符合国企改革“强强联合，优势互补，提升国际竞争力，打造专业化集群”的总体思路。“联姻”是大势所趋。

尽管如此，两家企业的重组过程除了严峻的外部环境外，也面临着不小的内部压力。在不少人看来，中远、中海之间的重组整合被认为是不可能完成的任务。仅四家核心上市公司的整合重组方案，即包含70多项资产交易，其复杂程度居中国资本市场之首，也是近20年来国际资本市场上极罕见的复杂重组交易。“两个公司都太大，均存在着庞大的货运体系和全球网络，并且大部分优质资产都在上市公司，整合起来太复杂”。如何将两家资产庞大的集团融合为一个整体，并不是一件容易的事情。

（二）重组之初：一次破茧重生的战略重构

中远海运的重组并非“平地起高楼”，作为两家对等的中央企业，到底如何重组？重组后如何整合？成了大家最为关心关注的问题。

“成立伊始，我们就认识到重组本身不是目的，而是要利用这个难得的契机，从适应国际竞争出发，深化国企改革，全面提升我国航运企业的国际竞争力和服务国家战略的能力”。时任中远海运集团董事长、党组书记许立荣说。随着“一带一路”倡议和“走出去”战略的不断深化，两家企业都构建了较为完善的全球服务网络，在国内外市场都直面国际航运巨头的激烈竞争，竞争对手不应是彼此，而应取长补短、抱团出海，实现“全球化竞争、本地化服务”。

在重组整合启动之初，集团新领导班子便明确新集团的发展战略，给出了“战略引领 深度整合”的八字箴言。“以战略制定改革方案、以战略确定交易结构、以战略打造业务板块”。通过战略引领推动重组后的新集团实现快速推进、深度整合，提升航运中央企业国际竞争力。具体内容包括：围绕国企改革 1 + N 文件精神，基于“市场导向、提升服务、以满足客户需求为中心”的经营理念，根据“规模增长、盈利能力、抗周期性、全球公司”四大维度，确定了中远海运打造以航运、综合物流及相关金融服务为支柱，多产业集群、全球领先的综合性物流供应链服务集团的发展愿景，并对原有产业按照“6 + 1”产业集群进行重新梳理，这里的“1”是指基于互联网 + 的商业模式创新，核心使命是推动集团信息系统资源整合，强化大数据获取、分离和处理能力，激发电子商务线上营销活力、业务撮合能力、产品创新能力。整合目标是整合优势资源，为中国经济全球化提供支撑和保障。

战略的执行千头万绪、任务繁重，专业性极强。为了确保战略落地，对每个业务板块进行深度重组和彻底再造成为当务之急。集团加强顶层设计，组建了架构科学高效的特设机构——“整合管理办公室（IMO）”，由集团总经理兼任办公室主任，负责规划、引领、执行、管理、检验改革重组工作，对战略落地及重组整合的推进起到了坚强的组织和保障作用。形成了从制定规划，设计方案，统筹资源，制定工作职责，到审核监督项目进程，分析重点和难点的纵贯式工作流程。

（三）重组之中：一次齐头并进的战略落地

1. 管理融合：舵稳船行疾。“重组整合要把管理模式创新作为一条主线，以深度创新谋求最大改革红利”。如何避免重组后两家企业在管理上各自为政？在公司体制上实现“1 + 1 = 1”的充分融合，在绩效上形成“1 + 1 > 2”的协同效应？这些问题的合理解决依赖于“6 + 1”战略的高效落地。

改革重组启动初始，新集团就以战略引领改革方案，按照国有资本投资公司的理念，建立起“小总部 + 大产业”的新型管理模式。在“做小总部”的同时，通过建立健全现代企业制度来“做大产业”。在确保建立授权项目风险防控体系的前提下，集团对下属各单位进行充分授权，同时积极构建全球化人才选聘任用体系，极大调动了员工的积极性和企业活力。同时，推行的“异地办公一体化管理”既实现了平稳过渡，又妥善安置了两地人员；既达到总部机构人员精简目标，又确保职能部门将主要精力投入核心工作中。

2. 人员融合：量才为用恰其时。

（1）干部安置。原两大集团共有 56 家直属单位，列入新集团整合计划的单位共32家，占总数的57%；原两大集团有直属单位班子成员240人，纳入整合范围的共137人，占直属单位班子成员总数的57%。在整合过程中，集团遵循党管干部、公平公正、相对平衡、人岗相适的基本原则，确保规范有序。新班子原则上由各方原有班子成员组成，班子职数和结构兼顾各方均衡。在党政正职的选配上，兼顾两大集团干部队伍情况，一方担任总经理，则另一方担任党委书记。高度重视做好改革重组中的思想政治工作，凝聚改革共识，促进平稳过渡，集团董事长、党组书记和总经理在干部人选酝酿期间及班子宣布后，分别与整合单位主要负责人及相关同志逐一谈话，听取个人想法，为做好干部岗位安排、优化班子结构设置奠定了基础。整合之后，集团直属单位班子由56家减少到38家；班子成员由240人减少到210人。其中，6名原班子正职转任副职，14名领导干部退出领导岗位，担任直属单位专职外部董事，或安排专项工作。通过整合，各直属单位领导班子进一步选优配强，为集团实现"6+1"产业集群和全球化战略布局提供了坚强的组织保障。

（2）员工安置。如何在双方兼顾的前提下，妥善安排基层员工，保证整合期间的平稳过渡，这一问题又摆在了集团领导的面前。为此，集团坚持区域优先原则，优先在员工原所在地安排工作，坚持重组各方比例均衡，总体上保持原两大集团 1∶1 的比例。同时，岗位安排原则上与员工原岗位职级相匹配，员工安排到指定单位后原则上不再二次安排，实现了职级匹配、一次到位。

对于未获得或主动放弃企业改革重组后新工作岗位的员工，采取多种形式进行安置。距国家法定退休年龄 5 年及以下的员工，可办理内部退养，并签订内退协议；距法定退休时间超过 10 年的员工可参加转岗培训；达到国家法定退休年龄的员工，及时办理退休手续；经协商一致，员工自愿解除劳动合同的，企业给予一定的经济补偿。新集团开展 360 度全员考核打分，按照员工现岗位职务职级，平级安排到新岗位上，总体上做到“人随职能走”。集团在人才关怀上也做出了大量工作，对集团总部 126 名从北京到上海工作的员工，妥善解决来沪员工的住宿、通勤、就医、子女上学等实际问题，为他们安心工作创造良好条件。

3. 业务融合：一次创新的业务转型。有了战略引领，下一步如何保障战略规划所勾画的蓝图目标得以实现？在核心业务协同整合上，由于两家集团业务复杂且高度重叠，仅将两家集团总部进行简单合并，无法达到消除内部竞争、发挥规模优势的目的。为此，新集团按照“6+1”战略产业集群的构想，对各核心业务板块进行了彻底的专业化重组、集约化经营。

在主要的业务重组方案设计中，新集团对于难度最大、至关重要的两大集团上市公司重组没有采用一般常用的简单吸收合并方案，而是对四家主要上市公司进行重新定位，特别是将原来作为集装箱运输上市平台的中海集运（现为“中远海运发展”）创造性地转变为新支柱业务航运金融的上市平台，并通过大规模的资产置换来实现，由此形成了集装箱运输、码头经营、航运金融和油气运输四大上市平台。

三、中远海运重组整合的突出成效和经验启示

现如今，距离中远海运集团重组已过去六年，重组整合效应持续释放，从数字上就可以说明：

截至2022年2月1日，集团经营船队综合运力11217万载重吨/1384艘，排名世界第一；集团在全球投资码头58个，集装箱码头51个，集装箱码头年吞吐能力1151万TEU[①]，居世界第一；全球船舶燃料销量超过2819万吨，居世界第一；集装箱租赁业务保有量规模达391万TEU，居世界第二；海洋工程装备制造接单

① TEU：是以长度为20英尺的集装箱为国际计量单位，也称国际标准箱单位。

规模以及船舶代理业务也稳居世界前列。2016—2021年，集团营业收入累计实现18961亿元，年均复合增长率16%；利润总额累计实现2467亿元，年均复合增长52%；净利润累计实现1772亿元，年均复合增长57%。集团连续五年超额完成国资委考核指标，并被国务院国资委评为A级企业。集团经营业绩一年一个新台阶，国际化品牌形象和国际影响力持续获得新提升，并得到业界和社会肯定。从总体来看，通过成功实施重组整合，集团在“规模增长、盈利能力、稳健性/抗周期性、全球公司”这四个维度上均取得了显著成效，得到党中央的高度肯定，并荣获了国内外多项殊荣，成为中央企业重组整合的典范。

在激烈的全球化竞争中，中远海运集团通过重组成功跻身世界前列，每一个产业集群都是中坚力量，在世界航运领域占有举足轻重的位置。归纳其启示经验，主要有以下几个方面：

（一）坚持突出战略引领，为重组整合指明方向

中远海运在重组中坚持战略引领为建基立业的重中之重。重组整合的第一项重点工作不是设计具体的重组方案，而是明确新集团的发展愿景和目标。集团提出的“承载中国经济全球化使命，整合优势资源，打造全球领先的综合物流供应链服务集团”的发展愿景，其基本逻辑有六个方面：一是从“纯粹背靠需求增加实现增长”向“主动出击，通过战略投资实现增长”模式转型。二是从“风险规避”向“主动管控风险”转型。三是从“单纯在资产和业务层面做加法”向“以最大化投资价值为导向的有加有减”模式转型。四是从聚焦“资产”向聚焦“客户”转型。五是从“单一业务供应商”向“供应链端到端供应商”模式转型。六是从“内部业务和资本的闭环平台”向“内外融合的开放平台”模式转型。上述战略逻辑始终贯穿重组整合工作的各个环节，包括制定重组整合方案、确定交易结构、将原来重叠的业务进行专业化重组、突出协同效应、实现集约化经营等方面。在集装箱业务板块整合，提出必须“深度、快速”，在收购东方海外 OOCL 之后，提出坚持“六个保留”重要理念。对港口发展提出要以“一带一路”为主线，加快布局海上丝绸之路的新兴市场和战略要地，由投资码头向投资港口转变。“十四五”期间，集团进一步确立了以航运、港口、物流等为基础和核心产业，以航运金融、装备制造、增值服务、数字化创新为赋能和增值产业，全力打造“3 +4”产业生态，致力于构建世界一流的全球综合物流供应链服务生态。

（二）准确把握次序节奏，确保重组整合取得实效

原两家集团共拥有 1800 多家成员单位，业务、人员、资产情况错综复杂，各项改革任务千头万绪，必须有主有次、有先有后，先抓住和解决主要矛盾，再逐步解决次要矛盾，才能确保改革任务成功。为此，集团决定先整合对集团生产经营有重大影响、预期协同效应明显的航运、综合物流、航运金融、装备制造等核心业务板块，后整合航运服务产业和其他社会化产业；在整合方式上，坚持深度整合，专业化重组、集约化管理，原则上一个业务板块只成立一家专业化公司，使资源得到充分利用；在整合节奏上，准确把握改革时机，在重组初期坚持“快改”，迅速完成核心业务板块的整合；之后根据实际情况，有计划有步骤推进其他难度相对较大的产业整合。集团以航运主业重组整合为突破口，从集装箱船队和海外网络这两个业务和结构最为复杂板块的重组整合入手，历时半年，完成了集装箱船队主体业务的重组与构架，全面融合了业务、人才、财务、渠道、信息系统等核心要素，由原来两家实力相近但风格差异较大的企业平稳过渡到一个核心团队领导下的统一整体，迅速产生协同效应，形成了集约化、规模化与国际品牌优势，提升了整合全球物流服务供应链能力。

（三）强化企业文化融合，激发重组整合内生动力

重组整合只是改革的第一步，真正实现从“物理整合”到“化学融合”的转变，还需持续发力。思之深，

则行之远。“集团的先进管理思想和观念冲击着海南港航广大职工的传统思想，在潜移默化中改变着职工的观念”。海南港航集装箱码头有限公司总经理林师君回忆道。

思想解放撬动了改革破冰，更深远的改革则发生在治理、用人、激励层面。中远海运集团结合改革重组积极推进机构优化，规范董事会建设，形成了权责法定、权责透明、协调运转、有效制衡的公司治理机制，充分授权是核心内容之一。例如，授权以前，中远海运港口非金融股权投资项目无论金额大小，均须报上市公司及集团批准，审批流程需要 2 个月左右。授权以后，该类投资项目给予中远海运港口董事长 5 亿元以内的授权。2018 年 11 月的一次投资验证了授权的必要性。彼时，中远海运港口拟出资 4.7 亿元参与北部湾港股份增发。根据股份出让方要求和上市公司相关管理规定，项目需在两周内完成内部决策程序，方可实现交割。中远海运港口通过行使直属公司董事长授权，及时完成审批要件，从而有效地抓住了入股机遇。数据显示，2016 年 8 月至 2021 年 12 月，集团各直属公司董事会、董事长和总经理办公会行权事项合计 3701 项，金额 4738 亿元。直属公司的责任担当意识进一步强化，市场反应能力和速度有效提升。

放得下，也要接得住。公司治理要从“纸面”走向“地面”，人才不可或缺。中远海运集团结合企业实际，积极推动三项制度改革实现突破。在各级子企业全面推行经理层成员任期制和契约化管理，2021年年底共有1504位经理层成员签订岗位聘任协议和年度/任期经营业绩责任书。先后在金控平台、中远海运集运开展职业经理人试点，并积极稳妥推进实施，共有98家所属企业选聘职业经理人214人。同时，还建立以岗位管理为核心的劳动用工制度，持续优化人才结构。

用好激励才能激发活力。中远海运集团全面放开改革工具包，灵活开展中长期激励。宁波中远海运物流和泛亚航运积极推进“双百行动”和混合所有制改革，员工积极性显著增强，企业效益稳步增长。此外，集团除新并入企业外实现了上市公司股权激励全覆盖，其中8家上市公司实施股票期权，1家实施股票增值权，1家实施限制性股票。

注重协同融合，放大整合效应。中远海运在重组并购中注重文化融合，激发干部员工砥砺奋进、领航全球的壮志豪情。如并购香港东方海外，采取保留独立品牌经营、上市公司地位、总部香港运营、治理结构和管理制度、管理团队和服务网络、薪酬福利体系“六个保留”措施，最大限度发挥了东方海外的品牌和管理优势，创造了双品牌协同运营新模式。并购香港胜狮货柜主要箱厂，用集团集装箱制造企业相对成熟的管理制度和“家文化”凝聚员工思想共识和文化认同，发挥思想政治工作优势，员工积极性显著提升，企业效益一路攀升。

（四）加快全球化战略布局，充分释放重组整合红利

面对日益复杂的国际航运竞争形势，中远海运围绕产业链关键领域，实施前瞻性战略并购，增强主业核心竞争力，将产业布局走向纵深。

位于希腊首都雅典西南方向，爱琴海的萨罗尼科斯湾畔，坐落着该国最大港口比雷埃夫斯港（以下简称“比港”，2016 年由中远海运正式全面接管），它是“一带一路”在区域内的物流分拨中心，也是中希双方优势互补、强强联合、互利共赢的成功范例。以比港为起点的“中欧陆海快线”是远东通往欧洲的第三条贸易通道，从远东通过海运抵达比港，再通过铁路深入中东欧腹地，可辐射沿线 9 个国家、7100 万人口。目前，比港集装箱年吞吐能力达 720 万标准箱，年吞吐量世界排名从 2010 年第 93 位提升至 2021 年第 29 位。至今，中远海运已在当地直接创造就业岗位 3000 多个，累计为当地带来直接社会贡献超过 14 亿欧元。

而这并不是个例。中远海运集团牵头组建的“海洋联盟”，为“一带一路”沿线地区提供了优质高效稳定的班轮服务。数据显示，目前在沿线布局航线 181 条，运力 152 万 TEU，占集装箱船队总运力的 51.7%。截至目前，中远海运集团在“一带一路”共建国家和地区完成投资 676 亿元，投资码头 20 个，组成中远海运全球网络布局的基础和战略支撑点。一个个码头，一条条航线，一趟趟班列密布其间，人流、物流、资金流、信息流涌动。

数字化则进一步赋能产业生态，让中远海运布局的这张大网资源配置能力不断提升。在世界范围内，中远海运率先推进区块链技术在航运业的应用，牵头打造了行业第一个区块链联盟“全球航运商业网络（GSBN）”，目前 GSBN 平台已经推出了“无纸化放货”应用，将进口货物单证手续办理完成时间从 24—48 个小时缩短到 4 个小时以内。数字化变革不仅为企业未来发展注入新动能，更成为疫情特殊时期保障我国外贸出口，服务全球产业链供应链稳定的重要抓手。例如，在为中小客户出口纾困过程中，厦门远海码头在厦门口岸率先上线中远海运集运提货单电子化系统，不但实现疫情之下服务不中断，而且大幅压减了传统单证的人力和时效成本，确保了“六稳”“六保”落到实处。

中远海运集团的成立标志着中国航运业新篇章的开

启。面对着竞争白热化的航运市场，中远海运的重组整合目前仅是“关山初度”，能否打造出具有战斗力和凝聚力的团队，对于新集团而言，是一个“上下求索”的考题，前路漫漫。作为中国经济全球化的参与者、助力者，中远海运集团虽刚刚启航，但凭借全球领先的运营规模和完整齐全的航运产业链集群，以及在国际化布局和全球化竞争方面的实力，已然给业内带来了新的期待。发展永无止境，改革未有穷期。面向未来高质量发展之路，受益于持续释放的改革重组红利，中远海运集团这艘航运“巨轮”，正在打造世界一流的全球综合物流供应链服务生态航道上乘风破浪、全速行驶。

中国中车：坚持创新驱动高质量发展
建设受人尊敬世界一流中车

自 2015 年成立以来，中国中车集团有限公司（以下简称“中国中车”）以习近平新时代中国特色社会主义思想为指导，以建设具有全球竞争力的世界一流企业为主线，坚持创新驱动高质量发展，加快建设受人尊敬世界一流中车，为国家实施科技强国、交通强国、制造强国等战略作出积极贡献。

党的十八大以来，习近平总书记三次视察中国中车所属企业，并对中车科技创新工作作出重要指示和要求，充分体现了总书记对以高铁为代表的轨道交通装备产业这一“国之重器”的高度重视和殷切期待。特别是2018年，习近平总书记两次点赞“复兴号”，“‘复兴号’奔驰在祖国广袤的大地上”，“‘复兴号’高速列车迈出从追赶到领跑的关键一步”。2021年1月19日，习近平总书记乘坐京张高铁赴张家口赛区考察北京冬奥会、冬残奥会筹办工作时指出，“我国自主创新的一个成功范例就是高铁，从无到有，从引进、消化、吸收再创新到自主创新，现在已经领跑世界。要总结经验，继续努力，争取在‘十四五’期间有更大发展”。

中国中车作为“十三五”国家科技体制改革第一家试点单位，已经初步建立起“开放、协同、一体化、全球布局”的科技创新体系，具备面向全技术链的技术开发能力、面向全产品链的产品开发能力和面向全生命周期创新保障的科技支撑能力。

一、中国中车科技创新战略：追赶·超越

中国中车的科技创新工作有着深厚的历史积淀和奋斗基因，从仿制旧型起步，经历了半个多世纪的不断摸

索、自主设计，创造了新中国多个第一。21 世纪，中国中车科技创新实力飞速提升，由“追赶者”变为“领跑者”，成为一张流光溢彩的“国家名片”。纵观历史长河，中国中车的科技创新战略就是“追赶·超越”。

（一）1949—1960 年，仿制起步

1881 年，中车唐山公司的前身，用蒸汽捲扬机改造，制造了中国第一台蒸汽机车——“龙号机车”。中国第一台铁路客车，供慈禧太后乘坐的“銮舆龙车”也诞生在这里。1949 年以前，中华大地上行驶着英、美、德、法、日、比、俄等 9 个国家的 30 多家工厂 198 种型号的蒸汽机车共 4069 台，被称为“万国机车博览会”。

新中国成立后，百废待兴，铁路运输需求十分迫切，我国铁路装备制造从仿制旧型起步，通过改造旧型，进而自行设计新型机车。1952 年，仿照美国技术制造出了中国第一台“解放”型蒸汽机车。1958 年，分别仿照匈牙利、苏联技术制造了“建设”“巨龙”（即后来的“东风”）“先行”“卫星”号内燃机车和“韶山 1 号”电力机车。到 1960 年，我们初步构建起中国铁路装备制造工业体系。

（二）1960—1978 年，自力更生

这段时期，我国轨道交通装备制造业能够自主设计研制蒸汽机车、内燃机车、电力机车、客车等各类产品，基本满足了当时轨道交通运输的需要。与此同时，世界上高速铁路和重载列车开始出现。1964 年，日本建成新干线，比我国早了 44 年。1967 年起，美国、加拿大、澳大利亚等国陆续开行了单列牵引超过万吨的重载列车，比我国早了 30 多年。

（三）1978—2003 年，自主研发

当时，世界铁路发展呈现出了不同的方向。而我国铁路发展的特点是速度、密度、重载兼顾，客、货都需发展。与我国快速发展的经济相比，铁路运力不足。改革开放的春风，让我国轨道交通行业焕发了新的生机。我们由修到造，由仿到创，进行内燃化、电气化改造，研制生产不同类型、不同用途的机车、客车和货车，机车车辆实现了更新换代，形成了我国轨道交通装备产品系列。目前，部分产品仍担当我国铁路一定的客货运输任务。

（四）2003—2010 年，引进消化吸收再创新

从 2003 年开始，为了实现装备强国的梦想，打造真正的大国重器，轨道交通装备制造业开启了以发展高铁为代表的艰辛历程。这个时期，我们以自主研发为基础，坚持自主创新与引进消化吸收再创新的有机统一，研制了具有国际先进水平的轨道交通装备产品，实现了我国轨道交通装备的现代化。经过近 4 年的努力，2008 年 8 月 1 日，时速 350 公里和谐号动车组在我国第一条高速铁路——京津城际铁路正式投入运营。

（五）2010—2015 年，持续、全面的自主创新

从 2010 年开始，以研制时速 380 公里高速动车组为标志，我国轨道交通装备制造业进入了历史新阶段，典型特征是持续的、全面的自主化创新。经过数万名技术人员的艰辛付出和创新攻关，我们完全掌握了高速动车组九大关键技术和十大配套技术，形成了技术体系、标准体系和产品体系，构建了时速 200 公里、时速 300 公里、时速 350 公里三个速度等级的高速动车组产品技术平台。2014 年 4 月 2 日，在大秦铁路，HXD1 型电力机车牵引 3 万吨重载列车，单列长度达到了 3971 米，像一条巨龙在中国北方的山区平原上蜿蜒飞驰，这是我国铁路重载运输发展的重要里程碑，也成为世界上仅有的几个掌握 3 万吨铁路重载技术的国家之一。

（六）2015 年至今，实现从追赶到领跑

在原铁路总公司、国家铁路局等的牵头组织下，我们在 CRH380 系列动车组技术平台基础上，首次以中国标准为主导，按照正向设计思路，以自主化、简统化、互联互通、技术先进为目标，成功研制出了具有完全自主知识产权、时速 350 公里中国标准动车组，也就是如今光环萦绕的复兴号 CR400AF/BF 型动车组。“复兴号”动车组从启动研发到最终定型，整整 5 年时间，历经

503 项仿真计算、5278 项地面试验、2362 项线路试验。2017 年 9 月 21 日，“复兴号”在京沪高铁以时速 350 公里运营，我国成为世界上高铁商业运营速度最高的国家。复兴号动车组的问世，标志着中国铁路技术装备达到了领跑世界的水平。

回顾发展历程，中国中车科技创新的战略意义体现在四个方面：一是服务于国家战略需求，努力攻克关键核心技术的瓶颈制约，保障国家安全和战略利益。二是占领技术的制高点，成为行业引领者。三是把握发展机遇，打造科技创新型企业，培育壮大新兴产业，加快形成以科技创新为主要引领和支撑的发展模式。四是通过科技创新更好地推动受人尊敬的世界一流中车建设，发挥好中央企业的骨干作用。

二、中国中车科技创新方法论：明志笃行固本培元

中车科技创新在战术层面，核心方法就是自主创新。中车自主创新的方法论，可以称之为“中车创新八条”，浓缩为八个字：明志笃行固本培元。每个字对应“中车创新八条”中的一条。这八个字既宣示了一种态度，也包含着一种思维。中车一直牢记责任使命，保持

头脑清醒，保持追赶姿态，不断培育创新实力，抢占创新制高点，提升核心竞争力。

（一）明：认清大势，市场导向

面向经济社会发展主战场，创新才有活力和生命力，才能转化为经济社会发展第一推动力。中车深刻理解市场引导创新的原则，立足中国大市场，面向全球大格局，深入把握市场需求趋势，用创新产品打造智慧中车、绿色中车、活力中车、责任中车。

一是深研市场规律，找准需求痛点。中车一直重视把握市场规律，把握交通运输规律，与我国的发展速度同行，与轨道交通的速度同行。以上海到北京为例，1949 年坐火车最快需要 36 个多小时，1959 年 28 个多小时，1986 年 17 个小时，2001 年 14 个小时，2004 年 12 个小时，2007 年 10 小时内到达，2011 年京沪高铁开通 4 小时 48 分到达，2017 年“复兴号”上线只需 4 小时 28 分。随着我国经济社会发展的需要，我国铁路客运大提速、货运快速重载，城市轨道交通日新月异，中车以现代化装备支撑了中国铁路历次大提速，支撑了各城市对地铁的需求。从青藏列车到高寒动车组，中车的产品经受了各种运行环境的考验，极大地提升了运输效率和社会效益。

二是结合产业特点，优选创新目标。中车围绕交通强国、铁路先行、装备支撑的发展思路，落实国家交通运输结构性调整要求，准确把握市场发展和技术变革趋势，立足货运现状和用户需求，聚焦智能重载和多式联运，加速推进铁路货运技术发展。近年来，我国大力发展多式联运技术，推进智能化、低碳化运输。

三是融合六大要素，提高创新效率。在创新过程中，中车坚持“三个面向”，着力从“经济性、先进性、可靠性、差异性、前瞻性、颠覆性”等方面入手，持续提升创新效率、效能、效益。经济性主要是着眼国家重大需求，开发市场容量大、社会效益好的创新产品。先进性主要立足自主创新，掌握核心技术，实现自主研发，不断提高产品质量和技术性能。可靠性主要是确保产品运营安全，满足人们追求安全舒适可靠的诉求差异性主要是适应多样化需求，细分市场，量身订造，实现用户价值最大化。前瞻性主要是瞄准世界科技前沿，超前研究和储备技术，满足市场潜在需求。颠覆性主要是创造产品新体验，依靠市场和科技的力量，为社会提供更加安全、便捷、智慧、绿色、舒适、多元、经济的出行服务和体验。

（二）志：志存高远，达成目标

中车在历次重大项目的创新实践中体会到，创新要想突破，就必须强力组织，集中力量，合力攻坚。

和谐号 CRH380A 新一代高速列车的技术攻关，就是集全集团和全社会之力，齐心合力办大事的结果。2008 年 4 月，举世瞩目的京沪高速铁路开工建设，预计 2011 年 6 月开通。铁道部要求中车研制 CRH380A 新一代高速动车组投入京沪线运行，最高运行速度 380km/h，在系统创新、安全性、可靠性、综合舒适度和节能环保等一系列指标上要达到当时世界先进水平。

由四方股份公司负责牵头实施的 CRH380A 动车组项目，首先面临的难题就是要选定技术攻关目标，确定合作方。经过全面分析，先后与清华大学、浙江大学、中国科学院等 21 家国内一流高校和科研院所，以及与时代电气、株洲电机等 41 家国内实力雄厚的配套企业签订战略合作协议，共同开展 CRH380A 新一代高速列车的技术攻关。面临的第二个难题就是组建高效研发团队。四方股份建立了有效的科研项目管理机制，完善研发制度、优化研发流程、明确机构职责、建立保障机制，加强实施过程的管理，随时解决松散联合体存在的“认识不一致、诉求不一致、行动不一致”的问题，确保研究成果按期按质为高速列车研制提供技术支撑。面临的第三个难题就是技术成果产品化。产品化的过程，提升了批量制造能力，形成了系统完整的产业链；重大部件如车体、转向架、牵引制动系统等由中车内部企业制造，但也培育了一支国产化供应商队伍，产品制造水平大幅提升，完全符合动车组的品质要求。

2010 年 4 月至 2011 年 4 月，CRH380A 高速动车组进行了历时 1 年、累计 17 万公里的千余项线路试验。2010 年 12 月 3 日，列车试验运行时速达到 486.1 公里，创造了运营列车世界最高试验速度记录。在短短三年时间里，完成像 CRH380A 高速动车组这样的重大创新产品，这充分说明：只要组织得力、科学管理、舍得投入，我国的科研创新有着惊人的爆发力和潜力。

（三）笃：坚持不懈，创新超越

虽然“关键核心技术是买不来、讨不来、要不来的”，但只要坚持不懈集成创新，是能够掌握关键核心技术的。中车的科技创新战略是“追赶·超越”。意味着先紧跟不掉队，实力增长到一定阶段，再发力超越，争取领先。复兴号动车组就是中车发力集成创新，实现后发优势的典型案例。

复兴号 CR400AF/BF 型动车组是我们在研发 CRH380 系列动车组，攻克动车组的九大关键技术和十项配套技术的基础上，经过几年的技术积淀，结合长期线路运行实验，在掌握动车组的系统集成、牵引技术、列车控制、制动技术、被动安全、减振降噪、轮轨关系、弓网关系、流固耦合、轻量化十大核心技术基础上进行优化提升，实现简统化及互联互通而研发的全新产品，解决了一系列重大技术问题和一些世界性难题，是集成创新的重大成果，具有完全自主知识产权。

从复兴号动车组的例子可以看出，集成创新不是简单的技术拼盘，而是在对引进技术充分消化吸收基础上，通过创新体系升级、掌握核心技术和技术的深度融合，进而实现全面自主创新，研发更有技术优势和竞争力的产品。中车之所以能够在整体产品上超越西门子等实力雄厚的跨国公司，得益于“立足实际，扬长避短，发挥自身优势”。中车之所以能实现后发优势，还有以下两方面关键因素：一是已经具备了较好的创新基础。有了一定人才储备、技术积累和相对完整的产业链能力。二是坚持自主创新，技术引进是补充而非取代。在技术引进基础上加速提升自主研发能力，进而实现整车及系统的全面创新。

（四）行：知行合一，开放多元

创新共赢机制的核心就是“开放、多元、协同、共赢”。通过这个机制，国家倡导的“政产学研用”相结合的创新模式，在中车真正落了地。

开放：中车一贯以开放的态度进行创新研究，积极向全社会提出企业的创新需求。中车承担科技部“先进轨道交通”重点专项后，对外发布公开课题（任务）指南43个，针对“基础研究、前沿技术”等需要，鼓励高校、科研院所牵头研究。这种开放包容的创新心态，有利于聚合全国优势的科研资源，为项目实施提供最有力的资源保障。

多元：一方面是参与主体多元。用有影响力的项目吸引各方创新主体参与；另一方面是参与方式多元。按照市场化的思维，让各创新主体以最经济的研发方式参与。在全球知名高校、科研院所建立“窗口型”技术监测平台、基础前沿技术联合实验室，快速获取前沿技术信息与成果为我所用。在创新资源优势地区（美、英、德等）开展布局，获取全球尖端技术，高端人才，营造全产业链的创新生态环境。

协同：关键是把科技孤岛打通，实现资源联结、能力互动。中车强调协同创新，主要是子企业之间的协同、产学研之间的协同和产业链之间的协同。在企业内部，时速380公里动车组研制过程中，采用“两厂三地”模式，建立异地协同设计平台，研发周期缩短了40%。在国际上，也在尝试协同创新，中车长客股份公司与俄罗斯快速干线股份公司等单位组建了中俄高铁技术联合研发中心，搭建起了中俄两国高铁领域技术合作的桥梁。

共赢：中车在创新发展上一直坚持共享共赢理念，

通过市场化为主的利益分配模式，构建中国轨道交通装备优势产业链。中车的重大创新项目，都是秉承共享共赢的理念，联合政府、企业、高校、科研院所及用户形成创新共赢体，从而快速打通了从基础理论研究、关键技术研发，到新产品研制、成果推广应用的技术创新链，培育了轨道交通装备优势产业链。

（五）固：巩固根基，能力提升

中车在创新能力建设中，软硬两手抓，既重视硬件投入，也重视创新思维和方法的探索，按照补强补优为原则，不断夯实创新的能力基础。

一是理念创新。中车技术消化吸收再创新的路线，就是“先僵化，再固化，后优化”。“僵化”是学习与掌握的过程，就是强调要原封不动、完完整整地搞明白引进技术的全部。“固化”是理解与应用的过程，就是强调要不折不扣地运用和执行技术，并在这个过程中加速学习和领悟。“后优化”则是总结与提升的过程，强调在吸收掌握的基础上，能够对技术进行改进、优化和再创新。这些年来，中车始终坚持“以我为主”的创新思维，以实现核心技术独立自主为目的，进行关键核心技术的攻关。

二是体系创新。中车对标国际先进标杆，建设“开放、协同、一体化、国际布局”的科技创新体系。该体系由科技创新决策体系、科技系统内部规则体系、科技创新组织体系、科技发展支撑体系四大体系组成，覆盖科技创新全过程，主要是围绕打造产品技术领先优势这一核心，面向全球竞争市场，提高科技革命和产业变革的反应能力，提高创新战略的把握能力，提高创新格局的构建能力，提高创新资源的配置能力，把握创新方向，制定创新战略，塑造创新格局，完善创新规则，营造充满活力的中车科技创新生态。

三是分层创新。“两个层次”就是形成前期研究和工程化应用开发的两个研发层次。由中车拥有的国家创新中心、国家工程实验室、国家重点实验室等国家级研发机构，主要是突破核心技术，开发战略性新产品，研究基础性、前瞻性技术与共性技术；子公司所在的技术中心，主要面向市场，进行产品研发和产品实现。这种分层研发，重点是要推动基础性前瞻性技术、共性技术的突破，推动战略性产品的突破，持续巩固创新优势、加速产品迭代升级。

四是平台创新。“三级平台”是指整机、系统、部件“三级产品技术平台”。中车坚持品牌高端化的产品创新策略，做到“探索一代、预研一代、研制一代、生产一代”，产品高端形成品牌高端，品牌高端产生品牌溢价，引领行业技术发展，增强产业发展后劲。为此，不断夯实检测试验、仿真测试、智能制造等基础平台能力，实现由以应用为中心的单一产品开发向基于技术平台的谱系化产品开发的转变。

（六）本：标准为本，行业引领

要打造中国标准，让中国标准和其他标准一样，成为行业的世界通用标准。只有这样，我们才能真正成为新的竞赛规则的重要制定者、新的竞赛场地的重要主导者。

复兴号 CR400AF/BF 型动车组是完全按照中国标准研制的动车组。根据《时速 350 公里中国标准动车组暂行技术条件》，CR400AF/BF 型动车组采用标准或技术文件 134 项。其中有 101 项是中国人自己的标准，占 75.4%。复兴号动车组的功能标准和配套轨道的施工标准均高于欧洲标准和日本标准，形成了我们自己的标准体系，具有鲜明的中国标准特征。

当前，中车打造中国标准的实施策略是：聚焦优势、三步实施。第一步是等效采用国际标准，快速提升产品和技术进入全球市场的能力；第二步是攻克核心及关键零部件技术，形成优势，成熟一个、制定一个，打造自己的标准；第三步是由点到面，形成领先的整机标准体系，让中国标准成为世界标准，实现中国标准国际化。

（七）培：培育沃土，加速成长

中车一直有这样的理念，只有人人都是创新的参与者和实践者，企业才有浓厚的创造发明的创新氛围。中车高度关注和深化“三支队伍”建设（技术、管理、技能），创造相关机制，落实相关待遇，优化顶层设计，搭建成才平台。特别是为了厚植创新沃土，中车一直重视激发科技人员和其他创新主体的积极性和创造性。主要从三个角度做工作：

体系是基础。中车重点开发了面向全球的一体化人力资本管理体系，以“人才海洋工程”构建人力资源管理体系“路基”，以人力资源信息化体系搭建运行“高速铁路”，以“职位管理系统、能力管理系统、信息化管理系统”三大项目建设打造动力强劲的人才管理“动车组”，以人才规划实施全面促进体系有效落地和目标实现，以“五星 HR”评价强化体系的一体化运行和持续提升，全面建立中车一体化、系统化、规范化、信息化的人才管理机制。

培养做支撑。为了打造国际化人才，中车实施了以高级项目为引领的国际化人才培养工程，整合高端国际化教育资源，培养具备全球视野、国际格局的复合型人才。为了突出实战能力，中车推行“721”人才培养模式（70% 来自实践的学习；20% 从他人身上学习；10%

来自常规的培训），通过实战的过程加速人才成长。中车还十分重视高技能人才的培养，以适应高铁等产品的高端严苛的制造要求。

使用是目的。中车十分重视让人才在企业里有自豪感、成就感、获得感。在中车，把顶尖科研人才尊称为“科学家”，现在有 7 位“科学家”。当听到“科学家”“工人院士”这些称呼时，会不由自主让人产生强烈的自豪感，也能感受到工厂里那种浓浓的尊重科学、尊重创新的氛围。中车秉承“大胆使用、重点打造”的理念，既重视传帮带，以老带新，同时又大胆使用年轻人，充分释放年轻人的创新活力。中车还重视让人才有获得感，物质奖励和精神激励并重，薪酬福利向科研人员倾斜。

（八）元：抱元归一，中车力量

百年中车，中车人骨子里就凝聚着一种振兴民族工业的报国情怀，传承着一种建设美好生活的红色基因。在进入新时代的今天，集中体现为“产业报国、勇于创新、为中国梦提速”的中国高铁工人精神。这种精神基因，在中车的科技人员身上也一代一代地传承和延续，激励着每一个人都努力实现从“追赶者”到“领跑者”的角色转换。

中车的科技人员身上，有一种默默奉献的文化传承，顾全大局、舍己为公。中车的科技人员身上，还有一种“敢啃硬骨头”的文化传承，勇于担当，敢为人先。中车的科技人员身上，还有一种崇尚科学的文化传承，坚韧不拔、勇于求索。

三、中国中车科技创新经验体会

党的十八大以来，中国中车坚持科技自立自强，实现了由跟跑并跑到领跑的重大跨越。回眸中车创新的探索实践历程，我们深深体会到：

1. 必须突出服务国家战略，坚持企业发展与行业发展、国家发展相统一。正是源于党和国家历代领导人的高度重视、英明决策；源于我国综合国力的迅速提升；源于几代铁路科研人员的技术积累；源于我国信息技术、自动化技术、制造技术和材料科学等为代表的高新技术在铁路行业的广泛应用，聚焦国家重大战略需求，中国高铁事业才得以快速发展。

2. 必须强化国家科技战略力量，坚持提升企业自主创新能力与提升国家创新能力相统一。中车作为国家科技创新的“国家队”和“主力军”，必须以建设国家级研发机构为抓手，聚焦“卡脖子”领域，集中突破关键核心技术难题，着力解决具有战略性、基础性、前沿性的国家重大战略难题，破解国家的“燃眉之急”和长远发展的“心腹之患”。

3. 必须打造原创技术策源地，坚持自主创新与集成创新相统一。目前，以美国为首的西方国家，对我国科技创新的打压和围堵进一步升级，我国轨道交通装备产业同样面临着“围追堵截”，中车必须以打造原创技术策源地为己任，坚持自主创新与集成创新，勇敢步入轨道交通装备技术“无人区”，努力实现更多重大原始创新，真正引领世界轨道交通装备行业发展。

4. 必须重视前瞻基础技术，坚持产品开发与技术研究相统一。中车作为我国唯一一家轨道交通装备产业化集团，必须坚持“四个面向”，即面向世界科技前沿、面向经济主战场、面向国家重大需求、面向人民生命健康，做好产品开发与技术研究的协调统一，强化应用基础技术研究、战略性前瞻性技术研究，全力实现我国轨道交通装备产业链自主安全可控。

5. 必须注重发挥党的政治优势，坚持党建工作与企业改革发展相统一。党的领导和党的建设，是国有企业、中央企业独特的政治优势和发展优势。在企业发展过程中，中国中车党委的领导作用、党支部的战斗堡垒作用、党员的先锋模范作用都得到充分发挥，党组织的凝聚力、战斗力、感召力不断增强，为企业科技创新和改革发展提供了坚强的政治保障和组织保障。

后 记

学院党委高度重视《加快建设世界一流企业》教材开发编写工作，组织核心师资和专职教师等多方力量集中开展编写。总论由黄群慧、余菁等编写，第一篇由陈占夺等编写，第二篇由周晶等编写，第三篇由孟宪忠、赵金强等编写，第四篇由袁立等编写，第五篇由支东生等编写，第六篇由吕廷杰、刘希俭等编写，第七篇由叶春、潘小海等编写，第八篇由王志成等编写，特色案例由企业师资和学院教师共同编写。学院专职教师王晓、季晓旭等参与了修改、校对等统筹工作。在本书编写过程中，王润秋、王韩民、曾兴球、刘国胜、王浩生等学院核心师资参与了教材的指导修改，在此一并表示感谢！

本书编写组

2023 年 9 月